Denken der Individualität

Denken der Individualität

Festschrift für Josef Simon
zum 65. Geburtstag

Herausgegeben von

Thomas Sören Hoffmann
und Stefan Majetschak

1995

Walter de Gruyter · Berlin · New York

♾ Gedruckt auf säurefreiem Papier,
das die US-ANSI-Norm über Haltbarkeit erfüllt.

Die Deutsche Bibliothek – CIP-Einheitsaufnahme

Denken der Individualität : Festschrift für Josef Simon zum 65. Geburtstag / hrsg. von Thomas Sören Hoffmann und Stefan Majetschak. – Berlin ; New York : de Gruyter, 1995
ISBN 3-11-014169-8
NE: Hoffmann, Thomas Sören [Hrsg.]; Simon, Josef: Festschrift

Printed in Germany
Satz: parErga-Verlag GmbH, Düsseldorf
Druck: Werner Hildebrand, Berlin
Buchbinderische Verarbeitung: Lüderitz & Bauer, Berlin

Josef Simon zum 65. Geburtstag

Vorwort

Mit dem vorliegenden Band soll ein Gelehrter, soll ein schöpferischer Denker geehrt werden, dessen Arbeit leitmotivisch an dem im Titel genannten Stichwort »Individualität« orientiert ist. Am 1. August 1995 vollendet Josef Simon sein 65. Lebensjahr: für Weggefährten, Kollegen und Schüler Anlaß genug, dem Jubilar in Form eines bunten Straußes von Beiträgen ihre Reverenz zu erweisen – mit Beiträgen, die in der Mehrzahl ihrerseits das genannte Leitmotiv aufnehmen und zu dokumentieren versuchen, was sie aus dem Gespräch mit Josef Simon gelernt haben oder welche Aspekte ihnen darin hervorhebenswert erscheinen.

Josef Simon wurde durch seinen Lehrer Bruno Liebrucks auf das Thema »Sprache«, aber auch zur ständigen Auseinandersetzung mit der Philosophie der Tradition, speziell des Deutschen Idealismus, geführt. 1957 wurde er an der Universität zu Köln mit der Arbeit *Das Problem der Sprache bei Hegel* promoviert. Bereits diese Arbeit war mehr als nur eine Dokumentation »handwerklichen« Könnens. Sie zeigte vielmehr einen eigenständigen und durchaus unkonventionellen Zugang zu den klassischen Themen. Von 1960 an war Simon dann Wissenschaftlicher Assistent für Philosophie an der Universität Frankfurt am Main, wo er sich 1967 mit der Arbeit *Sprache und Raum* habilitierte. Simons kritischer und diskutierfreudiger Geist fand in der Nähe der Frankfurter Schule ein fruchtbares und in Teilen wohl auch prägendes Umfeld, was auch dann gilt, wenn am Ende wiederum der Gedanke »ineffabler Individualität«, jetzt als Korrektiv gegen jede Art dogmatischer – z.B. gesellschaftswissenschaftlicher oder eine Ethik im Ausgang von der »Intersubjektivität« anstrebender – Theorieform, die Oberhand behielt.

Der Professur in Frankfurt am Main (1971) folgte unmittelbar ein Ordinariat in Tübingen (1971–1982). Hier entstanden Werke, die Simons internationalen Ruf begründeten, und zwar vor allem die grundlegende Arbeit *Wahrheit als Freiheit* sowie – im Rahmen des »Handbuchs Philosophie« – das Werk *Sprachphilosophie*. Seit 1981 einer der Leiter der Internationalen Nietzsche-Kurse in Dubrovnik, wurde Simon daneben bald – jenseits eines modischen Interesses – einer der führenden Interpreten in der philosophischen Aneignung Nietzsches. Dies schloß nicht aus, daß Simon in Bonn, wohin er 1982 wechselte und wo er die kommisarische Verwaltung des Lehrstuhls für Kantforschung wahrnahm, ein verstärktes Interesse für den Begründer der Transzendentalphilosophie entwickeln konnte, welches sich in zahlreichen Publikationen niederschlug und in einer angekündigten Kant-Monographie noch niederschlagen soll. Zugleich aber erlebte der Simonsche Ansatz eine Transformation und Zusammenfassung in einer generellen *Philosophie des Zeichens*, die, jenseits des »metaphysischen« Zeichenbegriffs, aber auch jenseits aller bloßen Semiotik im engeren Sinne, die klassischen Themenstellungen in eigener Perspektive neu reflektieren und weiterführen will.

Josef Simon hat immer wieder fächerübergreifend gearbeitet. Es ist nicht zuletzt der Ansatz bei einem »Denken der Individualität«, der bei Simon immer die kritische Reflexion auf den eigenen Verstehenshorizont einschließt, welcher es ihm erlaubt hat, im Gespräch mit der Allgemeinen Sprachwissenschaft, mit der Theologie oder – z.B. – der Sinologie philosophisch präsent zu sein. Oftmals ist es ihm gelungen, den Gesprächspartnern sie selbst überraschende Perspektiven auf ihr eigenes Fach zu eröffnen. Wenn im vorliegenden Band diese interdisziplinären Perspektiven vielleicht zu kurz kommen, so hat dies ausschließlich mit der äußeren Notwendigkeit zu tun, den Umfang des Bandes in einem überschaubaren Rahmen zu halten. Innerhalb dieses Rahmens scheinen den Herausgebern die wesentlichen Facetten des bereits apostrophierten Gesprächs mit Josef Simon angesprochen zu sein. Sie danken jedenfalls allen Autoren, die am Zustandekommen dieses Bandes allesamt gerne und bereitwillig mitgewirkt haben, sehr herzlich. Und sie hoffen, daß sich der Jubilar davon überzeugen lasse, daß sein individueller Denkweg noch lange nicht aufgehört hat, dazu einzuladen, ihn immer neu mitzugehen.

Bonn, den 7. Juli 1995

Thomas Sören Hoffmann
Stefan Majetschak

Inhaltsverzeichnis

III. Ethik und Hermeneutik

IV. Zur Zeichenphilosophie

I. Individualität – Personalität – Selbstbewußtsein

Systematische Perspektiven
und
Begriffsbestimmungen

Wolfgang Wieland

Das Individuum und seine Identifizierung in der Welt der Kontingenz

Es gehört zu den Grundtatsachen der conditio humana, daß jedes menschliche Individuum seinen Ort in einer Lebenswelt findet, deren Strukturen durch Gesetzlichkeit und Regelmäßigkeit ebenso wie durch Kontingenz bestimmt sind. Dieses Gewebe aus Gesetzlichkeit und Kontingenz bestimmt indessen die Existenzweise des Individuums nicht nur der Sache nach, sondern es ist zugleich, wenn auch in unterschiedlichen Brechungen und Spiegelungen, für dieses Individuum erfahrbar. Die unterschiedlichen Muster der Weltorientierung, mögen sie durch Autorität, durch Tradition, durch Denken oder durch Erfahrung vermittelt sein, richten sich zunächst immer an dem aus, was überall und jederzeit so ist, wie es ist. Dazu gehört auch das, was regelmäßig so geschieht, wie es geschieht. Das Individuum bliebe orientierungslos, wenn es keine Regelmäßigkeit erfahren könnte. Seine Welt bliebe ihm unverständlich, und es müßte überdies auf jede Aussicht verzichten, mit seinem Handeln in diese Welt planend eingreifen und sie gestalten zu können. Die Regelmäßigkeiten, auf die es dabei vertraut, setzen den Eingriffsmöglichkeiten zugleich aber auch Grenzen. Denn nur dort kann man sich versprechen, mit seinen Handlungen in der Welt etwas auszurichten und zu gestalten, wo die Dinge nicht bereits durch Gesetzlichkeiten vorherbestimmt und lückenlos determiniert sind. Das handelnde Individuum bleibt daher stets auf erfahrbare Kontingenz in seiner Lebenswelt angewiesen, weil es nur hier Spielräume für sein Handeln findet. Es bedarf der Gesetzlichkeit und der Kontingenz gleichermaßen, wenn sein Selbstverständnis als das eines Subjekts von Handlungen nicht lediglich eine Selbsttäuschung repräsentieren soll. Trotzdem bleibt die Kontingenz für die Weltorientierung des Individuums ein beunruhigendes Moment. Denn sie wird gewöhnlich innerhalb eines Bereichs erfahrbar, der sich viel weiter erstreckt, als dies für die Ermöglichung des Handelns nötig wäre. Für jedes Individuum stellt sich daher immer wieder aufs neue und in unterschiedlichen Lebenskontexten die Aufgabe, mit der von ihm erfahrenen Kontingenz zurechtzukommen. Die Aufgabe der Kontingenzbewältigung kann das Selbstverständnis des Individuums bisweilen so sehr dominieren, daß das Pendant, nämlich die Befriedigung des Kontingenzbedürfnisses, aus dem Blickfeld gerät und deshalb übersehen wird. Denn jeder Handelnde muß gewärtigen, daß die Kontingenz in der Welt, die dem Handeln erst seinen Freiraum eröffnet, die Intentionen auch durchkreuzen kann, die er mit seinem Tun und mit seinen Entscheidungen verbindet.

Diese Strukturen lassen sich exemplarisch an Hand der Welt des Rechts studieren. Ihnen Rechnung zu tragen, gehört zu den Aufgaben einer jeden Rechtsordnung, insofern sie das Verhalten von unter der conditio humana existierenden Individuen zu regulieren bestimmt ist. Handlungen und Unterlassungen solcher Individuen sind es, die das Recht seinem normierenden Anspruch unterwirft, wenn es für sie in typisierten Situationen bestimmte Verhaltensweisen verbindlich macht und die Respektierung seines Anspruchs durch die Androhung von Sanktionen notfalls auch erzwingt. Es ist ein denkbar einfaches Modell, an dem sich die meisten Zweige der Rechtsordnung orientieren: Ein individueller Akteur will oder soll durch sein Handeln eine bestimmte Wirkung in der Welt hervorbringen; im Normalfall schätzt er seine Situation richtig ein und kann seine Absicht auch verwirklichen, es sei denn, dies wird durch Faktoren durchkreuzt, auf die er, aus welchen Gründen auch immer, keinen Zugriff hat. So ist es regelmäßig ein auf ein bestimmtes Ziel hin ausgerichtetes Verhalten, das von der Rechtsordnung normiert, nämlich geboten, verboten oder freigestellt wird. Individuen, die im Besitz von Rechten und zugleich Adressaten solcher Verhaltensnormen sein können, pflegen in der Rechtswelt auch als Personen bezeichnet zu werden. Das Recht kann andererseits aber auch Individuen als Personen anerkennen, die nicht jenem Idealtypus entsprechen, der auf der Grundlage einer ihm von Natur aus zukommenden Ausstattung Interessen verfolgt, Ziele anstrebt und diese in vielen Fällen auch verwirklicht. Menschliche Individuen können aus guten Gründen auch dann als Personen anerkannt werden, wenn sie jene zum zurechenbaren Handeln befähigende Ausstattung im Einzelfall nicht, noch nicht oder nicht mehr besitzen. Selbst überindividuellen, beispielsweise korporativ strukturierten Gebilden kann von der Rechtsordnung der Status handlungsfähiger Personen zuerkannt werden. In beiden Fällen bedarf es dann aber realer, zu wirklichem Handeln befähigter Individuen, die als Vertreter derer agieren, die selbst auf unmittelbare Weise und aus eigener Kraft nicht handeln können.

Nun sind das handelnde Individuum, das Handeln selbst und das von ihm als Handlungsfolge intendierte Ziel nicht so problemlos miteinander verknüpft, wie dies das idealtypische Modell unterstellt. Denn für die Folgen seines Handelns in der Zukunft kann niemand garantieren. Dies gehört zu den Grunderfahrungen der mit der conditio humana unauflöslich verbundenen Kontingenz. Jeder Handelnde muß die Möglichkeit in Rechnung stellen, daß er das von ihm angestrebte Ziel verfehlt. In jedem Fall muß er auf den Eintritt auch von nicht beabsichtigten und nicht vorhergesehenen Folgen, den mißverständlich so genannten Nebenwirkungen, gefaßt sein, die den beabsichtigten Erfolg des Handelns relativieren und oft sogar entwerten können. Die Rechtsordnung kann diesem Sachverhalt Rechnung tragen, wenn sie es nicht dabei bewenden läßt, die von ihr zu normierenden Handlungen als gleichsam naturwüchsige Fakten anzusehen und sie als solche mit Rechtsfolgen zu verknüpfen, sondern dem handelnden Individuum überdies eine Vielzahl von Folgepflichten, beispielsweise Sorgfaltspflichten, auferlegt und deren Erfüllung sanktioniert. Die ihrer Bestimmung nach auf Kontingenzreduktion zielenden Sekundärpflichten mögen in vielen Fällen durch Generalklauseln abgedeckt sein, die das Verhalten von Individuen mit bestimmten Sanktionen nur dann verknüpfen, wenn es unerwünschte Konsequenzen gezeitigt hat. Eine Rechtsordnung muß jedoch in jedem Fall Antwort auf die Frage nach den Grenzen geben, innerhalb deren eine Person die Folgen ihres Handelns verantworten muß und für sie deshalb auch dann in Anspruch genommen werden kann, wenn sie diese Folgen nicht vorhergesehen hat und vielleicht noch nicht einmal hat vorhersehen können. Der genauen Grenzziehung mögen Ermessensentscheidungen des Gesetzgebers oder – im Einzelfall – des Richters zugrunde liegen. Keine Ermessensentscheidung ist es, daß es einer Grenzziehung bedarf. Hier sind in der Tat, wie auch die Geschichte lehrt, unterschiedlich geartete Lösungen möglich. In jedem Fall muß eine Rechtsordnung jedoch so oder so den Kontingenzen Rechnung tragen, mit denen jedes handelnde Individuum konfrontiert wird. Sie zeigen sich nicht nur darin, daß niemand alle Folgen eines auch noch so überlegt geplanten Handelns in der Hand hat, sondern auch in der Tatsache, daß jedermann gewärtigen muß, nicht nur von den geplanten Folgen des Handelns anderer betroffen zu werden, sondern auch von dessen kontingenten und nicht beabsichtigten Konsequenzen, ganz zu schweigen von der Fülle an Kontingenz, mit der jedes Individuum auch unabhängig von eigenem oder fremdem Handeln schon von Natur aus in seiner Welt konfrontiert ist.

Auch die Ethik mußte sich von je her der Tatsache stellen, daß niemand über alle Konsequenzen seines Handelns Herr ist. Sie kann freilich Lösungen erproben, die dem vornehmlich das äußere Verhalten regulierenden Recht nicht zugänglich sind, zumal da sie sich darauf beschränken muß, das Individuum nur ideell mit den Folgen seines Handelns zu konfrontieren. Ohnehin stehen ihr die Sanktionen nicht zur Verfügung, die es dem Recht erlauben, das Individuum in der realen Welt zur Verantwortung zu ziehen. Gewiß kann auch die Ethik nicht von der Aufgabe entlastet werden, menschliches Verhalten und die von ihm gezeitigten Folgen zu normieren. Sie hat jedoch die Freiheit, den Schwerpunkt ihrer Normierungen an eine Stelle zu legen, an der das Individuum noch nicht oder nicht mehr mit den von ihm ohnehin niemals ganz beherrschbaren Folgen seines Handelns konfrontiert ist. Freilich muß auch die Ethik der Tatsache Rechnung tragen, daß sich niemand jemals auf eine Position jenseits der Welt der Kontingenz zurückziehen kann. Aber anders als dem Recht, das gerade in der Regulierung der handlungsabhängigen Kontingenz in der Lebenswelt eine Aufgabe zu bewältigen hat, von der es nicht dispensiert werden kann, steht ihr die Option offen, sich auf einen gegen die Kontingenz in der äußeren Welt abgeschirmten Bereich zu konzentrieren, nämlich auf den für eine Rechtsordnung auf unmittelbare Weise kaum zugänglichen Bereich der Haltungen, der Maximen, der Gesinnungen und der Motivationen. Wenn an irgendeiner Stelle, so findet sie noch am ehesten hier Dinge, die in der von keiner äußeren Kontingenz durchkreuzten Macht des Individuums liegen. Die Grundzüge der Ethik der Stoa markieren den Prototyp einer sich durch ihre innere Konsequenz auszeichnenden Lösung, bei der das Individuum durch eine randscharfe Ausgrenzung alles dessen, was nicht eindeutig und ohne Einschränkung in seiner Macht steht, gegenüber aller Kontingenz der realen Welt abgeschirmt wird. Eine Ethik, die sich an diesem Paradigma orientiert, kann ihre Normierungen auf das konzentrieren, was eindeutig und ohne Zweifel beim Individuum steht und alles andere in den Bereich des Indifferenten, der Adiaphora entlassen. Sie nimmt dafür die Folgelast auf sich, die Verantwortung für alles, was dem Individuum an realer Kontingenz begegnet, einer überindividuellen Instanz, einem Gott oder der Natur zuzuschreiben. Diese Kontingenzbewältigung bedient sich des Mittels der Ausklammerung und sie verfolgt nicht nur theoretische, sondern vor allem auch lebenspraktische Ziele: Das Individuum soll lernen, sich von der ihm begegnenden Kontingenz nicht betreffen zu lassen. In analoger Weise ist auch die Religion immer wieder, oft entgegen ihrem Selbstverständnis, in Anspruch genommen worden, wenn es darum ging, die Erfahrung von Kontingenz und die mit ihr verbundene Unsicherheit zu bewältigen.

Natürlich ist nicht alle Kontingenz, mit der ein Individuum in seiner Welt konfrontiert ist, von Hause aus mit dessen eigenen Handlungen oder mit den Handlungen anderer Individuen verbunden. Im Gegenteil: Es gehört zur conditio humana, gerade auch in der außermenschlichen Welt Irreguläres und Unvorhersehbares, manchmal Förderliches, viel öfters aber Gefährliches gewärtigen zu müssen. Dennoch stehen auch diese Dinge nicht ganz außerhalb des Einzugsbereichs des zu normierenden Verhaltens. Denn es zeigen sich immer wieder Kontingenzen, angesichts deren sich das Individuum zu einer Entscheidung darüber gezwungen sieht, in welcher Weise es mit seinem Handeln und Verhalten auf die Konfrontation mit ihnen antworten soll. Von einer Theorie ist in diesem Fall schwerlich Hilfe zu erwarten. Es gehört nun einmal zum Begriff des Kontingenten, daß es aus dem Rahmen dessen herausfällt, was mit den Mitteln theoretischer Disziplinen erklärt werden kann. Es ist einer der Grundsätze schon der aristotelischen Ontologie, daß die stets das Allgemeingültige und Regelmäßige intendierende Wissenschaft das Kontingente nicht erreicht. Dieser Grundsatz behielt auch dort noch Geltung, wo man sich in manchen Hinsichten von der aristotelischen Tradition distanzierte. Wo immer man versuchte, das Kontingente dennoch theoretisch zu erfassen, gelang dies nur dann, wenn sich im jeweiligen Fall die Kontingenz zu einem bloßen Scheinphänomen herabstufen ließ, hinter dem dann allgemeingültige Regularitäten zu suchen waren, als deren Ausdruck sich dieses Phänomen erklären ließ. Das Kontingente, das einer derartigen Reduktion Widerstand entgegensetzte, blieb dem Zugriff der Theorie entzogen. Das in seiner Lebenswelt mit dem Kontingenten konfrontierte Individuum kann deshalb von der Seite der Theorie her weder Hilfe noch Orientierung erwarten. Erfahrene Kontingenz in der Lebenswelt kann sich in seiner Eigenart ohnehin oft selbst dann noch behaupten, wenn eine erklärende Reduktion auf der theoretischen Ebene möglich ist. Unter diesen Umständen ist es nicht verwunderlich, daß das auf Orientierung in der Welt der Kontingenz zielende Bedürfnis des Menschen bislang weder von der Wissenschaft noch von der professionell betriebenen Philosophie befriedigt werden konnte. Auch die praktische Philosophie macht hier keine Ausnahme, obwohl ihr Gegenstand, das Handeln, in einer Welt ohne alle Kontingenz gar nicht existieren könnte. Es waren stets andere Instanzen, die man in Anspruch nahm, wenn es um eine derartige Orientierung und um die Bewältigung erfahrener Kontingenz ging. Neben der Religion waren es Mythos und Literatur, tradierte Lebenspraxis und Moralistik, individuelle und überindividuelle Gewohnheiten sowie die unterschiedlichsten Typen von sozialen Institutionen, die dem Individuum im Umgang mit der ihm begegnenden Kontingenz zu Hilfe kommen konnten.

Nun sind in der Neuzeit Techniken entdeckt und Methoden entwickelt worden, die dazu bestimmt waren, auf einem neuen, bis dahin unbekannten Weg mit Kontingenz umzugehen, sie zu bewältigen und vielleicht sogar beherrschbar zu machen. Die Rede ist von den Disziplinen der Stochastik und vom probabilistischen Denken überhaupt. Die Stochastik eröffnete der Wissenschaft einen Zugriff auf das Kontingente, ohne damit dessen Kontingenz umzudeuten oder gar zum Verschwinden zu bringen. Dies wurde durch einen Kunstgriff erreicht, der im Rückblick sehr einfach aussehen mag, dessen Entdeckung jedoch eine Innovation von außerordentlicher Tragweite war. Es handelt sich um den Grundsatz, daß stochastische Erkenntnisse immer nur im Hinblick auf Kollektive, auf Populationen und Gesamtheiten definiert sind und deswegen die Möglichkeit ausschließen, auf ihrer Grundlage zu definitiven Aussagen über einzelne Individuen zu gelangen, aus denen sich die Gesamtheiten zusammensetzen. Gesetzlichkeit und Zufall lassen sich hier in ihrer wechselseitigen Beziehung unter einem neuen Blickwinkel betrachten. Der Zufall wird nicht zum Verschwinden gebracht, sofern es um den individuellen Fall geht. Im Blick auf das Kollektiv lassen sich nun jedoch Gesetze des Zufalls suchen und finden. Gesetze des Zufalls: für die traditionelle, aristotelische Auffassung mag dies wie ein Widerspruch in sich anmuten. Der neuzeitlichen Stochastik gelang es indes, mit der Annahme solcher Gesetze zu arbeiten und ihr Erklärungspotential der Bewährung auszusetzen. Der Preis für diese Errungenschaft bestand in der Anerkennung der Tatsache, daß diese Gesetze, sowohl dem Inhalt als auch ihrer Struktur nach Gesetze ganz eigener Art, stets nur auf Kollektive bezogen werden können und daher zum Verzicht darauf zwingen, sie für den Einzelfall fruchtbar zu machen. Er kann insofern ein Reservat des Zufalls bleiben.

Die neuzeitliche Stochastik wäre wohl kaum entstanden, hätte sie nicht von sehr einfachen Modellen Gebrauch machen können, deren besondere Beschaffenheit Zufallsgesetze unter leicht überschaubaren und sogar standardisierten Randbedingungen zu studieren erlaubte. Es waren einfache Glücksspiele, deren

Analyse im 17. Jahrhundert den Anstoß zur Entwicklung einer quantifizierbaren Probabilistik gab. Es sind vor allem zwei Aspekte, unter denen deutlich wird, warum gerade die Untersuchung von Glücksspielen prädestiniert war, gleichsam die Initialzündung für die Entwicklung probabilistischer Denkweisen zu liefern. Zum einen bilden nämlich bei echten Glücksspielen Elementarereignisse die Basis, die im Verhältnis zueinander alle gleich wahrscheinlich sind. Nur auf der Basis der Annahme von gleich wahrscheinlichen Elementarereignissen ergab sich die Chance, Gesetze des Zufalls zu entdecken und zu formulieren. Diese Entdeckungen erlaubten es dann später, probabilistisches Denken auch auf Gebieten fruchtbar zu machen, die verwickeltere Randbedingungen aufweisen, weil in bezug auf die hier maßgebenden Elementarereignisse diese einfache, nachmals so genannte Laplacewahrscheinlichkeit dort nicht vorausgesetzt werden kann. Zum anderen ist das Modell des Glücksspiels ausgezeichnet, weil man es hier mit planmäßig hergestellter Kontingenz zu tun hat. Hier geht es darum, sich auf eine Kontingenz einzulassen, die nicht lediglich in ihrer Faktizität vorgefunden, sondern die als Gegenstand eines besonderen Bedürfnisses eigens generiert wird. Die Gesetzlichkeiten, die bei der Analyse von Glücksspielen gefunden werden, sind indessen immer nur Gesetzlichkeiten der großen Zahl. Sie geben an, was in einer großen Zahl von Spielrunden erwartet werden darf; über den einzelnen Fall geben sie dagegen keine Auskunft. Im Laufe der Zeit ist es dann gelungen, das Anwendungsgebiet stochastischer Methoden immer mehr auszuweiten und eine immer größere Zahl von Wirklichkeitsbereichen mit Hilfe des probabilistischen Denkens zu analysieren. Es bleibt die Frage nach der Tragweite eines Denkens, das den einzelnen Fall, das Individuum, aus prinzipiellen Gründen nicht erreichen kann.

An dieser Stelle ist es zweckmäßig, zunächst noch einige Begriffe zu präzisieren. Der Sprachgebrauch des Alltags, ohnehin zumeist an der menschlichen Lebenswelt orientiert, intendiert in der Regel menschliche Personen, wenn von Individuen die Rede ist. Auf dieser Basis läßt sich die Verwendung des Ausdrucks zur Bezeichnung unterschiedlicher Entitäten ausweiten. Auch einzelne Ereignisse lassen sich dann als individuelle Ereignisse bezeichnen. Wie überall in der Sprache, so ist auch hier der Bereich ungemein groß, wenngleich nicht unbegrenzt, innerhalb dessen Konventionen über die Bedeutung und den Gebrauch eines Ausdrucks abgeschlossen werden können. Auf ausdrückliche Weise wird von dieser Möglichkeit beim Aufbau einer Fachterminologie Gebrauch gemacht. So kann man beispielsweise die Terminologie für eine formale Ontologie entwerfen, für die als Individuum jede Entität gilt, die weder aus gleichartigen Entitäten aufgebaut ist noch in sie aufgelöst werden kann und die sich außerdem stets eindeutig von anderen Entitäten unterscheiden läßt. Auch die Prädikatenlogik orientiert sich an Individuen, wenn sie von der Unterscheidung zwischen Individuen und den ihnen zuzuordnenden Prädikaten ausgeht. Individuen und Prädikate sind dabei nicht nur inhaltlich, sondern vor allem kategorial voneinander unterschieden. Dem trägt auch die formale Sprache Rechnung:

Der Name, durch den ein Individuum bezeichnet wird, kann in einem korrekt formulierten Ausdruck niemals die Stelle des Prädikats einnehmen, mit dessen Hilfe Aussagen über Individuen formuliert werden.

Goethes Satz »individuum est ineffabile«, wo immer seine Quelle auch zu finden sein mag, läßt nicht mit Sicherheit erkennen, welcher Umfang dem Begriff des Individuums hier zugeordnet ist. Er gibt jedoch, hier sogar der Sache nach in Übereinstimmung mit der aristotelischen Tradition, einen guten Sinn auch dann, wenn man bei seiner Deutung einen sehr weit gefaßten Begriff des Individuums ansetzt. Denn er gibt der Vermutung Ausdruck, daß sich über ein Individuum unendlich viele wahre Aussagen formulieren lassen, da es auch durch noch so viele Prädikationen niemals so erschöpfend erfaßt werden kann, daß keine weiteren Prädikationen denkbar wären. In der Rede über Individuen gibt es keine letzte, keine abschließende Prädikation. Wenn hier von unendlich vielen Aussagen die Rede ist, so genügt es, den Begriff des Unendlichen statt im mathematischen lediglich im pragmatischen Sinn zu verstehen: Man wird unter Realbedingungen niemals an das Ende möglicher Prädikationen über ein Individuum gelangen. Dabei ist nicht nur an die »gewöhnlichen« einstelligen, sondern ebenso an die mehrstelligen Prädikate zu denken, durch die die Relationen bezeichnet werden, die zwischen Individuen bestehen. Gerade im Blick auf die mehrstelligen Prädikate leuchtet sofort ein, daß Individuen durch zumindest im pragmatischen Sinn unendlich viele wahre Aussagen charakterisiert werden können.

Wie immer man den Begriff des Individuums auch präzisieren mag, so wird doch in jedem Fall die Bedingung erfüllt sein müssen, daß sich ein Individuum von seinesgleichen abgrenzen und unterscheiden läßt. Das gilt sowohl für im umgangssprachlichen als auch für in einem rein formalen Sinn verstandene Individuen. Deshalb lassen sich Individuen in jedem Fall identifizieren und sie lassen sich zählen. Ob etwas Analoges auch für Prädikate oder wenigstens für bestimmte Prädikate gilt, ist eine Frage, die sogleich in die Erörterung der schwierigsten Probleme führt, die unsere philosophische Tradition kennt. Wo immer die Frage nach dem Status dessen, worauf Prädikate bezogen sind, aufgeworfen worden ist, hat sie Schulstreitigkeiten initiiert, die die Grundlagen des dem Menschen möglichen Wissens berühren. Auf die Frage nach der Identität von Prädikaten und nach der Identität ihrer Korrelate ist bislang noch keine Antwort gegeben worden, die sich einer allgemeinen und unangefochtenen Zustimmung hätte erfreuen können. Geringere Probleme stellt die Identifizierung eines Individuums. Die Zuordnung eines Namens ist zwar nicht das einzige, wohl aber das wichtigste Mittel, das einem dabei zur Verfügung steht. Anders als im Bereich der Prädikate sind hier eindeutige Zuordnungen möglich. Soll die Identifikation eines Individuums jedoch ihre Funktion erfüllen, so müssen wenigstens zwei Voraussetzungen erfüllt sein. Einmal muß der Zuordnung von Name und Individuum eine Stabilität eigen sein, die eine Verselbständigung des Namens gegenüber dem durch ihn bezeichneten Namensträger ausschließt;

ein funktionsfähiger Name darf kein Eigenleben führen können. Wenn dergleichen dennoch immer wieder geschieht, so sollten die einschlägigen Erfahrungen gerade zu besonderer Sorgfalt im Umgang mit Namen mahnen. Zum anderen müssen Namen im Verhältnis zueinander stets so eindeutig unterscheidbar sein, daß ihre Identifikation als Namen nicht selbst schon Probleme stellt. Ein Name verliert seine identifikatorische Potenz in eben dem Maße, in dem er selbst zunächst noch einer Identifikation bedarf. Auch das Weltverständnis, das sich in der Umgangssprache ebenso wie in der Sprache der verwalteten Welt spiegelt, respektiert die identifikatorische Funktion des Namens. Gerade hier ist das, was man unter der Identität einer Person zu verstehen pflegt, aufs engste mit ihrem Namen verbunden.

Kontingente Bestimmungen kommen einem Individuum nicht auf unmittelbare Weise zu. Kein Prädikat, das das Vorliegen eines Merkmals von einem Individuum aussagt, zeigt bereits als solches und gleichsam von Hause aus Kontingenz an. Es gibt keine »geborenen« kontingenten Prädikate. Kontingenz kann ein Prädikat im Hinblick auf ein Individuum immer nur insoweit anzeigen, als dieses Individuum zuvor schon in anderer Weise bestimmt und klassifiziert worden ist. Kontingenz zeigen Prädikate daher immer nur in Relation auf jeweils andere Prädikate an, die einem Individuum zugesprochen werden, nämlich in bezug auf Prädikate, denen, aus welchen Gründen auch immer, der Status von essentiellen Prädikaten eingeräumt worden ist. Derart ausgezeichnete Prädikate pflegen einem Individuum explizit oder implizit schon im Zusammenhang mit seiner Identifizierung zugesprochen zu werden. Unter dem Blickwinkel der Logik muß jedoch die Identifizierung streng von jenem Akt unterschieden werden, der einem Individuum ausgezeichnete, essentielle Prädikate zuordnet. Außerhalb strikt formaler Sprachen ist de facto freilich mit jeder Identifizierung in aller Regel eine essentielle Charakterisierung zumindest implizit verbunden. Der Zusammenhang der hier zu erörternden Thematik macht es indes nicht erforderlich, ontologische Grundlagenfragen zu erörtern, die den Essentialismus betreffen. Denn die hier vorgenommenen Differenzierungen zwingen durchaus nicht zu einer Option zugunsten einer bestimmten essentialistischen Ontologie, da sie keine Antwort auf die Frage nach dem Status der Universalien voraussetzen. Für den gegenwärtigen Zusammenhang ist nur von Bedeutung, daß eine Kontingenz von Prädikaten immer nur in bezug auf das bestimmt ist, was im jeweiligen Zusammenhang als nicht kontingent bereits vorausgesetzt ist. Das können essentielle Prädikate im engeren Sinn sein oder Prädikate, die ein Individuum lediglich klassifizieren; es können aber auch Prädikate sein, die einem Individuum für die ganze Dauer seiner Existenz in Abhebung gegenüber Prädikaten, für die dies nicht gilt, zugesprochen werden. In jedem Fall läßt sich von Kontingenz aber nur im Hinblick auf Individuen sprechen, die bereits identifiziert und durch nichtkontingente Prädikate charakterisiert sind.

Nur innerhalb eines formalen Modells wird die Identifikation von Individuen gänzlich problemlos sein. Wenn man es aber nicht dabei bewenden läßt, mit den Elementen einer formalen Kunstsprache zu operieren, sondern den Blick auf das heterogene Kontinuum der sich in der Erfahrung präsentierenden realen Welt richtet, um dort von den Werkzeugen der Logik Gebrauch zu machen, dann ist es oftmals Sache einer durchaus nicht trivialen Entscheidung, wie man aus dem Erscheinungszusammenhang dieser Welt Individuen ausgrenzen, als solche ansprechen und identifizieren kann. Im Rahmen der Lebenspraxis ergeben sich dort noch keine Probleme, wo es um menschliche Personen, um höhere Lebewesen oder um geeignete Artefakte geht. Schwieriger wird die Aufgabe, wenn man den Blick auf die in der realen Welt begegnenden phänomenalen Kontinua richtet und dort versucht, Individuen auszugrenzen und zu identifizieren. Geht es etwa um Landschaftsformationen oder um Meeresströmungen, um Wolken oder um Wasserwellen, so bedarf es zur Identifizierung von Individuen stets einer Ermessensentscheidung, wenn man nicht von vornherein darauf verzichtet, Abgrenzungen vorzunehmen, durch die aus Komplexphänomenen allererst Individuen herausgehoben werden sollen. Eine Ermessensentscheidung ist gewiß stets einer Begründung fähig. Sie kann aus ihr jedoch niemals zwingend hergeleitet, sondern allenfalls plausibel und verständlich gemacht werden. Noch nicht einmal im Reich der belebten Natur hat man eine Garantie, den Schwierigkeiten enthoben zu sein, die sich bei dem Versuch ergeben können, Individuen zu identifizieren. Wenig problematisch sind derartige Identifizierungen, wenn sie Gebilde zum Gegenstand haben, die man, auch mit einem Blick auf ihren Ort in der Evolution, als höhere Lebewesen auszuzeichnen pflegt. Lebensphänomene auf vergleichsweise niederen Stufen können dagegen dem Versuch einer Individualisierung Widerstand entgegensetzen. Das erfährt man beispielsweise dann, wenn man versucht, etwa bei Pilzlagern und Flechten, bei Korallen oder anderen Hohltieren Individuen zu identifizieren und randscharf gegeneinander abzugrenzen. Läßt sich auch die Individualisierung als ein Resultat der Evolution deuten? Die Entwicklung eines Zentralnervensystems liefert für das Tierreich ohne Zweifel Gründe zugunsten der entsprechenden Annahme. Wer im Reich der Lebewesen Individuen identifizieren will, hat jedenfalls dort oft einen sehr viel größeren Ermessensspielraum, wo es sich um frühe Stadien der Evolution handelt. Die Schwierigkeiten endlich, die sich bei dem Versuch ergeben, im Forschungsbereich der Mikrophysik Individuen auszumachen und zu identifizieren, führen zu jenen Grundlagenfragen, die die Arbeit der Theoretiker der exakten Wissenschaften noch immer in Atem halten.

Will man die Schwierigkeiten auf die Spitze treiben, die sich in der realen Welt bei der Identifizierung von Individuen ergeben können, so mag man auf die Grenzen verweisen, an die selbst bei einem »höheren« Lebewesen, den Menschen nicht ausgenommen, jeder Versuch einer Individualisierung schon deswegen stößt, weil es stets auf vielfältige Weise in eine natürliche und in eine soziale Umwelt eingebunden ist, außerhalb deren es gar nicht existieren könnte. Diese Einbindung hindert gewiß niemanden daran, Individuen zu identifizieren. Sie erinnert jedoch daran, daß das logische wie auch das ontologische Konzept des Individuums auf einer Idealisierung beruht, weil es eine Selbständigkeit unterstellt, die in der realen Welt allenfalls näherungsweise gegeben ist. In dieser realen Welt lassen sich nun einmal keine Gebilde ausmachen, die nicht auch in transzendenten Relationen stehen, also in Relationen, die ihr Relat deswegen nicht lediglich akzidentell bestimmen, weil sie zu seinem Wesen, oder – wie man dies heute oft nennt – zu seiner Identität gehören. Auf diese Verhältnisse pflegt seinen Blick zu richten, wer sich entscheidet, eine Naturauffassung vom holistischen Typus zu erproben; er wird dabei vermutlich einem Begriffssystem den Vorzug geben, das die Begriffe des Individuums und der Individualität nicht als klassifikatorische, sondern als komparative, ein Mehr und ein Weniger zulassende Begriffe ansetzt. Aber auch er wird schon aus pragmatischen Gründen nicht auf einen klassifikatorischen Individualitätsbegriff verzichten wollen, wenn es darum geht, die Verhältnisse der menschlichen Lebenswelt auf Begriffe zu bringen.

Eine formale Theorie, die sich mit der Individualität und mit der Identifizierung von Individuen befaßt, darf gewiß zunächst die Frage nach der Instanz ausklammern, von der eine solche Identifizierung vorgenommen wird. Diese Frage kann indessen relevant werden, sobald die Grenzen der formalen Theorie überschritten werden. In der großen Mehrzahl der Fälle wird der Akt, durch den ein Individuum identifiziert wird, von einer ihm gegenüber stehenden und von ihm verschiedenen Instanz praktiziert. Gerade die Namengebung ist als ein Akt personaler Identifizierung in vielen Kulturen in besondere Rituale eingefügt, die zugleich auch die Irreversibilität dieses Aktes garantieren sollen. Nun kann aber auch eine Situation besonderer Art gegeben sein: Sie liegt dann vor, wenn die Identifikation eines Individuums nicht von einer von ihm verschiedenen Instanz, sondern von diesem Individuum selbst geleistet wird. Dies ist möglich, weil es Wesen gibt, die Individuen nicht nur sind und die als solche nicht nur identifiziert werden können, sondern die außerdem auch die Fähigkeit haben, sich selbst als Individuen zu verstehen. Nur einem verschwindend kleinen Anteil der Wesen, die sich als Individuen identifizieren lassen, ist diese Fähigkeit zur Selbstidentifikation eigen. Diese Fähigkeit bestimmter Individuen, sich seiner eigenen Individualität bewußt zu sein und sich selbst zu identifizieren, ist eine rätselhafte Disposition, deren Ursprung im Dunkel liegt. Ihr Manifestwerden ist dagegen von einer nicht zu erschütternden Evidenz. Denn ein Wesen, das »Ich« sagt, bezieht sich damit nicht nur auf sich selbst, sondern es leistet damit auch zugleich eine Selbstidentifikation. Es ist schlechterdings nicht einzusehen, warum es nach dem Verdikt eines bekannten Autors bei manchen Menschen ein Ausdruck von Unverschämtheit sein soll, wenn sie »Ich« sagen und damit von jener einzigartigen Fähigkeit Gebrauch machen. Die mit dieser Fähigkeit ausgestatteten Individuen pflegt man im übrigen auch als Personen zu bezeichnen. Im Gegensatz zu einer heute sowohl innerhalb als auch außerhalb der Wissenschaft propagierten Sprechweise, gemäß der nur dann von Personen gesprochen werden soll, wenn einschlägige Merkmale aktuell vorliegen, wird hier der Personbegriff allen Individuen zugesprochen, deren Genotyp es erlaubt, eine Disposition zur Selbstidentifikation anzunehmen. Es kann dabei davon abgesehen werden, zu welchen Zeiten und unter welchen Randbedingungen sich diese Disposition manifestieren kann. Denn die Existenz einer derartigen Disposition ist sogar mit Bedingungen verträglich, die ihre Manifestation auf Dauer ausschließen.

Eine Identifikation, zumal eine Selbstidentifikation, geht unter Realbedingungen nicht darin auf, ein punktueller, inhaltsleerer Akt zu sein. Der punktuelle Akt gibt allenfalls das formale Gerüst für die Identifikation vor. Unter Realbedingungen weist jede Identifikation auch eine inhaltliche Komponente auf, weil stets jemand als jemand oder etwas als etwas identifiziert wird. Auch eine sich selbst identifizierende Person wird sich immer auf bestimmte Inhalte hin verstehen. Ein entsprechendes Moment ist sogar noch in manch einer personalen Namensgebung präsent. Dieses inhaltsbezogene Moment einer personalen Identifikation mag selbst gewählt oder aber von Traditionen und Institutionen vorgeprägt sein. Es wird indessen niemals ganz fehlen. Dies ist für den Zusammenhang der gegenwärtigen Überlegungen vor allem deswegen von Bedeutung, weil niemals ohne Bezug auf die mit einer Selbstidentifikation verbundenen inhaltsbezogenen Momente darüber befunden werden kann, was für ein Individuum als kontingent zu gelten hat.

Bei einem personalen Individuum wächst der Selbstidentifikation auch die Aufgabe zu, Kontinuität in der Zeit zu stiften. Diese Identität über die Zeit hinweg soll auf diese Weise aber nicht nur der Sache nach gesichert, sondern zugleich auch für das Individuum erfahrbar gemacht werden. Nur ein Individuum, das zu einer die Zeit übergreifende Selbstidentifikation fähig ist, kann Adressat sittlicher Forderungen sein. Nur wenn Identität über die Zeit gesichert ist, läßt sich einem Individuum sein Verhalten in der Vergangenheit als sein eigenes zurechnen; nur unter dieser Bedingung kann ein Individuum zu künftigen Handlungen verpflichtet werden und sich selbst verpflichten. Handlungen lassen sich ohnehin gegenüber natürlichen Prozessen oder Ereignisfolgen schwerlich anders auszeichnen als dadurch, daß sich ihr Urheber mit ihnen identifiziert. Umgekehrt kann sich die Selbstidentifikation eines Individuums auch in Handlungen und durch sie manifestieren. Jede Handlung, die ihren Namen verdient und die sich deshalb nicht auf eine bloß gegenständliche Ereignisfolge reduzieren läßt, fungiert zugleich als vermittelndes Element einer Reflexionsbeziehung, in der sich ein Individuum zwar auf einen objektiven Inhalt, aber damit zugleich auch auf sich selbst bezieht. Sprechhandlungen in der ersten Person, nicht von ungefähr Gegenstand des Interesses mancher Analytiker, sind vorzügliche Exempel, an Hand deren sich deutlich machen läßt, welche Strukturelemente der Sache nach zu jeder Handlung gehören. Aber auch die die Gestalt einer sprachfernen Handlung annehmende Selbstidentifikation eines Individuums geht nicht in einem spontanen, momentanen Akt auf. Ein Phänomen wie das der Verantwortung wäre nicht möglich, würden dem Individuum nicht auch frühere Handlungen zugerechnet werden können; das sittliche Sollen andererseits setzt voraus, daß vom Individuum verlangt werden kann, sich auch mit solchen erst noch zu realisierenden Handlungen zu identifizieren, die spontan zu erbringen es zunächst vielleicht gar nicht willens ist.

Die hier vorgetragenen Überlegungen sollen auch der Tatsache gerecht werden, daß sich die Folgen eines jeden Handelns gleichsam fächerförmig in die Welt ausbreiten. Hier wird die Frage dringlich, bis zu welcher Grenze dem Individuum eine Identifikation mit den Folgen seiner Handlungen zugemutet werden kann; es stellt sich aber auch die Frage nach der Grenze, bis zu der eine Identifikation überhaupt möglich ist. Ein Dilemma ergibt sich hier, weil diese Grenze niemals auf der Grundlage einer allgemeingültigen Regel randscharf markiert werden kann. Jenseits dieser Grenze liegt jedoch stets der Bereich der Handlungsfolgen, die für das handelnde Subjekt nur noch kontingent sind. Institutionelle Ordnungen können von dem Individuum, das in sie eingebunden ist, durchaus verlangen, auch für bestimmte kontingente Folgen seines Handelns Verantwortung zu übernehmen. Doch schon jeder Versuch, eine Grenze zwischen der Handlung selbst und ihren Folgen auszumachen, zwingt letztlich zu Ermessensentscheidungen. Unter der Bedingung der Ordnungen, in denen Menschen mit ihresgleichen zusammenleben, sind solche Entscheidungen zumeist Sache der Institutionen. Zu ihren Aufgaben gehört es, zumindest einen Teil der Kontingenzen zu regulieren, mit denen jedes Individuum konfrontiert ist. Freilich sollte hier nicht übersehen werden, daß sich das Individuum immer auch in bezug auf diese Institutionen identifizieren kann. Das ist sogar eine Bedingung dafür, daß Institutionen funktionsfähig sein können. Sie sind auf die Individuen angewiesen. Sie lassen sich jedenfalls auch danach klassifizieren, in welcher Weise und in welchem Grade sie eine solche Identifikation verlangen.

Es war bereits von den Möglichkeiten der Kontingenzreduktion die Rede, die durch die Stochastik eröffnet werden. Nachdem inzwischen wenigstens einige der mit der Identifizierung von Individuen verbundenen Probleme zur Sprache gekommen sind, ist es sinnvoll, an jene Thematik wieder anzuknüpfen und die Frage nach der Art des Umgangs zu stellen, die der Statistiker mit Individuen pflegt. Der Statistiker untersucht Gesamtheiten von Elementen, die stets ein gemeinsames Merkmal aufweisen müssen, hinsichtlich anderer Merkmale dagegen unterschieden sind. Geht er von geeigneten Fragestellungen aus, so hat er gewiß niemals die Garantie, wohl aber die Chance, in der Verteilung eben dieser Merkmale Regelmäßigkeiten zu entdecken, die nicht selten sogar geeignet sind, Prognosen zu stützen. Solche Regelmäßigkeiten gelten indessen immer nur für Gesamtheiten. Sie schließen eine unmittelbare Anwendung auf die individuellen Elemente aus, die diese Gesamtheiten konstituieren. Das ist eine der Grundregeln, die für jeden Umgang mit Statistik gilt. Ohnehin haben die Aussagen, die der Statistiker über seine Gesamtheiten formuliert und zu begründen sucht, nicht die Struktur jener Allaussagen, die von einer Klasse deswegen gelten, weil sie für jedes ihrer Elemente gültig sind. Gesetze des Zufalls lassen sich daher nur dort entdecken, wo der im Einzelfall präsente Zufall bestehen bleibt. Ließe sich hier mit einer deterministischen, ausnahmslos geltenden Gesetzlichkeit arbeiten, so bestünde gar kein Anlaß, von statistischen Techniken Gebrauch zu machen. Der Hinweis auf den Zufall liefert dagegen zumindest im ersten Durchgang immer eine korrekte Antwort, wo nach dem Ursprung eines kontingenten Merkmals im Einzelfall gefragt wird, und zwar auch dort, wo der Statistiker bereits Regelmäßigkeiten eruiert hat. Die durch die Statistik ermöglichte Kontingenzreduktion bleibt daher immer auf die Ebene der Gesamtheiten beschränkt; der Einzelfall wird von ihr gerade nicht erreicht. Der Satz »individuum est ineffabile« entstammt gewiß nicht einer Reflexion auf die Statistik und ihre Grundlagen. Gleichwohl findet er auch hier eine Bestätigung.

Damit ist zugleich deutlich geworden, welche Art von Zusammenhang die statistische Kontingenzreduktion mit der Identifikationsproblematik verbindet: Der Statistiker muß nämlich darauf verzichten, die Elemente zu identifizieren, aus denen die von ihm untersuchten Gesamtheiten bestehen. Solange er die Einstellung des Statistikers beibehält, hat er es mit nicht identifizierten und sogar mit nicht identifizierbaren Individuen zu tun. Zwar müssen auch diese Individuen voneinander unterschieden und außerdem auch gezählt werden können. Sie bleiben indessen stets anonym. So liefert gerade das Identifikationsverbot einen wesentlichen Gesichtspunkt, unter dem das vom Statistiker praktizierte Denken ein Stück der ihm eigenen Kontur zeigt. Statistische Individuen sind stets nicht identifizierte Individuen.

Die Frage nach dem Nutzen, den der Statistiker aus den Ergebnissen seiner Arbeit ziehen kann, findet eine einfache Antwort: Sie liegt in dem Hinweis auf jene Gesetze des Zufalls und der großen Zahl, die sich gerade dann aufzeigen lassen, wenn man die Kontingenz des Einzelfalls gleichsam einklammert, aber als solche bestehen läßt. Die Frage, was für das einzelne Individuum aus solchen Ergebnissen folgen kann, wird trotzdem dringlich, wenn die Gesamtheiten, die der Statistiker untersucht, aus Elementen bestehen, die als Personen einer Selbstidentifikation fähig sind und die die ihrer Individualität begegnende Kontingenz unmittelbar erfahren können. Der Statistiker, der solche Gesamtheiten betrachtet, hat natürlich keine Schwierigkeiten, wenn er schon auf die Identifikation dieser Individuen verzichtet, zugleich auch von deren Fähigkeit zur Selbstidentifikation abzusehen. Niemand kann ihn daran hindern, auch hier auf die Suche nach Gesetzen des Zufalls und nach Gesetzen der großen Zahl zu gehen. Andererseits kann er personale Individuen nicht daran hindern, die Ergebnisse seiner Bemühungen zur Kenntnis zu nehmen und zu versuchen, sie für sich selbst fruchtbar zu machen. Auch wenn diese Ergebnisse nicht unmittelbar auf den individuellen Fall angewendet werden können, so werden sie dennoch dem personalen Individuum niemals gleichgültig sein.

So gut auch das Verbot legitimiert ist, Ergebnisse der Statistik unmittelbar auf den Einzelfall anzuwenden, – es läßt sich nicht immer in letzter Konsequenz befolgen. Denn statistische Regelmäßigkeiten, sind sie erst einmal entdeckt, lassen den identifizierten Einzelfall auch dann in einem anderen und neuen Licht erscheinen, wenn die individuelle Kontingenz unangetastet bleibt. Die gerade bei existenznahen Kontingenzen von personalen Individuen immer wieder gestellte Frage »warum gerade ich?« wird durch den Hinweis auf statistische Regelmäßigkeiten gewiß niemals definitiv beantwortet. Trotzdem ist es nicht gleichgültig, ob Gesetze des Zufalls den Hintergrund abgeben, vor dem jene Frage gestellt wird. Gerade dort, wo es um den Umgang mit dem individuellen Einzelfall geht, können einschlägige Informationen vom statistischen Typus auch dann von Nutzen sein, wenn der jeweilige Fall in seiner Individualität von der Statistik nicht erreicht wird. Ein gutes Beispiel hierfür bietet die Tätigkeit des Arztes. Das handlungsleitende Wissen, das dem Arzt zur Verfügung steht, ist nämlich zum größten Teil Wissen vom statistischen Typus. Anders als vom klinischen Forscher oder vom Epidemiologen wird jedoch vom Arzt verlangt, etwas zu leisten, was er, unter dem Blickwinkel des methodologischen Puristen gesehen, gar nicht leisten kann: Er soll auf der Grundlage statistischen Wissens den Fall eines individuellen Patienten beurteilen und auf der Basis eines derartigen Urteils eine Handlungsentscheidung treffen. Hier stellt sich die Frage, ob sich doch noch Techniken ausfindig machen lassen, die es erlauben, den von der Methodologie geforderten Hiatus zwischen dem individuellen Einzelfall und einer nur auf Gesamtheiten bezogenen statistischen Regelmäßigkeit zu überbrücken. Es liegt auf der Hand, daß diese Frage vornehmlich dort dringlich wird, wo es personale, zur Selbstidentifikation fähige Individuen sind, die die einschlägigen Einzelfälle bilden und die, anders als der Statistiker, für sich selbst keinen Identifikationsverzicht üben können.

Nun ist es längst gelungen, statistische Regelmäßigkeit und Einzelfall doch noch in einer Weise aufeinander zu beziehen, die der dem Einzelfall eigenen Kontingenz gerecht zu werden scheint. Es ist der Begriff der Wahrscheinlichkeit, der diese Vermittlung leistet. Geht es um kontingente Merkmale, für die statistische Regelmäßigkeiten gelten, so kann auf dieser Grundlage zwar nicht definitiv festgestellt werden, ob einem bestimmten Individuum ein bestimmtes kontingentes Merkmal zukommt oder nicht. Wohl aber läßt sich die Wahrscheinlichkeit angeben, mit der dies angenommen werden kann. Daran kann in manchen Fällen ein Interesse bestehen, insbesondere dann, wenn es sich um Individuen handelt, die nicht nur Objekte eines solchen Interesses sind, sondern die auch selbst ein derartiges Interesse entwickeln können. Freilich beziehen sich Wahrscheinlichkeiten immer auf zukünftige Kontingenzen; in der Zukunft kann natürlich auch ein jetzt noch nicht vorliegendes Wissen über Vergangenes liegen. Aber es sind gerade die in der Zukunft bevorstehenden Kontingenzen, an denen das personale Individuum erwartend, hoffend oder befürchtend Interesse nimmt, weil es, wenn überhaupt, nur hier eine Chance sehen kann, auf

Dinge Einfluß zu nehmen, die sich mit Sicherheit gerade noch nicht vorhersehen lassen.

Was leistet nun aber der Begriff der Wahrscheinlichkeit? Er scheint die Möglichkeit zu eröffnen, die Kontingenz, mit der ein Individuum in seinen Hoffnungen und Chancen, Risiken und Gefahren konfrontiert wird, abzuschätzen und kalkulierbar zu machen. Dieser Begriff scheint wie mit einem Kunstgriff statistisches Denken schließlich doch noch für den Einzelfall fruchtbar zu machen, zumal dann, wenn es quantifizierte Wahrscheinlichkeiten sind, mit denen gearbeitet werden kann. Man sollte freilich nicht übersehen, daß der Umgang mit unquantifizierten, allenfalls komparativ abgestuften Wahrscheinlichkeiten schon seit unvordenklichen Zeiten zu den Techniken der Daseinsbewältigung gehört. Sie tragen der Eigenart der conditio humana insofern Rechnung, als mit ihr ein niemals vollständig überschaubarer Zukunftshorizont verbunden ist. Zu dieser Daseinsbewältigung gehören in jedem Fall lebenspraktische Regeln, aufgrund deren man abschätzt, was vorhersehbar ist, sowie eine Haltung, auf Grund deren man auf den Eintritt von Unvorhersehbarem gefaßt bleibt und die einen überdies befähigt, sich mit Unabänderlichem abzufinden. Dies sind Dinge, die kulturspezifisch in literarischen und öfters noch in vorliterarischen Traditionen vermittelt werden. So steht der noch nicht quantifizierte Wahrscheinlichkeitsbegriff der Welt der Umgangssprache noch sehr nahe. Er ist weit davon entfernt, die dem Individuum begegnende Kontingenz zu reduzieren. Seine Funktion besteht darin, Orientierungshilfe im Umgang mit ihr zu geben.

Nun ist es der neuzeitlichen Probabilistik bekanntlich gelungen, den Wahrscheinlichkeitsbegriff zu quantifizieren. Ohne Zweifel ist dadurch Kontingenz kalkulierbarer geworden. Es fragt sich indes, ob diese Kalkulierbarkeit an Grenzen stößt, wenn ein personales Individuum von diesem Begriff im Umgang mit zukünftiger Kontingenz Gebrauch macht. Die Quantifizierung des Wahrscheinlichkeitsbegriffs hat gewiß die Entwicklung einer axiomatisierten mathematischen Theorie ermöglicht. Es ist aber bis heute Gegenstand eines Schulstreits geblieben, wie der Wahrscheinlichkeitsbegriff zu interpretieren ist und von welcher Art die Strukturen sind, die mit seiner Hilfe bezeichnet werden. Der mathematische Formalismus bleibt allerdings indifferent gegenüber jenem Streit, den die Experten unter sich austragen und für den sich bis jetzt noch keine Aussicht zeigt, durch eine Befriedung oder durch einen Kompromiß beigelegt zu werden. Während die Frequentisten als Vertreter eines »objektiven« Wahrscheinlichkeitsbegriffs in der Wahrscheinlichkeit den Grenzwert einer relativen Häufigkeit sehen, verstehen ihn die »subjektiv« orientierten Personalisten als das Maß eines graduell abstufbaren Glaubens, nämlich einer Erwartungshaltung, mit der eine Person zukünftigen kontingenten Ereignissen entgegensieht; eine Synthese verkörpert die Deutung, gemäß der die Wahrscheinlichkeit als auf eine relative Häufigkeit bezogener Erwartungswert zu verstehen ist.

Es mag zunächst so scheinen, als würden die Personalisten die elegantere Lösung im Grundlagenstreit schon deswegen anbieten, weil sie die mit dem Begriff des Grenzwertes verbundenen Schwierigkeiten vermeiden und statt dessen bei einem nur graduell differenzierbaren subjektiven Faktum ansetzen. Der Grad, mit dem ein kontingentes Ereignis erwartet oder an sein Eintreten geglaubt wird, soll sich nach dieser Deutung durch rationales Wettverhalten der erwartenden oder glaubenden Person testen lassen. Eben dies ist jedoch eine sehr voraussetzungsvolle Annahme. Denn es ist die Frage, ob es überhaupt sinnvoll ist, von einem rationalen Wettverhalten zu sprechen, wie dies bei den Vertretern der personalistischen Deutung des Wahrscheinlichkeitsbegriffs geschieht. Wetten mit sehr hohem Einsatz sind schwerlich rational; bei kleinen Einsätzen wird die Freude daran, am Spiel teilzunehmen, gegenüber dem Interesse am Ergebnis oft das Übergewicht haben. Wer eine Teilnahme an Wetten überhaupt für sinnvoll hält, tut dies auf der Grundlage einer Disposition, die längst nicht jeder Person eigen ist. Daher führen alle Versuche, lebenspraktische Entscheidungen in nicht ganz durchschaubaren Konfliktsituationen nach der Analogie zu Wettentscheidungen zu verstehen, immer nur zu Ergebnissen von eng begrenztem Erkenntniswert. Außerdem dürfte der Ansatz eines Erwartungsgrades oder eines Glaubensgrades eine Konstruktion zum Gegenstand haben, der im Selbstverständnis des personalen Individuums nichts zu entsprechen braucht. Natürlich ist niemand gehindert, das Konzept eines Erwartungsgrades als rein theoretische Größe einzuführen. Sinnvoller als der Ansatz einer graduell differenzierbaren Erwartung wäre jedoch der Ansatz einer unteilbaren Erwartung, die sich auf einen graduell differenzierbaren Inhalt als auf ihr intentionales Korrelat richtet. Die Erwartung von etwas, was graduell differenzierbar ist oder der entsprechende Glaube daran, ist schon kategorial von einer Erwartung verschieden, die als psychisches Faktum nach Grad oder Stärke differenziert wird. Es ist also gerade die intentionale Struktur der Erwartung, der die mit Erwartungsgraden arbeitende personalistische Deutung der Wahrscheinlichkeit nicht gerecht wird.

Selbst dann, wenn sich diese Bedenken ausräumen ließen, befände sich der Personalist mit seiner Deutung des Wahrscheinlichkeitsbegriffs gegenüber dem Frequentisten noch nicht im Vorteil. Das wird deutlich, sobald man die Frage nach der Genese des Erwartungsgrades mit der Absicht stellt, diesen Begriff für die konkrete Arbeit operabel zu machen. Denn hier zeigt sich, daß die mit der frequentistischen Deutung verbundenen Schwierigkeiten nur an eine andere Stelle verschoben worden sind. Wenn man den jeweiligen Erwartungsgrad nicht einfach als ein vorgegebenes psychisches factum brutum hinnehmen will, das keiner Rechtfertigung bedürftig ist, wird man nicht umhin können, die Frage nach seiner Genese und nach seiner Legitimation zu stellen. Gerade hier sieht man sich aber schließlich auf Erfahrungen, zumindest aber auf Vormeinungen hinsichtlich relativer Häufigkeiten kontingenter Ereignisse verwiesen. Das einzelne Ereignis, auf das sich die graduell fraktionierte Erwartung richten soll, wird auf diese Weise einer Gesamtheit von Ereignissen zugeordnet, für die eine bestimmte Verteilung relativer Häufigkeiten charakteristisch ist. Auch hier muß darauf verzichtet werden, über individuelle Fälle definitive Aussagen zu machen. Wenn jedenfalls die Annahme von graduell abstufbaren Erwartungshaltungen als psychischen Fakten überhaupt sinnvoll sein sollte, dann gewiß nur unter der Bedingung, daß solche Haltungen zugleich latente Annahmen über Häufigkeitsverteilungen repräsentieren. Eine Annahme, die sich auf derartige Verteilungen richtet, muß aber deswegen nicht selbst in ihrer Gegenständlichkeit eine diesen Verteilungen analoge Differenzierung aufweisen. Auch mit der personalistischen Deutung des Wahrscheinlichkeitsbegriffs wird daher der individuelle Einzelfall nicht erreicht. Denn auch hier wird der kontingente Einzelfall durch die Zuschreibung einer Wahrscheinlichkeit, wenngleich auf einem Umweg, einer möglichen Gesamtheit von nicht identifizierten Fällen zugeordnet.

Die Hoffnung, statistisches Denken doch noch für die Bewältigung des individuellen Einzelfalles fruchtbar machen zu können, ist auch dort wirksam, wo der quantifizierte Wahrscheinlichkeitsbegriff beim Aufbau der normativen Entscheidungstheorie in Anspruch genommen wird. Diese Theorie unternimmt es, Formalismen auszuarbeiten, die dazu bestimmt sind, Handlungsentscheidungen zu optimieren, die unter Bedingungen getroffen werden müssen, unter denen nur eine probabilistische Einschätzung der für die Entscheidung relevanten, kontingenten Handlungsumstände, hingegen kein sicheres Wissen erreichbar ist. Das gilt jedenfalls für den wichtigsten Anwendungsbereich dieser Theorie, nämlich für die Entscheidungen unter Risiko. Die Theorie kann daher ihre Optimierungsaufgabe nur unter der von ihr nicht weiter zu prüfenden Voraussetzung lösen, daß dem Entscheidungssubjekt eine adäquate probabilistische Bewertung der Handlungsumstände gelingt. Der Formalismus der Entscheidungstheorie bedarf in jedem konkreten Anwendungsfall der Vorgabe einer Wahrscheinlichkeitsmatrix, in der die einschlägigen Einschätzungen des Entscheidungsträgers aufgelistet sind. Sie setzt diese Einschätzungen voraus und fragt weder nach ihrer Genese noch nach ihrer Legitimation. Solche Fragen muß jedoch stellen, wer nicht nur mit dem Formalismus der Theorie arbeiten, sondern aus ihrer Anwendung auch Nutzen ziehen will. Verläßliche Wahrscheinlichkeitswerte lassen sich aber nur erheben, wenn man sich an Häufigkeitsverteilungen orientieren kann, wie sie sich an geeigneten statistischen Gesamtheiten ablesen lassen. Dazu kommt aber noch etwas anderes. Mit den Mitteln der Theorie läßt sich nicht vorhersagen, ob sich die einzelne, auf ihrer Grundlage getroffene individuelle Entscheidung nachträglich als die beste Lösung auch dann noch erweisen wird, wenn die Handlungsumstände bekannt sind. Denn sie will ja gerade Entscheidungen optimieren, die unter einem Risiko, nämlich unter dem Risiko einer nur probabilistischen Bewertung der Umstände getroffen werden müssen. Selbst wenn die in die Wahrscheinlichkeitsmatrix eingehenden Bewertungen objektiv gut begründet sind, kann eine Entscheidung getroffen werden, die sich im Rückblick als ungünstig herausstellen wird. Auch dies gehört zu dem Risiko, unter dem solche Entscheidungen getroffen werden. In Wahrheit läßt sich daher nur im Blick auf eine statistische Gesamtheit von unter vergleichbaren Randbedingungen zu treffenden Entscheidungen behaupten, daß die Theorie eine optimale Entscheidung empfiehlt. Zumindest ideell betrachtet die Theorie die einzelne Entscheidung immer im Rahmen einer Gesamtheit gleichartiger Entscheidungen. Optimiert wird in Wirklichkeit immer nur eine derartige ideelle Entscheidungsgesamtheit. Deshalb kann die Entscheidungstheorie auch nur dort Hilfestellung geben, wo es um Handlungen geht, die wiederholbar sind, wenn schon nicht in der Realität, so doch wenigstens in der Idee. Wo diese Bedingung nicht erfüllt ist, bleibt der Nutzen sehr begrenzt, den man sich von der Anwendung der Theorie versprechen kann. Das bestätigen auch die Beispiele, mit denen die Entscheidungstheoretiker den Formalismus ihrer Theorie zu exemplifizieren pflegen. Es sind fast immer Entscheidungen des privaten oder des geschäftlichen Alltags, die hier das Veranschaulichungsmaterial abgeben. Derartige Entscheidungen sind allemal wiederholbar.

Ohne Zweifel kann auch mit Hilfe der Entscheidungstheorie Kontingenz reduziert werden. Das gelingt aber immer nur insoweit, als die kontingente Einzelentscheidung als Element einer statistischen Gesamtheit betrachtet wird. Für das mit dem Zwang zur Entscheidung belastete Individuum ist sie deswegen nur in dem Maße von Nutzen, in dem es dem Entscheidungssubjekt möglich ist, sich von der jeweils einzelnen, individuellen Entscheidung und ihrem Inhalt zu distanzieren. Distanzierung impliziert in letzter Instanz auch immer die Bereitschaft, Identifikationsverzicht zu üben. Nur aus Entscheidungen jedoch, mit deren Inhalten sich das Entscheidungssubjekt nicht identifiziert, geht dieses Subjekt unverändert als dasselbe hervor.

Auch an Hand des Phänomens der Gefahr läßt sich die Situation des mit Kontingenzen konfrontierten Individuums beleuchten. Eine Gefahr, die einem Individuum droht, bezieht sich immer auf die Möglichkeit eines schädigenden Ereignisses. Dabei darf aber die Möglichkeit, der Gefahr zu entgehen, nicht ganz ausgeschlossen sein. Eine Gefahr droht außerdem stets in der Zukunft und aus der Zukunft. Ereignisse, deren Eintreten oder Eingetretensein bereits gewiß ist, haben nicht den Charakter von Gefahren. Spricht man beispielsweise von einer Lebensgefahr, so bezieht man sich auf die Möglichkeit, unter ganz bestimmten Umständen den Tod zu erleiden. Mit der Rede von einer Lebensgefahr kann dagegen nicht gut die Tatsache intendiert werden, daß der Tod jedem individuellen Leben als unausweichliches Ende mit absoluter Gewißheit bevorsteht. Denn jede Gefahr ist auch durch die niemals ganz aufhebbare Ungewißheit charakterisiert, die sich auf das Eintreten des schädigenden Ereignisses bezieht. Für das Phänomen der Gefahr ist es indessen irrelevant, ob diese Ungewißheit naturgesetzlich begründet ist oder ob sie nur die Grenzen der Information anzeigt, die dem von der Gefahr bedrohten Individuum zum jeweiligen Zeitpunkt und unter den jeweiligen Bedingungen zur Verfügung steht. Die mit jeder Gefahr verbundene Ungewißheit läßt sich differenzieren, wenn Wahrscheinlichkeitswerte zugeordnet werden können. In diesem Fall wird aus einer Ungewißheit ein Risiko. Das mit einer individuellen Situation verbundene Risiko entspricht indessen einer relativen Häufigkeit, wenn man den Einzelfall in einer statistischen Gesamtheit aufgehen läßt. In bezug auf den Einzelfall läßt sich die Ungewißheit dennoch nicht neutralisieren. Ein Risiko mag sich auch noch so exakt probabilistisch quantifizieren lassen, – von Interesse bleibt doch in erster Linie, ob das drohende, individuelle Ereignis eintreten wird oder nicht. Das ist eine einfache Alternative, die als solche durch keine Probabilistik relativiert werden kann, schon gar nicht, nachdem die Entscheidung gefallen ist.

Im Bewußtsein drohender Gefahren wird Kontingenz für ein selbstbewußtes Individuum in einer sehr elementaren Gestalt erfahrbar. Jeder Mensch wird von Kind an in Regeln eingewöhnt, die die Einschätzung von Gefahren und den Umgang mit ihnen zum Gegenstand haben. Sie haben es mit der vorquantitativen Abschätzung nicht nur des Ausmaßes des zu befürchtenden Schadens, sondern auch der Wahrscheinlichkeit zu tun, mit der der Eintritt des entsprechenden Ereignisses droht. Es sind Regeln, die oftmals der gänzlichen Verdrängung von Gefahren eines sehr geringen Wahrscheinlichkeitsgrades Vorschub leisten. Jede Ordnung, unter der Menschen zusammenleben, kennt solche Regeln, deren Beachtung sie den Individuen empfiehlt oder sogar für sie verbindlich macht. Jede derartige Ordnung erwartet überdies von ihren Mitgliedern, daß sie bestimmte Gefahren auf sich nehmen. Zwar gehört es zu den elementaren Zielen eines jeden Individuums, Gefahren aus dem Wege zu gehen, sobald sie als solche erkannt worden sind. Dies läßt sich jedoch immer nur in bezug auf einzelne, bestimmte Gefahren erreichen. Auf das Ganze der Lebenspraxis eines Individuums bezogen wäre ein solches Vorhaben utopisch. Die Vielfalt der Bedrohungen, mit denen jedes Individuum ständig konfrontiert wird, läßt es nicht zu, schlechthin allen Gefahren zu entgehen. Das gehört zu den elementaren Lebenserfahrungen einer jeden mit der Welt der Kontingenz konfrontierten Person. Ihr bleibt auch im günstigsten Fall immer nur die Möglichkeit, Gefahren nach Wahrscheinlichkeit, Größe und Schweregrad gegeneinander abzuwägen und auf dieser Grundlage eine Alternativentscheidung zu treffen. Nicht selten nimmt sogar ein sicheres Übel in Kauf, wer einer bestimmten Gefahr entgehen will. Einschlägige Theorien können bei solchen Entscheidungen gewiß Hilfestellung leisten, wenn sie dazu anleiten, Informationen zu verarbeiten. Die Entscheidung selbst können sie nicht ersetzen.

Es ist eine Erfahrungstatsache, daß manche Gefahren auf eine gänzlich inadäquate Weise bewertet werden. Dafür gibt es die unterschiedlichsten Ursachen. Zu ihnen gehört die bei den meisten Menschen nur sehr wenig entwickelte Fähigkeit, ohne einschlägige Schulung mit Wahrscheinlichkeiten auf eine der Sache angemessene Weise umzugehen. Der naive und unkontrollierte Umgang mit Wahrscheinlichkeiten verführt allzu leicht zu der Hoffnung, im konkreten

Fall gleichsam doch noch durch die Maschen des statistischen Netzes schlüpfen zu können. Das führt oft zu einer Vernachlässigung von Gefahren geringer Wahrscheinlichkeit. Die Realitätswahrnehmung ist, unterstützt durch die Sprache und ihre Grundstrukturen, auf die Feststellung deterministischer Zusammenhänge in weitaus höherem Maße eingerichtet als auf den sachgerechten Umgang mit stochastischen Gesetzlichkeiten. So kann im Umgang mit Gesamtheiten von statistischen, nichtidentifizierten Individuen nicht selten die Realitätswahrnehmung verzerrt werden. Dafür gibt es ein untrügliches Indiz. Ein Massenunglück, in das eine große Anzahl von Menschen verwickelt ist, kann immer der Anteilnahme einer breiten Öffentlichkeit sicher sein. Denn hier hat man es immer mit einer Gruppe von Individuen zu tun, die sich durch leicht zugängliche Merkmale klassifizieren und zusammenfassen lassen, – und sei es auch nur durch die gemeinsame Nähe zum Ort der Katastrophe. Die Summe des Unglücks, zu dem beispielsweise der Straßenverkehr insgesamt führt, wird dagegen mit einer erstaunlichen Gelassenheit zur Kenntnis genommen, obwohl sie, was die Zahl der Opfer anbelangt, die meisten Massenkatastrophen weit hinter sich läßt. Doch in diesem Fall handelt es sich um Opfer, die für den Betrachter als nicht identifizierte Individuen in der statistischen Gesamtheit der Verkehrsteilnehmer überhaupt gar nicht greifbar sind und deshalb in dieser Gesamtheit gleichsam aufgehen.

Für die Bewältigung der in Gestalt von Gefahren drohenden Kontingenz haben sich Techniken besonderer Art herausgebildet. Dazu gehören beispielsweise die detaillierten und randscharf anwendbaren Regeln des Geschäftslebens, die in jedem Fall eine eindeutige Entscheidung darüber ermöglichen, zu welchem Zeitpunkt und unter welchen Umständen im Güterverkehr die »Gefahr« von dem einen auf den anderen Geschäftspartner übergeht. Dazu gehören vor allem aber die Einrichtungen, die dazu bestimmt sind, Schäden, sind sie einmal eingetreten, zu kollektivieren. Dies gelingt freilich nur dort, wo sich das Individuum von dem Schaden, der es ereilt, deswegen distanzieren kann, weil er nicht seine Identität betrifft und außerdem nichts Unvertretbares oder Irreversibles berührt. Der Kollektivierung von Schäden dienen unterschiedliche Solidargemeinschaften, wie sie von der Rechtsentwicklung hervorgebracht worden sind. Steht eine verläßliche Statistik zur Verfügung, die über die relative Häufigkeit der Schadensfälle Aufschluß gibt, so ist die wichtigste Voraussetzung erfüllt, unter der sich ein Versicherungswesen etablieren läßt. Läßt sich die Wahrscheinlichkeit eines Schadensereignisses und zugleich die Größe und die Schwere einer Gefahr beziffern, so kann man die Summe aller zu erwartenden Schäden mit einer um so höheren Verläßlichkeit abschätzen, je größer die Anzahl der Individuen ist, die mit ihren Gefahren und Risiken in die Versichertengemeinschaft eintreten. Gerade weil keines dieser Individuen im voraus mit Sicherheit wissen kann, ob oder wie es von einer drohenden Gefahr ereilt werden wird, kann es auf die Kompensation eines Schadens für den Fall seines Eintritts rechnen. Die Kontingenz eines möglichen Schadens, mit der es konfrontiert ist, bewältigt es, indem es selbst mit seinem Eintritt in die Versichertengemeinschaft unbeschadet seiner Fähigkeit zur Selbstidentifikation zugleich die Rolle eines statistischen, zunächst nicht identifizierten Individuums übernimmt und sich von dem Schaden, der es treffen könnte, zugleich distanziert. Der Widerstand, mit dem das moderne Versicherungswesen in seiner Entwicklung gelegentlich zu kämpfen hatte, wurde manchmal auch durch die Einsicht in eben diese Zusammenhänge genährt. Das sich auf das Versicherungswesen einlassende Individuum mutet sich jedenfalls zu, zumindest in bezug auf bestimmte Kontingenzen seine eigene Identität gleichsam einzuklammern. Eine derartige Kontingenzreduktion ist freilich selbst in der Fiktion immer nur dort möglich, wo es um existenzferne Kontingenzen geht, die vertretbare Dinge betreffen. Nur von ihnen kann sich das personale Individuum distanzieren.

Anders verhalten sich die Dinge dort, wo ein Individuum mit existenznahen Kontingenzen konfrontiert wird. Zu ihnen gehören beispielsweise alle die Kontingenzen, die mit den von der Existenzphilosophie so genannten Grenzsituationen wie Schuld, Leiden oder Tod im Zusammenhang stehen. Von ihnen kann sich das Individuum schlechterdings nicht distanzieren, da sie den Kern seiner Person und damit zugleich seine Identität berühren. Deshalb kann es sich hier auch nicht vertreten lassen. Natürlich kann ein außenstehender Beobachter auch hier die Position des Statistikers einnehmen. Dem personalen Individuum selbst ist dies noch nicht einmal in der Fiktion möglich, weil es in diesen Situationen von sich und von seiner Identität nicht absehen kann. Es sind gerade die im emphatischen Sinn des Wortes schicksalhaften Ereignisse, angesichts deren die Aufgabe der Kontingenzbewältigung für das Individuum eine besondere Härte zeigt. Der Versuch einer Rücknahme von Kontingenz in statistische Gesamtheiten, in vielen trivialen Fällen sonst so erfolgreich, findet hier keinen Ansatzpunkt. Denn der Statistiker muß das einzelne Ereignis zugleich als nicht identifiziertes Element einer Gesamtheit ansehen können. Daher kann und muß der Statistiker davon absehen, welches Individuum mit dem in Frage stehenden Ereignis konfrontiert wird. Ihm ist dergleichen selbst im Umgang mit existenznahen Kontingenzen erlaubt. Wenn dies jedoch nicht für das betroffene Individuum selbst gilt, so deswegen, weil es aus der Konfrontation mit existenznahen Kontingenzen nicht als dasselbe hervorgeht, das es zuvor war. Die Selbstidentifikation, zu der ein personales Individuum befähigt ist, läßt sich nämlich auch im Spiegel jener existenznahen Kontingenzen leisten. Dem Zwang, sich mit ihnen auseinanderzusetzen, kann es sich nicht entziehen. In solchen Auseinandersetzungen wird ein personales Individuum zu dem, was es jeweils ist. Deshalb sind es gerade existenznahe Kontingenzen, die ihm eine Entwicklung ermöglichen, in deren Verlauf es das bildet, was man seinen Charakter zu nennen pflegt. In ihm gründet seine Unverwechselbarkeit und seine Einmaligkeit, auf die hin es sich selbst versteht. Einem solchen Individuum ist eine Identität eigen, die es selbst mitgestaltet hat. In einem solchen Fall – und nur in einem solchen Fall – sprechen wir von einer Individualität. In einer

Welt, die sie nicht mit existenznahen Kontingenzen konfrontieren würde, könnte sie sich schwerlich entwickeln.

Mit jedem bewußt geführten menschlichen Leben ist die Erfahrung von Kontingenz und die Verarbeitung dieser Erfahrung verbunden. Ein bewußtes Leben wird stets innerhalb eines Zukunftshorizontes geführt, der durch die Erwartung von Regelmäßigkeiten und die Kenntnis von Gesetzmäßigkeiten vorstrukturiert ist, für das Individuum außerdem aber auch mit Hoffnungen und Befürchtungen besetzt ist, die sich auf Kontingentes beziehen, das keine sichere Voraussage erlaubt. Stets muß mit der Möglichkeit gerechnet werden, daß Unvorhersehbares eintritt. Dergleichen kann sogar – eine besonders eindrucksvolle Erfahrung von Kontingenz – als eine Folge des eigenen Handelns und der eigenen Entscheidungen resultieren. Wenn ein personales Individuum solche Erfahrungen verarbeitet, kann es sich in vielen Fällen von den ihm begegnenden Kontingenzen distanzieren, beispielsweise dadurch, daß es die Kontingenzen und manchmal sogar sich selbst in statistische Gesamtheiten zurücknimmt, die zwar Regelmäßigkeiten erkennen lassen mögen, Aussagen oder gar Voraussagen über den individuellen Fall dagegen nicht mehr erlauben. Für ein der Selbstidentifikation fähiges Individuum gibt es aber in jedem Fall existenznahe Kontingenzen, von denen es sich schlechterdings nicht distanzieren kann, weil sie in seine Identität involviert sind. Jede Ordnung, in der personale Individuen mit ihresgleichen zusammenleben, bietet Muster für den Umgang mit existenzfernen wie mit existenznahen Kontingenzen an. Der Versuch einer randscharfen und zugleich überzeitlich verbindlichen Abgrenzung beider Kontingenztypen stößt indes auf Schwierigkeiten. Denn oft sind es Vorgaben der jeweiligen kulturellen Tradition, die den Rahmen abstecken, innerhalb dessen dem Individuum Distanzierungen und Identifikationen ermöglicht, aber andererseits auch zugemutet werden. Daraus folgt aber gerade nicht, daß die Abgrenzung beider Bereiche gänzlich Sache der Willkür wäre.

Das Bedürfnis, erfahrene Kontingenz durch Reduktion zu bewältigen, gehört zu den anthropologischen Konstanten. Solche Reduktionen können sich an der Vorstellung einer Vorsehung oder einer Fügung durch personale oder anonyme Mächte orientieren, aber auch an der Vorstellung einer verborgenen, alles Geschehen in der Welt bestimmenden Gesetzlichkeit. Eine Reduktion leisten aber auch alle Haltungen und Muster der Lebenspraxis, die das Individuum dazu bringen, sich von der ihm begegnenden Kontingenz zu distanzieren und sich durch sie nicht betreffen zu lassen. Dazu kommen in der neueren Zeit die Techniken, die dazu bestimmt sind, Kontingenz mit Hilfe stochastischer Denkmethoden zu bewältigen. Der Erfolg aller dieser Reduktionstechniken sollte jedoch nicht vergessen lassen, daß stets auch ein positives Bedürfnis nach Kontingenz wirksam ist, das dem Bedürfnis nach Kontingenzreduktion die Waage hält. Dieses Bedürfnis bricht sich überall dort Bahn, wo ein Übermaß an Reduktion, an Reglementierung und Verwaltung des Lebens und an Neutralisierung der Erfahrung naturgegebener Kontingenzen dazu zwingt, durch die unterschiedlichsten Arten von Spielen, Lotterien und anderen Zufallsgeneratoren dem Leben wenigstens als Surrogat das Maß an Unüberschaubarkeit zu garantieren, dessen es bedarf. Bei der Führung und der Planung eines bewußten Lebens kommt niemand umhin, immer wieder von Techniken der Kontingenzreduktion Gebrauch zu machen. Das Leben eines personalen Individuums ist andererseits aber auch auf ein Stück Unvorhersehbarkeit und Ungeplantheit, also auf Kontingenz angewiesen, wenn es sich selbst nicht aufgeben will. Kontingenzreduktion und Kontingenzbedürfnis, – vermutlich handelt es sich hierbei um gleichrangige, wenn auch gegenstrebige Tendenzen, die erst in ihrem Zusammenspiel mithelfen, die Individualität eines Individuums zu konstituieren.

Rainer Specht

Stadien des Personbegriffs

Notizen beim Lesen eines Wörterbuchartikels *

Europa wurde von seiner Einschätzung der Individualität geprägt. Für die Geschichte des Denkens der Individualität, auf das sich Josef Simons Arbeit konzentriert, sind viele Faktoren wichtig gewesen, darunter philosophische wie die Arbeit am Personbegriff. Dieser wurde allerdings von der Philosophie nicht geprägt, sondern übernommen.

Am Anfang war *persona* ein Ausdruck der Theatersprache von wahrscheinlich etruskischer Herkunft, der „Maske“ und sekundär auch „Rolle“ bedeutete. Die antike und mittelalterliche Rückführung auf *personare* gilt unter anderem wegen unterschiedlicher Vokalquantitäten als problematisch. Das griechische Pendant ist πρόσωπον. Durch eine stoische Metapher, nach der auch das wirkliche Leben ein Schauspiel ist, gewinnen Theater-Termini seit ungefähr 100 v. Chr. einen neuen Anwendungsbereich: Jede Aufgabe, die jemand zu übernehmen hat, läßt sich nun als Rolle deuten. In diesem Sinn verwendet man Ausdrücke wie *personam alienam ferre* oder *personam suscipere*. Der Kaiser Augustus, der stoischen Glaubens ist, stirbt mit den Worten: „Die Komödie ist vorbei, nun spendet Beifall“. Das bedeutet in einer weniger metaphorischen Sprache: „Ich habe meine Aufgabe erfüllt, so gut ich konnte“.[1] In einem weiteren Sinn bezeichnet *persona* den Menschen, der die Rolle spielt. Er kann unter dem Gesichtspunkt seiner Aufgabe oder sozialen Stellung *persona* heißen. Darauf beruhen Wendungen wie *id quod quaque persona dignum est* (wir sagen in einer ähnlichen Konstellation: „Der Don Carlos hat in der Pause Cognac getrunken“). Eine der ältesten Bedeutungen von *persona* gleicht also der Bedeutung des heutigen Ausdrucks »Funktion«. Es gehört zu den Pointen der Entwicklung, daß sich das Wort von dieser Bedeutung fortbewegt.

Daneben gibt es wissenschaftliche Verwendungen, zum Beispiel in der Rhetorik (noch wir benutzen *argumentum ad personam*). In der Grammatik, die eine Erfindung der Stoa ist, erscheint *persona* unter anderem in der Lehre vom

* M. *Fuhrmann*, B. Th. *Kieble*, G. *Scherer*, H.-P. *Schütt*, W. *Schild*, M. *Scherner*, *Person*, in: Historisches Wörterbuch der Philosophie, herausgegeben von Joachim Ritter† und Karlfried Gründer, Band 7, Basel 1989, Sp. 269-338. Mit Rücksicht auf die reichen und übersichtlichen Nachweise in diesem Artikel verzichte ich in der Regel auf Stellenangaben.

[1] Für diesen Hinweis danke ich Hans-Jürgen Horn.

Verbum. Beim Reden gibt es die Rolle des Sprechers, des Angesprochenen und dessen, über den man spricht: erste, zweite und dritte Person. Diese können sozusagen moralische Personen sein, denn sie stehen manchmal im Plural. Die dritte Person ist häufig eine Sache, es geht also weniger um Menschen als um Funktionen. Die römische Rechtssprache verwendet *persona* spät als Nachfolgeausdruck für *caput*. Wo man früher „35 Köpfe" sagte, da kann man später „35 Personen" sagen. Das gleicht einer zur Zeit noch vulgären Verwendung von „Typ": „Es waren 35 Typen da". Daß „Typ" etwas Ähnliches wie „Rolle" bedeuten kann, zeigen Ausdrücke wie „jugendlicher Liebhaber". *Persona* in diesem Sinn bezeichnet menschliche Individuen aller Art. Auch mit dieser Nuance kommt das Wort als Ausdruck für Inhaber von Rechtsstellungen im Schema der Rechtsgegenstände vor: *persona, res et actio*.

Umwandlung

Erst die Spätantike entwickelt die Bedeutungen von „*persona*", die für unsere Geschichte maßgeblich wurden, und zwar in theologischen Diskussionen über Gott und Christus. (3) Diese betreffen vor allem zwei Schwierigkeiten. Jesus verehrt Jahweh, den einzigen Gott. Aber er spricht vom himmlischen Vater als jemandem, dessen Willen er tut und mit dem er eins ist, und von Gottes Geist als einer göttlichen Macht. Deshalb ist zu klären, wie sich diese Vielheit zur Einheit Gottes verhält. Zweitens ist Jesus ein Mensch, übt aber göttliche Kräfte aus und beansprucht göttliche Attribute. Deshalb ist zu klären, wie sich der göttliche Logos zum Menschen Jesus verhält. Zur Lösung beider Schwierigkeiten bedient man sich derselben terminologischen Mittel.

Die Griechen verwenden philosophische Ausdrücke aristotelischer bzw. neuplatonischer Herkunft: οὐσία oder φύσις einerseits und ὑπόστασις andererseits. Οὐσία und φύσις bezeichnen die göttliche Natur. Ὑπόστασις spielt schon in der neuplatonischen Emanationenlehre eine Rolle. Das ursprüngliche Eine, das manchmal als Hypostase bezeichnet wird, entläßt aus sich die Hypostasen Geist und Seele. Auf ähnliche Weise erfüllt sich im Christentum die göttliche Natur. Sofern Gott erkennt, ist er der Vater. Weil sein Erkennen schöpferisch und zeugend ist, ist das Erkannte sein Sohn oder der Logos. Erkennendes und Erkanntes lieben sich, aber ihre Liebe ist der Geist. So entstehen die drei Hypostasen der göttlichen Natur.

Die lateinische Philosophie-Terminologie ist damals noch neu. Sie wurde kurz vor Christus entwickelt; einer der wichtigsten Beteiligten war Cicero. Lateinische Theologen halten sich bei den geläufigen Ausdrücken für Gottes Einheit wie *essentia* und *natura* an die Sprache der Philosophie. Anstelle des speziellen Ausdrucks ὑπόστασις oder seiner lateinischen Übersetzung „suppositum" verwenden sie dagegen zur Bezeichnung der drei Verwirklichungen der göttlichen Natur gern ihr eigenes Wort *persona*. Dafür spricht unter anderem der Umstand, daß Gott, wenn er „Lasset uns den Menschen machen" sagt, mit den anderen Hypostasen sozusagen in der Rolle des Vaters spricht. So wird in der lateinischen Theologie ein Ausdruck der Bühnensprache zur Bezeichnung für das Höchste, über das man sprechen kann. Gegenüber dem neuplatonischen Hervorgang von ewigem Logos und ewiger Seele aus dem noch höheren Ureinen wird in der christlichen Orthodoxie die Gleichheit der Personen hervorgehoben. Das bleibt ein Grundmotiv der Persontheorien: Alle Personen sind gleich. Weil der Sohn durch Erkennen gezeugt wird, das die Beziehung von Erkennendem und Erkanntem stiftet, und weil der Geist durch das Verhältnis sich liebender Hypostasen entsteht, sind Personen etwas Relationales: Sie konstituieren sich gegenseitig. Diese Relationalität der Person bleibt ebenfalls ein Grundmotiv der Persontheorien. Weil göttliche Personen aber nicht nur relational, sondern auch für sich sind, stellt sich das unlösbare Problem der Vereinbarung ihrer Relationalität mit ihrem Fürsichsein. Daß die Person unbegreiflich ist, bleibt ebenfalls ein Grundmotiv der Persontheorien.

Während *persona* in der lateinischen Trinitätslehre als Ausdruck für die dreifache Verzweigung einer einzigen Natur in drei Personen steht, wird es in der Christologie zum Ausdruck für die Vereinigung zweier verschiedener Naturen in einer Person. In Christus vereinigt sich das göttliche Wesen des Logos mit dem menschlichen Wesen von Jesus. Weil die Christologie auch den Menschen Jesus zum Gegenstand hat, wird in ihr der neue Personbegriff nicht nur auf Gott, sondern auch auf den Menschen bezogen. Dadurch fließt etwas von Gottes Erhabenheit auf den Menschen über. In der frühen allgemeinen Definition von Apollonius von Laodicea, nach der eine Person eine vernunftbegabte Natur ist, die für sich existiert und verantwortlich ist, kommen zwei weitere Grundbestimmungen ins Spiel: Eine Person ist selbst des Denkens und Entscheidens fähig. Aber damit wird die Frage nahegelegt, wer denn in Christus denkt und entscheidet. Ist er eine einzige Person, oder koexistiert in ihm die göttliche Person des Logos mit der menschlichen Person von Jesus? Nach der rechtgläubigen Auslegung verschmelzen die beiden Naturen in Christus nicht zu einer einzigen gottmenschlichen Natur, werden aber in einer einzigen Person vereinigt.

Nestorius, der Stifter des nestorianischen Glaubens, trennt schärfer zwischen dem Logos und dem Menschen Jesus und geht davon aus, daß es in Christus zwei Personen gibt und daß der Logos im Menschen Jesus wie ein Götterbild in einem Tempel wohnt. Das ist von Bedeutung, weil man bei der Bestimmung der göttlichen Personenverhältnisse auf Konsequenzen für den Menschen achtet. Wenn Christus ein göttlicher Erlöser war, dessen menschliche Person mit der Person des Logos eins geworden ist, dann geschah unsere Rechtfertigung durch höhere Gewalt. Das bedeutet aber, daß sie ethisch wertlos ist. Jesus kann nur dann ein sittliches Vorbild für den Menschen sein, wenn er wie Moses oder Platon nicht mehr als ein großer Lehrer war. Deshalb muß es in Christus zwei Personen geben, von denen die eine Gott, die andere ein vorbildlicher Mensch ist.

Die trinitarischen und christologischen Diskussionen lateinischer Theologen füllen den alten Ausdruck *persona* mit neuen und auslegbaren Bedeutungen und stellen dem Mittelalter ein breites Spektrum von Verwendungen zur Verfügung. Mit den alten Bedeutungen „Funktion", „Kopf", „Träger von Rechten, Pflichten, Würden oder Institutionen", „grammatische Person", „rhetorische Person" und „Gegenstand des Personenrechts" (8) verbinden sich in der Spätantike neue: Personen sind innergöttliche Hervorbringungen, im weiteren Sinn individuelle Vernunften. Alle Personen sind gleich. Weil sie selbstständig und zugleich relational sind, sind sie unbegreiflich. Sie können urteilen und sind für ihre Handlungen verantwortlich. Die alten Bedeutungen „Maske" und „Rolle" gehen mit dem antiken Theater verloren. Später müssen dafür ganz neue Ausdrücke gebildet werden, nämlich das vom Arabischen entlehnte „Maske" und *rotulus* (Streifen von einer Papierrolle), von dem unser Wort „Rolle" stammt (in Spanien sagt man gleich *papel*). Erst im Mittelalter entsteht als Abstractum zu „persona" das neue Wort *personalitas*; die deutsche Übersetzung ist „Persönlichkeit". *Personalitas* kann spätestens seit Wyclif nicht nur im Zusammenhang mit Gott, sondern auch im Zusammenhang mit Menschen verwendet werden.

Blüte

Die Hochscholastik ist die Zeit der Fülle des Personbegriffs. Drei Definitionen gelten als klassisch. Die erste stammt von Boethius: „Persona est naturae rationalis individua substantia". Sie steht in der christologischen Schrift *Contra Eutychen et Nestorium* von 451 und hebt die Individualität, die Selbständigkeit und den Vernunftcharakter der Person hervor. Die Vernunft ist das Prinzip, das den Plan der Welt erdacht hat und das aus dem Mund von Sokrates und Platon spricht. Wenn Menschen selbständige Vernunften sind, dann sind sie sozusagen Blut vom Blut des Logos. Paulus sagt in Apg. 17, 26: „Er hat gemacht, daß von einem Blut aller Menschen Geschlechter auf dem ganzen Erdboden wohnen". Das kann man mit Vers 28 so erklären: „Wir sind von Seinem Geschlecht". Daß der Mensch durch seine Vernunft Gott nahe und daß er ein Verwandter des Logos ist, das ist nicht erst ein christlicher, sondern ein antiker Gedanke. Deshalb hebt ihn Paulus hervor, als er in Athen auf dem Areopag mit Stoikern redet. Aber es ist ein christlicher Gedanke, daß der Logos diesen Verwandten so bedingungslos geliebt hat, daß er für ihn sein Leben dahingab. Beides ist bei der Definition von Boethius mitzuhören.

Die zweite Definition, die als klassisch gilt, ist die von Richard von St. Victor: „Persona est intellectualis naturae incommunicabilis existentia". Die Formulierung erinnert an Boethius, betont aber die Unverfügbarkeit und Unteilbarkeit des Personseins: Man kann von ihm nichts fortnehmen und nichts zu ihm hinzugewinnen. Die dritte klassische Definition ist die der *Magistri* nach Alexander von Hales: „Persona est hypostasis distincta proprietate ad dignitatem pertinente". Alexander unterscheidet beim Menschen das natürliche Sein, aufgrunddessen er *subiectum* heißt, das vernünftige Sein, aufgrunddessen er *individuum* heißt, und das sittliche Sein, das durch Würde konstituiert wird und aufgrunddessen er *persona* heißt. Diese an der Ethik orientierte Definition, die die Würde der vernünftigen Person hervorhebt, nimmt vermutlich die antike Bedeutung „Träger einer Funktion oder Würde" auf, die schon dem 12. Jahrhundert vertraut ist.

In den drei Vorbild-Definitionen des Mittelalters werden folgende Bestimmungen der Person hervorgehoben: theoretische und praktische Vernünftigkeit, Individualität, Unverfügbarkeit (Unteilbarkeit und Unvermehrbarkeit), Selbständigkeit und Würde. Vor diesem Hintergrund entstehen die großen hochscholastischen Definitionen, zum Beispiel die von Alexanders Schüler Bonaventura: „Hypostasis distincta proprietate ad nobilitatem pertinente". Personen sind selbständig und haben eine Würde, die für Bonaventura auf der Vernunft beruht. Diese ist das Allervollkommenste und hat auch ethische Bedeutung, sofern sie die Fähigkeit zur Unterscheidung von Gut und Böse ist. Bonaventuras Formulierung bedeutet also: Eine Person ist eine Hypostase, die sich durch den Adel der erkennenden und handelnden Vernunft auszeichnet. – Albert von Köln definiert *persona* scheinbar unprofessionell als „hypostasis sive substantia substantialiter et perfecte existens, proprietate personali determinata". Hier wird regelwidrig das *definiendum* im *definiens* verwendet. Zur Rechtfertigung führt Albert an, daß Personen unbegreiflich sind und sich nicht technisch korrekt definieren lassen. „Proprietas personalis" bedeutet ein „accidens dignitatis, vel naturalis, secundum quod homo dicitur persona, vel etiam moralis, secundum quod praelatos dicimus personas". Das schließt ein, daß die natürliche Würde der Person, die der Mensch von Geburt besitzt, den sozialen und politischen Würden vorausliegt. Personsein wird durch soziale Situationen oder Funktionen weder beeinträchtigt noch gefördert.

Für Thomas von Aquino ist eine Person ein selbständiger Intellekt. Ihre Würde beruht einerseits darauf, daß die Vernunft das Würdigste ist und daß die Person auf die würdigste Weise existiert, nämlich nicht als Anhängsel von irgend etwas, sondern für sich (*De pot.* 9. 3 c). Andererseits beruht für Thomas die Würde von Personen darauf, daß sie „habent dominium sui actus, et non solum aguntur, sicut alii, sed per se agunt" (*S. Theol.* 1. 29. 1 c). Daß jede Person ihrem Wesen nach frei und für ihre Handlungen verantwortlich ist, geht schon aus ihrer Vernünftigkeit hervor. Denn die Vernunft verfügt über oberste theoretische und praktische Prinzipien. Die praktischen Prinzipien wie „Gott ehren", „Niemanden verletzen", „Jedem das Seine geben" umreißen die Inhalte des Naturrechts, die hier nicht wie bei späteren Autoren als subjektive Rechte, sondern als Pflichten formuliert sind. Praktisch macht das kaum einen Unterschied, denn wenn das Naturrecht alle Menschen verpflichtet, dann sorgt es auch für meinen Schutz, und zwar nicht weniger als ein subjektiver Anspruch. Aber der Akzent liegt hier anders: Personsein verpflichtet.

Daß Persondefinitionen noch immer auf ihren religiösen Hintergrund beziehbar sind, zeigt eine sehr späte Explikation, die bei *Galater* 2.20 ansetzt und die in Martin Luthers *Galaterkommentar* von 1531 klassisch formuliert wird. Im Hintergrund christlicher Persondefinitionen stand immer die Überzeugung, daß Christus aus Liebe zu jeder Person gestorben ist. Aber hier wird mehr behauptet: Christus übernimmt in der Rechtfertigung die Person des Gerechtfertigten. Der Mensch wird mit ihm eine Person, und Christus tut in ihm seine Werke. Insofern wird die Personalität des Gerechtfertigten durch den Glauben konstituiert: „Fides facit personam".

In dieser Blütezeit des Personbegriffs wird folgendes Bedeutungsspektrum erarbeitet: Eine Person ist ein Individuum mit der angeborenen Würde der erkennenden und handelnden Vernunft, das unbegreiflich und unverfügbar ist. Sie kommt durch ihren Anteil an der Vernunft Gott nahe. Personen sind frei, für ihre Handlungen verantwortlich und gleich. Personsein verpflichtet. Hochscholastische Persondefinitionen pflegen eine doppelte Funktion zu erfüllen. Sie machen dem Menschen klar, was er ist und an welcher Stelle des Ganzen er steht. Sie nehmen ihn aber zugleich in die Pflicht, denn sie zeigen ihm die Tragweite von Akten der Mißachtung seiner selbst und von Übergriffen gegen andere Personen. Man kann nicht sagen, daß sie revolutionär sind – ihre Präferenzen liegen anderswo. Aber daß sie nicht wirkungslos sind, zeigt sich bei den frühen Kolonialdiskussionen. Zum Beispiel beweist Francisco de Vitoria, der in mancher Hinsicht ein mittelalterlicher Autor ist, in der ersten *Relectio de Indis* im Gegensatz zu damals verbreiteten Meinungen, daß Indios menschliche Personen sind (zum Beispiel *I De Indis*, 23), daß sie sich bei der Entdeckung im *status civilis* befanden und daß die spanischen Eroberer ihre Rechte verletzen. Damit erzielt er beachtliche politische und rechtliche Konsequenzen.

Anwendung

Am Anfang der Neuzeit stehen verheerende konfessionelle Bürgerkriege, die durch die neue Institution des Staats beendet werden. Er zwingt mit seiner Souveränität die streitenden Konfessionsparteien zur Ruhe und schenkt den Bürgern Überleben und Frieden. Er nimmt Gehorsam und gibt Schutz, aber um zu schützen, muß er stark und informiert sein. Ein starker Staat bedeutet nicht nur Geborgenheit, sondern auch Last. Deshalb stellt sich die Frage, wie die Beschützten vor ihrem Beschützer geschützt werden können. Dadurch bekommt der Personbegriff eine aktuelle Nuance, vor der der theoretische Reichtum der mittelalterlichen Bestimmungen verblaßt.

Am radikalsten wirken Äußerungen John Lockes: Eine Person ist „a thinking intelligent Being, that has reason and reflection, and can consider it self as it self, the same thinking thing in different times and places; which it does only by that consciousness, which is inseparable from thinking, and as it seems, essential to it ... since consciousness always accompanies thinking, and is that, that makes every one to be what he calls self, and thereby distinguishes himself from all other thinking things, in this alone consists personal Identity, i.e. the sameness of a rational Being" (*An Essay concerning Human Understanding*, 2.27.9). Daß hier als Characteristicum der Person außer ihrer Verantwortlichkeit vor allem das Selbstbewußtsein genannt wird, wirkt mißlich, denn daraus könnte folgen, daß Menschen nur im Zustand des Bewußtseins Personen sind. Allerdings enthält dasselbe *Essay*-Kapitel Stellen, die der Boethius-Definition entsprechen, und deshalb darf der zitierte Passus nicht exklusiv gelesen werden. Vermutlich nimmt Locke dort die Gewohnheit schulphilosophischer Individuationslehren auf, zwischen einem doppelten Individuationsprinzip zu unterscheiden, nämlich dem, das ein Individuum zum Individuum macht, und dem, das ein Individuum als Individuum erkennbar macht. Dann bezöge sich die genannte Stelle auf das Prinzip der Erkennung des Individuums: Man darf sicher sein, daß ein der Selbstbetrachtung fähiges Wesen eine Person ist. Die Erkennbarkeit von Personen ist aber praktisch wichtig, weil mit dem Personsein subjektive Rechte verbunden sind. Diese *personal rights*, die jeder Bürger aus dem Naturzustand mitbringt, sind nach Locke folgende: unabhängige Verfügungsgewalt über die eigene Person und Recht auf Unversehrtheit von Leben, Gesundheit, Freiheit und Besitz (*Treatises*, 2.6). Die Unverletzlichkeit des durch Arbeit erworbenen Eigentums ergibt sich aus dem Verfügungsrecht über die eigene Person, denn Arbeit ist ein Teil der Person, der in Sachen eingeht (*Treatises* 2.27,44). Sobald sich die politische Macht an den persönlichen Rechten der Bürger vergreift, haben diese das Recht auf Widerstand (weil dieser Widerstand riskant ist, verwendet Locke den Ausdruck „appeal to heaven".) Der Personbegriff ist nun zum Inbegriff der politischen Selbstbehauptung des Individuums geworden.

Die subjektiven Rechte der Person werden bei Locke noch unter Berufung auf einen rechtlichen Status, nämlich auf den Naturzustand, in Anspruch genommen. Erst Christian Wolff und die jüngere Naturrechtslehre führen die Person als unmittelbaren Träger von Grundrechten und Grundpflichten ein: Jeder Mensch ist ohne Rücksicht auf seinen Status und auf besondere rechtliche Regelungen eine *persona moralis*. Seine Freiheit ist unabhängig vom Naturzustand und liegt auch dem *status civilis* zugrunde. Die zweite Nuance kommt in § 1 des *Allgemeinen Preußischen Landrechts* verhalten zum Ausdruck: „Der Mensch wird, insofern er gewisse Rechte in der bürgerlichen Gesellschaft genießt, eine Person genannt". Ausdrücklicher formuliert das österreichische *Allgemeine Bürgerliche Gesetzbuch* von 1811 in § 16: „Jeder Mensch hat angeborene, schon durch die Vernunft einleuchtende Rechte und ist daher als eine Person zu betrachten". Der Personbegriff ist jetzt ein politischer Kampf- und Schutzbegriff. Über seine theoretische Tragweite wird kaum noch gesprochen. Das bedeutet nicht, daß er seinen theoretischen Boden verloren hat. Denn er steht im Sinnzusammenhang gelebter theistischer oder deistischer Vernunftphilosophien. Die theoretische Kargheit der neuzeitlichen Äußerungen macht nur klar, daß der Begriff nunmehr vor allem praktische Funktionen ausübt.

Am Ende dieser Geschichte steht die Große Revolution, die in Frankreich subjektive Rechte der Person gegen das *Ancien Régime* durchsetzt. In Deutschland haben wir eine andere Freiheitsgeschichte, werden aber in den Strudel der revolutionären Ereignisse hineingezogen. Danach gelten trotz vielfältiger Komplikationen die Rechte der Person grundsätzlich als ein Faktum. Der neue Staat, der das Erbe des *Ancien Régime* mit dem Vermächtnis der Revolution versöhnen soll, hat sie zu schützen. Dank Kant spielt auch in dieser Phase der Personbegriff eine wichtige Rolle. Kant konzentriert sich auf praktische Bestimmungen, denen sehr weitgehende theoretische Vorannahmen zugrunde liegen. Eine Person oder ein vernünftiges Wesen gehört zugleich zur Welt der Natur mit ihrer Notwendigkeit und zur Welt der Vernunften mit ihrer Freiheit. Sofern sie zur Welt der Freiheit gehört, heißt sie Persönlichkeit. Damit hört „Persönlichkeit" auf, ein bloßes Abstractum zu „Person" zu sein. Für dieses müssen jetzt neue Ausdrücke gebildet werden, zum Beispiel „Personalität" oder „Personsein".

Die Idee einer Persönlichkeit, die allein den Gesetzen der Vernunft unterworfen ist, das heißt, die sich selbst bestimmt, stellt uns die „Erhabenheit unserer Natur vor Augen". Dem Umstand, daß Personen um ihrer selbst willen da sind, hat jeder dadurch Rechnung zu tragen, daß er sie achtet und nicht bloß als Mittel gebraucht. Die Verwirklichung dieser Achtung organisiert der Staat mit Hilfe des Rechtsgesetzes. Dessen Aufgabe ist es nicht, Moralität herzustellen, sondern die Freiheitsräume der Personen abzusichern, sie miteinander kompatibel zu halten und zu erreichen, daß jeder Bürger die Gesetze respektiert, die die Freiheit aller ermöglichen. Bei der Bestimmung des Verhältnisses von Staat und Moralität spielt die Abneigung des aufgeklärten Bürgers gegen Bevormundung eine Rolle, aber auch die Anerkennung der Tatsache, daß es nun keinen ideologisch homogenen Staat mehr gibt. Es gibt freie Bürger und Gruppen freier Bürger mit unterschiedlichen Ideologien und Moralen, in deren Einzelheiten der Gesetzgeber nicht einzugreifen hat – die bürgerliche Gesellschaft schickt sich an, pluralistisch zu werden.

Bei Kant wird die Person der Grund des Staates. Der Freiheitsstaat ist nicht der Antagonist, sondern der Garant ihrer Freiheit. An diesem politischen Gewicht der Person ändert sich bei Hegel nichts, obgleich bei ihm die Konzeption des Staates reicher wird. Die deutsche Klassik verknüpft den Begriff des Staates mit dem Begriff der Freiheit und der Rechte der Person. Dieser Zusammenhang wird in berühmten späteren Formulierungen vermutlich deshalb nicht erwähnt, weil er als selbstverständlich gilt. Das Bürgerliche Gesetzbuch hat im Personenrecht keine Definition von „Person" und beginnt stattdessen mit dem Hinweis auf die Rechtsfähigkeit. Aber das Grundgesetz von 1949 betont in Art. 1 die Würde des Menschen und in Art. 2 sein Recht auf freie Entfaltung der Persönlichkeit, auf Leben, körperliche Unversehrtheit und Freiheit. Auch im Ostblock kommt nach dem Zweiten Weltkrieg der Person- bzw. der Persönlichkeitsbegriff erneut zu öffentlicher Geltung.

Ausblick

Der Begriff der Person hat bei seiner Entfaltung in der Spätantike zur Lösung ethisch relevanter theologischer Probleme und zur Profilierung religiöser Gruppen beigetragen. Im Mittelalter leitete er die Ortsbestimmung, Selbstvergewisserung und Selbstverpflichtung des Menschen. In der Neuzeit übernahm er politische Kampf- und Schutzfunktionen zugunsten des einzelnen, und in der deutschen Klassik wurde er zum Grundbegriff der Theorie des Freiheitsstaates. Große Begriffe sind mehr als Bausteine von Theorien. Sie bewegen und gestalten die Wirklichkeit. Der Personbegriff hat unsere Geschichte mitgeprägt, und ein Blick ins Grundgesetz macht klar, daß er noch immer wirkt, denn er öffnet notfalls dem Bürger den Weg nach Karlsruhe. Das ist nicht übermäßig viel, aber wie viel es ist, weiß man, wenn man sich vorstellt, daß es anders wäre.

Der Ausdruck „Person", dessen Bedeutung heute mit der des Ausdrucks „Persönlichkeit" verfließt, erfüllt noch immer praktische Funktionen. Demgegenüber sind die Theorien, in die er eingebettet war, verblaßt. Wir haben keine allgemein rezipierte Theorie der Person, und auch die Glaubensgruppen im pluralistischen Staat konnten bisher keine mächtigen partikulären Personkonzeptionen entwickeln. In der Philosophie pflegt die Theorie der Person nicht im Vordergrund zu stehen. Die Mehrzahl der Äußerungen zu diesem Thema ist auf interne Schulbedürfnisse zugeschnitten und prägt keine andere Realität als die einer Schule. Die letzte große und allgemein akzeptierte philosophische Persontheorie war die der deutschen Klassik. Das ist nicht harmlos, denn die geschichtliche Wirksamkeit von Begriffen scheint auf längere Sicht unter anderem davon abzuhängen, ob sie von einer überzeugenden Theorie getragen werden. Wenn sie von ihrem theoretischen Hintergrund nicht mehr leben können, dann ist es manchmal möglich, ihre Funktion mit Mitteln der Sozialisation intakt zu halten. Das haben beispielsweise in Hinsicht auf den Personbegriff die Kirchen getan, aber auch die sogenannten zivilisatorischen Selbstverständlichkeiten, die zum großen Teil aus ritualisierten Achtungserweisen für Personen überhaupt bestanden – vom Austausch von „Bitte" und „Danke" bis hin zur rücksichtsvollen Türflügelübergabe. Inzwischen sind allerdings die zivilisatorischen Selbstverständlichkeiten nicht mehr selbstverständlich.

Ich kenne keine empirischen Untersuchungen über die gegenwärtige Verwendung von Personausdrücken wie „Person", „persönlich" und „Persönlichkeit" und muß mich deshalb auf allgemeine Eindrücke berufen, die möglicherweise nicht stimmen. Kassandrarufe sind in dieser Angelegenheit nicht dringlich, denn bisher haben Menschen fast immer ihre Probleme gelöst. Aber es ist nützlich, eine Situation zu überprüfen. Nach meinem Eindruck besteht im Augenblick die Hauptfunktion von Personausdrücken darin, daß sie individuelle Entscheidungen und Forderungen ohne Berücksichtigung allgemeinerer Belange legitimieren. Unsere aktuellen Verwendungen haben mit den klassischen Personbestimmungen nur wenig zu tun. Diese bezeichneten erstens eine angeborene und unverlierbare Bestimmung, während moderne Persönlichkeitskonzeptionen etwas betreffen, das man vermehren oder vermindern, gewinnen oder verlieren kann. Zweitens verpflichteten klassische Personbegriffe zu dem weitgehend prognostizierbaren „vernunftgemäßen Verhalten", während moderne Persönlichkeitskonzeptionen von Verpflichtungen freistellen. Bei der Berufung auf Verwirklichung der eigenen Persönlichkeit wird in der Regel die Vernachlässigung von Pflichten hingenommen, und wer persönliche Probleme geltend macht, der darf auch dort mit Spielräumen rechnen, wo es normalerweise keine gibt. Drittens verbanden klassische Personbegriffe durch den Hinweis auf die Gemeinsamkeit der Vernunft und legten den Gedanken der Gegenseitigkeit nahe, während moderne Persönlichkeitskonzeptionen mit ihren Selbstverwirklichungs- und Problemkultivierungsmustern dissoziieren und nicht auf Gegenseitigkeit bestehen, sondern sie allenfalls ins Belieben stellen (ein Spiel, bei dem es auf die Chancen des Mitspielers nicht ankommt, läßt sich nicht beliebig lange spielen). Viertens waren klassische Personbegriffe aufgrund der Unverlierbarkeit des Personseins auf Unabhängigkeit hin konstruiert, während moderne Persönlichkeitskonzeptionen mit ihren Verwirklichungs- und Verkostungsverlangen ein hohes Maß an politischer Sicherheit und ökonomischer Prosperität voraussetzen und insofern Luxusphänomene sind. Klassische Personbegriffe ermöglichten durch ihren Hinweis auf die Unantastbarkeit der Person Situationsdistanz und Relevanzabstufungen und lenkten zugleich den Blick auf eine Freiheit, die der Mensch auch dann noch hat, wenn seine politische und ökonomische Freiheit zerbrochen ist.

Unsere Knappheit an vermittelbaren und lebbaren Persontheorien oder deren funktionalen Äquivalenten ist unter anderem deshalb bedenklich, weil unsere politischen und ökonomischen Systeme so verletzlich sind, daß Niedergang oder Zusammenbruch grundsätzlich im Bereich des Möglichen liegen. Mit heutigen Persönlichkeitsvorstellungen, die etwas ganz anderes zu leisten haben, ist es schon schwierig, in normalen Belastungen wie Leid, Krankheit und Pflicht einen Sinn zu entdecken. Daß sie sich in Extremsituationen in dieser Hinsicht plötzlich bewähren, ist wenig wahrscheinlich. Die Persönlichkeitsvorstellungen, die unsere Sozialisationsanstalten anstatt der klassischen Personbegriffe mit ihren günstigeren pragmatischen Prognosen übernommen haben, sind allenfalls für leichte Belastungen geeignet und als Dauerlösung nicht empfehlenswert. Deshalb gibt es gute Gründe dafür, an einer Theorie der menschlichen Individualität zu arbeiten. Gewiß kann man geglückte Persontheorien oder ihre funktionalen Äquivalente nicht erzwingen. Ob man sie bekommt, ist unter anderem eine Frage der Begabung, der Rezeptionslage und des Glücks, und auf jeden dieser Faktoren muß man warten. Aber man hat erst Grund, auf sie zu warten, wenn man mit dem Denken der Individualität begonnen hat.

Gerhart Schmidt

Die Verdoppelung des Ich

1.

Die Natur erscheint als ununterbrochener raumzeitlicher Zusammenhang, von dem sich weder Unstetigkeiten noch diskrete Gegenstände abheben. Wir Menschen aber machen Einzelnes aus, das wir benennen, in Besitz nehmen und nutzen. Die Individualität von Tieren scheint besonders leicht feststellbar, weil Tiere, der Eigenbewegung fähig, sich individuell vom Hintergrund abheben. Der Mensch übernimmt das Kriterium tierischer Individualität für seine Selbstidentifikation; er versichert sich seiner Identität durch Ortsveränderungen, welche selten reflektorisch, meist willkürlich, nicht immer notwendig, oft lustbetont sind. Der Mensch ist das *reisende* Tier; im Reisen erfährt er, wer er ist. Der Engländer bestätigt es lächelnd: I enjoyed myself in France.

2.

Die menschliche Individualität ist nicht schon dadurch realisiert, daß der eine Mensch vom andern körperlich geschieden ist. Sie bedarf der Unterscheidung, der Auszeichnung und ist daher keine natürliche Gegebenheit. Sie muß laufend gesichert werden in der Natur und bestätigt werden von der Gesellschaft. Die scheinbare Individualität der einzelnen Ameise ist kein Vorbild für den Menschen. Der in seinen Clan vollständig integrierte „Wilde" und der fremdbestimmte Massenmensch sind zwar an sich oder ihrer Bestimmung nach Individuen; aber im Normalfall unterscheiden sie sich nicht von ihresgleichen, da sie dasselbe tun und unterlassen wie sie. Es bedarf schon außergewöhnlicher Umstände, um ihre latente Individualität zu wecken (und sie vielleicht todunglücklich zu machen). Menschliches In-dividuum zu sein, ist eine *Aufgabe* und keine Tatsache.

3.

Jeder weiß sich als ein Ich und sagt auch immer wieder „Ich", um sich als Person auszuweisen und als Person anerkannt zu werden. Aber da jeder „ich" sagt, wird damit die unverwechselbare Identität keineswegs bewiesen. Die Verbindung von Ich-sagen und Leib ist äußerlich, sie führt über das Animalische nicht hinaus. Die Selbstheit, das Fürsichsein muß daher auf einen unverwechselbaren psychischen Inhalt gegründet sein; die Monade ist bewußte *Seele.* Die zivilisierten Menschen halten es für geboten, das eigne Dasein nicht allein auf die Körperlichkeit zu stützen, die ihnen zu exponiert erscheint. In den religiösen, moralischen und metaphysischen Traditionen wird der Glaube vermittelt, daß die identische Person sich vom Körper abkoppeln könne, daß „die Seele" nach dem Tod weiterlebe, und sei es in einem andern Körper. Manche Philosophen verlangen aus Vernunftgründen die Ergänzung des postmortalen Daseins durch einen pränatalen Vorlauf, sei es in infinitum (Platon, Pythagoreer), sei es als abstraktes, sinnlich nicht nachweisbares Geschaffensein (Calvinismus, Leibniz).

4.

Der Wunsch nach einer leibunabhängigen Existenz beweist zwar nicht das Fortleben nach dem Tode, belegt aber die Tatsache, daß der Mensch sich nicht mit der objektiven Identität des Tieres begnügt. Um sich als identisch zu *wissen,* beruft er sich auf seine Erlebenszeit, welche den Rahmen nicht nur für das gegenwärtige Erleben, sondern auch für seine Erinnerungen und Antizipationen abgibt. Die Erlebenszeit ist mental, sie hält Distanz zu dem in ständigem Umbau begriffenen Organismus. Das Ich ist also zeithaft. Das Kontinuum der erlebten Zeit erlaubt ihm, sich nicht nur als Passivum, sondern auch und vor allem als Ursprung mannigfacher Wirkungen zu verstehen. Es versichert sich seiner selbst, indem es sich in seinen Akten spiegelt.

5.

Der Rückgang auf die subjektive Innerlichkeit ist jederzeit möglich und stellt ein wichtiges Moment des menschlichen Selbstverhältnisses dar. Die ausdrückliche Rückwendung zu sich, die Reflexion wird jedoch von den Philosophen meist zu hoch eingeschätzt, für sich genommen vermag sie wenig. Operieren läßt sich mit den mentalen Erinnerungen und Voreilungen aber mit Hilfe der Sprache. Nicht die Reflexion, sondern die Sprache stellt die für die Selbstverständigung unerläßlichen, aber auch hinlänglichen Ausdrucksmittel bereit. Dazu gehören die Personalpronomina und die zugehörigen Konjugationsformen (welche im Latein die Pronomina entbehrlich machen). Der Mensch befestigt ferner sein Selbstbewußtsein sprachlich durch den Gebrauch der *reflexiven Verben* und der *Possessiva.* Die reflexiven Verben sorgen dafür, daß nicht nur die je eigene Selbstbezüglichkeit ausgedrückt, sondern auch gleich diejenige anderer anerkannt wird („du solltest *dich* schämen“, „sie traf *sich* mit ihm ...“). Aber zwischen den Sprachen, selbst den uns naheliegenden, gibt es in dieser Hinsicht beträchtliche Unterschiede. Das Englische kennt Reflexivpronomina, aber keine reflexiven Verben, ohne daß die Selbstvergewisserung darunter zu leiden hätte. Im Italienischen und Rumänischen dagegen sind die reflexiven Verben besonders häufig, aber nicht um die Selbstbezüglichkeit auszuweiten; in der dritten Person ersetzen sie das schwerfällige Passiv. Die reflexive Ausdrucksmöglichkeit der Sprachen reicht metaphorisch sogar ins Dingliche hinein: „sich krümmen, erwärmen, verfärben, ausdehnen“. Kenntlich gemacht werden damit Vorgänge, die ohne unser Zutun ablaufen. Der Gegenstand wird in eine aktive und eine passive Komponente zerlegt; er tut sich gewissermaßen etwas an, der schlichte Naturbefund erhält eine subjektive Plastik. Auch physisch-reflektorische Vorgänge des menschlichen Organismus können „reflexiv“ dargestellt werden: Nicht nur der Wurm oder der Weg „krümmt sich“, sondern auch ein Mensch, der unter heftigen Schmerzen leidet. Das Reflexivum wird also nicht nur in subjektiver Bedeutung gebraucht; es ist auch nicht der einzige sprachliche Ausdruck für die Verständigung der Person mit sich, für ihre Selbstidentifikation.

6.

Für die ausdrückliche sprachliche Rückbeziehung des Ich auf sich stehen außer dem reflexiven Akkusativ auch die anderen Casus obliqui von „Ich“ bereit. Die Möglichkeit der sprachlichen Selbstvergewisserung ist jedoch dem auf bewußte Orientierung angewiesenen Menschen wesentlich, da er sich damit das Bewußtsein seiner Individualität bewahrt. Die Akte des bewußten Rückgriffs auf sich sind so häufig wie der Schlag der Augenlider, obwohl sie in den wenigsten Fällen eigens sprachlich ausgedrückt werden. Jeder Sprechakt ist ein Akt der Selbstvergewisserung, er impliziert ein „ich bin mir dessen bewußt, daß ..“; das animal loquax pflegt den small talk und führt, allein gelassen, leise oder stumme Selbstgespräche, um ständig „bei sich“ und seiner gewiß zu sein. Wenn die sprachliche Selbstvergewisserung und Selbstfindung ausfällt oder ins Leere läuft, ist es so schlimm, wie wenn der Mensch sein Spiegelbild nicht mehr erkennt oder seinen Schatten verleugnet: Er wäre psychisch zerrüttet.

7.

Der Casus obliquus, das Mich, wird zum Platzhalter der Objektivität. Sofern „ich“ um „mich“ weiß, komme ich in der Welt vor, bin ich Subjekt-Objekt. Das Selbstverhältnis ist nichts Abgesondertes, es kommt nicht neben dem

Verhältnis zu Nicht-Ichhaftem vor, neben demjenigen zu dem Stuhl, auf dem ich sitze, zu der Luft, die ich einatme; vielmehr ist das Gegenstandsverhältnis im Selbstverhältnis vorgebildet. Die physische Berührung mit dem Stuhl, das Atmen stiften noch keine Objektivität; durch das intentionale Bewußtsein, das sich auf Gegenstände richtet und gerichtet bleibt, muß die physische Beziehung *gesetzt* werden, so wie ich mich im Bewußtsein setze. Die Intentionalität rekurriert auf das in sich reflektierte Ich. Die Welthaftigkeit des Menschen ist qualitativ verschieden vom Dasein der nichtmenschlichen Lebewesen, der Pflanzen und Tiere. Deren Anpassung an die Umwelt, ihre biologische Überlebensstrategie ist nicht an die *gesetzte* Objektivität der Dinge gebunden. Ebensowenig hat die komplexe, auf eine „sittliche" Auslegung und Regelung angewiesene Ich-Du-Beziehung in der Tierwelt ihresgleichen: Das Tier verhält sich weder ausdrücklich noch konventionell zu seinen Artgenossen, weil es sie nicht neutral, also objektiv wahrnimmt; es ist auf sympathetische Weise mit ihnen verbunden.

8.

Die Selbstbezüglichkeit des Ich führt keineswegs zur selbstgenügsamen Abkapselung, denn sie ist die Bedingung der menschlichen Weltoffenheit. Die philosophische Anthropologie hat die Weltoffenheit zwar für den Menschen reklamiert, sie aber nur negativ bestimmt durch die Abhebung von dem verschlossenen, auf eine bestimmte Umwelt eingeengten Wesen des Tieres. Das Ich im Nominativ in Verbindung mit seinen Casus obliqui macht den Menschen zum geschichtlichen Wesen, weil er sich durch diese Doppelung Vergangenheit und Zukunft eröffnet. Sich erinnern heißt, sich zu verdoppeln. Die Erinnerung gilt primär einer zurückliegenden Handlung, sekundär den damit verbundenen objektiven Umständen. Ich_1 erinnere mich, wie ich_2 seinerzeit XY war, YZ getan oder erlitten habe. „Ich_1" ist präsent und aktiv; „mich", ebenfalls präsent, ist passiv, empfangend; „ich_2" ist vergangen und passiv, wird aber durch den Akt der Erinnerung vergegenwärtigt, d.h., mit dem aktiven „Ich_1" gleichgesetzt. Mit der Form des Ich_2 wird Vergangenes reaktiviert, das verschüttet, gefroren, verstaubt oder bloß gleichgültig war. Ich kann meine Erinnerungen bruchlos durch diejenigen anderer ergänzen, wofern ein Grundstock eignen Erinnerns vorliegt. Die gemeinsamen Erinnerungen bilden eine wichtige Brücke zum Sein des Mitmenschen.

9.

Werde ich erst durch das Verhältnis zu andern Menschen meiner Individualität inne, oder ist meine Individualität die unerläßliche Bedingung für das

Verhältnis zum Mitmenschen? Vieles spricht für die erste Annahme. Wenn das Bewußtsein meiner Individualität am Sprachgebrauch hängt und Sprache als zu erlernender Habitus intersubjektiv ist, hat das Verhältnis zum andern Priorität. Paul Ricœur[1] hat es so gesehen: „Soi-même comme un autre", sich selbst zu sein als ein anderer, schließe von Anbeginn die Andersheit so unmittelbar ein, daß das eine sich ohne das andere nicht denken lasse (S. 14). Mit Bezug auf Strawsons Analyse des andern als eines individuellen Selbst[2] stellt er fest, daß nicht nur der beobachtbare Andere, sondern auch dessen Selbstbezug unweigerlich anerkannt werden; und weiter, daß der Selbstbezug des andern als Bewußtseinszustand nicht beobachtet, sondern erfühlt werden müsse. – In der Tat sind die Vorstellungen der Selbstbezüglichkeit und der Andersheit stets zugleich verfügbar, damit das Verhältnis des eigenen und des andern Selbst gleichzeitig erfaßt werde; die subjektive Selbstheit ist untrennbar von der des andern. Aber der Brückenkopf zum andern hin ist das Ich-selbst, da nur ich-selbst weiß, was ein Du-selbst ist; die Ähnlichkeit des Körperbaus und der Gestik verrät davon nichts. Der Brückenschlag zum Du hat in der Verdoppelung des Ich durch das Mich ihr Vorbild; dem Ich-Mich läßt sich ein Ich-dich oder Ich-dir leichter substituieren als dem Ich-selbst das Du-selbst.

10.

Durch die subjektive Fülle der Zeithorizonte weitet sich das menschliche Individuum zur Geschichtlichkeit. Wir haben nicht Erinnerungen, weil wir eine Vergangenheit haben, denn die primäre Vergangenheit ist aus Erinnerungen aufgebaut und wird dadurch zu *unserer* Vergangenheit; die fremdbezeugten, „historischen" Bestandteile der Geschichte sind Akzidentien der primären, subjektiven Vergangenheit. Das Vergangene ist durch die Struktur des Subjekts gestiftet, *gesetzt*. Das Erinnern ist diejenige reflexive Tätigkeit des Subjekts, welche sich des Vergangenen annimmt und es zum Kristallisationspunkt der historischen Erfahrung macht. Die existenzielle Geschichtlichkeit besteht jedoch nur zum Teil aus der Rückwendung; ebenso bedeutsam ist der ahnende und planende Ausgriff ins Künftige. Die Antizipation hat die Form: Ich_1 stelle mir vor, was ich_2 tun werde. Ich bin meinen künftigen Handlungen vorweg, indem ich ihnen das vorgestellte, in den künftigen Weltzustand eingestellte Ich_2 als Grundlage zur Verfügung stelle. Ich_1 entwerfe mich für mich als Ich_2.

[1] Paul *Ricœur*, *Soi-même comme un autre*, Paris 1990.

[2] Peter F. *Strawson*, *Individuals*, 1959, S. 112; Ricœur a.a.O., S. 52 f.

11.

Erinnerung und Vorgriff sind mental und verleiten zu der Annahme, daß das Mich etwas rein Geistiges sei. Dazu wird es aber erst durch Projektion; der ursprüngliche Sinn von „mich" und „mir" ist nämlich materiell und bezieht sich auf das *körperliche* Dasein, wie banale Beispiele zeigen. Die Ausdrücke „Ich rasiere mich", „ich kleide mich an", „ich wasche mir die Hände" lassen an der Beziehung auf den eignen Körper keinen Zweifel; ein Zweifel nagt nun eher an der Spiritualität des Ich im Nominativ. Es ist ja nicht „das Ich", welches meine Hände wäscht, mein Gesicht rasiert, die Kleider über meinen Leib zieht, sondern meine körperlichen Organe. Diese scheinbare Richtigstellung beruft sich auf das objektive Verhalten, auf die äußere Erscheinung und ist nicht weniger einseitig als die Spiritualisierung des „mich". Die Sprache besteht zurecht darauf, daß „ich" mich ankleide und daß dies unsichtbare Ich die sichtbaren Körperbewegungen steuert. Der Ausdruck „ich betrachte mich im Spiegel" besagt keineswegs, daß „meine Augen mich betrachten". „Meine" Hände sind keine schlichten Objekte, sie fassen etwas nur an als die Organe meines Willens, also meiner selbst. Mit dem Nominativ der „ersten Person" kennzeichnet die Sprache zutreffend die subjektive Spontaneität, die auch beim Erinnern und Planen wirksam ist und durch Berufung auf die leibliche Anwesenheit („ich habe es selbst gesehen") unter Beweis stellt, daß ihr Vorgestelltes keine bloße Fiktion ist.

12.

„Ich" gilt als das Tätige schlechthin, es ist frei oder, mit Fichte und dem jungen Schelling (1795) zu reden, „absolutes Ich". Das „absolute Ich" ist als übersteigerte Idee des „Deutschen Idealismus" in Verruf gekommen; Hegel hat es zum „Geist" weiterentwickelt und als die Substanz einer die empirischen Befunde teilweise vernachlässigenden oder verkennenden Metaphysik deklariert. Es wäre verkehrt, deshalb die fundamentale Wahrheit des „absoluten Ich" preiszugeben. Wenn Husserl vom „reinen Ich des Erlebens" spricht (*Ideen* I, § 80), meint er zwar nicht Fichtes Ich, rekurriert aber auf „Fichtes ursprüngliche Einsicht" (Dieter Henrich, 1967). Das Ich ist nicht absolut wie Gott, der sich selbst sein Sein gibt, sondern als der Ursprung meiner Erlebnisse und ihrer sprachlichen Fixierung. Husserl hat das „reine oder transzendentale Bewußtsein", also das seiner Inhalte verlustig gegangene, leergefegte Ich als „phänomenologisches Residuum" bezeichnet (*Ideen* I, § 33): kein eben glücklicher Ausdruck, denn das Ich ist nicht vorhanden wie ein zeitenthobenes Wesen, aus dem alle Akte wundersam entspringen. Es tritt nur auf als die sich selbst von Fall zu Fall beginnende Aktivität des Denkens und Wollens.

13.

Nichts ist leichter, als das absolute Ich mit dem Nominativ „ich" im Bewußtsein aufzurufen. Es bedarf dazu keiner intellektualen Anschauung, jedenfalls nicht, wenn darunter eine geheimnisvolle Gabe der Introspektion verstanden wird. Ich-sagend verhalte ich mich auch nicht etwa zum absoluten Ich, sondern bin es selbst; denn das aktive Ich ist das, was sich verhält, was ich niemals vor mich bringen, vergegenständlichen kann, weil es alle meine Akte steuert und verantwortet und noch dazu meine Erlebnisse, auch die zurückliegenden, integriert und aufeinander abstimmt. „Ich ..." ist das Geheimnis *meiner* Individualität und meiner Imputabilität; das der *deinen* ist dein Ich. Ich ist das unverwechselbare Fürsichsein; wenn es das Mich ins Spiel bringt, läßt es sich auf die Welt ein, auf das Mitsein in der geschichtlichen Dimension. Das aktive, gänzlich subjektive Ich ist das identifizierende Subjekt, das quasi objektive, in den Casus obliquus versetzte Ich ist das identifizierte Individuum.

14.

Das absolute Ich läßt sich nicht in Begriffe fassen (d.i., objektivieren), ohne die Subjektivität zugleich zu desaktivieren. Das leichtfüßige Pronomen der ersten Person verwandelt sich, auf den Begriff gebracht, in ein substantivisches, substantielles, geronnenes Ich, das in einer fatalen, da geschlossenen Weise individuell ist. Selbst Fichte konnte der Substantivierung nicht widerstehen. Kant allerdings hat, durch das Abgleiten des cartesischen Ego cogito in die res cogitans gewarnt, auf dem offenen, verbalen Sinn des „Ich denke" bestanden und die Klippe der Substantivierung und Substantiierung vermieden. Die von ihm aufgedeckten „Paralogismen der rationalen Seelenlehre" verdunkeln durch den (untauglichen) Beweis für die Unsterblichkeit der Seele den Sinn der reinen Subjektivität und Spontaneität.

15.

Sich mit sich selbst ins Benehmen zu setzen, sich als Individuum zu wissen, gelingt dem Menschen mühelos, wenn er spricht. Die Sprache setzt ihn in den Stand, mit der Verdoppelung des Ich durch das Mich zu leben und aus ihr Gewinn zu ziehen, ohne durch ihre Problematik belastet zu werden. Aber diese Erleichterung gibt es nur im unreflektierten Vollzug; die Reflexion beunruhigt das Selbstverständnis und verunsichert die Lebensform. Religion, Kunst und Philosophie haben daher das uneingestandene, halb bewußte und halb verhehlte Wissen um die Doppelexistenz des Ich zur expliziten menschlichen Selbstdeutung ausgestaltet. Die ältere, in der abendländischen Welt vorkommende Form ist uns als der Leib-Seele-Mythos der orphisch-pythagoreischen Geisteshaltung überliefert, welche Platon zu seiner rationalen, philosophischen Seelenlehre inspiriert hat. Im homerischen Epos haucht der sterbende Held seine Seele aus. Platon zufolge verläßt sie den Körper wie der Schmetterling die Puppe; das Sterben wird zum Beginn des freien Seelenlebens verklärt. Dagegen stellen sich für den Volksglauben Körper und Seele als gleichgewichtige Doppelheit dar. So kommt es zu der Vorstellung vom Doppelgängertum, einem Gruselstück, dessen sich die Literatur angenommen hat. Der Doppelgänger ist die dem Körper gegenübertretende Seele und wird als Todesbote gedeutet. Der Mythos von der Unsterblichkeit der Seele wandelt das Doppelgänger- und Wiedergängermotiv ab. Die „unsterbliche Seele" sei ursprünglich der „Doppelgänger des Leibes" gewesen, äußerte Freud in bezug auf E.T.A. Hoffmann.[3] Sie ist nicht nur ein Reflex der Todesfurcht, sondern, konkreter, ein Zeichen der Angst vor den Toten.

16.

Wer sich vom eigenen Körper distanziert und die Seele als seine Doppelgängerin akzeptiert, wird diese als gesondertes Wesen behandeln und pflegen müssen. Zuträglicher wäre es, die aufgebauschte Entgegensetzung von Leib und Seele abzulösen durch die Besinnung auf den lebenden, sich erinnernden und in mannigfacher Weise sich auf sich beziehenden Menschen, auf die untrennbare Einheit von „Leib und Seele". Damit verliert die Ich-Verdoppelung ihre geheimnisvolle und belastende Bedeutung und wird zur (allerdings lebenswichtigen) Selbstverständlichkeit. Die natürliche, sprachliche Verdoppelung des Ich sichert die Individualität als das durch die Lebensalter hindurch gepflegte und zu pflegende, alle Zeitdimensionen umspannende Selbstverhältnis. Dieses ist uns praktisch längst vertraut als Erziehung, literarisch-distanziert gestaltet zum Bildungsroman. (Die Autobiographie ist eine retrograde Erziehung.) Die Ich-Verdoppelung ist eine im menschlichen Lebensvollzug direkt wie mittelbar gebrauchte, für das existenzielle Selbstverständnis unentbehrliche Figur. Der Mensch vermag auf menschliche Weise weder zu existieren, noch zu handeln, noch zu erkennen, ohne jene Verdoppelung zugrundezulegen.

[3] Sigmund *Freud*, *Das Unheimliche* (1909), WW (1955) XII, S. 327 ff.

17.

Der Tod ist das existenzielle Phänomen, welches den Menschen am meisten erschüttert. Es bleibt immer durch Ängste entstellt, mit Tabus belegt, in religiösen oder metaphysischen Deutungen stilisiert und verzerrt. Die Unterscheidung von Körper und Seele ist ein Versuch, das Todesphänomen abzumildern und verstehbar zu machen. Die „Seele" ist nichts als der lebendige Mensch, von dem man den (toten) Körper subtrahiert hat; „Seele" ist kein echter Gegenstand, sondern eine Konstruktion, welche unterstellt, daß nicht ich es bin, der stirbt. Der Tod trifft aber weder den Körper allein, noch ausschließlich die Seele, welche den Körper entseelt und hilflos zurückläßt, damit er von den Lebenden bestattet oder gar konserviert werde. Epikurs Sophisma (Diog.L. X, 125) verfehlt vielleicht absichtlich das Todesphänomen, um die prekäre Seinsweise des Menschen zu verdecken. Wegen dieser schwer zu entwirrenden Deutungen empfiehlt es sich, andere, leisere Phänomene zu befragen, die nicht durch Angst und Entsetzen verstellt sind und daher zu leicht genommen werden, obwohl sie ebenfalls auf der Zuwendung des Ich zu sich, des bewußten zum körperlichen Ich beruhen. Scham, Stolz, Reue, Selbsthaß sind ganz subjektiv; sie drücken ein Selbstverständnis aus, das Aufschluß verspricht über die Verfassung der menschlichen Individualität. Sie lohnen die Analyse, weil sie dem Menschen als ganzem gelten, weil sie ein Bewußtsein sind, welches das Physische wie von selbst einschließt.

18.

Wir wundern uns über Plotin, der *sich* schämte, in einem Körper zu sein (Vita, erster Satz); „er selbst" meinte also, mit diesem Unrat aus Fleisch und Knochen nichts zu tun zu haben. Der Ausdruck „ich schäme mich" betrifft nämlich die komplexe Beziehung zu meinem Körper, ohne daß er dabei zur äußeren Tatsache werden kann. Adam und Eva schämten sich ebenfalls, aber nicht ihrer nackten Körper, sondern ihrer Tat. Sie *entdeckten* dabei das Schamgefühl und verbanden es mit dem neuen Bewußtsein, nackt zu sein.

19.

Sartre hat das Phänomen der Scham eingehend untersucht.[4] Die „ursprüngliche Scham" bezeichne die vom Körper gerade im Zustand der Nacktheit symbolisierte „Objektität", nämlich zum bloßen Gegenstand degradiert zu

[4] Jean-Paul *Sartre*, *L'Être et le Néant* (1943), S. 349ff.

werden, wodurch das „Fürsich“ des Menschen, seine „Subjektivität“ negiert werde. Die Kleidung biete Schutz nicht nur vor der Witterung, sondern auch und vor allem vor den Augen anderer. In Kleider gehüllt bin ich nur soweit sichtbar, wie meine Handlungsfähigkeit dies verlangt: Sinnesorgane und Hände bleiben frei. In der Scham nimmt sich das Subjekt zurück, das Ich vereinsamt zur Seele, während der gewissermaßen alleingelassene Körper, fremden Blicken ausgesetzt, zum Objekt wird. In dem Ausdruck „ich schäme mich“ wird aber die unauflösliche Bindung von Ich und Mich bestätigt; Sartre bestätigt sie indirekt, indem er die Scham der Eigentlichkeit zurechnet. Dem Phänomen der Scham wird er jedoch nicht ganz gerecht, weil er dessen moralische Bedeutung vernachlässigt. Der Autor der „Genesis“, der Entdecker dieser Gemütsbewegung, hat jedoch um sie gewußt. Der Herr sprach zu Adam: „Wer hat dir's gesagt, daß du nackt bist? Hast du nicht gegessen von dem Baume...?“ Das körperliche Nacktsein allein stimuliert die Scham nicht. Adam und Eva schämten sich ihrer *Tat*, „peccavi“ war der angemessene Ausdruck dafür. – Als Gegenwurf zur Scham nennt Sartre das Phänomen des Stolzes, in welchem die Objektität bewußt übernommen wird. Wer auf etwas stolz ist, gibt dem Mich den Primat vor dem Ich und ist deshalb „de mauvaise foi“.[5] („Stolz sein“, dem Sinne gemäß ein reflexiver Ausdruck, wird im Italienischen durch das Reflexivum „gloriarsi“ bezeichnet.) An diesen subjektiven Seinsweisen wird deutlich, daß ich, das aktive, seelische Ich, *räumlich* oder, wie Feuerbach es schmunzelnd ausdrückte, „beleibt“ bin[6] und kraft dessen das Raumgeschehen auf mich zurückbeziehe. Die subjektive Ordnungsform dessen, was mich umgibt, ist nicht der geometrische, sondern der subjektiv zentrierte Raum, welcher Leiden und Tun des Ich strukturiert.

20.

Das moralische Phänomen der Scham hat eine vormoralische Bedingung: das Sich-eins-wissen des Individuums in der Dauer. Das Ich-erinnere-mich protestiert gegen das Vergessen. Jede Verbindung der Vergangenheitsform mit der ersten Person schließt das Ich-erinnere-mich ein. Scham und Stolz, Reue und Verzeihung, Gewissen und Gewissenlosigkeit sind vom Sich-Erinnern abhängig. Mit der Erinnerung verdoppelt sich das Ich in der Zeit; neben das jetzige tritt das vormalige, beide verklammert durch die Identität der Person. Die Person-Identität ist identifizierend und nicht äußerlich identifizierbar wie ein Ding. Aber dem vormaligen Ich fehlt die identifizierende Kraft, welche nur das jetzige besitzt. Ich-jetzt bereut, als Ich-gestern einem Hilferuf nicht gefolgt zu sein. Die Identifikation schließt eine Distanzierung ein: Ich unterscheide mich von dem,

[5] Ebd., S. 351.
[6] WW (Bolin und Jodl) II, S. 212. „Im Leib sein, heißt in der Welt sein.“ II, S . 213.

was ich zuvor gewesen sein mag, weil ich meine Taten billige oder mich ihrer schäme, mich zu ihnen bekenne oder sie verleugne.

21.

Die Philosophie der Subjektivität erfindet nichts, wenn sie ihre Begriffe auf die in der Sprache und im menschlichen Verhalten verankerte Verdoppelung stützt; aber die philosophischen Deutungen entstellen manchmal die Phänomene, so daß der Mensch sich im philosophischen Begriff nicht mehr erkennt. Wer weiß schon von sich, daß er ein transzendentales, die Welt konstituierendes Ich in sich trägt und daß ein ihm innewohnender „intelligibler Charakter" seinen moralischen Wert bestimmt? Kant selbst, der den Begriff der Seele aus der Metaphysik verbannte und ihn der einzig legitimen, nämlich der empirischen Psychologie überschrieb,[7] anerkannte eine doppelte Bedeutung des Ich, nämlich eine empirische und eine transzendentale, wies aber den Gedanken einer ontischen Ich-Verdoppelung entschieden zurück.[8] Daß ich gerade dann, wenn ich mich in wissenschaftlicher Objektivität denkend bewege, mir gewissermaßen selbst entgleite oder mich meiner selbst entfremde, ist unannehmbar. Die empirische Selbsterkenntnis bleibt für Kant problematisch, da die volle empirische Erkenntnis außer der zeitlichen auch die räumliche Anschauung erfordert. Eine „Psychologie des Denkens" ist für Kant widersinnig, weil sie die transzendentale Bedeutung des Ich nicht versteht. Die strenge Idealität des Logischen duldet keine empirische Aufbereitung. Das empirische Ich ist zwar beobachtbar, aber nicht denkend, das transzendentale Ich ist denkend, aber nicht beobachtbar. Da das Ich sich nicht aufspaltet, wird eine übergeordnete Klammer für seine Momente überflüssig. Seine zwei Funktionen lassen sich unterscheiden, aber ein Ich im Ich kann es nicht geben. Kant bürdete dem transzendentalen Ich, dem „Ich-denke", die Verantwortung für das Sosein der Welt auf; der Verstand sei nichts anderes als die Natur in formaler Hinsicht.[9] Das reine Ich-denke legt sich in den Tätigkeitsweisen aus, welche das empirische Ich in die aposteriorischen Synthesen einbringt. Das transzendentale Ich ist keine entfesselte, anonyme Instanz in mir, es tritt nur in der Form auf, daß es „meine Vorstellungen muß begleiten können". Das Ich-denke ist so sehr reine Spontaneität, daß es niemals „gegeben" ist, nicht angeschaut werden kann. – Auch in

[7] Kant gebraucht den Namen „Seele" weiterhin, aber nicht als Begriff, sondern zur Kennzeichnung eines thematischen Feldes. Skeptisch äußert er, die Seele könne *ihren* Ort im Körper nicht ausmachen; und nur weil ich ein Gegenstand der äußern Anschauung im Raum bin, könne sie *meinen* Ort wissen (*Akademie-Ausgabe* XVIII, S. 620). Die Seele als Gegenstand des innern Sinnes sei ebendort, wo der Mensch sich aufhält (S. 619).

[8] Vgl. *Anthropologie in pragmatischer Hinsicht*, VII, S. 134; *Preisschrift über die Fortschritte der Metaphysik*, XX, S. 270.

[9] Vgl. *Kritik der reinen Vernunft*, B 165.

Kants praktischer Philosophie wird eine Doppelfunktion des Ich sichtbar, ohne daß zwei Iche nebeneinander aufträten. Die Einheit der Person garantiert deren Verantwortlichkeit für ihre Handlungen und ihre Maximen. Die Doppelung in Kants praktischer Philosophie, homo phaenomenon und homo noumenon, empirischer und intelligibler Charakter, Willkür und Wille stellen nirgends die Einheit der Person in Frage; und die Differenz von Sein und Sollen ist die Grundlage meiner moralischen Erfahrung.

22.

Statt die Struktur des Selbstbezugs zu erforschen und darzustellen, unternahm es die idealistische Philosophie, die menschlichen Lebensverhältnisse mit logischen und moralischen Forderungen zu konfrontieren; Hegel machte dabei keine Ausnahme. Die Ich-Verdoppelung wurde als Hebel eingesetzt, um die menschliche Welt zu stabilisieren oder auch von der Stelle zu bewegen. Die Kritik dieser Verdoppelungsstrategie blieb nicht aus. Schiller protestierte mit guten Gründen, wenn auch gegen einen mißverstandenen Kant, mit dem Argument, daß hier ein Keil in das heile menschliche Sein hineingetrieben werde. Max Stirner forderte zwar nicht die Doppelheit von Ich und Mich (damit operierte er selbst), sondern die Distanz zwischen ihnen zu beseitigen; im Mich pflege sich nämlich all das zu verstecken, was mich bevormundet, so das in jüngster Zeit gegen Hegel und die theologische Metaphysik ins Feld geführte Menschsein, das „Wesen des Menschen" der Liberalen um Feuerbach und Bruno Bauer. Der Mensch in seiner idealen Menschlichkeit, das bin aber Ich nicht, sowenig wie „das absolute Ich". „Möglich, daß Ich aus Mir sehr wenig machen kann; dies Wenige ist aber Alles und ist besser, als was Ich aus Mir machen lasse durch die Gewalt Anderer, durch die Dressur der Sitte, der Religion, der Gesetze, des Staates u.s.w."[10] Ich bin nicht „der Mensch", Ich werde mich nicht dem allgemeinen Prädikate (S. 178) unterwerfen, unter dem sich viele objektive Attribute verstecken, die der Entfremdung Vorschub leisten. „Unsere Atheisten sind fromme Leute", höhnt er (S. 180); demnach ist auch Feuerbach noch ein verkappter Pfaffe (vgl. S. 151). „Der Einzige", der gegen die Spaltung gewappnete Stirner, denunzierte die bösen Folgen der Ich-Verdoppelung, durch welche Mir, nämlich meinem egoistischen Interesse, stets Abbruch geschah. Max Stirners philosophische Satire hat dem Über-Ich die Ichheit abgestreift, damit es sich als freche Zumutung entpuppt, aufrechterhalten von den finsteren Mächten der Reaktion. „Der Einzige" gibt zu, daß seiner Willkür durch die Gesellschaft, durch den Staat erfolgreich Schranken gezogen werden, aber er nimmt es nur hin, weil er gegen die Übermacht der Gesellschaft nichts ausrichten kann.[11] Den in traditionalen Gebärden erstarrten Idealismus zer-

[10] *Der Einzige und sein Eigenthum*, Privat-Ausgabe von J.J.Mackay [1911], S. 177.

pflückt er ebenso wie das verlogene Pathos diesseitiger Weltverbesserer. Aber worin liegt die philosophische Wahrheit des so radikal vereinfachten, neuen Ich, das jede Spannung zwischen Ich und Mich (oder Mir oder Mein) abgebaut hat? Welche Folgen hat die Negation der Ich-Verdoppelung für die Ontologie des menschlichen Daseins? Das erfahren wir von Nietzsche.

23.

Nietzsche ging ersichtlich über Stirner hinaus. Vor allem fand er einen zugkräftigen Namen für den zu sich selbst befreiten Menschen: Aus „dem Einzigen" wird der „Übermensch", eine Gestalt, welche, darin dem „Doppelgänger" verwandt, seit Goethes *Urfaust* als Irrlicht durch die Literatur geistert. Die Verwandtschaft beider Gespenster hat sogar in der schönen Literatur einen Niederschlag gefunden. Die Doppelgestalten zu einer Gestalt zusammengefaßt finden sich als der Stiefbruder in Hoffmanns *Elixieren des Teufels*; dagegen werden in Stevensons *Dr. Jekyll and Mr. Hyde* aus der einen monströsen Person zwei Erscheinungen.[12] Nietzsche aber zeigte uns den neuen Menschen, der noch unheimlicher, noch furchtbarer ist als die Doppelexistenz: Der Übermensch hat „den Menschen" Feuerbachs wirklich abgestreift. Die Abwendung vom Idealismus bekommt nun eine eigene Note; die idealistische Ich-Verdoppelung wird auf Kants praktische Philosophie zurückdatiert. In der „Götzen-Dämmerung" amüsiert Nietzsche mit dem akademischen Ritual einer „Doctor-Promotion": „»Wer ist der vollkommene Mensch?« – Der Staats-Beamte. – »Welche Philosophie gibt die höchste Formel für den Staats-Beamten?« – Die Kants: der Staats-Beamte als Ding an sich zum Richter gesetzt über den Staats-Beamten als Erscheinung."[13] Der Kantische Mensch wird über sich zu Gericht sitzen wie Dorfrichter Adam, dessen Versuch mit der Doppelexistenz so jämmerlich endet. Wurde Kant durch den *Zerbrochenen Krug* widerlegt? Macht sich lächerlich, wer dem Ich-will das Du-sollst vorgibt? Ist die von der praktischen Vernunft geforderte Selbsttranszendenz ein Selbstmißverständnis, dem leicht abgeholfen werden kann?

[11] „... hier bin Ich ein Schulbube, der gegen seinen Cameraden nichts ausrichten kann, weil dieser Vater und Mutter zu Hülfe gerufen und sich unter die Schürze verkrochen hat, während Ich als ungezogener Junge ausgescholten werde und nicht »raisonnieren« darf; ... hier <kämpfe ich> gegen die Menschheit, gegen ein Allgemeines, gegen eine »Majestät«, gegen einen Spuk." Ebd., S. 205 f.

[12] Bei Max Stirner (S. 173) klingt es noch ironisch: „*Ich* bin wirklich der Mensch und Unmensch in Einem ..."

[13] Kritische Studien-Ausgabe (nach der auch im folgenden zitiert wird) **6**, S. 129 f.

24.

Wenn in Nietzsches *Götzen-Dämmerung* „mit dem Hammer philosophirt" wird, so geschieht das niemals grobschlächtig; manche kritischen Gedanken erinnern an das vorsichtige Abklopfen bei der medizinischen Auskultation.[14] Der Hammerschlag gegen die Ich-Verdoppelung bekommt seinen Stellenwert erst durch die Verbindung mit der (von Stirner[15] unterlassenen) *positiven* Aussage über die neue Freiheit: „Kannst du dir selber dein Böses und Gutes geben und deinen Willen über dich aufhängen wie ein Gesetz? Kannst du dir selber Richter sein und Rächer deines Gesetzes?" (*Zarathustra*, **4**, S. 81) Nietzsche benutzt die sprachliche Form von Ich und Mich, um die Ich-Verdoppelung ad absurdum zu führen. „Ich" muß nämlich ehrlicherweise die mir soeben gestellten Fragen verneinen und die mir zugemutete Selbst-vergewaltigung zurückweisen; dagegen könnte der Übermensch (dem der Potentialis angemessen ist) sie bejahen, ohne sich Gewalt anzutun. Uns gewöhnlichen Menschen erschiene er so, als gehorchte er sich selbst, während er doch einfach *ist.*
Weder würde er ein fremdes Gesetz anerkennen noch ein eigenes brauchen, und zwar nicht, weil er ein outlaw wäre, sondern weil er selbst Gesetz *ist.* Nietzsches berechtigte Kritik der metaphysischen Weltverdoppelung gilt der Heilung des Risses, der seit Platon die Welt durchzieht. Genau so wie mit der „scheinbaren Welt" die „wahre Welt" abgeschafft wird (**6**, S. 78f., 80f., **13**, S. 24 u.ö.), wird das Du-sollst in das Ich-will aufgehoben. Der Tod Gottes ist die Voraussetzung für den Übermenschen, der Gott ebenso überflüssig macht wie die künstlich aufrechterhaltene Differenz von Leib und Seele. Der Gedanke des Übermenschen, bemerkte Fink, „bedeutet die Heilung des Risses, der den Menschen spaltet und zwiespältig macht, bedeutet eine Versöhnung, worin der Gegensatz von Leib und Seele erlischt."[16]

25.

Mit dem Auftreten des Übermenschen müßte die Doppelheit von Ich und Mich, aber auch diejenige der erdichteten Gestalt und ihres Dichters verschwinden.[17] Der Dichter des Übermenschen ist gehalten, seine Daseinsberechtigung vor diesem nachzuweisen. Kann er nicht selbst zum Übermenschen wer-

[14] „Hier einmal mit dem *Hammer* Fragen stellen und, vielleicht, als Antwort jenen berühmten hohlen Ton hören, der von geblähten Eingeweiden redet ..." KSA **6**, S. 57f.

[15] Frei – wovon? O was läßt sich nicht alles abschütteln! ..." Stirner a.a.O., S. 154.

[16] Eugen *Fink*, *Nietzsches Philosophie* (Stuttgart 1960), S. 69.

[17] „Ich und Mich sind immer zwei verschiedene Personen." **10**, S. 96. Dieser einer Bemerkung über die „tönende Einheit von Religion und Sinnlichkeit" folgende Satz ist m.E. keine Feststellung, sondern eine Klage.

den, so müßte wenigstens seine bislang durch die Ich-Verdoppelung aufrechterhaltene Individualität unter dem ungeheuren neuen Anspruch zerbrechen. Formuliert wird diese Selbstverpflichtung in der späten Vorrede zum Zweiten Band von *Menschliches, Allzumenschliches* (1886): „Meine Schriften reden *nur* von meinen Überwindungen: »ich« bin darin, mit Allem, was mir Feind war, ego ipsissimus, ja sogar, wenn ein stolzerer Ausdruck erlaubt wird, ego ipsissi*mum.*" (**2**, S. 369) Wird die Ich-Verdoppelung aufgehoben, dann hat die klassische Form der Person keinen Bestand mehr. Diese tiefgreifende Änderung ist die „Genesung" (**2**, S. 19; **11**, S. 684) zu dem radikalen Selbst, zu der welthaft-überpersönlichen Selbstheit.

26.

Der Weg zum Übermenschen führt durch das Negative, auch durch das Verbrechen hindurch. Er vollendet sich, wenn das Verbrechen seinen negativen Charakter verliert und sich womöglich – man kann es nicht ausschliessen – als Werte schaffende Wohltat erweist. „Cesare Borgia als Papst" (**6**, S. 251) war die Vision vom Gewalttäter, der die Festung der Metaphysik schleift, weil ihn die christliche Moral nicht mehr beirrt. Die Vorstellung von der Abschaffung der moralischen Person führt zu seltsamen Auswüchsen. André Gide hat in *Les caves du vatican* mit dem „acte gratuit" die neue Leichtigkeit des Daseins glaubhaft zu machen versucht, welche die Tat des Immoralisten ebenso als ruchlos wie als edelmütig erscheinen lassen würde. Die Anarchisten und Terroristen machen sich einen eigenen Reim darauf. Die moderne Form des Terrorismus hat ihre Wiege im zaristischen Rußland. Der Terrorist fühlt sich seitdem als der „außergewöhnliche Mensch", dessen hochgesteckte Ziele, da sie nicht legal zu verwirklichen sind, das Verbrechen als das gebotene Mittel fordern. Dostojewskis „Raskolnikow" (III, S. 5) hat in seinem verworrenen Traktat ganz theoretisch und gewissermaßen hochherzig jenem großen Unbekannten das Verbrechen als Privileg zugestanden, das er (glücklicherweise) nicht für sich in Anspruch zu nehmen vermochte. Nietzsches schwerer Gedanke wird durch seine Adepten entstellt. Der Verbrecher mit dem guten Gewissen ist nicht der historische Cesare Borgia, er wird nur vom Bildungsbürger damit assoziiert. Er ist weder ein „edler" Robin Hood noch der an sich leidende und deshalb „bleiche Verbrecher"[18]. Sein sogenanntes Verbrechen ist weder eine Art von elementarem Naturgeschehen, noch geheiligt durch viele gute Zwecke; die „gute", weil in sich vollkommene Tat ist darüber erhaben, ein „gutes Werk" oder eine bloße Untat zu sein. Nietzsche verwendet das Verbrechen als Folie: Gerade die Wohltat muß sich mit derselben Schamhaftigkeit verbinden, welche die Untat normalerweise veranlaßt, sich zu verbergen.

[18] *Zarathustra*, **4**, S. 45.

27.

Der Versuch, nicht nur die Übertreibungen und Auswüchse der Ich-Verdoppelung zu beseitigen, sondern sie selbst überflüssig zu machen, läßt sie in neuem Lichte erscheinen. Die intellektuelle und moralische Selbstbezüglichkeit ist keine Falle, in welche eine theologisch infiltrierte Metaphysik den Menschen gelockt hat, sondern die zunächst natürliche, dann durch Kulturen und Traditionen aufbereitete Seinsweise des Menschen, in sich reflektiert zu sein. Das Fürsichsein und Sich-Erscheinen des Ich zeugt weder von der Zerrissenheit des Menschen, noch ist sie dessen permanentes Unglück. Der Mensch braucht die Anschauung seiner selbst, um im Einklang mit sich zu leben. Das ovidische „est Deus in nobis" drückt keine Entfremdung aus, sondern ein gesteigertes, wenn nicht übersteigertes Selbstwertgefühl. Aristoteles kennzeichnete den geglückten Selbstbezug zurückhaltender als philautia, „Selbstliebe".[19] Sie setzt Selbstachtung voraus und hat mit der Selbstsucht ebensowenig gemein wie mit der narzißtischen Verliebtheit in die eigne Person. Sie darf auch nicht mit der (berechtigten, wenn auch nicht lobenswerten) Eigenliebe in einen Topf geworfen werden. Sie fordert ein kritisches Selbstbewußtsein, In-sich-reflektiertsein und schließt daher die dumme Selbstzufriedenheit aus. Die Selbstliebe will verdient sein. Der Riß, den der Leib-Seele-Antagonismus dem kultivierten Menschen beigebracht hat, wird von der recht verstandenen Selbstliebe beseitigt. Die Selbstliebe ist keine Nebenstelle der Moralität, sondern deren Quelle.

[19] *Ethica Nicomachea*, IX 8.

Günter Wohlfart

Dichten der Individualität

„Philosophie dürfte man eigentlich nur *dichten.*"
Wittgenstein,
Vermischte Bemerkungen

Der folgende kleine Beitrag gliedert sich in vier Teile:

Im *1. Teil*, dem einführenden Teil, Individualität und Ineffabilität, geht es um die Unmöglichkeit des *Sagens* des Individuellen.

Im Zentrum des *2. Teils*, Individualität und Deixis, steht die Frage nach der Möglichkeit des *Zeigens* des Individuellen.

Der *3. Teil*, der Hauptteil, Individualität und Poesie, handelt von der Möglichkeit des *Dichtens* des Individuellen.

Im *4. Teil*, dem Schlußteil, Poesie und Philosophie, werden einige Bemerkungen zum Verhältnis von Dichten und Denken gemacht.

1. Individualität und Ineffabilität

Leibniz sagt: „*Individua ejusdem speciei infimae* sunt, quae non possunt per essentialia distingui." (»Individuen derselben untersten Art sind solche, die durch Wesensbestimmungen nicht unterschieden werden können«.)[1] Wolff definiert: „*Ens singulare*, sive individuum esse illud, quod omni modo determinatum est." (»Einzelnes Seiendes oder Individuum ist das, was vollständig bestimmt ist.«)[2]

§ 15 von Kants Logik (Jäsche) handelt von den Bedingungen der Entstehung höherer und niedrigerer Begriffe, d.h. von logischer Abstraktion und logischer Determination: „Durch fortgesetzte logische *Abstraktion* entstehen immer *höhere*, so wie dagegen durch fortgesetzte logische *Determination* immer niedrigere Begriffe. Die größte mögliche Abstraktion giebt den höchsten oder abstractesten Begriff – den, von dem sich keine Bestimmung weiter wegdenken

[1] G. W. *Leibniz, Table de définitions*, Opuscules et frg. inéd. de Leibniz, hg. v. L. Couturat (1903), S. 498.

[2] Chr. *Wolff, Ontologie*, § 227.

läßt. Die höchste vollendete Determination würde einen *durchgängig bestimmten* Begriff (conceptum omnimode determinatum) d.i. einen solchen geben, zu dem sich keine weitere Bestimmung mehr hinzu denken ließe.

Anmerkung: Da nur einzelne Dinge oder Individuen durchgängig bestimmt sind: so kann es auch nur durchgängig bestimmte Erkenntnisse als *Anschauungen*, nicht aber als *Begriffe*, geben; in Ansehung der letztern kann die logische Bestimmung nie als vollendet angesehen werden."[3] Der Begriff ist nach Kant als repraesentatio communis (repraesentatio per notas communes) der Anschauung als repraesentatio singularis entgegengesetzt. Die Rede von einem »conceptus singularis vel individui«[4] statt von einer repraesentatio singularis ist streng kritisch gesehen eine contradictio in adiecto. Konzeptualität und Singularität, i.e. Individualität sind ebenso »toto coelo« verschieden wie conceptus und intuitus. Ein conceptus infimus bzw. eine infima species ist nicht gegeben, „weil ein solcher sich unmöglich bestimmen läßt. Denn haben wir auch einen Begriff, den wir *unmittelbar* auf Individuen anwenden: so können in Ansehung desselben doch noch specifische Unterschiede vorhanden sein, die wir entweder nicht bemerken, oder die wir aus der Acht lassen."[5]

Wir können uns strenggenommen keinen Begriff vom Individuum bzw. vom Individuellen machen. „Nur *comparativ für den Gebrauch* giebt es niedrigste Begriffe, die gleichsam durch Convention diese Bedeutung erhalten haben, sofern man übereingekommen ist, hierbei nicht tiefer zu gehen."[6] Das Individuum ist unbegreiflich und – versteht man unter Sprache wie Kant vornehmlich die Bezeichnung der Gedanken bzw. Begriffe – ergo unaussprechlich.

„Individuum est ineffabile" – wie Goethes bekanntes Wort in einem Brief an Lavater aus dem Jahre 1780 lautet[7]. Individualität ist Ineffabilität, Denken der Individualität ist Denken der Ineffabilität. Ist Individualität demnach also nicht *Unteilbarkeit*, sondern *Unmitteilbarkeit*?

Wir können uns zwar keinen *Begriff* vom Individuellen machen, wohl aber haben wir die Möglichkeit der Anschauung des Individuellen, doch: die Anschauung des Individuellen bleibt strenggenommen immer individuelle Anschauung. Wie steht es also mit der Kommunikation, der Mitteilbarkeit des Individuellen?

[3] *Kants Schriften*, Akademie Ausgabe, Bd. IX, S. 99.

[4] Vgl. § 44 der *Acroasis Logica* von *Baumgarten*.

[5] *Kants Schriften* IX, a.a.O., 97, Anmerkung zu § 11.

[6] Ebd.

[7] J. W. v. *Goethe, An Lavater* (20.9.1780). Gedenkausgabe hrg. von Beutler 18, 533; zitiert nach Historisches Wörterbuch der Philosophie, Bd. 4, *Individuum, Individualität*, III, Neuzeit, S. 310ff, von T. *Borsche*, dem ich viele Hinweise in puncto Individualität verdanke. Nach L. *Oeing-Hanhoff* ist jener bekannte Satz als »Merksatz der Thomisten« bzw. als scholastisches Lehrgut nicht nachgewiesen. Vgl. a.a.O., S. 309. Zur Ineffabilität des Individuellen vgl. auch J. *Simon, Philosophie und linguistische Theorie*, Berlin, New York 1971, S. 115.

2. Individualität und Deixis

„»Individualität« ist der Name für etwas, das sich auch durch den inhaltsreichsten Begriff nicht adäquat bestimmen läßt. Ein Individuum läßt sich vom anderen der gleichen (untersten) Art nicht mehr begrifflich, sondern nur noch deiktisch unterscheiden."[8] Individualität kann nicht angemessen bestimmt werden, sie kann nicht begriffen und ausgesprochen werden, wohl aber angeschaut, gesehen. Ist diese Anschauung kommunikabel, etwa deiktisch? Kann Individualität *gezeigt* werden? Gehört das individuelle Sein zum Bereich dessen, auf das man zeigen kann (εἰς δεῖξιν πίπτειν), wie man von altersher annahm?[9] Nun kann ich wohl auf ein Individuum *zeigen*, etwa, um es von anderen in einer Menge zu unterscheiden. Ebenso kann ich es freilich auch sprachlich »comparativ für den Gebrauch« bestimmen bzw. benennen, ohne dadurch allerdings genaugenommen die Individualität dieses Individuums, d.h. seine *Eigenartigkeit* bzw. *Einzigartigkeit* zu treffen. Kann ich z.B. die Eigentümlichkeit und Einmaligkeit des Gesichts eines Menschen deiktisch unterscheiden? Kann ich die Einzigartigkeit einer Landschaft oder eines Kunstwerks adäquat mitteilen, in dem ich – in Ermangelung angemessener sprachlich-begrifflicher Bestimmung – mit stummer Geste auf sie zeige? Wird die Möglichkeit des Mißverständnisses oder des Unverständnisses bei demjenigen, dem ich sie zeige, nicht auf andere Weise ebenso groß sein wie bei demjenigen, dem ich versuche, sie durch eine verbale Beschreibung nahezubringen?

Wird mein Zeigen nicht ebenso vage und unbestimmt bleiben wie mein Beschreiben? Und wenn ich z.B. bei der Betrachtung eines Bildes als Antwort auf die Rückfrage »Was meinst Du genau?« ins Detail gehe und auf eine »ikonisch dichte Stelle« zeige, d.h. auf eine Stelle, an der sich das stumme Gespräch der Farben und Formen untereinander gleichsam zu verdichten scheint, und zu verstehen gebe: »Hier, sieh dieses!«, wird es mir dann bei dem Versuch des Zeigens der »haecceitas vel singularitas«[10], d.h. – der »Diesheit« – wie der »doctor subtilis« die Individualität faßte –, nicht ebenso ergehen wie der »sinnlichen Gewißheit« in Hegels *Phänomenologie des Geistes*, die das »Jetzt« und das »Hier« aufzeigen will?[11] Man *meint* wohl *dieses* Etwas, τόδε τι, in seiner »Dieseinzigkeit« bzw. Individualität zeigen zu können; man *meint*, dieses anschaulich Unmittelbare, sprachlich Unmitteilbare zeigen zu können, das Zeigen selbst aber erweist sich nach Hegel als eine Vermittlungsbewegung. „Das Hier, das gemeint wird, wäre der Punkt; er *ist* aber nicht: sondern, in dem er als seiend aufgezeigt wird, zeigt sich das Aufzeigen, nicht unmittelbares Wissen, sondern

[8] J. *Simon, Sprachphilosophie*, Freiburg / München, 1981, S. 20.

[9] Vgl. z.B. *Alexander von Aphrodisias, In Met.* S. 677, 24; S. 464, 36.

[10] Vgl. *Duns Scotus, Questiones subtilissimae super libros Metaphysicorum Aristotelis*, lib. VII, qu. 13, n. 9, S. 26.

[11] Vgl. G. W. F. *Hegel, Phänomenologie des Geistes*, Hamburg [6]1952, 85f, = Kap. 1, Die sinnliche Gewißheit; oder das *Diese* und das *Meinen*, Absätze 16-19.

eine Bewegung von dem gemeinten Hier aus durch viele Hier in das allgemeine Hier zu sein ..."[12] Übertragen auf unser Beispiel vom Bild: Der »springende Punkt« des Bildes, die ikonisch dichte Stelle – die übrigens eine leere Stelle sein kann – ist nichts, das »hier« *fixiert* werden kann. Das »hier« ist durch das »dort« bestimmt, »dieses« durch »jenes«, das Unmittelbare ist vermittelt. Das *Springen* des Punktes ist soz. eine »*Resultante*« aus den »*Vektoren*« der Farben und Formen des ganzen Bildes. Der »springende Punkt« des Bildes ist ein *Moment* in der ruhigen inneren Bewegung des Bildes, in dem sich dessen »*Motiv*« besonders deutlich zeigt. Diese Stelle ist gleichsam der »Blickpunkt«, von dem aus das Bild uns ansieht, wie jene »icona Dei« in Cusanus' *De visione Dei* oder jener »archaïsche Torso Apollos« bei Rilke.

Kurzum: Das Individuelle, Eigentümliche kann genaugenommen ebensowenig *gezeigt* werden, wie es *gesagt* werden kann.

„Das Wahrgenommene hat ein Gesicht, das zum Denken hinblickt. Dieses Gesicht ist das Ästhetische, das zum Denken Anlaß gibt."[13]

Dieses »Gesicht«, das „soviel zu denken veranlaßt, als sich niemals in einem bestimmten Begriff zusammenfassen läßt"[14], *zeigt sich*. Es ist das Ästhetische in der Aisthesis, es ist das Individuelle des Individuums. Das Individuum zeigt sein »Gesicht«; indem Individualität ihr »Gesicht« zeigt, *zeigt sie sich*. D.h., Individualität kann nicht gezeigt werden, sie zeigt sich. Kann das Individuum durch sein »Gesicht« – Fichte sieht in dem deutschen Wort »Gesicht« zu Recht eine »treffliche« Übersetzung des griechischen Wortes »Idee«[15] – als »personifizierte Idee«[16] angesehen werden?

Das »Gesicht« des Individuums ist ein ästhetisches Zeichen. Das ästhetische Zeichen zeigt mir sich selbst[17]. Wittgenstein sagt: „Wenn ich ein Genre-Bild anschaue, so »sagt« es mir etwas, auch wenn ich keinen Augenblick glaube (mir einbilde), die Menschen, die ich darin sehe, seien wirklich, oder es habe wirkliche Menschen in dieser Situation gegeben. Denn wie, wenn ich fragte: »*Was* sagt es mir denn?« – »Das Bild sagt mir sich selbst« – möchte ich sagen."[18]

Das Individuum, das uns durch sein »Gesicht« gleichsam ansieht, kann in seiner Individualität i.e. Einzigartigkeit nicht *gesagt* werden, *es sagt sich*; es kann nicht *gezeigt* werden, *es zeigt sich*. Indem es sich sagt, spricht es mich als Individuum an, stellt es vielleicht sogar – wie jener »archaïsche Torso Apollos« – einen Anspruch an mich; indem es *sich* zeigt, zeigt es auf *mich*, in der stummen »göttlichen« Sprache des Apollo, von dem Heraklit in Fragment 93 – die-

[12] A.a.O., S. 86.

[13] J. *Simon, Philosophie des Zeichens*, Berlin/ New York 1989, S. 93.

[14] *Kant, Kritik der Urteilskraft*, § 49.

[15] *J. G. Fichtes nachgelassene Werke*, III, hg. v. I. H. Fichte, Berlin 1834/35 = Berlin 1962, S. 150.

[16] Friedrich *Schlegel, Athenäum*, Fragment Nr. 95, Kritische Ausgabe, hg. v. E. Behler, 2, S. 265.

[17] Vgl. vom Verfasser, *Wittgenstein und Simon zum Zeichen*, in: Zur Philosophie des Zeichens, hg. v. T. Borsche u. W. Stegmaier, Berlin, New York 1992, S. 132 ff.

[18] L. *Wittgenstein, Philosophische Untersuchungen*, § 522 f.

sem Grundsatz der Semantik bzw. Semiotik –, ohne ihn expressis verbis zu nennen, sagt: οὔτε λέγει οὔτε κρύπτει ἀλλά σημαίνει. Die Kundgaben des Musageten sind weder bloß logisch noch nur kryptisch, sondern »semantisch«; er sagt nicht und verbirgt nicht, er zeigt; er gibt – nicht-redend redend – Zeichen, Winke. Der Gott gibt Zeichen σήματα φαίνων, indem er erscheint, sich zeigt.

Individuelles teilt sich mit, indem es sich in der stummen Sprache des Gottes zeigt. Ich kann es wahrnehmen, sozusagen an seiner Kundgebung *teilnehmen*, doch wie kann ich es *mitteilen*, eingedenk dessen, daß „*Humanität* einerseits das allgemeine *Teilnehmungsgefühl*, andererseits das Vermögen, sich innigst und allgemein *mitteilen* zu können bedeutet ...“[19]?

Entzieht sich das Individuelle als Unmitteilbares menschlicher Kommunikation?

3. Individualität und Poesie

»Deus est ineffabilis«, seine Sprache ist das Zeichen, der Wink. „Winke sind / Von alters her die Sprache der Götter.“[20]

Ist nun *Dichtung* die Evokation der stummen göttlichen Sprache aus der menschlichen[21], ist in ihrem Wortlaut die Resonanz der stillschweigenden Sprache der Götter, gilt dann das Wort Schlegels: „alle Individualität ist poetisch“?[22] Anders gesagt: Ist Dichtung die Mitteilung des Unmitteilbaren, die »Fabel« des Ineffablen, die »Sage« des Unsagbaren?

Wenn der späte Heidegger das Wesen der Sprache als »Sage«, und diese als »Zeige« bestimmt,[23] – wobei Heraklits Fragment B 93 nicht ohne Einfluß auf diese Deutung gewesen sein dürfte[24] – so möchte ich sagen: *ein wesentliches Moment der Sprache der Dichtung ist das Sagen als Zeigen*. Der originäre Dichter, d.h. derjenige, der eine eigene Sprache spricht, spricht nicht *über* etwas, sondern er spricht *für* etwas, derart, daß dieses in seiner Individualität selbst sprechend wird, stillschweigend für sich spricht, sich selbst sagt. Er beschreibt nicht, mag diese Beschreibung noch so luzid sein, er präsentiert, er zeigt; besser gesagt, er läßt die Dinge sich zeigen, sich bestimmen. Um ein bekanntes Wort von Klee abzuwandeln: Er gibt nicht Gesehenes wieder, er läßt sehen. Das Unaussprechliche zeigt sich in der Sprache des Dichters nun nicht nur durch seine Worte; vielmehr zeigt der Dichter gleichsam durch ihre Zwi-

[19] *Kant, Kritik der Urteilskraft*, § 60.

[20] *Hölderlin, Rousseau*, in: Sämtliche Werke, hg. v. F. Beißner, Frankfurt 1961, S. 238.

[21] Vgl. B. *Liebrucks, Sprache und Bewußtsein*, Frankfurt 1965, 2, S. 407 ff u. 444.

[22] Fr. *Schlegel, Kritische Ausgabe*, Bd. 18, hg. E. Behler, 1963, Fragment 652, 248.

[23] Vgl. M. *Heidegger, Unterwegs zur Sprache*, Pfullingen ²1960, 253 f. und 257. „*Das Wesende der Sprache ist die Sage als die Zeige*“. A.a.O., S. 254.

[24] Vgl. Heideggers Deutung dieses Fragments in: *Heidegger, Gesamtausgabe*, Bd. 55, S. 177ff.

schenräume, ihre Fugen der Stille, »zwischen den Zeilen« hindurch ins Freie, und »eröffnet eine ganze Welt von Erscheinungen«. Indem der Dichter in seiner Äußerung die Erinnerung der stillschweigenden Sprache bewahrt, läßt er die Dinge zu Wort kommen; schweigend zeigen sie sich in ihrer Einzigartigkeit. Der Dichter *zeigt* die Dinge in ihrer Einzigkeit, indem er *schweigt*. Doch der Dichter schweigt, ohne zu schweigen, er ist sozusagen beim Schweigen »im Wort«. Poetische Rede ist schweigsame Rede, poetisches Schweigen ist beredtes Schweigen. Das beredte Schweigen der Dichtung ist nicht das Ende der Rede, sondern deren Vollendung, nicht das Aufhören der Rede, sondern das Hören der Rede auf die Stille. Schweigen geht als beredtes dichterisches Schweigen nicht im *Ungesagten* auf, sondern ist ein Sagen des *Unsagbaren*; dieses bleibt ausgesprochen unausgesprochen. Will er etwas sagen vom Unsagbaren, dann muß er im Ausgesprochenen dem Ausgesprochenen entsagen. Die Anstrengung des Dichters besteht darin, die Stille durch das Wort zu halten, das Schweigen im Wort zu bewahren. Die schweigende Rede des Dichters ist wiedergefundene Sprache, sie kommt aus der Sprachlosigkeit des Angesprochenseins vom Unsagbaren, Ineffablem.

Über ein Gedicht von Uhland, das Wittgenstein bewunderte, schrieb er an Engelmann: „Wenn man sich nicht bemüht, das Unaussprechliche auszusprechen, so geht *nichts* verloren. Sondern das Unausprechliche ist, – unaussprechlich – in dem Ausgesprochenen *enthalten*!“[25] Der Dichter schweigt, wenn er spricht, bzw. er spricht, wenn er schweigt, um im Ungesagten das Unsagbare zu sagen. Durch Nichtgesagtes im Gesagten zeigt er auf Unsagbares.

Das Ungesagte im Gesagten der Dichtung entspricht dem Unsagbaren dessen, was sich in seiner Einzigartigkeit zeigt.

Dichtung läßt durch das im Gesagten nicht ausdrücklich Gesagte das eindrucksvolle »Gesicht« der Dinge in ihrer Unsagbarkeit sehen.

Der Dichter ist kein »Worte-macher«,[26] er ist „schweigsam, auch wenn er redet...“[27]. Ihm kommt es darauf an, so wenig wie möglich hineinzureden in das, was sich die Worte stillschweigend untereinander sagen, er versucht, den Worten nicht ins Wort zu fallen, indem er »Worte macht«, er versucht, das Schweigen ihrer immanenten Responsion nicht zu brechen. Er sagt, ohne zu sagen. Die Stelle des tiefsten Schweigens kann die poetisch dichteste, beredteste sein. Geglückte Dichtung ist Dichtung der Stille. Da, wo das Schweigen der Dichtung am durchdringensten ist, scheint es am meisten durchdrungen von Sprache. Die höchste Aufgabe des Dichters ist das *Durch-dringen der Stille* im Wort. Er darf den goldenen Faden des Schweigens in seiner Rede nicht verlieren. Sein Motto wäre so letztlich die alte griechische Gebetsformel, die wir vom Ende der Eumeniden des Aischylos kennen: εὐφήμει, mit einem Wort sagt sie

[25] *Wittgenstein, Briefwechsel*, hg. v. B. F. Mc. Guinness u. G. H. von Wright, Frankfurt 1980, S. 102.

[26] Vgl. *Nietzsche, Kritische Studienausgabe*, Berlin, New York, 1967ff. 11, S. 349.

[27] *Nietzsche, Kritische Studienausgabe*, a.a.O., 4, S. 204.

beides: rede gut und schweig! Eine Maxime des Dichters wäre: wenn du redest, dann schweig und zeig!

Die Stille ist der Grundton der dichterischen Rede. Sie entspricht der Stille, ist durch Stille getönt, »stilltönend« – wie es bei Hölderlin heißt. Zu ihrem Wortlaut gehört der Laut der Stille, sie ist lautere Stille, das Verlautete nimmt sich gleichsam zurück in die Stille. Durch seine Rede schweigt der Dichter im Grunde, er läutert die Stille. Sprache der Dichtung ist »gebrochenes« Schweigen, in ihr teilt sich schweigend mit, was sich verbaler Mitteilung entzieht: die Einzigartigkeit und Einmaligkeit der Dinge. In der dichterischen Äußerung ist die Stille im »Gesicht« der Dinge erinnert. Der Dichter übersetzt das Schweigen der Dinge, die »figürlich zu uns sprechen«, ins Wort, er artikuliert das Schweigen, durch das die Dinge sich sagen. Die Worte der Dichtung sind »Fassungen« des Schweigens angesichts dessen, was uns seiner Unsagbarkeit bzw. seiner Unsäglichkeit wegen sprachlos, fassungslos macht. Gedichte sind Gefäße der Stille. Die Worte der Dichtung sind Metaphern der Stille. Spricht der Dichter, so ist er doch immer »im Wort« beim Schweigen der Dinge, das ihm »ins Wort fällt«, hell wie die Frühlingssonne.

Das Wort großer Dichtung ist *aufgehobene* Stille, *Bestimmung* der Stille, *Durchdringen der Stille* im doppelten Sinn des Genitivs, *Durch*dringen und Durch*dringen*.

Als Beispiel wähle ich eines der berühmtesten Haiku aus dem Reisetagebuch *Oku no hosomichi* des großen japanischen Dichters Matsuo Basho (1644 – 1694).[28] Es beschließt das 34. Kapitel mit dem Titel: *Der Ryûshakuji – ein Bergtempel*.

Das Haiku lautet:

Shizukasa ya
iwa ni shimiiru
semi no koe

Wörtlich müßte man etwa so übersetzen: Shi zu ka sa = Stille; ya = Kireji (Trennungswort); i wa = Fels; ni = hinein; shi mi i ru = durch-dringen; se mi = Zikade; no = deren (Genitiv); Ko e = Stimme. Also:

Stille –
den Fels durchdringend
Zikadenzirpen

Zu beachten ist, daß trotz des Trennungswortes der mittlere »Vers« sowohl auf den Eingangs- wie auf den Schluß»vers« bezogen werden kann, d.h. nicht nur das Zikadenzirpen dringt durch den Fels (Durch*dringen* der Stille durch

[28] Der Verfasser mag sich, dieses Beispiel wählend, im Kreis germano- bzw. eurozentrischer Gelehrtenphilosophie dem soupçon des escapistischen Exotismus aussetzen.

das Zikadenzirpen), sondern auch die Stille dringt durch den Fels (*Durch*dringen der Stille durch das Zikadenzirpen). Der Schrei der Zikade und der Schrei der Stille durchdringen einander.[29] Der semantischen Ambiguität, in der stillschweigend die Sache sprechend wird, ist sowohl in der Übersetzung von M. Ueda: „Quietness – / Sinking into the rocks, / A cicada's cry."[30] Rechnung getragen als auch in der Übersetzung von W. J. Higginson: „the stillness – / soaking into stones / cicada's cry"[31].

Obgleich »poetischer« klingend, überzeugt dagegen die Übersetzung von G. S. Dombrady nicht, da sie den entscheidenden »Aspekt-Wechsel« und mithin den »springenden Punkt« verfehlt: „Stille ...! / Tief bohrt sich in den Fels / das Sirren der Zikaden ..."[32]

Die 17 Silben des Haiku von Basho sind gleichsam Silben der Stille, die sich zu einem *Moment* des *Stilleseins* bzw. des *Anhaltens* einer Bewegung zusammenzunehmen scheinen. Die Worte sind karge Worte, die sich gleichsam in die Wortlosigkeit zurückzunehmen scheinen, um die Dinge selbst sprechen zu lassen. Die Kunst des Haiku ist die Kunst des »geizigen Wortes«, des »wortlosen Worts«. Nie spricht es über etwas. „There is ... no time to talk *about* something; there is only time to present something."[33] Das Wort streicht sich gleichsam selbst durch, zeigt durch sich hindurch, ist nichts als der leere Spiegel des »Gesichts« der Dinge.

Was Cézanne in einem Gespräch mit Gasquet vom Maler sagt, gilt auch für den Dichter, der mehr als ein bloßer Wortemacher ist: „sein ganzes Wollen muß Schweigen sein. Er soll in sich verstummen lassen, alle Stimmen der Voreingenommenheit, vergessen, vergessen, Stille machen, ein vollkommenes Echo sein."[34] Für den Dichter gilt die Mahnung des Augustinus: „Sei still in dir und sieh, was ich dir sage."[35] Nur wenn der Dichter seine eigene Individualität ganz läßt, sich ganz einläßt auf die Dinge, wird sich das Eigene der Dinge, ihre Ei-

[29] Zu einer detaillierteren Analyse dieses Haiku vgl. vom Verfasser: *Haiku-Metaphor without Metaphor*, erscheint in den Schriften der *Académie du Midi*.

[30] Makoto *Ueda, Matsuo Basho*, Tokyo, New York, London 1982, S. 52.

[31] W. J. *Higginson, The Haiku Handbook*, Tokyo, New York, London 1989, S. 11.

[32] *Basho, Auf schmalen Pfaden durchs Hinterland*, Aus dem Japanischen übertragen von G. S. Dombrady, Mainz 1985, S. 185 u. 298f. Im übrigen enthält Dombradys Übersetzung einige freie Hinzufügungen, die dem Geist des wortkargen Haiku m.E. nicht angemessen sind. Ähnliches gilt von der Übersetzung von D. *Britton*: „In this hush profound,/ Into the very rocks it seeps – / The cicada sound." (*A Haiku Journey*. Basho's Narrow Road to a Far Province, translated by Dorothy Britton, Tokyo, New York, London 1980, S. 62) und von der Übersetzung von Sam *Hamill*: „Lonely silence/ a single cicada's cry/ sinking into stone". (*Narrow Road to the Interior*, Matsuo Basho, translated by Sam Hamill, Boston and London, 1991, S. 58.) In all diesen Fällen dürften die Übersetzer zu schnell »poetisch« geworden sein.

[33] *Monkey's Raincoat*, linked Poetry of the Basho School with Haiku Selections, translated by Lenore Mayhew, Rutland/ Tokyo, 1985, S. 43.

[34] P. *Cézanne, Über die Kunst*. Gespräche mit Gasquet, Hamburg 1957, S. 9.

[35] Vgl. J. *Kreuzer* / G. *Wohlfart*, *Schweigen; Stille*, in Historisches Wörterbuch der Philosophie, 8, 1484.

genart und Einzigartigkeit zeigen durch sein Wort, das der Stille der Dinge entspricht. „As Zen's Six Patriarch, Hui-neng ... put it, one should not look at but *as* the object."[36] Basho, der Meister, wußte das. Er sagt die Dinge, wie sie sich in ihm sehen. „The Master said: »Learn about a pine tree from a pine tree, and about a bamboo plant from an bamboo plant.« What he meant was that a poet should detach the mind from his own personal self. Nevertheless some poets interpret the word »learn« in their own ways and never really »learn«. For »learn« means to enter into the object, perceive its delicate life and feel its feelings, whereupon a poem forms itself. A lucid description of the object is not enough; unless the poem contains feelings which have spontaneously emerged from the object, it will show the object and the poet's self as two separate entities, making it impossible to attain a true poetic sentiment. The poem will be artifical, for it is composed by the poet's personal self."[37] Basho hat aus dem »Buch der Natur« abgeschrieben, in dem jede Erscheinung, jedes Ding in seiner »Dieseinzigkeit« als »lebendiges Wort« ohne Worte zu uns spricht. Insofern kann er – rechtverstanden – als meisterhafter Dichter der Individualität gelesen werden.

4. Poesie und Philosophie

„καὶ τὸ σιγᾶν πολλάκις ἐστὶ σοφώτατον ἀνθρώπῳ νοῆσαι" (»Oft ist das Schweigen das Weiseste, was der Mensch ersinnen kann«)[38]. „Der Dichter spricht: die Rede ist des Menschen Vorzug vorm Tier, ja, allerdings – wofern er *schweigen* kann."[39] Die Maxime des »religiösen Schriftstellers« lautet: „das Erste, die schlechthinnige Bedingung dafür, daß man etwas tun kann, somit das Erste, das man tun muß, ist dies: schaffe Schweigen ..."[40] Denn: »Philosophy will clip an angel's wings«, wie Keats sagte.

Der Philosoph muß sich – wenn er »redlich« ist – sagen: „Ich bin ein Worte-macher: Was liegt an Worten, was liegt an mir!"[41] „Wofür wir Worte haben, darüber sind wir auch schon hinaus. In allem Reden liegt ein Gran Verachtung."[42]

Die Worte sind der Schatz des Philosophen, und nur selten versteht er es, ihn zu hüten – wie seine Zunge. Die »ventosa loquacitas philosophorum« liebt es, die Silbermünzen der Worte zu wechseln. Dem vollmundigen »Getön des Mundes« ist nur durch ein »Fasten des Herzens« zu begegnen, das Schweigen

[36] *Basho, On Love and Barley*, Haiku of Basho, translated from the Japanese from Lucien Stryk, London 1985, S. 16.

[37] M. *Ueda, Matsuo Basho*, a.a.O., S. 167f.

[38] *Pindar, Nemeische Oden* V, 18.

[39] S. *Kierkegaard, Gesammelte Werke*, 21., 22., 23. Abteilung, S. 39.

[40] S. *Kierkegaard, Gesammelte Werke*, 27. 28. 29. Abteilung.

[41] *Nietzsche, Kritische Studienausgabe,* 11, S. 349 (29[55]).

[42] *Nietzsche, Kritische Studienausgabe*,6, S. 128.

heißt. Das Wort des Dichters nimmt sich zurück ins Schweigen, denn es ist, nach einem Wort Becketts, »a desecration of silence«. Die stillen Räume des *Dichters* betritt man erst, wenn das Bedürfnis zu reden »gestillt« ist. Doch wie steht es mit den »stillen Räumen des *Denkens*«?

Der »Sigetiker« Heidegger sagt: „Das höchste denkerische Sagen besteht darin, im Sagen das eigentlich zu Sagende nicht einfach zu verschweigen, sondern es so zu sagen, daß es im Nichtsagen genannt wird: das Sagen des Denkens ist ein Erschweigen. Dieses Sagen entspricht auch dem tiefsten Wesen der Sprache, die ihren Ursprung im Schweigen hat. Als Erschweigender rückt der Denker in seiner Art und Weise in den Rang des Dichters und bleibt doch ewig von ihm geschieden, wie umgekehrt auch der Dichter vom Denker."[43]

In den postum publizierten *Beiträgen zur Philosophie* heißt es lapidar: „Die Erschweigung ist die »Logik« der Philosophie ..."[44] Offenbar von Proklos, *De philos. chald.* IV, inspiriert – dort heißt es, daß dem Logos das dem Logos zugrundeliegende Schweigen vorhergehen müsse – sind die kurz darauffolgenden bekannten Sätze: „Das Wesen der Logik ... ist daher die Sigetik."[45] Ist Heidegger hier nicht allzu »furchtlos über den Abgrund« von Dichten und Denken weggegangen, wie man im Blick auf den Anfang von Hölderlins *Patmos* sagen könnte, den Heidegger im Sinn hat, wenn er auf die »verborgene Verwandtschaft« bzw. auf die »Nachbarschaft von Dichten und Denken«[46] zu sprechen kommt? Wohl sehe ich, daß beide »auf getrenntesten Bergen wohnen«[47], nicht aber, daß »die Liebsten nahe wohnen sehnsuchtsvoll«. Spricht nicht vielmehr schon Platon – im Blick auf Heraklit? – von „παλαιὰ μέν τις διαφορὰ φιλοσοφίᾳ τε καὶ ποιητικῇ"[48], von dem »alten Streit zwischen der Philosophie und der Poesie«?

Ist wirklich „Alles sinnende Denken ein Dichten, alle Dichtung aber ein Denken"?[49] Dürfte man dann Philosophie eigentlich nur dichten? Aber fehlte in einer philosophischen Poesie bzw. poetischen Philosophie nicht jeweils eines von beiden: entweder die Philosophie oder die Poesie – wenn nicht gar beide?

Hielt Heidegger die Sigetik für das Wesen der *Logik*, so möchte ich dagegen halten: Sigetik ist das Wesen der *Poesie*. Nicht das höchste *denkerische* Sagen, wie Heidegger meint, – sondern das höchste *dichterische* Sagen besteht darin, »im Sagen das eigentlich zu Sagende nicht einfach zu verschweigen, sondern es so zu sagen, daß es im Nichtsagen genannt wird«.

[43] M. *Heidegger, Nietzsche* 1. Bd., Pfullingen 1961,S. 471 f. Vgl. dazu vom Verfasser, *Martin Heidegger*, in: Klassiker der Sprachphilosophie, hg. v. T. Borsche.

[44] M. *Heidegger, Gesamtausgabe* Bd. 65, S. 78.

[45] *Heidegger, Gesamtausgabe*, a.a.O., S. 79.

[46] Vgl. insbes. *Heidegger, Das Wesen der Sprache*, in: Unterwegs zur Sprache, S. 159 ff.

[47] Vgl. *Heidegger, Was ist Metaphysik?*, Frankfurt [8]1960, S. 51, und *Was ist das – die Philosophie?*, Pfullingen [3]1963, S. 45.

[48] *Platon, Politeia*, 607 b.

[49] *Heidegger, Unterwegs zu Sprache*, a.a.O, S. 267.

Wenn ich recht sehe, ist nicht das Sagen des *Denkens*, sondern das Sagen des *Dichtens* ein »Erschweigen«, oder, wie ich lieber sagen möchte, ein »Ausschweigen«. Das »Ausreden« des Dichters ist ein »Ausschweigen«.

Mag auch die Sehnsucht des »sigetischen« Denkers nach dem Dichten groß sein, kommt es nicht gerade bei der Erfüllung dieser Sehnsucht auf den entscheidenden kleinen Unterschied zwischen beiden an?

Besteht dieser Unterschied nicht aber gerade darin, daß das λόγον διδόναι, das sprechende Rechenschaft-Geben die Redlichkeit des *Denkers* ist, während die σιγή die Muse des *Dichters* ist?

Muß der Denker das Wahre nicht rückhaltlos sagen, aussagen, ausplaudern; muß er es nicht restlos aussprechen – raussprechen, während es der Dichter schweigend bewahrt in seiner Rede, in dem er es restlos ausschweigt? Im Wort beim Schweigen wird die höchste Rede des Dichters, d.h. diejenige, die in tiefstes Schweigen versunken ist, zu einem Sagen des Unsagbaren. In seinen Worten kommt das Unaussprechliche selbst in stummer *göttlicher Sprache* zu Wort, seine Worte sind sozusagen die »ipsissima verba« des Ineffablen. Die *vocabula humana* des Philosophen, die ihr Grau in Grau malen, dagegen sind demgegenüber bloße »Zitate«, über deren Authentizität immer von neuem der alte Streit entbrennt.

Die Reflexionen des Philosophen sind Referate post festum, die immer zu spät kommen, wenn das Fest »lebendiger Individuen« schon verlaufen ist. Ist deshalb mit Pascal der »eloquence de silence« nicht der Vorzug zu geben: „La vrai éloquence se moque de l'éloquence ... Se moquer de la philosophie c'est vraiment philosopher.“[50]

[50] *Pascal, Pensées*, Sect. I, Frg. 4.

Manfred Frank

Psychische Vertrautheit und epistemische Selbstzuschreibung

I. In der neueren Literatur sind allerlei Argumente für eine Sonderstellung des Selbstbewußtseins im Bereich der epistemischen Tatsachen angeführt worden. Zwei davon dominieren deutlich: Das erste plädiert für die wesentliche Subjektivität selbstbewußter Zustände (Stichworte: »What-is-it-likeness« – bzw. »Qualia«); das zweite verteidigt die erkenntnistheoretische, ontologische und semantische Priorität epistemischer Selbstzuschreibungen von Eigenschaften vor allen anderen Formen der Bezugnahme und Zuschreibung.

Beide Problembereiche haben eine Reihe von Merkmalen gemein. So wird man von beiden sagen, daß sie das Phänomen, mit dem sie befaßt sind, durch eine Art unmittelbarer Vertrautheit sichern. Wenn mir in meinem Seelenleben irgendwie zumute *ist,* muß ich nicht durch zusätzliche perzeptive oder reflexive Zuwendung sicherstellen, daß ich mich über das *Sein* meines psychischen Zustands nicht täusche: Ich bin mir dessen *unmittelbar* bewußt. Es macht auch keinen Sinn einzuwenden, daß dieses Wissen nur eine Erscheinung, nicht das wirkliche Sein meines Zustandes erfaßt. Searle hat kürzlich daran erinnert, daß das Sein psychischer Zustände ausschließlich in ihrem Sich-Erscheinen besteht, so daß man sie durch die Trennung von Sein und Erscheinen einfach eliminiert.[1] Mit »unmittelbar« ist mithin gemeint, daß meine Kenntnis von Psychischem nicht auf dem Umweg über ein zweites Bewußtsein, etwa »vermittels« eines Urteilsaktes oder gar durch »innere Wahrnehmung«, zustandekommt. Ich habe nämlich auch dann Zahnweh oder Liebesleid oder Examensangst, wenn ich nicht darüber nachdenke oder nicht behaupte oder daran denke, es zu haben,[2] oder auch keine innere Wahrnehmung von irgendeinem (vergegenständlichten) seelischen Zustand habe.[3] »Zahnweh« oder »Verliebtsein« sind

[1] John R. *Searle, The Rediscovery of the Mind,* Cambridge / MA 1992, S. 121 f.

[2] Darum hielt Thomas *Nagel* solche Zustände, deren irreduzible Subjektivität er als erster analysiert hat, für nicht-propositional: Um zu wissen, wie mir zumute ist (»what it is like«), muß ich keine voll konzeptualisierte Aussage für wahr halten: ich weiß das eben ohne weiteres, unmittelbar. Das hier berührte Wissen ist eben kein *Wissen, daß* (dies und das der Fall ist), sondern ein *Wissen, wie* (es sich anfühlt, in dem oder dem Zustand sich zu befinden). Vgl. *What is it like to be a bat?,* in: Mortal Questions , Cambridge 1979, S. 165-180, bes. S. 171 „Reflection on what it is like to be at bat seems to lead us, therefore, to the conclusion that there are facts that do not consist in the truth of propositions expressible in a human language. We can be compelled to recognize the existence of such facts without being abel to state or comprehend them." Vgl. auch S. 169 f.

[3] „The latter point is especially important; it shows that the knowledge in question is radically different from perceptual knowledge. The reason one is not presented to oneself »as an object« in self-

ohnehin schon *Begriffe*, mit denen ich mir nachträglich zurechtlege, wie mir zunächst – begrifflos – zumute war.[4] Natürlich kann die Wahl dieser Begriffe falsch oder unangemessen sein; sie ist Sache der Interpretation und mithin fehlbar wie diese. Mein Punkt ist nicht die unbestreitbare Fehlbarkeit epistemischer Selbst*deutung*, sondern die unmittelbar-untrügliche Präsenz eines vorbegrifflichen Gefühls.

Vielleicht habe ich, wie es sich anfühlte, in diesem unangenehmen oder verwirrenden Zustand zu sein, nicht richtig benannt. Aber das Wesentliche ist doch dies: Wie einem zumute ist (»what it is like«), dessen ist man sich auch dann bewußt, wenn man nicht im geringsten weiß, wie man das Gefühl klassifizieren soll.[5] (Ich bin gegebenenfalls auch ohne eine gültige Theorie der Liebe und ohne geeignete Begrifflichkeit verliebt.)[6]

Ein gewöhnlicher Einwand (aus Wittgensteinscher Inspiration) lautet: Ich kann qualitative Zustände doch nachträglich zum Wissen erheben und dann etwa den Satz bilden: „Nun *weiß* ich, wie mir zumute war (oder ist)!" Beweist das nicht das Bestehen einer epistemischen Kontinuität zwischen dem einen und dem anderen? Und wenn das so ist: Folgt aus dieser Beobachtung nicht, daß, da das inzwischen errungene explizite Wissen propositional ist, das vor-

awareness is that self-awareness is not perceptual awareness, i.e., is not the sort of awareness in which objects are presented. It is awareness of facts unmediated by awareness of objects. But it is worth noting that if one were aware of oneself as an object in such cases (as one is in fact aware of oneself as an object when one sees oneself in a mirror), this would not help to explain one's self-knowledge. For awareness that the presented object was φ would not tell one was oneself φ, unless one had identified the object as oneself; and one could not do this unless one already had some self-knowledge, namely the knowledge that one is the unique possessor of whatever set of properties of the presented object one took to show it to be oneself. Perceptual self-knowledge presupposes non-perceptual self-knowledge, so not all self-knowledge can be perceptual" (in: Sydney *Shoemaker* / Richard *Swinburne, Personal Identity*, Oxford 1984, S. 104 f.).

[4] Den Unterschied zwischen dem unmittelbaren (begriffslos selbstzugeschriebenen) und irrtumsimmunen »Haben« von Erlebnissen (»experiences«) und den (sprachlichen) Aussagen, in denen ich mich zu diesem Haben äußere (und die wie alle Aussagen falsch sein können), hat niemand klarer herausgearbeitet als Alfred J. *Ayer, The Problem of Knowledge*, Hardmondsworth / Middlesex 1956 ([6]1966), Kap. 2: *Scepticism and Certainty* (S. 36 ff., bes. S. 61 ff.).

[5] Davon kann man sich rasch auch durch folgende Überlegung überzeugen: Behauptungen und Gedanken können wahr oder falsch sein, mein Zahnweh (oder: wie es sich anfühlt) nicht. Es kann nur stattfinden oder nicht; und *wenn* es stattfindet, so weiß ich davon schlechterdings ohne weitere Vermittlung. Mein Bewußtsein ist hier (wahrscheinlich *nur* hier) das Maß des Seins seines Inhalts. Der Volksmund drückt das so aus: »Was ich nicht weiß, macht mich nicht heiß.«

[6] Donald *Davidson* hat in jüngeren Arbeiten einen Kompromißvorschlag angeboten, wonach Selbstbewußtsein in der Tat eine theoriefreie „presumption" sei, dennoch aber ein echtes »Wissen« konstituieren (Die „presumption" besteht darin, „that if he knows that he holds a sentence true, he knows what he believes"). Davidson erkauft dies Zugeständnis aber (unter Berufung z.B. auf Rorty) mit der Annahme, daß Selbstbewußtsein mithin, wie alles Wissen, dem Irrtum ausgesetzt sei (vgl. z.B. *First Person Authority*, in: Dialectica 38.2-3 (1984) S. 101 - 111, hier vor allem: S. 110). Nach meinem Verständnis gilt dies nur für die reflexive (oder sprachliche) Ebene, nicht für die unmittelbare Vertautheit selbst. Sie, deren veritativer Status gar nicht dem Bivalenz-Prinzip untersteht, fehlbar zu nennen, wäre einfach sinnlos.

geblich präpropositionale es ebenfalls gewesen sein muß? Eine andere Formulierung für die gleiche Beobachtung wäre: Da das explizite Wissen von meinem Zumutesein begrifflich ist, wie sollte alsdann dasjenige, *wovon* solches Wissen besteht, nicht ebenfalls durch Begriffe (mindestens implizit) individuiert gewesen sein?

Dieser Einwand zeigt die Macht eines Vorurteils. Es ist inzwischen mächtiger geworden, als es früher der »Mythos der Innerlichkeit« war, gegen den es usrprünglich angetreten war. Die machthabende sprachanalytische Mode hat unser Bewußtsein so erfolgreich konditioniert, daß wir inzwischen glauben, zwischen unserem Wissen und dem Gewußten walte eine Isomorphie. Da die Meinung, »daß es regnet«, propositional ist, denken wir sogleich, das Ereignis des Regnens (das die Meinung wahr macht), sei es gleichfalls. Aber das Regnen ist ein innerweltliches Ereignis – und keine Proposition. So ist auch mein unmittelbares Zumutesein keine Proposition (oder etwas ihr Isomorphes oder virtuell Propositionales). Und doch kann es (übrigens ohne Garantie auf Unfehlbarkeit) mein Wissen, »daß ich so-und-so« wahrmachen. (Chisholm sah hier eine Art von Supervenienz zwischen unmittelbaren oder, wie er sie nannte, »selbst-präsentierenden« Bewußtseinszuständen und wahren – in Propositionen ausgedrückten – Meinungen über Bewußtseinszustände.)[7]

So gilt also: Das Bestehen (Sein) von Bewußtseins*inhalten* hat am *Bewußtsein* sein Maß. Von Gegenständen in der Welt würden wir nicht (jedenfalls nicht ohne weiteres) sagen, daß sie nur bestehen, sofern wir mit ihnen bekannt sind. Zu den Gegenständen oder Ereignissen, von denen wir *nicht* annehmen würden, daß sie von sich selbst ein Bewußtsein haben (so wie wir von unseren Erlebnissen und Akten), gehören übrigens auch alle die materiellen Vorgänge in unserem Hirn (oder allgemeiner: in unserem Zentralnervensystem), von denen die Neurobiologen uns versichern, sie seien die physische Basis unseres Bewußtseins. Und dann entsteht das Problem, wie eines, an dem sich keine Spur von Bewußtsein findet, Ursache von oder gar identisch mit dem sein kann, dessen Sein im Mit-sich-Vertrautsein besteht. Aber das ist ein anderes Problem, das ich hier nicht untersuchen will.[8]

[7] Die letztere (Gewißheit) definiert Chisholm wie folgt: wenn *F* eine selbst-präsentierende Eigenschaft ist, ich sie habe und mir dessen bewußt bin, dann bin ich mir meines *F*-Seins gewiß. Diese Gewißheit ist nicht-propositional. Aber es ist kraft dieser nicht-propositionalen Gewißheit, daß eine propositionale Formulierung über mein *F*-Sein gegebenenfalls (empirisch) wahr sein kann. Das haben manche Theoretiker den *supervenienten* Charakter epistemischer Rechtfertigungen genannt. Damit ist gemeint, daß ich die Proposition »ich bin traurig« wahrheitsgemäß nur äußern darf, wenn ich traurig bin und davon ein prä-propositionales, nämlich direktes Bewußtsein habe. Ich *bin* freilich auch dann traurig, wenn ich die Proposition nicht bilde oder den Gebrauch von »traurig« nicht kenne; so hat die subjektive Gewißheit einen epistemischen Vorsprung vor der Intersubjektivität der Sprachkonditionierung. Vgl. Roderick *Chisholm, The First Person*. An Essay on Reference and Intentionality, Brighton / Sussex 1981, S. 82 f.

[8] Colin *McGinn* hat es als „cognitive closure" gefaßt: *Can We Solve the Mind-Body Problem?*, in: ders., The Problem of Consciousness, Oxford 1981, S. 3: „A type of mind *M* is cognitively closed with respect to a property *P* (or theory *T*) if and only if the concept-forming procedures at *M*'s

Wenn inzwischen ein breiter Konsens über die Analyse solcher unmittelbarer Erlebnisse vorliegt, so gibt es doch Differenzen hinsichtlich der Einschätzung ihrer *epistemischen (oder besser: kognitiven) Relevanz.* Jacques Bouveresse hat uns Dutzende von Varianten des Wittgensteinschen Einwands vorgeführt, wonach eines, das gar nicht in der Alternative des Wahr-oder-Falsch-sein-Könnens steht, gar nicht als Fall eines »Wissens« behandelt werden könne. Und von solcher Art ist offenbar das unmittelbare Zumutesein qualitativer Zustände (wie Schmerz-, Bitter- oder Heiß-Fühlen). Von ihnen spricht die neuere Literatur (unter Rückgriff auf Locke) als von »Qualia«.[9] Frank Jackson, der sich scherzhaft, aber glaubwürdig einen „qualia freak" nennt (l.c., S. 469), besteht darauf, daß keine physikalische Beschreibung dasjenige erfaßt, was wir erleben, wenn wir z. B. den Duft einer Rose riechen. Ist »Physikalismus« der Name für die Überzeugung, daß nur das existiert, was in den Skopus der Verfahrensweisen fällt, die die Naturwissenschaften (und in letzter Instanz die Physik) ausgebildet haben,[10] so gilt mithin: „Physicalism is false". Dieser Schluß bildet den Kehrreim, der sich durch Jacksons Argumentation hindurchzieht.

Nun ist eine Pointe derselben, daß die Vertrautheit mit qualitativen (oder phänomenalen) Erlebniszuständen[11] *Erkenntnis*-Charakter hat. Das meint das berühmte „Knowledge argument for qualia" (l. c., S. 470 ff.). Mary sei eine ausgezeichnete Sinnesphysiologin und verfüge über alle derzeit erschwinglichen neurobiologischen Informationen über das Farbsehen. Durch einen Zufall muß sie aber von ihrer Bewußtwerdung an all ihre Forschungen in einem schwarzweißen Raum durchführen und auf einem Schwarz-weiß-Fernseh-Bildschirm visualisieren. „What will happen when Mary is released from her black and white room or is given a color television monitor? Will she *learn* anything or not? It seems just obvious that she will learn something about the world and our visual experience of it. But then it is inescapable that her previous knowledge was incomplete. But she had all the physical information. *Ergo* there is more to have than that, and Physicalism is false" (l.c., S. 471).

Eine Variante des *Knowledge argument* ist das *modale*. Es ähnelt dem »ab-

disposal cannot extend to a grasp of *P* (or an understanding of *T*)." Der Grund: „Conscious states are simply not, *qua* conscious states, potential objects of perception: they depend upon the brain but they cannot be observed by directing the senses onto the brain. You cannot see a brain state *as* a conscious state. In other words, consciousness is noumenal with respect to perception of the brain" (S. 11). - Vgl. auch Saul *Kripke*s berühmten Einwand gegen die Einsichtigkeit der Identitäts-Theorie, in: ders., *Identity and Necessity*, in: Identity and Individuation, ed. by M.K.Munitz, New York 1971, S. 162 - 164.

[9] Vgl. bes. Frank C. *Jackson, Epiphenomenal Qualia*, in: Philosophical Quarterly 32 (1982) S. 127 - 136, wiederabgedruckt in (und zitiert nach): William G. Lycan (Hg.), Mind and Cognition. A Reader, Oxford 1990, S. 469 - 477.

[10] So das berühmte Statement von Willard Van Orman *Quine, Epistemology Naturalized*, in: ders., Ontological Relativity and Other Essays, New York / London 1969 (^{2}1971).

[11] So nennt sie Saul *Kripke* („immediate phenomenological qualities"), z.B. in *Naming and Necessity*, Oxford 1980, S. 152 f.

sent qualia argument«[12] und besagt, keine, auch nicht die raffinierteste physikalische Information über Marys Neuronenbahnen enthalte *logisch* die Information, daß Mary irgend ein Bewußtsein habe (etwas spüre). Also gibt es eine mögliche Welt, in der Organismen, die uns in allen relevanten physischen Aspekten gleichen, dieselben physiologischen Zustände instantiieren wie wir, aber – anders als wir – nichts dabei erleben. Da dies genau die Welt ist, von der der Physikalismus (in allen seinen Varianten, auch als Funktionalismus) redet und wir aus unmittelbarer Vertrautheit untrüglich *wissen*, daß wir etwas fühlen, muß der Physikalismus falsch (oder besser: unvollständig) sein: Er liefert jedenfalls keine Erklärung unserer aktuellen Welt (l.c., S. 472).

Frank Jackson unterscheidet übrigens – etwas spitzfindig, und wahrscheinlich nicht triftig – die qualitativen Erlebnisse, mit denen *er* befaßt ist, von Nagels Nachweis, daß keine noch so reiche physikalische Information uns erklären kann, wie es sich anfühlt, eine Fledermaus zu sein (l.c., S. 472 f.). *Nagels* Begründung sei, daß es uns prinzipiell unmöglich ist, die subjektive Perspektive des Sensoriums einer Fledermaus zu beziehen (Fledermäuse sind zu verschieden von uns, als daß wir uns in sie einfühlen könnten; diesen Einwand könne ein Physikalist auffangen). *Sein* (Jacksons) Argument sei aber nicht, daß wir nie herauskriegen können, wie es ist, *Mary* zu sein (mit den Augen ihres Geistes in die Welt zu blicken). Er mache geltend, daß etwas an Marys Erleben sei, eine Eigenschaft desselben, hinsichtlich deren es uns prinzipiell, und nicht nur kontingenterweise, an Wissen gebricht. Nicht zu verwechseln seien also zwei Dinge: 1. Marys *Wissen* über den Unterschied, wie es ist, die Welt in Schwarz und Weiß und dieselbe Welt in Farben zu sehen, und 2. zu wissen, daß *sie selbst* es ist, die diese Erfahrung macht. Qualia seien an sich nicht personalisiert: sie bestehen in einem anonymen Spüren, das seinerseits in einer unmittelbaren und untrüglichen Vertrautheit gegeben ist, nicht aber in der Kenntnis eines Subjekts als Träger dieses Spürens. Immerhin: Jackson hält beide Phänome für Instantiierungen von »Wissen (knowledge)« (Nagels Phänomen sogar für eines der *de-se*-Selbstzuschreibung, deren kognitiver Status noch klarer ist als das Qualia-Wissen und der ich mich gleich zuwenden werde).

Und genau dies wird in Wittgensteins Nachfolge regelmäßig bestritten. Eine bekannte Neuauflage dieses Einwands hat David Lewis formuliert.[13] Er spricht

[12] Vgl. Sydney *Shoemaker, Functionalism and Qualia*, in: Philosophical Studies, 27 (1975), S. 291-315; wiederabgedruckt in: ders., Identity, Cause, and Mind, Cambridge 1984, S. 184-205. (Auch noch als Funktionalist gibt Shoemaker übrigens zu, daß wir einen »direkten Zugang zum qualitativen Charakter von Bewußtsein haben, nämlich durch Introspektion« [S. 189].)

[13] In: *What Experience Teaches*, in: Proceedings of the Russellian Society, Sydney 1988, wiederabgedruckt in (und zitiert nach): William G. Lycan (Hg.), l.c., S. 499-519, auch in: Mad Pain and Martian Pain, in: D. Lewis, Philosophical Papers, Volume I, Oxford 1983, S. 122-130, vgl. vor allem das Postscript über „Knowing what it's like" (S. 130-132). Frank Jackson hat auf diese Einwände reagiert in: *What Mary Didn't Know*, in: The Journal of Philosophy LXXXIII, 5 (May 1986), S. 291-95, wiederabgedruckt in (und zitiert nach): David M. Rosenthal (Hg.), The Nature of Mind, S. 392-94.

dem Wissen, wie einem zumute ist (»what it is like to«), den Status eines propositionalen (oder auch informationellen) Wissens (»knowing-that«) ab, beläßt ihm aber den Status eines Fertigkeits-Wissens (»knowing-how«) (Lewis 1988, S. 516 f.). Das Wissen-wie (es ist, in einem Quale-Zustand zu sein), bestehe in einer Disposition, nämlich in der Fähigkeit (»ability«), 1. sich etwas vorstellen, 2. sich daran erinnern und 3. es gegebenenfalls wiedererkennen zu können (Lewis 1983, S. 131).

„The Ability Hypothesis says that knowing what an experience is like just *is* the possession of these abilities to remember, imagine, and recognize. It isn't possession of any kind of information, ordinary or peculiar. It isn't knowing that certain possibilities aren't actualized. It isn't knowing-that. It's knowing-how. Therefore it should be no surprise that lessons won't teach you what an experience is like. Lessons impart information; ability is something else. Knowledge-that does not automatically provide know-how. ... If the Ability Hypothesis is the correct analysis of knowing what an experience is like, then phenomenal information is an illusion" (Lewis 1988, S. 516 f.).

Man mag die Unterscheidung von *Wissen, daß* und *Wissen, wie* prima facie triftig finden und bereit sein, die Vertrautheit-mit-einem-Quale vom ersten Typ (und damit vielleicht von jederlei kognitiv relevantem Wissen) zu unterscheiden. Gleichwohl wird man Lewis vorwerfen, eine semantische Zweideutigkeit in der Rede vom *Wissen, wie* auszubeuten. Auch dispositionelles (oder Regel-)Wissen ist ja ein *Wissen, wie*, nämlich z. B. ein solches, *wie* man es anstellt, Schach zu spielen oder einen Ablativus absolutus in eine adverbiale Bestimmung oder einen Nebensatz aufzulösen. Solches Wissen könnte man ebenfalls durch Implizität, Unmittelbarkeit und Vertrautheit charakterisieren (wenn ich z. B. Deutsch sprechen kann, so bin ich mit der Grammatik irgendwie »unmittelbar« vertraut und weiß doch keineswegs notwendig explizit die Regeln, denen ich dabei folge; so sprach Monsieur Jourdain Prosa, ohne es zu wissen). Und doch ist solches Regelwissen grundsätzlich verschieden von dem von Nagel und Jackson beschriebenen *Wissen, wie*: Wenn ich Schmerzen habe und mithin weiß, *wie* mir dabei zumute ist, muß ich keine Regel über den Gebrauch des Worts »Schmerz« (oder über den Typ oder die kausale Rolle von Schmerz-Empfindungen) kennen (oder implizit beherrschen). Wohl aber gilt das Umgekehrte: Ich könnte keine »Fertigkeit« zum Mir-Vorstellen, Erinnern oder gar Voraussagen von Schmerzen ausbilden, wenn ich mit Schmerzen niemals aus der unmittelbaren Vertrautheit eines Spürens bekannt geworden wäre. Und insofern zieht Lewis' Banalisierung des Knowledge-Arguments nicht.

Darum hatte Jackson gute Gründe, die von Lewis zur Abwehr des Knowledge-Arguments aufgebotene Arbeitsteilung von *Wissen, wie* und *Wissen, daß* zu verwerfen (Jackson, 1986, S. 393). Wenn Mary aus ihrem Schwarz-Weiß-Verließ heraustritt und eine reife Tomate unter Normalbedingungen sieht, dann hat sie nicht eine neue Wissens-Weise erworben. Sie hat nun vielmehr ein Wissen von *etwas, das* sie früher nicht kannte, also ein *Wissen, daß* (etwas so und so aussieht). Nach Lewis aber besaß sie schon früher jedes denkbare (physikalische) *Wissen, daß* (und ein anderes Wissen gibt es ex hypothesi nicht). Es gebrach Mary lediglich an einer Fähigkeit: einer *Art und Weise* des Vorstellen-Könnens.[14] Und gegen diese Deutung ist erneut zu bemerken, daß Marys »Vorstellungs-Vermögen (representational abilities)« vor und nach der Befreiung aus dem Schwarz-Weiß-Raum unverändert geblieben ist. Was sich verändert hat, ist der Umstand, daß Mary ein vorher unbekanntes »Tatsachen-Wissen (factual knowledge)« dazuerworben hat (l.c., S. 394 links oben).

Ob uns nun aber Jacksons Knowledge-Argument einleuchtet oder nicht; ob wir also bereit sind, der Vertrautheit mit qualitativen Zuständen epistemische Relevanz zuzusprechen oder nicht: Es gibt ein verwandtes und doch anders beschaffenes Phänomen, dem auch Lewis Erkenntnis-Charakter zuspricht. Es handelt sich um diejenige Variante von »Selbstbewußtsein«, die er (zuerst 1979) als »epistemische Selbstzuschreibung« oder »*De-se*-Einstellung« bezeichnet hat.[15] Das epistemische Selbstbewußtsein ist vom Qualia-Wissen (*wenn* es sich denn um ein Wissen handelt) zu unterscheiden. Der Unterschied besteht freilich nicht darin, daß das epistemische Selbstbewußtsein etwa (anders als das Qualia-Wissen) in einer physikalistischen Begrifflichkeit erfaßbar wäre. Vielmehr gibt Lewis in diesem Fall zu, daß es physikalistischem Wissen ebenso gründlich entgeht wie Nagels »What-is-it-likeness« und Jacksons »acquaintance with qualia«.[16]

II. Lewis hat die Sonderstellung der von ihm so genannten »*De-se*-Einstellungen« freilich nicht entdeckt; er hat nur besonders weitreichende Konsequenzen daraus gezogen. Der Entdecker ist Hector-Neri Castañeda (1966),[17] auf den sich fast alle nachfolgenden Autoren berufen haben.[18] Castañeda vertritt eine These, die wir im Grunde von Kant und Fichte kennen (auch wenn er sie im analytischen Vokabular formuliert): nämlich daß das »ich« des Selbstbewußtseins nicht reduzierbar sei auf das, worauf wir mit Demonstrativpronomina, mit

[14] „... a physicalist can admit that Mary acquires something very significant of a knowledge kind - which can hardly be denied - without admitting that this shows that her earlier factual knowledge is defective. She knew all that there was to know about the experiences of others beforehand, but lacked an ability until after her release" (Jackson, 1986, S. 393 rechts unten).

[15] David *Lewis, Attitudes De Dicto and De Se*, in: Philosophical Papers, Vol. I, l.c., S. 133-159.

[16] L.c., S. 144.

[17] Der sich - in: *»He«*: A Study on the Logic of Self-consciousness, in: Ratio 8 (1966), S. 130-157 - allerdings seinerseits auf Peter *Geach* bezieht: *On Beliefs about Oneself*, in: Analysis 18 (1957), S. 23 f. Vgl. von Castañeda ferner: *Comments and Criticism*: Omniscience and Indexical Reference, in: The Journal of Philosophy 64 (1967), S. 203-210.; *The Logic of Self-Knowledge*, in: Noûs I (1967), S. 9-22; *On the Logic of Attributions of Self-Knowledge to Others*, in: The Journal of Philosophy 65 (1968), S. 439-456; *On the Phenomeno-Logic of the I*, in: Proceedings of the XIVth International Congress of Philosophy 3 (1968; publ. 1969), S. 260-266; *On Knowing (or Believing) that One Knows (or Believes)*, in: Synthese 21 (1970), S. 187-203.

[18] S. Shoemaker 1968 (*Self-reference and Self-awareness*), E. Anscombe 1975 (*The First Person*), J. Perry 1977 (*Frege on Demonstratives*) und 1979 (*The Problem of the Essential Indexical*), D. Lewis 1979 (*Attitudes De Dicto and De Se*)1979, R. Chisholm 1981 (*The First Person*).

Namenwörtern oder mit (Fregeschen) Kennzeichnungen (Russellschen »definite descriptions«) Bezug nehmen. Man kann diese These vorderhand so resümieren: Selbstbewußtsein (als das, worauf wir mit dem Fürwort der ersten Person Singular bezugnehmen) ist nicht analysierbar in Begriffen einer Sprache über Gegenstände und (objektive) Ereignisse. Daran knüpft Castañeda aber eine weitere These, die den Zusammenhang mit der Kant-Fichteschen Transzendentalphilosophie noch deutlicher macht: nämlich daß die Bezugnahme auf Gegenstände (Ereignisse, Sachverhalte usw.) der Welt nur auf der Grundlage vorgängigen Selbstbewußtseins möglich ist.[19] Und so formuliert, bekommt seine These sofort einen idealistischen touch. Ich will versuchen, sie so knapp und doch so deutlich wie möglich zu referieren.

Zunächst müssen wir die wesentlichen Gründe für die erste These in den Blick bringen. Noch einmal: es ist eine These über die Irreduzibilität von Selbstbewußtsein auf (wahrnehmungsvermitteltes) Gegenstandsbewußtsein. Castañeda hat sie zuerst 1966 vorgestellt und begründet: in einem bahnbrechenden Aufsatz mit dem schlichten Titel: *»He«: A Study in the Logic of Self-Consciousness* (zit.: *He*). Die Argumentation dieses kurzen Textes ist außerordentlich subtil. Aber ohne alle Schritte durch Formeln an der Tafel kontrollieren (und sich entsprechend Zeit zu nehmen), können wir sie nicht genau ermessen. Ich gebe darum nur einige Resultate.

Castañedas Aufsatz heißt *He*. Spricht er also wirklich vom Selbstbewußtsein? Allerdings. Nur nimmt er, statt geradewegs vom Pronomen der ersten Person Singular auszugehen, den Umweg über das der dritten Person (singularis). Und von ihm will er wissen, wie wir ihm vermittels seiner anderen Personen Selbstbewußtsein zusprechen können. Daß hier überhaupt ein Problem liegt, ist vielleicht nicht sofort einsichtig. Man kann sich davon aber rasch überzeugen, wenn man einige Beispielsätze untersucht. Diese Sätze formulieren grundsätzlich intentionale Aussagen, also solche mit einem Hauptsatz, der einer Person ein Intentionsverb zulegt, z.B.: »Paul glaubt (denkt, weiß, hofft, wünscht usw.)«. Der davon abhängige Nebensatz drückt dann den »propositionalen Gehalt« des Intendierten (Geglaubten, Gewußten, Gehofften, Gewünschten usw.) aus. Also etwa: »Paul glaubt, daß Marie glücklich ist«. Hier haben wir einen sogenannten Glauben de dicto. Paul glaubt nämlich das dictum (das Gesagte, die Proposition) »daß Mary glücklich ist«. Aber Paul kann auch einen Sach-Glauben haben, also (wie die Scholastiker das nannten) einen Glauben de re. Dann hat er eben eine Überzeugung *über etwas* (oder *jemanden*), wie sie sich etwa in dem Satz artikuliert: »Paul glaubt *von Marie*, daß sie glücklich ist«. Zwischen beiden Formulierungen ist ein großer Unterschied. Das zeigt sich, wenn man Implikationen und Wahrheitsbedingungen der beiden Formulierun-

[19] Vgl. vor allem *Fichtes Versuch einer neuen Darstellung der Wissenschaftslehre* von 1797 (in: Fichtes Werke, hg. vom Immanuel Hermann Fichte, Berlin 1945/46, Reprint Berlin 1971, Bd. I, S. 519-534; vgl. bes. Kap. I: „Alles Bewusstseyn ist bedingt durch das unmittelbare Bewusstseyn unserer selbst“: l.c., S. 521 [ff.]).

gen (de dicto versus de re) untersucht. So kann Paul glauben, Marie sei glücklich, ohne daß Marie überhaupt existiert (er kann jemand anders gemeint und sich im Namen vertan haben; er kann auch einfach halluzinieren, träumen, aufs Hörensagen urteilen oder was weiß ich). Dagegen ist Pauls Glauben *über Marie*, wonach sie glücklich sei, ein solcher, der Maries Existenz impliziert. Denn »über Marie« steht vor dem Nebensatz, der den (auch falsch sein könnenden) Glaubensinhalt spezifiziert. Wenn Paul etwas *von* jemandem (hier: von Marie) glaubt, so muß die Existenz der Person, welcher etwas zugeschrieben wird, unabhängig vom Inhalt der Zuschreibung, gesichert sein.

Noch anders ist die Situation, wenn wir Marie dasselbe über sich selbst glauben lassen. Dabei haben wir wieder mehrere Möglichkeiten. Sie lassen sich so formulieren:

(a) Marie glaubt, daß Marie glücklich ist.

Oder:

(b) Marie glaubt von Marie, daß sie glücklich ist.

Oder:

(c) Marie glaubt, daß sie selbst glücklich sei.

(a) ist wieder ein Beispiel für Glauben de dicto, (b) wieder ein Beispiel für Glauben de re. Und (c) hat David Lewis vorgeschlagen, als Glauben de se zu fassen.[20] Mit (a) referiert Marie auf das dictum »daß Marie glücklich ist«. Für uns ist damit klar, daß sie auf sich selbst referiert. Aber für Marie selbst muß das nicht evident sein: Sie kann den Nebensatz für wahr halten, ohne zu wissen, daß von ihr selbst die Rede ist. (Sie kann eine andere Marie meinen; oder sie kann als Waisenkind bei Pflegeeltern aufgewachsen sein, die sie »Berta« nannten, oder was weiß ich.) Zum Selbstbewußtsein ist aber mehr erfordert als dies, daß eine(r) auf sich selbst bezugnimmt. Das tun selbstregulative Strukturen wie rekursive Sätze oder lebende Organismen oder sich beim Filmen (etwa über einen Spiegel) filmende Kameras schließlich auch, ohne daß wir ihnen darum Selbstbewußtsein zusprechen. Beim Selbstbewußtsein muß das Bewußtsein also nicht nur denselben Bezugsgegenstand haben, der es selbst ist, sondern es muß dies auch *als denselben* Bezugsgegenstand wissen.

Aus diesem Grunde reicht auch die Formulierung (b) de re nicht aus, um Marie ein Selbstbewußtsein zuzusprechen. Zwar hat sie, wenn sie *von Marie* etwas glaubt, ein Bewußtsein *von sich*. Aber das ist nur *uns* bekannt. Sie selbst muß nicht wissen, daß der Gegenstand ihres Glaubens sie selbst ist – jedenfalls

[20] *Attitudes De Dicto and De Se*, l.c.

gibt es dazu logisch keine Notwendigkeit. Es mag sogar so sein, daß Marie die Person, über die sie spricht, richtig identifiziert hat und auch meint, daß das »sie« im Nebensatz für (die so identifizierte) Marie steht. Dennoch bleibt es logisch möglich, daß sie sich mit dieser Person nicht *selbst* meint, also mit ihrer Bezugnahme kein wirkliches (für sie selbst bestehendes) *Selbst*bewußtsein ausdrückt. So meint Narziß von Narziß, daß er wunderschön sei – und er vertut sich auch weder in der Identifikation des Gegenstandes seiner Verliebtheit noch in der Zuordnung des Pronomens im Nebensatz. Dennoch glaubt er (jedenfalls zunächst) nicht, daß er von *sich selbst* spricht, wenn er entzückt ausruft: »wie schön du bist!« Ihm fehlt also bei der Selbst*referenz* das Selbst*bewußtsein* (also ein Bewußtsein von sich als von sich). Genau dieses explizite Selbstbewußtsein drückt aber die (c)-Formulierung aus: Wenn Marie (oder Narziß) »von sich glauben«, daß sie soundso sind (oder, in einer Formulierung de dicto: glauben, »daß sie selbst schön sind«), dann glauben sie etwas von sich *als* von sich. Denn in dieser Wendung stehen sie gar nicht in der logischen Möglichkeit, sich im Bezugsgegenstand ihres Glaubens zu vertun. Sie haben sich nämlich direkt auf das logische Subjekt der Selbstzuschreibung bezogen, ganz egal, wie dies in einer objektivierenden Beschreibung näherhin spezifiziert wird. Also auch wenn sie nicht wissen, wer oder was das ist, worauf sie sich beziehen oder ob das Geglaubte auch wahr ist, auch dann haben sie mit cartesianischer Gewißheit einen Glauben über sich selbst. Dieses »er/sie sich selbst« der direkten epistemischen Selbstzuschreibung symbolisiert Castañeda durch einen Asterisk: »er/sie*«. (Er spricht von dem mit einem Sternchen indizierten Pronomen, um es vom gewöhnlichen Indexwort ohne garantiertes Selbstbewußtsein zu unterscheiden, als von einem »Quasi-Indikator«; aber das muß uns jetzt nicht interessieren.)

Eliminative Materialisten (wie Rorty oder Dennett) oder radikal nomalistische Antirealisten (wie Wittgenstein oder Dummett) werden sich von diesen Beobachtungen freilich erst dann beeindrucken lassen, wenn man ihnen zeigt, daß die Irreduzibilität von er*/sie* auf ein gewöhnliches Indexwort (oder einen Namen oder einen Gegenstand) nicht sentimentaler, sondern *logischer* Natur ist. Diesen Nachweis hat Roderick Chisholm – unter expliziter Berufung auf Castañeda und Lewis – unternommen.[21] Chisholm wählt ein anderes Beispiel als Castañeda (Maries Glauben de dicto, de re und de se über Marie). Aber die logische Struktur ist hier wie dort die gleiche:

(P) The tallest man believes that the tallest man is wise.

(Q) There is an *x* such that *x* is identical with the tallest man and *x* is believed by *x* to be wise.

(S) The tallest man believes that he himself is wise.

[21] *The First Person*, l.c., S. 18 f.

(P) ist eine Lesart de dicto: Der größte Mann glaubt hier das dictum, »daß der größte Mann weise ist«.

(Q) ist eine vertraute Lesart de re: Es gibt etwas/jemanden; dieser/dieses ist mit dem größten Mann identisch; und dieser/dieses wird von sich selbst – aber unpersönlich ausgedrückt: durch »diesen/dieses« – für weise gehalten.

(S) ist die Lesart de se: Hier glaubt eine(r) etwas geradehin über sich selbst.

Interessant sind nun die Implikationsverhältnisse zwischen den Lesarten:

(a) P impliziert Q (also de dicto impliziert de re): Wenn jemand, der der größte Mann ist, das dictum glaubt, daß der größte Mann weise ist, so gibt es eben jemanden, der mit dem größten Mann identisch ist und von eben diesem für weise gehalten wird. Man könnte befürchten, hier würde unerlaubt aus einem ungeraden (intensionalen) in einen geraden (extensionalen) Kontext übergegangen. Das ist aber nicht der Fall, denn (P) identifiziert »den größten Mann« außerhalb des intensionalen Kontextes (»der größte Mann« steht ausserhalb des Skopus des Existenz-Quantors). Anders gesagt: Die Existenz des größten Mannes ist unabhängig vom Inhalt des Glaubens gesichert.

(b) Q impliziert nicht P (also de re impliziert nicht de dicto): Wenn x von x für weise gehalten wird und mit dem größten Mann identisch *ist*, muß er weder wissen, daß ihm selbst die Weisheit zugesprochen noch daß es der größte Mann (der er *ist*) ist, der von x für weise gehalten wird.

(c) S impliziert nicht P (also de se impliziert nicht de dicto): Wenn der größte Mann von sich glaubt, er sei weise, muß er nicht glauben, es sei der größte Mann, der weise ist (er identifiziert sich in der de-se-Lesart nicht als größten Mann).

(d) P impliziert nicht S (also de dicto impliziert nicht de se): Glaubt der größte Mann, der größte Mann sei weise, so muß er nicht wissen, daß er mit der Kennzeichnung »der größte Mann« auf sich selbst bezugnimmt.

(e) S impliziert Q (also de se impliziert de re): Wenn jemand etwas über sich selbst glaubt, so glaubt er es von jemandem.

(f) Q impliziert nicht S (also de re impliziert nicht de se): Wird x von x für weise gehalten (und *ist* außerdem der größte Mann), so muß beides nicht Gegenstand seines Selbst-Glaubens sein (x mag identisch *sein* mit dem größten Mann, ohne das zu wissen; und er mag x Weisheit zuschreiben, ohne zu wissen, daß er selbst x ist).

Über die meisten dieser Thesen wird es keinen Streit geben. Anstößig könnte allenfalls (f) erscheinen. Denn – so könnte man einwenden –, wenn jemand sound-so ist und jemand von sich selbst für soundso gehalten wird, dann hat er damit eben auch einen Glauben über sich.

Allerdings. Nur ist damit nicht schon gesichert, was in (S) klar der Fall ist, daß das Subjekt des Glaubens auch schon einen Glauben über sich *als* über sich hat: Halte ich den Herrn dort im Spiegel für weise (und *bin* selbst dieser Mann, ohne es zu wissen, da ich den Spiegel nicht erkannt habe, oder deute ich auf ein mich zeigendes Dia, ohne mich *als* mich zu erkennen), so halte ich zwar wirklich *mich* für soundso, habe aber davon kein Selbstbewußtsein. So erging es Ernst Mach: Als er in einen Wiener Bus einstieg, sah er im gleichen Rhythmus auf der anderen Seite einen Mann einsteigen, von dem er dachte: „Was ist das für ein herabgebrachter Schulmann!"[22] – nicht wissend, daß er auf sich selbst bezugnahm, weil er den Spiegel nicht gesehen hatte. Dies aber, eine Wahrnehmung gehabt zu haben, wird sich Ernst Mach direkt selbst-zuschreiben (in einer, wie Chisholm sie nennt, »he, himself locution«).

Also impliziert Glauben-de-re nicht De-se-Glauben, obwohl das Umgekehrte gilt. Glaube ich was von mir-selbst, so glaube ich es über jemanden. Interessant sind die Wissens-Beziehungen der drei Glaubens-Kontexte im Kontrast: (i) Glaubt der größte Mann *de re*, also über den größten Mann, er sei weise, so mag ihm durchaus verborgen sein, daß er wirklich vom größten Mann glaubt, er sei weise (denn er mag keine Idee davon haben, daß der fragliche Mann der größte Mann *ist*); (ii) Glaubt der größte Mann *de dicto*, daß der größte Mann weise ist (falls er diese Proposition jedenfalls für zutreffend hält), dann ist es ihm ipso facto evident, daß er den größten Mann für weise hält. Und glaubte er schließlich (iii), er* *selbst* sei weise, dann ist es ihm ipso facto evident, daß er glaubt, er selbst sei weise. „This last point might encourage one to say that such believing is, after all, a matter of accepting first-person propositions, but we cannot take this course if we decide that there are no such propositions."[23]

Daß epistemische Selbstzuschreibungen keine Selbstzuschreibungen eines dictums (also einer Proposition) sind, das hatte – wie gesagt – zuerst David Lewis mit großem Nachdruck herausgestellt (und Chisholm beruft sich auf ihn). Er hatte den eigentümlich Fehlschlags-immunen Charakter der epistemischen Selbstzuschreibungen von dem des Bewußtseins von Qualia abgegrenzt (deren kognitive Relevanz er – wie wir eben sahen – leugnete). Und er hat die Art von Kenntnis, die dabei vorliegt, sowohl als kognitiv relevant als auch als nicht-propositional gekennzeichnet.

Einstellungen (wie Glauben, Denken, Hoffen) richten sich auf etwas. Sind es Gegenstände oder Propositionen (»daß p«)? Der Hauptstrom der analytischen Philosophie hat sich für das letztere entschieden. (Wenn ich das Trippeln kleiner Füße auf dem Flur höre: erwarte ich dann meine Katze, oder ist der Gegenstand meiner Erwartung, daß die Katze gleich hereinlaufen und sich unter meine Hand schmiegen wird?) Aber Lewis schlägt statt dessen Eigenschaften (properties) vor.[24] Welche Gründe gibt er dafür an? Die Antwort verlangt zunächst einen Blick auf Lewis' Ontologie.

[22] *Beiträge zur Analyse der Empfindungen*, Jena 1886, S. 34. (Chisholm zitiert das Beispiel l.c., S. 19).
[23] Chisholm, l.c., S. 20.
[24] *Attitudes De Dicto and De Se*, l.c., S. 134.

Ihr zufolge ist eine Proposition eine Menge möglicher Welten, eine Region des logischen Raums (l.c.; der »logische Raum« ist, wie wir gleich sehen werden, von der gewöhnlichen [physischen] Raum-Zeit unterschieden: l.c., S. 138). In *Causation* findet sich eine ähnliche Definition: „I identify a *proposition*, as is becoming usual, with the set of possible worlds where it is true.[25]" Propositionen sind also Mengen; und die logischen Beziehungen, die sie miteinander unterhalten, sind die durch die Mengenlehre beschriebenen (Einschluß, Überschneidung usw.). Propositionen sind per se keine sprachlichen Gebilde, also keine Sätze (obwohl sie durch Sätze *ausgedrückt* werden; mehrere Sätze, etwa ein englischer und ein deutscher, können dieselbe Proposition ausdrücken; mehrere Propositionen können im selben Satz ausgedrückt werden – etwa durch Sätze mit mehrdeutigen Ausdrücken). Keine natürliche Sprache wird ausreichend viele Sätze zur Verfügung stellen, um alle möglichen Propositionen auszudrücken.

»Eigenschaften« sind ebenfalls Mengen. Aber im Unterschied zu Propositionen sind es solche möglicher Gegenstände, die die betreffende Eigenschaft haben.[26] Auch Relationen zwischen Gegenständen oder komparative Merkmale sind Eigenschaften.

Nun gilt: Jeder Menge von Welten entspricht im Eins-zu-eins-Verhältnis eine (relationale) Eigenschaft: die, eine der Welten der betreffenden Menge zu bewohnen (l.c.). Anders gesagt: Jeder Proposition korrespondiert genau die Eigenschaft, eine bestimmte Welt zu bewohnen, in der die Proposition zutrifft. Die Eins-zu-eins-Zuordnung zu *genau* einer Welt macht nun den entscheidenden coup der Lewisschen These möglich: „when propositional objects of attitudes will do, property objects also will do. Since I construe properties broadly, this thesis is not very bold. We have a one-one correspondence between all propositions an some properties. Whenever it would be right to assign a proposition as the object of an attitude, I shall simply assign the corresponding property. Since the correspondence is one-one, no information is lost and no surplus information is added. The attitude is equally well characterized either way. And since it is easy to go back and forth, there can be no significant difference in convenience" (l.c., S. 135 f.).

Aus der Ersetzbarkeit von Propositionen durch Eigenschaften ergibt sich nun Wesentliches für die Theorie der »Einstellungen«: Eigenschafts-Objekte haben nämlich ein weiteres Anwendungs-Spektrum als Propositions-Objekte („my second thesis: sometimes property objects will do and propositional objects won't" [S. 136]). Gilt doch die Entsprechungs-Beziehung für *alle* Propositionen und nur *einige* Eigenschaften. Daraus folgt, daß, wenn eine Eigenschaft einigen, aber nicht allen Bewohnern einer Welt zukommt, ihr keine Proposition entspricht und sie also ein Propositionalobjekt nicht ersetzen kann. Aber umge-

[25] *Philosophical Papers*, Vol. II, Oxford 1986, S. 160, Anm.
[26] *Attitudes De Dicto and De Se*, l.c., S. 135.

kehrt ist der Weg für Erweiterungen frei: „We can include other properties also as objects for attitudes, without losing the categorial uniformity of objects. It remains to be shown that such an expansion serves any purpose" (l.c.).

Lewis nimmt an, jedes Subjekt von Einstellungen bewohne genau und nur *eine* Welt. Es mag (ihm durch Ähnlichkeit verbundene) Gegenstücke (»conterparts«) in anderen Welten haben. Aber *es selbst* lebt nur in der aktuellen Welt. Nimmt es eine Proposition als triftig an, so schreibt es *sich* eben damit die Eigenschaft zu, eine der Welten zu bewohnen, deren Menge die geglaubte Proposition ist; und so positioniert es sich innerhalb der geteilten Menschheit und unterscheidet sich damit von ihren anderen Mitgliedern.[27]

Aber wir sind – in der Perspektive des »modalen Realisten« – nicht nur durch den logischen Raum hindurch verteilt, sondern wir sind es auch innerhalb der gewöhnlichen Raum-Zeit. Und hier entsteht ein Problem, das die genaue Entsprechung von selbstzugeschriebenen (lokalisierenden) Eigenschaften und Propositionen aufbricht. Wollen wir uns nämlich in der physischen Welt positionieren, so genügt uns die Beziehung auf Propositionen nicht.

Lewis illustriert das an einem Beispiel, das er aus Johns Perrys berühmtem Text *Frege on Demonstratives*[28] bezieht: Rudolf Lingens hat das Gedächtnis verloren. In diesem Zustand hat er sich in die Bibliothek der Stanford-University begeben. Alle möglichen Informationen, die er dort findet, z.B. eine genaue Lageskizze der Bibliothek, womöglich mit einem kleinen roten Pfeil »Sie befinden sich hier«, sowie ein ausführliche Lebensbeschreibung von Rudolf Lingens, können ihm nicht helfen, zwei Kenntnisse zu erwerben: *wer* er ist und *wo* er sich befindet (S. 138). Gewiß sind diese Kenntnisse nicht für die Katz'. Sie verhelfen ihm dazu, sich in dem zu orten, was Lewis den logischen Raum nennt. Er weiß eine Reihe von wahren Propositionen über Rudolf Lingens, der er wirklich (de re) *ist*. Was ihm fehlt, ist auch nicht die Fähigkeit, sich selbst eine bestimmte Wahrnehmungssituation (de se) zuzuschreiben. Es gebricht ihm lediglich an der Fähigkeit, sich eine oder alle der für wahr gehaltenen Propositionen *selbst zuzuschreiben*. Und diese Fähigkeit (die *Eigenschaft* der Selbstzuschreibung) ist eben keine, die einem propositionalen Wissen entspricht. Daraus folgt, daß einige Kenntnis nicht-propositional ist.[29]

Eine andere Illustration sind die zweier Götter, die in derselben Welt wohnen, allwissend sind (also alle wahren Propositionen kennen), auf unterschiedlichen Bergen wohnen und unterschiedene Attribute haben. Dies alles wissend, wissen sie dennoch nicht, wer welcher Gott ist. Diese Unwissenheit wird ihnen nicht dadurch genommen, daß sich ihr Wissens-Raum erweitert. Denn was ih-

[27] „So it is in general. To believe a proposition is to self-ascribe the corresponding property. The property that corresponds to a proposition is a locational property: it is the property that belongs to all and only the inhabitants of a certain region a logical space" (S. 137).

[28] Philosophical Review 86 (1977), S. 474-97, hier: S. 492.

[29] „... if it is possible to lack knowledge and not lack any propositional knowledge, then the lacked knowledge must not be propositional" (S. 139).

nen fehlt, ist die Fähigkeit, sich die Eigenschaft zuzuschreiben, in einer Erkenntnisrelation zu einer bestimmten Welt zu stehen. Diese Kenntnis ist also nicht propositional (S. 139). Daraus ergibt sich, daß Propositionen als Gegenstände von Einstellungen manchmal versagen, wo Eigenschaften Erfolg bringen. Also kann einige Kenntnis nicht als propositional verstanden werden, sondern muß verstanden werden als „Selbstzuschreibung von Eigenschaften" (S. 139). Und da propositionales Wissen Wissen-de-dicto ist, folgt zugleich, daß Kenntnis-de-se – also Selbstbewußtsein – kein Fall von Tatsachen-Wissen und mithin auch nicht darunter zu subsumieren ist (S. 140).

Durch Selbstzuschreibung von Eigenschaften (hier: der Eigenschaft, in einer intentionalen Beziehung auf eine Welt zu stehen) üben wir ein Wissen aus, dessen epistemische Relevanz außer Zweifel ist. Es gibt keinen Sinn, die bekannten Wittgensteinschen Fragen an es zu richten, wie etwa die, ob eine Kenntnis, die gar nicht in der Wahr-falsch-Alternative steht (wie »ich weiß, daß ich Schmerzen habe«), mit Fug ein »Wissen« heißen darf. Die traurige Situation von Rudolf Lingens zeigt schlagend, daß dieses Wissen fehlen kann, ohne das derjenige Typ von Kenntnis suspendiert ist, von dem Wittgenstein allein als von einem Wissen sprach: das propositionale oder Sachverhalts-Wissen.

Daraus ergibt sich nun aber, daß Selbstbewußtsein grundsätzlich nicht erfaßt wird durch ein ontologisches Modell, dessen »Ideologie« nur aus raumzeitlichen Gegenständen und aus Tatsachen (wahren oder bewährten Propositionen) besteht. (Wittgensteins Nominalismus und mentaler Anti-Realismus sind also falsch.) Eine solche Welt würde keine selbstbewußten Subjekte kennen – denn es gäbe niemanden, der *sich selbst* in eine epistemische Beziehung zu ihr versetzen könnte. Da nun jedes Subjekt von Einstellungen durch die Beherrschung von Index-Wörtern (wie »ich«, »hier« oder »jetzt«) Kenntnis ausdrückt, welche der vielen Wahrheiten des logischen Raums es seinem eigenen Bewußtseins-Raum einfügt, ist Selbstbewußtsein eine fundamentale Kenntnis. Nur sie macht die Unterscheidung einer aktuellen von anderen möglichen Welten möglich und verständlich. Denn jedes Subjekt einer Selbstzuschreibung von Eigenschaften schreibt sich damit ein Wissen davon zu, welche einzige und alleinige Welt es *selbst* bewohnt (S. 143 u.). Und dies ist kein Wissen, das sich durch Wissenschaft und Studium der Welt – definiert als »Gesamt der Tatsachen« – erwerben ließe. Der physikalistische Realist und Qualia-Verächter Lewis ist über diesen Punkt überraschend deutlich:

„Some say, condescendingly, that scientific knowledge of our world is all very well in its place; but it ignores something of the utmost importance. They say there is a kind of personal, subjective knowledge that we have or we seek, and it is altogether different from the impersonal, objective knowledge that science and scholarship can provide.

Alas, I must agree with these taunts, in letter if not in spirit. Lingens has studied the encyclopedias long and hard. He knows full well that he needs a kind of knowledge they do not contain. Science and scholarship, being addressed to the world, provide knowledge of the world; and that is knowledge *de dicto*, which is not the whole of knowledge *de se*" (S. 144).

Die Kenntnis, in einer Wahrnehmungssituation zu den Enzyklopädien, zur Biographie von Rudolf Lingens, ja zu dem kleinen roten Pfeil zu stehen, der sagt »Sie befinden sich hier«, ist eben keine Kenntnis, die einer Proposition entspricht. Sie besteht in „nonpropositional belief *de se*" (S. 152). Im Gegensatz zum gegenständlichen oder Tatsachen-Wissen kann diese ausgezeichnete Beziehung als eine der Vertrautheit („*a relation of acquaintance*" [S. 155]) beschrieben werden.[30]

„Here is my proposal. A subject ascribes property X to individual Y if and only if the subject ascribes X to Y under some description Z such that either (1) Z captures the essence of Y, or (2) Z is a relation of acquaintance that the subject bears to Y" (S. 155).

Hinter dieser etwas mühsamen linguistischen Übung verbirgt sich eine kardinale Entdeckung mit weitreichenden Konsequenzen. Wittgenstein hatte sie früher als den Subjektgebrauch von »ich« (bzw. »er*«) bezeichnet.[31] Beispiele dafür sind »Ich habe Zahnweh« oder »Ich fühle mich müde«. Das Wesentliche an solchen Gedanken ist, daß sie ihren Bezugsgegenstand (mich selbst) notwendig direkt erreichen, egal wer ich bin. Ich mag ein Hirn sein, das in der Experimentation eines sadistischen Neurobiologen trostlos in einer Nährflüssigkeit schwimmt (und dessen Nervenenden mit einem Super-Computer verbunden sind). Auch dann, wenn ich gar nichts mehr über mein körperliches Aussehen weiß (weil ich mich in dem Zustand nie gesehen habe noch je zu sehen oder anderswie wahrzunehmen bekomme), – auch dann kann ich immer noch den Gedanken fassen: »Mein Gott, so etwas möchte ich nie wieder erleben!«[32] Und das »ich« in diesem Gedanken verweist todsicher auf *mich*, auch wenn ich keine Wahrnehmung und keine Beschreibung von mir habe. Anders verhält es sich beim Objekt-Gebrauch von »ich«. Er kommt in Sätzen wie »Ich habe eine

[30] Natürlich kann man auf der Linie von Lewis' Argumentation weiter schreiten und sich fragen, ob »Eigenschaften« wirklich die auserwählten Gegenstände des epistemisch relevanten Selbstbezugs sind. Rudolf Lingens' Problem besteht nicht darin, daß er eine Eigenschaft nicht Rudolf Lingens, sie besteht darin, daß er sie sich nicht selbst zuschreiben kann. Und das Wissen, das ihm hier gebricht, ist nicht propositional. Zugestanden; aber ist es darum eigenschaftlich? Schließlich muß ich auch die Eigenschaft, in einem ausgezeichneten Erkenntnisbezug zum Lageplan von Stanford library zu stehen, mir selbst zuschreiben. Und was an der Eigenschaft verriete mir, daß sie meinen Erkenntnisbezug exemplifiziert - es sei denn, ich wüßte dies aus einer vorgängigen Kenntnis, die mich als das Subjekt genau dieser Eigenschaft ausweist. Aber damit tritt das Problem nur auf der Stelle. Jedenfalls ist die Auskunft, daß Eigenschaften im Gegensatz zu Propositionen mir notwendig auch dies verraten, wessen Eigenschaften sie sind, zirkulär.

[31] *Das Blaue Buch*, in: Suhrkamp-Werkausgabe, Frankfurt/M. 1984, Bd. 5, S. 106 (im Kontext). Dazu Sydney *Shoemaker, Self-reference and self-awareness*, in: ders., Identity, Cause, and Mind. l.c., S. 6 -18, hier: S. 7 ff.

[32] Vgl. Elizabeth *Anscombe, The First Person*, in: The Collected Philosophical Papers of G. E. M. Anscombe, Vol. II: Metaphysics and the Philosophy of Mind, Oxford 1981, S. 21-36, hier: S. 31f.).

Beule an der Stirn« oder »Ich stehe neben dem Tisch«. In beiden Fällen referiert »ich« nicht auf das logische Subjekt des Gedankens, sondern auf meinen Körper (oder einen Teil desselben oder auf dessen Lokalisierung usw.) – aber *daß* das so ist, muß ich nicht wissen. Die Beule muß ich nicht spüren, und den Tisch kann ich nicht gesehen haben. Diese Informationen gewinne ich nur über die Wahrnehmung. Und im Falle des direkten epistemischen Selbstbezugs gibt es nichts, dessen Wahrnehmung mir entgehen oder in dessen Identifikation ich mich vertun könnte. In Castañedas Worten:

„The crucial weapon in the refutation of claim (iii) is the fact, which philosophers (especially Hume and Kant) have known all along, that there is no object of experience that one could perceive as the self that is doing the perceiving. [Claim (iii) hatte behauptet, daß sich der emphatische Selbstbezug[33] von »er/sie*« auf den des gewöhnlichen Pronomens »er/sie« reduzieren lasse.][34] However it is that one identifies / an object of experience as oneself, whenever one does, one identifies an object in experience with a thing which is not part of the experience, and this thing is the one to which the person in question will refer to by »I« (or its translation in other languages), and another person will refer to by »he*«, or »he himself« in the special S[elf-ascription-]use" (*He*, S. 142 f.).

Kurz: »Emphatisches Selbstbewußtsein«[35] ist nicht wahrnehmungsvermittelt. Und da uns Gegenstände nur vermittels Wahrnehmungen gegeben werden, dürfen wir sagen: Die cartesianische Gewißheit des emphatischen Selbstbewußtsein gründet in seiner radikalen Ungegenständlichkeit. Wir haben uns im Selbstbewußtsein als Subjekte, nicht als Gegenstände. Wie sollten wir auch – ohne zusätzliche Evidenz – von einem Gegenstande außer uns lernen, daß *wir* das sind?

Klar: daraus allein folgt noch nicht, daß wir nicht aus einer anderen, eben einer Fremd- oder Wahrnehmungs-Perspektive, auch Gegenstände wären. Aber wir haben hier ein echtes erkenntnistheoretisches Problem. Ein eingefleischter Verifikationist kann sich auf den Standpunkt stellen, nur solche Sätze seien sinnvoll, die dasjenige, was sie als bestehend ausgeben, auch einem möglichen Bewußtsein zugänglich machen können (das war z.B. Ayers empiristisches Sinnkriterium). Ein solcher wird dann aber auch ontologische Konsequenzen aus der epistemischen Asymmetrie von wahrnehmungsfreier, also kriterienloser Selbstzuschreibung und wahrnehmungsgestützter Zuschreibung ziehen. Er wird sagen, der Vorrang von »ich« (bzw. »er/sie*«) vor dem durch Eigennamen oder Demonstrativa oder »bestimmte Beschreibungen« Identifizierten sei nicht

[33] So nennt ihn Roderick *Chisholm* in *The First Person*. An Essay on Reference and Intentionality, Brighton / Sussex 1981, S. 24. »Emphatisch reflexiv« sind die »he, himself locutions« (S. 17 ff.).

[34] Genauer besagt der „claim": „if one asserts truly »X believes (knows, thinks) that he is f« using »he« demonstratively to refer to the person X and the person X is in a position to take one's use of »he« as a demonstrative usw., then X believes (knows, thinks) that he* is f" (*He*, S. 139 u.).

[35] Diesen Ausdruck verwendet Chisholm in *The First Person* zur Bezeichnung des in der »he, himself locution« ausgedrückten Typs von Kenntnis.

nur eine »referentielle Priorität«. Diese Priorität sei damit auch erkenntnistheoretisch, ja ontologisch (gelte also nicht nur für unser Erkennen der Gegenstände, sondern für diese gleich mit). Und genau das sagt Castañeda in der Tat (*He*, S. 144 f.).

Zunächst ein paar Worte zur *referentiellen Priorität* von »ich« (bzw. »er/sie*«): Demonstrative, namentliche oder kennzeichnungs-vermittelte Bezugnahme kann bekanntlich fehlschlagen (»dies da« kann verschiedenes meinen, mehrere Gegenstände könnten denselben Namen tragen oder dieselbe bestimmte Beschreibung erfüllen). Unmöglich aber kann »ich« (korrekt gebraucht) zu einer solchen »infelicity« führen. »Ich« ist ferner *ontologisch* vor Namen, allen anderen Zeigewörtern und Kennzeichnungen durch die Existenz-Garantie des Referenten ausgezeichnet. Sie sind vor der Möglichkeit geschützt, daß der Bezugsgegenstand vielleicht nicht der ist, den wir meinen, oder – wie im Falle von optischen Täuschungen, Halluzinationen oder Einbildung – *nicht* ist (während es sehr wohl möglich ist, daß Gegenstände, auf die Namen oder Kennzeichnungen bezugzunehmen scheinen, nicht existieren). Und schließlich ist »ich« *erkenntnistheoretisch* vor Namen, definiten Beschreibungen und Zeigewörtern ausgezeichnet; seine Unanalysierbarkeit durch Namen, Kennzeichnungen, aber auch alle anderen Indikatoren (selbst »hier« und »jetzt«) ist sogar ein „fundamentales Faktum, das der Idee des transzendentalen Subjekts zugrundeliegt“.[36] *Vom* Subjekt (und seinem Selbstbewußtsein) her wird die indikatoren- und begriffsvermittelte Kenntnis aufgebaut, die Heidegger das In-der-Welt-Sein nennt. Wer kein Selbstbewußtsein hat, kann den Gebrauch von »hier« und »jetzt« nicht lernen. Umgekehrt aber ist »ich« nicht aus der Semantik des In-der-Welt-Seins und auch nicht „durch die Demonstrativpronomen der dritten Person“ zu analysieren.

Sage ich z.B. »Dies da ist blau«, so bin ich – später – nicht unmittelbar berechtigt zu schließen »dies da *war* blau«; sondern ich muß das Demonstrativpronomen z. B. durch eine bestimmte Beschreibung ersetzen und nun etwa sagen: »Das Stück Gletschereis, in das ich damals und dort eine Eisschraube bohrte, war blau«. D.h., Demonstrativa sind für den Benutzer grundsätzlich eliminierbar. Dagegen habe ich genau dieses Recht der Ersetzung des Präsens durch die Vergangenheitsform bei Sätzen wie »Ich bin φ«, auf die ich später durch »Ich war φ« zurückkomme. Hier muß ich »ich« nicht durch eine Beschreibung ersetzen; ja, ich könnte das gar nicht, ohne in die Beschreibung wieder ein »ich« einzufügen und dessen Unersetzbarkeit in direkter Rede so erneut zu bewähren (»ich bin derjenige, der zum Zeitpunkt t_1 das und das getan hat oder in dem und dem Zustand gewesen ist«). Zwischen »ich bin φ« und »ich war φ« waltet eine epistemisch zugängliche garantierte Identität über Zeit (es gibt Kontinuität von Selbstbewußtsein). An ihr hängt die Wiederidentifizierbarkeit von früher wahrgenommenen (und demonstrativ aufgezeigten) Objekten.[37]

[36] *He*, S. 167,1.

[37] Diese These hat Castañeda später aufgegeben, um sich Russells Idee des Kurzzeit-Selbst anzu-

Anders: daß eine demonstrative Bezugnahme in der Erinnerung (in Abwesenheit des zeigbaren Objekts) funktioniert, hängt am seidenen Faden fortwährender epistemischer Selbstreferenz: »Ich« gibt dem »dies« (auch dem erinnerten) allererst seine Referenz und seinen Sinn. Und so verhält es sich erst recht mit »hier« und »jetzt«: Indexwörtern, die ich gar nicht erlernen könnte, wenn ich nicht zuvor gelernt hätte, mir Psychisches direkt (im Subjekt-Gebrauch) selbstzuzuschreiben. Denn wie könnte »hier« oder »jetzt« oder auch »dies« anders eingeführt werden als über Wendungen, die schon ein »ich« enthalten (»der Ort, an dem *ich* stehe«; »die Zeit, zu der *ich* diesen Gedanken fasse«, »diese Finger, mit denen *ich* die Tasten meine Computers drücke« usw.)?[38] So erweist sich Selbstbewußtsein – vielleicht nicht in der Varietät als Quale-Bewußtsein, wohl aber in der von Einstellungen-*de-se* – als grundlegend für mein In-der-Welt-Sein.

»Erkenntnistheoretisch« darf dieser Vorrang des Selbstbewußtseins darum heißen, weil jede andere bewußte Bezugnahme auf Gegenstände an der doppelten Voraussetzung hängt: 1. sich (allem Gegenstandsbezug zuvor) ungegenständlich selbst erfassen zu können und 2. die Kenntnis von *Objekten* (auf die ich gegebenenfalls durch »dies da« oder Eigennamen oder Beschreibungen referieren kann) eben als durch die *Kenntnis* von Objekten vermittelt zu begreifen.[39] Dies ist – sagt Castañeda – „ein fundamentales Faktum, das der Idee des transzendentalen Subjekts zugrundeliegt".[40] Gemeint ist, daß jede mittelbare Bezugnahme auf anderes vermittelt ist durch unmittelbares Selbstbewußtsein. »Transzendental« aber darf diese Vermitteltheit heißen gemäß einer schwachen Definition von »transzendental«: was nicht geradehin auf Gegenstände sich bezieht, sondern auf Voraussetzungen der Bezugnahme auf Gegenstände, *sofern diese ein seiner selbst unmittelbar gewisses Subjekt zur Voraussetzung hat*.

Damit bin ich am Ende. Ich hoffe gezeigt zu haben, daß modische Versuche der Marginalisierung oder Wegerklärung von Selbstbewußtsein, so wie es in Umrissen von frühidealistischer Theoriebildung entdeckt und beschrieben

schließen. Es drückt sich aus im dem Präfix „Ich hier jetzt" und geht mit dem Jetzt-Punkt unter: „It is crucial, however, to hold on to the fact that remembering having done some action A, or having had an experience E, is not to remember a self or an I, in itself, so to speak, nakedly, doing A or experiencing E. Past selves - as Hume claimed for present selves - are nowhere to be found. What one remembers is a situation from a certain perspective, even if it is the mereley intellectual perspective of a hierarchically organized set of beliefs" (*The Self and the I-Guises, Empirical and Transcendental*, in: Theorie der Subjektivität, hg. von K. Cramer, H. F. Fulda, R.-P. Horstmann und U. Pothast, Frankfurt / M. 1989, S. 105-140, hier: S. 137).

[38] Vgl. H.-N. Castañeda, *Indikatoren und Quasi-Indikatoren*, in: Sprache und Erfahrung. Texte zu einer neuen Ontologie, Frankfurt / M. 1982, S. 166 f.

[39] „In order to keep knowledge or belief, or in order merely to rethink. of the objects originally apprehended by means of demonstratives one must reformulate one's knowledge or belief, or thought, of those objects. One must replace each purely demonstrative reference by a reference in terms of ... the »I«" (*He*, S. $145,_2$).

[40] L.c., S. 167,1.

worden war, jedenfalls nicht die Unterstützung der avanciertesten Positionen analytischer Philosophie hinter sich haben. Und das gilt selbst für die Versuche, dem Selbstbewußtsein die epistemische Relevanz abzusprechen. Wenn es einen »Mythos der Innerlichkeit« (Bouveresse) oder einen »Mythos des Subjekts« (Davidson) gegeben haben sollte, so bestand er in einer falschen Theoretisierung des Phänomens. Überstürzt und durch nichts begründet wäre es, das Subjekt selbst als »unrettbar«[41] aufzugeben. Wir sind besser beraten, wenn wir versuchen, Ordnung in unsere Gedanken über die Subjektivität zu bringen.

[41] Wie Ernst Mach einmal sagte.

Rainer Stuhlmann-Laeisz

Die Individualität von Gedanken

I. Gedanken als individuelle Entitäten

In der Überschrift *Die Individualität von Gedanken* ist die Auffassung angedeutet, Gedanken seien Individuen. Diese Auffassung bedarf zunächst einmal der Klärung, denn Gedanken sind nicht Entitäten wie etwa Personen oder materielle Einzeldinge. Die Rede von Gedanken als Individuen ist geleitet von der Idee, daß Gedanken im Kontext von Sprache und Kommunikation die Rolle von Individuen spielen können; sie benutzt das Wort „Individuum" zur Bezeichnung eines *Rollenbegriffs*: Ein Etwas, X, spielt die Rolle eines Individuums, wenn mit einem Einzelnamen oder einer definiten Beschreibung auf X referiert wird, damit man in irgendeinem Kontext über X etwas aussagen kann. Diese Bedingung ist beispielsweise in ganz einfacher Form erfüllt in einem Satz wie: „Sokrates ist sterblich". Im Kontext dieses Satzes spielt Sokrates deshalb in dem beschriebenen Sinne die Rolle eines Individuums, weil man mit seinem Eigennamen, nämlich dem Wort „Sokrates", auf ihn referiert, um von ihm die Eigenschaft der Sterblichkeit zu prädizieren. Ganz allgemein gilt also: In Sätzen von der Form „a ist F", in denen „a" ein Eigenname oder eine definite Beschreibung ist, spielt die von „a" bezeichnete Entität die Rolle eines Individuums; m. a. W.: Das sachliche Subjekt eines singulären Urteils zu sein, schließt ein, die Rolle eines Individuums zu spielen. Diese Bedingung ist hinreichend, sie ist jedoch nicht notwendig. –

Dieser einfache Sachverhalt zeigt nun, daß Gedanken die Rolle von Individuen spielen können. Hierzu betrachten wir Kontexte, die durch die folgenden Beispielsätze gegeben sind:

1. Der Gedanke, daß es unendlich viele Primzahlen gibt, ist wahr.
2. Der Gedanke, daß schwere Körper schneller fallen als leichte Körper, ist falsch.
3. Der Gedanke, daß es ein Leben nach dem Tode gibt, ist eine religiöse Vorstellung.

In jedem dieser drei Sätze wird von einem bestimmten Gedanken etwas ausgesagt; dabei ist die logische Struktur dieselbe wie die des Aussagens in Sätzen der Form „a ist F". An der Subjektstelle „a" steht in allen drei Fällen die Bezeichnung eines Gedankens in Form einer Kennzeichnung „der Gedanke, daß..";

prädiziert werden von den so bezeichneten Gedanken die Eigenschaften der Wahrheit, der Falschheit und die, eine religiöse Vorstellung zu sein. Wir sehen: Gedanken können deshalb die Rolle von Individuen spielen, weil sie als sachliche Subjekte in singulären Subjekt-Prädikat-Urteilen fungieren können.

Nicht nur in dieser Funktion spielen Gedanken die Rolle von Individuen, sondern auch in der als sachliches Objekt einer Aussage. Dies ist beispielsweise der Fall, wenn ich sage: Aristoteles hielt den Gedanken, daß schwere Körper schneller fallen als leichte Körper, für wahr. Die Rolle des betreffenden Gedankens als eines Objekts wird in einer normierten, dafür aber etwas ungrammatischen Formulierung deutlicher: Aristoteles hielt für wahr den Gedanken, daß schwere Körper schneller fallen als leichte. Dieser Satz hat die Struktur *a steht in der Relation R zu b (a R b)*. Die Relata a und b sind hier die Person *Aristoteles* und der Gedanke, daß schwere Körper schneller fallen als leichte, während die Relation R die Relation ist: *... hält für wahr...* .

Aus der Sicht der Logik können wir die bisherige Sachlage folgendermaßen interpretieren: In Sätzen der Form „a ist ein F", bzw. „a steht in der Relation R zu b", fungieren die Buchstaben „a" und „b" als *Individuenvariable*. Wenn man einen solchen Ausdruck in einen Satz der natürlichen Sprache transformieren will, dann muß man für jede Individuenvariable einen Eigennamen oder eine Kennzeichnung (in Form einer definiten Beschreibung) einsetzen, Ausdrücke also, die auf bestimmte Individuen verweisen. Welche Individuen dabei in Frage kommen, ist in der Regel vorher verabredet: Es ist ein Diskurs-Universum („universe of discourse") festgelegt, über dem die satzähnlichen formalen Ausdrücke der Logiksprache interpretiert werden können. Wir gewinnen so eine zweite Erklärung dafür, daß Gedanken die Rolle von Individuen spielen können, nämlich die folgende: Gedanken spielen dann die Rolle von Individuen, wenn sie als Elemente eines Diskursuniversums aufgefaßt werden. Dies ist in den angegebenen Beispielen der Fall. Diese Feststellung können wir in eine allgemeine, hinreichende und notwendige Bedingung transformieren: Ein Etwas, X, spielt genau dann die Rolle eines Individuums, wenn X als Element eines Diskursuniversums auftritt.[1]

Wendungen von der Form *der Gedanke, daß p*, in denen für den Buchstaben „p" eine Aussage in der grammatischen Form eines Nebensatzes substituiert ist, sind standardmäßig für die Referierung auf Gedanken in ihrer Rolle als Individuen. Andere Formen der Referenz sind möglich. Ganz ähnlich, aber doch verschieden, sind Wendungen von dem Typ *der in dem Satz p enthaltene Gedanke*. Dabei kann der Satz p auch einer anderen Sprache angehören als

[1] Es mag sein, daß es nichts gibt, was nicht die Rolle eines Individuums spielen *kann*. Das soll hier nicht diskutiert werden. Dafür, daß die gegebene Erklärung nicht leerläuft, kommt es nur darauf an, daß nicht jedes Etwas in jedem Kontext die Rolle eines Individuums *spielt*. In dem Satz „Sokrates ist sterblich" spielt der Begriff der Sterblichkeit diese Rolle nicht. Man mag sagen, der Begriff werde in dieser Aussage benutzt, um etwas von Sokrates zu prädizieren; er wird seinerseits nicht zum Gegenstand der Rede gemacht und tritt deshalb nicht als Individuum auf.

derjenigen, in der der Referenzausdruck formuliert ist, von dieser Art ist beispielsweise die Kennzeichnung *der in dem lateinischen Satz* „homo est animal rationale" *enthaltene Gedanke*. Weitere Bezeichnungsformen werden exemplifiziert durch die folgenden Ausdrücke: (1) *der zentrale Gedanke Kants in der transzendentalen Deduktion*, (2) *der Gedanke, den Sie gerade vorgetragen haben* (geäußert in einer Diskussion), (3) *der logizistische Grundgedanke*.

Außer in Sätzen der Form „a ist F" oder „a steht in der Relation R zu b" können Gedanken noch in weiteren wichtigen Kontexten die Rolle von Individuen spielen, diese Kontexte sind gegeben durch Identitätsurteile. Unabhängig davon, ob dies wahr ist oder falsch, kann man jedenfalls sinnvoll sagen: „Der Gedanke, daß es ein Leben nach dem Tode gibt, ist derselbe wie der Gedanke, daß die Seele des Menschen unsterblich ist", oder, um ein weniger gewichtiges Beispiel zu benutzen: „Der Gedanke, daß 3 + 4 = 7, ist derselbe wie der Gedanke, daß 7 = 3 + 4". Offensichtlich falsch, aber ebenfalls sinnvoll, ist hingegen das folgende Identitätsurteil: „Der Gedanke, daß es ein perpetuum mobile gibt, ist derselbe wie der Gedanke, daß eine größte natürliche Zahl existiert".

Die Identitätsurteile über Gedanken stehen nun zu unserem Thema in einer besonders innigen Beziehung. Mit der Individualität eines Etwas, X, sind nämlich zwei Bedingungen notwendig verknüpft: (1) Man muß X von anderen Individuen unterscheiden können. (2) Es muß möglich sein, verschiedene Vorkommnisse *desselben* Individuums X als solche zu erkennen, man muß X also wiedererkennen können, wenn es einem mehrfach und in verschiedenen Kontexten begegnet. Diese beiden Bedingungen kann man in eine zusammenfassen: Immer dann, wenn verschiedene Vorkommnisse von Individuen gegeben sind, muß man entscheiden können, ob es sich um Vorkommnisse *desselben* Individuums oder um Vorkommnisse *verschiedener* Individuen handelt. Wir brauchen also Identitäts- bzw. Verschiedenheitskriterien.

II. Identitätskriterien

Ein exemplarischer Fall der Identitätsproblematik ist gegeben, wenn der Bereich der zu identifizierenden Individuen nicht unmittelbar zugänglich ist und seine Elemente deshalb von Entitäten einer anderen Art *repräsentiert werden*. Die Suche nach einem Identitätskriterium wird dann geleitet von der Frage, unter welchen Bedingungen *verschiedene* Repräsentanten *dasselbe* Individuum repräsentieren. Der Theorie des Philosophen und Logikers *Gottlob Frege* folgend, fasse ich nun in meinen weiteren Überlegungen Gedanken auf als Entitäten, die in indikativischen, behauptenden Sätzen einer Sprache ausgedrückt und hierdurch repräsentiert sind.[2] Die Identitätsproblematik mündet dann in

[2] Vgl. hierzu beispielsweise Freges Abhandlung „Der Gedanke. Eine logische Untersuchung". In: Gottlob *Frege, Logische Untersuchungen*. Hrsg. und eingeleitet von G. Patzig, Göttingen [3]1986.

die Suche nach den Bedingungen, unter denen zwei Sätze ein und denselben Gedanken ausdrücken. Bevor wir uns auf diese Suche machen, will ich noch den allgemeinen stukturtheoretischen Rahmen für die nachfolgenden Untersuchungen beschreiben.

II.1. Rahmenbedingungen einer Identitätstheorie

Zur Formulierung von Identitätskriterien für Individuen, welche durch von ihnen verschiedene Entitäten repräsentiert werden, setze ich zwei Bereiche voraus: den der Individuen, bezeichnet durch den Buchstaben „I“, und den der Repräsentanten, bezeichnet mit „R“. Diese Bereiche sind Mengen im Sinne der naiven Mengenlehre. Da ich ferner annehme, daß kein Individuum durch sich selbst repräsentiert wird – dies liefe der Idee der Repräsentation zuwider –, fordere ich, daß die Mengen I und R keine Elemente gemeinsam haben. Zwischen den Individuen i aus dem Bereich I und den Repräsentanten r aus dem Bereich R ist dann die Relation der Repräsentation gegeben:

r repräsentiert i.

Diese Relation nimmt in den verschiedenen Anwendungen der Rahmentheorie verschiedene Formen an. Im speziellen Falle der durch Sätze repräsentierten Gedanken ist es die Relation:

p drückt aus g.

Hier steht die Variable „p“ für Sätze und die Variable „g“ für Gedanken.

Eine erste Rahmenbedingung dafür, daß die Frage nach einem Identitätskriterium überhaupt sinnvoll gestellt werden kann, ist nun die, daß jeder Repräsentant r ein, aber auch nur ein Individuum repräsentiert. Deshalb fordere ich die Geltung des Satzes:

(1) Für alle r aus R: es gibt genau ein i aus I, so daß gilt: r repräsentiert i.

Dieser Satz erlaubt uns von *dem Repräsentat* eines Repräsentanten zu sprechen und festzusetzen:

(2) i ist *das Repräsentat von r* genau dann, wenn gilt: r repräsentiert i.

Etwas abgekürzt lautet diese Formulierung:

(2') i = Rp(r) genau dann, wenn: r repräsentiert i.

Die Zulässigkeit der Redeweise von *dem Repräsentat* eines Repräsentanten wird bei der Formulierung von Identitäts- und Verschiedenheitsfragen präsupponiert. Sind nämlich zwei Repräsentanten r_1 und r_2 gegeben, dann steht zur Entscheidung, ob r_1 dasselbe Individuum repräsentiert wie r_2 oder ein anderes. Die entsprechende Frage lautet dann in präziser Formulierung:

(3) Ist das Repräsentat von r_1 dasselbe wie das von r_2, oder haben r_1 und r_2 verschiedene Repräsentate?

Etwas abgekürzt:

(3') Gilt: $Rp(r_1) = Rp(r_2)$? Oder gilt: $Rp(r_1) \neq Rp(r_2)$?

In diesen Formulierungen wird also die Ausdrucksform „das Repräsentat von r" („Rp(r)") benutzt.

Mit einem Identitätskriterium zur Entscheidung dieser Frage wird nun eine Bedingung gesucht, welche die Repräsentanten r_1 und r_2 gemeinsam erfüllen müssen, damit ihre jeweiligen Repräsentate zusammenfallen, also eine Bedingung dafür, daß $Rp(r_1) = Rp(r_2)$. Eine Bedingung, die zwei Entitäten gemeinsam erfüllen, kann man fassen als eine Relation mit zwei Relaten. Die Suche nach einem Identitätskriterium resultiert damit in der folgenden Frage:

(4) Das Bestehen welcher Relation zwischen den Repräsentanten r_1 und r_2 ist notwendig und hinreichend dafür, daß r_1 und r_2 dasselbe Individuum repräsentieren?

Oder wiederum kürzer:

(4') Für welche Relation Rel gilt das folgende: für alle r_1, r_2 aus R: $Rp(r_1) = Rp(r_2)$ genau dann, wenn r_1 Rel r_2?[3]

Eine Hilfe bei der Suche nach einer solchen Relation bietet nun das folgende elementar-relationentheoretische

THEOREM: Ist F eine Funktion und P eine Relation derart, daß gilt:
für alle x,y: F(x) = F(y) genau dann, wenn x P y,
dann ist P eine reflexive, symmetrische und transitive Relation.

Bezogen auf den Fall des gesuchten Identitätskriteriums entspricht F der Funktion „Rp", welche einem Repräsentanten das jeweils repräsentierte Individuum zuordnet, und P entspricht der gesuchten Relation Rel. Das erwähnte Theorem

[3] „r_1 Rel r_2" kürzt den Satz „r_1 steht in der Relation Rel zu r_2" ab.

sagt uns also, daß diese gesuchte Relation reflexiv, symmetrisch und transitiv, kurz, daß sie eine *Äquivalenz*relation sein muß.

II.2. Anwendung der Rahmenbedingungen

In den soweit beschriebenen formalen Rahmen wollen wir nun das Problem der Identitätskriterien für Gedanken einordnen. Der Individuenbereich ist dann das Reich der Gedanken, während, wie bereits gesagt, die Klasse der Repräsentanten die Klasse der indikativischen Behauptungssätze einer Sprache ist. Man wird sich diese Sprache ein Stück weit grammatisch normiert vorstellen müssen, um die bei solchen Überlegungen auch immer notwendigen Werkzeuge der Logik anwenden zu können. Auch muß sichergestellt sein, daß jeder Satz der normierten Sprache genau einen Gedanken ausdrückt. Als Basis hierfür wählen wir die natürliche deutsche Sprache. Die Normierungen bestehen dann etwa darin, ungrammatische Formulierungen zuzulassen, wie die beiden folgenden: (1) „Wenn: Peter schläft, dann: Peter träumt"; und (2) „für alle x (wenn: x ist ein Mensch, dann: x ist sterblich)". Für die in einer solchen Sprache formulierbaren Behauptungssätze suchen wir nun eine Äquivalenzrelation, die genau dann zwischen zwei Sätzen besteht, wenn diese denselben Gedanken ausdrücken. Wir suchen also eine Relation Rel, für die das folgende gilt:

(Id_G) Für alle Sätze p,q: der Gedanke, daß p, ist derselbe wie der Gedanke, daß q, genau dann, wenn p Rel q.

Alternativ formuliert:

(Id_G') Für alle Sätze p,q: der von p ausgedrückte Gedanke ist derselbe wie der von q ausgedrückte Gedanke genau dann, wenn p Rel q.

In methodischer Hinsicht haben die folgenden Überlegungen explikativen Charakter: Ich gehe davon aus, daß wir über ein vages Vorverständnis der Identität und der Verschiedenheit von Gedanken verfügen, und versuche, dieses Vorverständnis durch die schrittweise Annäherung an eine adäquate Relation unter den die Gedanken repräsentierenden Sätzen zu präzisieren und damit zu explizieren. In einem solchen Unternehmen gilt das Vorverständnis als Prüfstein für die jeweils vorgelegten Explikate, zugleich erfährt es durch diese aber auch eine gewisse Korrektur. Das Verfahren ähnelt dem Aufstellen einer Realdefinition für einen schon im Gebrauch befindlichen Begriff. – Historisch orientieren sich meine Untersuchungen an den Ideen der *intensionalen Semantik Rudolf Carnaps*.[4]

[4] Vgl. Rudolf *Carnap, Meaning and Necessity*. A study in Semantics and Modal Logic, Chicago 1947.

Wir werden jetzt also verschiedene Äquivalenzrelationen unter Sätzen daraufhin überprüfen, ob sie unser intuitives Verständnis von der Identität der jeweils ausgedrückten Gedanken adäquat explizieren. Von den Fällen, wo dies nicht gilt, sind insbesondere diejenigen Beziehungen interessant, deren Bestehen zu schwach, nämlich nur notwendig, bzw. zu stark, also nur hinreichend für das Explikandum, ist. Hier wird es dann um eine Adjustierung durch Liberalisierung bzw. Verschärfung der jeweiligen Bedingung gehen.

II.2.1. Die Übereinstimmung im Wahrheitswert

Eine erste und sehr schwache Äquivalenzbeziehung haben wir in der Bedingung, daß zwei Sätze entweder beide wahr sind oder beide falsch, sie haben dann also denselben *Wahrheitswert*. Diese Bedingung ist sicherlich notwendig dafür, denselben Gedanken auszudrücken: Ein wahrer Satz enthält einen wahren und ein falscher Satz einen falschen Gedanken, und es ist offensichtlich unmöglich, daß ein wahrer Gedanke identisch ist mit einem falschen. – Ebenso evident wie die Notwendigkeit dieser Bedingung ist aber auch der Umstand, daß sie nicht hinreichend und mithin zu schwach ist. Anderenfalls würden je zwei wahre, aber auch je zwei falsche Sätze denselben Gedanken ausdrücken, und dies ist eine absurde Vorstellung. – Die fragliche Bedingung reicht auch schon deshalb nicht hin, weil sie in dem folgenden Sinne *empirisch* ist: Um den Wahrheitswert eines Satzes festzustellen, bedarf es – in der Regel, nämlich in allen Fällen nicht a priori determinierter, sondern kontingenter Sätze – empirischer Untersuchungen: Ob Bonn am Rhein liegt oder ob schwere Körper schneller fallen als leichte, kann nur durch geographische bzw. physikalische Untersuchungen an den betreffenden Entitäten in der Welt festgestellt werden. Deshalb kann auch die Frage, ob zwei Sätze denselben Wahrheitswert haben oder nicht, in diesen Fällen nur empirisch entschieden werden. In diesem Sinne ist auch unsere Relation eine *empirische* Relation. Seinem Vorverständnis folgend, möchte man hiergegen sagen: Zur Entscheidung der Frage, ob zwei Sätze denselben Gedanken ausdrücken, genügen keine empirischen Überlegungen, die Frage muß vielmehr a priori, möglicherweise allein im Hinblick auf die Sätze selbst, entschieden werden. Ich werde deshalb im folgenden von der Hypothese ausgehen, daß allenfalls apriorische Relationen unter Sätzen eine Chance haben, notwendig *und* hinreichend für die Identität der jeweils ausgedrückten Gedanken zu sein. Da das Studium apriorischer Relationen unter Sätzen auch ein Gegenstand der Logik mit ihren Teilen Syntax und Semantik ist, wollen wir uns jetzt in diesem Bereich nach geeigneten Kandidaten für die Lösung unseres Problems umsehen.

II.2.2. Logische Relationen

Unsere Überlegungen beginnen diesmal im Konkreten. Ich betrachte hierzu Paare von Sätzen, die dem vorausgesetzten Vorverständnis nach denselben Gedanken enthalten, z.B. das folgende Paar: (i) Hans liebt Maria. (ii) Maria wird von Hans geliebt. Von diesen beiden Sätzen ist der erste im grammatischen Aktiv formuliert, er hat die Form *Subjekt-Prädikat-Objekt*, der zweite Satz geht aus der Transformation des ersten in das Passiv hervor. Wir haben es hier mit einer grammatischen Operation an Sätzen zu tun, die den jeweils ausgedrückten Gedanken bewahrt. Diese Transformation wollen wir jetzt mit den Mitteln der Logik beschreiben, um eine entsprechende logische Relation unter Sätzen zu bestimmen. Hierzu halte ich folgendes fest: Wenn wir die logische Form des ersten Satzes mit „a R b" beschreiben, dann erhalten wir „b S a" als Form des zweiten Satzes, wobei S per constructionem die zu R *konverse* Relation ist. Per definitionem der Relation S gilt dann: Ein Satz der Form „a R b" ist wahr genau dann, wenn auch der entsprechende Satz „b S a" wahr ist. Zwei Sätze wie (i) und (ii), von denen der eine durch die beschriebene Transformation aus dem anderen hervorgeht, haben also immer denselben Wahrheitswert und erfüllen damit die anfangs genannte *notwendige* Bedingung dafür, denselben Gedanken auszudrücken; im Falle der Sätze (i) und (ii) gilt aber wesentlich mehr: Weil die Relation S per constructionem konvers ist zur Relation R, haben die beiden Sätze aus Gründen der Definition von S denselben Wahrheitswert; das Bestehen dieser Beziehung gründet hier nicht in empirischen und kontingenten Umständen.

Die Bedingung, sich zueinander zu verhalten wie zwei Sätze der Form „a R b" und „b S a", in denen „S" per definitionem für die zu der von „R" bezeichneten konversen Relation steht, ist hinreichend dafür, denselben Gedanken auszudrücken, sie ist aber sicherlich nicht notwendig. Die angedeutete apriorische Beziehung steht vielmehr exemplarisch dafür, daß der aus zwei Aussagen p,q gebildete Bikonditionalsatz „p dann und nur dann, wenn q" wahr ist aus Gründen der in ihm vorkommenden sprachlichen Ausdrücke. Im Anschluß an die Terminologie *Immanuel Kants* nennt man bekanntlich Sätze mit dieser Eigenschaft auch „analytisch wahr".[5] Es legt sich deshalb nahe, die beschriebene Relation unter Sätzen unter den Terminus „analytische Äquivalenz" zu subsumieren. Damit haben wir einen ersten Kandidaten für das gesuchte Explikat.

[5] Vgl. z.B. *Kritik der reinen Vernunft*, A6f./B10.

II.2.2.1. Analytizität als Relativbegriff

Der Begriff der Analytizität ist bekanntlich sehr kontrovers.[6] Den gegen ihn erhobenen Bedenken kann man jedoch Rechnung tragen, indem man ihn relativiert auf ein normiertes Sprachsystem mit einem festen Satz von Definitionen, welche auch die Unterscheidung zwischen Grundbegriffen und definierten Begriffen eindeutig machen.[7] Verschiedene Sprachsysteme können dann verschiedene Analytizitätskonzeptionen festlegen, und man gelangt so zu einem relativen Begriff „analytisch in S", wobei „S" für das jeweilige normierte sprachliche Bezugssystem steht. Dieses Verfahren zieht natürlich auch eine Relativierung der analytischen Äquivalenzbeziehung nach sich. Bezogen auf ein gegebenes Sprachsystem S hat man diese jetzt etwa folgendermaßen zu erklären:

(AnAeq^{S}) Ein Satz p ist in S analytisch äquivalent zu einem Satz q genau dann, wenn die Wahrheit des Bikonditionals *p dann und nur dann, wenn q* aus den Definitionen in S folgt.

Als Folge dieser Relativierung erhält man nun Sätze, die in einem ersten Spachsystem zueinander analytisch äquivalent sind, während dies in einem modifizierten zweiten System nicht gilt. So ist etwa der Satz „Viele Junggesellen sind Raucher" dann in einem System S analytisch äquivalent zu dem Satz „Viele unverheiratete Männer sind Raucher", wenn in S der Begriff des Junggesellen explizit definiert ist durch den Begriff „unverheirateter Mann". Wenn die beiden Begriffe hingegen in einem System S' als Grundbegriffe fungieren und eine solche Definition nicht zur Verfügung steht, dann sind die beiden Sätze nicht analytisch äquivalent.

Ihre Relativität ist sicherlich eine Hypothek, mit der die Konzepte der Analytizität und der analytischen Äquivalenz belastet sind. Sie bietet der Suche nach Identitätskriterien für Gedanken aber auch eine Chance. Durch Erweiterung oder Einschränkung der Menge der Definitionen in dem jeweiligen sprachlichen Bezugssystem kann man nämlich die analytische Äquivalenzbeziehung verschärfen oder abschwächen und erhält so in natürlicher Weise verschiedene Äquivalenz-Stufen oder -Grade. Wenn wir in einem schon fixierten Sprachsystem eine bestimmte Definition fallen lassen und die in ihr verbundenen Begriffe für voneinander unabhängig erklären, dann werden wir in der Regel analytische Äquivalenzen verlieren, und hierdurch wird das Bestehen der analytischen Äquivalenz unter Sätzen zu einer schärferen Bedingung. Das oben gegebene Beispiel zweier Sätze zeigt dies: Wird die Definition des Begriffs „Junggeselle" aufgegeben, damit er in einem neuen Sprachsystem von dem Begriff „unverheirateter Mann" unabhängig ist, dann verletzen in diesem neuen

[6] Vgl. W.V.O. *Quine, Two Dogmas of Empiricism*. In: Philosophical Review 60 (1951).

[7] Vgl. hierzu insbesondere die bereits erwähnte Monographie *Meaning and Necessity* von Rudolf Carnap.

System die beiden Sätze „Viele Junggesellen sind Raucher" und „Viele unverheiratete Männer sind Raucher" die Bedingung der analytischen Äquivalenz; diese ist durch die Streichung einer Definition gegenüber dem ursprünglichen System verschärft.

II.2.2.2. Beziehungen der analytischen Äquivalenz

Im folgenden werde ich exemplarisch zwei Typen von analytischer Äquivalenz beschreiben. Jeder dieser Typen läßt noch mannigfaltige Differenzierungen zu, und eine konkrete Äquivalenzbeziehung erhalten wir immer erst dann, wenn wir ein Sprachsystem in allen seinen Einzelheiten bestimmen. Das soll hier aber nicht geschehen.

Die Relativierung des Analytizitätsbegriffs zieht unter den Prämissen dieser Untersuchung natürlich eine Relativierung der Identität und Individualität von Gedanken nach sich. Ob verschiedene Sätze denselben Gedanken enthalten, hängt von dem jeweiligen Bezugssystem ab; und deshalb kann das, was *zwei* Sätze ausdrücken, bezogen auf ein erstes System *ein und derselbe* Gedanke sein, während es sich innerhalb eines anderen Systems um verschiedene Gedanken handelt. Das folgende Schema präzisiert diese Relativierung:

(I) Ein Satz p drückt in S denselben Gedanken aus wie ein Satz q genau dann, wenn p in S analytisch äquivalent ist zu q.

Eine nach Typen geordnete Mannigfaltigkeit von Sprachsystemen und aus ihnen resultierenden Beziehungen der analytischen Äquivalenz erhalten wir folgendermaßen: Wir gehen aus von einer Basis- oder Rahmensprache S, für die zunächst nur das Vokabular und die Syntax festgelegt sind, also die Regeln, nach denen man aus den Wörtern des Vokabulars wohlgebildete Sätze von S formen kann. Wir können dann analytische Äquivalenzbeziehungen einführen, indem wir Wörter des Vokabulars durch geeignete Definitionen in hiernach per definitionem bestehende Sinnzusammenhänge setzen. Die Definition:

X ist ein Junggeselle genau dann, wenn X ein unverheirateter Mann ist

stiftet einen solchen Zusammenhang; auf ihn können sich analytische Äquivalenzen gründen.

Logische Äquivalenz: Eine bestimmte Klasse von Begriffen der analytischen Äquivalenz erhält man durch Sprachsysteme, in denen nur Bedeutungszusammenhänge[8] unter den logischen Wörtern definitorisch festgelegt sind. Solche

[8] Hier und im folgenden benutze ich den deutschen Terminus „Bedeutung" in derselben Weise wie den Ausdruck „Sinn", nämlich beide stehend für das englische Wort „meaning".

Sprachsysteme sind dann Systeme der Logik, wir sprechen von *Logischer Äquivalenz*. Differenzierungen resultieren hier daraus, daß es nicht jeweils dieselbe Klasse von logischen Wörtern ist, deren Bedeutungen definitorisch festgelegt sind. Signifikant ist dann etwa der Unterschied zwischen der Junktoren- und der Quantorenlogik. Während in der ersteren nur die Ausdrücke „und", „oder", „nicht", „wenn, dann", „genau dann, wenn" erklärt sind und die Bedeutungen der Quantoren „für alle" und „für einige" bzw. „es gibt" offen bleiben, wird in der Quantorenlogik auch für diese logischen Termini ein Sinn festgelegt. Dies hat zur Folge, daß die beiden Sätze „Alle Menschen sind sterblich" und „Es gibt keine unsterblichen Menschen" zwar analytisch äquivalent zufolge der Quantorenlogik sind, daß aber unter ihnen keine junktorenlogische Abhängigkeit besteht. Natürlich haben wir hier dann auch einen Fall, wo die Frage, ob zwei Sätze denselben oder aber verschiedene Gedanken ausdrücken, relativ auf entsprechende Definitionssysteme zu beantworten ist.

Gemäß der Regel, daß die analytische Äquivalenz eine um so stärkere Bedingung ist, je weniger definitorische Sinnzusammenhänge das jeweilige Sprachsystem stiftet, ist die analytische Äquivalenz zufolge der bloßen Junktorenlogik eine innigere und schärfere Relation als die quantorenlogische Äquivalenz. Von den bisher betrachteten Äquivalenzrelationen ist sie überhaupt die schärfste. Orientieren wir uns jedoch an unserem Vorverständnis hinsichtlich der Identität von Gedanken, so ist auch das aus der junktorenlogischen Äquivalenz resultierende Identitätskriterium möglichen Einwänden ausgesetzt. Hierzu betrachten wir die beiden folgenden Sätze: (i) „Wenn 3^{10} größer ist als 2^{15}, dann ist 3^{11} größer als 2^{15}". (ii) „Wenn 3^{11} nicht größer ist als 2^{15}, dann ist 3^{10} nicht größer als 2^{15}". Von diesen beiden Sätzen ist der zweite die *Kontraposition* des ersten, deshalb ist (i) junktorenlogisch äquivalent zu (ii). Nach dem entsprechenden Identitätskriterium für Gedanken folgt dann: Der Gedanke, daß 3^{11} größer ist als 2^{15}, wenn 3^{10} größer ist als 2^{15}, ist derselbe wie der Gedanke, daß 3^{10} nicht größer ist als 2^{15}, wenn 3^{11} nicht größer ist als 2^{15}. Gegen die Identität von Gedanken dieser Art ist unter anderem folgendes vorgebracht worden:[9] Es ist möglich, daß ein epistemisches Subjekt den einen dieser beiden Gedanken für wahr hält, den anderen aber für falsch, z.B. deshalb, weil die betreffende Person nicht über ausreichende Kenntnis der Logik verfügt, um die Äquivalenz der beiden Sätze zu erkennen. Ein weiterer möglicher Einwand gegen die Identität der durch die Sätze (i) und (ii) ausgedrückten Gedanken ist der folgende: In dem einen von ihnen sind Antezedens und Sukzedens ganz anders verknüpft als in dem anderen Gedanken. Das, was als Bedingung in dem zweiten Gedanken erscheint, ist die Negation dessen, was in der Folge des ersten Gedankens erscheint; Entsprechendes gilt für die Sukzedens des zweiten im Verhältnis zur Antezedens des ersten Gedankens. Dieser Einwand thematisiert den Umstand, daß die Sätze (i) und (ii) zwar junktorenlogisch und somit in einem sehr schar-

[9] Vgl. z.B. R. Carnap, *Sentences about Beliefs* (= *Meaning and Necessity*, § 13).

fen Sinne äquivalent sind, daß sie syntaktisch jedoch eine ganz verschiedene Struktur aufweisen.

Intensionale Isomorphie: Umstände dieser Art haben R. Carnap veranlaßt, eine Äquivalenzrelation unter Sätzen zu definieren, die aus syntaktischen und semantischen Elementen gemischt ist: *die intensionale Isomorphie.*[10] Sätze, die in dieser Relation miteinander stehen, sind *intensional-isomorph*, sie haben dieselbe *intensionale Struktur*. In dieser Terminologie bezieht sich die Komponente „intensional" auf die semantischen Elemente der zu definierenden Relation, während sich die Komponenten „isomorph" bzw. „Struktur" auf die entsprechenden syntaktischen Bestandteile beziehen. Ich will die Relation hier nicht exakt definieren, sondern nur exemplarisch erläutern.

Die bisher betrachteten Spielarten der analytischen Äquivalenz sind Relationen, die unter Sätzen als syntaktischen Ganzheiten erklärt sind, auf deren jeweilige innere Struktur es dabei nicht ankommt. Dies gilt dann natürlich auch für die Beziehung der junktoren- bzw. der quantorenlogischen Äquivalenz. In unserem letzten Beispiel zeigte sich dies auch daran, daß die einander entsprechenden Teile der beiden Konditionalsätze – nämlich die jeweiligen Wenn- bzw. Dann-Sätze – in überhaupt keiner einschlägigen logischen Beziehung zueinander standen und zwei voneinander ganz unabhängige Gedanken ausdrückten. Die Carnapsche Bedingung der intensionalen Isomorphie enthält nun die Forderung, daß analytische Äquivalenz auch unter einander entsprechenden Teilen von Sätzen besteht. Um dies zu präzisieren, muß ich zunächst erläutern, wie eine Entsprechung unter Teilen eines komplexen Satzes erklärt werden kann. Hierzu bedarf es wiederum einer gewissen Normierung der Sprache, und zwar in syntaktischer Hinsicht.

In einfachen Fällen orientiert sich die syntaktische und strukturelle Komponente der intensionalen Isomorphie daran, wie ein Satz aus singulären Termen – z.B. Eigennamen, Kennzeichnungen oder Individuenvariablen –, aus begrifflichen oder relationalen Ausdrücken, aus prädikatenlogischen Quantoren und aus aussagenlogischen Junktoren aufgebaut ist: es geht dabei um die quantorenlogische Struktur. Diese wird in vielen Fällen erst dann sichtbar, wenn ein Satz der natürlichen Sprache in eine normierte Form gebracht worden ist. Man sieht dann, daß beispielsweise die beiden Sätze „alle Menschen sind sterblich" und „alle Philosophen sind gelehrt" in derselben Weise aufgebaut sind, und die Elemente, aus denen sie bestehen, werden in den folgenden normierten Formulierungen sichtbar:

(für alle x) [wenn: x ist ein Mensch, dann: x ist sterblich]
(für alle x) [wenn: x ist ein Philosoph, dann: x ist gelehrt].

Die hier gewählte Weise der Untereinandersetzung der beiden Sätze macht

[10] Vgl. hierzu *Meaning and Necessity*, § 14ff.

deutlich, welche ihrer syntaktischen Teile einander entsprechen.[11] Sie zeigt darüber hinaus, daß die Sätze in derselben Weise aus ihren nicht-logischen Elementen, nämlich den jeweiligen Individuenvariablen und Prädikatoren, aufgebaut sind. Die syntaktische Komponente der intensionalen Isomorphie besteht dann in der Forderung, daß zwei Sätze in dem skizzierten Sinne dieselbe syntaktische Struktur haben, und diese Forderung ist per definitionem genau dann erfüllt, wenn man die syntaktischen Teile der Sätze in der hier exemplarisch angedeuteten Weise einander zuordnen kann; bei dieser Zuordnung muß jedes logische Element des einen Satzes in dem anderen Satz wiederkehren.

Die semantische Komponente der Carnapschen Relation ist eine Bedingung, welche die einander entsprechenden nicht-logischen Teile der Sätze gemeinsam erfüllen müssen. Diese Bedingung ist eine von der analytischen Äquivalenz unter Sätzen abgeleitete Beziehung; auch sie kann ich hier nur exemplarisch erläutern. Die Bedingung wird beispielsweise erfüllt von den beiden normalsprachlichen Prädikatoren „... ist ein schwarzer Schwan" und „... ist ein Schwan, der schwarz ist", und zwar deshalb, weil der allgemeine Satz:

> für alle x: x ist ein schwarzer Schwan genau dann, wenn: x ist ein Schwan, der schwarz ist

schon aus Gründen der Logik wahr ist. Wenn diese Bedingung erfüllt ist, dann sagt Carnap auch, die betreffenden Prädikatoren hätten *dieselbe Intension*.

Ein etwas allgemeineres Kriterium für die Intensionsgleichheit erhält man durch Rückgriff auf den relativierten Begriff der Analytizität. Ist S wieder ein Sprachsystem, in dem Sinnzusammenhänge durch Definitionen festgelegt sind, dann setzt man für Prädikatoren F, G fest:

(Int^S) F hat in S dieselbe Intension wie G genau dann, wenn die Wahrheit des Satzes: *für alle x: x ist F dann und nur dann, wenn x ist G* aus den Definitionen in S folgt.

In ähnlicher Weise kann man auch für andere Ausdrücke die Intensionsgleichheit bestimmen.[12]

Relativ auf ein Sprachsystem S läßt sich dann die Carnapsche Beziehung der intensionalen Isomorphie unter zwei Sätzen p,q durch die beiden folgenden Kriterien fassen:

[11] Dabei hat man den Quantor „für alle", die Prädikatoren „ist ein..." bzw. „ist..." und den Junktor „wenn-dann" als im Sinne der *logischen* Syntax unzerlegbare Einheiten anzusehen. Dies wird ganz deutlich erst in der formalen Schreibweise:

$(\forall x)\ [M(x) \rightarrow S\ (x)]$

$(\forall x)\ [P(x) \rightarrow G\ (x)]$.

[12] Z.B. haben zwei Eigennamen, a b, dieselbe Intension in einem System S, wenn der Identitätssatz „a = b" analytisch wahr ist in S.

(1) p ist in derselben Weise aus syntaktisch elementaren nicht-logischen Komponenten aufgebaut wie q.
(2) Die im Aufbau von p und q jeweils einander entsprechenden nicht-logischen Komponenten haben in S dieselbe Intension.

Als relatives Kriterium für die Identität von Gedanken ergibt sich damit:

> Für zwei Sätze p,q aus einem entsprechend normierten Sprachsystem gilt: Der Gedanke, daß p, ist bzgl. S derselbe wie der Gedanke, daß q, genau dann, wenn p zu q in S intensional isomorph ist.

Da ein Konditionalsatz „wenn A, dann B" und seine Kontraposition „wenn nicht-B, dann nicht-A" zueinander nicht intensional isomorph sind – die oben genannte Bedingung (1) ist nicht erfüllt –, drücken diese Sätze nach unserem Kriterium auch nicht denselben Gedanken aus. Der entsprechende Einwand gegen die aus der Junktorenlogik resultierende Identitätsbedingung entfällt somit.

Ausblick: Die intensionale Isomorphie ist eine sehr innige Beziehung unter Sätzen eines normierten Sprachsystems und deshalb in diesem Rahmen gut geeignet, die Identität des ausgedrückten Gedankens zu explizieren. Andererseits werden in den gängigen Normierungen und Formalisierungen der natürlichen Sprache bestimmte Elemente nicht erfaßt, die möglicherweise auch etwas zur Individualität von Gedanken beitragen. Hierzu gehören beispielsweise Adverbien wie „leider" und „erfreulicherweise". Die gedanken-differenzierende Relevanz dieser Ausdrücke hängt entscheidend davon ab, ob ihre Einfügung in einen Satz dessen Wahrheitsbedingungen ändert.[13] Die klassische extensionale Logik beantwortet diese Frage implizit negativ, indem sie keine besonderen Bedeutungsregeln für solche Ausdrücke bereitstellt. Die auch intensional orientierte philosophische Logik der jüngsten Zeit hält hier aber im Prinzip einen Weg bereit. Die dabei leitende Idee ist, daß der Wahrheitswert eines komplexen Satzes nicht immer allein dadurch bestimmt ist, welche Wahrheitswerte seine Elemente im Kontext der gegebenen Welt oder Wirklichkeit haben; er kann vielmehr auch davon abhängen, ob die betreffenden Elementarsätze in geeigneten Alternativen zur realen Welt gelten oder nicht. So kann man etwa zu der folgenden Wahrheitsbedingung kommen:

[13] Ich schließe mich hier der Auffassung von G. Frege an, „Gedanken [seien] etwas, bei dem überhaupt Wahrheit in Frage kommen kann" (*Der Gedanke*, Originalpaginierung S. 60). Nach Frege tragen jedoch die Sinngehalte von Ausdrücken wie „leider" und „gottlob" zwar zur „Beleuchtung des Gedankens", nicht aber zu seiner Unterscheidung bei, denn „sie berühren das nicht, was wahr oder falsch ist" (*Gedankengefüge*, S. 43; *Der Gedanke*, S. 63f., beide Abhandlungen in der oben (Anm. 2) genannten Ausgabe von G. Patzig).

(Leid) Ein Satz „leider p" („es ist leider der Fall, daß p") ist wahr in der gegebenen Welt W genau dann, wenn:
(i) der Satz p selbst wahr ist in W
und
(ii) der Satz p selbst falsch ist in allen zu W alternativen Welten W', die in einem – etwa hedonistisch – zu erklärenden Sinne der Welt W vorzuziehen sind.

Dies ist natürlich nur eine skizzenhafte Andeutung. Hat man sie aber einmal präzisiert und damit Wahrheitsbedingungen für derartige Sätze definiert, dann hat man neue Mittel zur Individualisierung von Gedanken in der Hand, indem man ganz allgemein feststellt: Zwei Sätze A, B drücken genau dann denselben Gedanken aus, wenn die Klasse der (möglichen) Welten, in denen A wahr ist, zusammenfällt mit der Klasse derjenigen Welten, in denen B gilt.

II. Individualität in Subjektivität und Sein, Natur und Kunst

Historische Aneignungen

Heinz Röttges

Zweifel, Methode und Wahrheit bei Descartes

„Das metaphysische Philosophieren ist an sich methodisch. Es geht den Weg vom Zeichen zur Bedeutung."
J.Simon,
Philosophie des Zeichens, S. 31

Mit Aristoteles verbindet Descartes die stetige Bemühung um eine Grundlegung der Wissenschaften in einer ersten Philosophie, an deren Eingang, und darin nimmt er die Intention der Skepsis auf, der absolute Zweifel an allen tradierten und kurrenten Inhalten als auch Formen des Wissens steht. In der Wirkungsgeschichte stärker in Erscheinung getreten jedoch ist der Eindruck eines radikalen Neuanfangs nach der langen Periode der mittelalterlichen, vornehmlich scholastischen Philosophie, so daß Hegel in ihm den Begründer der neuzeitlichen / modernen Philosophie begrüßt: „René Descartes ist in der Tat der wahrhafte Anfänger der modernen Philosophie, insofern sie das Denken zum Prinzip macht ... Die Wirkung dieses Menschen auf sein Zeitalter und die neue Zeit kann nicht ausgebreitet genug vorgestellt werden. Er ist so ein Heros, der die Sache wieder einmal ganz von vorne angefangen und den Boden der Philosophie erst von neuem konstituiert hat, auf den sie nun erst nach dem Verlauf von tausend Jahren zurückgekehrt ist."[1]

Descartes selbst begründet den Titel „Meditationen" in seinen Anmerkungen wie folgt: „ ... macht bei den metaphysischen Gegenständen nichts so große Mühe, als die ersten Begriffe klar und distinkt zu erfassen ... Dies ist der Grund gewesen, weshalb ich lieber Meditationen geschrieben habe und nicht Abhandlungen (Disputationes), wie die Philosophen, oder Theoreme und Probleme, wie die Geometer, um nämlich dadurch zu bezeugen, daß es nur um die zu tun ist, die sich die Mühe geben wollen, mit mir den Gegenstand aufmerksam zu betrachten und über ihn nachzudenken (meditari)." (*Meditationes* [S. 213 f.])[2] Auch in dem vorangestellten Widmungsschreiben an die Sorbonne hebt Descartes den esoterischen Charakter der *Meditationes* hervor; zumal die Gottes-

[1] G.W.F. *Hegel, Vorlesungen über die Geschichte der Philosophie*, in: Werke, hrsg. von E.Moldenhauer / K.M. Michel, Bd. 20, Frankfurt am Main 1986, S. 123.

[2] Die im Text angeführten Seitenzahlen der *Meditationes* folgen der Paginierung der Erstausgabe.

beweise „möchten von vielen nicht ganz verstanden werden können, ... vor allem, weil sie einen von Vorurteilen gänzlich freien Geist voraussetzen, der sich selbst leicht vom Zusammenhange mit den Sinnen loszulösen vermag." (*Meditationes* [S. 8])

Jedenfalls bestätigt Descartes, daß es sehr schwierig ist, die obersten und ersten Begriffe bzw. Prämissen klar und distinkt zu erfassen, daß der methodische Wahrheitsbegriff der *Regulae* und des *Discours*, der sich auf die Intuition und das lumen naturale stützt, hier nicht einfach übernommen werden kann; im Gegenteil muß der Wahrheitsbegriff selbst nicht nur thematisiert werden, seine nach den methodischen Schriften abgründigen Schwierigkeiten treiben die *Meditationes* an ihren Angelpunkten immer wieder voran und zwingen Descartes zu immer subtileren Lösungsversuchen. Dabei soll gleich zu Beginn vor dem Mißverständnis gewarnt werden, es handele sich bei diesem Werk um das Ausleben der metaphysischen Liebhaberei eines sonst exoterischen Wissenschaftlers bzw. Wissenschaftstheoretikers; im Gegenteil geht es wie bei Platon und Aristoteles um die Begründung sowohl des alltäglichen als auch des wissenschaftlichen Wissens; daß es ohne Erkenntnis Gottes selbst kein sicheres mathematisches Wissen geben könne, ist die Gestalt, in der der Begründungszusammenhang zwischen der Wissenschaft und der Metaphysik bei Descartes auftritt.

Um die Begründung im strengsten Sinn drehen sich die *Meditationes* von Anfang an; der Absicherung eines wahrhaft exoterischen, unbezweifelbaren Wissens dienen alle Argumente und Gegenargumente, deren oft nicht so leicht erkennbares Zusammenspiel auch den literarischen Reiz dieses klassischen Werkes ausmacht.

Die erste Meditation trägt die Überschrift *Woran man zweifeln kann* und weckt damit zugleich Zweifel, ob diese Frage beantwortet werden kann; schon bei Sokrates hatten sich angesichts der Verbindung von Wissen und Nichtwissen in dem Gedanken „Ich weiß, daß ich nichts weiß" Schwierigkeiten aufgetan, die auch hier spätestens dann zu erwarten sind, wenn der Zweifel sich selbst einschließt, und dies ist doch gerade bei dem großen Methodiker Descartes zu erwarten: Was wäre ein absoluter Zweifel, wenn nicht ein solcher, der nicht nur relativ auf anderes überhaupt zielt, sondern auch sich selbst einschließt?

Descartes selbst läßt den Verdacht eines subjektiven Einfalls, der sich ja bei einem solchen Ansatz geradezu aufdrängt, gar nicht erst aufkommen, indem er dessen lange Vorgeschichte als auch dessen zentrale Bedeutung für den exoterischen Wissensbegriff als Grund für diesen damit schwerwiegenden Entschluß nennt: „Schon vor einer Reihe von Jahren habe ich bemerkt, wieviel Falsches ich in meiner Jugend als wahr habe gelten lassen und wie zweifelhaft alles ist, was ich hernach darauf aufgebaut, und daß ich daher einmal im Leben alles von Grund aus umstoßen und von den ersten Grundlagen (a primis fundamentis) an neu beginnen müsse, wenn ich endlich einmal etwas Festes und Bleibendes in den Wissenschaften ausmachen wolle." (*Meditationes* [S. 7f.])

Ich beginne mit naheliegenden Einwänden:

Erstens kann man grundsätzliche Skepsis äußern gegenüber dem absoluten Zweifel als einem müßigen Unterfangen eines einzelnen Sonderlings, verglichen mit der positiven Forschung.

Zweitens drängt sich angesichts der scheinbar subjektivistischen Natur des absoluten Zweifels der Einwand auf, daß der absolute Zweifel insofern relativ ist, als er das Gegenteil seiner selbst, nämlich die unbezweifelbare Existenz der Welt und der anderen Menschen, wozu ja auch die Eltern und Vorfahren, denen er sein Dasein verdankt, zu zählen sind, geradezu voraussetzt. Dann bliebe vom absoluten Zweifel, dessen methodische Irrelevanz damit offenkundig wäre, nur eine subjektive Abstraktion übrig, von der als sich selbst unbewußtem Gegenteil ihrer selbst, als unreflektierter Affirmation dessen, wovon zu abstrahieren vorgegeben wird, selbst unbedenklich abgesehen werden kann.

Der Text und seine Interpretation ermöglichen folgende Antwort:

Sogleich deutlich wird, daß Descartes frei ist vom Pathos eines unmittelbar absoluten Zweifels; schon was die biographische und gesellschaftlich-empirische Vermitteltheit eines solchen Unterfangens anlangt, hat er sich der Voraussetzungen vergewissert; nicht nur wartete er das Alter ab, er befreite seinen Geist von allen Sorgen (denn warum und wie sollte der von alltäglichen Sorgen Geplagte sich mit einem so müßigen Gedanken tragen?), wozu ja auch die materielle Unabhängigkeit gehört. (*Meditationes* [S. 8])

Ferner ist der wie ein Gedankenexperiment anmutende absolute Zweifel begründet durch ein bestimmtes Ziel, nämlich die Begründung eines dann unerschütterlichen Gebäudes, also eines zusammenhängenden Systems des Wissens, so daß der Zweifel auf das Gegenteil seiner selbst geht. Zweifel und Methode schließen sich also nicht aus, wenn der Zweifel selbst auch, wenn auch nicht nur methodischer Art ist.

Schwer wiegt auch die Skepsis angesichts der Durchführbarkeit eines absoluten Zweifels; setzt er nicht schon einen gegebenen systematischen Wissensbegriff voraus, an dem er angreifen kann?

Anders gesagt: Stellt man sich das Wissen vor in Gestalt einer in indefinitum gehenden Summe als wahr geltender Aussagen, wie soll man wissen, selbst wenn man eine beträchtliche Menge von ihnen dem Zweifel unterzogen und als nicht unbezweifelbar zur Disposition gestellt hat, ob man nicht gerade die schwachen attackiert hat? Wäre hier nicht die Vorsicht des Skeptikers am Platz, der sich als Suchender, als Zetetiker versteht und seinen bestimmten Zweifel auf die gerade andrängenden und deshalb beunruhigenden Dogmen beschränkt?

Wie schon der Hinweis auf die Einbeziehung der biographischen und empirischen Voraussetzungen durch Descartes selbst verdeutlichte, besteht die Stärke dieses großen Methodikers darin, die Selbstanwendung, den Selbsteinschluß des absoluten Zweifels nicht bloß anhangsweise zu berücksichtigen oder gar zu ignorieren, sondern in den Haupttext hereinzunehmen, und zwar als Movens der Überlegung; durch Selbstanwendung des absoluten Zweifels wird dieser präzisiert zum bestimmten Zweifel, womit die Unterminierung alles tradierten Wissens sich in die Genealogie des Systems des Wissens gerade in seinem zu Grunde Gehen als Begründungszusammenhang verwandelt. Diese den absoluten zum bestimmten Zweifel präzisierenden Selbstzweifel und von Descartes selbst vorgetragenen Einwände sind dabei exoterischer Natur, zielen auf den naheliegenden Verdacht esoterischer Verbohrtheit und Sophistikation.

Der erste Selbstzweifel an der Unmöglichkeit des Vorhabens, ob es denn überhaupt möglich sei, „sie (meine Meinungen, Anm.HR) alle als falsch aufzuzeigen ..., sie alle einzeln durchzugehen, was eine endlose Arbeit wäre" (*Meditationes* [S. 8,9]), wird behoben und präzisiert durch das skeptische Argument der Zurückhaltung, wenn man „irgendeinen Grund zum Zweifel" (*Meditationes* [S. 9]) antrifft bei der exemplarischen Erwägung der als bekannt anerkannten Erkenntnisarten, wobei Descartes, die Zustimmung des Lesers wohl nicht ohne Grund, jedoch nicht explizit begründet, voraussetzend, ganz unten in der Hierarchie, nämlich mit der sinnlichen Wahrnehmung beginnt: „Alles nämlich, was ich bisher am ehesten für wahr angenommen habe, habe ich von den Sinnen (a sensibus) oder durch Vermittlung der Sinne empfangen. Nun aber bin ich dahinter gekommen, daß diese uns bisweilen täuschen, und es ist ein Gebot der Klugheit, niemals denen ganz zu trauen, die auch nur einmal uns getäuscht haben." (*Meditationes* [S. 9])

Es scheint so, als beträte Descartes unter dem Vorwand des radikalen Zweifels ausgetretene Pfade der Erkenntniskritik, ist uns doch das Argument von den Türmen, die aus der Entfernung rund, aus der Nähe eckig erscheinen, als solches und als Phänomen vertraut; Descartes jedoch, weit entfernt davon, den absoluten Zweifel solchermaßen als globalen Einwand gegen die sinnliche Wahrnehmung zuzulassen, verweist auf die durch solche Zweifel im Ernst nicht erschütterte Gewißheit der sinnlichen Wahrnehmung insgesamt, die über weite Strecken eine scheinbar unbezweifelbare Evidenz aufweisen kann, womit er die eben angedeutete methodische Schwäche, von der Zweifelhaftigkeit eines einzelnen, vielleicht nur extremen Beispiels auf die Zweifelhaftigkeit einer ganzen Gattung von Erkenntnissen zu schließen, sogleich korrigiert; dazu bedient er sich des überaus plausiblen Beispiels der sinnlichen Selbstwahrnehmung, damit das „ego cogito – ego sum"-Konzept auf der einfachsten Stufe antizipierend:

„Indessen, mögen uns auch die Sinne mit Bezug auf zu kleine und entfernte Gegenstände bisweilen täuschen, so gibt es doch am Ende sehr vieles andere, woran man gar nicht zweifeln kann, wenn es gleich aus denselben Quellen geschöpft ist; so z.B. daß ich jetzt hier bin, daß ich, mit meinem Winterrocke angetan, am Kamin sitze, daß ich dieses Papier in der Hand halte und ähnliches; vollends daß eben dies meine Hände, daß dieser gesamte Körper der meine ist, wie könnte man mir das abstreiten? Ich müßte mich denn mit ich weiß nicht welchen Wahnsinnigen vergleichen, deren Gehirn ... so geschwächt ist, daß sie hartnäckig behaupten, sie seien Könige, während sie bettelarm sind, oder in Purpur gekleidet, während sie nackt sind ..." (*Meditationes* [S. 9])

Einfacher und zugleich plausibler kann der Selbstzweifel am absoluten, sich radikal gebärdenden Zweifel wohl kaum artikuliert werden; damit wird dieser durch den vom Zweifelnden selbst vorgetragenen bestimmten Zweifel am Sinn des absoluten Zweifels zur Legitimation genötigt und, wie sich gleich zeigt, eine Stufe weiter getrieben, so daß die Antwort auf den Selbsteinwand zugleich den nächsten Schritt des sowohl radikalen wie bestimmten Zweifels darstellt, es also äußerer Einfälle zur Fortführung des Gedankenexperiments gar nicht bedarf. Descartes begegnet dem Wahnsinnsargument genau so plausibel mit dem Traumargument, das die scheinbar unbegrenzte Selbstsicherheit der sinnlichen Selbstwahrnehmung ad absurdum führt: „Vortrefflich! – Als ob ich nicht ein Mensch wäre, der des Nachts zu schlafen pflegt, und dem dann genau dieselben, ja bisweilen noch weniger wahrscheinliche Dinge im Traume begegnen, wie jenen (den Wahnsinnigen, Anm.HR) im Wachen!" (*Meditationes* [S. 10])

Die sicherlich auf Bedenken stoßende Behauptung „so sehe ich ganz klar, daß niemals Wachen und Traum nach sicheren Kennzeichen unterschieden werden können" (*Meditationes* [S. 10]), erscheint begründet einmal durch das Phänomen des Traumes vom Träumen[3]; zu bedenken ist ferner, daß Descartes nicht die Differenz zwischen Wachen und Traum leugnet, sondern ein unbezweifelbar sicheres Unterscheidungsmerkmal einfordert und vermißt.[4] Auch hier gilt, daß die Meditationen nicht obenhin durchgelesen werden können, sondern einen aufmerksamen und von den Vorurteilen der Sinne wirklich freien Leser voraussetzen.

Aber selbst das Traumargument ist für Descartes kein Anlaß, sich von der Suche nach den Gründen eines allgemein gültigen Wissensbegriffs zugunsten intellektueller Introspektion zu dispensieren; im Gegenteil liefert gerade ein so subjektives Medium wie die Traumwelt den Beweis für die nach wie vor unbezweifelbare Gültigkeit tiefliegender Strukturen, deren verbindliche Natur damit schlagend dargetan wird. Auch bei diesem Schritt verknüpft Descartes die Prä-

[3] Reflektiere ich z.B. träumend darauf, daß ich das gerade Geträumte, etwa einen wiederkehrenden Alptraum, schon öfter geträumt habe, nun aber entsetzt zu konstatieren träume, daß er jetzt nicht Traum, sondern Wirklichkeit sei, so verstärkt sich die Gewißheit der Realität des Geträumten gerade dadurch noch einmal, eben weil die Differenz zwischen Traum und Wirklichkeit scheinbar eingezogen wird. Descartes ist sich durchaus der Schwierigkeiten bewußt, die er hier heraufbeschwört, so z.B. die Unaussprechlichkeit des Typischen am Traum durch das wache Bewußtsein im Nachhinein; ferner wird deutlich, wie hoch reflektiert der scheinbar einfache Gedankengang gerade im Hinblick auf die Selbstbezüglichkeit des meditativ entsprungenen Textes ist, wenn er anmerkt, „so daß ich ganz betroffen bin, und diese Betroffenheit selbst mich beinahe in der Meinung bestärkt, daß ich träume." (*Meditationes* [S. 10])

[4] In der VI. Meditation, wenn der methodische Wahrheitsbegriff des clare et distincte perceptum durch die V. Meditation gesichert ist, kann die befremdliche Unmöglichkeit einer sicheren Unterscheidung zwischen Wachen und Traum ausgeräumt werden, und zwar eben durch die dem Traum fehlende Klarheit und Deutlichkeit des wachen Bewußtseins (vgl. *Meditationes*[S. 3]). Hier, zu Beginn der *Meditationes*, ist dies nicht möglich.

zisierung des radikalen zum bestimmten Zweifel durch Artikulierung eines exoterischen Gegeneinwandes nach dem methodischen Modell des Zweifels am Zweifel: „Sei es denn, wir träumen ... so muß man fürwahr doch gestehen, das während des Schlafes Geschaute verhalte sich gleichsam wie gemalte Bilder, die nur nach dem Muster wahrer Dinge sich abmalen konnten, daß also wenigstens dies Allgemeine: Augen, Haupt, Hände und überhaupt der ganze Körper als nicht eingebildete, sondern wirkliche Dinge existieren ... in gleicher Weise muß man, wenn sogar dieses Allgemeine: Augen, Haupt, Hände und dergleichen nur in der Einbildung vorhanden sein könnte, doch notwendig gestehen, daß wenigstens gewisse andere, noch einfachere und allgemeinere Dinge (magis simplicia et universalia vera esse) wirklich vorhanden sind" (*Meditationes* [S. 10,11]).

Diese allgemeinen Formen, die selbst den Unterschied zwischen Subjektivität und Objektivität übersteigen und deshalb sich allem Zweifel zu entziehen scheinen, erscheinen dem Mathematiker Descartes in den quantitativen Bestimmungen von Raum und Zeit beheimatet, so daß der Wissensbegriff sich als der der mathematischen Wissenschaften zu entpuppen scheint; selbst wenn man angesichts der zweifelhaften Existenz der Körper, auf die die angewandte Mathematik in Gestalt insbesondere der Physik und Astronomie zielt, auch diese Wissensbereiche angesichts des absoluten Zweifels zur Disposition stellt, bleiben doch immer noch die „Arithmetik, die Geometrie und andere Wissenschaften dieser Art, die nur von den allereinfachsten und allgemeinsten Gegenständen handeln und sich wenig darum kümmern, ob diese in der Wirklichkeit vorhanden sind oder nicht (und) etwas von zweifelloser Gewißheit enthalten." (*Meditationes* [S. 12])

Damit ist die Meditation an einer Grenze angelangt: scheint doch der präzisierende Zweifel am absoluten Zweifel, vorgetragen in Gestalt eines plausiblen Einwandes durch Descartes selbst, eine Grenze anzuzeigen, jenseits derer die Fortsetzung des Zweifels zu einer metaphysischen Schrulle zu werden droht. Das *genius - malignus* - Argument, mit dem Descartes den Zweifel auf die Spitze treibt, in der selbst die Mathematik und unausgesprochen auch das lumen naturale sich als nicht zweifelsresistent erweisen, ist deshalb zu prüfen daraufhin, ob sich ihm gegenüber nicht, wie auch beim Wahnsinnsargument, begründete Zweifel vortragen lassen:

Descartes selbst verweist vorsichtig auf die Möglichkeit, daß die vetus opinio eines gütigen und wahrheitsliebenden Gottes vielleicht ein schwer ausrottbares, weil früh eingepflanztes Vorurteil sei, das im Glauben an die Wahrheit der Mathematik wegen ihrer unbezweifelbaren Evidenz nachwirke, daß also die ontotheologische Wurzel des wissenschaftlichen Wahrheitsbegriffs u.U. gerade diejenigen in ihrer Gewalt behält, die sich im Bewußtsein ihrer nachmetaphysischen Wissenschaftlichkeit solcher Zweifel meinen entschlagen zu können. Es ist ja schließlich gleichgültig, ob man es wie Descartes theologisch-metaphysisch oder wie Nietzsche positivismuskritisch formuliert, nämlich daß uns Gott oder die Natur vielleicht aus Gründen der Überlebenschancen so eingerichtet habe, daß wir uns eben dann irren, wenn wir der Gewißheit sind, eine unbezweifelbare Erkenntnis gewonnen zu haben.[5]

Daß Descartes dabei auch und gerade an die mathematische Evidenz dachte, geht aus der Antwort auf die Einwände Mersennes hervor: „Daß aber »ein Atheist klar erkennen kann, daß die drei Winkel eines Dreiecks gleich zwei Rechten sind«, das leugne ich nicht, aber ich behaupte nur, daß diese seine Erkenntnis nicht ein wahres Wissen ist, weil doch wohl keine Erkenntnis, die zweifelhaft gemacht werden kann, ein Wissen genannt werden darf." (*Meditationes* [S. 190])

Es ist demnach gerade das Festhalten Descartes' am begründeten und exoterischen, weil im Sinne des Adäquationsbegriffs wahren Erkenntnisbegriff, das hinter dem letzten und nun nicht mehr unmittelbar zu relativierenden Zweifelsargument steht.

Der letzte Zweifel, der absolute als Zweifel am Absoluten selbst, erscheint mir als ein plausibler Selbsteinwand, der frei vom bloßen Pathos des Absoluten einen bestimmten Zweifel vorträgt, an dem zuerst einmal alle Evidenz scheitert bzw. zu einem möglicherweise nur subjektiven Empfinden herabsinkt, so daß die Frage der ersten *Meditatio*, woran gezweifelt werden könne, beantwortet werden muß mit „an allem": „Auf diese Gründe habe ich schlechterdings keine Antwort, und so sehe ich mich endlich gezwungen, zuzugestehen, daß an allem, was ich früher für wahr hielt, zu zweifeln möglich ist und das nicht aus Unbesonnenheit oder Leichtsinn, sondern aus triftigen und wohlerwogenen Gründen" (*Meditationes* [S. 13f.]).

Die auf einen Schlag unmögliche Beantwortung der Frage nach der Reichweite des Zweifels konnte nur deshalb geleistet werden, weil der radikale, absolute Zweifel konkretisiert wurde durch die ihn präzisierenden Selbsteinwände bzw. Selbstzweifel zu einer Stufenfolge, in der die Erkenntnishierarchie immanent aus der Selbstanwendung des Zweifels resultiert. Der meditativ-disziplinarische Aspekt der *Meditationes* tritt dann am Schluß der ersten Meditation in sein Recht, wenn Descartes ausdrücklich darauf verweist, daß es bei dem bloßen Konstatieren der unbegrenzten Zweifelsmöglichkeit nicht sein Bewenden haben darf, sondern daß ich diese irritierende Einsicht habitualisieren muß, um aus dem Übergewicht der nach wie vor wirkenden Vorurteile ein Gleichgewicht, also eine Isosthenie werden zu lassen, die mir ein freies Urteil, zumindest eine freie Urteilsenthaltung ermöglicht, so „daß keine verkehrte Gewohnheit in Zukunft mein Urteil von der wahren Erkenntnis der Dinge abwendet." (*Meditationes* [S. 15])

Wie weit Descartes den wahrhaft absoluten, nämlich sich auf sich, den Zweifelnden selbst gerichteten Zweifel treibt, zeigt der Schlußsatz, der das

[5] Vgl. Nietzsches Aphorismus aus der *Fröhlichen Wissenschaft* Nr.265: „Letzte Skepsis. – Was sind denn zuletzt die Wahrheiten des Menschen? – Es sind die unwiderlegbaren Irrtümer des Menschen."

Traumargument aufnehmend, Descartes' Sorge eingestehen läßt, in den Schlaf der alten Meinungen zurückzusinken und sich vor dem Erwachen im und durch den Zweifel zu fürchten; insgesamt wird hier, in der ersten Meditation, nicht nur nicht dogmatisiert, sondern Zweifel und Meditation gehen eine bis dahin unerhörte, auch von der Skepsis nicht übertroffene Reflexionshöhe und Dichte der gegenseitigen Verknüpfung ein.

Angesichts der naheliegenden Frage nach dem Fortgang der Meditationen trotz der aporetischen Situation, die Descartes im Bild des Strudels, der weder den festen Grund (der Sinne) noch die rettende Oberfläche (des Denkens) erreichbar erscheinen läßt, – angesichts gerade der Aufgabe einer Begründung des Wissensbegriffs, der durch die erste Meditation aller Glaubwürdigkeit verlustig zu gehen droht, blieben Descartes folgende Auswege:

Erstens hätte eine Widerlegung des *genius - malignus* - Arguments durch einen Gottesbeweis den absoluten Zweifel relativiert und immerhin den mathematischen Gewißheiten wieder ihre vorherige Evidenz verschaffen können; zu einem solchen Beweis fehlen aber gerade wegen der ersten Meditation alle Voraussetzungen, weshalb er zumindest hier fehl am Platz ist, jedoch in der dritten Meditation gewissermaßen nachgeholt wird.

Zweitens wäre der Verzicht auf einen a primis fundamentis begründeten Wissensbegriff und die skeptische Resignation mit einer provisorischen Ethik nach der im Praktischen (*Discours* [S. 24]) nunmehr auch im Theoretischen eine denkbare, wenn auch Descartes wenig befriedigende Lösung gewesen: „Was also bleibt Wahres übrig? Vielleicht nur dies Eine, daß es nichts Gewisses gibt." (*Meditationes* [S. 17]) Descartes jedoch hält fest an der Suche wenigstens nach dem archimedischen Punkt, der zur Not ein breites Fundament im Hinblick auf seine Unverrückbarkeit ersetzen kann. Drittens endlich lag die Versuchung einer meditativen Versenkung in sich selbst mit der Hoffnung auf Gewinnung eben nur esoterisch zugänglicher Erkenntnisse nahe.

Der verzweifelt anmutende Ausweg, den Descartes fand, und der auf immer mit seinem Namen verbunden sein wird, war der der Selbstaufhebung des absoluten Zweifels zur Evidenz und Selbstgewißheit des zweifelnden Ich und in der Folge zur Neubegründung der Intersubjektivität und Objektivität durch das denkbar weltlose und einsame ego als sich gegebenes Subjekt des Zweifels. Eine esoterischere Begründung des Exoterischen überhaupt scheint nicht denkbar zu sein. Die dann geforderte und auch unverzichtbare Bestimmung des ego ist dann der weniger spektakuläre, vielleicht jedoch noch schwierigere Schritt für den Methodiker Descartes. Doch gehen wir schrittweise vor:

Angesichts der populären Version „ego cogito, ergo sum", wie sie sich im *Discours* und in den *Principia* findet, ist als Vorklärung deutlich zu machen, warum man sich nicht mit dem schlichten „ego ambulo, ergo existo" oder einem ähnlichen Beispiel begnügen kann. Erinnern wir uns an den ersten Selbsteinwand in der ersten Meditation, wo die scheinbar unbezweifelbare Evidenz der empirischen Selbstwahrnehmung gegen den Zweifel an der sinnlichen

Wahrnehmung überhaupt ins Feld geführt wurde; dies gilt auch hier: Ob ich spazieren gehe oder nur glaube, es zu tun, weil ich es vielleicht nur träume, dies ist angesichts der Dominanz des Traumarguments gegenüber dem Wahnsinnsargument nicht unzweifelhaft. Deshalb führt Descartes das *ego - ambulo* - Beispiel auch nie affirmativ an, sondern rekurriert unmittelbar vor der Selbstaufhebung des absoluten Zweifels noch einmal auf das *genius - malignus* - Argument, weil gerade dadurch die Pointe erst zwingend herauskommt:

„Aber da ist, ich weiß nicht was für ein höchst mächtiger, höchst verschlagener Betrüger, der mich immerzu mit Absicht täuscht; also bin ich ohne Zweifel auch ich, wenn er mich täuscht, und er täusche mich, so sehr er kann, dennoch wird er niemals zustande bringen, daß ich nichts sei, solange ich denken werde, daß ich etwas sei; so daß, nachdem alles mehr als genug erwogen worden ist, endlich festgestellt werden muß, daß mir dieser oberste Grundsatz (*pronunciatum* ist seit Cicero als Übersetzung des griechischen ἀξίωμα geläufig): »Ich bin, ich existiere«, sooft er von mir vorgebracht oder im Geiste ergriffen wird, unausweichlich wahr ist." (*Meditationes* [S. 18])

Gegenüber der bekannteren Version fehlt also der Schritt vom Denken zur Existenz sowohl inhaltlich als auch darstellungsmäßig: Nicht nur hütet sich Descartes vor dem ergo der populären Version, er schließt auch nicht vom Denken auf das Sein des Denkenden, sondern spricht lediglich die unmittelbare Selbstgewißheit der Existenz des auf sich selbst reflektierenden ego aus, ausdrücklich den Aktcharakter in der Wendung „quoties a me profertur" wahrend. Wie aus der Antwort auf Mersennes Einwände hervorgeht, entspricht dies dem Selbstverständnis Descartes':

„Wenn jemand sagt: »ich denke, also bin ich, oder existiere ich«, so leitet er nicht die Existenz aus dem Denken durch einen Syllogismus ab, sondern erkennt etwas »durch sich selbst Bekanntes« durch einen einfachen Einblick des Geistes (mentis intuitus) an, wie sich daraus ergibt, daß, wenn er sie durch einen Syllogismus ableiten sollte, man vorher den Obersatz erkannt haben müßte: »Alles, was denkt, ist oder existiert«, während man vielmehr diesen erst daraus gewinnt, daß man bei sich erfährt, es sei unmöglich, zu denken, ohne zu existieren." (*Meditationes* [S. 189])

Es scheint, Descartes kennt den fünften Tropos des Sextus Empiricus, auch wenn er ihn nicht gelesen haben sollte; wenn die Selbsterkenntnis des ego weder Schlußsatz einer Deduktion noch Selbstwahrnehmung ist der Art, daß einzelne Attribute diskursiv unter einen zuvor gegebenen Begriff gebracht werden, bleibt Descartes terminologisch nur die einfache Selbsterfassung durch die Intuition, um das originäre und beispiellose Faktum der Reflexivität des ego, sofern es sich selbst als denkend erfaßt, halbwegs angemessen auszudrücken.

Abgesehen von der distanzierenden Abhebung der Fassung der *Meditationes* bleibt Descartes angesichts der naheliegenden exoterischen Frage nach dem Grad der Verbesserung eine wirklich überzeugende Antwort schuldig, denn die Berufung auf das durch sich selbst Bekannte, auf die alten ideae per se notae, die schon von Sextus im vierten Tropos als zirkulär entkräftet wurde, ist unbefriedigend, aber auch das Herbeizitieren des mentis intuitus, der als deus ex machina auftaucht wie bei Aristoteles der νοῦς, der herhalten muß, wenn die Frage nach den ersten Prämissen sich als aporetisch erweist. Daß die populäre Fassung schon deshalb Descartes nicht befriedigen konnte, erhellt aus ihrer Schwäche gegenüber dem *genius - malignus* - Argument; sie setzt ja neben der von Descartes selbst genannten, aber so nur zirkulär zu erschleichenden Prämisse „omne, quod cogitat, existit" die Geltung der Schlußlogik voraus, die unmittelbar jedoch wehrlos ist gegen das stärkste Zweifelsargument.

Die exoterische Frage bzw. die Frage nach der Bedeutung der Zweifellosigkeit des *ego cogito - ego existo* - Prinzips für den exoterischen Wissensbegriff fördert eine weitere Schwierigkeit zutage; Descartes[6] kann eigentlich weder der Frage nach der inhaltlichen Natur des ego cogitans noch der nach dem Schritt zu den anderen egos, also der Frage nach der Intersubjektivität, die ja schließlich für die Objektivität nicht ohne Bedeutung ist, ausweichen; das ego droht, sich zum bloßen Zeichen ohne Bedeutung zu reduzieren. Die Frage nach der Intersubjektivität beantwortet Descartes auf dem Weg über die Gottesbeweise, so daß wir hier auf sie verzichten müssen. Die Bestimmung der Natur des ego jedoch als Aufgabe der zweiten Meditation meldet sich schon in deren Überschrift, die ja nicht, wie eigentlich als Pendant zur ersten Meditation zu erwarten gewesen wäre, lautet: „Woran nicht gezweifelt werden kann", sondern „Über die Natur des menschlichen Geistes; daß er leichter erkennbar ist als der Körper"!

Die Erschleichung und Hypostasierung des Gedankens, daß das ego nur ist, insofern es auf sich reflektiert, und zwar so, daß Descartes selbst einräumt „Wie lange aber bin ich? Nun, so lange, als ich denke. Denn es wäre vielleicht möglich, daß ich, wenn ich gänzlich aufhörte zu denken, alsbald auch aufhörte zu sein. (*Meditationes* [S. 21]), – die Subreption also des nur in actu gewissen *ego cogito sum* zur substantia bzw. res cogitans (*Meditationes* [S. 21]) offenbart die ganze Schwierigkeit, in der sich Descartes befindet. Nicht nur würde ein Insistieren auf der bloßen Reflexionsnatur des seiner im Vollzug der Reflexion evidenten ego ein fruchtloses Unterfangen sein, ein kritisches Vermeiden der Subreption des ego zur res cogitans führte zu einer noch schwierigeren Kollision: Als Relationsgefüge und Reflexionsstruktur könnte das ego cogitans nicht klar und distinkt für sich bestimmt werden; die klare und deutliche Trennung des Geistes vom Körper ist aber das thema probandum der zweiten Meditation. Hier liegt also der Grund für das scheinbar plump exoterische Vorgehen Descartes', nämlich die Hypostasierung des ego sum, quoties a me profertur, zur res cogitans.

Die durch das methodische Konzept bedingte crux besteht in der Ein-

[6] Husserl meinte, in den *Cartesianischen Meditationen* der Forderung nach der Bestimmung des ego und gleichzeitig dem Solipsismusproblem ausweichen zu können; siehe hierzu H. *Röttges, Evidenz und Solipsismus in Husserls Cartesianischen Meditationen*, 1971.

schränkung der zweifellosen Evidenz auf das reine ego als denkendes Subjekt der Reflexion; eine von Descartes zunächst nahegelegte schrittweise Erweiterung dieser unbezweifelbaren Gewißheit über die Einbildungskraft auf die Wahrnehmung, ein solches Vorgehen, das, wäre es möglich, den Umweg über die Gottesbeweise ersparen und sogleich zur VI. Meditation führen würde, verbietet sich wegen der gerade genannten Notwendigkeit einer klaren und deutlichen Unterscheidung der res cogitans von den res extensae; diese erklärt sich wiederum nicht nur aus dem cartesianischen Dualismus, sondern aus der Aufgabe einer Bestimmung der res cogitans selbst.[7] Nun könnte die Einbildungskraft, wie dies später bei Kant, Hegel und Heidegger dann auch geschah, gerade als Heilmittel gegen den Seele-Leib Dualismus dankbar begrüßt werden, wenn nicht Descartes seine ganze Bemühung darauf richten würde, sie aus dem inneren Kreis seiner erkenntnistheoretischen und methodischen Überlegungen zu verbannen, eben wegen ihrer die klare und deutliche Unterscheidung „aufhebenden", d.h. verwischenden Natur:

„Ich erkenne daher, daß nichts von dem allen, was ich mit Hilfe der Einbildungskraft erfassen kann, Bezug hat auf die Kenntnis, die ich von meinem Ich habe, daß ich vielmehr meinen Geist auf das sorgfältigste hiervon abwenden muß, wenn ich mir seine Natur recht deutlich zum Bewußtsein bringen will." (*Meditationes* [S. 23])

Ohne diesen Hintergrund ist die Bedeutung und der Stellenwert des Wachsbeispiels nicht zu verstehen.

Dieses demonstriert zwar die Abhängigkeit der Identität jeder res extensa vom Denken, der Umkehrschluß auf die Substanzialität des zum bloßen Zeichen reduzierten ego jedoch ist nicht zwingend. Die Gottesbeweise, weit entfernt, eine theologische Konzession zu sein, sind also nicht zu umgehen, soll das *genius - malignus* - Argument nicht im Nachhinein zusammen mit der Unmöglichkeit einer klaren und deutlichen Erkenntnis der Bedeutung des ego dessen wissenschaftstheoretische und ontologische Begründungsfunktion als das neue Absolutum ad absurdum führen. Auch und gerade hier hängt alles an der Unterscheidung des Denkens von der Einbildungskraft, was ich an der cartesianischen Präzisierung des argumentum Anselmi zeigen will.

Die Überschrift der fünften Meditation legt zusammen mit der ersten Hälfte der sechsten dem mit der parmenideischen Tradition Vertrauten die onto-theologische Grundstruktur der auch den Meditationen zugrunde liegenden Philosophie überhaupt frei: Die V. Meditation handelt vom *Wesen* der materiellen Dinge und vom *Dasein* Gottes, die VI. Meditation dann vom *Dasein* der materiellen Dinge; damit wird der Grundgedanke der alten Ontologie ausgesprochen, erstens daß das Wesen und das Sein der endlichen Dinge von einander

[7] Ich erinnere noch einmal an die zweite Hälfte der Überschrift dieser Meditation: „Daß der menschliche Geist leichter erkennbar ist als der Körper"; die unzweideutig klare und distinkte Unterscheidung von Geist und Körper ist sowohl gnoseologischer wie realer Natur, bzw. beides ist untrennbar.

getrennt sind im Unterschied zu Gott, bei dem Wesen und Dasein identisch sind, und zweitens daß nur auf Grund dieser alles Seiende tragenden Einheit das Wesen und das Sein der Dinge verknüpft werden können; Gott als Einheit von Wesen und Sein schließt das Wesen und das Sein der endlichen Dinge zusammen, so daß erst nach der Durchführung des ontologischen Arguments, in dessen Mittelpunkt diese Einheit steht, sinnvoll vom Dasein der Dinge, bei denen Wesen und Sein getrennt sind, was auch für das wirkliche ego gilt, gesprochen werden kann; es ist dies der alte und vielleicht einzige Gedanke, den die Philosophie in immer neuen Variationen vorträgt, daß nämlich „dasselbe ist das Denken und das Sein", ein Gedanke, der im Zentrum der V. Meditation als der ontologische Beweis wiederkehrt, allerdings, wie sich zeigen wird, in einer für die Beweiskraft entscheidenden Präzisierung durch den methodischen Wahrheitsbegriff des clare et distincte perceptum.

Descartes beginnt vorsichtig mit der Frage nach der Klarheit und Deutlichkeit innerhalb der Ideen, um sich die mühsam gewonnene Gewißheit nicht rauben zu lassen; da bleiben Ausdehnung, Größe Gestalt, Lage, Ortsbewegung, – die Evidenz der Mathematik meldet sich wieder zu Wort. Wie in der ersten Meditation scheint die auf die reine Wesenheit sich beschränkende Mathematik gegenüber den auf das Sein zielenden Zweifeln immun zu sein: „Wenn ich mir z.B. ein Dreieck vorstelle, so mag vielleicht eine solche Figur nirgend in der Welt außer meinem Bewußtsein existieren, noch je existiert haben, dennoch hat sie fürwahr eine bestimmte Natur oder Wesenheit oder Form, die unveränderlich und ewig ist, die weder von mir ausgedacht ist, noch von meinem Geiste abhängt." (*Meditationes* [S. 76 f.])

Wenn er nun einen Schritt weiter zu gehen scheint dadurch, daß er von dem als wahr, d.h. als klar und deutlich Erkennten behauptet, es sei auch *etwas* (aliquid) (*Meditationes* [S. 78]), wobei die Betonung auf dem „*es sei*" liegt, so könnte man vermuten, er tue nun den letzten Schritt vom methodischen Wahrheitsbegriff des clare et distincte perceptum, der alle früheren Zweifel ausräumt, zum Sein der materiellen, ausgedehnten Dinge.

Dem ist *nicht* so: Statt dessen trägt er nunmehr einen weiteren Beweis für das Dasein Gottes vor (*Meditationes* [S. 78ff.]); dies ist m.E. kein metaphysischer Spleen, sonder im Gegenteil die einzige Möglichkeit, von dem auf die bloße Wesenheit beschränkten Wahrheitsbegriff des clare et distincte perceptum zum ontologischen Adäquationsbegriff der Wahrheit, der zugleich die zentrale exoterische Intention des Wissens erfüllt, zu gelangen und damit die Meditationen fortführen bzw. abschließen zu können.

Der Beweisgrund allein ist wiederum, wie in der III. Meditation der des kosmologischen Arguments, denkbar einfach: Die Übertragung der Zweifellosigkeit des klar und deutlich Erfaßten, was seine Wesenheit betrifft, auf Gott macht schlagartig klar, daß Gott existieren muß, da zu *seinem* Wesen, im Unterschied zu dem der endlichen Dinge, das Sein gehört[8]: Zum Wesen des voll-

[8] Ohne ihn beim Namen zu nennen, nimmt Descartes hier das berühmte argumentum Anselmi

kommen Seienden gehört, daß es existiert, da ein bloß als vollkommen *vorgestelltes* Wesen, dessen Sein zweifelhaft ist, unvollkommener ist als das wirklich existierende Vollkommene, dem nichts abgeht im Unterschied zum deshalb unvollkommenen, weil nur vorgestellten Vollkommenen. Anselm hat das Argument im Kontext des Adäquationsbegriffs der Wahrheit, der von der unmittelbaren Einheit des Denkens und des Seins überhaupt ausging, vorgetragen; für uns stellt sich die Frage, wie weit der methodische Wahrheitsbegriff des Descartes die selbst von den Theologen, die wie Thomas v. A. das ontologische Argument zugunsten des kosmologischen verwarfen, eingeräumten Schwächen das argumentum Anselmi aufhebt.

Zuerst einmal gesteht Descartes „einen gewissen sophistischen Anschein ein" (*Meditationes* [S. 79]), der nach seinem Dafürhalten daher rührt, daß wir, von den endlichen Dingen her gewohnt, Wesen und Sein zu trennen, dies auch bei Gott tun und damit schon den alles entscheidenden Fehler begangen haben, da sich bei Gott Sein und Wesen nicht getrennt denken lassen; dagegen erhebt sich der exoterische Einwand, daß dies doch offensichtlich bei allen Gegnern des argumentum Anselmi de facto aber geschieht, so daß gelten würde: contra factum non valet argumentum (Anselmi). Und hier bewährt sich nun der methodische Wahrheitsbegriff des verum = clare et distincte perceptum: Descartes greift geschickt gerade auf mathematische Vergleiche zurück: Zuerst macht er deutlich, daß die Wesenheit des Dreiecks, nämlich seine Winkelsumme von 180°, so unbezweifelbar ist wie die Korrespondenz von Berg und Tal; ob es jedoch überhaupt ein Dreieck oder einen Berg gibt, ist ungewiß; gibt es aber ein Dreieck, so hat es die Winkelsumme von 180°, sowie es ein Tal gibt, wenn es einen Berg gibt. Unklarheit und Undeutlichkeit des Vorstellens, zu der mich die Unendlichkeit meines Willens befähigt, wie die IV. Meditation zeigte, ermöglichen es mir, nun den Fehler zu begehen, analog zu folgern, wenn es Gott gibt, so ist er vollkommen, aber ob es ihn gibt, ist zweifelhaft. Nein: So wie die Winkelsumme von 180° zur Wesenheit des Dreiecks gehört, so gehört zur Wesenheit des Vollkommenen schon das Dasein, nicht erst wird es nach der Bestimmung seiner einzelnen Attribute als möglich hinzugesetzt:

„Achte ich indessen sorgfältiger darauf, so wird es offenbar, daß sich das Dasein von der Wesenheit Gottes ebensowenig trennen läßt, wie von der Wesenheit des Dreiecks, daß die Größe seiner Winkel zwei rechte beträgt, oder

aus dem *Proslogion* (1077/78) auf: „So wird also auch der Tor überführt, daß wenigstens im Verstande etwas ist, über dem nichts Größeres gedacht werden kann, weil er das versteht, wenn er es hört, und was immer verstanden wird, ist im Verstande. Und sicherlich kann »das, über dem Größeres nicht gedacht werden kann«, nicht im Verstande allein sein. Denn wenn es wenigstens im Verstande allein ist, kann gedacht werden, daß es auch in Wirklichkeit existiere – was größer ist. Wenn also »das, über dem Größeres nicht gedacht werden kann«, im Verstand allein ist, so ist eben »das, über dem Größeres nicht gedacht werden kann«, (gleich dem,) über dem Größeres gedacht werden kann (Si ergo id quo maius cogitari non potest, est in solo intellectu: id ipsum quo maius cogitari non potest, est quo maius cogitari potest). Das aber kann gewiß nicht sein. Es existiert also ohne Zweifel »etwas, über dem Größeres nicht gedacht werden kann«, sowohl im Verstande als auch in der Wirklichkeit." (capitulum II, opera omnia pag. 102)

von der Idee des Berges die Idee des Tales. Es widerstreitet daher ebensosehr, sich einen Gott, d.h. ein höchst vollkommenes Wesen zu denken, dem das Dasein mangele, d.h. dem eine gewisse Vollkommenheit mangele, als einen Berg zu denken ohne Tal." (*Meditationes* [S. 79f.])

Es wird jetzt sicherlich deutlich, weshalb Descartes Meditationen verfaßte; wie sehr alles darauf ankommt, daß wir klar und deutlich denken, läßt sich analog zu dem Fehler des „ego ambulo, ergo existo", der auf dem Übersehen der Zweifelhaftigkeit des in der Selbstwahrnehmung Gegebenen beruht, exemplarisch an dem Argument des Gaunilo zeigen, der meinte, Anselm dadurch widerlegt zu haben, daß er behauptete, dann gäbe es auch eine vollkommene Insel, da ich sie mir ja auch vorstellen könne. Dies ist schlichtweg Unsinn: Noch nie hat sich ein Mensch eine vollkommene Insel klar und deutlich denken können; man kann zwar meinen, es ließe sich eine vollkommene Insel imaginieren, doch in Wahrheit ist dies unmöglich, so unmöglich, wie ich zweifelsfrei ein Tausendeck imaginieren kann; es läßt sich wohl in Gestalt seiner mathematischen Formel klar und deutlich denken. Weder Größe, Gestalt, Bewuchs, Durchschnittstemperatur etc. lassen sich objektiv und exoterisch gültig angeben, wenn ich frage, wie eine vollkommene Insel beschaffen sein solle, weshalb Descartes präzisieren kann:

„Es steht mir nicht frei, Gott ohne Dasein – d.h. das vollkommenste Wesen ohne die ganze Vollkommenheit – zu denken, wie es mir freisteht, mir ein Pferd mit oder ohne Flügel vorzustellen." (*Meditationes* [S. 81])

Die Beliebigkeit, einen Pegasus zu imaginieren, gilt nicht für die Vorstellung, sich ein vollkommenes Pferd klar und deutlich zu denken; hier bleibe ich bei der sprachlich artikulierten Versicherung stehen, dies mir vorstellen zu können; man sollte dies jedoch nicht „denken" nennen.

Die Situation ist für uns dennoch schwierig: Das argumentum Anselmi ist exoterisch, plausibel bis zur Trivialität; der Einwand des Sophistischen in der Variante des Gaunilo ist ebenfalls trivial, jedoch nicht exoterisch, da er eben nicht allgemeingültig gedacht werden kann. Nun sind es die undeutlichen Relikte des Adäquationsbegriffs der Wahrheit, die Descartes in Schwierigkeiten bringen könnten; die Vorstellung von der Idee als einer nur dem Bewußtsein angehörenden Vorstellung, die ihn schon in der III. Meditation die Einwände gegen das kosmologische Argument mit der Ausflucht in wenig plausible Distinktionen beantworten ließ, könnte sich jetzt gegen ihn kehren: In einer Vorwegnahme der Kantischen Kritik des ontologischen Arguments „Sein ist offenbar kein reales Prädikat"[9], könnte man einwenden, zweifellos gehöre zur Idee des Vollkommenen qua subjektiver Vorstellung die Idee der Existenz qua subjektiver Vorstellung, aber damit sei die wirkliche, von unseren Ideen unabhängige Existenz dieses vollkommenen Wesens nicht erwiesen, mit Kant zu reden:

[9] KrV A 598; wenn Kant lakonisch argumentiert: „Hebe ich aber das Subjekt zusamt dem Prädikate auf, so entspringt kein Widerspruch" (KrV A 594), würde Descartes antworten, daß dies bei Gott eben nicht möglich sei, zumindest nicht als klarer und deutlicher Gedanke!

„Die unbedingte Notwendigkeit der Urteile aber ist nicht eine absolute Notwendigkeit der Sachen.“ (KrV A 593)

Dieses ebenfalls scheinbar plausible Argument läßt sich einmal mit dem Hinweis beantworten, daß zirkulär nach der Existenz der Einheit von Wesen und Existenz gefragt wird; zum anderen dürfte die Behauptung, Sein sei kein reales Prädikat, gerade dem vorphilosophischen Wissen nicht einleuchten, das, wiederum mit Kant, antworten würde, es sei doch ein ganz entscheidender Unterschied zwischen 100 vorgestellten und 100 existierenden Talern.

Entscheidend ist wohl die unklare Vorstellung des Descartes von der Idee: Als bloß subjektive Vorstellung ist sie offen gegenüber exoterischen wie esoterischen Einwänden; denke ich aber klar und deutlich die Einheit von Sein und Wesen in der Idee des Vollkommenen, dann bin ich nicht mehr in einer esoterisch-subjektiven Vorstellung befangen, sondern denke *die* exoterische Idee der wirklichen Einheit von Wesen und Existenz, die die Frage nach ihrem Korrelat in der Wirklichkeit als lächerlich erscheinen läßt. Diese klar und deutlich gedachte Einheit von Wesen und Existenz in der Idee des Vollkommenen ist die Voraussetzung alles Erkennens überhaupt, es ist mit einem Wort das exoterische Prinzip der Philosophie überhaupt, das aber als esoterisch schlechthin erscheint.

Stelle ich dagegen, wie dies bei Descartes in der dritten Meditation der Fall zu sein scheint, die Idee als bloß subjektive Vorstellung einer vor dem Hintergrund des Adäquationsbegriffs der Wahrheit eo ipso davon getrennten Welt an sich gegenüber, kann ich diesen großen Gedanken, den er ja auch in der V. Meditation erfaßt, nicht angemessen vortragen; erst die Präzisierung zum methodischen und exoterischen Wahrheitsbegriff des clare et distincte perceptum verhindert, daß ich mir Gott als bloße Wesenheit in mir vorstelle, um dann nach der externen Korrespondenz mit einem außerhalb von mir vorhandenen Existierenden zu suchen.

Der Zugang zu dem so einfach erscheinenden argumentum Anselmi ist allerdings, wenn man nicht bei der inhaltslosen Einheit von Wesen und Existenz, dem absoluten Prinzip überhaupt, als Prinzip stehen bleiben will, nur meditativ, durch die spekulative Versenkung in den reinen, von allen Bildern der Wahrnehmung und der Einbildungskraft freien Gedanken. Was ich dann denke, kommt dann vielleicht der Hegelschen Logik nahe, dürfte jedenfalls nicht Allgemeingut sein:

„Was aber Gott betrifft, so würde ich sicherlich nichts eher und leichter erkennen, als ihn, wenn nicht mein Geist durch Vorurteile verdunkelt würde und die Bilder der körperlichen Dinge mein Bewußtsein gänzlich einnähmen. Denn, – was ist an sich offenkundiger, als daß das höchste Sein ist, oder daß Gott, dem allein es zukommt, daß das Dasein zu seinem Wesen gehört, also existiert?“ (*Meditationes* [S. 84])

Das Prinzip jedoch hat Descartes erfaßt, „daß die Gewißheit aller übrigen Dinge gerade hiervon (von der Erkenntnis Gottes, Anm. H.R.) so durchaus abhängt, daß man ohne das niemals irgend etwas vollkommen wissen kann." (loc.cit.)

Die größte Schwierigkeit der Umsetzung in den exoterischen Wissensbegriff macht die nur meditativ zu meisternde Schwierigkeit der Habitualisierung dieser Erkenntnis, da eben mit der Zuwendung zu den materiellen Dingen die Vorurteile, die sich im früheren Umgang mit ihnen herausgebildet und eingeprägt haben, in ihrer ganzen Kraft wiederkehren.

Immerhin eignet sich der methodische Wahrheitsbegriff zu der eine Habitualisierung fördernden Reproduzierbarkeit im Denken, wodurch die Gefahr des *genius - malignus* - Arguments, dem der Adäquationsbegriff unmittelbar nicht gewachsen ist, gebannt werden kann.[10]

Aus dem Strudel des Zweifels und des *genius - malignus* - Arguments auftauchend sieht Descartes klar, daß nun, aber nur durch die Erkenntnis des Vollkommenen, in dem Denken und Sein, Zeichen und Bedeutung klar und deutlich als ein und dasselbe erkennbar sind, auch anderes Wissen rehabilitierbar und möglich ist.

[10] „Habe ich aber erst einmal eingesehen, daß ... alles, was ich klar und deutlich erfasse, notwendig wahr ist, so läßt sich ... kein Gegengrund beibringen, der mich zum Zweifel verleiten könnte, sondern ich besitze hiervon ein wahres und sicheres Wissen. Und das nicht nur hiervon, sondern auch von allem übrigen, das ich mich entsinne, früher einmal bewiesen zu haben, so von der Geometrie und dergleichen." (*Meditationes* [S. 86])

Ernst Behler

Die Konzeption der Individualität in der Frühromantik

> „Aber sich willkürlich bald in diese bald in jene Sphäre, wie in eine andre Welt, nicht bloß mit dem Verstande und der Einbildung, sondern mit ganzer Seele versetzen; bald auf diesen bald auf jenen Teil seines Wesens frei Verzicht tun, und sich auf einen andern ganz beschränken; jetzt in diesem, jetzt in jenem Individuum sein Ein und Alles suchen und finden, und alle übrigen absichtlich vergessen: das kann nur ein Geist, der gleichsam eine Mehrheit von Geistern, und ein ganzes System von Personen in sich enthält, und in dessen Innern das Universum, welches, wie man sagt, in jeder Monade keimen soll, ausgewachsen und reif geworden ist."
>
> (Friedrich Schlegel, Athenäum-Fragment 121.)

Ein wichtiger Grund für das starke Hervortreten der Individualität in der frühromantischen Theorie hat zweifellos in der Vorherrschaft des Rationalismus und der Dominanz einer allgemeinverbindlichen Vernunft bestanden, die in der subjekt-orientierten Philosophie der Moderne seit Descartes beobachtet werden kann. Die Auflehnung der Frühromantiker gegen die Privilegierung der Rationalität als dem hervorragendsten Merkmal des Menschen richtete sich auch tatsächlich mit Nachdruck gegen das System des Rationalismus, das in der europäischen Aufklärung vorherrschend war und auf der Annahme unveränderlicher Normen beruhte, die der menschlichen Vernunft voll zugänglich sein sollten.[1] In erster Linie war die frühromantische Betonung der Individualität jedoch auf die Statuierung einer allgemeingültigen und allgemeinverbindlichen Vernunft bezogen, die vom transzendentalen Idealismus ins Zentrum der

[1] Siehe Ernst *Behler, Premier romantisme comme crise des Lumières*, Revue germanique internationale 3 (1995), im Druck.

Philosophie gestellt worden war und vor allem den von Fichte unternommenen Selbstbegründungsversuchen der Philosophie rein aus sich selbst, d.h. rein aus der Vernunft, zugrundelagen.

In dieser Kritik am idealistischen Vernunftbegriff zeigt die Frühromantik eine große Verwandtschaft mit der Idealismuskritik von F.H. Jacobi, dessen großes Verdienst von Friedrich Schlegel darin erblickt wurde, daß er „die Lükken, die Folgen, den Unzusammenhang nicht bloß dieses oder jenes Systems, sondern auch der *herrschenden Denkart des Zeitalters* mit kritischem Geist, und mit der hinreißenden Beredsamheit des gerechten Unwillens aufgedeckt" hatte (KFSA 2, S. 71).[2] Schlegel bezieht sich dabei auf die Schriften Jacobis *Über die Lehre des Spinoza, in Briefen an Mendelssohn* (Breslau 1785) und *David Hume über den Glauben, oder Idealismus und Realismus* (Breslau 1787).[3] In diesen Schriften hatte Jacobi die für ihn zentrale These vertreten, daß das Vernunftsystem der reinen Wissenschaft notwendig zur Leugnung des Göttlichen führe, das somit eine andere Quelle als die der Vernunft, nämlich das in der Individualität des Menschen bestehende „Vermögen der Göttlichkeit",[4] das „Gefühl unsrer göttlichen, höheren Natur in uns" (KFSA 24, S. 55) haben müsse. In dem offenen Brief *Jacobi an Fichte* vom Herbst 1799 verschärfte Jacobi diese These im Hinblick auf die Transzendentalphilosophie und bestand darauf, daß das „wahrhafte Vernunft-System", in dem die „reine Vernunft allein, aus sich allein, soll alles herleiten können", notwendigerweise zum Atheismus und Nihilismus führe und einem „Strickstrumpf" vergleichbar sei, der aus einem einzigen Faden in seine Gestalt gebracht worden war, sich aber durch ein einfaches Ziehen an diesem Faden leicht wieder auflösen lasse.[5]

Tatsächlich hängt die Konzeption der Individualität in der Frühromantik mit der Kritik am verabsolutierten Vernunftbegriff des Idealismus eng zusammen und ist unlösbar davon. Wie Schlegels polemische Rezension *Jacobis Woldemar* von 1796 aber bereits zum Ausdruck bringt, hat diese Vernunftkritik in der Frühromantik einen anderen Ansatz als bei Jacobi und gelangt auch zu einem von diesem völlig verschiedenen Begriff von Individualität. Wie Schlegel es darstellt, trennt Jacobi „die Philosophie von der herabgesetzten Vernunft, und behauptet, Philosophie sei überhaupt nichts anders als was die seinige wirklich ist: der in Begriffe und Worte gebrachte Geist eines individuellen Le-

[2] *Kritische Friedrich Schlegel Ausgabe*. Herausgegeben von Ernst Behler unter Mitarbeit von Jean-Jacques Anstett, Hans Eichner und anderen Fachgelehrten (Paderborn 1958-). Im folgenden KFSA mit Band- und Seitenangaben im Text.

[3] *Friedrich Heinrich Jacobis Werke*, 6 Bde. (Leipzig 1812-1816), Bd. 2, S. 3 ff.

[4] Der Ausdruck »Vermögen der Göttlichkeit« stammt von Jacobi und findet sich z.B. in seinem Roman *Woldemar*. Neue verbesserte Ausgabe (Königsberg 1796), Bd. 2, S. 251.

[5] Der offene Brief *Jacobi an Fichte* (*Werke* 3, S. 3 ff.) findet sich auch in der Fichte-Ausgabe (siehe Anm.10) III/3, S. 224-281. Zum „Gleichnis des Strickstrumpfs" siehe S. 235-237 und *Aus F.H. Jacobis Nachlaß. Ungedruckte Briefe von und an Jacobi und andere*. Herausgegeben von Rudolf Zoeppritz (Leipzig 1869), Bd. 1, S. 200-201.

bens" (KFSA 2, S. 71). Der Ausgangspunkt der Philosophie Jacobis erweist sich damit für Schlegel nicht als ein „objektiver Imperativ", sondern als ein „individueller Optativ" (KFSA 2, S. 69). Jacobi besteht auf seiner „trotzigen Forderung, daß dies und jenes wahr sein soll" und sagt mit Shakespeares Romeo: „Hang up philosophy! Unless philosophy can make a Juliet" (KFSA 2, S. 70). Sein „logischer Enthusiasmus" (KFSA 2, S. 69)[6] geht darauf aus, „einen Lieblingswunsch zu befriedigen", die Erfahrung des Göttlichen, und um dies zu erreichen, wirft er die ihm dabei im Wege stehenden Prinzipien der Vernunft über den Haufen, d.h. er überschreitet ohne Scheu „die konstitutionellen Gesetze, denen sich jeder Denker durch die Tat (wie der Bürger durch den Eintritt in den Staat) unterwirft und unterwerfen muß" (KFSA 2, S. 71). Der „logische Enthusiasmus" der Frühromantik hat dagegen als „erste subjektive Bedingung alles echten Philosophierens" die Wahrheitsliebe um jeden Preis, d.h. „*Philosophie* im alten Sokratischen Sinne des Worts: *Wissenschaftsliebe*, uneigennütziges, reines Interesse an Erkenntnis und Wahrheit" (KFSA 2, S. 69). Der „Geist eines individuellen Lebens" beruht hier nicht auf der Verwerfung von Vernunft und Wissenschaft, sondern diese können durchaus die „Seele dieses Lebens" sein, ja der Geist desselben kann sogar wissenschaftlich genannt werden, „ohne jedoch darum eine Philosophie" sein zu müssen (KFSA 2, S. 71).

Schlegel reagiert hier gegen die absolute Verneinung der Vernunft durch Jacobi. Er bezieht die Vernunft in seine Konzeption der Individualität durchaus ein und sieht sie in Kooperation mit der Einbildungskraft, dem Verstand, dem Willen und anderen Kräften des menschlichen Geistes. Schon 1793 bezeichnete er die Vernunft in einer Auseinandersetzung mit seinem Bruder um den Vernunftbegriff, die in Jacobis Roman *Aus Eduard Allwills Papieren* (1796) ihren Ausgangspunkt hatte, als einen „Teil des Vorstellungsvermögens", dessen Zusammenhang mit diesem Vermögen zwar „nicht ganz leicht einzusehen, aber doch wahr" sei (KFSA 23, S. 143-44). Später, nach dem Erscheinen des offenen Briefes von *Jacobi an Fichte*, äußerte er sich schärfer zu diesem Thema und schrieb, den Standpunkt Jacobis polemisch resumierend, an Caroline: „Alle konsequente Philosophie führt zum Spinozismus – Spinozismus = Atheismus – Atheismus ist – Atheismus; – also die Augen zu und den Kopf unter" (KFSA 24, S. 283). Entsprechend zeigt sich die pluralistische Sehweise der geistigen Individualität des Menschen in der Kritik des Novalis an Fichtes verabsolutiertem Vernunftbegriff, der dessen Theorie des Ich zugrundeliegt. In den *Fichte-Studien* von 1797, die er unter dem Motto von „notwendigen Übungen meiner Denkkräfte" unternahm, suchte Novalis die „Tätigkeiten des Geistes" auf vielfältigere und umfassendere Weise als Fichte zu umschreiben und die dichterische Kraft im Gegensatz zur philosophischen zu bestimmen, überhaupt den Kreis der Fichteschen Vernunft zu sprengen, indem er die Wissenschaft durch

[6] »Logischer Enthusiasmus« ist eine Bezeichnung Jacobis, die Friedrich Schlegel sich in seiner Rezension zu eigen macht.

den Glauben, die Liebe, die Religion und die Einbildungskraft zu ergänzen suchte (NO 2, S. 224-81).[7]

I

Der enge Zusammenhang der frühromantischen Vernunftkritik mit der Thematik der Individualität zeigt sich auf programmatische Weise zu Anfang des *Gesprächs über die Poesie* aus dem letzten Band des *Athenäum* von 1800. In den Anfangsabschnitten dieses Textes heißt es: „Die Vernunft ist nur eine und in allen dieselbe: wie aber jeder Mensch seine eigne Natur hat und seine eigne Liebe, so trägt auch jeder seine eigne Poesie in sich. Die muß ihm bleiben und soll ihm bleiben, so gewiß er der ist, der er ist, so gewiß nur irgend etwas Ursprüngliches in ihm war; und keine Kritik kann und darf ihm sein eigenstes Wesen, seine innerste Kraft rauben, um ihn zu einem allgemeinen Bilde ohne Geist und ohne Sinn zu läutern und zu reinigen, wie die Toren sich bemühen, die nicht wissen was sie wollen" (KFSA 2, S. 284). Der hier als Poesie bezeichnete Raum ist die eigentliche Sphäre der Individualität des Menschen und diesem so zu eigen wie dessen „eigne Natur" oder dessen „eigne Liebe". Dabei handelt es sich selbstverständlich nicht um eine im spezifischen Sinne dichterische Eigenschaft, sondern um die ursprünglich schöpferische Kraft in der menschlichen Weltbegegnung, die August Wilhelm Schlegel in der Sprachformation zum Beispiel als ursprüngliche Poesie[8] und Schelling allgemein als die menschliche Einbildungskraft auf ihrer ersten Stufe[9] bezeichnet hatten. Schlegel fährt in diesen einleitenden Ausführungen seines *Gesprächs über die Poesie* mit der Feststellung fort, daß die „hohe Wissenschaft echter Kritik" den Menschen lehren solle, „wie er sich selbst bilden muß in sich selbst", d.h. in seiner eigenen Individualität, und daß er dabei insbesondere lernen müsse, auch „jede andre selbständige Gestalt der Poesie", d.h. von Individualität, „in ihrer klassi-

[7] *Novalis Schriften. Die Werke Friedrich von Hardenbergs*. Herausgegeben von Friedrich Samuel in Zusammenarbeit mit Hans-Joachim Mähl und Gerhard Schulz. 5 Bde. (Stuttgart 1960-1988). Im folgenden NO mit Band- und Seitenangaben im Text. Eine eindringliche Analyse dieser Fichte-Studien findet sich in Manfred *Frank, Einführung in die frühromantische Ästhetik* (Frankfurt 1989), S. 248-260.

[8] Vor allem in den *Briefen über Poesie, Silbenmaß und Sprache* von 1795: August Wilhelm Schlegel, Sämtliche Werke. Herausgegeben von Eduard Böcking (Leipzig 1846), Bd. 7, S. 98-154, bes. S. 109-22.

[9] F.W.J. *Schelling, System des transzendentalen Idealismus*, in: Sämtliche Werke. Herausgegeben von K.F.A. Schelling (Stuttgart-Augsburg 1856-61),Bd. 3, S. 626: „Es ist das Dichtungsvermögen, was in der ersten Potenz die ursprüngliche Anschauung ist, und umgekehrt, es ist nur die in der höchsten Potenz sich wiederholende produktive Anschauung, was wir Dichtungsvermögen nennen. Es ist ein und dasselbe, was in beiden tätig ist, das Einzige, wodurch wir fähig sind, auch das Widersprechende zu denken und zusammenzufassen - die Einbildungskraft."

schen Kraft und Fülle zu fassen", damit diese für die Ausbildung seiner eigenen Individualität fruchtbar werde (KFSA 2, S. 284).

Daß diese Feststellungen genau die frühromantische Theorie der Individualität in ihrem Gegensatz zu Fichte zum Ausdruck bringen, geht deutlich aus der Korrespondenz hervor, die Fichte im Anschluß an diese Veröffentlichung mit Friedrich Schlegel darüber führte. Schlegel hatte Fichte den dritten Band des *Athenäum* mit dem darin enthaltenen *Gespräch über die Poesie* übersandt. Fichte antwortete Schlegel darauf mit Komplimenten über dessen *Lucinde* und jüngsten Gedichte, zeigte sich aber in bezug auf die in dem *Gespräch über die Poesie* angesprochene Theorie der Individualität anderer Meinung und schrieb darüber in diesem Brief vom 16. August 1800: „Ihr System über Poesie, über welches wir uns vorigen Winter zu Jena unterredeten, glaube ich nun durch die beiden letzten Stücke des Athenäum ganz zu verstehen. Es ist Ihres Geistes, und Ihrer Liebe zu Fleiß, und historischer Forschung würdig; ohnerachtet ich für meine Person es nur für vorläufig, und bloß auf die Zeit passend halte. Etwas am Stoffe der Poesie ist allerdings individuell; aber was die Hauptsache an ihr ist, ihre Form, ist durchaus allgemein: und ich würde in dieser Rücksicht im Gegensatze mit Ihnen sagen: so wie es nur Eine Vernunft gibt, gibt es auch nur Eine wahre Poesie" (FI III 4, S. 282-83).[10] In bezug auf das von Schlegel vorgeschlagene Projekt eines Eingehens auf fremde Individualität erhob Fichte die ironische Frage: „Wir sollen durch Studium uns die Werke großer Künstler der Vorzeit aneignen? – Es kann sein, daß wir in unsern ausgetrockneten Zeitaltern nichts besseres tun können: aber woher entfloß denn die Quelle dem ersten Künstler, der keinen vor sich hatte? Sollte denn dieser Urquell nun zu ewigen Zeiten ganz vertrocknet sein. O, hätten wir doch erst eine reine Ästhetik!" (ibd.).

Fichte war zweifellos der wichtigste Anstoß für die in der Frühromantik machtvoll hervortretende Konzeption der Individualität. Das bezieht sich auch auf die scheinbar trivialere Beobachtung, daß das in seiner Philosophie wirksame Ich keineswegs ein überzeitliches transzendentales Prinzip sei, wie Fichte selbst anzunehmen schien, sondern nur das empirische Ich des Philosophen Fichte selbst zum Ausdruck brachte. Heine hat diese Kritik später zu der satirischen Bemerkung veranlaßt, die große Menge hätte irrtümlich die Meinung vertreten, „das Fichtesche Ich sei das Ich von Johann Gottlieb Fichte" und hätte dieses mit dem im Philosophen „zum Bewußtsein gekommenen allgemeinen Welt-Ich" verwechselt.[11] Diese Meinung ist aber damals keineswegs nur als Verwechslung und Mißverständnis, sondern ebenfalls als entscheidende Kritik an der Philosophie Fichtes vorgebracht worden. Kurz nach dem Erscheinen

[10] Johann Gottlieb *Fichte*, *Gesamtausgabe der Bayerischen Akademie der Wissenschaften*. Herausgegeben von Reinhard Lauth und Hans Jacob (Stuttgart-Bad Cannstadt 1964-). Im folgenden FI mit Angabe der Abteilung, des Bandes und der Seite im Text.

[11] Heinrich *Heine, Sämtliche Schriften*. Herausgegeben von Klaus Briegleb (München 1968), Bd. 3, S. 609.

von Fichtes *Naturrecht*, einem für die damalige Individualitätsdebatte entscheidenden Text, schrieb Goethe am 5. Mai 1798 an Schiller: „Fichte hat mir den zweiten Teil seines Naturrechts geschickt, ich habe aus der Mitte heraus einiges gelesen und finde vieles auf beifallswürdige Weise deduziert, doch scheinen mir praktischem Skeptiker bei manchen Stellen die empirischen Einflüsse noch stark einzuwirken. Es geht mir hier, wie ich neulich von den Beobachtungen sagte: nur sämtliche Menschen erkennen die Natur, nur sämtliche Menschen leben das Menschliche. Ich mag mich stellen, wie ich will, so sehe ich in vielen berühmten Axiomen nur die Aussprüche der Individualität, und gerade das, was am allgemeinsten als wahr anerkannt wird, ist gewöhnlich nur ein Vorurteil der Masse, die unter gewissen Zeitbedingungen steht, und die man daher ebensogut als ein Individuum ansehen kann. Leben Sie wohl und lieben mein liebendes Individuum trotz allen seinen Ketzereien."[12]

Hier wird deutlich von Goethe zum Ausdruck gebracht, daß der Anspruch von Allgemeingültigkeit, mit dem Fichtes Philosophie auftritt, nicht erfüllt wird, da seine Deduktionen zu stark von seiner eigenen Individualität gefärbt bleiben, und auch wohl von keinem anderen Philosophen erfüllt werden kann, weil das vermeintlich allgemeine Denken unter den Bedingungen der Zeit steht und „gewöhnlich nur ein Vorurteil der Masse" zum Ausdruck bringt. Auf schärfere und direktere Weise formulierte Friedrich Schlegel diesen Gedanken, als der in seinen Notizen über den *Geist der Fichteschen Wissenschaftslehre* von 1797-98 schrieb: „Die Wissenschaftslehre ist gerade so rhetorisch als Fichte selbst; mit Rücksicht auf Individualität ist sie eine *Fichtesche Darstellung des Fichteschen Geistes in Fichteschen Buchstaben*" (KFSA 18, S. 33). An einer anderen Stelle derselben Aufzeichnungen hatte er notiert: „Die Wissenschaftslehre ist nicht die Naturgeschichte und Freiheitsgeschichte – die *Bildungslehre der reinen Ichheit*; sondern Einfälle und Erzählungen eines schwebenden reisend lustwandelnden Mystikers" (KFSA 18, S. 35).

Um die Bedeutung Fichtes für das Hervortreten der Individualität in der frühromantischen Theorie zu sehen, genügt es jedoch nicht, bei diesen zufälligen Gegenüberstellungen stehenzubleiben; vielmehr muß Fichtes eigene Theorie der Individualität in Betracht gezogen werden, um die frühromantische Konzeption derselben als einen Gegenwurf gegen die von Fichte vertretene zu erkennen. Dabei tritt von vornherein in Erscheinung, daß Fichte wie kaum ein anderer Denker der europäischen Philosophie zwar die Individualität als faktische und beinahe notwendige Bedingung allen Philosophierens angesehen hat, aber gleichzeitig darin die eigentliche Behinderung wahren Philosophierens erblickte und folglich die Überwindung der Individualität zur zentralen Aufgabe der Philosophie erklärte. Da sich Fichte gleichzeitig darüber im klaren war, daß diese Aufgabe nie gelöst werden kann, kam in seine Philosophie der Individualität jener für diesen Denker eigentümliche Mißklang, daß die Philosophie einer-

[12] Johann Wolfgang *Goethe, Gedenkausgabe der Werke, Briefe und Gespräche*. Herausgegeben von Ernst Beutler (Zürich 1950), Bd. 20, S. 574-75.

seits individualitätsbedingt ist, die Individualität selbst aber ein Zeichen der Naturverbundenheit, der Sündhaftigkeit darstellt und wahres Philosophieren somit nur als Grenzbegriff möglich sein kann. Fichte stellte sich damit in einen Gegensatz zur europäischen Tradition, in der die Individualität immer als ein auszeichnendes Merkmal nicht nur des Menschen, sondern des Seienden überhaupt anerkannt wurde. Bei Aristoteles steht das Individuum als selbständiges Wesen dem Allgemeinen gegenüber. Das substanzielle Wesen des individuell Seienden ist undefinierbar, unbeweisbar[13] und hat als erste Substanz ontologischen Vorrang vor den als Arten und Gattungen verstandenen zweiten Substanzen. In der Scholastik wird der in der Antike anerkannte Wert des Individuellen noch dadurch verstärkt, daß über dem Menschen noch höhere Formen von Individualität angenommenen werden und die reinen Geister oder Engel eine höhere Individualität besitzen sollen als der Mensch. Jedes Individuum ist hier seine eigene Art (quotquot sunt ibi individua, tot sunt species).[14] Gott wird konsequenterweise als der höchste Ausdruck von Individualität interpretiert. Bei Fichte erscheint die Individualität im völligen Gegensatz zu dieser Tradition bloß als naturbedingt und demnach als zu überwinden. Er nimmt damit eine extravagante Stellung im europäischen Denken über die Individualität ein. Indem die Frühromantiker Fichte gegenüber den Wert der Individualität zur Geltung brachten, gewann ihre Individualitätskonzeption eine durchaus emphatische Note.

Wie Fichte über Individualität dachte, konnte den Frühromantikern bereits in jener Schrift bekannt werden, die am Anfang der Beschäftigung Friedrich Schlegels mit Fichte gestanden hat, den Vorlesungen *Über die Bestimmung des Gelehrten* von 1794. Der Grundgedanke, um den es Fichte in diesen Vorlesungen geht, ist bekanntlich die Vollkommenheit des Menschen als seine letzte Bestimmung hier auf Erden, worunter er wie Kant die volle Ausbildung aller Fähigkeiten des Menschen innerhalb der menschlichen Gesellschaft verstand. Dies Ziel ist dem Menschen jedoch unerreichbar, womit die Bestimmung des Menschen darin besteht, daß er seine Bestimmung nie erreichen kann, daß anstelle der Vollkommenheit für den Menschen nur die Vervollkommnung, die Perfektibilität möglich ist. Setzt man in dieser Geschichtsphilosophie für die Begriffe der Vervollkommnungsfähigkeit die Individualität und für den unerreichbaren Zustand der Vollkommenheit die allgemeine Vernunft bzw. die Gattung des Menschen ein, dann hat man das Schema vor Augen, nach dem Fichte über Individualität gedacht hat. Tatsächlich führt er in diesem Text auch aus, daß alle Individuen, die zum Menschengeschlecht gehören, unter sich verschieden sind, und es nur einen Charakterzug gibt, „worin sie völlig übereinkommen", nämlich „ihr letztes Ziel, die Vollkommenheit". Da diese Vollkommenheit aber „sich selbst völlig gleich" ist, so wären alle Menschen, falls sie die Vollkommenheit erreichten, „alle einander völlig gleich": „sie wären

[13] *Aristoteles, Metaphysik* Z 1039 b 28.

[14] *Thomas von Aquin, De ente et essentia*, 4.

nur Eins; ein einziges Subjekt" (FI I/3, S. 40). Sie hätten mit anderen Worten ihre Individualität völlig verloren. Das letzte und höchste Ziel der menschlichen Gesellschaft ließe sich hiernach als „völlige Einheit und Einmütigkeit mit allen möglichen Gliedern derselben" bezeichnen. Die „Erreichung der absoluten Vollkommenheit" ist freilich nicht möglich, „solange der Mensch nicht aufhören soll, Mensch zu sein, und nicht Gott werden soll" (ibd.), womit sich Menschsein und Individualität nach dieser Theorie zwar als permanent, aber eben damit auch als Zustand der Unvollkommenheit qualifizieren.

Ein anderer Text Fichtes, in dem die Individualität behandelt wird und der z.B. den Fichte-Studien des Novalis zugrundgelegen hat, war der *Versuch einer neuen Darstellung der Wissenschaftslehre* von 1797, speziell die *Zweite Einleitung in die Wissenschaftslehre*. Hier konnten die Frühromantiker lesen, die Wissenschaftslehre sei ein „System, dessen Anfang, und Ende, und ganzes Wesen darauf geht, daß die Individualität theoretisch vergessen, praktisch verleugnet werde" (FI I/4, S. 267). Diese Position wird im neunten Abschnitt der Schrift näher erläutert. Hier geht es um die scharfe Unterscheidung von Ichheit und Individualität. Ichheit als Bezeichnung für „unsere Geistigkeit überhaupt" und „Vernünftigkeit" ist den meisten Menschen zwar geläufig, aber der „Begriff dieses Begriffs" geht ihnen ab. Wenn sie vom Ich sprechen, meinen sie „ihre individuelle Person" als den „letzten Zweck ihres Handelns". Die Vernunft ist für sie „nur ein Akzidenz" dieses individuellen Ich oder ihrer Person, die für sie nicht da ist „als ein besonderer Ausdruck der Vernunft". Vielmehr ist die Vernunft für sie nur da, „um dieser Person durch die Welt durchzuhelfen" (FI I/4, S. 257). In der Wissenschaftslehre sind diese Verhältnisse aber „gerade umgekehrt": „da ist die Vernunft das einzige an sich, und die Individualität nur akzidentell; die Vernunft, Zweck; und die Persönlichkeit, Mittel; die letztere nur eine besondere Weise, die Vernunft auszudrücken, die sich immermehr in der allgemeinen Form derselben verlieren muß. Nur die Vernunft ist ihr ewig; die Individualität aber muß unaufhörlich absterben" (FI I/4, S. 257-58).

In der bereits erwähnten *Grundlage des Naturrechts* von 1796/97 liegt der Nachdruck wieder auf dem permanenten Vorherrschen der Individualität, die hier aus dem Gedanken der Freiheit entwickelt wird. Als vernünftiges Wesen kann ich mich nicht als mit Selbstbewußtsein ausgestattet setzen, ohne mich „als *Individuum*, als Eins unter mehrern vernünftigen Wesen zu setzen". Indem ich mich als vernünftig setze, setze ich mich auch „als frei". Denn bei dieser Tätigkeit ist in mir die „Vorstellung der Freiheit" wirksam. Indem ich mich aber als frei setze, setze ich in der „*gleichen* ungeteilten Handlung" auch andere Wesen als frei und beschreibe „durch meine Einbildungskraft eine Sphäre für die Freiheit, in welche mehrere Wesen sich teilen" (FI I/3, S. 319). In meiner Zueignung der Freiheit beschränke ich mich dadurch, „daß ich auch für andre Freiheit übrig lasse". Man könnte an dieser Stelle für den Begriff der Freiheit den der Individualität einsetzen und hätte damit einen positiveren Zugang zu diesem Phänomen gewonnen, als er in den anderen Texten Fichtes zutagetritt. Tatsächlich setzt er diese interindividuelle Beziehung der Menschen untereinander auch mit seinem Rechtsbegriff in Verbindung und sagt: „Der Begriff des Rechts ist sonach der Begriff von dem notwendigen Verhältnisse freier Wesen zueinander" (ibd.).

Im *System der Sittenlehre* von 1798 setzt Fichte diesen Ansatz sogar fort und steigert ihn zu einer Konzeption der Individualität, zu der ich mich aus Freiheit mache. Freilich macht dieser Text auch deutlich, daß es eine solche Form von Freiheit und Individualität gar nicht geben soll, vielmehr alle individuellen Formen der Freiheit letztlich in die Allgemeinheit der Gattung und der Vernunft überführt werden müssen. Der Ausgangspunkt ist hier wieder die aus dem *Naturrecht* bekannte Annahme, daß das „endliche Vernunftwesen" sich selbst „eine freie Wirksamkeit in der Sinnenwelt" nicht zuerkennen kann, „ohne sie auch andern zuzuschreiben" (I/3, S. 340). In der *Sittenlehre* wird diese Interindividualität im Singular konstruiert, und es heißt: „Ich setze diesem vernünftigen Wesen mich, und dasselbe mir entgegen; *dies* aber heißt, ich setze mich als Individuum in Beziehung auf dasselbe, und jenes als Individuum in Beziehung auf mich. Sonach ist es Bedingung der Ichheit, sich als Individuum zu setzen" (FI I/5, S. 201). Diese Individualität intensiviert sich nun unter dem Gesichtspunkt der Freiheit. Fichte führt diesen Gedanken auf folgende Weise aus. Auf die Fragen: „Wer bin ich denn eigentlich, d.i. was für ein Individuum? Und welches ist der Grund, daß ich *der* bin?", ergibt sich als Antwort: „ich bin von dem Augenblick an, da ich zum Bewußtsein gekommen, *derjenige, zu welchem ich mich mit Freiheit mache, und bin es darum, weil ich mich dazu mache*". Anders ausgedrückt: „Mein Sein, in jedem Augenblick meiner Existenz, ist, wenn auch nicht seinen Bedingungen nach, doch seiner letzten Bestimmung nach, durch Freiheit" (ibd.). Fichte sagt: „Durch dieses alles aber wird meine Individualität bestimmt; durch dieses alles werde ich materialiter der, der ich bin" (ibd.). Damit scheint die Individualität als das Grundprinzip des Menschen anerkannt zu sein. Tatsächlich sagt Fichte: „Kein Mensch in der Welt kann anders handeln, als er handelt, ob er gleich vielleicht schlecht handelt, da er einmal dieser Mensch *ist*; nichts ist wahrer, und diese Behauptung ist sogar nur ein identischer Satz" (FI I/5, S. 207). Dieser scheinbaren Anerkennung und Hochschätzung der Individualität steht aber dann auf schroffe Weise ihre aus den früheren Texten bekannte Ablehnung, ja Vernichtung gegenüber. Diese artikuliert Fichte mit den Worten: „Aber er sollte eben nicht dieser Mensch sein, und könnte auch ein ganz andrer sein; und es *sollte überhaupt kein solcher Mensch in der Welt sein*" (ibd.).

Fichtes Schrift *Die Grundzüge des gegenwärtigen Zeitalters* stammt aus dem Jahre 1804/05 (publiziert 1806) und liegt bereits jenseits der historischen Phase der Frühromantik, die um 1801 ihr Ende findet.[15] Dennoch soll diese Schrift hier noch herangezogen werden, weil sie auf extreme Weise Fichtes Nachdruck auf die Gattung, das „Leben des Ganzen" exemplifiziert, von wo

[15] Siehe Ernst *Behler, Frühromantik* (Berlin 1992).

aus sich seine „unbedingte Verwerfung aller Individualität" ergibt. Nach der zentralen Intention dieser Schrift besteht der „Zweck des gesamten Erdenlebens unsrer Gattung" darin, daß „das Menschengeschlecht mit Freiheit alle seine Verhältnisse nach der Vernunft einrichte" (FI I/8, S. 219). Was bedeutet dies? Fichte antwortet darauf: „Die Vernunft geht auf das Eine Leben, das als Leben der Gattung erscheint. Wird die Vernunft aus dem menschlichen Leben hinweggenommen, so bleibt lediglich die Individualität, und die Liebe derselben übrig" (FI I/8, S. 219-20). Daraus ergibt sich aber, daß das vernünftige Leben darin besteht, „daß die Person in der Gattung sich vergesse, ihr Leben an das Leben des Ganzen setze, und es ihm aufopfere". Die Individualität setzt demgegenüber „ihr ganzes Leben lediglich an ihr persönliches Wohlsein" (ibd.). Hier gründet Fichtes „unbedingte Verwerfung aller Individualität" (FI I/8, S. 246). Diese ist scheinbar schwer in Einklang zu bringen mit dem, was von „Dunkel-Schöngeistern"[16] über dies Thema in Umlauf gebracht worden ist, vor allem wenn das „Stichwort von Individualität" im Sinne von „schöner liebenswürdiger Individualität" fällt. Fichte entgegnet auf diesen Einwand, „daß wir unter Individualität lediglich die persönlich sinnliche Existenz des Individuums verstehen, wie denn das Wort allerdings nur dies bedeutet" (ibd.).

In bezug auf seine eigene Person als Philosoph war Fichte konsequent und leugnete seine Individualität als Johann Gottlieb Fichte, obwohl ihm dies Zeitgenossen wie Goethe, Schlegel, Novalis und Heine natürlich nicht zugestanden. Gegen Ende seiner Schrift *Die Grundzüge des gegenwärtigen Zeitalters* sagt er: „Von mir ist nicht die Rede; nicht ich habe untersuchen und denken wollen; – wenn darauf überhaupt etwas ankäme, so hätte ich es tun können, ohne irgend einem Menschen etwas davon zu sagen; – aber es kömmt überhaupt der Welt gar nichts darauf an, und macht gar keine Begebenheit in der Zeit, was der Einzelne denkt oder nicht denkt; sondern Wir, als eine, in den Begriff verlorne, und mit der absoluten Vergessenheit unserer individuellen Personen zur Einheit des Denkens verfloßne Gemeine, wie wir die äußere Erscheinung oft davon gegeben haben (und sie in diesem Augenblick geben), Wir haben denken und untersuchen wollen, und dieses Wir, keineswegs mich, meine ich, wenn ich von dem denkenden Rückblick auf uns selbst, und von der Schwierigkeit rede, denselben laut und sprechend zu vollziehen" (FI I/8, S. 385-86).

II

Bei der Gegenüberstellung der frühromantischen Konzeption der Individualität mit der von Fichte entwickelten Position soll mit Schleiermacher der Anfang gemacht werden, da dieser durch Dilthey zum bedeutendsten Denker

[16] Nach der *J.G. Fichte-Gesamtausgabe* handelt es sich dabei um Herder, Goethe und Schelling (FI I/8, S. 246).

der Individualität in der Frühromantik erhoben worden ist und seit dem Erscheinen von Diltheys *Leben Schleiermachers* im Jahre 1870 auch die Anerkennung genießt, der eigentliche Philosoph der Individualität in der Moderne gewesen zu sein.[17] Dilthey arbeitete den Gedanken der Individualität als das zentrale Prinzip des von Schleiermacher zur Zeit der Frühromantik konzipierten Systementwurfs heraus, den er in allen seinen Verfächerungen nachzukonstruieren suchte und mit den transzendentalen Systembegründungen im deutschen Idealismus konfrontierte. Damit wurde die Frühromantik, freilich in einem zu eng auf Schleiermacher bezogenen Sinne, zum erstenmal auf dem Gebiet der Philosophie im strengen Sinne ernst genommen, ja auf Grund des Individualitätsprinzips den Systemen des transzendentalen Idealismus sogar als überlegen verstanden.[18]

Auf Grund der in ihr zum Ausdruck kommenden Methode geisteswissenschaftlichen Verstehens und historischen Erkennens hat diese Biographie nach ihrem Erscheinen schnell die Anerkennung erlangt, die „exemplarische Biographie der neueren Geistesgeschichte" zu sein (LS 1, S. IX). Das bezog sich vornehmlich auf das angeblich in dieser Schrift praktizierte Verstehen individueller geisteswissenschaftlicher Vorgänge aus der sogenannten Totalität der Lebenszusammenhänge heraus, d.h. in diesem Fall: der Schleiermacherschen Hermeneutik, Individualität oder Theorie des geselligen Betragens aus dem intellektuellen Zusammenhang der Frühromantik. Tatsächlich behandelt Dilthey diese auch in weit ausgreifenden Kapiteln über die „romantischen Genossen" oder Schleiermachers „Freundschaft mit Friedrich Schlegel". In Wirklichkeit erweist sich dies Vorgehen aber als eine sehr einseitige Hermeneutik, insofern individuelle „Äußerungen der Welt- und Lebensansicht" durch andere Frühromantiker lediglich als Stufen, Vorbereitungen oder Hilfestellungen für die „Welt- und Lebensansicht" Schleiermachers interpretiert und darauf reduziert werden. Die Behandlung Friedrich Schlegels in dieser Schrift ist ein Musterbeispiel dafür. Novalis hat zwar zur Thematik der Individualität nur wenig beigetragen, da er sich nur gelegentlich darüber äußert (z.B. NO 3, S. 290, 334, 665.) Über dessen

[17] Wilhelm *Dilthey, Leben Schleiermachers*. Erster Band (Berlin 1870). Auf der Grundlage von Diltheys Nachlaßmanuskript für die Fortführung dieser Biographie hat Martin Redeker eine vierbändige kommentierte Ausgabe dieses Werkes veranstaltet: Wilhelm *Dilthey, Leben Schleiermachers*. Auf Grund des Textes der 1. Auflage von 1870 und der Zusätze aus dem Nachlaß (Berlin 1970). Im folgenden LS mit Angabe des Bandes und der Seite im Text.

[18] Dieser Gedanke der Überlegenheit der frühromantischen Philosophie über die Systemkonstruktionen Fichtes, Schellings und Hegels liegt auch den Veröffentlichungen Manfred Franks zu diesem Thema zugrunde und findet offensichtlich in Dilthey seinen Ursprung. Während *Frank* jedoch zunächst, wie Dilthey, in Schleiermacher den charakteristischen Ausdruck frühromantischen Philosophierens erblickte (*Das individuelle Allgemeine*. Textstrukturierung und -interpretation nach Schleiermacher, Frankfurt 1977), hat er in späteren Schriften der frühromantischen Ästhetik von Schlegel, Schelling und Novalis (*Einführung in die frühromantische Ästhetik*, Frankfurt 1989), sowie dem frühromantischen Gegensatzdenken in „Wechselgrundsätzen" (*Philosophische Grundlagen der Frühromantik*: Athenäum 4 (1994), S. 37-130) größere Bedeutung zuerkannt.

darüber hinausgehenden Beitrag zum System Schleiermachers heißt es bei Dilthey: „Dieselben Probleme haben neben Schlegel den tiefsten und edelsten der dichterischen Generation beschäftigt, Novalis. Auch er sah das Ziel einer Geisteswissenschaft, und in der Verknüpfung der psychologischen und geschichtlichen Erscheinungsgruppen den Weg zu ihm. Aber auch bei ihm blieb alles Fragment, ein widerspruchsvolles Tasten. Denn bis dahin gab es weder eine wissenschaftliche Grundlage der Psychologie noch ein kritisch gesichtetes und wahrhaft verstandenes geschichtliches Material. Und so haben beide [Friedrich Schlegel und Novalis] ein tieferes Verständnis in den geschichtlichen Wissenschaften bewirkt, sie haben Schellings, Hegels, Schleiermachers geschlossene Aufstellungen mitbegründet, aber in der Verworrenheit ihres Denkens waren sie Opfer der wissenschaftlichen Verfassung ihrer Epoche" (LS 1, S. 380). Die Frage, die sich hier erhebt, besteht nicht so sehr darin, seit wann und wo in der Welt es denn „eine wissenschaftliche Grundlage der Psychologie" oder ein „kritisch gesichtetes und wahrhaft verstandenes geschichtliches Material" gegeben haben soll, sondern richtet sich eher darauf, was derartige Erwartungen zu einem Verständnis der frühromantischen Mentalität beitragen. Nach den Berichten seiner Tochter Clara Misch studierte der junge Dilthey im Jahre 1861 Friedrich und August Wilhelm Schlegels Nachlaß, „der bei Windischmann, Böcking u.a. sich befindet". Angesichts dieser Texte entstand in ihm der Plan, „eine Geschichte der romantischen Schule aus den ungedruckten Quellen" zu schreiben.[19] Eine solche Geschichte ist das *Leben Schleiermachers* von Wilhelm Dilthey aber nicht, sondern eher eine Hagiographie, die Schleiermacher gewidmet ist. Weil Diltheys *Leben Schleiermachers* jedoch die umfassendste Darstellung des Individualistäts-Themas in der Frühromantik ist, über die in der Forschung bislang auch nicht hinausgegangen ist, soll diese Schrift hier herangezogen werden.

Auf der Grundlage des Gedankens der „Individualität" in seiner Wechselbeziehung mit dem des „Universums" bezeichnet Dilthey Schleiermachers Reden *Über die Religion* als die „bedeutendste Schrift dieser Epoche" (LS 1, S. 389). Er sieht es als Schleiermachers „geschichtliches Schicksal" an, in die „Mitte" der „mächtigen Bewegung in Dichtung und philosophischem Gedanken" in Deutschland gestellt worden zu sein und mit dem „Gedanken der Individualität" nicht nur den „einheitlichen Mittelpunkt seines inneren Lebens" (LS 1, S. 382), sondern auch dieser Epoche selbst zum Ausdruck gebracht zu haben. Die Gültigkeit dieses Gedankens für diese Epoche sucht Dilthey durch weit ausgreifende Exkurse über das Verhältnis der „Welt- und Lebensansicht der Reden und Monologen" zu den „mitlebenden Philosophen" Kant, Jacobi, Fichte, Schelling und Steffens, aber auch durch weiter zurückgehende Digressionen in die Individualitätskonzeptionen von Spinoza, Leibniz und Platon zu erweisen. Vor allem kommt es ihm jedoch darauf an, Schleiermachers Konzeption der Individualität in ihrer Beziehung auf „das künftige System" herauszuarbeiten.

[19] *Der junge Dilthey*. Zusammengestellt von Clara Misch (Leipzig 1933), S. 137.

Das zeigt sich besonders im zweiten, aus dem Nachlaß edierten Band des *Leben Schleiermachers*, in dem „Schleiermachers System als Philosophie und Theologie" dargestellt ist.[20] Man könnte Diltheys Zielsetzung als die Darstellung der Schleiermacherschen Philosophie im Sinne einer systematisch vermittelten Theorie der Individualität, als eine im System begründete und aus diesem entwickelte Konzeption der Individualität bezeichnen.

Zunächst hinterläßt Schleiermachers Lebens- und Weltansicht, wie sie in den *Reden* (1799) und den *Monologen* (1820)[21] zum Ausdruck kommt, den Eindruck, daß sie „in keinem Zusammenhang mit der bisherigen Philosophie" stehe. Sie ist „Ausdruck neuer religiös-sittlicher Erlebnisse in einem Genie, das diese auszusprechen geboren war" (LS 1, S. 314), aber sie artikuliert sich „noch nicht in einem Zusammenhang metaphysischer und ethischer Begriffe, sondern in der anschaulichen Form, in welcher er sie anspricht, als Mystik" (LS 1, S. 319-20). Die Transzendentalphilosophie bildet sich ihre Weltansicht vom Ich aus als einem unbedingt Tätigen und Schöpferischen; die Naturphilosophie oder spekulative Physik von ihrem Gegenstand, der Natur; Schleiermacher geht aus vom religiösem Akt und erfährt das Unendliche im Ausgang von diesem. Um die Herausarbeitung des philosophischen Gehalts in diesem scheinbar außerhalb der philosophischen Sphäre liegenden religiösen Akt geht es Dilthey vornehmlich.

Zunächst erscheint diese religiöse Erfahrung dem „ästhetischen Vermögen" verwandt, insofern in der künstlerischen Anschauung, „völlig absehend von ursächlicher Verkettung", der „Blick in einem Ganzen" ruht (LS 1, S. 320). Aber im eigentlichen Sinne handelt es sich dabei um eine religiöse Erfahrung, eine „mystische, vom Gefühl durchdrungene Anschauung" (LS 1, S. 322), ein „an der Grenze des Bewußtseins stehendes Faktum" (LS 1, S. 321), in dem sich nicht so sehr die „Natur der Dinge" offenbart, sondern deren Wechselwirkung mit uns. Was in dieser Erfahrung aufgeht, ist die „Immanenz oder Gegenwart des Unendlichen, Ewigen im Endlichen" (LS 1, S. 322), die „Gegenwart einer unendlichen, freien, bedeutungsvollen, idealen Welt in der Flucht der Erscheinungen" (LS 1, S. 323). Mitten im „Werden und Untergang" der endlichen Dinge „soll das gegenwärtige Unendliche geschaut werden" (LS 1, S. 324). Dilthey sagt über diese Erfahrung: „In Schleiermachers mystischer Anschauung des Unendlichen und Ewigen ist, gemäß der erläuterten Aufgabe, eine zweifache Tendenz zu bemerken. Sie strebt, das Unendliche, Ewige, Eine von dem

[20] Siehe insbesondere den Abschnitt „Schleiermachers Hermeneutik nach ihrer Entstehung" und die darin enthaltenen Sektionen „Überleitung zum Begriff der Individualität" und „Die ästhetische Weltanschauung und das Prinzip der Individualität": LS 2, S. 660-65.

[21] Friedrich *Schleiermacher, Über die Religion.* An die Gebildeten unter ihren Verächtern, in: Friedrich Schleiermacher, Kritische Gesamtausgabe I/2: Schriften aus der Berliner Zeit. 1796-1799. Herausgegeben von Günter Meckenstock (Berlin 1984), S. 185-326; *Monologen.* Eine Neujahrsgabe, in: Kritische Gesamtausgabe I/3: Schriften aus der Berliner Zeit. 1800-1802. Herausgegeben von Günter Meckenstock (Berlin 1988), S. 1-62. Im folgenden *Reden* und *Monologen*, bzw. R und M mit Seitenangaben im Text.

Fluß der endlichen Dinge zu trennen, damit es nicht in den Wellen derselben untergehe, nicht der bloße unablässige Ablauf dieser Wellen werde, der nur in der Einheit des Blicks zusammengefaßt ist. Sie verlangt andererseits, die Gegenwart des Unendlichen, Ewigen, Einen in den endlichen Dingen zu erfassen, somit durch originale Bestimmung des Unendlichen seinen Widerstreit mit dem Endlichen zu lösen" (LS 1, S. 325).

An dieser Stelle wird nach Dilthey der Gedanke der Individualität für Schleiermacher von Bedeutung und enthüllt sich im folgenden als der andere tragende Pfeiler des Systems neben der Idee des Unendlichen. Nach der Konzeption der „Gegenwart des Unendlichen in den endlichen Dingen" (LS 1, S. 326) ist das Endliche „Abdruck", „Darstellung des Unendlichen" und damit Individualität im auszeichnenden Sinne. Im Bereich der menschlichen Existenz läßt sich dies mit der „Offenbarung der unendlichen Menschheit in jedem einzelnen" (LS 1, S. 327) veranschaulichen, wobei aber diese Konzeption der Individualität als „Darstellung des Unendlichen" über die menschliche Sphäre hinausgeht und für alles Seiende gilt. Der charakteristische Ausdruck für diese Auffassung der Individualität als „Inhalt der religiösen Anschauung des Universums" ist „Symbol des Unendlichen" (LS 1, S. 328). Individualität wird hier nicht als „bloße Determination, Einschränkung des Unendlichen", sondern als „Ausdruck", als „Spiegel des Unendlichen" und damit als „selber unendlich" verstanden. Das Wirkliche insgesamt „ist individuell", und insofern ist auch jeder Mensch eine Individualität. Nur erscheint in den „menschlichen Individualitäten das Unendliche in seinem höchsten uns gegebenen Ausdruck" (ibd.).

Für diese wechselseitige Durchdringung des Endlichen und Unendlichen gebraucht Schleiermacher in der weiteren Ausführung dieser Erfahrung die Bezeichnung *Universum* als den „Lieblingsausdruck der Reden" (LS 1, S. 326). Individualität und Universum erweisen sich damit als Wechselbegriffe, die auf zwei grundlegenden Typen der Anschauung beruhen: der „Selbstanschauung" und der „Anschauung des Universums", die aber, wie Dilthey hervorhebt, „nur verschiedene Stufen desselben Vorgangs" sind (LS 1, S. 330). Einerseits arbeiten wir unermüdlich daran, uns selbst und damit die Menschheit zu erschaffen, was von der Transzendentalphilosophie begriffen wird; andererseits lassen wir die „Umrisse unserer Persönlichkeit" im Unendlichen untergehen (ibd.). Jedoch bleibt die „Vermählung des Unendlichen und Endlichen in dem geistigen Individuum" für Schleiermacher ein „unbegreifliches Faktum" (LS 1, S. 332).

Von besonderer Bedeutung in diesem auf den Prinzipien Individualität und Universum beruhenden Systementwurf Schleiermachers ist für Dilthey noch, was er den „Spinozismus der Schleiermacherschen Weltanschauung" nennt oder genauer: worin sich Schleiermacher von Spinoza unterscheidet. In Spinozas System ist der Gedanke der Individualität aufgehoben, insofern alles, was Schleiermacher als individuell ansieht, bei Spinoza nur den Status von Modi, Attributen oder Akzidenzien der einen absoluten Substanz der Gottheit hat. Natürlich unterscheidet sich auch bei Schleiermacher „das in sich Unendliche" von dem, was von diesem „Ausdruck und Darstellung" ist. Aber Schleiermachers „mystische Weise" vermeidet nach Dilthey den „unfruchtbaren Versuch der Ableitung", und sein „tieferer Begriff der Individualität" befreit ihn „von dem verhängnisvollen Grundgedanken bei Spinoza, dem Gedanken, daß alle Determination ausschließlich Verneinung sei". An die Stelle des von Spinoza vertretenen „Verhältnisses der in sich unendlichen immanenten Ursache zu dem als Einheit gefaßten Inbegriff ihrer Affektionen" trat bei Schleiermacher das „Verhältnis des Universums zur Individualität", die Konzeption eines „Spiegels des Universums". Damit wurde das „Tote" im System Spinozas überwunden. Dilthey erklärte diese „Grenze Spinozas" vor allem damit, daß diesem im Unterschied zu Schleiermacher „die Anschauung der Poesie und der künstlerische Sinn fehlten" (LS 1, S. 341).[22]

Mit Jacobi verband Schleiermacher der „Gedanke der Unabhängigkeit der religiösen Gewißheit gegenüber aller wissenschaftlichen Demonstration" (LS 1, S. 350). Ferner fühlte er sich Jacobi im Gedanken der Individualität verbunden, in dem Bestreben, „sich auf die eigene Individualität zu besinnen und fremde aufzufassen" (LS 1, S. 349). Darüber hinaus teilte Schleiermacher mit Jacobi wichtige Einwände gegenüber der Transzendentalphilosophie. Dabei handelt es sich vor allem um die Tendenz, „überall die Form des Begriffs" zu suchen und die Mystik dadurch einzuebnen (LS 1, S. 345). Ein weiterer Einwand gegen die Transzendentalphilosophie bestand darin, daß hier immer nur der Mensch „als Mittelpunkt aller Beziehungen, als Bedingung alles Seins und als Ursache alles Werdens" gesehen wird, wogegen der religiöse Mystizismus doch ebenso in der „Hingabe an das Universum", im „Wiederfinden des Unendlichen auch im Menschen" besteht (LS 1, S. 347). Was Schleiermacher aber auf entschiedene Weise von Jacobi trennt, waren dessen „unglückliche Beweisführungen gegen die Philosophie, und seine Neigung, die Arbeiten der Denker wie Naturereignisse von unfehlbarer Folgerichtigkeit anzusehen" (LS 1, S. 347). Schleiermacher erkannte dagegen ein „positives inneres Verhältnis zwischen der Mystik und der philosophischen Wissenschaft" an (ibd.).

Von Fichtes Philosophie schließlich ist Schleiermachers Lebens- und Weltanschauung nach Dilthey am entschiedensten durch die Konzeption der Individualität unterschieden. Innerhalb der „Schule des Idealismus" bilden diese beiden Denker für ihn „den entschiedensten Gegensatz", der sich auch auf der persönlichen Ebene durch „eine immer steigende Antipathie" zwischen ihnen zeigt (LS 1, S. 355). Seit 1798 richtete sich Schleiermachers Kritik „in immer neuen Ansätzen gegen die Sittenlehre Fichtes" (LS 1, S. 361). Dilthey berichtet, daß einige Forscher den eigentümlichen Punkt in Schleiermachers damaliger Weltansicht, nämlich „die Stellung der Individualität im Weltganzen und die Bedeutung und Natur der religiösen, von Gefühl begleiteten Anschauung, wie sie mit der Stellung der Individualität zusammenhängt", aus Fichte abzuleiten

[22] Siehe die in diesem Punkt völlig entgegengesetzte Auffassung Spinozas durch Friedrich Schlegel: KFSA 2, S. 316-17, 321.

versucht haben, was Dilthey natürlich als absurd zurückweist.[23] Die Individuation war für Fichte wie für Spinoza „eine bloße Beschränkung". Bei dem „entscheidenden Punkt" in der Systembegründung, wo es gilt, „das Verhältnis des Unendlichen zu dieser Individuation zu bestimmen", bleibt Fichte nach Dilthey „bei Spinoza zurück". Hier tritt nach ihm in der Abfolge der idealistischen Systeme „Schleiermachers schöpferischer Gedanke" hervor: „durch den ganz allein, wenn jedes andere seiner Verdienste in Vergessenheit sänke, er eine unvergängliche Stelle in der Geschichte des philosophischen Gedankens hat" (LS 1, S. 363).

Dies sind im wesentlichen die von Dilthey aufgewiesenen Grundzüge für das „künftige System" Schleiermachers. Für Dilthey ist es evident, daß „die wahre Philosophie, das System der Zukunft", dieser „auf der religiösen Anschauung gegründete Realismus" Schleiermachers sein müsse (LS 1, S. 332). Damit scheinen aber nicht nur die Erwartungen an Schleiermacher als zu hoch angesetzt zu sein, worum es hier nicht gehen kann, sondern vor allem scheint seine Konzeption der Individualität durch diese streng systematische Verankerung in falsche Proportionen gerückt zu werden. Es ist auch keineswegs so, daß sich repräsentative Zeitgenossen in dem von Schleiermacher entwickelten Bild einer Wechselbeziehung von Individualität und Universum, Selbstanschauung und Anschauung des Universums wiedererkannt hätten. Novalis war natürlich begeistert von den *Reden*, aber man weiß nicht genau, wie viel er von ihnen aufgenommen, bzw. wie sehr er sie in seine eigene Denkweise transformiert hat. Friedrich Schlegel berichtet über die Rezeption der *Reden* durch Novalis, daß dieser davon „ganz eingenommen durchdrungen begeistert und entzündet" sei und ihm sogar als Antwort darauf „einen Aufsatz über Katholizismus" verheißen habe (3, 125 f.). Bei diesem Aufsatz handelte es sich um den rhetorischen Essay *Die Christenheit oder Europa* von 1799, den Novalis für das *Athenäum* eingesandt hatte und der zum Schluß tatsächlich den Preis eines zeitgenössischen Autors, eines „Bruders" enthält, der einen „neuen Schleier" für die heilige Jungfrau, d.h. die katholische Madonna gemacht habe (NO 3, S. 521).

Fichte war natürlich gegen die *Reden* voreingenommen und sah vor allem in dem von Schleiermacher als „Mystizismus" bezeichneten religiösen oder individualitätsphilosophischen Pantheismus den größten Stein des Anstoßes. An Friedrich Schlegel schrieb er darüber am 16. August 1800, wobei er sich direkt auf diesen Mystizismus oder das, „was ihr untereinander Spinozismus nennt", bezog: „Jener Mystizismus liegt nach mir durchaus im Felde der Transzendenz,

[23] Dilthey nennt aber keinen anderen Repräsentanten für diesen Versuch als Fichtes Sohn I.H. Fichte: LS 1, 362. In der Schleiermacherliteratur wird diese Abhängigkeit Schleiermachers ebenfalls vehement zurückgewiesen (LS 1, S. 362), wobei man sich aber manchmal zu der obstrusen These versteigt, Schleiermacher habe diesen Gedanken völlig eigenständig, bereits in Schlobitten, ohne Verpflichtung an die Frühromantik, entwickelt: S. *Eck, Über die Herkunft des Individualitätsgedankens bei Schleiermacher*, Gießen 1908; P. *Seifert, Die Theologie des jungen Schleiermacher*, Gütersloh 1960; G. *Wehrung, Schleiermacher in der Zeit seines Werdens*, Gütersloh 1927.

auf welchem der Mensch nichts mehr versteht" (FI III/4, 283-84). Goethe rühmte „nach dem ersten begierigen Lesen von zwei oder drei Reden" die „Bildung und Vielseitigkeit" dieses Textes. Je christlicher aber die von Schleiermacher propagierte Religion wurde, desto „mehr verwandelte sich dieser Effekt in sein Gegenteil, und zuletzt endigte das Ganze in einer gesunden und fröhlichen Abneigung" (3, 125 f.) In seinen *Vorlesungen über die Geschichte der Philosophie* äußerte sich Hegel recht verächtlich über das „begrifflose prophetische *Reden*" von Schleiermacher vom „Dreifuß" herab und meinte: „es sind eine Menge Inspirierter, welche sprechen, deren jeder einen *Monolog* hält und den anderen eigentlich nur im Händedruck und im stummen Gefühl versteht".[24] Nicht einmal Friedrich Schlegel kann unter die Anhänger der *Reden* gerechnet werden. Seine Rezension im zweiten Band des *Athenäum* ist durchaus zwiespältiger Natur. Nach dem einleitenden Teil, der auf hyperbolische Weise lobend ist, teilt er im Auszug den Briefwechsel von zwei Freunden über diesen Text mit, dessen zweiter Partner sogar vom Standpunkt der Individualität aus gegen die Reden argumentiert und meint, daß der Verfasser „diese andern angebornen Eigenheiten des Menschen, die Poesie, die Philosophie oder Moral bisweilen sehr übel und nicht mit der gehörigen Religiosität zu behandeln scheint" (KFSA 2, S. 278). Auch das spezifisch Religiöse schien ihm in der Beziehung von Individualität und Universalität nicht direkt evident zu sein. Jedenfalls fand er in einem Brief an seine Schwägerin Caroline vom 19. Februar 1799 wenig Religion darin, wenn Schleiermacher so „umherschleicht wie ein Dachs um an allen Subjekten das Universum zu riechen".[25]

III

Die *Reden* und *Monologen* selbst sind die wichtigsten Texte für Schleiermachers Konzeption der Individualität, wobei der Unterschied zwischen ihnen darin erblickt werden kann, daß Schleiermacher sich in den *Reden* der Individualität vom religiösen Standpunkt aus zuwendet und diese in den *Monologen* vom ethischen Gesichtspunkt aus entwickelt. In den *Reden* ist dafür die zweite Rede von der größten Bedeutung, die unter dem Thema „Über das Wesen der Religion" steht und den eigentlichen Gesichtspunkt der Religion von der Metaphysik und Moral abzuheben sucht. Metaphysik, Moral und Religion haben alle denselben Gegenstand, nämlich „das Universum und das Verhältnis des Menschen zu ihm" (R, S. 207), aber sie unterscheiden sich durch ihr Verfahren. Der Grund für die Verkennung der Religion hat meist darin bestanden, daß

[24] G.W.F. *Hegel, Werke*. Herausgegeben von Eva Moldenhauer und Karl Markus Michel (Frankfurt 1986), Bd. 20, S. 417.

[25] *Caroline. Briefe aus der Frühromantik*. Herausgegeben von Erich Schmidt (Leipzig 1913), Bd. 1, S. 503.

man sie mit dem Verfahren der Metaphysik und der Moral verquickt hat. So besteht die erste Aufgabe darin, das eigentümliche geistige Verfahren der Religion herauszuarbeiten. Als wichtigster Unterschied ergibt sich dabei, daß die Religion nicht deduziert, weder Erscheinungen aus letzten Gründen wie in der Metaphysik, noch Pflichten aus der Natur des Menschen. Die Religion entsagt „allen Ansprüchen auf irgend etwas" und gibt „alles zurück, was man ihr aufgedrungen hat" (R, S. 211). Sie will nur das „Universum" anschauen, und während Metaphysik und Moral „im ganzen Universum nur den Menschen als Mittelpunkt aller Beziehungen" sehen, will die Religion „im Menschen nicht weniger als in allen anderen Einzelnen und Endlichen das Unendliche sehen" (R, S. 212). „Anschauen des Universums" ergibt sich damit als „die allgemeinste und höchste Formel der Religion" (R, S. 213). Das Modell dafür ist Spinoza, von dem der Redner sagt: „Ihn durchdrang der hohe Weltgeist, das Unendliche war sein Anfang und Ende, das Universum seine einzige und ewige Liebe, in heiliger Unschuld und tiefer Demut spiegelte er sich in der ewigen Welt, und sah zu wie auch Er ihr liebenswürdigster Spiegel war; voller Religion war Er und voll heiligen Geistes; und darum steht Er auch da, allein und unerreicht, Meister in seiner Kunst, aber erhaben über die profane Zunft, ohne Jünger und ohne Bürgerrecht" (R, S. 213).

Das Wesentliche dabei ist aber, daß das Universum für den Redner in einer „ununterbrochenen Tätigkeit" begriffen ist und sich uns „jeden Augenblick" und in jedem „abgesonderten Dasein" offenbart: „Jede Form, die es hervorbringt, jedes Wesen, dem es nach der Fülle des Lebens ein abgesondertes Dasein gibt, jede Begebenheit, die es aus seinem reichen immer fruchtbaren Schoße herausschüttet, ist ein Handeln desselben auf Uns" (R, S. 214). Hier liegt der eigentliche Bereich der Individualität für Schleiermacher. Ein „System von Anschauungen" (R, S. 215), ein „unendliches Chaos" (R, S. 216), ergibt sich damit, „wo freilich jeder Punkt eine Welt vorstellt" (ibd.). Jeder, der Religion hat, muß sich bewußt sein, daß seine Ansicht „nur ein Teil des Ganzen" ist, „daß es über dieselben Gegenstände, die ihn religiös affizieren, Ansichten gibt, die ebenso fromm sind und doch von der seinigen gänzlich verschieden" (R, S. 216-17). Um das Bild der Religion zu vervollständigen, erinnert der Redner ferner daran, „daß jede Anschauung ihrer Natur nach mit einem Gefühl verbunden ist" (R, S. 218). Er sagt über diese Art der Anschauung: „Ich liege am Busen der unendlichen Welt: ich bin in diesem Augenblick ihre Seele, denn ich fühle alle ihre Kräfte und ihr unendliches Leben, wie mein eigenes, sie ist in diesem Augenblick mein Leib, denn ich durchdringe ihre Muskeln und ihre Glieder wie meine eigenen, und ihre innersten Nerven bewegen sich nach meinem Sinn und meiner Ahndung wie die meinigen" (R, S. 221). Dies ist für ihn „die Geburtsstunde alles Lebendigen in der Religion", die „höchste Blüte der Religion" (R, S. 222). Auf andere Weise läßt sich das Wesen der Religion mit den Worten beschreiben: „Den Weltgeist zu lieben und freudig seinem Wirken zuzuschauen" (R, S. 224).

Immer wieder stellen sich aber bei dieser Anschauungsweise des Universums die Begriffe „Individualität und Einheit" ein, was die Frage hervorruft, woher sie im Gemüte entstammen (R, S. 227). Dabei ergibt sich als Antwort, daß sie aus dem „innersten Leben" des Menschen selbst kommen und somit die „Menschheit selbst" eigentlich das Universum ist (R, S. 228). Dabei kommt es nun aber entscheidend darauf an, die Menschheit nicht nur „in ihrem Sein", sondern ebenfalls „in ihrem Werden" anzuschauen (R, S. 232), d.h. historisch, womit die „Geschichte im eigentlichen Sinne" der „höchste Gegenstand der Religion" wird (R, S. 233). An dieser Stelle, Natur und Menschheit, bleiben die meisten bei der Entwicklung ihrer religiösen Anschauung stehen, wobei es sich um jene handelt, „denen Menschheit und Universum gleichviel gilt" (R, S. 234). Nun kommt es aber darauf an, von diesem Punkt aus „hinaus ins Unendliche" vorzudringen und eine „Ahndung von etwas außer und über der Menschheit" zu entwickeln (R, S. 235). Es geht dem Redner dabei nicht um „Dogmen und Lehrsätze", sondern den eigentlichen Gehalt der Religion, den er von drei Glaubenspunkten: Gott, Universum und Unsterblichkeit aus entwickelt. Was Gott anbetrifft, so vermag der Redner keine Formulierung für das Dasein Gottes zu finden, die ihm genügen könnte, so daß er diese Überlegung mit der Folgerung abschließt, „daß eine Religion ohne Gott besser sein kann, als eine andre mit Gott" (R, S. 244). Die zentrale Anschauung der Religion besteht offenbar in der des Universums, wobei der Redner ausführt, daß es sich hierbei um eine Idee handelt, „wo das Universum sich als Totalität, als Einheit in der Vielheit, als System darstellt" (R, S. 245). Dies scheint so sehr die Natur der Religion zum Ausdruck zu bringen, daß sich die Frage erhebt: „sollte nicht der, der es so anschaut als Eins und Alles, auch ohne die Idee eines Gottes mehr Religion haben, als der gebildetste Polytheist?" (ibd.). Was schließlich die Unsterblichkeit anbetrifft, so erscheint dem Redner die gewöhnliche Ansicht darüber als „ganz irreligiös, dem Geist der Religion gerade zuwider" (R, S. 246). Während die wahre Ansicht der Religion darin besteht, „daß die scharf abgeschnittnen Umrisse unsrer Persönlichkeit sich erweitern und sich allmählich verlieren sollen ins Unendliche", sträuben sich die Vertreter einer eng verstandenen Unsterblichkeit „gegen das Unendliche, sie wollen nicht hinaus, sie wollen nichts sein als sie selbst, und sie sind ängstlich besorgt um ihre Individualität" (ibd.). Hier zeigt sich der Zusammenhang von Individualität und Universum bei Schleiermacher noch einmal auf emphatische Weise. Der letzte Satz dieser Rede lautet: „Mitten in der Endlichkeit Eins werden mit dem Unendlichen und ewig sein in einem Augenblick, das ist die Unsterblichkeit der Religion" (R, S. 247).

Schleiermachers *Monologen* sind die Verkündigung eines neuen sittlichen Ethos, das nicht mehr aus der Pflicht- und Sollensethik erwächst wie bei Kant und Fichte, sondern dem Bereich der Bildung, der Selbstbildung und der ästhetischen Bildung. Nicht zu unrecht hat man diese Schrift mit dem Satz aus Schillers Briefen *Über die ästhetische Erziehung des Menschen* in Verbindung gebracht, der lautet: „Es gibt ein ästhetisches Übertreffen der Pflicht, und ein solches Betragen heißt edel."[26] In dieser Schrift tritt die Individualität in ethischen, sittlichen Zusammenhängen in Erscheinung, wie z.B. in der „Gemeinschaft", die sich wie die religiöse Gemeinde (oder „Gemeine") aus Individuen und nicht aus einem gleichmachenden Gesetz konstituieren soll. Das Gemeinschaftsband ist Liebe, Ehrfurcht vor der Eigentümlichkeit des anderen. Was den Stil dieser Abhandlungen anbetrifft, so handelt es sich um lyrische Ergüsse, in denen sich Schleiermacher unvermittelt auszusprechen suchte, um direkt auf das Gemüt des anderen zu wirken. Nach Dilthey soll diese moralische Schrift gerade durch diesen Stil ihre Wirksamkeit auf „tiefere Naturen" erlangt haben (LS 1, S. 462). Entsprechend soll auch ein „Gemütsvorgang" und nicht eine „schriftstellerische Absicht" am Anfang des Textes gestanden haben, nämlich, wie Schleiermacher selbst sagt, „eine unbezwingliche Sehnsucht, mich auszusprechen, so ganz ins Blaue hinein" (LS 1, S. 461). Friedrich Schlegel verwandte für diese Art von Stil Schleiermachers gern die Bezeichnung „winzige Gemütereien".[27]

Wenige Stellen aus dieser Schrift können die hier entwickelte Individualitätskonzeption verdeutlichen. In dem Abschnitt „Die Reflexion" heißt es über das Verhältnis von „Mensch" und „Welt", daß den meisten Menschen Welt „stets das erste und der Geist ein kleiner Gast nur auf der Welt" ist, wogegen für den Monologisten „der Geist das erste und das einzige" ist: „denn was ich als Welt erkenne, ist sein schönstes Werk, sein selbstgeschaffener Spiegel" (M, S. 9). Was er des Wortes Welt als würdig ansieht, „ist nur die ewige Gemeinschaft der Geister, ihr Einfluß aufeinander, ihr gegenseitig Bilden, die hohe Harmonie der Freiheit" (M, S. 10). Individuelle Freiheit ist „überall das Erste", ich kann mich selbst „nur als Freiheit anschaun". Jedoch „stößt die Freiheit an der Freiheit sich", die Gemeinschaft erzeugt den „Ton vom schönen Zusammenstoß der Freiheit", und was geschieht „trägt der Beschränkung und der Gemeinschaft Zeichen" (ibd.). Erst spät gelangt der Mensch „zum vollen Bewußtsein seiner Eigentümlichkeit", so beginnt ein anderer Gedankengang aus dem Abschnitt „Prüfungen". Auch wagt der Mensch nur selten, „drauf hinzusehen", auf seine Individualität, und richtet sein Auge stattdessen lieber „auf den Gemeinbesitz der Menschheit". So gleitet das Auge oft am Eigenen vorbei und „hält da nur das Allgemeine fest, wo eben in der Verneinung sich das Eigene zeigt". Doch stellt sich die Phantasie „tausend Arten vor", wie man in „anderm Geist und Sinn" handeln könnte, und so denke ich mich „in tausend Bildungen hinein, um desto deutlicher die eigne zu erblicken" (M, S. 18-19).

Im selben Abschnitt geht der Monologisierende noch einmal auf das „weite Gebiet" der Menschheit ein, das von denen bewohnt wird, die sich bilden. Die Frage, die sich ihm nun stellt, lautet: „ob mir ein eigner Platz gebührt, ob

[26] Z.B. im Vorwort von G. Wehrung zur Sonderausgabe dieses Textes in der Wissenschaftlichen Buchgesellschaft von 1953.

[27] *Caroline*, Bd. 1, S. 481.

nicht", ob er sich verwirklichen wird oder ein „verunglückter Entwurf" ist, ob er die „Vollendung" erreicht oder „sich auflöst in ein leeres Nichts". Jedoch erhebt sich als Antwort darauf „kein trauriges Gefühl im Innern des Bewußtseins", und er erkennt, „wie alles ineinander greift" und daß derjenige, der „sich zu einem bestimmten Wesen bilden will", den Sinn offen haben muß „für alles, was er nicht ist". Diese Betrachtung schließt mit dem Ergebnis: „Nur wenn der Mensch im gegenwärtigen Handeln sich seiner Eigenheit bewußt ist, kann er sicher sein, sie auch im Nächsten nicht zu verletzen; und nur wenn er von sich beständig fordert, die ganze Menschheit anzuschauen und jeder andern Darstellung von ihr sich und die seinige entgegenzusetzen, kann er das Bewußtsein seiner Eigenheit erhalten: denn nur durch Entgegensetzung wird das Einzelne erkannt" (M, S. 21-22).

IV

Die Gedanken zu einer universalen Religionskonzeption, die bei Friedrich Schlegel seit dem Sommer 1798 gelegentlich auftreten, sind von Novalis ausgegangen und finden in dem seinen Ursprung, was die beiden Freunde unter sich gern als „Mystizismus" bezeichneten. Damit wurde von ihnen eine Denkart bestimmt, die jenseits des Vernunftgebrauchs zu einer direkten Erfahrung des Überirdischen, Übernatürlichen oder Göttlichen befähigt ist und die von Novalis gern mit dem „Sinn für Poesie" in direkte Beziehung gesetzt wurde. In einem seiner Fragmente heißt es: „Der Sinn für Poesie hat viel mit dem Sinn für Mystizism gemein. Er ist der Sinn für das Eigentümliche, Personelle, Unbekannte, Geheimnisvolle, zu *Offenbarende*, das Notwendigzufällige. Er stellt das Undarstellbare dar" (NO 3, S. 685). Im Sommer 1798 hatte Novalis Friedrich Schlegel mitgeteilt, er habe die „Entdeckung der Religion des sichtbaren Weltalls" gemacht (NO 4, S. 255). Schlegel konnte sich damals noch nicht viel darunter vorstellen und gestand seinem Freund gern die größere Fähigkeit auf diesem Gebiet zu (KFSA 24, S. 155). Wohl von seinem Bruder mit Erstaunen auf diese neue Orientierung seines Denkens hin angesprochen, hatte er diesem bereits in einem früheren Brief geschrieben: „Hat Hardenberg mehr Religion, so habe ich mehr Philosophie der Religion, und so viel Religion wie Du, bringe ich auch noch zusammen" (KFSA 24, S. 104). Als Dorothea im Herbst 1799 in den Jenaer Frühromantikerkreis eintrat, fand sie, die „Herren" wären „etwas toll" und trieben Religion „wie Schiller das Schicksal".[28]

Noch im August 1798 verfaßte Schlegel als erste größere Schrift dieser sich ausweitenden Religionskonzeption den Brief *Über die Philosophie. An Dorothea*, den er im *Athenäum* veröffentlichte. Die Briefform sollte offenbar das an-

[28] *Aus Schleiermachers Leben.* In Briefen. Bd. 3. Herausgegeben von Wilhelm Dilthey (Berlin 1861), S. 132.

gemessene literarische Medium für die Darstellung des „Undarstellbaren" sein, was auch aus einer kurzen Briefnotiz Schlegels an Schleiermacher über das Zustandekommen dieses Textes hervorgeht: „Du glaubst nicht, wie mir dieser Konversationsstil fließt. Fast wie Deine Predigten."[29] Der Grund, warum dieser Brief über die Religion den Titel *Über die Philosophie* trägt, besteht offensichtlich darin, daß er sich an eine Frau richtet, für die es „keine andre Tugend" als Religion gibt, zu der sie aber nur durch Philosophie gelangen kann (KFSA 8, S. 42). Philosophie und Poesie werden hier nur als Durchgangsstadien für eine „religiöse" Anschauung der Welt und des Menschen angenommen, die sich auf Seiten des Mannes in der „Liebe der Freiheit" oder „der Ehre und der Pflichten seines Standes" (KFSA 8, S. 43) äußern kann, von der Frau aber zu einem ihr ganzes Wesen konstituierenden Gesamtgefühl ausgebildet werden soll. Weniger noch als später bei Schleiermacher handelt es sich bei dieser Art von Religion um Orthodoxie oder Konfession, sondern um die „ursprüngliche innerliche", für die Fragen wie die, „ob Du an Gott glaubst" oder „ob es einen Gott gebe, oder drei", ein „ziemlich uninteressantes Gedankenspiel" sein würden (KFSA 8, S. 47). Da in dieser Religion „das Menschliche überall das Höchste ist" und es im Text Schlegels um die Beziehung von Mann und Frau geht (KFSA 8, S. 48), rückt das Thema der Individualität wie von selbst in den Vordergrund und wird wie in einer Vorwegnahme von Schleiermachers Gedanken darüber aus der Idee des „Universums und seiner Harmonie" entwickelt.[30] Zwar wäre es töricht, die Vorstellung des „Universums und seiner Harmonie" als verbindenden „Mittelpunkt aller Geister" anzunehmen, aber ein „gewisser gesetzlich organisierter Wechsel zwischen Individualität und Universalität" erscheint Schlegel doch als der „eigentliche Pulsschlag des höheren Lebens, und die erste Bedingung der sittlichen Gesundheit". Er begründet dies mit der Feststellung: „Je vollständiger man ein Individuum lieben oder bilden kann, je mehr Harmonie findet man in der Welt; je mehr man von der Organisation des Universums versteht, je reicher, unendlicher und weltähnlicher wird uns jeder Gegenstand" (KFSA 8, S. 49).

Direkter und intensiver rückt die Religion in den *Ideen* von 1800 in den Mittelpunkt von Schlegels Interesse. Diese Zuwendung zu dem Thema hat zweifellos in Schleiermachers *Reden* und dem Essay des Novalis über *Die Christenheit oder Europa* ihre Veranlassung. Auch hier ist die Thematik der Individualität eng mit der religiösen Thematik verbunden, wie gleich zu zeigen sein wird. Gleichzeitig bringen die *Ideen* aber die große Verschiedenheit der Schlegelschen Religionskonzeption von der Schleiermachers zum Ausdruck. Wenn Schlegel über Religion spricht, verbleibt er im Bereich der Bildung und der Geisteskultur, d.h. er bestimmt die religiöse Anschauungsweise als eigenen, unabhängigen, gleichberechtigten Erfahrungsbereich neben der Philosophie, Poe-

[29] *Aus Schleiermachers Leben*, S. 88.

[30] KFSA 8, S. 49. Dilthey erblickt in dieser Antizipation einen Einfluß Schleiermachers auf Schlegel, den er freilich nicht erklärt: LS 1, S. 381-82.

sie und Moral. Das zeigt sich selbst dann, wenn er ekstatisch darüber hinausgeht und die Religion verabsolutieren will. Auch dann spricht er immer noch von der Religion im Zusammenhang der Bildung innerhalb dieser vier grundlegenden Erfahrungsbereiche. Die *Idee* 4 beginnt mit der Feststellung: „Die Religion ist die allbelebende Weltseele der Bildung, das vierte unsichtbare Element zur Philosophie, Moral und Poesie" (KFSA 2, S. 256). In der *Idee* 14 geht er darüber hinaus und sagt: „Die Religion ist nicht bloß ein Teil der Bildung, ein Glied der Menschheit, sondern das Zentrum aller übrigen, überall das Erste und Höchste, das schlechthin Ursprüngliche" (KFSA 2, S. 257). In der *Idee* 25 heißt es: „Das Leben und die Kraft der Poesie besteht darin, daß sie aus sich herausgeht, ein Stück von der Religion losreißt, und dann in sich zurückgeht, indem sie es sich aneignet. Ebenso ist es auch mit der Philosophie" (KFSA 2, S. 258). Nirgendwo geht Schlegel in diesen Bestimmungen der Religion über das Bildungsmäßige hinaus. Sein Haupteinwand gegen Schleiermachers *Reden* bestand auch darin, daß hier durch das entschiedene Überhandnehmen der Religion die „Gesetzesgleichheit der Bildung" in den vier genannten Bereichen nicht aufrecht erhalten sei und das, was Schleiermacher als Religion konstruiert, „keineswegs eine Harmonie des Ganzen", sondern nur eine „der Moral gleichnamige Größe" wäre (KFSA 2, S. 278).

Schlegels Theorie der Individualität ist auch keineswegs aus diesen religionsphilosophischen Spekulationen hervorgegangen, sondern zeigt sich lange vor diesen in seinen geisteswissenschaftlichen Arbeiten und Interpretationen. Sie hat wenig mit Schleiermachers Konzeption der Individualität und ihrer Verankerung im Absoluten zu tun, sondern manifestiert sich in den verschiedensten und überraschendsten Beziehungen. An einer Stelle bezeichnet er die „Elemente" als „organische Individuen" (KFSA 2, S. 266), an einer anderen sagt er: „Die Edelsteine haben Individualität; daher ihr Wert" (KFSA 18, S. 333). Der grundlegende Charakter der Individualität scheint für Schlegel unverwechselbare Eigentümlichkeit, irreduzible Eigenheit zu sein. In diesem Sinne spricht er von „poetischen Individuen" (KFSA 2, S. 182), d.h. Gedichten, oder er sieht ganze Nationen und Zeitalter als „historische Individuen" an (KFSA 2, S. 173). Bei der Ehe kommt es darauf an, ob jeder „ein Individuum für sich" oder der „integrante Teil einer gemeinschaftlichen Personalität" sein will, wobei aber die „Willkür" in dieser Sache „so wenig als möglich beschränkt werden" soll (KFSA 2, S. 170). Im Platon fand er „alle reinen Arten der griechischen Prosa in klassischer Individualität" (KFSA 2, S. 191),[31] und das eigene Zeitalter erschien ihm als „wirklich ein Individuum" (KFSA 2, S. 428), d.h. unverwechselbar mit anderen Zeitaltern in seiner Eigenart, einzigartig durch das Zusammenspiel von „Französischer Revolution, Fichtes Wissenschaftslehre, und Goethes Meister" (KFSA 2, S. 198). „Sinn für Poesie oder Philosophie" hat derjenige nach Schlegel, „für den sie ein Individuum sind" (KFSA 2, S. 244),

[31] Nach den Pariser Vorlesungen über die europäische Literatur handelt es sich dabei neben dem Dialog um „Geschichte, Rhetorik, Kritik, selbst Gesetze": KFSA 11, S. 112-13.

der diese verschiedenen Äußerungensarten des Geistes in ihrer charakteristischen Eigenart zu erkennen oder gar auszuüben vermag. Letztlich muß alles, was für uns ein „Faktum" sein soll, „strenge Individualität" (KFSA 2, S. 249), fest umrissene Konturen haben.

Individualität im Sinne charakteristischer Eigentümlichkeit zeigte sich Schlegel zunächst auf den von ihm studierten Forschungsgebieten, wie zum Beispiel dem der „alten Poesie", d.h. der griechischen Literatur, von der er immer wieder betonte, daß diese „ein organisches Ganzes" bilde, „nur ein Gedicht" sei, „das einzige, in dem die Dichtkunst selbst vollkommen erscheint" (KFSA 2, S. 265). Jeder, der „die Alten in Masse charakterisieren will", d.h. die Gesamtheit ihrer Poesie darstellen möchte, müßte erkennen, diese sei „ein Individuum im strengsten und buchstäblichsten Sinne des Worts; markierter von Physiognomie, origineller an Manieren und konsequenter in ihren Maximen als ganze Summen solcher Phänomene, welche wir in rechtlichen und gesellschaftlichen Verhältnissen für Personen, ja sogar für Individuen gelten lassen müssen und gelten lassen sollen" (KFSA 2, S. 205). Von diesem besonderen Forschungsgegenstand der alten Poesie weiten sich Schlegels Überlegungen auf alle geisteswissenschaftlichen Gegenstände aus, wenn er im Athenäum-Fragment 242 fragt: „Kann man etwas anderes charakterisieren als Individuen? Ist, was sich auf einem gewissen gegebnen Standpunkte nicht weiter multiplizieren läßt, nicht ebensogut eine historische Einheit, als was sich nicht weiter dividieren läßt? Sind nicht alle Systeme Individuen, wie alle Individuen auch wenigstens im Keime und der Tendenz nach Systeme? Ist nicht alle reale Einheit historisch? Gibt es nicht Individuen, die ganze Systeme von Individuen in sich enthalten?" (ibd.).

Ebenso wie sich die alte Poesie als ein großes Individuum vor uns auftut, steht die moderne oder romantische Poesie dieser in streng umrissener individueller Eigenart gegenüber. Die Brüder Schlegel rechneten es sich als eines ihrer größten Verdienste an, den zwischen der alten und modernen Literatur, der klassischen und romantischen Poesie bestehenden Gegensatz in aller Schärfe herausgearbeitet zu haben, wobei für sie der Sinn für die Individualität dieser Gebilde das wichtigste bei dieser Unterscheidung war. Genauer betrachtet zeichnet sich die moderne oder romantische Poesie in drei großen aufeinanderfolgenden Zyklen ab, die selbst wieder Individualitäten darstellen und deren „Mittelpunkte" von Dante, Shakespeare und Goethe, also drei individuellen Originaldichtern, gebildet werden (KFSA 2, S. 206). Selbst jedes Buch, das bei diesen Forschungen in Betracht gezogen wird, stellt sich als eine Individualität heraus, wenn es nicht bloß als „Mittel zum Zweck", sondern als „selbständiges Werk, Individuum, personifizierte Idee" genommen wird (KFSA 2, S. 265). Sogar jedes Fragment hat Individualität (KFSA 18, S. 69). So ergeben sich in der Literaturgeschichte von jedem individuellen Ansatz aus immer größere Gebilde, die ebenfalls den Charakter von Individualität an sich haben. Ähnliche Verbindungen zwischen Individuen, aus denen neue Individualitäten hervorgehen, sind in den angeführten Beispielen aus Schlegels Schriften bereits zutagegetreten. So beruht die Ehe auf der unaufhebbaren Individualität der Partner und führt in deren Verbindung eine neue Individualität herbei. Auf der intellektuellen Ebene ist es die „Kunst, Individuen zu verschmelzen", die in der „Symphilosophie" und „Sympoesie" ganz neue Arten individueller Produktionen auf den Gebieten der Philosophie und Poesie hervorzubringen vermag (KFSA 2, S. 185-86). Poesie und Philosophie sollen einerseits scharf voneinander abgehoben und unterschieden werden; andererseits verlangt das frühromantische Programm ihre Vereinigung (KFSA 2, S. 166, S. 255). Ähnliches gilt von der alten und modernen Poesie, die zunächst scharf voneinander unterschieden und abgegrenzt werden, in einem letzten Akt aber zu einer Synthese gebracht werden sollen (KFSA 2, S. 346). Wie ist dies zu verstehen?

Schlegel gibt selbst die Antwort auf diese Frage. Im Athenäum-Fragment 149 wird das Verdienst Winckelmanns darin gesehen, daß er mit seinen Schriften über die griechische Kunst die „Wahrnehmung der absoluten Verschiedenheit des Antiken und Modernen" begründet habe, aus dem das Projekt einer „materialen Altertumskunde" entstehen konnte. Erst nachdem diese Wahrnehmung der scharf umrissenen Individualität des Altertums sich vollzogen hatte, konnte in einem zweiten Schritt die „absolute Identität des Antiken und Modernen" erkannt und damit der „Kontur der Wissenschaft", d.h. der vergleichenden europäischen Kultur- und Literaturwissenschaft, ausgeführt werden (KFSA 2, S. 188-89). Natürlich ist für diese größere Aufgabe eine ebenso gründliche Kenntnis der modernen Kunst wie die der alten erforderlich. Bei der Konzeption der Individualität soll man sich also nicht allein, wie es in der Tradition üblich war (individuum est indivisibile), mit dem begnügen, „was sich nicht weiter dividieren läßt", sondern auch das miteinbeziehen, „was sich auf einem gewissen gegebnen Standpunkte nicht weiter multiplizieren läßt" (KFSA 2, S. 205). An dieser Stelle bezeichnet Schlegel das Individuum oder die Individualität als „historische Einheit" (ibd.), als ein in der Geschichte zum Ausdruck kommendes einmaliges Ereignis. Mit diesem historistischen Gesichtspunkt der Individualität verbindet sich als ihre vielleicht wichtigste Eigenschaft, daß sie nie ganz fertig, nie völlig artikuliert, sondern immer im Werden und im Prozeß der Vervollkommnung, der Perfektibilität ist. Unfertige, noch werdende Individualitäten sind deshalb der beste Gegenstand für eine historische Charakteristik. In diesem Sinne ist die „Deutschheit", jedenfalls zur Zeit Schlegels, „ein Lieblingsgegenstand des Charakteriseurs" (KFSA 2, S. 169). Auch die Menschheit „soll ein Individuum werden" (KFSA 18, S. 298), ja die „Symmetrie und Organisation der Geschichte lehrt uns, daß die Menschheit, so lange sie war und wurde, wirklich schon ein Individuum, eine Person war und wurde". Schlegel fügt hinzu: „In dieser großen Person der Menschheit ist Gott Mensch geworden" (KFSA 2, S. 258).

Auf vorzügliche Weise bekundet sich die Individualität aber auf der Ebene des Einzelmenschen. In der *Idee* 60 sagt Schlegel: „Grade die Individualität ist das Ursprüngliche und Ewige im Menschen; an der Personalität ist so viel nicht gelegen. Die Bildung und Entwicklung dieser Individualität als höchsten Beruf zu treiben, wäre ein göttlicher Egoismus" (KFSA 2, S. 262). Mit beinahe wörtlichen Übereinstimmungen formulieren zwei Fragmente aus dem Nachlaß denselben Gedanken, wobei Schlegel aber noch wichtige darüber hinausgehende Aussagen macht: „Grade die *Individualität* ist das Ewige im Menschen und nur diese kann unsterblich sein. An der Personalität ist so viel nicht gelegen. Die entgegengesetzte und allgemeingeltende Denkart achtet das Amt höher als den Menschen. Und auch so; soll man denn nie avançieren?" (KFSA 18, S. 134). Der zweite Satz aus der *Idee* 60 wird in dem folgenden Nachlaßfragment auf etwas ausführlichere Weise entwickelt: „Die höchste Tugend ist die eigne Individualität als höchsten Zweck zu treiben. Göttlicher Egoismus. – Die Menschen haben also Recht darin, daß sie *Egoisten* sind, wenn sie nur ihr Ich kennten, welches man nur dadurch kann, daß man eins hat. Es ist immer nur eine Indikation" (KFSA 18, S. 134).

Durch die Zusammenstellung dieser drei Fragmente klären sich einige mit dem Hervortreten der Individualität verbundene Fragen von selbst. Zunächst wird evident, daß Schlegel die Bezeichnung „Person" oder „Personalität", wie dies in vorhergehenden Zitaten bereits zum Ausdruck gekommen war, hauptsächlich in juristischen Beziehungen verstand, als amtliche, legale Erscheinung des Menschen, z.B. im Beruf. Die Frage: „soll man denn nie avançieren?" ist also ironisch aufzufassen wie etwa: soll man denn nie von der Amtsperson zur Individualität befördert werden? Tatsächlich heißt es auch an einer Stelle: „Die Persönlichkeit ist bloß die juristische Form der Individualität" (KFSA 18, S. 418). In einem anderen Fragment sagt Schlegel dazu: „Diejenigen welche alles im Menschen aus Organisation, Erziehung oder Regierung herleiten, leugnen die historische *Originalität* [Individualität], von der man ausgehen sollte, woraus sich dann Universalität und Genialität leicht deduzieren lassen. – Nichts ist unsinniger als Menschen außer solchen (d.h. juristischen) Verhältnissen *juristisch* zu behandeln und im Individuo nicht die Individualität, sondern die Gattung ehren zu wollen, da die Menschheit doch in jener besteht. Eine unendliche Anmaßung" (KFSA 18, S. 268).

Schwieriger zu beantworten ist jedoch die Frage, die sich aus den Postulaten ergibt: „die Bildung und Entwicklung dieser Individualität als höchsten Beruf zu treiben" – sich einem „göttlichen Egoismus" hinzugeben – in diesem „Egoismus" sogar ein Recht zu empfinden. Denn die moralphilosophischen Probleme, die sich aus diesen Feststellungen ergeben, lassen sich schlecht mit dem Hinweis umgehen, daß wir uns hier nicht im Bereich der Ethik, sondern in dem der Individualitätsphilosophie befinden, wo derartige Fragen keine Relevanz haben. Schlegel scheint sich über diese Schwierigkeit im klaren gewesen zu sein und sagt darüber in seinen Jenaer Vorlesungen über die *Transzendentalphilosophie*: „Der höchste Grundsatz der Moral ist Individualität. Jeder soll sich bestreben, das zu werden, was er ist. Aber auch hier bei der Bildung des sittlichen

Menschen ist ein reeller Widerstand, wir müssen auch in dem Menschen, der einer Bildung fähig ist, ein böses Prinzip annehmen, nämlich bloß nur in Rücksicht seiner Individualität. Aber wir können auch hier nur die Notwendigkeit, daß es da sei, dartun. Wer dazu gelangt ist, das böse Prinzip in sich zu erkennen, welches gar wohl der Fall sein kann, der besitzt *Selbstkenntnis*" (KFSA 11, S. 60). Selbstkenntnis wird damit zum kritischen Prinzip der Individualität. Tatsächlich heißt es auch in einem Fragment aus dieser Zeit: „Die höchste Selbstkenntnis ist die der Individualität, des eigenen Genius" (KFSA 18, S. 348). Das folgende Fragment scheint in dieselbe Richtung zu weisen: „Ironie d.h. kritische Selbstkenntnis kann wohl niemand haben, der keinen Dämon hat. Dies ist gleichsam die Potenz der Individualität" (KFSA 18, S. 217).

Schlegels Sehweise der einzelmenschlichen Individualität kommt an zwei besonderen Aspekten der Individualität noch besonders deutlich zum Ausdruck, dem religiösen Thema der Unsterblichkeit und dem sozialen der Geselligkeit. Schleiermacher hatte in seinen *Reden* die Individualität von der Unsterblichkeit getrennt und sich mit einem bloßen Aufgehen des Menschen ins Unendliche begnügt. Deshalb überrascht es einigermaßen, wenn Schlegel, als Laizist in dieser Debatte, die Individualität zum wichtigsten Merkmal der Unsterblichkeit macht und sagt: „Unsterblichkeit ohne Individualität ist nichts rechtes. Der Gedanke ist sehr philosophisch, aber gar nicht religiös" (KFSA 18, S. 132). Das Fragment mit der ähnlichen Aussage, daß die Individualität „das Ewige im Menschen" sei und an der Personalität „nicht so viel gelegen" wäre, wurde bereits zitiert (KFSA 18, S. 134). Die tiefgreifende Diskrepanz zwischen Schlegel und Schleiermacher bei dieser Frage zeigt ein völlig verschiedenes Denken der beiden über die Individualität.

Das Thema der Geselligkeit ist für eine kritische Ausführung in dem hier erörterten Zusammenhang zu komplex und läßt sich deshalb nur mit wenigen Strichen andeuten. Geselligkeit besteht in der freien Assoziation von Individuen, für deren instantanen (nicht synthetischen) Zusammenschluß kein anderes Organisationsprinzip als der schnell wirkende und schnell sich wieder auflösende Witz, d.h. momentanes geistiges Interesse füreinander, angegeben werden kann. Schlegel sagt: „Witz ist unbedingt geselliger Geist, oder fragmentarische Genialität" (KFSA 2, S. 148). Dabei ist die Geselligkeit so wenig wie die Individualität auf die menschliche Sphäre eingeschränkt. Es gibt „logische Geselligkeit", die durch den Witz hergestellt wird (KFSA 2, S. 154), und diese besteht in dem „überraschenden Wiedersehen zwei befreundeter Gedanken nach einer langen Trennung" (KFSA 2, S. 171). Sodann gibt es den Witz der romantischen Poesie, deren gesellige Funktion nicht nur darin besteht, „alle getrennten Gattungen der Poesie wieder zu vereinigen, und die Poesie mit der Philosophie und Rhetorik in Berührung zu setzen. Sie will, und soll auch Poesie und Prosa, Genialität und Kritik, Kunstpoesie und Naturpoesie bald mischen, bald verschmelzen, die Poesie lebendig und gesellig, und das Leben und die Gesellschaft poetisch machen, den Witz poetisieren, und die Formen der Kunst mit gediegenem Bildungsstoff jeder Art anfüllen und sättigen, und durch die Schwingungen des Humors beseelen" (KFSA 2, S. 182). Diese Art von Geselligkeit (Isonomie) unter den Bildungssphären Philosophie und Poesie, Moral und Religion hatte Schleiermacher nach Schlegel verkannt, indem er der Religion zur Prädominanz verhalf, womit sich „ein ununterbrochener Strom von Irreligion durch das Ganze [seiner *Reden*] hinzieht" (KFSA 2, S. 280).

Im Bereich der menschlichen Individualität hat die Geselligkeit für Schlegel dieselben Charaktereigenschaften wie in der Literatur. Er sagt über die besondere Art von Einheit, die sich hier auftut: „Viele Werke, deren schöne Verkettung man preist, haben weniger Einheit, als ein bunter Haufen von Einfällen, die nur vom Geiste eines Geistes belebt, nach einem Ziele streben. Diese verbindet doch jenes freie und gleiche Beisammensein, worin sich auch die Bürger des vollkommnen Staats, nach der Vereinigung der Weisen, dereinst befinden werden; jener unbedingt gesellige Geist, welchen nach der Anmaßung der Vornehmen jetzt nur in dem gefunden wird, was man so seltsam, und beinahe kindisch, große Welt zu nennen pflegt" (KFSA 2, S. 159). Dies ist eine Anspielung auf den literarischen Salon, wie er in der Adelsgesellschaft bestand und den Schlegel mit der Bemerkung abfertigt: „Was gute Gesellschaft genannt wird, ist meistens nur ein Mosaik von geschliffenen Karikaturen" (KFSA 2, S. 166). Der Kreis der Frühromantiker dagegen, wie er sich in Jena zusammenschloß, ist durch die Geselligkeit von Individualitäten gekennzeichnet. Schlegel hat diese Art von intellektueller Geselligkeit in seinem *Gespräch über die Poesie* nachzuzeichnen versucht. In ihm sind „ganz verschiedene Ansichten" der sechs daran teilnehmenden Gesprächspartner, unter denen sich zwei Frauen befinden, dargestellt, „deren jede aus ihrem Standpunkte den unendlichen Geist der Poesie in einem neuen Lichte zeigen kann, und die alle mehr oder minder bald von dieser bald von jener Seite in den eigentlichen Kern zu dringen streben" (KFSA 2, S. 286). Das wertvollste Resultat, das aus solcher Geselligkeit hervorgeht, ist „Vielseitigkeit" (ibd.), und das wichtigste philosophische Problem, das von Schlegels Konzeption der Individualität aufgeworfen wird, besteht in der Frage, welche Art von Einheit innerhalb solcher Geselligkeit und Vielseitigkeit wirksam ist.

V

Daß es sich dabei nicht um die von Schleiermacher angenommene systematische Einheit des Universums oder des Unendlichen handeln kann, von der das Individuum lediglich ein „Symbol" ist und in das es auch nach seiner Auflösung zurückkehrt, scheint offensichtlich zu sein. Schlegel hat einen anderen Ansatzpunkt für die Konzeption der Individualität, da er von dieser als dem ursprünglich Gegebenen ausgeht, wogegen Schleiermacher diese als sekundär, nämlich bloß als Ausdruck des Unendlichen auffaßt. Damit ist für Schlegel die Annahme einer die Individualität begründenden und ihr zugrundeliegenden Einheit schwieriger als für Schleiermacher und letztlich sogar unmöglich. Jedes dieser angenommenen Einheitsprinzipien wird sich nämlich bei genauerer Analyse dekonstruieren und nur als eine andere Form von Individualität erweisen. Einige Beispiele können dies veranschaulichen. In einem der sich auf diese Frage beziehenden Fragmente wird die Natur als ein die Fülle der Individualitäten umfassendes Einheitsprinzip angenommen. Es lautet: „Daß wir uns von der Natur absondern, ist auch nur Schein und Täuschung der Individualität – aber die höchste der ganzen Menschheit. Wir sind ein Teil der Natur, und der Gegensatz der Natur ist das Chaos; nichts weiter" (KFSA 18, S. 686). Ein anderes mögliches Einheitsprinzip für die Individualität scheint mit der Menschheit im Sinne des bereits in Erscheinung getretenen dynamischen Pantheismus der Humanität gegeben zu sein. Dieser Gedanke ist in folgendem Fragment ausgedrückt: „Soll der Mensch die Welt verändern wollen? – Kann und darf das sein Zweck sein? – Der Gegenstand des Menschen in logischer Rücksicht ist nur die Menschheit. Sie soll ein Individuum werden. *Totalität* soll er in sich, *Individualität* in der Menschheit bewirken. *Totalität* erhält der Mensch nur durch Religion" (KFSA 18, S. 338).

Wie aus diesem Fragment hervorgeht, werden aus allen diesen angenommenen Einheitsprinzipien der Individualität nur immer wieder neue Individualitäten, aber kein ihnen allen gemeinsamer Grund. Dies zeigt sich noch deutlicher in einem anderen Fragment, das Gott als ein solches Einheitsprinzip ansetzt, diesen aber sofort in eine Mehrheit von Individuen auflöst. Es lautet: „Gott ist nichts als das Individuum in der höchsten Potenz; nur Individuen können einen Gott haben, der also durchaus subjektiv ist, nicht bloß der Beschaffenheit, sondern auch dem Dasein nach. Aber freilich ist auch die Welt ein Individuum – das läßt sich erkennen – also muß auch sie einen Gott haben, und dies ist das Urbild" (KFSA 18, S. 243). Dies Fragment hat zweifellos der *Idee* 47 zugrundgelegen, die neben der Welt noch die Natur als Individuum auffaßt, wozu aber sicher auch die gerade als Individuum bezeichnete Menschheit zu rechnen ist: „Gott ist jedes schlechthin Ursprüngliche und Höchste, also das Individuum selbst in der höchsten Potenz. Aber sind nicht auch die Natur und die Welt ein Individuum?" (KFSA 2, S. 261). Im Athenäum-Fragment 426 vertritt Schlegel sogar die Ansicht: „Wenn jedes unendliche Individuum Gott ist, so gibts so viele Götter als Ideale" (KFSA 2, S. 242).

Mit dieser Gottesidee findet die bereits zitierte Frage aus dem Athenäum-Fragment 242 neuen Ausdruck, die darin bestand, ob es nicht Individuen gebe, „die ganze Systeme von Individuen in sich enthalten" (KFSA 2, S. 205). Schlegel hat diese Hypothese wiederholt mit der Gottesidee entwickelt. Die damit verbundenen Überlegungen sind vielleicht seine wichtigsten Äußerungen zum Thema der Individualität. Eine von ihnen lautet: „Das ewige Leben ist nur in Gott zu suchen. In ihm leben alle Geister, er ist ein Abgrund von Individualität, immer höher potenziert von den Menschen bis zu den Geistern der Planeten – Ozean von Geist und Liebe – unendliche Fülle der Phantasie“ (KFSA 18, S. 317). Auf bescheidenere Weise ist der Gedankengang dieses Fragments in die *Idee* 6 eingegangen, wo es in beinahe wörtlicher Übereinstimmung heißt: „Das ewige Leben und die unsichtbare Welt ist nur in Gott zu suchen. In ihm leben alle Geister, er ist ein Abyssus von Individualität, das einzige unendlich Volle“ (KFSA 2, S. 257).

Geht man dieser Gottesidee aber näher nach, dann verflüchtigt sie sich und geht in jenem Geist der „Vielseitigkeit“ auf, der bereits bei der frühromantischen Geselligkeit in Erscheinung getreten war, d.h. in einem Verhältnis, aus dem zwar immer neue Individualitäten hervorgehen können, das selbst aber die Individualität nicht zu begründen vermag und wohl auch gar nicht soll. Im Athenäum-Fragment 451 wird das Wesen Gottes, „Abyss von Individualität“ zu sein, im Leben eines „universellen Geistes“ (zum Beispiel eines Goethe oder Shakespeare) gefunden. Die betreffende Stelle lautet: „Das Leben des universellen Geistes ist eine ununterbrochene Kette innerer Revolutionen; alle Individuen, die ursprünglichen, ewigen nämlich leben in ihm. Er ist echter Polytheist und trägt den ganzen Olymp in sich“ (KFSA 2, S. 255). Im Athenäum-Fragment 121 schließlich, das als Motto für diesen Essay gewählt wurde, werden sogar Ansprüche wie „Gott“ oder „universeller Geist“ für die Begründung der Individualität fallengelassen und diese einem „Geist“ (d.h. einem menschlichen Individuum) anheimgestellt, „der gleichsam eine Mehrheit von Geistern, und ein ganzes System von Personen in sich enthält, und in dessen Innern das Universum, welches, wie man sagt, in jeder Monade keimen soll, ausgewachsen, und reif geworden ist“ (KFSA 2, S. 185). Die Bedeutung dieser Gedanken Friedrich Schlegels über die Individualität für die Hermeneutik, Dekonstruktion, Diskursanalyse und Systemtheorie scheint offensichtlich zu sein. Um diese aber im einzelnen herauszuarbeiten, bedürfte es einer neuen Untersuchung.

Peter Baumanns

Der Weg zur transzendentalen Einheit des Selbstbewußtseins bei Kant

I

Man kann den Forschungsweg, der Kant in fünfunddreißig Jahren zur *Kritik der reinen Vernunft* führte, in zwei Hauptphasen mit jeweils zwei Teilphasen gliedern. Die „Inauguraldissertation" von 1770 *De mundi sensibilis atque intelligibilis forma et principiis* ist das letzte Werk der ersten, allein „vorkritisch" zu nennenden Hauptphase. Der zweite Teilabschnitt hatte 1762/63 damit begonnen, daß Kant ganz folgerichtig im Verhältnis zur vorangehenden Entwicklung von der vorwiegenden Beschäftigung mit Naturphilosophie zur Metaphysik als Hauptgegenstand überging. Er hatte sich mit dem Kräfte-Maß befaßt. Er hatte unter Zugrundelegung allein der Newtonschen Gravitationskraft eine Hypothese zur Entstehung und künftigen Ausbreitung des Sonnensystems aufgestellt. Er hatte mit der *Monadologia physica* (1756) angefangen, die metaphysische Grundlage der kosmogonischen Kosmologie zu durchdringen. Nachdem das ontologische Argument in der *Nova dilucidatio* (1755) wie bei Crusius als naive Begriffsanalyse abgetan worden war, fand sich ein neuer grundlegender Beweis für das Dasein Gottes in Gestalt der leibniznahen Reflexion, daß das Reich des Wesensmöglichen, die für sich bestehende Sphäre des Denklichen, die Annahme eines absoluten Grundes verlange. *Der einzig mögliche Beweisgrund zu einer Demonstration des Daseins Gottes* wurde 1763 in ausführlicher Darstellung und in der 1764 veröffentlichten Preisschrift in einer Kurzfassung vorgelegt.

Die metaphysische Erkenntnis galt Kant um diese Zeit nur als schwierig, nicht als in enge Grenzen verwiesen oder unmöglich. In nur zwei bis drei Jahren aber unterwirft er sie einer viel strengeren Beurteilung. Auf der Suche nach einer verbesserten philosophischen Methode glaubt er zu erkennen, daß sich die Metaphysik auf eine elementare Erfahrungsanalyse zu beschränken hat. Sie soll die abstraktesten empirischen Begriffe ermitteln und über ihre Qualität kritisch reflektieren. Ungeachtet aber selbst des Hauptmangels der metaphysischen Begriffe, d.i. die Undurchsichtigkeit der darin gedachten Elementarrelationen, hält Kant an ihrer Möglichkeit und Gültigkeit fest. Der Verfasser der *Träume eines Geistersehers* hat das Vertrauen in die rationale Theologie, Kosmologie und Psychologie verloren. Sein prinzipientheoretisches Interesse gilt zuletzt nur noch den empirischen Realgründen. Der absolute Realgrund, der ein Reich innerer Möglichkeiten halten sollte, ist ihm aus dem Blick gerückt. Aber Kant tritt zu keiner Zeit zum Skeptizismus über. Er bringt nicht den Verstand der Humeschen Einbildungskraft zum Opfer. Seine der transzendentalen Vernunftgeschichte konforme Skepsis im Übergang vom Dogmatismus zum Kritizismus beschränkt sich auf den nichtempirischen Erkenntnisanspruch, obwohl er auch für den empirischen Verstand keine theoretische Legitimation zu erbringen weiß. Und so ermöglicht ein unablässiges, bis zur Zerreißprobe des Verstandes gehendes Arbeiten am Problem der Realgründe, daß er später feststellen kann: „Das Jahr '69 gab mir großes Licht." Die Reflexion 5037 aber, um die Mitte der siebziger Jahre notiert, ist schon auf die Konzeption der transzendentalen Vernunftkritik zu beziehen. Damit stellt sich der entwicklungsgeschichtlichen Rekonstruktion die Frage, wie das große Licht des Jahres '69 mit anderen Selbstzeugnissen in Einklang zu bringen ist, die ein Gewecktwerden aus dogmatischem Schlummer einerseits durch Hume, andererseits durch die kosmologische Antinomie zum Inhalt haben.

Das Bestreben, die Humesche Problematisierung der Kausalrelation auf die elementaren Weltverhältnisse insgesamt auszudehnen, machte Kant für die kosmologische Antinomie empfänglich. So konnten ihn Hume und die Antinomie in den Jahren 1768-70 dem dogmatischen Schlummer entreißen, d.h. gemäß KrV B 434 dem schlummernden Dogmatismus, der Verfallenheit an bloß einseitigen Schein, zur Vorsicht in Vernunftfragen erwecken und auf den Weg zur transzendentalidealistischen Vernunftkritik bringen. Vielleicht begann die antinomische Aufrüttelung am Problem der raumzeitlichen Weltausdehnung, im Anschluß an die Abhandlung über die Unterscheidung der räumlichen Gegenden, die in den *Königsberger Frag- und Anzeigungsnachrichten* am 6., 13. und 20. Februar 1768 erschienen war. Das „große Licht" vermutlich des September / Oktober '69 betraf die Seinsweise von Raum und Zeit. Kant glaubte zu erkennen, daß die Idealität von Raum und Zeit als menschlichen Anschauungsformen zwei Welten zu unterscheiden gebietet, die Verstandeswelt und die raumzeitliche Erscheinungswelt, und er glaubte, die kosmologische Antinomie durch Verteilung der Aussagen der Thesis und Antithesis auf diese Welten auflösen zu können.[1]

Die Umkippung des kritischen Empirismus der *Träume* in eine übereilte Rehabilitierung der spekulativen Metaphysik ist nicht unplausibel. Mehr als ein kräftiges Aufstören des im einfachen Schein dahindämmernden Dogmatismus war nicht erfolgt. Und der Apriorismus der Raum-Zeit-Theorie, der den Rückfall veranlaßte, war ja auch eine wirkliche und bleibende, den Weg zum Kritizismus eröffnende Entdeckung. Die nächstfolgende, schon dahin führende Pro-

[1] Vgl. KrV B 434, 792, 797; AA 10, 97; Verf., *Kants Antinomie der reinen Rechtsvernunft in systemgeschichtlicher und systematischer Hinsicht*, in: Philosophisches Jahrbuch der Görresgesellschaft, 1993, S. 282-300. Auch die zum transzendentalen Idealismus führende Materie-Reflexion wird mit der situationsgerecht bewiesenen zweiten Thesis konfrontiert. Vgl. MAN, AA 4, S. 505-508.

blemstellung konnte nur darauf gehen, nach den vollständig disjunkten Formen der inneren und äußeren Anschauung auch die Elementarfunktionen des Verstandes erschöpfend zu ermitteln und als Formen gegenständlichen Begreifens zu legitimieren.

Kant muß in der Zeit zwischen der *Inauguraldissertation* oder auch zwischen dem Brief vom 7. Juni 1771, der noch den Standpunkt der Dissertation erkennen läßt, und dem transzendentalprogrammatischen Bericht an Marcus Herz vom 21. Februar 1772 die Erkenntnis gekommen sein, daß das Gefüge der formallogisch ermittlungsfähigen Urteilsformen Zugang zum System des reinen Verstandes verschafft. Und zwar muß er, da er die bewußtseinstheoretische Konzeption der Bestimmungsoperation noch nicht besaß, den Urteilszusammenhang in merkmalslogischer Vereinfachung erahnt haben. Vielleicht entwickelte er in der Art der *Logik Blomberg* das zweite und dritte Relationsmoment so, daß er das Verknüpfungs- und Widerstreitsverhältnis des kategorischen Urteils auf zwei Urteile ausdehnte und verteilte. Das kombinatorische Räsonnement bot allerdings keine Möglichkeit, die spezifische *Funktions*art des hypothetischen und disjunktiven Urteils ins Licht zu setzen, und es legte folglich auch nicht nahe, die Vollständigkeitsthese aus dem Charakter der Disjunktivität als Denkform der Ganzheit („Gemeinschaft") von Erkenntnissen zu begründen.[2]

Eine Stütze dieser Vermutungen ist der entwicklungsgeschichtliche Rückblick, den Kant in § 39 *Prolegomena* anstellt. Bei einer Untersuchung der reinen Elemente menschlicher Erkenntnis, so schreibt er hier, sei es ihm nach langem Nachdenken gelungen, die reinen Anschauungen von den reinen Begriffen zu unterscheiden und letztere als Grundbedingungen der einzig objektiv gültigen Erfahrungsurteile aus den Momenten des Urteils abzuleiten.

Es fällt auf, daß Kant in diesem Zusammenhange die ursprünglich-synthetische Einheit der Apperzeption entweder gar nicht erwähnt oder unter der Bezeichnung „Einheit des Denkens überhaupt" als Erklärungsgrund der Urteilshandlung nur ex post in den Bericht einzufügen scheint. Auch die Parallele ist nicht zu übersehen, die insofern zwischen Kants persönlicher Denkentwicklung und dem Aufbau der *Kritik der reinen Vernunft* besteht. Denn auch hier noch hält er eine vernunftkritische Deduktion der reinen Verstandesbegriffe vor Einführung des Apperzeptionsprinzips für möglich. Er unterscheidet in der Vorrede von 1781 zwischen der „subjektiven Deduktion" und der „objektiven Deduktion", die klären soll, was und wieviel der reine Verstand zur Erkenntnis beizutragen vermag. Die subjektive Deduktion, die Strukturanalyse des Denkvermögens, wird als notfalls entbehrlich ausgegeben. Und es wird auf A 92/93 verwiesen, wo eine „allenfalls" als bloß „objektive Deduktion" anerkennbare Theorie zu finden sein soll. Es handelt sich um eine extrem abstrakte konstitutionsidealistische Deduktion ohne Berufung der Apperzeption.

[2] Vgl. AA 24.2, 273ff und z.B. KrV A 74/ B 99, *Logik Pölitz* AA 24.2, 577-580; R.*Brandt, Die Urteilstafel*, 1991, S. 100ff.

In der persönlichen Denkgeschichte Kants dauerte es allem Anschein nach wieder ungefähr drei Jahre, bis er nacheinander die objektive Deduktion auf die Grundlage der transzendentallogischen Apperzeptionstheorie stellen und durch die Vermögensanalyse der „subjektiven Deduktion", die mit dem Apperzeptionsrückgang allein noch nicht zustandekommt, insbesondere anhand der „Einbildungskraft" ergänzen konnte. Dieser Fortschritt, mit dem die zweite Teilphase der zweiten entwicklungsgeschichtlichen Hauptphase beginnt, ist weitgehend durch den *Duisburgschen Nachlaß* dokumentiert.[3] Hier führt Kant die als „Titel" der Erfahrungserkenntnis erläuterten reinen Verstandesbegriffe auf Funktionen der Selbstsetzung des Ich zurück. Das Ich setzt sich selbst als Substanz, Ursache und Vorstellungskollektiv, indem es sagt: „Ich bin", „Ich denke", „Vorstellungen sind in mir." Das Ich schafft, indem es so spricht, unter den Vorstellungen subjektiv-synthetische Grundverhältnisse, es bringt „Funktionen der Apperzeption" als Einheitshinsichten zur Geltung. Zugleich wendet es sie auf das äußere Vorstellungsmannigfaltige an. Es setzt die Regeln der Selbstprädikation mit Regeln der Objektprädikation gleich. Es betrachtet die subjektiven Verhältnisprädikate als „Antizipationen aller Erfahrungsgesetze überhaupt".

Ohne Differenzierung der allgemeinen, verstandeseigenen Gesetze und der besonderen, empirischen Gesetze wäre die Deduktion des *Duisburgschen Nachlasses* unplausibel. Warum sollte das Ich über seine Selbstvorstellung hinaus zur äußeren Erfahrung, von der die leibvermittelte Möglichkeit der inneren und persönlichen, bewußtseinsgeschichtlichen Erfahrung abhängt, übergehen? Wie sollte es die Exponenten des Selbstverhältnisses zu Titeln der Erfahrungserkenntnis erheben, würde es nicht durch empirische Gesetze zur Selbsteröffnung einer äußeren Erfahrungswelt in den Stand gesetzt? Sie allererst neben der allgemeinen, auf Selbstaffektion irreduziblen Affektabilität und der Anschauungsform des Raumes verhelfen dem Ich zu der Bedeutung, das „Original aller Objecte"[4] zu sein. Unter diesen Vorausbedingungen allein kann das Sich-Setzen unter bestimmten Einheitsaspekten als Muster aller Objektsetzung fungieren, können die logischen Funktionen der Selbstthematisierung zugleich die grundlegenden Hinsichten der Erfahrungserkenntnis und Erfahrungswelt sein.

So weit hat sich Kant schon der Apperzeptionstheorie der *Kritik der reinen Vernunft* genähert, daß er die Apperzeptionsfunktionen als Modi der Einheit des Gemüts auslegt: „Die Bedingung aller Apperzeption ist die Einheit des denkenden Subjekts; daraus fließt die Verknüpfung nach einer Regel und einem Ganzen, weil die Einheit der Funktion sowohl zur Subordination als zur Koordination zureichen muß." Die Apperzeptionseinheit impliziert ein System logisch-kategorialer Apperzeptionsfunktionen.[5]

[3] Vgl. Theodor *Haering* (Hg.), *Der Duisburgsche Nachlaß und Kants Kritizismus um 1775*, 1910; AA 17, Nr.4674-4684.Vgl. auch schon Refl. 4673, AA 17, 636.

[4] Vgl. a.a.O. 7.33, S.91.

[5] Vgl. a.a.O. 13.1, S.114.

Sogar die Bezeichnung der Subjektseinheit als „Punkt, in welchem die Vorstellungen zusammenlaufen müssen" (KrV A 116) bzw. als „höchster Punkt" (§ 16) wird vorweggenommen: Wir setzen etwas außer uns dadurch, daß wir den Vorstellungen einen „besonderen Beziehungspunkt" geben. Wir beziehen, meint dies nämlich, „die Vorstellungen auf etwas, was meinem Ich parallel ist dadurch daß ich sie auf ein anderes Subiect referiere." Der ursprüngliche innere Beziehungspunkt spiegelt sich in äußeren Referenzpunkten.[6]

Man kann den Boden, auf dem die transzendentale Apperzeptionslogik erwachsen ist, bei Kant in der Abhandlung von 1762 *Über die falsche Spitzfindigkeit der vier syllogistischen Figuren* finden, wenn dort im Problemzusammenhang der Differenz des menschlichen und tierischen Unterscheidungsvermögens eine Konjunktion von Selbstbewußtsein und Urteil aufgestellt wird: „Wenn man einzusehen vermag, was denn das für eine geheime Kraft sei, wodurch das Urteilen möglich sei, so wird man den Knoten auflösen. Meine jetzige Meinung geht dahin, daß diese Kraft oder Fähigkeit nichts anderes sei als das Vermögen des inneren Sinnes, d.i. seine eigenen Vorstellungen zum Objekte seiner Gedanken zu machen. Dieses Vermögen ist ... ein Grundvermögen im eigentlichen Verstande und kann ... bloß vernünftigen Wesen eigen sein."[7]

Die Charakterisierung der Ich-Einheit als strukturell und evidentiell höchster „Punkt" und als urteilsgebunden, war Kant in der Psychologie und Metaphysik seiner Zeit begegnet, z.B. bei M. Knutzen, *Philosophische Abhandlung von der immateriellen Natur der Seele ...*, 1744: „Es muß fürwahr die Menge der äußerlichen Gegenstände aus ihrer Zerstreuung in dieses einzige Subject, oder gleich wie Radii in einen Mittelpunct zusammengebracht und vereinigt werden. Es mag sich aber mit dieser Sache, zu deren Erläuterung uns kein von körperlichen Dingen entlehntes Exempel geschickt genug vorkommt, verhalten, wie es will; so liegt ihre Wahrheit dennoch so offenbar vor Augen ... <wie> das strahlende Sonnenlicht am heiteren Mittage ..." Wer würde nicht von einem „erhabenen Ort" Gegenden betrachten und nicht auch wahrnehmen, daß er „dasselbe Subjekt sey, welches die Lustwälder und Gebüsche, von den Dörfern, Bauernhütten ... im Anschauen von einander absondert."

Chr. A. Crusius hatte in seiner *Metaphysik* von 1745 festgestellt: „wir sind uns der Dinge nicht darum bewußt, weil wir sie unterscheiden, sondern darum können wir sie allererst unterscheiden, weil wir uns bewußt sind."[8]

J.N. Tetens hat im XIII. seiner *Philosophischen Versuche über die menschliche Natur und ihre Entwicklung* (1777) das „kollektierende Ich", die „Ichheit", als beherrschenden „Mittelpunkt" der seelischen Ganzheit „substantieller

[6] Vgl. a.a.O. 8.1, S.100 u. 8.5, S.101.

[7] Vgl. AA 2,60. Die *Metaphysik Pölitz* (AA 28.1, 276f.) und die *Enzyklopädie-Vorlesung* (AA 29.1,44) enthalten spätere Entwicklungszeugnisse.

[8] Vgl. Knutzen, a.a.O., S. 16, 19; Christian August *Crusius, Entwurf der notwendigen Vernunftwahrheiten*, 1745, S. 912. In den Crusius-Satz läßt sich nur aufgrund des elliptischen Schlusses eine Vorwegnahme der apperzeptionslogischen Vorordnung des Bewußtseins überhaupt vor dem Urteil hineinlesen.

Punkte“ herausgestellt und den „subjektivischen Schein des Aktus“ des Urteils bezeichnet. Kants „Verhältnisprädikate“ sind Tetens' „Verhältnisgedanken“ als „Verfahrensart“ der „Denkkraft“ und Mendelssohns Erklärung des Verhältnisses als „Wirkung des Denkvermögens“ im *Phädon* (1767) verwandt. Die beliebte Behauptung aber, Tetens habe die konstitutionsidealistische „Kopernikanische Wende“ vorweggenommen, läßt sich angesichts seiner Abwehr von Idealismus und Harmonismus nicht einmal halten, wenn man sie mit einer *Verkennung* der transzendentalen Apperzeptionslogik des *Duisburgschen Nachlasses* oder mit ihrer *Datierung nach 1777* verbindet.[9] Und Mendelssohn hat in den *Morgenstunden* (1785) von der Geisterwelt und Körperwelt umgreifenden „Denkkraft“ her das Immanenz-Transzendendenz-Denken auf das substantialisierte Abstraktum „der Vorstellungen“ zurückgeführt und mit ihm den Konstitutionsidealismus der „alles zermalmenden“ Vernunftkritik selbst an therapeutische Sprachkritik überwiesen.

Wie konnte die bei aller Vergleichbarkeit neuartige, konstitutionsidealistische Apperzeptionslogik des *Duisburgschen Nachlasses* in den Verdacht der Rationalpsychologie geraten?[10] Kant bezeichnet zwar das elementarbegriffliche Selbstverhältnis auch als „Anschauung“, „Selbstwahrnehmung“ und „Selbstempfindung“,[11] aber Th. Haering hat schon mit einiger Plausibilität angemerkt, dies sei nur eine dem Kontext angeglichene Ausdrucksweise. Dort, wo Kant diese Ausdrücke gebrauche, nehme er die Kategorien als objektive Hinsichten der Wahrnehmung und Erfahrung ins Thema, jedoch so, daß er sie auf die ursprünglich-synthetischen Muster des Sich-Denkens zurückführe. Da liege es nahe, in der Terminologie zu verbleiben, die ursprüngliche Selbstqualifikation also als *Selbstwahrnehmung* und sogar als *Selbstempfindung* zu charakterisieren.[12]

Wenn Kant die Apperzeption als Selbstwahrnehmung und Selbstempfindung bezeichnet oder auch als Anschauung seiner selbst, so faßt er das ursprüngliche Selbstverhältnis weder als empirische noch als reinrationale Selbsterkenntnis auf. Er geht ausdrücklich auf eine „transzendentale Logik“[13] aus, allein dadurch wird eine rationalpsychologische Konzeption ausgeschlossen. Und er verbannt aus der transzendentalen Logik expressis verbis die „intellektuelle Anschauung“, auch damit distanziert er sich von der rationalen Psychologie. Und zwar wird intellektuelle Anschauung dadurch außer Betracht gestellt, daß zur Subjektivität Apprehension auf der Basis eines kategorialen Funktions-

[9] Vgl. v.a. Max *Brenke, Johann Nicolaus Tetens' Erkenntnistheorie vom Standpunkte des Kritizismus*, Diss. Rostock 1901, S. 27. Unter den neuesten Arbeiten trübt bei Christian *Hauser* (*Selbstbewußtsein und personale Identität*, 1994) die Rede von „quasi-transzendentalen“ Auffassungen das Urteil, Tetens sei „nicht Vorläufer Kants“. Vgl. a.a.O. S. 150 f.

[10] Vgl. zuletzt noch Wolfgang *Carl, Der schweigende Kant*, Göttingen 1989, und Hermann *Schmitz, Was wollte Kant?*, Bonn 1989.

[11] Vgl. a.a.O. 11.3-7, S.32-34.

[12] Vgl. a.a.O. S. 32f., 108, 148f.

[13] Vgl. a.a.O. 8.34, S.108.

systems der Apperzeption gehört: „Wenn wir intellektuell anschaueten so bedürfte es keiner Titel der Apprehension, um ein Objekt sich vorzustellen.“[14]

Das endliche Vernunftsubjekt hat Konstitution und experimentelle Organisation in seiner Erkenntnis zu verbinden. Das ursprüngliche Selbstverhältnis - Ich bin, Ich denke, Gedanken sind in mir - zeichnet lediglich eine Formalstruktur der Erkenntnis vor, ohne selbst Erkenntnisstatus zu besitzen. Sache der universellen Erkenntnisgemeinschaft der realen Subjekte ist es, die allgemeinen Erkenntnisgründe in Erkenntnisrealität zu überführen, auf dem Wege der Exploration besonderer empirischer Gesetze, die mit ihrer Irrtumsanfälligkeit die Subjektivität zur geschichtlichen und erkenntnismoralisch verantwortlichen Individualität erweitert. Die von Kant bereits um 1775 erreichte, wenn auch erst im *opus postumum* durchgeführte transzendentalphilosophische Auffassung der Erkenntnisrealität als ins Unendliche asymptotisches Gemeinschaftswerk der um Erkenntnis bestrebten Individuen kennt kein Subjekt, das sich zum Gegenstand rationalpsychologischer Introspektion eignete. Das von Reinhold und Fichte u. a. über Vaihinger und Reininger bis in die Gegenwart anzutreffende Erkenntnismodell eines Subjekts überhaupt, das die Erfahrungswelt a priori und unbewußt konstruiert, und der bloß mit Nachkonstruktion befaßten individuellen Erkenntnissubjekte ist Transformation oder Mißverständnis.

Für die Interpretation der Apperzeptionstheorie des *Duisburgschen Nachlasses* als rationalpsychologisch unverfälschte transzendentale Logik lassen sich Bestätigungen beibringen. Man kann pointieren: Wenn dem „Ich denke“ und „Ich bin“ des *Duisburgschen Nachlasses* durch die Statusformeln der „Selbstwahrnehmung“ und „Selbstempfindung“ eine rationalpsychologische Deutung gegeben wäre, dann müßte auch noch dem Subjektsverständnis der *Kritik der reinen Vernunft* Befangenheit in rationaler Psychologie eigen sein, und zwar auf nachgerade absurde, nur in Verbindung mit sich selbst disqualifizierenden Unterstellungen behauptbare Weise. Denn genau dort, wo Kant im Werk von 1781/87 gegen die rationale Seelenlehre angeht, mit dem Vorwurf, sie mißdeute das logische Selbstbewußtsein „Ich bin“ und „Ich denke“ als nichtempirische Selbsterkenntnis, da sagt er, daß dieser Satz („Ich denke“) „die Wahrnehmung seiner selbst ausdrückt“ und daß man daran eine „innere Erfahrung“ habe (A 342/B 400f.). Das „Ich denke“ nämlich sei keine empirische Erkenntnis, sehr wohl aber sei es „Erkenntnis des Empirischen überhaupt“; die „bloße Apperzeption: *Ich denke* macht alle transzendentalen Begriffe möglich, in welchen es heißt: Ich denke die Substanz, die Ursache usw.“ Im *Duisburgschen Nachlaß* und in der *Kritik der reinen Vernunft* ist reine Apperzeption mit ihren Titelbegriffen das, was empirische Erkenntnis zuerst ermöglicht, und so ist sie „Erkenntnis des Empirischen überhaupt“. Sie ist „innere Wahrnehmung“ und „innere Erfahrung“ als das selbst nicht erfahrbare innerste Zentrum aller Wahrnehmung und Erfahrung. Im Lichte der Erklärungen von 1781/87 besagen „Selbstwahrnehmung“ und „Selbstempfindung“ im *Duisburgschen Nachlaß*:

[14] Vgl. a.a.O. 11.10, S.35.

Das Bewußtsein überhaupt und die Arten der Selbsttitulierung liegen aller Erfahrung zugrunde, ohne selbst Erfahrung zu sein.

Für den Gedanken, den „Selbstwahrnehmung“ und „Selbstempfindung“ im *Duisburgschen Nachlaß* und „innere Erfahrung“ und „innere Wahrnehmung“ in der *Kritik der reinen Vernunft* meinen, hat Kant einen noch kühneren Ausdruck geprägt. Er spricht in der Reflexion 5637, die Adickes auf die Jahre 1780-83 datiert hat, von „Heautognosie“. In der reinen Apperzeption, so heißt es hier, liegt a priori der Grund der Möglichkeit aller empirischen Erkenntnis. Denn reine Apperzeption bringt erst *die* Einheit in das gegebene Anschauungsmaterial, die ihm objektive Bedeutung verleiht. Daher erkennt man „eigentlich nur sich selbst als das denkende Subjekt, alles andere aber als *in diesem* Einen. Heautognosie.“ Man kann nicht bestreiten, daß es nach rationaler Psychologie klingt, wenn Kant sagt, man erkenne alles in sich selbst. Aber man darf unterstellen, daß in spinozistischer Terminologie nur ein Äquivalent des Satzes: „Ich bin das Original aller Objekte“ erprobt wird, der die Platonisch-Leibnizsche Tradition anklingen läßt. Weder sollen die äußeren Erfahrungsdinge als verworrene Abbilder der intellektuellen Erkenntniswelt ausgegeben werden, noch wird in Vorwegnahme der spekulativen Egologie Fichtes und Onto-Egologie Schellings alle Realität dem ἓν καὶ πᾶν der Selbstanschauung des absoluten Ich zugeschrieben. „Heautognosie“ meint das Gegründetsein der Erkenntnis im logischen Selbstbewußtsein.

Die genauesten Erläuterungen enthält wieder die *Kritik der reinen Vernunft* (A 402/B 405): Das Selbstbewußtsein überhaupt ist die Vorstellung desjenigen, was die Bedingung aller Einheit und doch selbst unbedingt ist. Es erkennt nicht sowohl sich selbst durch die Kategorien, sondern die Kategorien und durch sie alle Gegenstände in der absoluten Einheit der Apperzeption. Das „Ich bin“ regiert alle Vorstellungen. Das Ich erkennt sogar das *Dasein* der Dinge a priori, weil es das „Korrelatum alles Daseins“ ist, aus welchem alles andere Dasein *geschlossen* werden muß. In der Einheit der Apperzeption und ihrer rein synthetischen Funktionsstruktur, die Affektabilität (Rezeptivität) unter apriorischer Form an sich hat, habe ich die Grundmöglichkeit des Soseins und des Daseins der Erfahrungsdinge vor Augen. Und so erkenne ich in mir die Dinge und in den Dingen mich selbst. In mir finde ich die Erkenntnis der Dinge ermöglicht. Leibniz hatte festgestellt: Die Monade erkennt im Sich-Erkennen die Dinge. Und: Als selbst Seiende besitzen wir den Begriff des Seins. Die Erkenntnis des Seins ist eingehüllt in die Erkenntnis unserer selbst. Kant erneuert diesen Gedanken unter den Voraussetzungen des formalen Konstitutionsidealismus.[15]

Eine weitere Bestätigung der Tatsache, daß Kant um 1775 die apperzeptionslogische Kategorien-Deduktion nicht mit rationaler Psychologie verfälscht, kann man in der Art finden, wie er Ausblick auf die Kritik der spekulativ-dialektischen Vernunft nimmt. Der Kategoriengebrauch führt außerhalb der Selbstwahrnehmung und der äußeren Naturerfahrung zu bloßen Schein-Erkenntnis-

[15] Vgl. *Nouveaux Essais* I.1,23; AA 4, 543. Vgl. auch AA 21, S. 105 .106.

sen. Die Vernunft wird als „dialektischem" Mißbrauch offenstehendes Vermögen der „Conception" der Anschauung und der „Intellektion" als dem Vermögen der objektiv gültigen Erkenntnis gegenübergestellt. Eine „transzendentale Thetik", d.i. eine Errichtung von Grundsätzen der reinen Vernunft, wird mit einer „Antithetik" konfrontiert, die den „natürlichen Gebrauch" dieser Grundsätze zum Inhalt hat. Auf den Kontext gestützt kann man in diesen Andeutungen die Forderung erkennen, den illusionären Konstitutivgebrauch der reinen Vernunft durch ihren Regulativgebrauch zu ersetzen, und zwar im Hinblick auf die Anwendungsbereiche „Denken überhaupt", „absolutes Setzen" und „Zusammennehmung", die sich als Bewußtsein „Ich denke", Gedanke des Nexus der Naturobjekte (natura formaliter spectata) und Gedanke des Inbegriffs der Erscheinungen (natura materialiter spectata) interpretieren lassen, mit der ganzen Sinnlichkeit, irgendeinem Datum überhaupt und dem Ganzen der Daten jeweils als sinnlicher Bedingung. Die Benennung sinnlicher Bedingungen impliziert die Möglichkeit des dreifachen dialektischen Mißbrauchs in der Art der rationalen Psychologie, Kosmologie und Theologie.

Über die Weiterentwicklung der Apperzeptionstheorie nach 1775 geben Reflexionen, das *Lose Blatt* B 12 und die Vorlesungsnachschriften zur *Metaphysik L1* und zur *Enzyklopädie* Auskunft.[16] Das vielbeachtete Blatt B 12 enthält Notizen auf einem Schreiben des Königsberger Rektors vom 20.1.1780. Auffällig ist die Einschaltung der Einbildungskraft zwischen Apperzeption und Sinnlichkeit. Die Apperzeptionseinheit entfaltet sich in Verbindung mit der Einbildungskraft als kategorialer Verstand: „Die synthetische Einheit der apperception im Verhältnis auf das transcendentale Vermögen der Einbildungskraft ist der reine Verstand. Dieses transcendentale Vermögen ist dasjenige, was allgemein in Ansehung der Zeit alle Erscheinungen bestimmt nach Regeln, die a priori gültig sind." Der kategoriale Verstand ist die apperzeptive Funktionsstruktur der transzendentalen, a priori erfahrungsproduktiven Einbildungskraft.

Die Freiheit des Textes B 12 von rationaler Psychologie ist kein Novum. Denn eine rationalpsychologische Verfälschung der „transzendentalen" Apperzeptionslogik war schon im Duisburgschen Nachlaß nicht glaubhaft zu machen.[17] Und sie fehlt auch in den Vorlesungen L 1, H und K 1, ungeachtet der hier an den Apperzeptionsbegriff angeschlossenen Immortalitätsspekulationen. Denn sie finden sich auch in den Kollegdarstellungen der rationalen Psychologie des nächsten Jahrzehnts, ohne daß ein Grund gegeben wäre, warum nur hier der „Lehrzweck" darauf gehen soll, „über die verschiedenen Ansichten aufzuklären."[18]

Kant hat sich nicht erst kurz vor der Niederschrift der *Kritik der reinen Vernunft* von einem rationalpsychologischen Konzept der Apperzeption be-

[16] Vgl. AA 23, AA 28.1, AA 29.1.

[17] Vgl. dagegen W. *Carl, Der schweigende Kant*, 1989, S. 119. 127-134.

[18] Vgl. Max *Heinze, Vorlesungen Kants über Metaphysik aus drei Semestern*, 1894, S. 168.

freit. In der *Enzyklopädie-Vorlesung* grenzt er ausdrücklich Transzendentalphilosophie und transzendentale Psychologie voneinander ab, ohne darum Bedenken zu tragen, in der Sprache und Art des *Duisburgschen Nachlasses* festzustellen: „Ich kann nichts originaliter anschauen (als mich selbst) sondern nur derivative wenn mich etwas afficirt."[19] Im Lichte der Darlegungen der *Kritik der reinen Vernunft* kann man in diesem Satz die schon oben dem „Heautognosie"-Aperçu gleichgesetzte Reflexion finden: Dinge nehme ich in Erfahrungsurteilen nur wahr, sofern ich affiziert bin. Um mich aber als das affizierbare Subjekt weiß ich a priori. Ich weiß, indem ich meiner bewußt bin, um Affektabilität, Materialisierbarkeit, Anschauung. Der ursprüngliche Affektionsbezug ist als Anschauungshabitus im formalbegrifflich verfaßten Selbstbezug „Ich denke" und „Ich bin" so enthalten, daß instantiierende Materialisierungen auf unmittelbare und gegen Skepsis immune Weise erschlossen werden können, möchte der Schluß auch der Vermittlung durch einen komplexen natursystematischen Vorriß bedürfen.

II

Die systematische Freilegung der transzendentalen Apperzeptionsidentität erfolgt in der „Transzendentalen Deduktion der reinen Verstandesbegriffe" unter den Voraussetzungen des transzendentalästhetischen Nachweises der Anschauungsformen Raum und Zeit, die mit ihrem „Einschränkbarkeits"wesen der transzendentalen Logik eine Quelle reiner Mannigfaltigkeit darbieten, und der Urteilstafel, des Leitfadens zur Kategorientafel. Der Deduktionsgang in den Fassungen von 1781 und 1787 ist hier nicht zu rekonstruieren. Es wird nur die Bedeutung angezeigt, die dem „Ersten Abschnitt" und der bei Gelegenheit der zweiten Auflage vorgenommenen Bearbeitung der „Metaphysischen Deduktion" für eine genauere Vermessung des Weges zukommt, der zur transzendentalen Einheit des Selbstbewußseins führt.

Der „Erste Abschnitt" der Deduktion ist nicht bloß eine leserfreundliche Exposition ihres Prinzips oder ihre Problemstellung, er ist aber auch nicht mehr als ihr Vorentwurf.[20] Versteht man Kant A XVIf. dahingehend, daß „die" Deduktion, soll sie ohne Einschränkung realisiert sein, einerseits als „objektiv" einen „Daß"-Beweis und eine „Wie"-Erklärung der Kategoriengültigkeit und andererseits als „subjektiv" eine über die Heranziehung der transzendentalen Apperzeption hinausgehende vermögensanalytische Fundierung des kategorialen Verstandes aufweisen muß, so wird man mit ihm die für A 92/93 in Aussicht gestellte objektive Deduktion nur als pflichtschuldiges Provisorium gelten las-

[19] Vgl. AA 29.1, S. 11 u. 15.

[20] Vgl. dagegen Wolfgang *Carl, Die transzendentale Deduktion der Kategorien in der ersten Auflage der Kritik der reinen Vernunft*, Frankfurt / M. 1992, S. 43, 51, 53f.

sen. Man wird die vollständige objektive Deduktion in den nächsten Abschnitten und eine mit dem Zurücktreten der Einbildungskraft charakteristische Darstellung ihres Resultats am Ende des Zweiten und Dritten Abschnittes finden (A 111ff., 126ff.). Den Ersten Abschnitt aber wird man als paradigmatische Eröffnung des Beweises des reinen Verstandes anerkennen, die in Beantwortung des „Was" und „Wieviel" auch das hauptwesentliche erkenntnis*kritische* Ergebnis erbringt.[21]

Die Deduktion A 92/93 begründet aus den Ergebnissen der Transzendentalen Ästhetik und der Metaphysischen Deduktion die objektive Gültigkeit der reinen Verstandesfunktionen als Kategorien, wenn auch so, daß der A 90/B 123 geforderten „Schlußfolge" neben der Reinheit der Anschauungsformen und der Elementarbegriffe, für die das Anerkennungsverfahren mit der Herleitung ihrer Tafel aus der apriorischen Urteilstafel bereits eingeleitet wurde, noch eine weitere Prämisse zugrundegelegt wird. Dies ist der konstitutionsidealistische Gedanke, daß sich die reinen Verstandesbegriffe selbst ihren Gegenstandsbezug verschaffen, indem sie Erfahrungserkenntnis als Erkenntnis von Erscheinungen begründen. Damit wird auch innerhalb der provisorischen objektiven Deduktion das Subjekt zur Geltung gebracht. Es geschieht nur in noch größerer Abstraktheit als im Daß-Beweisschritt der B-Deduktion, der als bloßer Apperzeptionsrekurs der Subsumtion der empirischen Apprehension überhaupt unter die kategorial bestimmte formale Anschauung vorhergeht, die als Wie-Beweisschritt von vermögenstheoretischer „subjektiver Deduktion" wohlunterscheidbar ist.

Die Frage stellt sich, mit welchem Recht Kant den Konstitutionsidealismus in Ergänzung der Anschauungsformen und Denkformen einführt. Es kann sich nicht um das vielberufene „Kopernikanische" Gedankenexperiment handeln. Kant hat noch in der Vorrede von 1781 die Rede vom „Experiment" relativiert. Die transzendentale Vernunftkritik stellt keine Hypothesen auf, und sie führt keine Experimente durch. Die andere Rechtfertigung ist zu erwägen, daß man durch die Ergebnisse der Transzendentalen Ästhetik und der Metaphysischen Deduktion in die Lage versetzt wird, dem erkenntnistheoretischen Nihilismus zu entgehen: eine Parallele zur früheren rationaltheologischen Rettung des „Denklichen" durch Annahme des absoluten Realgrundes. Dieselben Prinzipienbestände der Erkenntnis, die A 89f./B 122f. einen Abgrund zwischen Sinnlichkeit und Verstand, Rezeptivität und Spontaneität zu eröffnen schienen, indizieren den Konstitutionsgedanken und mit ihm die transzendentalphiloso-

[21] Der Deduktion A 92f. entsprechen der pointiert erkenntniskritische Beweisgang der MAN-Vorrede vor der Ankündigung der „urteils"definitorischen Deduktion, dem mit dem konkreten Wie-Erklärungsschritt das „Verdienstliche" der objektiven Deduktion fehlt, und der Schluß des Aufsatzes *Über den Gebrauch teleologischer Prinzipien in der Philosophie*, AA 17. Vgl. Verf., *Kants Urteilstafel*, in: Ders. (Hg.), Realität und Begriff, Würzburg 1993, S. 162f. - Heiner F. *Klemme* erörtert *Subjektive und objektive Deduktion*, in: Reinhard Brandt/Werner Stark (Hg.), Autographen, Dokumente und Berichte, 1994, S. 121-137.

phische Verwandlung der drohenden Erkenntniswüste in anbaufähiges Gebiet. Die Affirmation überhaupt von Gegenständen oder des Gegenstandes überhaupt wäre nur petitio principii, der Versuch einer Überrumpelung des Skeptizismus, gäbe nicht die bisher durchgeführte Untersuchung die Handhabe und das Recht, den elementarbegrifflichen Apriorismus zum Gegenstück des transzendentalästhetischen Idealismus auszugestalten.

Es verdient Beachtung, daß der Gegenstand A 92/93 ins Spiel gebracht wird, und wie dies geschieht. Kant kann sich nicht auf das factum brutum der Erfahrungserkenntnis stützen, wenn er fragt, ob nicht reine Anschauung und reine Begriffe den Gegenstand konstituieren. Es *muß* das bisher erzielte Teilresultat sein, das den Konstitutionsidealismus und mit ihm die erfahrungstheoretische Ausrichtung der Deduktion nahelegt und überhaupt den Gegenstandsgedanken beglaubigt. Dies bedeutet, daß die transzendentale Deduktion durch die metaphysische Deduktion auf den Weg gebracht wird. Schon von der Kategorien-Exposition und der sinnlichen Anschauung her „wird es klar", wie es am Ende des Teleologie-Aufsatzes heißt, daß nur aus ihrer Verbindung Erkenntnis zustandekommt. Der Leitfaden zur Kategorientafel transmutiert in das erfahrungstheoretische Prinzipium der weiteren Nachforschung. Schon innerhalb der metaphysischen Deduktion schuf eine Evidenz unbekannter Herkunft einen Gewißheits-Äther für alle dort angestellten Ermittlungen und Überlegungen. Die Merkmale des Logischen: Reinheit, Systematizität und Bewußtseinsfunktionalität ließen sich nur aus einer Vorgewißheit rechtfertigen, aus dem Sich-Ankündigen der transzendentalen Urevidenz der Apperzeptionsidentität, des Bewußtseins überhaupt. Für die Reflexionen A 92/93 muß dieselbe Gewißheitsbasis angenommen werden. Nur so ist dieser Gedankengang, der die transzendentale Deduktion der Kategorien-Tafel programmiert und initiiert, über den Verdacht der Erschleichung erhaben.

Die ganze transzendentale Vernunftkritik ist urteilstheoretisch aus dem Standpunkt des sich über seine Transzendentalität klar werdenden endlichen logischen Selbstbewußtseins angelegt. Der Standpunkt erklärt nicht nur den Ausschluß von Hypothesen. Der zielstrebige Anfang mit der Wesensbeschreibung von Raum und Zeit als Grundlegung einer »Rezeptivitäts«theorie der materialisierten Erkenntnis, den viele Leser als willkürlich empfunden haben dürften, kann nur mit der für die *KdrV* maßgebenden Standpunktlichkeit der transzendentalen Apperzeptionsreflexion begründet werden. Er wird nicht von transzendentalidealistischer Subreption oder metaphysischer Intuition, sondern von der apperzeptionsstandpunktlichen Evidenz des Urteils und seiner bloß synthetischen Funktionalität bestimmt. Innerhalb der »Metaphysischen Erörterung« wäre ohne entsprechende Abfassung der ersten und unentbehrlichen Argumente nach dem Modell der auf gegenständliche Verhältnisse bezogenen Empfindungen eine spekulativ-theologische Interpretation des in den weiteren Argumenten aufgewiesenen „mystischen" Sachverhalts der unendlichen Einschränkbarkeit nicht ausgeschlossen, die mit ihrer Unmittelbarkeit und Singularität Anschaulichkeit indiziert und zugleich an den ontologischen Gottesbeweis aus dem Begriff des „ens *realissimum*" erinnert.[22]

Der erste Hauptschritt der Kategorien-Deduktion führt von der Urteilstafel zur Kategorientafel. Es schließt sich ihre konstitutionsidealistisch-erfahrungstheoretische Disposition an, ihre erste programmatische, aber aufgrund des extrem abstrakten Subjektrückgangs zugleich bloß provisorische Ausführung. Der dritte Hauptschritt befolgt 1781 als Beginn der zugleich subjektiven und objektiven, vollständigen Deduktion die erfahrungstheoretische Direktive der Ursprungsforschung mit einer (scheinbar empirischen und hypothetischen) vermögensorientierten Aufreihung der erfahrungsimmanenten Synthesisleistungen und mit ihrer Fundierung in der Rekognitionssynthesis. Hierauf kann nur eine den Gedanken von A 92f. vertiefende Reflexion über die Subjekt-Objekt-Relation überhaupt folgen, d. h. die Frage: Was ist denn näherhin unter „Gegenstandserkenntnis" zu verstehen, so daß man sagen kann, der Verstand, das Begriffsvermögen, erzeugt sie mit diesen Formen oder Regeln der Bewußtseinseinheit in Urteilen? Genau diese Frage nach der Möglichkeit der bewußtseinsfundierenden Erkenntnisurteile führt zur Freilegung der komplementären Einheit des Gegenstandes überhaupt, den die transzendentale Ästhetik als transzendentalen Gegenstand=X zu behandeln zwingt, und der transzendentalen Einheit des Selbstbewußtseins. Der fünfte Hauptschritt schließlich bringt das funktionale Regelsystem des reinen Verstandes als Vermittlungsstruktur von Gegenstand=X und Apperzeptionsidentität zur Geltung. Die Darstellung muß als verbesserungsfähig angesehen werden, aber es werden keine Gedanken zusammengestückt, und ein Rettungsprogramm wird man im vierten Hauptschritt nur diagnostizieren, wenn man der urteilstheoretischen Gedankenkette nicht folgt.[23]

[22] Vgl. § 22 der Dissertation von 1770 und A 577ff./B 605ff. Vgl. auch die Auswertung der vier zu einem Argument zusammengefaßten Raumargumente zugunsten der Newtonschen „sensorium dei"-Deutung bei Gregory *Sharpe* (1744), in: Volkmar Schüller, Hrsg., Der Leibniz-Clarke-Briefwechsel, 1991, S. 405. - Zum apperzeptionslogischen Standpunkt der Vernunftkritik vgl. MAN, Vorrede, AA 4, S. 475 („mithin es auch Anschauungen a priori geben müsse") und den Brief an Tieftrunk vom 11.12.1797, AA 12, S. 223. – Die Kant und die Philosophie der „absoluten Reflexion" annähernde „Standpunkt"-Interpretation kann bei J.S. *Beck* (*Einzig möglicher Standpunkt, aus welchem die kritische Philosophie beurteilt werden muß*, 1796) nicht anknüpfen. Becks „ursprüngliches Vorstellen" hat es nicht nötig, sich seine Transzendentalität über die Exposition von Anschauungsformen und Urteilsformen, eine objektivistische Spiegelfechterei, zu vertiefen. Es wird denn auch im *opus postumum*, für die vorherrschende materialidealistische Interpretation schwer erkennbar, nicht bestätigt, sondern auf den allein haltbaren Sinn der konkret-formalsystematischen Selbstaffektion hin korrigiert. Vgl. AA 22, S. 353.

[23] Vgl. H. Schmitz nach Vaihinger a.a.O., S. 210ff., und die Kritik bei Emil *Arnold, Die Deduktion der Kategorien in der 1. Auflage der Kritik der reinen Vernunft*, in: Gesammelte Schriften, hg. von Otto Schöndörffer, Nachlass-Bd.II, 1907, S. 22-72.

III

Die Kategorien-Deduktion von 1787 begradigt den Weg der Freilegung der transzendentalen Apperzeptionsidentität damit, daß sie die Urteilstheorie der Metaphysischen Deduktion in der Folge des schon unüberbietbar stringenten Ersten Abschnittes mit noch größerer Konsequenz fortsetzt. Kant realisiert die konzeptionelle Idee aus der „Vorrede" der *Metaphysischen Anfangsgründe der Naturwissenschaft* von 1786, daß der erfahrungstheoretische Teil der Deduktion beinahe durch einen einzigen Schluß aus der genau bestimmten Definition des „Urteils" begründet werden könne. Die Arbeit an der genauen „Urteils"definition, in der persönlichen Entwicklungsgeschichte Kants schon durch die Abhandlung über die *Spitzfindigkeit der vier syllogistischen Figuren* dokumentiert, beginnt damit, daß in § 15 die abstrakt-formallogische Urteilsbetrachtung mit einer Thematisierung der Erkenntnismomente Mannigfaltigkeit, Synthesis und qualitative Einheit überschritten wird. Paragraph 16 identifiziert die höchste Einheit, die alles epistemische Synthetisieren ermöglicht, mit der Einheit des reinen Selbstbewußtseins. Paragraph 17 exponiert in Grundsatzform die Einheit des Selbstbewußtseins als ursprünglich-synthetisch, d. h. als konstitutiv für die objektive Gültigkeit von Verstandesleistungen, ja überhaupt für das Vorstellig-Werden von Objekten. Paragraph 18 setzt der nunmehr möglich gewordenen apperzeptionslogischen „Urteils"definition erst noch die Distinktion von objektiver und bloß subjektiver Gültigkeit voraus. Sie soll aber nicht das bloß subjektiv gültige Urteil als Nonsens enttarnen. Vielmehr soll die Grundbedeutung des „Urteils" gegenüber einem modus deficiens fixiert werden, die Bedeutung, auf die sich § 19 definitorisch bezieht: Die logische Natur des Urteils besteht darin, daß es die Objektivität urstiftende Einheit der Apperzeption an gegebenen Erkenntniselementen zur Geltung bringt. Der erste Schritt des transzendental*egologischen* Gültigkeitsbeweises der Kategorien-Tafel kann hierauf „beinahe durch einen einzigen Schluß" in § 20 vollzogen werden.

Kant hat die urteilstheoretische Gesamtanlage *der* Deduktion bei ihrer Neufassung auch durch die Einfügung des Triade-Paragraphen (§ 11) und des Transzendentalien-Paragraphen (§ 12) in die Metaphysische Deduktion verstärkt. Er hat in § 12 eine kritische Reduktion der allgemeinsten, die Kategorien noch überragenden Seinsbestimmungen der scholastischen unum-verum-bonum-Trias auf universelle logische Kriterien vorgenommen, denen jeder Gedanke zu genügen habe.[24] Wie aber ist die These zu verstehen, daß die logischen Kriterien einer Anwendung der Quantitätskategorien auf Ungleichartiges entspringen? Wie können die quantitativen Grundbegriffe der Einheit, Vielheit und Allheit qualitative Grundbestimmungen eines jeden Gegenstandsgedan-

[24] Vgl. H. J. *de Vleeschauwer, La Déduction transcendantale dans l'œuvre de Kant,* Bd.III, 1937, S. 71; Günther *Schulemann, Die Lehre von den Transcendentalien in der scholastischen Philosophie*, 1929, 26-49, S. 75; Ludger *Honnefelder, Scientia transcendens*, Hamburg 1990 (mit Hinweisen u.a. auf Leisegang und Bärthlein).

kens hergeben, indem sie für seine qualitative Einheit (unum) als im Zusammenschluß mit Vielheit (bonum) regulative, fruchtbar-folgenreiche Einheit (verum) aufkommen, so daß auch deutlich wird, warum sie den ersten Titel der Urteilstafel anders als noch in der Enzyklopädie-Vorlesung und in L 1 okkupieren?

Integriert man Kants „Transzendentalien"-Verständnis seiner Grundkonzeption des Logischen überhaupt, so ist Denken als Urteilen und Urteilen als bestimmungsfunktionale Erzeugung von Bedingungsverhältnissen zu verstehen, d.h. als diskursive Bestimmtheitsvornahme an (zu) Vorstellungen durch die Subsumtion von Vorstellungsvielheit unter das *unum* einer numerisch singulären Einheitsvorstellung, die eine Insertion als umfangsgrößere Teilvorstellung in diskrete Vorstellungskomplexe zuläßt. Das Ergebnis des quantitativen Zusammenschlusses von Einheit und Vielheit ist Qualität, das *bonum* der logischen, Einheit des Bewußtseins gründenden Bestimmtheit der Vorstellungen, nach dem Moment des *verum* die Zugänglichkeit von Spezifikations- und Derivationszusammenhängen für kategorische, hypothetische und disjunktive Syllogismen.

Ursprüngliches „transzendentales" Konstitutivum ist das kategorische „bloße Urteil", die quantitativ strukturierte, spezifikationsgesetzliche Assertion überhaupt. Urteils-Paradigma ist das bejahende kategorische Urteil als Exponent der Materie-Form-Einheit der Titel Quantität und Qualität der ersten Tafel-Hemisphäre. Wird an einem tauglichen Vorstellungsmaterial Vorstellungsvielheit unter eine numerisch singuläre Teilvorstellung subsumiert, so ist das nächste Ergebnis die Erzeugung eines bonum durch ein unum, das im Sinne des verum weiterführende Ergebnis aber ein im ganzen logisch qualifiziertes unum.

Das explizit „hypo-thetische" Urteil hebt die unum-bonum-verum-Struktur des kategorischen Musterurteils mit den Mitteln der mengenbegrifflichen Urteilstheorie in sich auf, durch die Verdopplung in zwei Urteile als Einführung des zureichenden Grundes, wie sie z.B. bei der Subsumtion von Straßennässe unter Regennässe im Urteil „Wenn es regnet, wird die Straße naß" Anwendung findet. Das verum des kategorischen Urteils, seine logische Bestimmtheit als logische Verfügbarkeit, erlaubt diesen Fortschritt des bestimmungsfunktionalen Bedingungsdenkens, der im Übergang zu einer erstmals *kraft*vollen, das Urteilspotential realisierenden Urteilstätigkeit besteht.

Auch die Erzeugung eines bonum aus dem unum des Grundes schließt als verum ein folgenreiches, logisch evaluables unum ein, das in ein nochmals höheres Gefüge von unum, bonum und verum eingeht. Reformiert das hypothetische Urteil die „transzendentale" Konstitution des kategorischen Urteils, so hebt das disjunktive Urteil diese Aufhebungsstruktur auch wieder in sich auf. Es selbst erweist sich darin als verum, daß es einen disjunktiven Schluß eröffnet, dessen kategorische Konklusion die Kette mit dem Anfangsglied des „bloßen Urteils" schließt. Es operiert nicht über Gegenstandsbestimmtheiten. Es setzt keine existierende Disjunktivität voraus. Es bringt aber eine Mehrheit kategorischer Bestimmungsoperationen unter eine sachlich (logisch) gebotene Vorstellung, die numerische Einheit aufweist, d.i. die exklusiv-kollektive Vorstellung des Alls der möglichen Bestimmungsoperationen. Das disjunktive Urteil zeichnet als reflexives bestimmungsfunktionales Bedingungsdenken den Weg zu eindeutigem Urteilen vor. Es ist die Art der Subsumtion-Determination, sich vermittelst der hypothetischen Form am eigenen Schopf aus dem Sumpf der Unbestimmtheit ihrer kategorischen Grundform, der Inkohärenz des Materials der Vorstellungen und der Diversität des Bewußtseins zu ziehen. Nur das evaluative Reflexionsmoment der Modalität macht außerdem noch Sinn, d. h. die Determination des ansteigenden Determinationswertes der Relationsfunktionen.[25]

Aus dem Sachverhalt der sich reflexionsgesetzlich zu Explizitheit und Eindeutigkeit steigernden qualifizierenden Vorstellungsquantifizierung folgt, daß alle logischen Momente triadischer Struktur sein müssen. Wie das Bestimmen inhaltlich an drei und zufolge seiner modalen Reflexivität an vier Hauptfunktionen gebunden ist, so gliedert sich jede Funktion in drei Teilfunktionen, und diese Gesetzmäßigkeit muß sich in der kategorialen Beziehung der logischen Funktion auf reine Anschauung erhalten. Die Triade der Quantitätsfunktionen ist im Rahmen der bewußtseinstheoretischen Logik-Konzeption mit der überhaupt nach Maßgabe der Quantität strukturierten Assertion vorgegeben. Auf die allgemein akzeptable Einheit von Assertion und Quantität beschränkt sich allerdings auch die allgemein überschätzte absolute Faktizität, die Kant für die Denkformen wie für die Anschauungsformen herausstellt. Alle weiteren Urteilsfunktionen können systematisch deduziert werden. Die jeweils triadische Struktur von Qualität und Modalität ist in der Triade der Relation impliziert. Die kritische Reflexion der Uneindeutigkeit des kategorischen „bloßen Urteils" schließt mit der Idee des Alls der möglichen Prädikate das verneinende Urteil

[25] Vgl. Verf., *Kants Urteilstafel*, in: Ders. (Hg.), Realität und Begriff, 1993, S. 151-195. – Wolfgang *Schindler* (*Die reflexive Struktur objektiver Erkenntnis*, 1979, S. 15ff.) hat die Reflexion 5734 für eine Interpretation der Kantischen Logik herangezogen, die in den Spuren von K. Reich und M. Heidegger die Modalitätsfunktionen als Schlüssel zur Urteils- und Kategorienstruktur der Apperzeptionseinheit zu beglaubigen versucht. Die evaluative Funktion der Modalität, in der sich die Urteilsreflexivität vollendet, wird mit der fundamentalen Urteils- und Apperzeptionsstruktur verwechselt. Daher fehlt auch eine stringente Entwicklung der Tafeln. - K. L. Reinhold hat, bis heute kaum beachtet, eine Konstruktion der Urteilstafel allein anhand der „objektiven Einheit" der Vorstellungen im Bewußtsein und der darauf (zur Verwunderung Schellings in der »Ich«-Schrift) quantitätsbegrifflich bezogenen Subjekt-Prädikat-Struktur versucht. *Reinhold* ist allerdings zufolge fehlender Erkenntnis des transzendental-quantitätsbegrifflichen Entwicklungsgesetzes der Urteilstafel, die als Urteilspyramide oder Urteilsspirale auszulegen ist, über eine schematische Quantifizierung nicht hinausgekommen: Einheit-Vielheit-Allheit der möglichen Subjektsstellen innerhalb der objektiven Einheit, Einheit-Vielheit-Allheit der möglichen Prädikatszugehörigkeit zum Subjekt, schließlich Einheit-Zweiheit-Einheit der Vielheit in den Ebenen des Zusammenzufassenden (eine Zusammenfassung, zwei äußerlich und zwei innerlich verknüpfte Zusammenfassungen) und des Zusammenfassenden. Zum Funktionszusammenhang der Urteilsformen ist Reinhold nicht vorgedrungen. Sein quantitätsbegrifflicher Versuch aber kann als der unter allen vorliegenden am weitesten fortgeschrittene gelten. Vgl. *Versuch einer neuen Theorie des menschlichen Vorstellungsvermögens*, 1789, S. 440-450.

(S ist nicht P1) und das unendliche Urteil (S ist Nicht-P1) ein, das sich in Nutznießung der transzendentallogisch legitimierbaren referentiellen Ambiguität der formalen Logik im disjunktiven Urteil zur Voraussetzung einer offenen Grundmenge von Bestimmungsmöglichkeiten fortgestaltet. Und die Modalurteile beschreiben den Fortschritt des diskursiven bestimmungsfunktionalen Bedingungsdenkens durch die Relationsfunktionen des „bloßen Urteils", des „Satzes" und des „gewissen Urteils". Sie verknüpfen diese und mit ihnen alle *inhaltlichen* Formen des bestimmungsfunktionalen Bedingungsdenkens, die konkreten Grundformen der Verknüpfung der Vorstellungen untereinander, mit dem *formalen* bestimmungsfunktionalen Aufstellen von Bedingungsverhältnissen. Das Denken überhaupt bestimmt unter ihrer Form den Wert, den die triadische Kopula des Urteils der Relation für seine Realisation hat: mit der *das* Logische wachstumsbegrifflich quantifizierenden Sequenz der Möglichkeit, Wirklichkeit und Notwendigkeit.[26]

Die „Transzendentalien" rechtfertigen in der logischen Transformation ihren Prinzipienrang auch außerhalb der terminologisch mit maßgeblichen theologischen Verwendung aufgrund der aufzeigbaren Konstitutions- leistungen für das Denken überhaupt als bestimmungsfunktionales Bedingungsdenken. Und sie gewinnen ihre distinkte Abgehobenheit gegenüber den Kategorien zurück, die im Wolffschen Verständnis des „Transzendentalen" verlorengegangen war. Die Transzendentalien ermöglichen die Stufenentwicklung der umfangsorientierten, quantifizierend-qualifizierenden Konstitution von Vorstellungseinheit in systematisch bestimmten, tafelförmig darstellbaren Urteils- und Schlußformen, und sie erklären selbst die Grundgliederung der logischen Vermögen in Verstand, Urteilskraft und Vernunft: „Einheit, Warheit und Vollstandigkeit (transscendentale Vollkommenheit) sind die reqvisita ieder Erkentnis respective auf Verstand, Urtheilskraft und Vernunft.. Alles abgeleitet aus Einem. Alles verbunden in Einem. Das eine abgeleitet aus allem. Einheit des Subiects, des Grundes und des Ganzen. Moglichkeit Wirklichkeit Nothwendigkeit."[27] Es wird ein Alles abgeleitet aus Einem: in Gestalt des kategorischen „bloßen Urteils", mit dem Subjekt als unum aufgrund der noch vorwaltenden Unbestimmtheit des Prädikats oder des an der Substanz-Kategorie wiederkehrenden Mangels, selbst noch kein wirkliches Verhältnisdenken darzustellen. Es wird Alles als verbunden in Einem gedacht: in Gestalt des hypothetischen Urteils, mit dem unum des Grundes. Es wird das Eine als abgeleitet aus Allem gedacht: in Gestalt des disjunktiven Urteils, mit dem Einen Ganzen aller möglichen Bestimmungsoperationen. Es kann dem bloßen Urteil (dem Verstand, der Subjekt-Prädikat-Struktur, der Ableitung von Allem aus Einem) die Möglichkeit des Logischen zugeordnet werden. Es kann dem hypothetischen Urteil (der Urteils*kraft,* der Verbindung von Allem in der Einheit des Grundes) die Wirklichkeit des Logischen, das Wirksam-Werden des Urteils zugeordnet werden. Es kann dem dis-

[26] Vgl. a.a.O. S. 156ff., 168.
[27] Vgl. Refl. 5734, AA 18, S. 339f.

junktiven Urteil (der Vernunft, der Ableitung der Einheit des Ganzen aus Allem) die Modalfunktion der Notwendigkeit zugeordnet werden. Fügt man dieser Tafel noch die weiteren formallogischen Grundsätze ein, so wird vollends deutlich, wie das transzendentalientheoretische Stufensystem des Logischen bei Kant an Parataxe und Reduktion vorbei einen dialektischen Kurs steuert.

Die Anlage des § 15 der B-„Deduktion" hellt sich aus dem Vorangehenden noch weiter auf. Die Eröffnung der Ausführung der „Deduktion" ist in der verbesserten Darstellung ein Resümee, nachdem in der Metaphysischen Deduktion überall der Verstand als spontanes Verbindungsvermögen im Blickpunkt stand, zuletzt in den Bemerkungen zur Triade und zu den Transzendentalien sogar ausdrücklich mit seiner funktionalen Triplizität als das Vermögen, numerische Vielheit von Vorstellungen durch numerische Einheit zu qualitativer Zusammenstimmung von Vielheit und Einheit zu bringen. Vor dem Hintergrund dieser Urteilstheorie und der programmatischen Deduktion des Ersten Abschnittes kann sowohl in § 15 ohne jedes dogmatische Ignorieren der empiristischen Deutung der Einheit und Allgemeinheit als Assoziationsaspekte festgestellt werden, daß alle Verbindung ein Aktus subjektiver Spontaneität ist, der durch qualitative numerische Einheit geleitet wird, als auch in § 16 die Frage gestellt werden, welche determinative numerische Einheit ursprünglich alle Synthesis dirigiert, sofern sie noch über den conceptus communes als das Original aller synthetischen Einheit residiert. Kant selbst macht deutlich, daß die Metaphysische Deduktion im Rahmen der urteilstheoretischen Reflexion der transzendentalen Einheit des Selbstbewußtseins, der Regel und Verstand Ursprung gebenden Bestimmung der mannigfaltigen Vorstellungen aus einer einzigen (nach A 127), mit den neuen Paragraphen 11,12 genau diese Frage bezweckt. Er erinnert in § 15 an die qualitative Einheit aus § 12, an das unum, das sich im bonum und verum zu reflexiver Eindeutigkeit bringt und damit beide ermöglicht. Und er nennt am Ende von § 15 das „Urteil" beim Namen.

Wolfram Hogrebe

Schwermut

Der späte Schelling und die Kunst

> Philosophie ist nur möglich, wenn sie, so wie die Kunst, von einer im Wesen ästhetischen Sprache her möglich ist.
> J. Simon

I. Die Fragestellung

Am berühmten Ende des *Systems des transzendentalen Idealismus* von 1800 räumt Schelling der Kunst eine spektakuläre Stellung im Gesamthaushalt des Menschenmöglichen ein. Die Kunst arbeitet hiernach in allen ihren Werken zugleich an dem einen Gesamtkunstwerk oder ist schon ihrem Wesen nach „nur ein absolutes Kunstwerk, welches zwar in ganz verschiedenen Exemplaren existieren kann, aber doch nur Eines ist ..."[1]

In diesem Gesamtkunstwerk gibt sich die Wiedergeburt der Natur im Medium des Geistes zu erkennen, einer Renaissance, der Wissenschaft und Philosophie in ihrer Weise bloß zuarbeiten, die sie im Gegensatz zur Kunst jedoch nicht endlich zustande bringen können, „so, daß man sagen kann, die Kunst sey das Vorbild der Wissenschaft, und wo die Kunst sey, soll die Wissenschaft erst hin kommen."[2]

So ist die Kunst ihrem Wesen nach „Organ zugleich und Document der Philosophie", da sie in jedem ihrer Werke sinnfällig bezeugt, „was die Philosophie äußerlich nicht darstellen kann, nämlich das Bewußtlose im Handeln und Produzieren und seine ursprüngliche Identität mit dem Bewußten."[3] Wegen dieser im endlichen Werk der Kunst realisierten Einheit von Bewußtem und Bewußtlosen, Unendlichem und Endlichem, ist die Kunst daher und „eben

[1] Schellings Schriften werden, wo nichts anders angegeben, nach der in der Wissenschaftlichen Buchgesellschaft herausgegebenen Ausgabe (Ausgewählte Werke) zitiert. Die Bandangaben ergeben sich aus der chronologischen Ordnung der Schriften. – Das Zitat aus dem *System des transzendentalen Idealismus* findet sich in: *Schriften von 1799-1801*, S. 627.

[2] *Schriften von 1799-1801,* S. 623.

[3] *Schriften von 1799-1801,* S. 627/28

deßwegen dem Philosophen das Höchste, weil sie ihm das Allerheiligste gleichsam öffnet, wo in ewiger und ursprünglicher Vereinigung gleichsam in Einer Flamme brennt, was in Natur und Geschichte gesondert ist, und was im Leben und Handeln, ebenso wie im Denken, ewig sich fliehen muß."[4]

Diese Apotheose der Kunst am Ende des *Systems des transzendentalen Idealismus* steht nun zumindest vordergründig in deutlichstem Kontrast zu jenen gelegentlichen Bemerkungen zur Kunst, die sich nach der Münchner Akademierede *Über das Verhältnis der bildenden Künste zu der Natur* von 1807 – Schellings letzter zusammenhängender Ausführung zur Philosophie der Kunst[5] – gleichwohl in seinen späteren Schriften noch finden. Insbesondere *eine* Wendung wiederholt sich in nahezu allen Schriften seit 1809 in geradezu stereotyper Form. Ich gebe sie hier wieder in der Fassung der *Grundlegung der positiven Philosophie* (*Münchner Vorlesung* WS 1832/33 und SS 1833)[6]: „Man spricht viel von dem Reiz der Natur für den Menschen, aber der vorzüglichste Reiz, den die Natur für den Menschen hat, ist jene *Schwermut*, die über sie ausgegossen, gleichsam ein stiller Vorwurf für den Menschen, jene Schwermut, deren süsses Gift der Künstler und Dichter aus ihr zu saugen verstehen muss, wenn er Interesse erregen will."

Von diesem „süßen Gift der Schwermut" war nun im System von 1800, in der Akademierede von 1807, auch in Schellings eigentlicher *Philosophie der Kunst* (1802/03) nicht bzw. nicht prima vista erkennbar die Rede. Dieser Kontrast zwischen der Hochstimmung des frühen und mittleren Schelling in seinen Äußerungen zu Kunst und Natur und der Schwermut des späteren und späten Schelling ist so auffällig, daß er natürlich in der Literatur zu Schelling von Anfang an bemerkt und auf unterschiedlichste Weise erklärt wurde.[7] Wenn ich von der absurden Unterstellung eines bei Schelling greifbaren Irrationalismus vom Typ Vernunftzerstörung (Lukács) einmal absehen darf, so hat eine psychologische Erklärung für das Anklingen der schwermütigen Melodie bei Schelling ab 1809 andererseits mit dem Hinweis dienlich sein wollen, daß am 7.9.1809 seine Frau Caroline starb. Wie sehr Schelling darunter gelitten hat, ist ebensowohl nachvollziehbar wie bekannt. Allerdings hat bereits 1954 Horst Fuhrmans mit vollem Recht darauf hingewiesen, daß die Schrift, in der zum ersten Mal das Schwermutmotiv in vollem Akkord anklingt, nämlich die *Philosophischen Untersuchungen über das Wesen der menschlichen Freiheit* zwar 1809, aber bereits im April und also lange vor jenem schmerzlichen Verlust im Juli erschienen und darüberhinaus bereits 1808 abgefaßt wurden.[8] In dieser Schrift ist tat-

[4] Loc.cit., S. 628.

[5] *Schelling, Über das Verhältnis der bildenden Künste zu der Natur,* ed. L. Sziborsky, Hamburg 1983, Einleitung S. XXXVIII: „Mit der Münchener Rede endet Schellings Philosophie der Kunst."

[6] Ed. H. Fuhrmans, Torino 1972, S. 479/80.

[7] Cf. zum Thema: E. *Staiger, Schellings Schwermut,* in: ders., *Die Kunst der Interpretation,* Zürich 1967[5], S. 180-204. Der Text bietet philosophisch leider nicht sehr viel.

[8] H. *Fuhrmans, Schellings Philosophie der Weltalter*, Düsseldorf 1954, S. 79 Anm. 3. Fuhrmans

sächlich von einer „allem anklebenden Traurigkeit" die Rede, davon, daß in Gott selber „ein Quell der Traurigkeit" ist – : „Daher der Schleier der Schwermuth, der über die ganze Natur ausgebreitet ist, die tiefe unzerstörliche Melancholie alles Lebens."[9]

Vermeintlich ideologiekritische, aber auch psychologisch-biographische Strategien sind also für eine Erklärung des Aufklingens der schwermütigen Melodie im Denken Schelling *nicht* erfolgreich. Ich möchte daher eine vollkommen andere Erklärung bieten, die sich in folgende, vielleicht etwas überraschend anmutende Thesen bündeln läßt:

1. Das Motiv der Schwermut in Schellings Denken ab 1809 ist in seiner Genese nur aus seiner Naturphilosophie verständlich zu machen.

2. Das Lehrstück seiner Naturphilosophie, das als Geburtsstätte des späteren Motivs der Schwermut anzusehen ist, ist die physikalische Gravitationstheorie in eben der Gestalt, wie er sie in seine Naturphilosophie aufgenommen hat.

3. Das Motiv der Schwermut ist daher nur die deutliche Akzentuierung von etwas, was von Anfang an in Schellings eigenständigem Denken präsent ist.

4. So gibt es zwischen den späteren und bloß gelegentlichen Bemerkungen zur Kunst im Standard-Kontext mit der Schwermut und Schellings früher Kunstphilosophie (wie in seinem gesamten Denken) auch überhaupt keine Zäsur, sondern eine erstaunliche Kontinuität, die bloß durch unterschiedliche Beleuchtungsgrade Kontraste erhält.

II. Die Genese des Motivs der Schwermut aus der naturphilosophischen Gravitationstheorie Schellings

Die innere Einheit im Denken Schellings verdankt sich gewiß auch dem Umstand einer Unschärfe seiner Fragestellung, die im Anschluß an Kant und Fichte transzendentalphilosophisch begann und in der für ihn eigentümlichen naturphilosophischen Wende auf eine große Psychologie des Kosmos hinauslief, die die Bestände der traditionell gesonderten Wissenschaften wie Physik und Metaphysik, Erkenntnistheorie und Ontologie, Kosmologie und Mythologie in einem Entwurf bündelte, der in der Idee eines einzigen großen »Weltsystems«[10] terminierte und in dem Fragment gebliebenen Riesenprojekt der *Weltalter* realisiert werden sollte. Es ist daher völlig zutreffend, wenn die Vorausset-

fährt fort: „Carolines Tod ist freilich für Schellings Weg in den Jahren 1809ff. ohne Zweifel sehr bedeutsam gewesen. ... Carolines Tod aber hat Schellings Hinwendung zur Theosophie irgendwie endgültig gemacht, bzw. befestigt, aber nicht herbeigeführt."

9 *Schriften von 1806-1813*, S. 343

10 *Schelling, Erster Entwurf eines Systems der Naturphilosophie* (1799), in: Schriften von 1799-1801, S. 114 (Fortsetzung von Anm. 3 auf S. 113).

zung der inneren Kontinuität in Schellings Denken von Hans Michael Baumgartner z.B. durch folgende Unschärfe bei Schelling definiert wird: „Zwischen Transzendentalphilosophie und Naturphilosophie ... findet kein Bruch statt, weil Schellings Philosophie dem Ansatz nach nie im strengen Sinn Transzendentalphilosophie war."[11]

Schelling faßte nämlich die transzendentalphilosophische Formel von den Bedingungen der *Möglichkeit der Erfahrung* als Bedingungen der *Möglichkeit der Gegenstände der Erfahrung* immer auch umgekehrt auf: die Bedingungen der Möglichkeit der Gegenstände der Erfahrung sind zugleich Bedingungen der Möglichkeit der Erfahrung.

Interessanterweise ist, worauf ich hier nur hindeuten kann, diese Perspektive im 20. Jahrhundert von Carl Friedrich von Weizsäcker auf seine Weise erneuert worden. Er faßt sein Arbeitsprogramm unter die Zielvorstellung, „daß gerade die Grundpostulate der letzten abgeschlossenen Theorie der Physik nichts anderes mehr formulieren als nur die Bedingungen der Möglichkeit der Erfahrung überhaupt."[12]

Die Naturphilosophie Schellings arbeitet genau auf diese Zielvorstellung hin, weil unter der Annahme, daß es nur *ein* Universum gibt, die Produktivkräfte des Universums – in welchem Milieu auch immer – dieselbe dynamische Struktur haben müssen: die Produktivität der Natur und des Geistes haben dieselbe Tiefenstruktur. Weil das so ist, studiert der, der die Natur studiert, immer auch irgendwie den Geist und umgekehrt. Wenn man diese monistische Option einmal akzeptiert hat, wird man die Genese des Motivs der Schwermut aus der naturphilosophischen Gravitationstheorie, d.h. dem Übergang von der Schwerkraft in der Natur zur Schwermut des Gemüts und umgekehrt, zumindest nicht mehr aus prinzipiellen Gründen als unmöglich ansehen.

Wie und aus welchem Grunde führt Schelling nun näherhin die Gravitation in seine Naturphilosophie ein?[13]

Naturprozesse lassen sich in stilisierter Form als wechselseitig generierende, in- und evolvierende Musterbildungen auffassen: Gebilde der Natur entstehen, indem sie ein typisches Muster realisieren, das gleichsam im Werden immer deutlicher aufglüht, um schließlich im Vergehen wieder zu verlöschen. Solche Musterbildungen sind stets Resultat gegensätzlicher Energien. Etwas kann nur es selbst werden, wenn es sich in irgendeiner Form realisiert. Diese Formen oder Muster verdanken sich einer strukturbildenden Energie, die nichts aufkommen läßt, was sich nicht in Muster fügt. Dem steht die Energie entgegen,

[11] H.M. *Baumgartner, Das Unbedingte im Wissen: Ich-Identität-Freiheit,* in: ders. (ed.), *Schelling,* Freiburg/München 1975, S. 55.

[12] C.F. *von Weizsäcker, Die Einheit der Natur*, München 1971^2, S. 218.

[13] Schelling setzt seine Verwendung des Terminus »Schwere« selbst von dem im engeren Sinne physikalischen Wortgebrauch ab, denn dieser sei bloß mechanisch, der naturphilosophische Begriff hingegen dynamisch zu verstehen. Cf. Schelling, *Aphorismen über die Naturphilosophie* (1806), in: *Schriften von 1806-1813*, S. 216 Anm. 2.

daß etwas immer nur es selbst werden will, ein Individuelles, das sich mit nichts teilen will. Diese daher mitteilungslose blinde Energie der puren Selbststeigerung will sich eigentlich in kein Muster fügen, da jedes Muster das pure Selbst zwingt, ein Stück von sich selbst aufzuopfern, um so allgemeinheitsfähig zu werden: *autoontische* und *heteroontische* Energien prallen aufeinander.

Diese beiden Energien, die strukturbildende und die selbststeigernde, machen den großen Widerspruch aus, der alle dynamischen Verhältnisse kennzeichnet. Dieser Antagonismus erscheint in einem realisierten Muster, in einer realisierten Gestalt gleichsam stillgestellt, allerdings nur auf Zeit. Dieselben Energien, die eine Gestalt des Lebens entstehen lassen, raffen sie auch wieder hinweg. Wir haben zunächst also drei Aspekte zu unterscheiden: die beiden gegensätzlichen Energien und die Verträglichkeitsbedingungen zwischen beiden, die nur auf Zeit erfüllbar sind. Die Frage ist nun, woran liegt es, daß diese Verträglichkeitsbedingungen, wenn auch nur auf Zeit, aber eben doch erfüllt werden können? Man möchte sich ja auch denken, daß sich die widersprüchlichen Energien der Selbststeigerung und der Strukturbildung wechselseitig immer nur tilgen, die Muster akzeptieren kein Selbst, und kein Selbst akzeptiert ein Muster. Die Verträglichkeitsbedingungen müssen jedenfalls so aussehen, daß die widersprechenden Energien durch irgendeinen gemeinsamen Bezug auf eine tiefliegende Einheit in ihrer wechselseitigen Zerstörungswut gebremst werden. Dies gelingt, wenn durch den gemeinsamen Bezug auf eine transfinite Einheit die zerstörende Kraft etwas erlahmt, und so eine allerdings fragile, eben bloß zeitliche Verträglichkeit erscheinen läßt. Die *kontradiktorischen* Energien werden mit Bezug auf jene transfinite Einheit zu bloß *konträren.*

Diese bremsende Kraft, die die gemeinsame Beziehung auf Einheit, die hier das Vierte ist, zwischen den antagonistischen Energien auf eben diese ausübt, so daß gewissermaßen die Schritte der Kämpfenden schwerer und langsamer werden, bezeichnet nun Schelling als die Schwerkraft in der Natur. In ihr treten die widersprechenden Energien in eine zeitlich befristete Verbindlichkeit ein, die wir als die vergänglichen Muster der Natur kennen. In dieser Verbindlichkeit besteht das *Band*, das als Schwerkraft, d.h. als Bezug auf eine endlich ungreifbare, d.h. transfinite Einheit, das Verbindende aller Naturphänomene, ihre Einigungsbedingung ist. In der frühen naturphilosophischen Schrift *Die Weltseele* (1798) heißt es in der einleitenden Abhandlung *Ueber das Verhältniß des Realen und Idealen in der Natur oder Entwicklung der ersten Grundsätze der Naturphilosophie aus den Principien der Schwere und des Lichts:* „Dieß Band, das alle Dinge bindet und in der Allheit Eins macht, der überall gegenwärtige, nirgends umschriebene Mittelpunkt, ist in der Natur als Schwere.“[14]

Dieses Gravitieren der Natur auf ein transfinites Einheitszentrum hin macht erklärlich, wieso die Verträglichkeitsbedingung der antagonistischen Energien erfüllt und diese daher zu zeitlichen Musterbildungen überhaupt fähig sind. Die ewig widersprüchlichen Energien werden durch ihr Gravitieren gegen jene

[14] *Schriften von 1794-1798*, S. 418.

transfinite Einheit in ihrem wechselseitigen Kampf retardiert, d.h. verendlicht, d.h. verzeitlicht. *Die Zeit der Dinge ist ihr Sein zum Einen*. Dadurch ist auch die Voraussetzung dafür geschaffen, daß das Evolutionstempo auf ein strukturverträgliches Niveau heruntergebracht wird, so daß schließlich, wie Schelling sagt, „die Natur überhaupt mit endlicher Geschwindigkeit sich evolviert."[15] Damit ist „das ganze innere Triebwerk des Universums"[16], gleichsam der Dynamo der universalen Evolution, als ein „Gravitationssystem"[17] etabliert, in das von anorganischen bis zu organischen und mentalen Prozessen jede Strukturbildung eingebunden ist. Je weiter solche Prozesse vom Einheitszentrum entfernt sind, desto weniger ist die Gravitation wirksam und desto freier werden Musterbildungen, desto lichter die Strukturen. „Das dunkle Band der Schwere ist in den Verzweigungen des Pflanzenreichs gelöst und dem Licht aufgeschlossen. Die Knospe des Lichtwesens bricht in dem Thierreich auf." Aber schließlich ist es erst der Mensch, „in welchem das Band das Verbundene vollends durchbricht und in seine ewige Freiheit heimkehrt."[18]

Die Schwerkraft in den Naturverhältnissen macht sie zwar erst evolutionsfähig, aber jedes Muster, das die Evolution hervorbringt, ist bloß Dokument jener transfiniten Einheit, gegen die alles gravitiert, aber eben nur ein finites, vergängliches: „Die sinnliche, unter Relationen ringende Natur hat gethan, was sie vermochte, ein hinfälliges Bild geschaffen von dem, was ewig lebt, und dieselbe nimmt es zurück auf die gleiche Art, wie sie es hervorrief."[19]

Der plastische Glanz der Naturprodukte kann es nicht verbergen, daß er zugleich Seufzer der gequälten Kreatur ist, die, einfach schon eben darin, daß sie überhaupt existiert, bloß Dokument der Einheit um den schmerzlichen Preis der Endlichkeit sein kann. „Durch Geburt, Zeitleben und Tod trägt nach göttlicher Ordnung jedes Wesen dasjenige ab, was es der bloßen Endlichkeit ... schuldig ist."[20] Jede Gestaltung der Natur ist so ein Aufseufzen, nur ein endliches und vergängliches Bild jener Einheit zu sein, die sie außer sich hat. „Das Wesen der Schwere ist das Princip des nicht-für-sich-Seyns der Dinge; der unterirdische Gott, der stygische Jupiter."[21]

Die Schwere der Natur ist der Schmerz der Natur. Die Schwere macht, daß die lichten Strukturen des Existierenden immer nur auf einem dunklen Hintergrund aufleuchten. „Die Schwerkraft geht vor dem Licht her als dessen ewig dunkler Grund ..."[22] Diese *Schwerkraft* erscheint im Menschen, der selber Teil der Natur ist, als *Schwermut*: der Gravitation der Natur entspricht eine melan-

[15] *Erster Entwurf eines Systems der Naturphilosophie,* in: Schriften von 1799-1801, S. 102.
[16] *Von der Weltseele,* in: Schriften von 1794-1798, S. 414.
[17] *Erster Entwurf ...,* op. cit., S. 120 Anm. 1.
[18] *Von der Weltseele,* op. cit., S. 429.
[19] *Aphorismen zur Einleitung in die Naturphilosophie* (1806), in: Schriften von 1806-1813, S. 155.
[20] *Aphorismen zur Einleitung,* oS.cit., S. 153.
[21] *Aphorismen über die Naturphilosophie,* in: Schriften von 1806-1813, S. 223.
[22] *Philosophische Untersuchungen über das Wesen der menschlichen Freiheit,* in: Schriften von 1806-1813, S. 302.

cholische Gravitation des Geistes. Diese Engführung ist bei Schelling seit der *Freiheitsschrift* von 1809 immer präsent und in den *Stuttgarter Privatvorlesungen* von 1810 explizit ausgesprochen: „Das Dunkelste und darum Tiefste der menschlichen Natur ist die Sehnsucht, gleichsam die innere Schwerkraft des Gemüths, daher in ihrer tiefsten Erscheinung *Schwermut.* Hierdurch besonders ist die Sympathie der Menschen mit der Natur vermittelt. Auch das Tiefste der Natur ist Schwermut; ... auch allem Leben hängt eine unzerstörliche Melancholie an, weil es etwas von sich Unabhängiges *unter* sich hat. (Das *über* sich erhebt, das *unter* sich zieht herab)".[23]

In den von Miklos Vetö edierten *Stuttgarter Privatvorlesungen* heißt es entsprechend und knapp: „Sehnsucht, oder die innere Schwerkraft des Geistes: daher die Schwehrmuth und Ahndung pp."[24]

Damit ist die Genese des Motivs der Schwermut aus Schellings Theorie der Gravitation in seiner Naturphilosophie zum Abschluß gebracht, und es bedarf noch der Erläuterung, welche Stellung die Kunst in diesem Zusammenhang hat.

III. Kunst und Schwermut

Zunächst ist der einfache Befund hervorzuheben, daß der Zusammenhang des Motivs der Schwermut mit Schellings philosophischen Äußerungen zur Kunst ebenso durch Kontinuität gekennzeichnet ist, wie der nämliche Zusammenhang mit Schellings Naturphilosophie. D.h.: wo in der frühen Naturphilosophie von der Schwere die Rede ist, da taucht auch schon die Kunst auf, und wo die Kunst in Schellings Philosophie auftaucht, da ist auch von der Schwere die Rede. Dies ist auch deshalb naheliegend, weil die Gravitation eine wesentliche Bedingung dafür ist, daß die antagonistischen Kräfte der Natur gestaltungsfähig, plastisch produktiv sein können, wie ganz ebenso im Bereich des Geistes der Künstler produktiv ist. Dieser Zusammenhang ist daher bereits in der Schrift *Von der Weltseele* aus dem Jahre 1798 explizit greifbar. An der entsprechenden Stelle faßt Schelling zunächst noch einmal zusammen: „Allgemein also ist die Schwere das Verendlichende der Dinge, indem sie in das Verbundene die Einheit oder innere Identität aller Dinge als Zeit setzt."[25] Die amorphe und dunkle Energie der puren Selbststeigerung wird um den Preis der Endlichkeit durch das Band der Schwere überwältigt und gebändigt und dadurch einheitsfähig, so daß der Gegenschein dieser Energie, die Energie des Allgemeinen gestaltbildend die transfinite Einheit in finiten Mustern simulieren kann: „Gerade in dieser Ueberwältigung oder Unterdrückung durch das Band wird das

[23] *Schriften von 1806-1813,* S. 409.
[24] Torino 1973, S. 181.
[25] *Von der Weltseele*, Schriften von 1794-1798, S. 420/21.

Verbundene des Gegenscheins fähig und geschickt zu der Abschattung des Wesentlichen", und jetzt fährt Schelling fort in einem Vergleich mit der künstlerischen Produktion, „wie der formlose Stoff nur in dem Maß, als er von dem Bildner bewältigt gleichsam verschwindet, die *Ideen* des Künstlers hervortreten läßt ..."[26]

Die Idee des Künstlers läßt im bildenden Prozeß ebenso den formlosen Stoff unter der Hand in ihrer Formung verschwinden, wie im Naturprozeß die Materie im genetischen Muster gleichsam verschwindet. „Alle Verwirklichung in der Natur beruht auf eben dieser Vernichtung ..."[27] Die Kunst ist in ihren Produkten die Renaissance des Schmerzes der Natur im Geiste.[28]

Paradigma für die Schmerzgestalt der Kunst ist für Schelling in seiner *Philosophie der Kunst* (1802/03) die griechische Plastik der Niobe. Er nennt sie eben deshalb „das Urbild der Plastik", da sie da Geheimnis der Kunst offenbart, ersterbende Darstellung der transfiniten Einheit zu sein. Eine solche Darstellung des Unendlichen in endlicher Figur gelingt da, wo der Augenblick des Übergangs vom Leben zum Tod wie in der Statue der Niobe dargestellt wird. Indem dieses Werk gerade dies leistet, ist es nicht nur symbolisch, sondern reflexiv symbolisch: in der Plastik der Niobe reflektiert sich geradezu das Wesen der Kunst. „Die Kunst ist also hier auf gedoppelte Weise symbolisch; sie wird nämlich wieder zur Auslegerin von ihr selbst, so daß, was alle Kunst wolle, hier in der Niobe ausgesprochen vor Augen liegt."[29]

Es ist ferner nicht so, als ob die benannten naturphilosophischen Gedanken zur Gravitation nicht auch in der *Akademierede* von 1807 strukturell präsent wären. Im Gegenteil: wesentliche Gedankengänge sind nahezu wörtlich in den Text eingewoben. Selbst wenn man in der Tat sagen muß, daß Schelling in dieser Rede die Fixierung auf die Schwermut vermeidet, ist sie als ein Übergängliches durchaus vorhanden. Das Grundmuster der Schwerkraft der Natur erscheint hier so: „Die Natur, welche in ihrer Vollendung als die höchste Milde erscheint, sehen wir in allem Einzelnen auf Bestimmtheit, ja zuerst und vor allem anderen auf Härte, auf Verschlossenheit des Lebens hinwirken."[30]

Eben deshalb, so führt Schelling in völligem Konsens mit der nachmaligen Standard-Formel aus, „muß der Künstler zuerst sich selbst verleugnen und ins Einzelne hinabsteigen, die Abgeschiedenheit nicht scheuend, noch den Schmerz, ja die Pein der Form."[31] Im nämlichen Kontext greift Schelling auch

[26] Ibid.

[27] *Von der Weltseele*, op. cit., S. 421.

[28] Cf. zum Terminus »Renaissance« an dieser Stelle Schellings *Vorrede zu den Jahrbüchern der Medicin als Wissenschaft* (1806), in: Werke, ed. M. Schröter, Vierter Hauptband, München 1958, S. 67: „Das heilige Band, das die Dinge der Natur vereinigt, ohne sie zu unterdrücken, ist auch unter den Geistern möglich, und in dem Maß möglich, in welchem die Anschauung der Natur und des Universums in ihnen wiedergeboren wird [sic!]."

[29] Darmstadt 1980, S. 269.

[30] Ed. L. Sziborsky, Hamburg 1983, S. 17.

[31] Ibid.

auf die naturphilosophisch konzipierte Entbindung der Freiheit im Durchgang durch die vergänglichen anorganischen, organischen und schließlich geistigen Formen zurück und zitiert das in der Naturphilosophie konzipierte Band der Schwere, das auch den tragischen Weltverhältnissen zu Grunde liegt: „wo auch die Seele durch das Band, das sie mit dem sinnlichen Dasein verknüpft, dem *Schmerz* ... unterworfen wird. ... Es ist dies der Fall aller wahrhaft und im erhabenen Sinn tragischen Zustände, wie sie uns das Trauerspiel des Altertums vor Augen stellt.“[32]

Die Seele vermag diesem Schmerz nur zu entkommen, „indem sie ihr Band mit dem sinnlichen Dasein aufgibt“, d.h. im Tod. „Dies ist der Ausdruck der Seele“, so zitiert Schelling an dieser Stelle auch seine *Philosophie der Kunst*, „den uns der Schöpfer der Niobe im Bild gezeigt hat.“[33]

Dieser Gedanke einer Geburt der Kunst aus dem Geiste der Tragödie hält sich vom frühen bis zum späten Schelling durch. „Dieser Gedanke“, so erläutert die Standard-Formel in der *Philosophie der Offenbarung*, „erklärt jene Schwermuth, die wie ein süßes Gift die trefflichsten Werke der Hellenen, besonders die der bildenden Kunst durchzieht ...“[34]

Seitdem in der Naturphilosophie des frühen Schelling die Grundlagen für eine Ontologie gelegt wurden, die jedes Existieren als dynamische Struktur, die aufglüht und erlischt, zu begreifen lehrte, ist Schellings Denken im Kern konstant durch den kapitalen Satz der *Weltalter* gekennzeichnet: „Aller Schmerz kommt nur von dem Seyn ...“[35] Alles, was ist, ist nur ein fragiles Dokument für Einheit, wie sie in der Zeit erscheinen kann: „das Wesen aller Creatur ist Zittern, Osziliren, Schwanken zwischen a und b, zwischen Sein und Nichtsein.“[36]

Existenz als Oszillationseffekt: ich glaube nicht, daß jemals eine kühnere ontologische These vertreten wurde. Aber sie ist allein aus dem Bemühen Schellings zu erklären, in aller Unerbittlichkeit der Ontologie der Tradition, die eine Ontologie des Stillstands war, eine dynamische Ontologie des Werdens entgegenzusetzen, ohne die ein angemessenes Naturverständnis zumal philosophisch nicht zu erreichen ist. Schelling ist in diesem Bemühen moderner als atomistische und mechanistische Denker des 19. und 20. Jahrhunderts. Für ihn

[32] Op. cit., S. 26.

[33] Op. cit., S. 27.

[34] *Philosophie der Offenbarung*, Band 1, Ausgewählte Werke, Darmstadt 1966, S. 511. Cf. Schelling, *Philosophie der Offenbarung*, 1841/42 (Paulusnachschrift), ed. M. Frank, Frankfurt/M. 1977, S. 246: „...der tragische Zug, die Schwermut, die die bildende Kunst durchzieht; die höchste Lebensfreude wächst mit einem Zug innern Schmerzes zur Schönheit griechischer Bildung zusammen.“ Cf. ferner Schelling, *Initia Philosophiae Universae*, Erlanger Vorlesungen WS 1820/21, ed. H. Fuhrmans, Bonn 1969, S. 22: „Die Meisterwerke der Griechen beweisen es und tragen alle das Gepräge der Trauer über den Verlust verlorengegangener Freiheit, und eine Schwermuth ist über die ganze Natur gegossen.“

[35] *Schriften von 1813-1830*, S. 141.

[36] *Schelling, System der Weltalter*, (Münchener Vorlesungen WS 1827/28 in einer Nachschrift von Ernst von Lasaulx), ed. S. Peetz, Frankfurt/M. 1990, S. 169.

gibt es nichts, was den Erosionen einer tiefliegenden Dynamik des Werdens entzogen wäre, kein Ding, kein Gott. Es gibt für ihn nichts Festes, es gibt keine letzten Bausteine des Universums, keine Atome. „Der einzige wahre Urstoff sind die einfachen Aktionen."[37] Sie sind „das Letzte in der Natur, ..., was rein produktiv ist, ohne Produkt zu seyn."[38] Was Schelling hier in begrifflich klarer Weise bereits gedacht hat, wird erst im 20. Jahrhundert bei A. N. Whitehead unter dem Titel »actual entity« prominent.[39]

Aber weil Schelling ein so überaus konsequenter Denker des Werdens ist, ist er ständig mit dem Phänomen der Vergänglichkeit konfrontiert, und so dringt die Klage der Natur, der *planctus naturae* des Alanus ab Insulis, in seine Ontologie, die eben deshalb zu einer Ontologie der Schwermut wurde.

Daß dieser Denker trotz aller dunklen Klänge, die in seiner Philosophie zu finden sind, gleichwohl kein Wegbereiter irgendwelcher Formen des Irrationalismus ist, muß wohl immer noch eigens betont werden. Wer Vernunfts*bedingungen* formuliert, ist deshalb nicht auch schon *gegen*vernünftig. Daß sich Schellings selbst als ein bloß tiefergehender Aufklärer verstand, ist in seinen Bemühungen auch da sichtbar, wo er das Motiv des Schmerzes an einen prominenten Autor der französischen Aufklärung rückbindet: „Man hat vor etwa 50 Jahren in Frankreich über das Wort eines Philosophen d'Alembert gelacht, der von dem »malheur de l'Existence« sprach, der indeß damit doch vielleicht wirklich ein tiefes Gefühl verknüpfte. An analoge indische Vorstellungen von der Unseligkeit alles Seyns will ich nur erinnern. ... Auf einem andern Standpunkt kann eben dieses Loos der Endlichkeit ... wieder als Gegenstand einer höheren aber edleren Trauer, jener Schwermuth erscheinen, durch welche die Kunst in ihren höchsten Erzeugnissen ihre Hervorbringungen geadelt hat."[40]

Das *malheur d'être d'Alemberts,* die difficulté d'être, wie Fontenelle, Condorcet und Cocteau[41] das nämliche Phänomen genannt haben, ist in der Philo-

[37] *Erster Entwurf eines Systems der Naturphilosophie* (1799), in: Schriften von 1799-1801, S. 34, Anm. 1.

[38] Op. cit., S. 102.

[39] Cf. A. N. *Whitehead, Prozeß und Realität. Entwurf einer Kosmologie*, Frankfurt/M. 1979.

[40] *Darstellung des philosophischen Empirismus*, in: *Schriften* von 1813-1830, S. 549. Im Text heißt es weiter: „Denn dies ist der Grund und der wahre Sinn jener erhabenen Schwermuth, welche die edelsten Bildungen altplastischer Kunst ... selbst wieder über das Loos der Sterblichkeit erhöht, indem sie gleichsam als ihr Seyn wie Nichtseyn ansehend vorgestellt werden. Die antike Kunst ist keineswegs so schlechthin heiter und leichtsinnig, wie sie einige übel berichtete Romantiker in neuerer Zeit dargestellt haben. Der Schmerz, der in ihr liegt, ist nur ein tieferer als jene Thränen, welche eine alltägliche Sentimentalität zu erregen die Macht hat. Von der plastischen Kunst gilt daher insbesondere auch, was Aristoteles von der Tragödie sagt, daß sie von gemeiner Furcht und ebenso auch von gemeinem Schmerz befreit. Und dasselbe gilt von der Philosophie; denn wer wird sich noch über die gemeinen und gewöhnlichen Unfälle eines vorübergehenden Lebens betrüben, der den Schmerz des allgemeinen Daseyns und das große Schicksal des Ganzen erfaßt hat?" Cf. hierzu auch: Schelling, *System der Weltalter, op. cit.,* ed. S. Peetz, S. 111. Hier verwendet Schelling die Formel *malheur d'être.*

[41] Cf. W. *Hogrebe, Die Heine-Frage*, in: *Heinrich Heine im Spannungsfeld von Literatur und Wissenschaft*, eds. W. Gössmann/M. Windfuhr, Hagen 1990, S. 53-64.

sophie tiefer noch als von Schopenhauer eben von Schelling gedacht worden mit dem Ergebnis, daß der nämliche Grund des Schmerzes am Ende auch Grund einer Seligkeit ist, wie ebenso der nämliche Grund für das Böse der Grund für das Gute[42], der nämliche Grund des Grauens auch der des Schönen ist. Diesem Gedanken hat sich seit Schelling kein Philosoph ernstlich mehr gestellt. Nicht in jeder, aber in dieser Hinsicht zumindest haben wir Schelling immer noch vor uns.[43]

IV. Gravitation und Sprache

Daß der große systematische Gesamtentwurf Schellings, wie er ihn in dem Projekt der *Weltalter* vergeblich zu realisieren versuchte, im Kern Sprachphilosophie ist, habe ich an anderer Stelle zu zeigen versucht.[44] Daß auch seine Kunstphilosophie, und zwar in unmittelbarer Konsequenz aus seiner naturphilosophischen Gravitationstheorie in Sprachphilosophie einmündet, ist abschließend noch zu zeigen.

Da für Schelling das gesamte mentale Milieu ebenso ein natürliches ist, wie das natürliche mental, kann es nicht verwundern, daß er auch die Sprache ebenso aus dem Universum begreift, wie das Universum aus der Sprache. Daher sind für ihn die sogenannten Sprachursprungstheorien der neueren Zeit im Ansatz verfehlt. Die Sprache ist Schelling zufolge eben nicht „aus der psychologisch-isolierten menschlichen Natur zu begreifen, da sie nur aus dem ganzen Universum begreiflich ist."[45] Die autoevolvierenden Kräfte des Universums sind *a limine* als Energie zu verstehen, sich auszusprechen und aussprechlich zu werden. In werdenden und vergehenden Mustern des Universums ringt es um Worte, die ihm gleichsam auf den Lippen erstarren: „die *reale* Welt ist ... das gesprochene-geronnene-Wort."[46]

Eben weil die Sprache „unmittelbarer Ausdruck eines *Idealen* ... in einem *Realen*" ist,[47] ist „in dieser hohen Bedeutung der Sprache"[48] jedes natürliche Muster ebenso schon ein sprachlicher Ausdruck wie ein Kunstprodukt. So ist die Sprache ihrerseits ebenso „ein natürliches Kunstwerk, wie es mehr oder we-

[42] In der *Freiheitsschrift*, in: *Schriften von 1806-1813*, S. 344, heißt es: „Dasselbe, was durch den Willen der Creatur böse wird (wenn es sich ganz losreißt, um für sich zu seyn), ist an sich selbst das Gute, solange es nämlich im Guten verschlungen und im Grunde bleibt." Hieraus folgt, daß, „wer keinen Stoff noch Kräfte zum Bösen in sich hat, auch zum Guten untüchtig" ist.

[43] Walter *Schulz* bemerkte gelegentlich: „Der Idealismus ist ein Schicksal, das keineswegs schon bewältigt ist." (*Die Vollendung des Deutschen Idealismus in der Spätphilosophie Schellings*, Pfullingen 1975, S. 237 Anm.)

[44] Cf. W. Hogrebe, *Prädikation und Genesis*, Frankfurt/M. 1989.

[45] *Philosophie der Kunst,* op. cit., S. 130.

[46] *Philosophie der Kunst,* op. cit., S. 128.

[47] *Philosophie der Kunst,* op. cit., S. 126.

[48] *Philosophie der Kunst,* op. cit., S. 127.

niger alles ist, was die Natur hervorbringt."[49] In diese Überblendung von Sprach- und Naturphilosophie spiegelt Schelling so auch seine Kunstphilosophie hinein. Auch die Kunstwerke sind Worte wie alle Naturprodukte, Worte, die ersterben. „So ist die bildende Kunst nur das gestorbene Wort, aber doch auch Wort, doch auch Sprechen, und je vollkommener es stirbt – bis herauf zu dem auf den Lippen der Niobe versteinerten Laut – desto höher ist die bildende Kunst in ihrer Art ..."[50]

Wenn die Verhältnisse so liegen, muß es auch möglich sein, die gravitierenden Kräfte der Natur in der Sprache ebenso wie schon im Kunstwerk nachzuweisen. Tatsächlich hat Schelling dies mit einiger Konsequenz getan. Da die Schwerkraft als Ausrichtung aller Verhältnisse auf das transfinite Eine zugleich das alles Zusammenbindende und als solches das Band ist, das das Universum strukturverträglich macht, ist es in dieser Hinsicht die Sprache des Universums, durch die es gegliedert, artikuliert erscheint.

„Dieses Band", heißt es in den *Stuttgarter Privatvorlesungen*, „heißt sehr expressiv das Wort, a) weil in ihm und mit ihm zuerst alle Unterscheidbarkeit anhebt; b) weil in ihm zuerst das Selbstseyn mit dem Nichtselbstseyn ... organisch verbunden sind ...."[51] In einer immer wiederkehrenden Formel veranschaulicht Schelling die Schwerkraft der Sprache auch dadurch, daß die natürlichen Energien der Selbststeigerung und der formierenden Kräfte sprachlich in der Verbindung von *Konsonanten* und *Vokalen* gespiegelt sind. „Dies ist das große Geheimnis der Articulation, nämlich von der menschlichen Stimme. Das Dunkle und Unverständliche beruht in jenem Sein für uns darauf, daß dieses blose Sein für sich blos Mitlaut ist, der erst mit einem Selbstlauter ausgesprochen wird; daher ist die Schöpfung der Anspruch jenes vernemlichen Seins, das Wort."[52] „Das ausgesprochene (reale) Wort aber ist nur in der Einheit von Licht und Dunkel (Selbstlauter und Mitlauter)."[53]

Im *Ersten Entwurf eines Systems der Naturphilosophie* (1799) definierte Schelling die Schwerkraft als dasjenige, „was das Individuum an ein bestimmtes System von Dingen fesselt und ihm seine Stelle im Universum anweist."[54] Gerade dies geschieht ja auch durch die Sprache, deren identifizierende und klassifizierende Funktion ebenso jedem Individuum seine Stelle im *universe of discourse* anweist. Gravitation oder Schwerkraft und Sprache sind daher nur andere Ausdrücke für das nämliche Band, das Schelling auch die „unendliche Copula"[55] nennt, durch das um den Preis der Endlichkeit alles auf Eins hin transparent wird. Es ist in der Sprache das Verhallende, an dem der Schmerz des

[49] *Philosophie der Kunst*, op. cit., S. 126.
[50] *Philosophie der Kunst, op. cit.*, S. 128.
[51] *Schriften von 1801-1813*, S. 386.
[52] *System der Weltalter*, op. cit., ed. S. Peetz, S. 171.
[53] *Philosophische Untersuchungen über das Wesen der menschlichen Freiheit*, in: Schriften von 1806-1813, S. 307. Cf. ähnlich: *Philosophie der Kunst*, op. cit., S. 129.
[54] *Schriften von 1799-1801*, S. 265/66.
[55] *Von der Weltseele*, in: *Schriften von 1794-1798*, S. 415 et passim.

Seins spürbar wird. Daß wir uns nur in endlichen Sätzen mitteilen können, ist das Entsetzliche. So geschieht in jedem Satz schon das Nämliche wie in jedem Natur- und Kunstprodukt, wohinein auch die Philosophie verschlungen ist: „denn, wie in dem Gedicht des Dante, geht auch in der Philosophie nur durch den Abgrund der Weg zum Himmel."[56]

[56] *Schelling, Philosophie und Religion*, Werke, ed. M. Schröter, Vierter Hauptband, München 1958, S. 33.

Thomas Sören Hoffmann

Idee, Natur und System

Das Einzelne, das Individuelle und die Frage nach der „natürlichen Natur"

Die philosophische Frage nach der Individualität stellt sich zentral im Rahmen des Universalienproblems, strahlt aber von dort ebenso aus in eine ganze Reihe anderer systematischer Zusammenhänge. Sie kehrt jenseits von ontologischen und definitionslogischen Erörterungen wieder in realphilosophischen Kontexten, in der Naturphilosophie nicht weniger als in praktisch-philosophischen oder erkenntnistheoretischen, in geschichts- wie auch kunstphilosophischen Fragestellungen.

Josef Simon hat den Begriff des Individuellen nicht nur hauptthematisch, sondern geradezu kriteriell in den Bereichen der Sprachphilosophie oder einer Ethik des Anerkennens und darüber hinaus vom Ansatz einer Philosophie des Zeichens her mit Anspruch auf eine Grundlegung der Philosophie überhaupt verwendet. Aber es geht dabei nicht nur um „Verwendungen": viel eher schon darum, das Individuelle eigentlich erst in den Blick zu bekommen, indem es sich zunächst als Fluchtpunkt bestimmter Aporien theoretischer und praktischer Ansätze zeigt, die in – ausdrücklicher oder auch unausdrücklicher – Absehung von individuellen Momenten oder gar Konstituentien ihr Feld bestellen zu können meinen. So verweist Simon in bezug auf die semantisch-sprachphilosophische Aporetik möglicher Rede „über" (verdinglichte) „Bedeutungen" auf das individuelle Sprechen „in" einer bestimmten Bedeutung als eigentliche Wurzel aller Bedeutungskonstitution: an die Stelle abstrakter „Allgemeinheit" der „Referenz" tritt das individuelle, selbsthafte Ersprechen und Aussprechen einer „Relevanz"[1]. Darin liegt durchaus auch eine Antwort auf die Universalienfrage: das Allgemeine erscheint im individuellen „Selbstgespräch" als individuiert, sprechend geöffnete Individualität erscheint als mehr denn das Einzelne (das abstrakte Andere des Allgemeinen) und ist nicht nur (extensionale) Bestimmung desjenigen, das „unter" einen letzten und engsten „Artbegriff" fällt und dort allenfalls von formallogischen „Individuenkonstanten" oder „-variablen" aufgefangen werden kann. Es „gibt" vielmehr kein Allgemeines außer jenem, das im Sprechen und Erkennen, in der Selbstkontinuation und (Zweck-)Tätig-

[1] Cf. J. *Simon, Bedeutung als Referenz und als individuelle Relevanz*, in: Logos semantikos. Studia linguistica in honorem Eugenio Coseriu 1921-1981, Vol. II (ed. H. Weydt): Sprachtheorie und Sprachphilosophie, Berlin/New York und Madrid 1981, S. 275-286, bes. 275f.

keit der Individualität liegt. In der Bewegung des Sprechens oder allgemeiner als Tätigkeit überhaupt erzeugt Individualität *von sich aus* und *als ihren Horizont* das Allgemeine – so aber, daß sie zugleich gar nicht anders kann, als sich auszusprechen, indem sie das Allgemeine sagt.

Man könnte meinen, daß dieses Konzept, seine sprachphilosophische oder auch gnoseologische Gültigkeit einmal vorausgesetzt, gleichwohl nicht die ganze Dimension des traditionellen Universalienproblems abdeckt. Zugleich ist an ihm das offenkundig mehr-als-extensionale Verständnis von Individualität gewiß nicht neu; nur kann dieses durchaus auch anders gefüllt werden als durch Bezugnahme auf ein schon sehr konkret bestimmtes, z.B. sprechendes und erkennendes Individuum – als qualitative Selbstvermittlung im Sinne der aristotelischen (ersten) Substanz etwa oder als intern bestimmte „Funktion" der Gesamtordnung des Universums, als leibnizsche Monade, die ja nicht notwendig als apperzipierend gedacht werden muß. Und mit der Monade wie mit der οὐσία treten zugleich andere „Instanzen" von Individualität in den Blick als mit einem, wie man meinen könnte, quasi-transzendental angesetzten Individuum des Sprechens, Erkennens oder Handelns. Indes zeigt sich der Simonsche Ansatz bei näherem Zusehen als zwar kritisch im Sinne Kants – was auch einschließt, daß er nicht ohne weiteres dogmatisch als „vorfindlich" ausgegebene „Instanzen" von Individualität akzeptiert –, dennoch aber nicht eigentlich als „transzendental". Transzendentalphilosophie macht nach Simon „für einen (widerspruchsfreien) Begriff von Erkenntnis überhaupt" die „Voraussetzung" einer „*Einheit* von Subjektivität" und wird eben deshalb angesichts der immer individuellen Rede (bei Kant zumal über das Ganze der Welt) in die *Antinomie* geführt, während bereits Hegel jene „Voraussetzung" als eine solche durchschaute und darum statt mit vorausgesetzter subjektiver Einheit bei wirklichem „Spruch" und „Widerspruch" der Individualität selbst ansetzte, die Differenz als Erkennensprinzip anerkennend[2]. Individualität rückt dann aber nicht einfach in den Rang der transzendentalen Subjektivität ein. Gerade sie kann nicht umstandslos als „Einheitspol" in allem Wissen fungieren. Sie ist zwar Einheit, aber ebenso Vielheit und in sich „anders"; sie ist z.B. niemals nur „res cogitans" oder, abstrakter noch, nur „Inneres". Sofern sie dennoch „Prinzip" und die Frage nach ihr Kriterium der Philosophie sein kann, ist sie ein differentes Erstes, in dessen innerer Dynamik Prinzipialität (Allgemeinheit), Realität (Besonderung) und konkrete Beziehung beider (Einzelheit) nur je insgesamt und „untrennbar" liegen.

Dieser Gedanke, daß Individualität ein *differentielles* und die Differenz produktiv zur Totalität entfaltendes „Erstes" meint, soll hier in Beziehung auf die Frage nach dem Einzelnen und einem möglichen System der Natur behandelt

[2] Cf. J. *Simon, Antinomie und Widerspruch*. Kosmologie bei Kant und Hegel, in: Th.S. Hoffmann/Fr. Ungler (ed.), Aufhebung der Transzendentalphilosophie? Systematische Beiträge zu Würdigung, Fortentwicklung und Kritik des transzendentalen Ansatzes zwischen Kant und Hegel, Würzburg 1994, S. 125-141, bes. 140f.

werden. Das natürlich Einzelne stellt im Rahmen des Universalienproblems insofern einen Fall von besonderem Interesse dar, als es – im Unterschied zum logisch Einzelnen oder Geistig-Individuellen – in der Spannung steht, einerseits nicht grundsätzlich unerkennbar, sondern „an sich" der Idee erschlossen zu sein, andereseits von der „subjektiven" Entfaltung der Idee im systematischen Begreifen der Natur nicht „gänzlich" oder „letztlich" eingeholt werden zu können. Das Einzelne, aber mit ihm dann auch die Totalität der Natur ist „für uns" weder objektiv erkennbar, wie es z.B. das Eins der Quantität ist, noch im selben Sinne absolut anerkannt, wie es Personen als Identitäten füreinander sind. Aber in seinem Sich-Verschließen fordert es dennoch das Erkennen überhaupt, fordert es die Angabe seines Bezuges auf die Idee. Ihn anzugeben, ist Aufgabe nicht der Einzelwissenschaften von der Natur, erst recht nicht derjenigen „platonischen" Typs, die von einer Auflösbarkeit der Naturbestimmtheiten in quantitative Verhältnisse von Maß, Zahl und Gewicht ausgehen und sie darauf hin „logifizieren". Es ist vielmehr Aufgabe der Naturphilosophie, an dieser Stelle ein spezifisches *Denken der Individualität der Natur* zu leisten.

I

Der alte Goethe hat in einem der Aufsätze zur Morphologie einige „Probleme" des Naturerkennens formuliert, denen die „Erwiderung" eines „jungen Freundes" – des Königsberger Botanikers Ernst Meyer (1791-1858) – beigegeben ist[3]. Goethe hat vor allem die seit Linné rasch voranschreitenden botanischen Klassifikationssysteme vor Augen, wenn er schreibt: „*Natürlich System*, ein widersprechender Ausdruck. Die Natur hat kein System, sie hat, sie ist Leben und Folge aus einem unbekannten Centrum, zu einer nicht erkennbaren Gränze. Naturbetrachtung ist daher endlos, man mag in's Einzelnste theilend verfahren, oder im Ganzen, nach Breite und Höhe die Spur verfolgen"[4]. Gleichwohl erlöschen „in der Wissenschaft ... die unzähligen Versuche zu systematisiren, zu schematisiren" keineswegs – denn, so lautet Goethes Begründung: „Der Mensch, wo er bedeutend auftritt, verhält sich gesetzgebend"[5], im Sittlichen, im Regiment, in der Religion und der Kunst, aber ebenso auch in der Wissenschaft.

Ein sich entziehendes Zentrum zu einer ihrerseits unfaßlich bleibenden Grenze auf der einen Seite, auf der anderen, der subjektiven Seite der Trieb zur Gesetzgebung mittels gesetzter Bestimmtheiten, etwa nach *genus* und *species*: das ist die nach Goethe charakteristische Spannung und auch das zuletzt unauflöslich Aporetische in allem Naturerkennen. Zugleich jedoch zeigt sich neben

[3] *Goethe, Problem und Erwiderung*, Sophien-Ausgabe II/7, 74ff.; loc. cit. S. 74.
[4] A.a.O. S. 75.
[5] A.a.O. S. 75.77.

dem Sich-Entziehen der Natur in die Vereinzelung und Totalitätslosigkeit ein ihr eigener „Spezifikationstrieb"[6] und die Tendenz, sich von sich aus in bestimmten Grenzen der Gattung, die, wenn auch letztlich unerkennbar, dennoch nicht einfach als für das subjektive Naturbestimmen irrelevant angesehen werden können, zu erhalten. Der Naturforscher weiß freilich, daß man den natürlichen Naturbestimmtheiten oft genug nicht „auf einem rationellen Wege beikommen kann", wie es etwa, aus der Botanik zu reden, geradezu „charakterlose Geschlechter" gibt, „denen man vielleicht kaum Species zuschreiben darf, da sie sich in gränzenlosen Varietäten verlieren. Behandelt man diese mit wissenschaftlichem Ernst, so wird man nie fertig, ja man verwirrt sich vielmehr an ihnen, da sie jeder Bestimmung, jedem Geschlecht entschlüpfen. Diese Geschlechter hab' ich manchmal die Liederlichen zu nennen mich erkühnt ..."[7].

Goethe hält nun allerdings auch einen Vorschlag bereit, wie man diese Lage zwischen einerseits der Tendenz nach selbst „rationeller", andererseits sich ins „Charakterlose" zurücknehmender Naturbestimmtheit wohl am zweckmäßigsten bemeistert. „Wir müßten einen künstlichen Vortrag eintreten lassen. Eine Symbolik wäre aufzustellen!"[8] Das Symbol steht für den uneinholbaren „Rest" und damit für das Ganze, für die Idee des Systems ein. Der Vergleich, mit dem Goethe den symbolisch-künstlichen Naturvortrag einführt, ist dabei in mehrerer Hinsicht aufschlußreich: Goethe greift auf die Analogie des musikalischen Verhältnisses von Naturtonreihe einerseits und gleichschwebender Temperatur andererseits zurück, um die Bedingungen eines Kunstsystems der Natur zu charakterisieren. Denn ganz so, wie erst die Temperatur, jene im einzelnen unmerkliche *Verstimmung* gegenüber der Naturtonreihe, die Gleichbehandlung der 24 Tonarten und somit überhaupt ein enharmonisches System auf homogener tonaler Basis zuläßt, genauso „temperiert" der symbolische Vortrag das Bestimmte der Natur zur „logischen Homogeneität" und *damit* zur Systematizität. In der Musik wird „eine entschieden durchgreifende höhere Musik, zum Trutz der Natur", durch Temperatur „eigentlich erst möglich"[9]; aber nicht minder der Natur abgetrotzt ist das höhere, kunstmäßige und symbolische System der Natur. Und so, wie die gleichschwebende Temperatur das Tonmaterial für bestimmte Absichten des Musikers zweckmäßig einrichtet, indem es ihm sozusagen den einzelnen, materiellen „Eigensinn" bricht, so dient auch das wissenschaftliche Natursystem Goethe zufolge dazu, daß wir, ohne zwar die Natur „durch zwängende Vorschrift ... widerspenstig (zu) machen", dennoch uns „durch ihre Willkür nicht vom Zweck entfernen lassen"[10] – überhaupt also dazu, sie so anzusehen, daß wir *in ihr* oder doch *in unserer Darstellung* ihrer unseren Zweck erreichen. –

[6] A.a.O. S. 75.
[7] A.a.O. S. 76 (speziell von der Rose).
[8] Ibd.
[9] Ibd.
[10] A.a.O. S. 77.

Nicht sehr viel anders hat sich zum Verhältnis von Natur und ihrer systematischen Darstellung der späte Kant geäußert. Seine Frage erscheint im Rahmen der bekannten Überlegungen zum Problem eines „Übergangs" von „Metaphysischen Anfangsgründen der Naturwissenschaft" zur eigentlichen Physik. Kant geht dabei freilich weniger vom *empirischen* Klassifikationsproblem als vielmehr von jenem „höchste(n) Punkt ..., den transzendentale Philosophie nur immer berühren mag", der Frage nämlich: „Wie ist Natur selbst möglich?"[11], aus. Nichtsdestotrotz gibt es zwischen Goethe und Kant fast wörtliche Übereinstimmungen in der Formulierung der Resultate. Wenn Goethe etwa vom Bedürfnis eines „künstlichen Vortrags" spricht und Meyer, dieses Aperçu aufgreifend, als „die wahre Vermittlerin" von System und lebendiger Natur „die Kunst" bezeichnet, ja noch hinzusetzt: „Die Wissenschaft, da sie nun einmal nicht ganz zur Kunst sich veredeln kann, soll wenigstens dieser so weit als möglich durch eine Symbolik sich nähern"[12], so lesen wir bei Kant fast einen Kommentar dazu, wenn es heißt, daß Physik in Beziehung auf das Materiale, das sie in sich aggregiert, ein „Systema artificialis naturae" heißen müsse, wie denn „Erfahrung ... nicht eine blos *natürliche* sondern *künstliche* Aggregation der Warnemungen" darstelle und „nicht durch Sinne *gegeben* sondern ... für das sinnliche Erkenntnis *gemacht*"[13] werde. Sozusagen in näherer Ausführung des ersten Satzes der Einleitung zur ersten Ausgabe der *KdrV* – „Erfahrung ist ohne Zweifel das erste Produkt, welches unser Verstand hervorbingt, indem er den rohen Stoff sinnlicher Empfindungen bearbeitet"[14] –, hat Kant im Spätwerk auch überraschende Wendungen nicht gescheut, um den *poietischen* Aspekt aller Erfahrung oder besser: *des Erfahrens* herauszustellen. Die Dynamik des Machens von Erfahrung ist – nicht erst in neukantianischer Sicht – zentrales Motiv schon der *KdrV*. Insofern die durch sie wissenschaftlich zu vermittelnde Bestimmtheit jetzt, im *Opus postumum*, noch unterhalb jenes Niveaus von Allgemeinheit in der Formierung des Äußeren der Sinne, das, seien es die „Grundsätze" der *Kritik*, sei es deren Fortentwicklung zu metaphysischen „Anfangsgründen" der Naturwissenschaft noch voraussetzten, thematisch werden soll, wird mit ihrer Hilfe sozusagen die Notwendigkeit, ja Möglichkeit unmittelbarer Bezugnahme auf realistisch, empiristisch oder sensualistisch, jedenfalls aber dogmatisch als *präformiert* Gedachtes immer weiter zurückgetrieben. So sind denn jetzt bereits „Observation u. Experiment in der Naturforschung" als „Redaction der Warnehmungen als Phänomene"[15] zu verstehen – als eine Redaktion, durch welche die Wahrnehmungen erst tauglich werden, „ein System nach den formalen Bedingungen der Anschauung und ... im Subject ein Erkenntnis des äußeren Sinnenobjects als *Erscheinung* zum Behuf der Möglich-

[11] *Kant, Prolegomena* § 36, AA IV, S. 318.
[12] *Problem und Erwiderung* S. 85.
[13] *Kant, Opus postumum*, AA XXII, S. 298.
[14] KdrV A 1.
[15] *Opus postumum,* a.a.O. S. 298.

keit der *Erfahrung*"[16] darzustellen. Daß hier Wahrnehmungen „zum Behufe der Erfahrung" erkannt werden, erinnert nebenbei daran, daß für Kant im *Opus postumum* das Objekt als *Mittel*, nicht etwa als Zweck des Machens der wissenschaftlichen Erfahrung angesetzt ist[17]. *Erfahrung* ist überhaupt die (subjektive) Idee, die reine Form aller Bestimmtheit des sinnlich Objektiven und steckt mit dieser formalen Apriorität bereits in der Form der Physik als Wissenschaft, kann doch Physik ein „System" nur sein, „so fern wir das Mannigfaltige eines Aggregats selbst nach Principien a priori hineinlegen und es zusammensetzen"[18]. Genau diese „redactio systematis"[19] unter der dynamisch verstandenen Erfahrungsidee ist es, die Kant in dem oft wiederholten Grundsatz des Spätwerks: „forma dat esse rei"[20] zusammenfaßt – ein Grundsatz, der einschließt, daß physikalisch vermittelte Objekte nicht nur nicht unbedingt „empirisch" verifizierbar sein müssen (und strenggenommen können sie es als *Objekte* nie sein!), sondern auch regelrechte „Erdichtungen" heißen können, die durch die Funktion, das *Machen von Erfahrung*, d.h. den eigentlichen wissenschaftlichen Zweck zu ermöglichen bzw. zu realisieren, in der Tat hinreichend gerechtfertigt sind. „Adäquat" zu sein haben Objekte der Wissenschaft nicht einer äußeren Realität, sondern allein der systematischen Form der Erfahrung und ihrer Erhaltung.

So wenig jedoch die erfahrungsdynamische Tendenz auf Verschmelzung von Anschauung und Begriff, so wenig die erstrebte Kongruenz der „bewegenden Kräfte" der Wahrnehmung und der Bewegung des Machens der Erfahrung die kritische Grundunterscheidung von Erscheinung und Ansich aufhebt, so sehr bleibt trotz aller methodischen Verfeinerung sowohl mit dem Einzelnen der Natur wie auch dem Naturinbegriff für Kant auch jetzt noch ein Problem bestehen. Bei aller Tendenz auf Selbstvollendung der subjektiven Idee in der Vollendung der Spezifikation bleibt das System der Erfahrung doch immer die Sphäre der Erscheinung und erreicht seinen relativen Abschluß tatsächlich auch nur in einem bestimmten Anschein des erreichten Zwecks. Das „Systema doctrinale von den Gegenständen der Sinne ..., in so fern sie in der Erfahrung gegeben werden" – so lautet eine Kantische Definition von „Physik"[21] –, dieses Lehrsystem von Erfahrungsgegenständen ist doch immer nur ein „subjective(s) System (der Erkenntnis)", das „vom objectiven – dem *Natursystem* – (systema naturale) zu unterscheiden" ist[22]. Das letztere, „welches in der Natur selbst be-

[16] Ibd. S. 343.

[17] Cf. ibd. S. 493, wo es von der Erfahrung selbst heißt: „Die Erfahrung ist nicht das Mittel sondern der Zweck der Erkenntnis der Sin nenobjecte in ihren bewegenden Kräften". Erfahrung zeigt so ihren Status, Idee zu sein, als welche sie sich zumal aus den Verhältnissen der Bewegung herstellt.

[18] AA XXII, S. 299.

[19] Ibd. S. 297.

[20] Diese Formel, die im *Opus postumum* des öfteren begegnet, kann bis ins Mittelalter, z.B. zu Cusanus, zurückverfolgt werden.

[21] *Opus postumum*, AA XXII, S. 482.

[22] Ibd.

gründet ist mithin ein nicht kunstliches (artificiale) ... genannt werden kann"[23], gemahnt im allgemeinen daran, daß niemals ein Lehrsystem der Physik „objectiv ein empirisches System" ist, „denn das wäre ein Wiederspruch"[24]. Es erinnert aber auch daran, daß jedes mögliche System „über" die Natur ein wie auch immer näher zu bestimmendes „Substratum", ein ausgeschlossenes Anderes zum Widerhalt der Reflexion hat, in Beziehung auf das hin es allererst artikuliert wird und dessen Begriff der Motor aller systematisierenden Tätigkeit wird. Darin liegt eine in der Form grundsätzlich cartesianische Reminiszenz: auch die erfahrungsdynamisch-methodologisch sich selbst erschlossene und auf die Erscheinungswelt hin geöffnete „res cogitans" ist dem Äußeren der „res extensa" nicht einfach kommensurabel. Die temperierte Stimmung in Goethes Beispiel und das Gefühl der Lust am „Stimmen" der zweckmäßig scheinenden Natur in der *KdU* beziehen sich ja beide niemals auf materialiter vollkommen freie Entwürfe, sondern viel eher auf sehr enge Spielräume, an deren Einhaltung sie gerade zur Erreichung ihres Zwecks gebunden sind. Daß die Abweichung vom Naturton subjektiv unmerklich klein, die teleologische Weltsicht nur in, nicht neben der Welt der real bestimmenden Urteilskraft situiert sein kann und der letzteren in keiner einzelnen durch sie vermittelten Bestimmtheitssetzung direkt widersprechen darf, um nicht überhaupt zu scheitern, zeigt nur, daß es in der „Kunst" der Systematisierung je um gekonnte *innere Modifikation* innerhalb eines Systems *äußerer Beziehungen*, nicht etwa um ursprüngliches Erschaffen der materiellen Objektivität geht. Geschaffen werden muß allerdings in jedem Fall der größtmögliche Schein, *als ob* dies nun „wirklich" die Natur sei, was da zum Ausdruck kommt. Oder anders: geschaffen werden muß (und kann) die Form systematischer Objektivation, die modale Stimmigkeit des Objektiven zur objektiven Totalität des „systema doctrinale"; geschaffen aber wird sie durch (sekundäre – was nicht unbedingt heißt: ausdrücklich und bewußt zu diesem Zweck gewollte) „Be-Stimmung" äußerlich-materieller Mannigfaltigkeit zu insichreflektiertem Stimmigsein, zum schönen Scheinen „proportionaler" Verhältnisse mitten im objektiven Bezug. Die (wahre oder eingebildete) Herrschaft der Subjektivität über Welt und Natur in physikalischen und entsprechenden Kunstsystemen gründet sich immer auf eine Resorption des Differenten in eine *Unmerklichkeit der Differenz*, die so als „stimmige Präsenz" erscheint. Das subjektive „Gefühl" des Stimmens ist dann das eigentliche *Maß*, an Hand dessen alle *innersystematische* Differenz (Bestimmtheit) artikuliert und eigentlich erst „erzeugt", d.h. artifiziell hergestellt wird. Und zugleich wäre die Natur (für uns) nicht Totalität, unterstellte ihr nicht die Tätigkeit des Erfahrens selbst als totalisierendes Tun den Schein der Zweckmäßigkeit und „apriorischen" Gemessenheit, die Form der Idee. Aber wie nach der „Antinomie" der *KdrV* das auf Totalität angelegte Fortbestimmen der Erscheinung aus prinzipiellen Gründen niemals das Ansich der Erscheinung, die wirkliche

[23] A.a.O. S. 342.
[24] A.a.O. S. 347.

„Vertikale" zur linear expandierenden Erfahrung und damit den erfüllten Begriff der Welt, die kosmologische „omnitudo realitatum" erreicht, so bleibt das „natürliche System der Natur" dem Kunstsystem eine immanente kritische Erinnerung an die bleibende *Unbestimmtheit* in der eigenen Schlüssigkeit, d.h. auch daran, daß trotz ihrer im einzelnen *unmerklichen* Andersheit gegen ihr artifizielles Vermitteltsein die Natur im ganzen wie im einzelnen allen gesetzten Bestimmtheiten des Systems immer auch *äußerlich* ist und bleibt. Gerade darin ist sie Natur. So daß es bei Kant selbst heißt: „Die Erscheinung giebt allein Principien a priori von dem Ganzen der bewegenden Kräfte dem Formalen nach. Das Materiale bleibt unbestimmt. Nur das System [sc. das systema naturale] ist die Sache selbst"[25]. Die Idee ist, ihrer künstlichen Ausgestaltung zum Trotz, immer „kritisch" als nicht realisiert gewußt. Und das heißt: sie kommt weder beim Individuellen an, das ihr vielmehr äußeres „Einzelnes" bleibt, noch ist sie selbst eigentlich individuiertes Wissen, selbsthafte Pronunziation des Begriffs. Selbst wo es ihr dank individueller „Kunst" gelingt so zu scheinen, erscheint sie doch zuerst als das allgemeine und allgemein verbesserbare Werk der Wissenschaft.

II

Die kritische Errungenschaft, Intelligibilität nicht einfach als gegeben hinzunehmen, sondern als Produkt des Geistes zu begreifen, ist nicht nur zum Verständnis der Wissenschaften von größter Bedeutung. In Beziehung auf die Natur enthält sie im Kern deren definitive Entmythisierung, gerade auch insofern sie auf den Begriff einer Natur als letztinstanzlicher objektiver *Unbestimmbarkeit*, zugleich aber als eines Bodens für die Erstellung eines *stimmigen* Naturbildes durch Modifikation im und zum Ganzen führt. Man kann sogar der Meinung sein, der einerseits negative, dann aber auch regulativ gemeinte Naturbegriff sei das von seiten der Philosophie den Naturwissenschaften eigentlich zu Sagende. Dagegen scheint Naturphilosophie gerade wieder der Mythisierung und Dogmenbildung über Natur Vorschub zu leisten. Dennoch entsteht aus dem bereits Gesagten ein spezifisch naturphilosophisches Problem, für das es im Rahmen der kritischen Philosophie keine eigentliche Lösung gibt. Bei diesem Problem geht es um die Bestimmung des Status von Natur in Beziehung auf denjenigen von Idee und Erkennen überhaupt. Die kritischen Überlegungen führen auf eine *Inkommensurabilität* beider Seiten. Kant selbst hat den in ihr enthaltenen Gegensatz mit der Unterscheidung des „Formalen" und des „Materialen" der Natur *reflexionsbegrifflich* aufgefaßt, was für sein Anliegen, die Natur einerseits in eine im „Kontext der Erfahrung" wissenschaftlich erschließbare Erscheinungswelt zu befassen und sie zugleich einer Kunst des

[25] A.a.O. S. 343.

Scheins der Zweckmäßigkeit und Totalität zugänglich zu machen, bezeichnend ist. Aber so ist nur erst vom Reflex der Inkommensurabilität der Natur im Bewußtsein gesprochen, für das sie im Gegensatz von Ansich und Erscheinung erscheint. Ihr *Begriff*, der sie nicht nur von diesem Gegensatz des Bewußtseins, sondern als solche und als interne Bestimmung der Idee auffassen würde, ist so noch keineswegs erreicht. Die These lautet vorab: einzuholen ist dieser Begriff nur vom Denken der Individualität.

Die Inkommensurabilität zwischen der Wirklichkeit der Natur und der Möglichkeit ihrer systematischen Darstellung kann grundsätzlich in zweierlei Perspektive wahrgenommen werden. Man könnte zum einen im Anschluß an Platon die Natur überhaupt als jenes εἶδος ἄμορφον καὶ πανδεχές, von dem er im *Timaios* als der rezeptiven Mitte zwischen bestimmender Idee und deren bestimmtem Abbild spricht[26], ihre Wirklichkeit also (in gleichsam plotinisierender Zuspitzung) als prinzipielle Gestalt- und Formprivation verstehen, die sie – sei es für den Demiurgen, sei es für den nachschaffenden Forscher – zur letzten Vollendung ihrer Zwecke ungeschickt macht. Dieser Begründung aus der Ontologie der Natur stünde freilich die nicht minder ontologische aristotelische oder auch leibnizsche These von der realen Zweckmäßigkeit des Natürlichen entgegen. Zunächst „ontologiefrei" wäre dagegen die „kritische" Begründung aus der Form des Naturerkennens, aus der prinzipiellen Unangemessenheit des subjektiven Begriffs gegenüber der Naturtotalität. Der entscheidende Reflex dieser Unangemessenheit zeigt sich bei Kant selbst als ein bestimmtes Spezifikationsproblem mitten im Verfahren des Erfahrens. Physik gelangt nach Kant zu ihren bestimmten Begriffen, indem sie als „Naturforschung immer fortschreitend ist in Ansehung der logischen Specification"[27]. Die Methodenlehre der *KdrV* spricht von einem „logischen Prinzip ... der Arten ..., welches Mannigfaltigkeit und Verschiedenheit der Dinge ... bedarf, und es dem Verstande zur Vorschrift macht, auf diese nicht weniger als [sc. auf die Übereinstimmung unter derselben Gattung] aufmerksam zu sein"[28], ja als „transzendentales *Gesetz der Spezifikation*" es „dem Verstande auferlegt, unter jeder Art, die uns vorkommt, Unterarten ... zu suchen"[29]. Vorausgesetzt ist damit einerseits die „*Unbestimmtheit* der logischen Sphäre in Ansehung der möglichen Einteilung"[30] – also (subjektiver) Spielraum im Setzen der Artbegriffe –, andererseits aber, da ja von *logischer* Einteilung die Rede ist, dies, daß die Kriterien des Einteilens, wie sie Kant in der „Logik" anführt, als Verfahrensregeln für jenes Setzen zur Anwendung kommen können. Bei den letztgenannten Kriterien handelt es sich um die folgenden drei: „1) daß die Glieder der Einteilung sich ausschließen oder einander entgegengesetzt seien; – daß sie ferner 2) unter

[26] Tim. 51 a.
[27] *Opus postumum*, AA XXII, S. 342.
[28] KdrV B 682/A 654.
[29] A.a.O. B 684/A 656.
[30] Ibd.

Einen höhern Begriff (conceptum communem) gehören, und daß sie endlich 3) alle zusammengenommen die Sphäre des eingeteilten Begriffs ausmachen oder derselben gleich seien“[31].

Genauso wie die drei transzendentalen Gesetze der Homogeneität, der Spezifikation und der Kontinuität aus der regulativen Auflösung der kantischen Ideenproblematik Regeln für das durch Vernunft dem Verstand zu präparieren bestimmte Feld systematischen (Fort-)Bestimmens der Erscheinung sind, müssen auch diese logischen Kriterien zunächst als subjektive *Kunstgriffe* gelten, um dem „Materialen“ der Erfahrung die System„form“ überlegen zu können. Natur „selbst“, wie sie Gegenstand der naturphilosophischen Frage wäre, bleibt indes, wie Kant selbst bemerkt, gegen diese Kunst „anders“. Das zeigt sich schon in demselben Zusammenhang, der die genannten logischen Formen entwickelt. Die Glieder einer logischen Einteilung und Spezifikation müssen zunächst „*kontradiktorische* Entgegensetzung, nicht ... ein bloßes Widerspiel (contrarium)“[32] aufweisen. Das bedeutet, daß eine vollständige Disjunktion in A und -A stattfinden muß, nach Art z.B. der Einteilung des Begriffs der natürlichen Zahl in gerade und ungerade Zahlen, derzufolge jede wirkliche natürliche Zahl dann entweder gerade oder ungerade ist. Für ein (statisches) logisches System ist die kontradiktorisch verfahrende Einteilung eine ideale und auch immer geforderte Bedingung, schon weil nur unter ihrer Voraussetzung eine Redintegration der Totalität des eingeteilten Begriffs aus der Spezifikation möglich ist, was bei Kant das dritte Kriterium der Einteilung war und sozusagen als Gegenprobe des wissenschaftlichen Systematisierens jederzeit durchführbar sein muß. Wie aber, wenn sich *natürliche* Arten per definitionem nun gerade nicht wie A und -A, auch nicht konträr wie A und B, sondern als rein *verschiedene* A, B, C, D usw. verhalten, die in ihrer Sphäre auch nicht vollständig zu überblikken sind? Wenn sie z.B. überhaupt nicht wirklich als „Arten“ existieren, so wie Leibniz von den Monaden gelehrt hatte, daß sie je *Individuen* und eine je eigene „infima species“ seien[33]? Kant bemerkt selbst, „in der Naturbeschreibung“ begegne uns nicht „Dichotomie“, sondern „Polytomie“, die „in der Logik nicht gelehrt werden“ könne[34]. Die Naturbeschreibung bezieht sich (kantisch) auf Anschauung, zunächst also auf unbestimmte Vielheit, die von sich aus nicht systematisch verfaßt ist, sondern begrifflicher Systematisierung erst unterworfen werden muß. Die Transzendentalphilosophie als Logik des Machens der Erfahrung, d.h. als Wissenschaft von der Form der Integration des anschaulich Vielen zur Einheit des Begriffs, als Wissenschaft von der (subjektiven) *Idee der Erfahrung* beschreitet zwischen formal-statischem (logisch-diskursivem) System und polytomischer Systemlosigkeit einen eigentümlichen Mittelweg. Er besteht darin, durch sukzessive, bestimmte Verschmelzung von Anschauung und Be-

[31] *Jäsche-Logik* § 111 (AA IX, S. 146).
[32] A.a.O. B 684/A 656.
[33] Cf. *Leibniz, Discours de métaphysique* § 9.
[34] A.a.O. § 113, Anm. 2 (AA IX, S. 147).

griff im Sinne eines *dynamisierten* Systembegriffs Konträrbestimmungen zur fortschreitenden Hinzugewinnung neuer Bestimmtheit einzusetzen. Die wichtigste Handhabe dafür bei Kant ist der Begriff der *Kausalität*, der es erlaubt, ein sinnlich Mannigfaltiges unter der Dichotomie von Ursache und Wirkung zu bestimmen, obwohl zugleich diese Dichotomie nicht eigentlich kontradiktorisch ist. In ihren regulativen Folgerungen fordert die Transzendentalphilosophie ein Realsystem der sich beständig „per intussusceptionem“[35] systematisch selbst ausbauenden Erfahrung, wobei jeweils der *Inbegriff* der Bedingungen möglicher Erfahrung – also der gesamte transzendentalphilosophisch in Anspruch genommene „Apparat“ apriorischer Bestimmtheitskonstitution – das *Dritte* ist, das sowohl die bestimmte Differenz in das Mannigfaltige setzt wie aus ihm die Einheit der Erfahrungsidee allererst in objektiver Bestimmtheit erzeugt. Es ist auf diese Weise zugleich von an sich die Polytomie fordernder realer Anschauung und von begrifflicher Korrelationierung realer Bestimmtheiten die Rede. Überhaupt hat die transzendentale mit der logischen Systemform den Formaspekt der Korrelationierung von A und -A bzw. A und B gemein; die beiden jeweiligen Einteilungsglieder sind durch ihr Bestimmtsein zugleich so aufeinander bezogen, daß sie entweder die Sphäre eines Allgemeinbegriffs C oder aber den *Horizont des Erfahrens* überhaupt als ihre Totalität erkennen lassen. Und weiter noch sind sie beide vermittelst ihrer Korrelationierung als bestimmte *Quanten* dieser Totalität darstellbar, wie denn überhaupt der Begriff der Einteilung in der Neuzeit vor allem eine quantitative (extensionale) Deutung erfahren hat – etwa unter der auch bei Kant begegnenden Leitvorstellung einer vorausgesetzten „omnitudo realitatum“, die durch Bestimmung zu endlichen Realitätsquanten „beschränkt“ oder – mit Cusanus zu reden – „kontrahiert“ werde.

Spätestens jedoch an dieser Stelle entsteht erneut die Frage nach der Wurzel der Inkommensurabilität „wirklicher“ gegenüber systematisch „verrechneter“ Natur. Die von Kant selbst behauptete „Polytomie“ in der „Naturbeschreibung“ (und darin zuletzt die *Anschaulichkeit* der Natur) widersteht als äußeres Individuationsprinzip immer auch allen Versuchen der Korrelationierung – sei es durch kontradiktorische, sei es durch konträre Einteilung – wie ebenso allen Versuchen, die in ihr aufscheinende Differenz zu quantifizieren. Denn es ist in Anbetracht der Natur als Natur damit zu rechnen, daß jeder Schluß von A auf -A als natürlichen Bestimmtheiten nicht schließt, ja daß es gerade der erste und natürlich-qualitative Charakter der Grenze von A ist, nicht über sich hinauszuweisen, sondern *rein auf sich selbst bezogen* zu sein und darin eigentlich und natürlich – *zu sein*. A ist in der Natur A, *weil* es A *ist* – und nicht, weil es nicht B oder weil es nicht -A ist. Das ist ebenso *kein* Grund wie ein *spezifischer* Grund – ein Grund der Kontingenz, die ihr Notwendigsein in sich verschließt. Abstrakt heißt dies: das Sein des Natürlichen ist nicht (seiend) in anderes reflektiert, sondern in der Form des Zufälligen da. Damit ist mehr wiedergegeben als

[35] Cf. KdrV B 861/A 833 (Architektonik der reinen Vernunft).

eine unausrottbare Gewißheit des „natürlichen Bewußtseins" von der „Härte" und „Widerständigkeit" seines „Objekts", mehr als der Gedanke eines „Substrats" der Reflexion, eines Vorausgesetzten zu allem bestimmenden Setzen. Es ist vielmehr der zunächst logischen Aufgabe Rechnung getragen, die vollständige Vereinzelung des anschaulich Natürlichen zu denken, das je rein in sich beruht und nicht von äußerem Anderen her zu verstehen ist. Ad hominem gesprochen: Von dem reinen τόδε τι dieser roten Rose dort kann weder auf eine Naturerscheinung „gelbe Rose" noch auf einen Allgemeinbegriff der Rose noch auf andere Blumen „geschlossen" werden[36]. Die natürliche „nicht erkennbare Grenze" ist – im Unterschied zur formallogischen – zunächst reiner qualitativer Abbruch, und alles, was über die Grenze hinaus ist oder sein will, ist äußere Reflexion, Scheinbestimmung eines urteilenden Subjekts, allenfalls „objektiver Schein" der sinnlichen Apparenz selbst, aber kein über die Grenze hinaus Vermitteltsein der bestimmten Natur selbst. Dieser Charakter der natürlichen Grenze, das Bestimmte nur auf sich selbst und nicht auf anderes zu beziehen, ist in der Philosophie der Alten von Aristoteles mit allem Nachdruck und dann, nach Kant, erneut von Hegel festgehalten worden. Beide Denker sind sich – ganz gegen übliche Gewißheiten der Neuzeit – darin einig, daß das Erkennens- und Kommensurabilitätsproblem angesichts der Natur nicht etwa aus der Endlichkeit des Erkennens oder Erkenntnisvermögens, sondern im Gegenteil aus derjenigen der Natur selbst resultiert. Deren Endlichkeit, ihr Zuendekommen in qualitativer Einzelheit bedeutet zugleich, daß die natürlichen Existenzen nicht ohne weiteres in ein selbst natürliches „System" vermittelt sind und darum keine strikte „objektive" Präsenz haben können. Beide Denker sind sich daher in der Ablehnung des „Korrelationalismus" einig, sofern dieser ein vorschnelles und nicht etwa nur methodologisch-topisch gemeintes σύμπνοια πάντα aussagen will. – Zunächst zu Aristoteles!

Der Stagirite hat zu der uns interessierenden Frage vielleicht mit der größten Deutlichkeit am Ende des dritten Buches seiner *Physikvorlesung* Stellung genommen. Der Zusammenhang ist dort die Erörterung des Unendlichkeitsbegriffs. Die – bekannte – aristotelische These zu diesem Thema lautet, daß es ein aktual Unendliches in der Natur nicht geben könne und das Unendliche vielmehr nur zur Potentialität des natürlich Bestimmten gehöre, somit aber gerade ein durch die Form „Umgriffenes" (περιεχόμενον) und ein als aufgehoben Gesetztes sei. Übrigens läßt sich in der Gegenthese, die Aristoteles zum Kontrast dient, bereits das Gerüst aller späteren korrelationalistischen Natursysteme erkennen. Auf Anaximander bezogen etwa, der ein aktual und qualitativ Unendliches angesetzt hatte, das sich durch ἔκκρισις, also durch Ausscheidung relativer konträrer Gegensätze (ἐναντιότητες) in die einzelnen Naturbestimmtheiten dirimieren, aber ebenso durch eine geordnete Beziehung (τάξις) hindurch aus

[36] Das heißt nicht, daß nicht das Begriffsmoment der Allgemeinheit im natürlich Seienden schon als solchem, als Sein (ὂν ᾗ ὄν), gelegen wäre. Was hier jedoch Allgemeinheit oder besser Allgemeinsein heißt, ist erst von der spekulativen Naturphilosophie näher zu entwickeln.

diesen Gegensätzen wieder zu sich zurückkehren sollte, läßt sich eine Struktur aufzeigen, die z.B. bei dem antiaristotelisch argumentierenden Giordano Bruno und seinem Begriff des aktual-unendlich Einen, das sich in Bestimmtheitsmomente nur spezifiziert, um sich sofort aus ihrem Bezogensein wieder als Einheit herzustellen, nur wenig modifiziert wiederkehrt. Aber wie dem auch sei: Aristoteles argumentiert zum einen damit, daß die Annahme eines aktual Unendlichen die Annahme einer durchgängigen *Beziehung* auf Anderes, damit aber auch die Aufhebung aktualer (*Eigen-*)*Bestimmtheit* oder, konkreter gesprochen, die Aufhebung eines seienden εἶδος oder einer μορφή sein müsse, die aber vielmehr als das eigentlich Andere der sozusagen unbeschränkten Andersheit des Unendlichen oder der ὕλη diese und das mit ihr gegebene Moment der Kontinuität einem diskreten Fürsichsein unterordne; „Endlichkeit" qua Bestimmtheit im aristotelischen Sinne ist dann z.B. nicht einfach ein quantitativ eingeschränktes Unendliches, sondern als selbst Schranke von Unendlichkeit das *Bestehen* von Bestimmtheit – und in diesem Sinne *substantielle Endlichkeit*. Zum anderen werden die Versuche, das Endliche selbst als auf Anderes bezogen zu denken, ausdrücklich zurückgewiesen, und zwar mit dem Argument, daß Endliches im Sinne des natürlich Bestimmten niemals eine „Bezogenheit auf Anderes" darstelle, weil bei ihm alles, was als Relation erscheine, kein kontinuierliches Übergehen, sondern nur ein „Berühren", ein äußeres Aneinandergrenzen (ἅπτεσθαι) – *Kontiguität*, aber eben nicht substantielle Kontinuität sei[37]. Das Endliche *ist* endlich. Simplikios hat in seinem Kommentar zur Physik des Aristoteles bemerkt, daß Endlichkeit (πεπεράνθαι) eben überhaupt keine Relation (πρός τι), sondern einen quantitativen Aspekt (ποσόν) ausdrücke[38]: wobei er mit dem ersteren den Sinn des Aristoteles gewiß getroffen, mit dem letzteren ihn aber für unsere Stelle wenigstens nicht erschöpft haben dürfte, bezeichnet das seiende πέρας des natürlich Einzelnen doch letztlich das qualitative Bestimmtsein, das Maß der Existenz, in dem es sein Selbstsein hat. Auf alle Fälle muß jeder Versuch, die endliche Qualitativität durch wie auch immer geartete Korrelationierung zu momentaneisieren oder gar aufzuheben, daran scheitern, daß das πέρας formal dem Seienden zwar eine bestimmte Räumlichkeit und in dieser auch Gestalt und „Aussehen" (εἶδος), nicht aber den logischen Charakter, ein Entgegengesetztes (ἐναντίον) und logische Art zu sein, vermittelt. Aristoteles wußte, daß der akademische Methodologismus angesichts der Natur allzu schnell zur Kenologie wird. Gerade dies, daß das natürlich Einzelne als insichvermitteltes εἶδος nur „aussehend" und scheinend da ist, indem es nicht (seiend) auf Anderes, außer ihm Liegendes bezogen zu werden vermag, verhindert seine bruchlose Übersetzung in eine logische Art und damit ins logisch-dihairetisch konstruierte System. In der aristotelischen Systematik stellt sich dies vor allem so dar, daß das Individuelle als das wahrhaft Seiende im Sinne der

[37] Cf. *Aristoteles, Physik* Γ 8, 208 a 12ff.; cf. 4, 203 b 21f.

[38] Cf. Simplikios, f. 120, zit. nach Chr.A. *Brandis* (ed.), *Scholia in Aristotelem*, Berlin 1961², 369 a 34ff.

ersten Substanz vom *Begriff* der infima species zugleich erreicht und nicht erreicht wird. „Ontologisch" wird dies mit dem Werdenswesen der konkreten σύνολα[39], also mit einem intensionalen Aspekt von Individualität begründet – nicht etwa mit der höchstens subjektiv-methodologisch relevanten Auffassung von der „Unaussprechbarkeit" des Individuellen auf Grund seiner unbestimmt vielen „Merkmale". Der grundsätzliche Unterschied beider Auffassungen wäre der, daß auf der einen Seite eine substantiell-qualitative Endlichkeit des natürlich Seienden, auf der anderen aber eine aktuale „quantitative" Endlichkeit und Erschöpfbarkeit des Erkennens bzw. seines diskursiven „Verfahrens" angenommen wird. Die Inkommensurabilität in der Erkenntnis des Natürlichen folgt dort aus dem wesentlichen Sichsperren sich befestigender natürlicher Einzelheit gegen den „ewigen" Begriff (νοῦς), hier aber daraus, daß das begrifflich-diskursive Verfahren von sich aus zu keiner gegebenen Totalität gelangt, die es erst am Einzelnen gewönne.

Kant ist, wie man weiß, im publizierten Werk zu keiner Überwindung des Als-ob in Beziehung auf die Zweckmäßigkeit und damit die innere Systematizität der Natur gelangt. Auch das *Opus postumum* hat keine Perspektive eröffnet, die über eine forcierte *Tendenz* asymptotischer *Approximation* an das immer Bestimmtere, die komparative Totalität und ebenso komparative Einzelheit der Erfahrung hinausginge. Der Fluchtpunkt von Kants Überlegungen, die von der Frage der wissenschaftlichen „Besonderung" der Naturgesetze ausgegangen waren, ist jetzt ausdrücklicher als zuvor die „letzte" Individuation, diejenige in der präsenten Wahrnehmung, womit nunmehr noch der Leib des Physikers Gegenstand der transzendentalen Überlegungen zur Möglichkeit der Physik wird. Der Versuch, die Extreme der *Vermittlung* (synthetisierende Tätigkeit des Subjekts) und der (Wahrnehmungs-)*Unmittelbarkeit* (affizierende „bewegende Kräfte") in die Idee einer kraft „Selbstaffektion" sich selbst machenden, d.h. einer in sich selbst bewegten Erfahrung oder überhaupt in einen fundamentalphilosophisch gewendeten Bewegungsbegriff einzuholen, beläßt es jedoch zugleich bei einer vorgängig vorausgesetzten „realistischen" Brechung in Inneres und Äußeres, Ansich und Erscheinung, Spontaneität und Rezeptivität – bei einer für die Reflexion ruhenden, passiven Brechung, an der sich das *synthetische* Tun und Vermögen der Idee und ihrer Bewegung gleichsam erst entzündet[40]. Das Unbestimmte der „natürlichen Natur" verbirgt sich so in dem Hiat zwischen gegebenem bzw. bereits gesetztem und aufgegebenem, noch erst zu setzendem Begriff. Es verbirgt sich in ihm als in der logischen Vorstellung des Einzelnen, das nur erst in der unendlichen Besonderung des Allgemeinen (des transzendentalen Begriffs) ausgesprochen wäre. Die Voraussetzung dieses Hiats

[39] Cf. bes. *Metaphysik* Z 15, 1039 b 20ff.

[40] Cf. dazu besonders das erste Konvolut des *Opus postumum*. – Zur „erfahrungsdynamischen" Deutung des Bewegungsbegriffs bei Kant im Blick auf das Gesamtwerk cf. Verf., *Der Begriff der Bewegung bei Kant*. Über den Grundbegriff der Empirie und die empirischen Begriffe, in: Zeitschrift für philosophische Forschung 45 (1991), 38-59.

ist es dann, die die Einholung des in ihm Vorausgesetzten durch das in ihm als *Setzen* vorausgesetzte Synthetisieren niemals als ihrerseits gesetzt, sondern immer nur als als aufgegeben, als idealiter gesetzt erscheinen läßt. Nur das „Kunstsystem", der Schein einer in stimmiger Symbolik nunmehr *präsenten* Totalität, kann die bleibende Differenz zeitweilig vergessen machen. Aber das System der Natur bleibt „für alle Zeit" aufgegeben, und es ist die Natur selbst in der Form der Zeit, die das Kunstsystem aus der Präsenz nimmt.

Anders als für Aristoteles ist so aber der Begriff des natürlich Einzelnen bei Kant nicht substantiell oder unmittelbar intensional bestimmt. Das Einzelne ist vielmehr nur das „Letztbestimmte", gleichsam der „Limes" geordneter Fortbestimmung in Wissenschaften. Daß aber die „Idee in individuo" überhaupt erscheinen *könne*, ist nicht nur die als transzendentaler Schein kritisch zurückzuweisende These der rationalen Theologie, sondern ebenso für die Wissenschaften der äußeren Sinne zu bestreiten. Das Einzelne der Natur ist positive Existenz, die mit seinem bestimmten Erscheinen nicht zu verrechnen ist. Es enthält den Stachel des Irrationablen, dies aber doch so, daß damit nicht eigentlich die Frage nach seinem qualitativen Sein entstünde. Es ist nur für uns anders, und zwar je auch anders als gedacht und überhaupt ausdenkbar. Aristoteles hatte dagegen bereits gelehrt, die einzelne reale Substanz sei *an sich selbst anders*, nämlich im Werden begriffen und darum nicht mit einem Begriff, auch nicht mit dem ihres εἶδος, das sie doch tatsächlich „repräsentiert" und das seinerseits in ihr „scheint", kommensurabel. Sokrates ist nicht deshalb als Individuum „ineffabel", weil es nicht gelingen will, spezifizierend bis zu den nur noch ihn treffenden „Merkmalen" hinabzusteigen oder weil seine „individuelle" Merkmalskombination einem endlichen Verstand unerreichbar wäre, sondern darum, weil das Lebewesen Sokrates aktual „bewegt", ein substantieller Prozeß, weil es zwar der Begriff des Menschen, aber dieser auf der Stufe der Formtätigkeit und der beständigen μεταβολή ist, in der sich unmittelbar die Substanz als das reine Sich-Kontinuieren von den Akzidentien, den bloßen Momenten substantiellen Daseins, unterscheidet. Das Individuelle ist nach Aristoteles als dieses Sich-Unterscheiden und Abscheiden nicht-substantieller Hinsichten da; er faßt es darum zunächst im Aspekt der *Besonderung*, nicht der Vereinzelung auf. Dieses Besondern rein für sich genommen, das Aus- und Abscheiden der Bestimmtheiten, ist sogar der eigentlich natürliche Aspekt an ihm, wie Natur überhaupt das „Wachsende" und grundsätzlich Differente meint. Denken wir dazu nur an das Ende des ersten und den Beginn des zweiten Buches der *Physik*, wo die Frage nach dem Prinzip der Natur auch dahingehend erörtert wird, wieviele Prinzipien hier denn anzunehmen seien. Die Antwort des Stagiriten lautet: zwei oder drei, was je von der Betrachtung abhängt, in jedem Fall aber eine *Differenz des Prinzips*, nicht ein einziges und identisches[41]. Das Natürliche der Natur besteht überhaupt im *Auseinanderfallen* und (qualitativen) *Differieren* des Prinzips, weshalb es denn auch mit dem Zählen kaum getan ist. Viel-

[41] Cf. bes. *Physik* A 7, 190 b 20ff.

mehr ist ein qualitatives Differentsein, das seiende Werden, das sich zugleich unmittelbar in je bestehender (daseiend-substantieller) Bestimmtheit befestigt, zu denken gefordert. Wie das Leben z.B. nur im Bestehen kontinuierlich entstehender und verschwindender Lebendiger ist, also nur in der Kontinuität beständigen Umschlagens, so könnte man überhaupt sagen, daß alles Natürliche nicht als Etwas oder Eines, sondern als ein in sich Unterschiedenes auftritt. Begriffe des Natürlichen „denotieren“ bei Aristoteles niemals bloße Etwas' geschweige denn fixe „Objekte“; man könnte abkürzungshalber versuchen, sie mit einer Ellipse zu versinnbildlichen, deren einer Brennpunkt die ὕλη, der andere das εἶδος, die differente Einheit der Figur aber die aus diesem Anderssein der Prinzipien resultierende endliche Bestimmtheit wäre, die zugleich nach den beiden Seiten ihrer Extreme hin virtuell offen wäre.

Natürlich Einzelnes ist so aktual vereinzelt oder besser besondert als in sich differentes Dasein, als Resorption verschiedener Prinzipien in die *daseiende Einheit einer Differenz*. Wie es damit bei Aristoteles gegenüber dem Einzelnen der Natur strenggenommen keine Möglichkeit gibt, von einem „Naturobjekt“ als einem logisch Identischen der Thematisierung zu reden – allen neuzeitlichen Autoren, die es von ihren Selbstverständlichkeiten her dennoch tun, zum Trotz –, so ist auch das „differente Dasein“ des natürlichen Individuums nicht nur das „Andere“ einer (linearen) objektiven Entgegensetzung: es ist „in sich“ entgegengesetzt und zugleich in dieser Differenz nur auf sich selbst – wenn auch auf sich als ein verborgenes Selbst – bezogen, nicht über sich selbst hinaus, sondern gleichsam „in sich hinein“ vermittelt, während es sich nach außen oder zu Anderem nur „scheinend“ verhält. Die Goethesche und Kantische Einsicht, daß es gerade das Einzelne ist, an dem die systematische Objektivation der Natur scheitert bzw. das sie nur in einem die Erscheinungsmannigfaltigkeit subjektiv einigenden „gelungenen“ Anschein „einholen“ kann, wird von dieser ganz anderen Seite her zunächst nur bestätigt. –

Hegel nun hat in verschiedenen Zusammenhängen, so auch in der großen Einleitung zur Jenenser Naturphilosophie, die Natur als „das Andere“ in absolutem Sinne verstanden. „Absolut anders“ ist die Natur gegen die Idee selbst, nicht nur als Restdifferenz bestimmender Tätigkeit. Das ist insofern als auch gegen das transzendentale Verständnis gerichtet zu nehmen, als die konkrete Natur jetzt vor allem die formale Bestimmung verliert, „Projektion“, und sei es „systematisch“ getätigte Projektion des „hinsehenden“ (Fichte) Ichs mit noch so trennscharfer „Auflösung“ in Beziehung auf „besondere Gesetze“ und den Limes der Einzelheit zu sein. Im Hegelschen Sinne wäre dergleichen bestenfalls als subjektiv-methodisch stimmig konstituierte (Verstandes-)„Objektivität“, keinesfalls aber als logisch *als solche* in den Blick gebrachte Natur anzusehen. Der Gedanke einer *seienden Andersheit*, wie wir ihn bei Hegel in der genannten Einleitung antreffen, schließt in mancher Hinsicht an die aristotelische Ontologie des Individuums bzw. der Natur an, auch wenn die systematische Einbettung des Gedankens zugleich weitere Dimensionen zeigt. Materialiter bezeichnet Hegel in einer kühnen Wendung die Natur als das „aufsichselbst als eine Bestimmtheit“[42], als sich isolierende und positivierende Selbstbeziehung. Die Natur ist, der Jenenser Systematik zufolge, unmittelbar gegen die logisch-metaphysische Totalität, gegen die abschließende Selbstvermittlung des Erkennens, gegen den *absoluten Geist* bestimmt, der hier als Abschluß der Metaphysik der Subjektivität reine und sich unmittelbar präsente Selbstvermittlung meint: die Form des Eins-im-Andern-Seins als Offensein des zugleich vollständig in sich reflektierten Erkennens, die selbstbewußte Klarheit der Beziehung auf Anderes, das in der Form der Idee zu sich selbst gekommene und sich in allen seinen Momenten selbst durchdringende Erkennen. Der absolute Geist in dieser Bedeutung ist, ein einfaches Beispiel zu nehmen, die Form jenes unmittelbaren Sich-eins-Wissens mit dem Äußeren, die das bewußtlose Wissen des gesunden Menschen ist, daß der „inneren“ Absicht, den Arm zu heben oder den Mund zum Sprechen zu öffnen, die entsprechenden „äußeren“ Realisationen tatsächlich folgen können, werden und müssen. Gegen dieses Wissen der schon vermittelten Einheit, gegen diesen „Geist“ ist die Natur unmittelbar „das Andere“, oder, genauer noch, „die Darstellung des Erkennens in seinem Anderswerden“[43]. Die Metaphysik betrachtet dieses sich als ein präsentisches Selbstverständlichsein vollendende Wissen freilich erst seiner absoluten Form nach, noch nicht in realphilosophischer Bedeutung, wie sie in dem genannten Beispiel in Anspruch genommen ist. Was indes zwischen Metaphysik und Naturphilosophie stattfindet, ist nun gleichsam eine *Invertierung* des Erkennens, das als sich selbst klare (in sich und für sich kontinuierliche) Form des Geistes erreicht war, nunmehr aber zum Nichterkennen als unmittelbarer Bestimmtheit gerade des Geistes, zur absoluten Diskontinuität und Verborgenheit in sich wird. Der Schritt, der hier getan wird, meint natürlich nicht eine aberwitzige Behauptung von der Art, daß nunmehr aus einem Gedanken von sozusagen gehöriger Dichte etwas herausspränge, was noch etwas anderes als „bloß Gedanke“ wäre. Die Idee bereits ist nicht nur die Form eines „Gedankens“, sondern der Begriff des Vermitteltseins des Gedankens in sein Anderes. Der Schritt zur Natur wird vielmehr getan, um die Natur in Beziehung auf die Idee systematisch zu situieren. Er besagt zunächst „nur“, daß die Natur nichts anderes, vor allem nicht weniger als das Andere dieser Bestimmung der Idee, der realen und idealen absoluten Offenheit und reinen Kontinuität des Erkennens ist, das als sich zugleich auf sich selbst beziehend *Geist*, als sich in dieser Beziehung, die qua Beziehung immer Differenz impliziert, rein erhaltend *absoluter Geist* heißen muß. Die Invertierung der absoluten Kontinuität nun nicht nur in absolute Diskretheit, sondern in formal selbstloses Außereinander, der präsenten Offenheit in beständiges Zerbrechen aller Beziehung, der Totalität in eine sich gegen die Totalität erhaltende Vereinzelung ergibt sich so auch nicht einfach aus einer gleichsam mechanisch wirksamen „bestimmten“ Negation des absoluten Geistes. Sie liegt

[42] Cf. *Hegel, Logik, Metaphysik, Naturphilosophie* (1804/05), GW VII, S. 179.
[43] A.a.O. S. 180.

vielmehr in der *Verabsolutierung* des bereits genannten Momentes des „Aufsichselbst", der formalen Individuation des Geistes, um die dieser als solcher für sich eben nur unbewußt weiß und die zugleich das Totalitätsmoment, die Gänze seiner Selbstbeziehung (und das heißt seines Seins) ausmacht. Verabsolutiert und vereinzelt löst sich dieses Moment aus der geistigen Beziehung – so wie gerade derjenige, der sich im Heben seines Armes nicht mehr *unmittelbar* auf sich selbst bezieht, sondern dabei einer Unterbrechung gewahr wird, sozusagen eine primäre Erfahrung mit der natürlichen Individualität machen wird. Gerade ihm wird die Natur „die Realität als eines Geistes"[44], und zwar reale äußere Nichtvermittlung als sein Vermitteln und Sein unterbrechendes materiales Anderssein. In der erkennenden Beziehung, in der die Natur real thematisch wird, scheint der Geist er selbst und dennoch nicht bei sich selbst zu sein. In dieser seiner, von ihm selbst nicht unmittelbar erkennend zu durchdringenden, sondern ihm selbst opaken Form – φύσις κρύπτεσθαι φιλεῖ! – ist sich der Geist unmittelbar als ein, wie Hegel sagt, durchaus „befangener Geist"[45] gegeben. Sein Maß der Fülle des Seins, das erkennendes Selbstsein ist, zerbricht an einem Anderen des Selbstseins. Dennoch ist es *seine* Bestimmtheit, in der der Geist befangen ist, ist es *sein* bestimmtes Beisichsein in natürlicher Individuation, das dieses Außer-sich-als-Geist-Sein ausmacht. Die Formalität logischen und „metaphysischen" Erkennens, selbst wenn sie den Status der Idee bzw. der „Metaphysik der Subjektivität" im Jenenser Sinne erreicht hat, greift als solcher Status eben noch nicht über auf jenen anderen des Verborgenseins, der sich als das Anderssein dieses Erkennens selbst bestimmt und der – etwa in seiner Darstellung als natürliche Unmittelbarkeit – sich auch der Vorstellung und äußeren Reflexion als Nicht-das-Erkennen darbietet.

Aber dieses Nichterkennen ist nicht einfache Grenze des Erkennens, nicht sein kontradiktorisches oder auch konträres Gegenteil, nicht sein erstes Anderes, auf das es so gerade bezogen bliebe. Es ist vielmehr „Aufsichselbst", wie Hegel gesagt hatte: qualitatives Sich-in-sich-Verschränken, Atomität der Bezogenheit gegen das Beziehen selbst, die keine Fenster mehr hat. Das Nichterkennen ist innere Grenze des Erkennens, sein positiviertes Differentsein. Die Verborgenheit entsteht mitten aus der Helle. Die Natur tritt mitten im Erkennen aus dem Erkennen „heraus" – aber unmittelbar nicht als das, womit sich das Erkennen intentional zu schaffen macht, sondern als *selbst* eine Gestalt von Erkennen; nicht als das einfach Äußere, die kunterbunte „Außenwelt" der Vorstellung, sondern als Vergehen der selbsthaften Erkennensbestimmtheit in erscheinende Einfachheit: als natürliche Individualität.

Das Problem des Naturerkennens ist darum nach Hegel darin beschlossen, daß sich im Natürlichen je das Ganze der Idee (das Erkennen) in Gestalt äußerer Individuation gegen die Erkennensbeziehung sperrt. Die Natur ist der Widerspruch, das Allgemeinste als das Sichvereinzelnde und die Individuation als

[44] Ibd.
[45] A.a.O. S. 179.

Form des Allgemeinseins zu sein, dies aber nur unmittelbar, ohne erkennende Beziehung auf sich und insofern auf endliche Weise. Was dagegen die bloße „Objektivation" der Natur – ihre Betrachtung in der Form des Gegensatzes, nicht des Widerspruchs der Individuation – betrifft, nennt Hegel sie die „gemeine()" „Betrachtungsart der Natur", „welche sich bloß an jene [sc. logischen] Verhältnisse der unreflectirten Unendlichkeit hält, und für welche die Natur aus Ganzen und Theilen in quantitativen Unterschieden besteht, und in ursachlicher Beziehung, so wie darin als eine Menge von *Diesen* ist"[46]. Die „philosophische" Betrachtungsart vertilgt diese Auffassung, die, noch von der bloßen Logik herkommend, die Natur in letztlich quantitativer Manier ansieht und etwa Reflexionsverhältnisse wie die von Ganzem und Teil oder die Vorstellung quantitativ-abstrakter Einzelheit („Dieses") und Allgemeinheit („Menge") in sie einträgt statt z.B. beide, Einzelheit und Allgemeinheit, als Momente der in sie verendlichender Brechung individuierten Idee zu wissen. Die Naturphilosophie weiß, daß sich der Geist auf Natur nicht als auf ein ihm unmittelbar Anderes und „präsentisch" Entgegengesetztes richten kann. Erst aus der Erkenntnis dieses Sachverhalts heraus kann eingesehen werden, weshalb und in welchem Sinne Hegel die (Philosophie der) Natur als Darstellung des „Werden(s) des Erkennens zum Selbsterkennen"[47] versteht – zu jenem freien Erkennen, das sich auch durch sein eigenes Aufsichselbst hindurch begreift. Der Geist legt an der Natur gleichsam seine logische Unschuld ab und erkennt sich im Prozeß seiner Realisierung als zwar keineswegs mit der Natur identisch, wohl aber als ihrer Form fähig, ja als sie tätig-wissend überwindend. Im Ausblick kann gesagt werden, daß genau dieses gewordene Selbsterkennen, das sich mit der Sich-Verborgenheit versöhnt hat, das wahre Wissen der dann auch mehr als natürlichen Individualität sein wird: das Wissen um sich selbst, darin um die Andersheit und die „absente" Seite der Individualität, dies aber als Selbstgewißheit der Freiheit.

III

Es kann hier nicht um das Gesamtproblem von Form und Methode einer Systematik der Philosophie der Natur, wie sie Hegel vorschwebte, gehen. Entscheidend ist für uns nur das Doppelte: die Abkunft der Natur aus der Idee und ihr gleichzeitiges beständiges Verleugnen nicht einzelner „Stücke", die ihr zur Idee bzw. zum Erkennen fehlten, sondern der Idee bzw. des Erkennens *überhaupt*. Natur *ist* diese Leugnung als bestimmte Gestalt *eigener* Inkommensurabilität der Idee. Sofern so aber die Natur überhaupt „Erkennen auf die Weise des Nichterkennens" und absolute Äußerlichkeit gegen die wissende „Innerung" ist, ermangelt sie in der Verleugnung ihrer Abkunft selbst einer eigenen

[46] A.a.O. S. 180.
[47] Ibd.

positiven Totalität nicht. In ihrer Gänze kann sie *Leben* heißen, das „inverse", sich selbst nicht präsente Erkennen. „Ihr Wesen an ihr selbst, ihre Realität ist, daß sie *lebendige* Natur, in sich reflectirte Unendlichkeit, Erkennen ist, und ihre Materie, oder absolute Sichselbstgleichheit das Leben ist"[48]. Daß sie aber Leben ist, heißt nicht, daß sie ein Allgemeines wäre, „in" oder „unter" das nun alles weitere und vor allem alles Bestimmtere fiele. Vielmehr ist sie gerade als Leben wiederum als Prozeß der Individuation aufgefaßt. Natur bricht sich in Individuationen und läßt diese sich aneinander zerbrechen. „Das" Leben ist nur der ideelle, niemals selbst daseiende „Punkt" absoluter Substantialität der Natur. Aber Hegel nennt ihr „Leben" sofort einschränkend ein „formales Leben, nicht ein sichselbsterkennendes Leben"; die Natur „ist Leben an ihr selbst, aber nicht für sich selbst; für sich selbst ist sie ein unendliches, unreflectirtes Leben"[49] – ein unmittelbar *äußeres* Leben, „Außenleben" mit ebenso unmittelbarer Veräußerung jedes Inneren, und sie macht erst den Weg, in der fortgesetzten Veräußerung dennoch auch *zu sich* als dem Anderen und nicht nur zu äußerlich Anderem zu finden, sich mithin *zu erkennen* und insofern den Geist als ihre Wahrheit darzustellen: „Diß Leben ist als Geist, nicht ein Seyn, ein Nichterkennen, sondern es ist wesentlich als Erkennen, es ist ein Proceß, dessen Momente selbst absolut dieser Lebensproceß ist"[50]. Die Wahrheit der Natur ist es in jedem Fall, sich als mehr als nur Sein oder „einfache Beziehung" zu erweisen. Freilich wurde Natur auch von je eher als *Wesen* bzw. die Wesensgestalt *Erscheinung* denn als einfach präsentes „Sein" begriffen. Auch nach Hegel ist sie „reine Erscheinung"[51], was immer auch heißt: vollständige Aufgelöstheit in die Positivität, durch die jene unmittelbare Identität und zugleich Indifferenz des Allgemeinen gegen das Einzelne und umgekehrt entsteht, die das „formale Leben" heißen kann – Leben ist unmittelbar als *viele* Lebendige und ist zugleich nicht diese selbst, sondern ihre unzerstörbare Einheit. Aber es ist gerade diese „positive Sichselbstgleichheit", als welche „der Geist sich nicht in der Natur setzt"[52] oder findet, sondern von ihr unterschieden bleibt. Die Individuationen des Lebens sind Zufällige, die ihr Maß an einer äußeren Notwendigkeit finden, die sie sowohl in anderes Zufälliges wie auch in die äußere Totalität ihres Begriffs aufheben. Dieses Verhältnis zerstört den Geist als unmittelbar erkennendes, sich in sich kontinuierendes Verhältnis. Er wird gerade von der Indifferenz des Lebens, seiner Gleichgültigkeit gegen die Kontinuation, gegen die Gattungsbestimmtheiten etwa, in welchen er ein Verhältnis des Erkennens und insofern sich selbst finden zu können hoffen könnte, „als absoluter Begriff" „vernichtet"[53]. Man kann durchaus auch an Goethes „liederliche Gattungen"

[48] A.a.O. S. 180f.
[49] A.a.O. S. 181.
[50] Ibd.
[51] A.a.O. S. 184.
[52] Ibd.
[53] A.a.O. S. 182.

denken, in denen für die systematisierende Vorstellung aller Begriff verlorengeht; das Entscheidende ist, daß das Leben sich unmittelbar im Ungleichen und immer Anderen gleich ist, daß es – auf der allgemeinsten Ebenen, auf der wir es hier betrachten – nichts anderes als die Tätigkeit ununterbrochener Dissipation ohne negative Rückkehr in sich selbst, insofern aber auch Individuation noch unterhalb der aristotelischen substantiellen Individualität ist. Der Geist (immer als die Form des sich absolut vermittelt Wissens) versinkt als erkennender Geist im „formalen Leben", weil sich keine Möglichkeit bietet, das Einzelne als negatives auf die Gattung oder diese gleichfalls durch „innere" Negation auf das Einzelne hin zu öffnen, beide vielmehr äußerlich gegeneinander bleiben und die Natur geradezu ihr „Höchstes" darin findet, Gattungen als nur erscheinende (also positive) Allgemeine ineinander übergehen zu lassen und sich so „dem Werden zum Schlusse" entgegenzusetzen[54]. Das heißt zunächst, daß die natürliche Natur sich in sich selbst dagegen sperrt, ein erscheinendes *Sein* der Gattung zu erzeugen – zweite Substanzen „existieren" nicht. Natur kehrt in der Erscheinung von Gattungsmäßigem vielmehr das „Aufsichselbst" der Einzelnen als „in sich selbst reflectirte Totalitäten ..., die höher als die Gattungen stehen"[55], hervor. Am Natürlichen, von Raum und Zeit bis zum Tode des Lebewesens, vom Stein bis zur natürlichen Zeugung, ist das Differente das erste, alle Kontinuität und Allgemeinheit das (erscheinende) Zweite. Eben deshalb ist der Geist „nicht in ihr real als absolutes Ich" (d.h. als die sich wissende Identität von Allgemeinheit und Einzelheit), „und das Anders seiner selbst als Natur ist daher die allgemeine Bestimmtheit des Auseinander, das Element der Quantität, der nicht negativen, sondern positiven Sichselbstgleichheit, oder das Bestehen, die Gleichgültigkeit des sich auf sich selbstbeziehens"[56].

Die Unterscheidung zwischen der „negativen" und der „positiven Sichselbstgleichheit" enthält die formale Bestimmung des (fundamentalphilosophisch relevanten) Unterschieds von Erkennen und Leben. Der Begriff des Lebens, der auf diese Weise die Natur bzw. deren veräußertes Aufsichselbst positiv darstellen soll, hat als äußere Totalität keine „Ränder", keine äußere Grenze einer Reflexion-in-sich, wie es ja auch keinen Sinn hat, von Grenzen des Universums dem Raum oder der Zeit nach zu sprechen und dabei den Raum räumlich und die Zeit zeitlich begrenzen zu wollen. Er führt keineswegs unmittelbar auf ein in sich gegliedertes Ganzes nach Art eines Überorganismus, sondern viel eher – mit der *Phänomenologie des Geistes* zu reden – auf die „*unorganische allgemeine Natur*"[57] als erscheinende absolute Positivität und Vielheit, in der die Gattungen als unterstellte seiende Allgemeinheiten ineinander verschwinden, sich als Schein erweisen und eben damit den Geist, der in ihnen sich selbst bzw. das Erkennensverhältnis suchte, in sich verschwinden machen.

[54] Ibd.
[55] A.a.O. S. 184.
[56] Ibd.
[57] GW IX, S. 108.

Es wird selten beachtet, daß Hegels Naturbegriff in seiner Wurzel *nicht* etwa umstandslos „organologisch" konzipiert ist, keine unmittelbar vorliegende Systematizität behauptet, sondern ganz im Gegenteil Andersheit im Sinne eines Er- und Verscheinenlassens systematischer „Strukturen", ein Spielen mit und in ihnen ohne irgendeinen „Zweck" und geradezu Verweigerung verständiger Zweckmäßigkeit meint. Das gilt wenigstens für die erscheinende „Oberfläche" der Natur. Wir werden noch kurz sehen, inwieweit auch die eigene Systematik der Naturphilosophie, die Hegel entwickelt, davon bestimmt bleibt, auch wenn sie, verborgen in die positive Differenz und das Umschlagen in Anderes, zugleich die Idee ins Spiel bringt. Zunächst jedenfalls bleibt festzuhalten, daß der Geist in der Formbestimmung der Ichheit, in der er zugleich das Gegenteil seiner selbst, ein Entgegengesetztes – Subjektivität *gegen* Objektivität – und differentielles Erkennen *aus* diesem Gegensatz und Entgegensetzen war, daß, dem Jenenser Hegel zufolge, dieser Geist in der Inkurvierung des natürlichen Aufsichselbst verschwindet bzw. ein schon verschwundener und Verschlossenheit gegen das Erkennen mitten im Erkennen ist. Die *Phänomenologie* wird davon sprechen, daß die „Gestalten" oder individuellen Mitten des Lebens dessen positive Allgemeinheit in eine Besonderung verkehren, so daß eigentlich nicht, wie die gewöhnliche Vorstellung lautet, die einzelnen Individuen vom Leben getragen sind, sondern dieses umgekehrt seinen wahren und in sich geschlossenen Begriff – den Begriff, der nurmehr daseiende Bestimmtheit ist – erst an der individuellen lebendigen Gestalt bzw. in der *Bewegung der Individuation* erreicht. Das gilt wiederum für die Naturbestimmtheiten überhaupt, nicht nur für organisch Lebendiges: Bewegung und Materie z.B. sind zwar die gegeneinander äußerlichen wesentlichen Momente des Falls und gleichsam sein „Leben", dieser aber ist zugleich eine ihrer Individuationen (wie es etwa auch das Sonnensystem ist), die die ins Dasein tretende substantiell individuierte Wahrheit ihrer sind. Spezifisch für die Natur ist, daß diese Wahrheit immer ein „Drittes" und Äußeres, eine andere Gestalt natürlicher Bestimmtheit ist. Die Natur kommt nicht für sich selbst zu sich selbst. Sie bezieht sich auch im Resultat einer Vermittlung wieder nur unmittelbar „auf sich selbst". Hegel erkennt, daß eben deshalb die Natur gegen die unmittelbare Ichheit, die Subjektivität als Formprinzip selbstbewußter Klarheit, unmittelbar inkommensurabel sein muß. Die Ichheit verhält sich vielmehr logisch zu jenem Aufsichselbst, dessen positive Verunendlichung die Natur ist, nur erst *unmittelbar* und *prinzipiell*; ihr ist die Natur nur das unmittelbar Unklare, das, was zunächst abstrakt anders ist als sie selbst. Ich macht das ihm verborgene Andere zum ersten Anderen des Begriffs („Nicht-Ich") und so zum unmittelbaren Moment seiner Selbstvermittlung im Bestimmen der Erscheinung, wenigstens wo es es nicht praktisch als das andere Ich anerkennt und freiläßt. Mit beidem aber ist Natur noch nicht thematisch. Um deren theoretisch wie praktisch abwesend-anwesende Gegenwart als selbst ein Wesen des Geistes weiß erst der Geist.

Darin liegt dann die grundsätzliche Einsicht über den Unterschied der Systematik eines wissenschaftlichen Kunstsystems *über* die Natur und der Systematik der Naturphilosophie, wie sie sich für die letztere ergibt. Es ist der Unterschied zwischen einem Setzen der Natur im „Rahmen" endlich-objektiver Vermittelbarkeit und dem Sichunterscheiden der Individuation als einer äußeren Selbstvermittlung, die die Naturphilosophie *als solche* thematisiert. Das Kunstsystem *setzt* Naturbestimmtheiten und *reflektiert* zudem seine gesetzten Bestimmtheiten in andere Bestimmtheiten, um ihnen „objektive Gültigkeit" zu geben; es ist dabei geleitet vom Prinzip der (erfahrungslogischen) „Einteilung" der Totalität der Sphäre des Bestimmbaren – man denke an Fichtes dritten Grundsatz – sowie von der regulativen Vorstellung, im Sinne einer Kantischen „Tendenz zur Physik" das Ganze der Natur auf diese Weise bestimmend erschöpfen zu sollen. Die Natur wird ihm zum Inbegriff gesetzter, ineinander reflektierter Nicht-Ich-Bestimmtheiten. Die Naturphilosophie dagegen geht davon aus, daß das Begriffliche oder Erkenntnismäßige an der Natur sich weder einer Setzung verdankt noch einer „objektivierenden" Wendung der gesetzten Bestimmtheiten in anderes Gesetztes, sondern je in einer Individualisierung durch äußere Beziehungslosigkeit hindurch, in einer Wendung „auf sich selbst", d.h. in das erscheinend existierende, differente Einzelne der Natur hinein liegt. Hegels Systematik der Natur will ein Gang „steigender" Individualisierung jener disiecta membra der Idee sein, von deren absoluter Äußerlichkeit oder erkenntnisloser Andersheit gegeneinander auszugehen ist. Hegel versucht, die *Natürlichkeit* dieses Ganges, der im Ganzen, wie er sagt, „ein System von Stufen" ist, „deren eine aus der andern notwendig hervorgeht und die nächste Wahrheit derjenigen ist, aus welcher sie resultiert", dadurch zu wahren, daß er hinzusetzt: „aber nicht so, daß die eine aus der andern *natürlich* erzeugt würde, sondern in der innern, den Grund der Natur ausmachenden Idee"[58]. Die Idee ist der *verborgene* unbewegte Beweger der Natur, das Erkennen als solches. Die Idee ist in der Natur nur darin, daß es immer ein Anderes ist, das die Wahrheit des einen zur Darstellung bringt und dadurch nicht nur das eine gegen das andere, sondern auch ihr „Produkt" gegen sie vereinzelt. Die Idee ist sich darum in der Natur nicht präsent. Die Unterschiede aber der Natur, ihre Weisen, different-vereinzelt dazusein, sind umgekehrt dennoch (sich selbst verendlichende) Stufen des „Selbsterkennens" der Idee bzw. des Geistes[59]. Sie sind gleichsam die Glieder eines Leibes, den das geistige Individuum als den seinen, den es als sich selbst in der Gestalt der Andersheit wissen kann. Der dies wissen-

[58] Enzyklopädie (1830) § 249.

[59] Im Unterschied zu Schelling ist bei Hegel freilich nicht an eine „transzendentale Geschichte des Ich" in natürlichen „Relikten" dieser Geschichte zu denken, die in sozusagen ursprünglicher Positivität neben der Form des Wissens bestehen blieben. Die Form Ich ist bei Hegel logisch älter als die Natur und wird als Geist deren realisierter Begriff; die Natur fällt nicht „unter", aber auch nicht „neben" den Begriff, sondern in ihn, und zwar als das Postulat seiner realen Totalisierung durch die positive Individualisierung der Totalität hindurch. Personalität hebt die Positivität der Individualität wie die Formalität der Ichheit auf; es gibt darum bei Hegel auch keinen genuinen Anspruch „positiver Philosophie".

de individuelle Geist ist schon „Sieger über einen Geist“[60], der sich verbarg, ist unmittelbar frei und sich selbst „Gegenstand“ geworden: z.B. einfach darin, daß er spricht – d.h. den Schall zu etwas anderem macht, als er von sich aus ist – oder darin, daß er die Natur zu Zwecken der Freiheit gebraucht. Der subjektive Geist ist Form expliziten Erkennens, die sich bereits auf den Umgang mit bestehendem Nichterkennen und sich selbst von diesem Umgehenkönnen her als individuelle Freiheit versteht. In diesem Sinne erscheint die Natur als in die geistige Individualität des Erkennens getilgt. Der Geist stößt nicht an die Natur wie zwei mechanische Körper einander stoßen, er reagiert nicht mit ihr wie chemische Stoffe untereinander reagieren, er organisiert sie auch nicht wie ein Lebewesen. Sie ist vielmehr gegen den freien Geist endlich, weil er ihren Verhältnisweisen nicht unterworfen ist. Sie hört in ihm auf, erkenntnisloses „Aufsichselbst“ zu sein – er ist nur so auf sich selbst bezogen, daß er darin ebenso sehr über sich hinaus, restituierte Offenheit des Erkennens ist. Logisch ist die Natur für selbstbewußt-freies Erkennen überhaupt nur im Modus der Vergangenheit gegeben. φύσις kommt von φύω, das wurzelverwandt ist mit lat. *fuisse*, der Vergangenheitsform von „sein“. φύσις ist, was der aktuale und freie Begriff immer nur *gewesen* ist – wie Sprache Schall gewesen ist oder Geschichte raumzeitliches Dasein. Die Idee zerbricht die Natur zur Gewesenheit, öffnet ihr Aufsichselbst (die positive Individuation) zur geistigen Individualität, die erkennende Beziehung auf anderes geworden ist. Die Unterschiede und Individuationen aber der Natur, die eine naturphilosophische Systematik thematisiert, sind jene unmittelbaren *Individuationen* qua *Abbrüche* und Verendlichungen von Erkennen, sind Diskretionen als Verendlichungen der Natur, die zugleich von ihrem verborgenen Grund, der Idee her, als Spuren der Abstoßung des Erkennens *zu sich selbst* genommen werden können. Insofern gehören diese „Stufen“ der Analyse des Begriffs des Selbsterkennens der Idee an, nicht aber einem aktualen subjektiven Erkennen „über“ die Natur. Noch einmal: in naturphilosophischer Hinsicht kann die Natur schlechterdings *nicht* nur-objektiv, nur präsentes „Etwas“ werden, da sie dem logischen Charakter des Objektiven, ein Entgegengesetztes zu sein, und mit ihm den Charakter der objektiven Bestimmbarkeit als *absolute* Differenz des vollendeten Erkennens und als tätige Verendlichung verweigert. Erst die Entlassung der Natur in die logische Vergangenheit des Erkennens, wie sie das selbstbewußte Erkennen implizite immer vollzieht und wie sie die philosophische Analyse des Begriffs des Selbsterkennens als Vergangenheit des individuellen Erkennens einzuholen versucht, erst diese Entlassung kann für sich beanspruchen, vom Natürlichen der Natur und nicht bloß von einer Objektivität gesprochen zu haben.

Übrigens kann die naturphilosophische „Erinnerung“ an das Natürliche der Natur dem neuzeitlichen Naturverhältnis einen wenigstens doppelten „Dienst“ leisten. In Beziehung auf die Kunstsysteme lehrt sie einerseits, daß diese ihren Zweck selbst mitbringen und auch selbst verantworten müssen. Eben *weil* der

[60] GW VII, S. 177.

Geist die Natur zu seiner Vergangenheit hat, ist eine praktische Zwecksetzung ihr gegenüber, die sich ja keineswegs von selbst versteht, möglich; eben weil sie schon in Bewußtsein und Sprache aufgehoben ist, wird sie es auch in Arbeit und Werkzeug und deren zugehörigen Theorien. Wo freilich eine *Entscheidung* vorliegt, die Natur in der Form eines logischen Systems als bestimmt anzusehen und sie so (wie der Jenenser Hegel gesagt hätte) der Sprache, der Arbeit und der Familie wie überhaupt der Welt des Sittlichen „theoretisch" unterzuordnen, handelt es sich um eine *Praxis*, die sich bewußt bleiben muß, daß in der Tat jede einzelne Bestimmtheit und jeder Komplex von Bestimmtheiten, die sie ausspricht, zunächst eine subjektive Zwecksetzung ist, gegen die die natürliche Natur zwar „geduldig" sein mag, die sie aber keineswegs „legitimiert"[61]. Das naturphilosophische Argument kann in diesem Zusammenhang immer nur in der negativen Erinnerung bestehen, daß die natürliche Natur logisch dem zwecksetzenden und objektiv bestimmenden subjektiven Geist im Rücken liegt und daß sie von daher bei allem Schein von einer „Gunst" für dessen Zwecke gegen diese doch zuletzt nicht nur gleichgültig ist, sondern für sie überhaupt nur eine *künstliche* Präsenz gewinnen kann. Diese Erinnerung aber kann zweitens überhaupt dazu dienen, die neuzeitliche Einhausung in die Reflexion, die sich etwa in der auch unter gegenwärtigen Naturphilosophen verbreiteten naiven Gleichsetzung des wissenschaftlich vermittelten Systems oder doch seines Fluchtpunktes mit „der Natur" selbst äußert, zu sprengen. Die Vorstellung, daß der logische Typ von Bestimmtheit und sein Präsentsetzen des „Objektiven" die einzig in Frage kommende Bestimmtheitsform in Wissenschaften sei, ist mit dem Verschwinden der natürlichen Natur aus dem Gesichtskreis des subjektiven Geistes gleichbedeutend – ein Verschwinden, das nun gerade mit dem Versuch der objektivierenden Präsenthaltung von Natur einhergeht. Das Verschwinden der natürlichen Natur, die so nicht in der Idee gehalten ist, bedeutet indes auch den Verlust der Idee selbst und damit zugleich ein Schwinden der Selbsterkenntnis des Geistes als individuellen Geistes. Die Naturphilosophie erinnert, wie wir gesehen haben, in diesem Zusammenhang an die innerlogische Grenze des logischen Bestimmtheitstyps und tut dies auch, um den subjektiven Geist über die Grenze und Bestimmtheit seines Erkennens, ja über sein ihm immanentes, wiewohl in die Idee „vergangenes" Natürlichsein und Nichterkennen aufzuklären. Aber sie tut dies erst recht im Bewußtsein des Anspruchs der theoretischen und praktischen Idee, die mit dem Erkennen des Geistes als eines individuellen *absolut präsent* ist.

Nicht mehr die Rede sein kann hier von der anderen „Aufhebung" der Natur in ihrer Totalität, wie sie bei Goethe und Kant doch auch vor Augen steht. Es handelt sich dabei um die individuelle Freisetzung, ja Neuerschaffung der

[61] Nach J. *Simon, Weltbild und Gewissen*, in: Allgemeine Zeitschrift für Philosophie 18.1 (1993), S. 23-39, stellt sich „auch die Frage nach der Verantwortung für die Folgen (des) Handelns ... nicht nur *innerhalb* des »Weltbildes«, sondern auch schon *für es selbst*" (S. 25) - sie stellt sich vor der (praktischen) Idee.

Idee durch sich selbst als dem Anderen des Geistes im Kunstwerk. Im Kunstwerk erschließt sich das „Gesicht“ der Natur, die in der Vereinzelung der natürlichen Natur im Anderssein je nur verborgene oder geahnte Idee. Auch das ist etwas anderes als die theoretisch oder technisch-praktisch logifizierte Natur. Es reicht vielmehr heran an das freie Verhältnis einander anerkennender Individuen, ja es zeigt ins Zentrum der Anerkennung selbst: es zeigt auf individuelle Andersheit und Absenz als in geistiger Partizipation „aufgehobenes“ und sich vollendendes Moment.

Erich Heintel

Die Positivität des Christentums in Hegels Religionsphilosophie

In der deutschen Philosophie wird mit der Aufklärung die Positivität von Religion überhaupt, diejenige des Christentums im besonderen zum Problem. Das läßt sich in aller Kürze an der Interpretation einer Paulusstelle (Gal 3,24) aufzeigen, an der Paulus von einem Zuchtmeister (παιδαγωγός) spricht. Er versteht unter diesem Zuchtmeister das (mosaische) „Gesetz" im Unterschied zu der freimachenden Botschaft des Neuen Testaments, in der sich dieses Gesetz „aufhebt", als die Zeit erfüllet war. Dieses in der traditionellen Theologie immer wieder von allen Seiten aufgenommene Gleichnis bezog sich also zunächst und nur auf die Heils- und Glaubensgeschichte des Christentums, womit zugleich ausgesprochen war, daß die verbindlichen und unaufgebbaren Lehrgehalte (die bestimmte Positivität) der christlichen Religion im Rück- und Vorgriff (von der Schöpfung bis an das Ende aller Tage) auf jenem Grund (θεμέλιον) aufgebaut ist, auf den allein aufgebaut werden kann (1 Kor 3,11): auf Jesus (wahrer Mensch) als dem Christus (wahrer Gott).

Dieser Jesus Christus, der Verkünder des „Reiches des Vaters", der Gekreuzigte, Auferweckte und Auferstandene, ist der einzige Inhalt des Evangeliums, wie es Paulus zusammenfaßt und predigt. Mit dieser Predigt setzt der Heidenapostel jene Ursprünge, die das Christentum zu weltgeschichtlicher Bedeutung gelangen läßt und die Kirche des Heiligen Geistes zu der Lehre von dem einen (monotheistischen) dreieinigen (trinitarischen) Gott führt, der in der „Einheit" von immanenter (ewiger, vor aller Schöpfung) und ökonomischer (sich in der Zeit offenbarender) Trinität wirklich ist und wirkt. In schematischem Überblick spricht man seitdem vom Reich des Vaters (Altes Testament), vom Reich des Sohnes (Evangelium) und vom Reich des Heiligen Geistes (Kirche).

Die Aufklärung nun hat dieses „dritte Reich" der Menschheitsgeschichte „säkularisiert" und damit eine Ablösung von der in der Kirche repräsentierten und an sie gebundenen „Positivität" des Glaubens mit sich gebracht. Das Reich des Geistes war für sie das Reich des mündig gewordenen Menschen in der freiheitlichen Verantwortung seiner Humanität, mit oder ohne Einschluß seines Gottesverhältnisses. Denn man konnte für die Entstehung und Ausbildung dieser Humanität das historische Christentum als „Erziehung des Menschengeschlechts" (Lessing) voraussetzen oder auch im „Deismus" verlassen bzw. im „Atheismus" überhaupt (als hemmenden Irrweg) ablehnen. Die deutsche Aufklärung gab im großen und ganzen die Bedeutung des Christentums im Sinne einer erzieherischen Instanz (des Zuchtmeisters bei Paulus) zu, verstand jedoch die mündig gewordene Menschheit im wesentlichen von ihrer moralischen „Würde" her. Am deutlichsten wird diese Entwicklung in der Religionsphilosophie Kants, dessen Lehre vom „kategorischen Imperativ" die moralische Autonomie des Menschen in der Verantwortung des Gewissens nach oben („Gott") und nach unten (die triebhafte „Natur") hin in unverlierbarer Einsicht zur Geltung gebracht hatte und erst von dieser Basis her wesentliche Gehalte der Theologie wie Gott selbst und die Unsterblichkeit „postulierte".

Im Grunde war freilich seit der Lehre vom Gewissen bei Paulus in der ganzen Tradition christlicher Theologie festgehalten worden, daß wider das Gewissen zu handeln auf jeden Fall „Sünde" und daß dieses Gewissen für die moralische Entscheidung des Handelns auch dann verbindlich sei, wenn es irre (z. B. Thomas v. Aquin)[1]. Kant hat nun in aller Schärfe betont, daß das Gewissen als letztes Maß moralischen Handelns und Grundlage moralischen Urteilens nicht irren könne: es gibt keine Gewissen des Gewissens. Hegel hat trotz der Kritik an Kant und trotz seiner Lehre von der „substantiellen Sittlichkeit" insofern an dieser Tradition festgehalten, als er das Gewissen bestimmt hat als das „Heiligtum, das anzutasten Frevel wäre".

Die Lessing und Kant bestimmende Grundhaltung blieb im Denken des Deutschen Idealismus bis Fichte hin maßgebend. Bei dem späten Fichte kündigt sich freilich eine Wendung an (etwa ab seiner *Anweisung zum seligen Leben*[2]). Fichte ist zwar lange davon überzeugt gewesen, daß die „ewigen Wahrheiten" des Christentums auch unabhängig von seinem Ursprung und seiner geschichtlichen Erziehungsleistung hätten gefunden werden können; erst in der letzten Zeit seines Denkens hat er – über den Prolog des Johannesevangeliums hinaus sich auch an Paulus orientierend – dem Gedanken des Zuchtmeisters Raum gegeben, insofern nämlich, als für ihn jetzt ohne Jesus Christus die Menschheit nicht zu jener mündigen Humanität gelangt wäre, wie sie Fichte von Kant her aufgefaßt hat. – Bei Schelling und Hegel aber ist über die Aufklärung und Kant hinaus die Frage nach Sinn und Bedeutung geschichtlicher Positivität der Religionen überhaupt und speziell des Christentums zum Bewußtsein gelangt und als Problem formuliert worden.

Das soll in den nachfolgenden Ausführungen in einigen grundlegenden Ansätzen zur Sprache kommen. Doch sei vorher noch eine allgemeine Bemerkung gestattet. Das Problem des Verhältnisses mündiger Humanität im Sinne der Aufklärung zur Positivität bestimmten Glaubens ist nach wie vor eine alle denkenden Menschen beschäftigende Angelegenheit. Von seinen historischen Wurzeln und meistens auch – nicht immer zum Vorteil – von der zugrundegelegten Begrifflichkeit her ist das Problem „aktuell" geblieben und hat besonders in unseren Tagen aus dem Geist der Zeit zu Polarisationen zwischen theologischem

[1] E. *Heintel, Ontologische und transzendentale Begründung der Ethik*. In: Erfahrungsbezogene Ethik. FS für Johannes Messner zum 90. Geburtstag, Berlin 1981, S. 37 ff.

[2] E. *Heintel, Das Evangelium Johann Gottlieb Fichtes*. In: Wiener Jahrbuch f. Philosophie XIX/1987, S. 135 ff.

Fundamentalismus und doktrinären Positivismen von ihre Voraussetzungen und Grenzen nicht kritisch reflektierenden Einzelwissenschaften geführt. Es kam dadurch zu einer Verwahrlosung des Verstandes und einer Pervertierung des Glaubens: beide Fronten münden häufig in einen oft an kollektives Irresein erinnernden „Aberglauben", der von der geistigen Halbwelt bestimmter Massenmedien begierig aufgegriffen und verfolgt wird.[3]

Die Religionsphilosophie Hegels gehört – auf einem in der Gegenwart weithin verloren gegangenen Denkniveau – in den Zusammenhang der skizzierten Gesamtproblematik. Dabei ist nicht zu übersehen, daß diese Religionsphilosophie bei Hegel im Laufe der Jahre sich jeweils aus ganz verschiedenen Ansätzen ergibt, die an diesem Orte nicht im einzelnen behandelt werden können. Ich will versuchen, der Sache dadurch gerecht zu werden, daß ich gewissermaßen die erste Ausprägung der Religionsphilosophie Hegels mit ihrer letzten in Zusammenhang bringe und auf ihre einheitlichen Motive hin befrage.

Kants Freiheitslehre und seine Ethik haben auf die Tübinger Stiftler zur Zeit des Studiums Hegels, Hölderlins und Schellings einen deutlichen Einfluß gehabt. Ein besonderes Zeugnis für diese Tatsache im Hinblick auf Hegels Religionsphilosophie findet sich in dem von H. Nohl aus dem Nachlaß herausgegebenen *Theologischen Jugendschriften* (Tübingen 1907, alle folgenden Seitenzahlangaben beziehen sich auf dieses Buch). Hegel hat um die Mitte des Jahres 1795 ein „Leben Jesu" geschrieben (S. 76 ff.) In diesen Aufzeichnungen macht er gewissermaßen die Probe seiner Aneignung der kritischen Philosophie aufs Exempel, wie nämlich die Berichte des Evangeliums von Kant her zu interpretieren wären. Jesus tritt in diesem „Evangelium" als „Lehrer" auf, der „öffentliche Vorträge" hält und nach und nach Freunde und Schüler – von „Jüngern" ist nicht die Rede – um sich versammelt, die seiner Lehre folgen. Diese Lehre ist diejenige des „kategorischen Imperativs" Kants, den Hegel so verkündet: „Was ihr wollen könnt, daß es als allgemeines Gesetz unter den Menschen, auch gegen euch gelte, nach einer solchen Maxime handelt – dies ist das Grundgesetz der Sittlichkeit – der Inhalt aller Gesetzgebungen, und [!] der heiligen Bücher aller Völker." (S. 87) Auf ihm beruht die „Idee des Reichs Gottes als eines Reichs des Guten, worin Vernunft und Gesetz allein gebieten..." (S. 99). Wir sehen: die Berichte des Evangeliums werden eindeutig und radikal reduziert auf die Vernunftreligion Kants und seine Moraltheologie. Hegel sucht darüber hinaus und ganz allgemein dem Geist neuzeitlicher Wissenschaftlichkeit gerecht zu werden, gelegentlich bis an das Komische heran, so wenn er bei der Erwähnung der „Dornenkrone" in Klammer „Bärenklau, Herakleum" (S. 133) hinzusetzt.

[3] Näher und genauer habe ich mich mit diesen Angelegenheiten in meinen Büchern beschäftigt, und zwar: *Grundriß der Dialektik*, 2 Bde., Darmstadt 1984; *Die Stellung der Philosophie in der „universitas litterarum"*, Wien 1990; *Mündiger Mensch und christlicher Glaube* (in Vorbereitung).

Der Versuch der Verkündigung dieses Evangeliums führte Hegel in seinem wirklichkeitsnahen Denken zu dem Resultat, daß er nicht durchführbar ist. Er zieht daraus die Konsequenz, indem er sich endgültig von Kants Gegenüberstellung von Offenbarungsglauben und Vernunftglauben und von seinem Moralismus abwendet. Und doch hat er auch sein eigenes Anliegen in verständnisvoller Aneignung an und zugleich Ablehnung von Kant ausgesprochen. Zeugnisse für diese Entwicklung finden sich in den *Theologischen Jugendschriften* in einer Überarbeitung des Anfangs (1800) einer Schrift über die *Positivität der christlichen Religion* (1795/ 96). Es geht Hegel dabei um den Sinn von „Positivität" der Religion überhaupt und speziell des Christentums. Alle diese frühen Aufzeichnungen zeigen noch keine durchgehende systematische Konsequenz, lassen aber sehr wohl erkennen, daß Hegel einerseits die Notwendigkeit der „Positivität" bestimmten Glaubens einzusehen lernt, diese aber andererseits vor abwegigen Fehlentwicklungen zu bewahren trachtet.

In derartigen Fehlentwicklungen kommt es nämlich dazu, daß die Anerkennung der Positivität „nur als fremdes Erbstück vergangener Zeiten [übrig geblieben ist. Ihre] Forderungen werden dann noch geachtet und vielleicht desto höher geehrt und gefürchtet, je unbekannter ihr Wesen ist..." Eine solche gewissermaßen „positivistisch" im Sinne eines unhaltbaren Fundamentalismus gewordene Religion muß als überholt betrachtet werden. „Erst wenn ein anderer Mut erwacht, wenn sie ein Selbstgefühl erhält und damit Freiheit für sich selbst fordert, nicht bloß in ihr übermächtiges Wesen sie setzt, dann kann ihr [von dieser erreichten Freiheit her] die bisherige Religion eine [nur] positive [in abwertendem Wortgebrauch] scheinen." (S. 141) Dagegen und trotzdem setzt auch in Mut und Freimut denkende Theologie bestimmten Glauben in seiner Positivität insofern voraus, als „die Überzeugung vieler Jahrhunderte, das, was die Millionen, die in diesen Jahrhunderten darauf lebten und starben, für Pflicht und heilige Wahrheit hielten, daß dies nicht barer Unsinn und gar Immoralität ... gewesen ist." (ebd.)

Th. Haering[4] unterscheidet deshalb bei den religionsphilosophischen Ausführungen des jungen Hegel eine „schlechte Positivität" von einer „guten Positivität" in dem Sinne, daß in der ersteren der Glaube die ihm notwendig eigene und nicht aufzugebende „gute Positivität" an die unhaltbare „schlechte Positivität" verliert. Bei Hegel heißt es: „... denn der Mensch kann an das Zufällige und muß an ein Zufälliges Unvergänglichkeit und Heiligkeit knüpfen; in seinem Denken des Ewigen knüpft er das Ewige an die Zufälligkeit seines Denkens. Ein anderes ist es, wenn das Zufällige als solches als dasjenige, was es für den Verstand ist, Ansprüche auf Unvergänglichkeit und Heiligkeit und auf Verehrung macht. Dann tritt das Recht der Vernunft ein, von [schlechter und überholter] Positivität zu sprechen." (S. 143).

[4] Theodor *Haering, Hegel.* Sein Wollen und sein Werk, 2 Bde., Leipzig – Berlin 1928/1938; Bd. 1, S. 137 ff. u. ö.

Das Recht der Vernunft gegen den Verstand richtet sich – in der schon von Kant getroffenen und für den ganzen Deutschen Idealismus maßgebenden Unterschiedenheit – schon bei dem jungen Hegel nicht nur gegen geistlos erstarrte Gläubigkeit und Theologie, sondern auch gegen den aufklärerischen Verstand und seine Anmaßung, dann nämlich, wenn er die Inhalte der nach seiner Meinung überholten „alten Dogmatik" einfach für bedeutungslos erklärt oder ihren eigentlichen Sinn uminterpretierend fallen läßt. Hegel widmet sich weiterhin den Details einer solchen Einstellung und kommt zu dem Resultat, daß ihre Erklärungsart „eine tiefe Verachtung des Menschen, einen grellen Aberglauben an seinen Verstand" (S. 144) voraussetzt. In dieser unkritischen Haltung einer über sich selbst nicht aufgeklärten Aufklärung wird man freilich auf eine naive Weise mit dem Problem der Positivität bestimmten Glaubens zugleich auch dasjenige seiner allfälligen „schlechten Positivität" auf einen Schlag los, da in ihr ohnehin aller bestimmte Glaube zuletzt als Aberglaube betrachtet und bewertet wird. Bei einiger Konsequenz landet man mit dieser Einstellung bei dem Atheismus, selbst wenn man meint, mit einem Gott bzw. Glauben „ohne Eigenschaften" (wie häufig im Deismus, aber auch bei Musils „Mann ohne Eigenschaften"[5]) letzte radikale Schritte vermeiden zu können.

Doch zurück zu Hegel! Ich beziehe nun seine Position in den *Theologischen Jugendschriften* gleich auf seine späte und endgültige Religionsphilosophie und frage, ob er in ihr die ihn von Tübingen an beschäftigende Konfrontation von guter und schlechter Positivität überwunden hat. Die Beantwortung dieser Frage wird davon abhängen, wie man Hegels Lehre beurteilt, daß die Religion (der Glaube) das „Absolute" (Gott) nur in der „Vorstellung", nicht aber wie die Philosophie im „Begriff" erreiche und besitze. Denn dieses „nur" entbehrt nicht einer gewissen Zweideutigkeit: es kann erstens damit gemeint sein, daß Religion als solche und Glaube als solcher nicht wirklich sind, wenn sie nicht in bestimmter (guter und unaufgebbarer) Positivität da sind und verkündet werden, es kann aber zweitens auch so interpretiert werden, daß erst im Begriff das Absolute (Gott) in Wahrheit und eigentlich erfaßt ist. Das aber kann wiederum so gemeint sein, daß die vorausgesetzte Religion (in unserem und in Hegels Falle das Christentum) in der „Vernunft" des vom „absoluten Geist" her verstandenen „Begriffs" angeeignet und in ihrem Wesen erfaßt wird oder aber, daß diese Vernunft (wie bei Feuerbach) als nur menschliche Vernunft die Religion und in seinem und in unserem Fall besonders das Christentum endgültig zu überwinden und abzuschaffen hat. Bei Hegel bleibt nämlich die im Grunde nicht aufzugebende „gute Positivität" erhalten, in der mit Notwendigkeit das Unvergängliche und Heilige an Zeitliches und Zufälliges gebunden ist, während bei Feuerbach die religionskritische Vernunft mit jeder Art von Positivität der Religion als Religion Schluß macht, indem er sie lediglich vom Menschen in seiner zeitlichen und zufälligen Existenz her erklärt und „entlarvend" durchschaut.

[5] E. *Heintel, Gott ohne Eigenschaften,* in: Gott ohne Eigenschaften? FS für Gottfried Fitzer zum 80. Geburtstag, Evang. Presseverband Wien 1983, S. 9 ff.

Bei Feuerbach wird „das Wesen des Christentums“ zu einer Angelegenheit, in der bloß die menschliche Vernunft spricht, die als „endlicher Geist“ keines Bezuges zum „absoluten Geist“ bedarf, sodaß von göttlicher Vernunft weder im Sinne des „Begriffs“ Hegels geschweige denn im Sinne positiver Offenbarung die Rede sein kann. Damit hat bei Feuerbach im Gegensatz zu den Bemühungen Hegels die „alte Dogmatik“ ihre Zeit gehabt, womit alle verbindlichen Inhalte des christlichen Bekenntnisses ihren Sinn verlieren, soferne sie von Gott und nicht vom Menschen her gedacht werden.

Gerade um diese von Feuerbach konsequent vollzogene Auffassung aber geht es in dem einzigen (unbeantwortet gebliebenen) Brief Feuerbachs an Hegel vom 22. Nov. 1828 aus Ansbach[6]. Der Brief ist ein umfangreiches Begleitschreiben zur Überreichung der Dissertation Feuerbachs an Hegel mit dem Titel *De ratione, una, universale infinita* Dis. inaug. philos., Erlangen und Nürnberg 1828: es stellt sich in dem Schreiben sehr rasch heraus, wie diese „Vernunft“ aufzufassen sei.

Die Dissertation soll nämlich, wenn auch „noch ganz roh und fehlerhaft ... eine Spur von einer Art des Philosophierens [ausweisen], welche man die Verwirklichung und Verweltlichung der Idee, die Ensarkosis oder Inkarnation des reinen Logos nennen könnte“. Die so charakterisierte Art des Philosophierens bedeute keineswegs eine „Popularisierung oder gar Verwandlung des Denkens in ein anstierendes Anschauen oder etwa der Gedanken in Bildchen und Zeichen“. In dieser Charakterisierung meint Feuerbach wohl seinen Lehrer Hegel, bei dem er zwei Semester studiert hat, zu interpretieren. – Was Feuerbach bedenkt und zu erreichen sucht, sei der folgenden Hauptstelle seines Briefes entnommen, in dem er sich nicht ohne einen gewissen Anschluß an Hegelsche Begrifflichkeit doch in einer Richtung bewegt, die Hegel unmöglich hätte akzeptieren können.

Es geht Feuerbach darum, daß der „im Glauben einer aus der Welt in sich gekehrten Kirche oder in der Idee einer Substanz oder überhaupt auf eine Weise, die ein Jenseits, ein Negatives, ein ausschließendes Verhältnis zu einem andern hat (was bisher in der Geschichte immer der Fall war) [gegenübergestellt werde die] Erkenntnis der sich als aller Realität bewußten, einen und allgemeinen, seienden und erkennenden, wirklichen, allgegenwärtigen, durch keinen Unterschied von sich getrennten und unterbrochnen Vernunft ... Es wird und muß endlich zu dieser Alleinherrschaft der Vernunft kommen. Die Philosophie, die seit Jahrtausenden an ihrer Vollbringung und Verwirklichung arbeitete, aber stufenweise aufsteigend das Ganze, das All (oder wie man es bezeichnen will) immer in eine besondere Bestimmtheit, in einen bestimmten Begriff einfaßte und damit notwendig immer ein andres (sei's nun eben die Bestimmtheit und das Dasein selbst überhaupt, sei es die Religion oder die Natur oder das Ich u.s.w.) außer sich liegen ließ, nun endlich das Ganze selbst in ein Ganzes faßte und in der Form eines Ganzen ausdrückte, muß nun endlich auch dies

[6] *Briefe von und an Hegel*, Hamburg 1954, Bd. 3, S. 244 ff.

bewirken, daß nicht mehr ein Zweites oder Andres, etwa mit dem Scheine oder dem Recht und Anspruch, eine zweite Wahrheit, etwa Religionswahrheit u.s.w. zu sein bestehe. Tausendjährige Formen, Anschauungsweisen, die von der ersten natürlichen Schöpfung an durch die ganze Geschichte hindurch als Grundlagen sich durchziehen, müssen, da die Erkenntnis ihrer Nichtigkeit und Endlichkeit gekommen, wenn auch noch nicht offenbar geworden ist, verschwinden und alles wird Idee und Vernunft werden. Es gilt jetzt einen neuen Grund der Dinge, eine neue Geschichte, eine zweite Schöpfung, wo nicht mehr die Zeit und drüber und draußen der Gedanke, sondern die Vernunft die allgemeine Anschauungsform der Dinge wird ... [Es gilt] die bisherigen weltgeschichtlichen Anschauungsweisen von Zeit, Tod, Diesseits, Jenseits, Ich, Individuum, Person und der außer der Endlichkeit im Absoluten und als absolut angeschauten Person, nämlich Gott u.s.w. [!], in welchen der Grund der bisherigen Geschichte und auch der Quelle des Systems der christlichen sowohl orthodoxen als rationalistischen Vorstellungen enthalten ist, wahrhaft zu vernichten, in den Grund der Wahrheit zu bohren und in ihre Stelle als unmittelbar gegenwärtige weltbestimmende Anschauung die Erkenntnisse einrücken zu lassen, die sich in der neuern Philosophie als im Reich des Ansich und Jenseits, in der Form der nackten Wahrheit und Allgemeinheit eingewickelt finden. Das Christentum kann deswegen nicht als die vollkommne und absolute Religion gefaßt werden; diese kann nur sein das Reich der Wirklichkeit der Idee und der daseienden [!] Vernunft ... Die Vernunft ist daher im Christentum wohl noch nicht erlöst."

Diese Briefstelle verdiente es, Wort für Wort und Satz für Satz genau interpretiert zu werden. Das kann in dieser Abhandlung nicht geschehen. Ich möchte im gegebenen Zusammenhang noch sagen, daß ich die Religionskritik Feuerbachs für die philosophisch bedeutendste und differenzierteste Leistung eines solchen Denkens halte. Seine Konfrontation mit Hegel läßt sich jedenfalls als ein bedeutendes geschichtliches Beispiel für das Problem von Vernunft und Glauben anführen: in eindeutiger Gegensätzlichkeit stehen sich zwei Versuche des Denkens gegenüber, vorgegebener Positivität bestimmter Religion gerecht zu werden bzw. in ihrem eigentlichen Anspruch zu eliminieren. – In dem schon erwähnten, in Kürze erscheinenden Buch *Mündiger Mensch und christlicher Glaube* habe ich versucht, einen allgemeinen Überblick über das Ganze der Problematik zu geben. Schon der Titel dieses Buches bringt einen Hinweis ebenso auf die Thematik der in ihm angestellten Untersuchungen wie auf deren Ergebnis:

Schon von der Genesis (1 Mos 1, 26.27) her ergibt sich für den „Schöpfungsgedanken" (den „Begriff") des Menschen, daß sich der Mensch seiner Vernunft (in der Verantwortung der „Wahrheit") und seiner Freiheit (in der Verantwortung des „Handelns" – besonders des Gewissens – und des „Gestaltens") verpflichtet, darüber hinaus im Glauben „Gott" verbunden weiß. Er lebt in theoretischer, praktischer und poietischer Vernunft (θεωρία, πρᾶξις, ποίησις im Sinne der Systematik des Aristoteles) in der Angewiesenheit auf und in der Verantwortung für die Welt (in diesem zeitlich-„sterblichen" Leben), er transzendiert diese Welt im Glauben an das Evangelium der Liebe und der Hoffnung (Verheißung des „ewigen" Lebens): so darf – in der „Freiheit eines Christenmenschen" (Luther) – dieses sein Dasein als das „Totalexperiment" gläubiger Existenz verstanden und bezeichnet werden. Die in diesem Totalexperiment zu vereinigenden und immer schon vereinigten Sphären bestimmen diese Existenz – überhaupt und jeweils – im Gesamtraum der Wirklichkeit dann in einsichtiger Notwendigkeit und geradezu schicksalhaft, wenn nur in dieser ihrer Bezogenheit aufeinander – überhaupt und jeweils – jede Seite zum je eigenen Begriff ihrer selbst und ihres je eigenen besonderen und unaufgebbaren Sinnanspruchs (in Unterschiedlichkeit und Gegensätzlichkeit – in Vermittlung und Versöhnung) zu gelangen vermag.

Denn nur die in ihre Freiheit entlassene „Humanität" kann – unbeeinträchtigt von theokratischen oder schwärmerischen Kurzschlüssen eines unduldsamen bzw. ungeduldigen Glaubens und unbehelligt von „Aberglauben" – ihren Weg antreten und auf ihm konsequent und kritisch fortschreitend die Grenzen des in ihre Verfügbarkeit Gegebenen in der Verantwortung theoretischer, praktischer und poietischer Vernunft erfahren und in Betroffenheit anerkennen; nur im Gesamtraum der so sich entfaltenden (ebenso aufgegebenen wie anzueignenden) „Vernünftigkeit des Wirklichen" (der „sehr guten" Schöpfung, Gen 1,31) kann der Glaube seinerseits jene unbeirrbare „fröhliche Gelassenheit" gewinnen, die ihn in tätiger Bewährung – unbeeinträchtigt von bornierten oder schwärmerischen Kurzschlüssen eines unkritischen bzw. „verstiegenen" Verstandes – aus der Zuversicht leben läßt, daß die Wege des Menschen zu Gott mit den Wegen Gottes zum Menschen „von Ewigkeit her" zusammenführen und ebenso in der Welt wie in dem „Reich", das nicht von dieser Welt ist, Erfüllung finden, gefunden haben und finden werden.

Alle diese Grundthesen sind von der „Überzeugung" bestimmt, daß zum Begriff des Menschen in ursprünglicher Weise sein Gottesverhältnis gehört und umgekehrt Gott dem Menschen sich zuwendet, sich offenbart und sich um ihn kümmert: indem Gott zu dem „nach seinem Bilde sich ähnlich" (Gen 1,26-28) geschaffenen Menschen „spricht".

Spricht Gott zum Menschen, offenbart er immer auch sich selbst, spricht der Mensch (in zweiter Person) zu und (in dritter Person) von Gott, so spricht er seinerseits immer auch von sich selbst. Ersetzen wir im letzten Teil des voranstehenden Satzgefüges das Wort „auch" durch das Wort „nur": spricht also der Mensch (in dritter Person) von Gott, so spricht er nur von sich, dann haben wir den grundsätzlichen Ansatz aller „Religionskritik" vor uns, die jenes ursprüngliche Verhältnis Gottes zum Menschen und des Menschen zu Gott nur von sich selbst als Mensch her versteht und diesen als „gottsetzendes Bewußtsein" – alle eigentliche „Transzendenz" („absolute Differenz" von Schöpfer und jeglichem Geschaffenen) negierend – Gott nicht finden, sondern erfinden läßt. In der Religionskritik hat nicht Gott den Menschen, sondern der Mensch Gott geschaffen: das gottsetzende Bewußtsein wird als gottschaffendes Bewußtsein aufgefaßt. Von Gott selbst und als solchem ist dann eigentlich gar nicht die Rede und kann auf diese Weise auch gar nicht die Rede sein. Schelling, von dem die Wendung „gottsetzendes Bewußtsein“ stammt, hat diese allerdings im Sinne der voranstehenden Thesen verstanden, in denen vorausgesetzt ist, daß vom Begriff des Menschen sein Gottesverhältnis nicht weggedacht werden kann. – Mit dieser Voraussetzung werden wir uns noch beschäftigen müssen.

Der Gegensatz Hegels zu der im Brief Feuerbachs geäußerten Position ließe sich grundsätzlich auch an der „Christologie“ aufzeigen: Hegel hat Gott in Jesus als den Menschensohn durchaus in seiner erscheinenden und geschichtlichen Wirklichkeit anerkannt und doch diesen „Menschensohn“ als Gottes Sohn ernst genommen und niemals aufgegeben, wie immer er auch über die bloßen „Vorstellungen des Glaubens“ hinaus nach „begrifflicher“ Aneignung dieser zweiten Person der Trinität und damit auch der Trinität selbst in nie aufgegebenen Bemühungen strebte. Auch in dieser Hinsicht kann keine gewichtige christliche Theologie an Hegels Reichtum in der Vielfalt seiner gedanklichen Differenzierungen und der sprachlichen Kraft und Dichte ihrer Darstellung vorbeigehen, wenn sie sich den in der Gegenwart zu leistenden Aufgaben kritisch und verantwortlich zuwendet. – Hegels Christologie und seine Trinitätslehre sind mit ein Kernstück seiner aus der Religionsgeschichte genommenen Beweisführung, daß das Christentum die „absolute Religion“ darstellt. An diesem Punkte ist sich wohl auch Feuerbach seines Gegensatzes zu Hegel bewußt geworden. Freilich ist die grundsätzliche Basis seiner Religionskritik nicht an die Religionskritik des Christentums gebunden, obwohl diese nach Pathos und Inhalt für ihn im Mittelpunkt seiner Stellungnahmen steht.

Mit der Positivität bestimmten Glaubens und insbesondere auch des christlichen Glaubens ergibt sich ein ebenso problematischer wie nicht aufgebbarer Zusammenhang zur Frage der „theologia naturalis“, die in vielseitiger Bezüglichkeit zu der Frage über Sinn und Möglichkeit der Theologie überhaupt steht. Doch läßt sich zunächst allgemein anführen, daß das Wort „natürlich“ auf die natürliche Vernunft des Menschen verweist, gleichgültig ob diese eine besondere Seite der Aneignung der Positivität bestimmten Glaubens ausmacht oder ob sie überhaupt und unabhängig von der Positivität dieses Glaubens zu Gott und zu einem Begriff von Gott zu gelangen beansprucht.

Bezüglich einer möglichen „theologia naturalis“ ist es jedenfalls klar, daß es schon von den Besinnungen des jungen Hegel her nicht mehr möglich gewesen ist, einfach bei den Gegensätzen Lessings und Kants in der Gegenüberstellung von Vernunftreligion und Offenbarungsreligion, von ewigen und historischen Wahrheiten stehen zu bleiben. – Im Hinblick auf den schon erwähnten Bezugsreichtum aber ist es schwierig, zu einer klaren, eindeutigen und verbindlichen Begriffsbestimmung zu gelangen, denn der Versuch einer allenfalls gegebenen und jedenfalls wünschenswerten Definition muß sich bewußt bleiben, daß sie jeweils von verschiedenen systematischen und geschichtlichen Voraussetzungen her ausgeht. Diese Situation wurde neuerdings, etwa in den an K. Barth anschließenden Diskussionen, bestätigt. Doch möchte ich auf einen interessanten Hinweis zu sprechen kommen, der sich bei Ch. Gestrich[7] findet: „Hinter der Geschichte des neuzeitlichen Gegensatzes zwischen Offenbarungstheologie und natürlicher Theologie steht die Geschichte des sich ständig wandelnden neuzeitlichen Wahrheitsbewußtseins." (S. 102) Dieser Hinweis steht im Zusammenhang mit der nachreformatorischen Kontroverstheologie; hat doch der Protestantismus ganz allgemein gegen die katholische Theologie den Vorwurf einer theologia naturalis erhoben. Dabei aber ging es immer auch um das Verhältnis von Philosophie und Theologie und die mit diesem Verhältnis verbundenen Grundlagenfragen, einschließlich des Wahrheitsproblems.

Auf diese Weise beanspruchte der Protestantismus „veraltete Formen und Normen des allgemeinen Wahrheitsbewußtseins aus der Theologie auszuscheiden und zeitgemäß zu interpretieren. Das Gelingen dieser Integration war für die neuere protestantische Theologie offenbar conditio sine qua non, wenn es auch ein eigentümlicher Tatbestand bleibt, daß das primäre Interesse an dieser Integration nicht offen bekundet wurde. Indem gegen »natürliche Theologie« gestritten wurde, glaubte man gegen eine ideologische Überfremdung der Theologie überhaupt – und nicht etwa nur gegen eine bestimmte Ideologie zu fechten." Leicht konnte es auf diese Weise dazu kommen, daß man als natürliche Theologie kritisierte, „was anderen oder Früheren möglicherweise offenbarungsgemäße kirchliche Lehre war". (S. 102 f.) Daß wir mit allen diesen Hinweisen mitten in der Problematik des Verhältnisses von „mündiger Mensch und christlicher Glaube" stehen, braucht wohl kaum noch bemerkt zu werden. Der Sprachgebrauch des Begriffes „Theologie" weist in unserer Tradition jedoch noch über die neuzeitlichen Entwicklungen zurück, weshalb an dieser Stelle ein allgemeiner Überblick über diesen Wortgebrauch angebracht erscheint. In der Philosophie kann im Zusammenhang mit der „Letztbegründung" ihrer selbst und allen Erkennens von Theologie gesprochen werden. In diesem Sinne heißt die „erste Philosophie" seit Aristoteles auch Theologie, dann nämlich, wenn sie in ihrer fundamentalen Voraussetzungsproblematik auf Gott (das „Absolute") rekurriert. Diese Theologie ist von Anspruch und Geltung her unabhängig von jeder positiven Religion und wurde auch von Aristoteles so eingeführt, daß er sich in ihr zugleich von allem Mythos distanziert, obwohl er andererseits den Philosophen als Freund von Mythen bezeichnet.

Doch verbirgt sich hinter der Distanznahme zur bestehenden Volksreligion stets ein weiteres, grundsätzliches und ernstes Problem, und das gerade dann, wenn eine solche Philosophie über ihre Voraussetzungsprobleme hinaus meint, in ihrem Rahmen eine Lehre von Gott zu geben, im Sinne dessen, was auch außerhalb dieses Rahmens mit dem Wort Gott gemeint ist. Man darf hier ruhig

[7] Christof *Gestrich, Die unbewältigte natürliche Theologie*. In: Zeitschrift für Theologie und Kirche, 68. Jg., Heft 1, Tübingen 1961, S. 82 ff.

fragen, woher denn Philosophie dieses Wort überhaupt genommen haben könnte, wenn sie es nicht im allgemeinen Sprachgebrauch schon vorgefunden hätte. Denn soweit wir auch in der Geschichte zurückblicken, ist keine Philosophie unabhängig von Religion, gewissermaßen wie Athene aus dem Haupte des Zeus entsprungen. – In die eigentliche Tiefe der Problematik und über alle empirisch-ethnologischen Feststellungen hinaus weist freilich die Lehre Schellings, die den Menschen als „ursprünglich gottsetzendes Bewußtsein" ansetzt. Von dieser ist schon die Rede gewesen, doch werden wir auf sie auch im weiteren noch einmal zurückkommen müssen.

In dem Dilemma des Gegensatzes von Vernunft- und Offenbarungsreligion ist die Stoßrichtung Hegels ohne Zweifel gegen die Aufklärung („Aufkläricht") gerichtet. Doch sieht er auf der anderen Seite auch in voller Klarheit, daß Theologie und Glaube gegen diese Aufklärung hilflos werden, wenn ihnen keine den Dingen gewachsene und adäquate Argumentation zur Seite steht. Ein Beleg für diese Sache liegt auch insofern vor, als wir in der Geschichte des Christentums immer wieder auf Situationen stoßen, in denen sich die Philosophie der Sache der Theologie annehmen mußte. Auch in unseren Zeiten scheint eine solche Situation gegeben zu sein.

Wenn man nun Hegels Theologie nicht als das letzte Wort in der Auseinandersetzung anzuerkennen vermag, ergibt sich gerade von seinen Bemühungen her neuerlich das Postulat einzusehen, daß alle theologische Vernunft nur als denkende Aneignung des vorausgesetzten Glaubens in seiner Positivität – gleichgültig, ob mit oder ohne Philosophie – die ihr gestellte Aufgabe bewältigen kann. Eine allgemeine Religionswissenschaft (in welcher Ausprägung auch immer) vermag diesem Anliegen nur sehr entfernt zu dienen, da sie ja um so mehr die konkrete Wirklichkeit positiven Glaubens verlieren muß, je allgemeiner ihr Anspruch gestellt wird und sich erfüllen mag. Auch die „Gnosis" Hegels (Ch. Baur) in der Überordnung des philosophischen „Begriffs" über die religiöse „Vorstellung" in der Gotteserkenntnis birgt die Gefahr in sich, in der Aneignung der vorausgesetzten „absoluten" Religion, des Christentums, dieses selbst in wesentlichen Inhalten seiner Positivität an den „Begriff" zu verlieren.

Feuerbachs Abwendung von der absoluten Vernunft Hegels zu derjenigen für ihn einzig daseienden menschlichen Vernunft hinwiederum wurde deshalb für die gläubige Existenz in besonderem Maße gefährlich, weil sie in der an sie anschließenden Religionskritik des Marxismus eine ungemein wirksamere Front gegen den Glauben eröffnete, als das je in den Abstraktionen der Aufklärung der Fall gewesen ist. Auch von den religionskritischen Positionen Nietzsches und Freuds her konnte die auf Feuerbach zurückgreifende marxistische Religionskritik in ihrer weltgeschichtlichen Bedeutung nicht erreicht werden. Doch wird auch am Marxismus das Christentum nicht zugrundegehen, was vom Glauben her ohnehin undenkbar ist, außerdem aber gerade auch durch weltgeschichtliche Ereignisse der Gegenwart eine weitreichende Bestätigung erfahren hat. Viel gefährlicher als alle Religionskritik erweist sich in der Gegenwart die aus dem „Geist der Zeit" stammende und von ihm getragene Indifferenz und Gleichgültigkeit gegen die verbindlichen Inhalte des Glaubens auf der einen Seite, die Flucht zu fernen Breiten und ihren Gurus und zu oft nahe an das Perverse kommenden Sekten auf der anderen Seite. Aberglaube „moderner Wissenschaft" und Flucht in die Irrationalität fordern sich gegenseitig. Derartigen Haltungen in ihren Plattheiten bzw. Verstiegenheiten gegenüber kann man sich nur freuen, daß es atheistische Religionskritik gibt, auch wenn man von dem innerchristlichen Programm, „atheistisch mit Gott zu leben", ebenso wenig hält wie von neuen Kirchenvätern einer nur vom Menschen her verstandenen Hoffnung und ihren Verheißungen.

Christliche Theologie hat in der gegebenen Situation die Aufgabe, durch ihre Leistung zu verhindern, daß der Glaube gegen Religionskritik und religiöse Indifferenz im Gefolge des Geistes sogenannter „moderner Wissenschaft" wehrlos wird. Indifferenz und Rationalität, die unter Wissenschaftlichkeit exklusiv und unkritisch einzelwissenschaftliche Forschung und den ihr angemessenen „Objektivitätsbegriff" folgt auf der einen Seite – der auf diesen Geist bzw. Ungeist reagierende Irrationalismus auf der anderen Seite, grenzen in polarer Gegensätzlichkeit die eigentliche Gefahrenzone ab, in der sich Theologie heute bewegt. Alle diese Positionen sind durch eine gewisse Naivität[8] gekennzeichnet, in der sie auch für eine kritische Philosophie argumentativ unangreifbare Gegenpositionen darstellen. Theologie aber muß sich vor allem dagegen wenden, daß der Glaube auch in seinen verbindlichen und unaufgebbaren Inhalten in schlechte fundamentalistische Positivität gerät, die unzumutbar wird, wenn sie den Motivationshorizont erreichter Humanität in ihrer eigentlichen Wirklichkeit und Wahrhaftigkeit unterbietet. Nicht am Atheismus, sondern nur an der eigenen Unzulänglichkeit ihrer Rede von Gott und in der fundamentalistischen Flucht in „schlechte Positivität" kann das Christentum sterben. Von der Verheißung des Evangeliums her ist für die gläubige Existenz dieser Ausgang der Dinge allerdings schlechthin undenkbar.

Ich wende mich noch einmal an den Anfang dieser Abhandlung zurück, jetzt mit der Absicht, von Kant her zu versuchen, das herauszustellen, was Schelling mit seiner Lehre von dem Menschen als „ursprünglich gottsetzendem Bewußtsein" meint (Bd. VI, S. 186-192 u. 513 – Ich zitiere Schelling nach der

[8] Eine solche Naivität findet sich auch bei intellektuell hochstehenden und beweglichen Denkern, die sich freilich oft schon durch den gehässigen Ton ihrer Polemik verrät. Das belegt M. *Theunissen* (Philosophische Rundschau, Beiheft 6, Tübingen 1970, S. 18 f.) z. B. an K. R. Popper folgendermaßen: „Da Popper den preußischen Staatsphilosophen [der nach seiner Meinung Hegel gewesen sei] für talentlos, epigonal, krankhaft weitschweifig und hysterisch hält, muß er sich natürlich fragen, wie der »ungeheure Einfluß« dieses »Clowns« zu erklären sei. Statt die Frage zu beantworten, gibt er mit dem Bekenntnis »Ich habe nicht so sehr die Absicht dieses Phänomen zu erklären als es zu bekämpfen« einen Hinweis auf die Methode, die er auf das Denken Hegels anwendet, nämlich »zu kritisieren, was zu verstehen er sich gar nicht bemüht; muß er doch selbst in seinem Kampf gegen die hegelsche Farce stets auf Distanz bedacht sein, um sich nicht bei der Berührung mit diesem skandalösen Gebilde zu beschmutzen«."

Ausgabe von M. Schröter, München 1928; alle folgende Zitate finden sich in dieser Ausgabe im V. und VI. Hauptband)[9]. Schelling stellt dieses gottsetzende Bewußtsein in den Raum der transzendentalen Voraussetzungsproblematik im Sinne Kants und entwickelt seine Lehre deutlich als eine Gegenposition zu Hegel. Im Ringen um den Begriff der Positivität des Christentums im Deutschen Idealismus ist diese Lehre als originell und beachtlich zu qualifizieren.

Kant gliedert sein philosophisches System von drei Fragen her auf: „Was kann ich wissen?" (theoretische Vernunft) „Was soll ich tun?" (praktische Vernunft) „Was darf ich hoffen?" (Glaube, Theologie) und faßt diese drei Fragen in der einen zusammen: „Was ist der Mensch?" Schelling nennt den Menschen das „herumwandernde Problem der Philosophie".

Von Kant her sei zunächst der Sinn des Wortes „ursprünglich" geklärt: Kant gebraucht diesen Begriff jeweils in der „Frage nach der Möglichkeit" eines der Hauptteile seiner Systematik. So liegt für ihn in der Frage nach der Möglichkeit des Erfahrungswissens eine ursprüngliche synthetische Einheit des Denkens als Voraussetzung zugrunde, ohne die von „Erfahrung" gar nicht die Rede sein könnte; in der Frage nach der Möglichkeit des „Handelns" setzt er bei einer empirisch nicht interpretierbaren ursprünglichen „Kausalität aus Freiheit" an; bezüglich des moralischen Handelns im besonderen geht er von dem ebenfalls empirisch unableitbaren „kategorischen Imperativ", dem alles Wissen begleitenden „Gewissen" (συνείδησις, conscientia), aus. Wie aber steht es um die Frage nach der transzendentalen Möglichkeit dessen, was bestimmte Religion in ihrer Positivität aussagt?

Die „Gegenstände" Gott und Unsterblichkeit werden bei Kant lediglich von Sinn und Anspruch der Moralität her „postuliert". Es ist klar, daß in diesem Ansatz die Positivität des Christentums in ihren Hauptlehrstücken keine transzendentale Fundierung zu erfahren vermag. Schelling erkennt diese Lücke der transzendentalen Begründungssystematik und sucht sie – wie gesagt – in deutlicher Abhebung von Hegel her zu überwinden: dabei geht es ihm zuletzt und wesentlich um die Frage nach der Positivität des Christentums als Offenbarungsreligion in ihrer geschichtlichen Dimension, d. h. um die Frage nach der „Möglichkeit" von Heilsgeschichte.

Über den empirisch ethnologische Hinweis hinaus, daß wir nämlich in der Geschichte keine Völkerschaft fänden, die nicht Religion hätte, will Schelling also eine transzendentale Erklärung dieser „Faktizität" in der Weise leisten, daß er jede Art von Gottesbewußtsein gewissermaßen schon in den Begriff des Menschen als Menschen (in sein Wesen, seine Natur) setzt, wobei er aus dieser ursprünglichen Verankerung zunächst die Notwendigkeit eines Verhältnisses des Menschen zu Gott und Gottes zum Menschen ableitet. In knapper Erläuterung dieses Ansatzes kann man mit Schelling fragen, wie denn überhaupt

[9] S. a. E. *Heintel, Philosophie und Gotteserkenntnis im Altersdenken Schellings*. In: Wissenschaft und Weltbild VII/11-12, Wien 1954, S. 439 ff.; jetzt auch in: *Gesammelte Abhandlungen*, Bd. 1, Stuttgart – Bad Cannstatt 1988, S. 172 ff.

„Gott“ in das Bewußtsein des Menschen (im Unterschied zu allen anderen Geschöpfen) zu gelangen vermag. Kann man dann aber – so fragt Schelling weiter – davon ausgehen, daß am „Anfang“ des gottsetzenden Bewußtseins der „Atheismus“ steht? Abgesehen von dem sich dann schon in der Wortwendung selbst ergebenden Widerspruch müßte in einem ursprünglich angesetzten Atheismus etwas geleugnet werden, das es noch gar nicht gibt, das nur unter der Voraussetzung, daß es möglich und wirklich ist, geleugnet werden kann.

Bezüglich der bestimmten Positivität des Christentums geht Schelling (Bd. VI, S. 688 u. 724) paulinisch und christozentrisch von dem schon einmal erwähnten „Grund“ aus, auf den allein aufgebaut zu werden vermag (1 Kor 3,11). Von diesem Ausgangspunkt her kann das Christentum gar nicht anders als in seiner geschichtlichen Positivität entwickelt und „erklärt“ werden (Bd. VI, S. 411). – Jede Konkretisierung des ursprünglich gottsetzenden Bewußtseins des Menschen in der Zeit, besonders aber das an die Menschwerdung Gottes in Jesus Christus gebundene Christentum, muß darauf bedacht sein, nicht die „wirkliche Geschichte“ in dem sie jeweils tatsächlich motivierenden grundlegenden Horizont an Abstraktionen welcher Art auch immer zu verlieren. Andernfalls gerät sie notwendig in die Gefahr, „sich eine Geschichte zu machen [!], wie sie seyn sollte, welche gegen die wirkliche Geschichte dann nur ein negatives, abweisendes Verhältnis hat ... Eine solche Darstellung der Geschichte möchte gern das Geschehene ungeschehen machen, die Vergangenheit, soweit sie ihrem höchst zufälligen Begriffe nicht gemäß ist, als nicht-existent, d. h. außer aller [den Menschen motivierenden] Wirkung und Bedeutung für die Gegenwart, setzen ... Wir können [aber] mit allen Künsten das Christenthum nicht aus der Welt schaffen. Wir können weder es selbst ungeschehen machen, noch was infolge des Christenthums sich ereignet hat, jene größte und tiefste Veränderung, von welcher die Welt jemals Zeuge gewesen...“ (S. 414)

Mit diesen Thesen verbindet Schelling in eindeutiger Weise seine Polemik gegen Hegel. Da es sich bei dem Gottesverhältnis des Menschen um ein (im Sinne des eben Entwickelten) „reales“ Verhältnis handelt, ist nicht jede Philosophie zur Erfassung der Offenbarung in ihrer eigentlichen Wirklichkeit geeignet (vgl. S. 420). Von Seiten Hegels könnte man zu diesem ihm geltenden Angriff manches erwidern, was aber die Erfassung der Positivität des Christentums anbelangt, bestehen für die Auseinandersetzung auf Seiten Schellings durchaus berechtigte Motive. Man könnte mit aller Kürze etwa sagen, daß die Einholung des absoluten Geistes in der absoluten Dialektik der Hegelschen „Logik“ im Grunde einen einzigen ontologischen Gottesbeweis darstellt, von dem es gar nicht so leicht ist, zu Natur und Geschichte zurückzugelangen. In (schon vom Wortgebrauch her) deutlicher Ablehnung des ontologischen Gottesbeweises bekennt sich Schelling zur geschichtlichen Offenbarung des Christentums, die wir „erkennen müssen als Geschehen quo maius nil fieri potest“ (S. 419).

Bei aller Anerkennung der Notwendigkeit von Offenbarung seitens Gottes (S. 396 f.) und des Glaubens seitens des Menschen (S. 405-408) betont Schelling ausdrücklich die Verantwortung des denkenden Geistes. In dieser Hinsicht finden sich bei ihm Züge einer an Lessing orientierten Aufklärung: es geht ihm nicht darum, sich zur „Orthodoxie" zu bekennen (S. 472 f.), auch betont er in interessanter Argumentation (Bd. V, S. 736) die Autonomie der Moral: „Verkehrt ist es, sich das Moralgesetz gleich wieder als göttlich vorzustellen, oder gar Gott in das Naturrecht einmischen zu wollen. Gott ist durch das Gesetz vielmehr verborgen, und muß davon bleiben, damit das Gesetz Zuchtmeister [!] sey. Wenn man alles der Religion unterordnen will, so gibt es gar keine rationelle Moral oder Rechtslehre mehr; es wäre eben, als wenn man die Vernunftwissenschaft überhaupt leugnen wollte ..."

Doch erhalten alle Motivationshorizonte in der Frage nach dem Sinn des menschlichen Daseins bei Schelling ihre Einordnung in die gläubige, notwendig auf Gott ausgerichtete Existenz: cor nostrum inquietum est, donec requiescat in te. „Die Krisis und Umkehr der Vernunftwissenschaft geht nicht vom Denken [der theoretischen Vernunft] aus." (S. 747) „Auch ist sie nicht Postulat der praktischen Vernunft". (S. 751) „Weder das beschauliche Leben noch das sittliche Handeln [läßt uns] der Seligkeit teilhaftig werden." (S. 749) Jetzt verlangt das Ich „nach Gott selbst. Ihn, Ihn will es haben, den Gott der handelt, bei dem eine Vorsehung ist ..." (S. 748). Schelling ruft nach der Begegnung mit dem persönlichen Gott, sowie er nach dem Tode der Karoline nach der persönlichen Wiederbegegnung gerufen und alle bloß negativ abstrakten Möglichkeiten einer philosophischen Bewältigung des Unsterblichkeitsproblems distanziert hatte.

Es ist zugleich der Ruf nach der Gnade: dem rufenden Ich „muß Gott mit seiner Hülfe entgegenkommen, [um es jener] Seligkeit theilhaftig [zu machen], die, da weder das sittliche Handeln noch das beschauliche Leben die Kluft aufzuheben vermochte, keine verdiente, also auch keine proportionirte, wie Kant will, sondern nur eine unverdiente, eben darum incalculable, überschwengliche [nicht in unsere Macht gegebene] seyn kann. Bei Kant, der auch über das Gesetz hinaus will, ist es nicht das Ich, sondern bloß die Philosophie und die Proportion, die über das Gesetz hinaus verlangt, nach einer also verdienten [pelagianisch erreichbaren] Glückseligkeit, die nicht in der Einheit mit Gott besteht, sondern etwas relativ Äußeres ist ... Ich verlange aber viel mehr eine Seligkeit, worin ich aller Eigenheit, also auch der Sittlichkeit als eigner enthoben werde ... Wenn immer nur propotionirte Seligkeit, so wäre dieß ein Grund ewiger Unzufriedenheit, und es wird also doch nichts andres bleiben und kein philosophisch sich dünkender Hochmuth uns abhalten, dankbar anzunehmen, daß unverdient und aus Gnaden uns zu Theil werde, was wir anders nie erlangen können." (S. 749)

Als eine gewisse Zusammenfassung der Aneignung des Christentums in seiner Positivität sei noch zitiert: „Wie ich, selbst bei menschlichen Individuen, die mir wichtig sind, nicht genügend finde, nur überhaupt zu wissen, daß sie sind, sondern fortdauernde Erweise ihrer Existenz verlange, [so soll auch bezüglich

Gottes] ein durch die gesamte Wirklichkeit und durch die ganze Zeit des Menschengeschlechts hindurchgehender Erweis [erbracht werden], der insofern nicht ein abgeschlossener, sondern ein immer fortgehender ist, und ebenso in die Zukunft unseres Geschlechts hinausreicht als in die Vergangenheit desselben zurückgeht ..." (Ebenda S. 753)

Die Fortdauer des uns in dieser Abhandlung vom Anfang an beschäftigenden Problems des Verhältnisses philosophischer (spekulativer) Vernunft zum Christentum in seiner geschichtlichen Positivität läßt sich aufschlußreich an dem Lebensweg und Lebenswerk von Richard Kroner aufzeigen, und zwar gerade in der Gestalt, wie es uns vom späten Schelling in seiner Kritik an Hegel hinterlassen worden ist. Kroner hat in seinem großen zweibändigen Buch *Von Kant bis Hegel*[10] im Vorwort zur zweiten, dem übrigen Text nach mit der ersten völlig übereinstimmenden Auflage mit wenigen Worten eine Revision seiner Auffassung der Entwicklung des Deutschen Idealismus zum Ausdruck gebracht, der wir uns zum Abschluß kurz zuwenden wollen. Ich kann für den mir interessant und wesentlich erscheinenden Aspekt von folgendem Zitat ausgehen, in dem Kroner selbst auf die Hauptvertreter des Deutschen Idealismus in ihrem Verhältnis zu Hegel und besonders auch auf Schelling zu sprechen kommt. Er schreibt (II, S. 63): „Die Philosophie ist, wie es schon Schelling programmatisch aussprach, selbst Religion; aber sie erzeugt nicht, wie Schelling meinte [gerade das hat Schelling nicht gemeint], aus sich eine neue Religion, noch ist es ihr Beruf, die Religion in die Schranken der »bloßen« Vernunft zu bannen, wie Kant und Fichte[11], sondern sie ist Religion, weil in ihr die weltgeschichtliche Religion sich selbst versteht; sie ist die sich selbst denkende und wissende offenbare Religion, so wie sie überhaupt der sich begreifende Geist der Weltgeschichte ist."

Mir geht es hier im wesentlichen um das Verhältnis des späten Schelling zur Position des absoluten Begriffs Hegels. Ich stelle die Frage, ob die letzten Sätze des voranstehenden Zitats nicht eher von Schelling als von Hegel ausgesagt werden könnten und berufe mich dabei auf Kroner selbst, der sich in dem schon erwähnten Vorwort zur 2. Auflage seines Werkes vom Mai 1961 (S. IX ff.) in für meine Frage eigentümlicher und aufschlußreicher Weise von Hegel distanziert. Es heißt dort: „Ich habe jedoch von jeher [!] die Art, wie Hegel das Verhältnis von Religion und Metaphysik [hier tritt das Wort Metaphysik an die Stelle des Wortes spekulative Philosophie] begreift, als für mich unannehmbar gewußt. In meinem Buche von 1921/24 wollte ich diese kritische Stellungnahme nicht in die historische Darstellung der Entwicklung von Kant bis Hegel hineinziehen, weil sie den Rahmen [nur den Rahmen?] meines Buches vollständig zerstört hätte ... Ich gebe zu, daß erst allmählich [also nicht von jeher] die dafür nötige Einsicht in mir gewachsen ist." Kroner bezieht sich im weite-

[10] Richard *Kroner, Von Kant bis Hegel.* 2 Bde., 1. Auflage Tübingen Bd. 1 1921, Bd. 2 1924; 2. Auflage in einem Band Tübingen 1961.

[11] Für den späten Fichte gilt das nicht in vollem Ausmaße, vgl. Anmerkung 2.

ren auf eine Reihe von Veröffentlichungen in englischer und deutscher Sprache, in der sich diese Einsicht immer deutlicher ausspricht. Der Begriff der „Offenbarung" tritt in den Vordergrund und mit ihm die Überzeugung, daß die „philosophisch-spekulative Vernunft ... niemals fähig sein wird, die Offenbarung »einzuholen« ... Ich bin heute mehr denn je gewiß, daß in dieser Hinsicht Pascal und Kierkegaard dem spekulativen Standpunkte der Hegelschen Ontotheologie überlegen sind." Das nun sind sehr eindrucksvolle Hinweise und Bezüge, die an dieser Stelle keine genauere Interpretation verlangen.

Im Buch *Von Kant bis Hegel* ist für Kroner die Lösung der Problematik noch durch Hegels „absoluten Geist" in der Einheit von Kunst, positiver Religion und Philosophie gegeben: „In der Religion wird der absolute Geist sich selbst Gegenstand, – aber noch nicht Gegenstand des Denkens, sondern erst des Vorstellens [!] und insofern noch in Beziehung gesetzt zum endlichen oder erscheinenden Geiste, noch dessen Gegenstand. Es bleibt eine letzte Entzweitheit und Unversöhntheit in dieser Region zurück ... auf der letzten und höchsten Stufe, der des absoluten Wissens, endlich wird der Gegenstand der Religion zum Gegenstande der Reflexion, die alle Unterschiede als seine Unterschiede, ihn selbst als das All des Unterschiedenen und Einheitlichen, als die sich in sich unterscheidende, absolute Einheit des sich als Geist wissenden Selbstbewußtseins oder als »Begriff« begreift." (II, S. 395)

Das ist für Kroner das Resultat der *Phänomenologie des Geistes*: „Was Hegel in der Phänomenologie wollte, war bis dahin noch niemals und ist seitdem nicht mehr unternommen worden. Die Sehnsucht unserer Zeit erst drängt wieder zu ähnlichem Erfassen historischer [!] Inhalte hin; auch sie will wieder zum Konkreten dringen, ohne in bloße Empirie und Empirismus zu fallen, auch sie will wieder den überzeitlichen Sinn als zeitlich gewordenen und werdenden schauen und begreifen." Hegel nun weist Wege, diese Aufgabe zu lösen: „Wie weit seine Wege heute noch gangbar sind, dies zu erörtern ist hier nicht des Orts." Doch macht Kroner in einer Anmerkung einen Hinweis auf Schelling und sagt dann in einer weiteren Anmerkung: „Aus der Aufgabe, wie Hegel selbst sie faßt, ergibt sich, daß jede Gegenwart sie neu zu stellen und neuen Lösungen entgegenzuführen hat." (II, S. 396)

Das Buch schließt (II, S. 524 ff.) mit einem nochmaligen Hinweis auf den Unterschied der Religion als Vorstellen und der Philosophie als Begreifen des Absoluten: „Die Religion als Religion begreift sich nicht; für sie ist nicht sie selbst, sondern allein Gott Gegenstand ihres Vorstellens ... Die offenbare Religion stellt Gott als den Dreieinigen vor ... [Durch die] durch Christus vollbrachte Einigung Gottes und des endlichen Geistes überhaupt, somit auch seiner selbst [gibt sich dieser] dem Beispiel des Gottessohnes folgend [preis], ... wodurch Gottes Selbstbewußtsein zu dem der Gemeinde innewohnenden Geiste [dritte Person der Trinität] wird."

Die Philosophie ist der göttlichen Selbstoffenbarung gegenüber nicht selbständig, aber deshalb nicht die Magd der Religion und der Theologie: „Die

Philosophie vermag dadurch dem Gegensatz zwischen der Religion und jeder anderen Form, in welcher der Geist erscheint, d.h. zwischen dem religiösen und dem »weltlichen« Bewußtsein schlechthin zu versöhnen, was die Religion für sich nicht vermag." Diese Versöhnung macht für Kroner die „Mission des Hegelschen Systems" aus; kann man aber auf diesem Wege weitergehen, wenn Kroner selbst unter Berufung auf Pascal und Kierkegaard zu der Überzeugung gelangt ist, daß die „philosophisch spekulative Vernunft niemals fähig sein wird die Offenbarung »einzuholen«"? Hier überall steht im Sinne der kritischen Revision an dem Werk *Von Kant bis Hegel* Kroner Schelling wohl näher als Hegel.

Wolfgang Marx

Persönlichkeit und Kreis

Der Systemabschluß in der Konzeption Hegels

Der langsam verblassende Nachruhm des philosophischen Systems Hegels und die ästhetische Faszination, die von diesem lange ausging, beruhten ganz entscheidend auf der nicht ganz unplausiblen, häufig vertretenen Annahme, der dialektischen Methode sei eine Geschlossenheit in der Entwicklung und Darstellung der einzelnen Schritte der Theorie wie nie zuvor oder nachher gelungen. Von Anfang an wurde es freilich auch bezweifelt, ob es Hegel gelungen ist, ob es überhaupt gelingen kann, nicht nur eine Konzeption total integrativen Wissens zu entwerfen, sondern dessen ganze Fülle wirklich zu erfassen. Im § 12 der großen *Enzyklopädie* bemerkt Hegel, daß die „*Entwicklung* der Philosophie“ der „Erfahrung“ sich verdanke. „Die empirischen Wissenschaften bleiben einerseits nicht bei dem Wahrnehmen der *Einzelheiten* der Erscheinung stehen, sondern denkend haben sie der Philosophie den Stoff entgegengearbeitet, in dem sie die allgemeinen Bestimmungen, Gattungen und Gesetze finden; sie vorbereiten so jenen Inhalt des Besondern dazu, in die Philosophie aufgenommen werden zu können“.[1] Die einzelnen Wissenschaften mögen einen wie auch immer zu bestimmenden selbständigen Wert haben, letztlich wird ihre Funktion darauf reduziert, die Inhalte geeignet zu machen, in die Philosophie aufgenommen zu werden. Die vorbereitende Arbeit der Wissenschaft bleibt aber nicht eine gleichsam äußerliche Präparation, sondern sie stellt für die philosophische Theorie die „Nötigung“ dar, im Denken selbst zu den „konkreten Bestimmungen fortzugehen“, die im wissenschaftlichen Propädeutikum eine erste, aber keineswegs unwesentliche Genese haben müssen. Letztlich aber muß es im Zusammenhang einer Theorie des reinen Denkens darauf ankommen, „die noch anklebende Unmittelbarkeit“ der letztlich bloß aufgenommenen Inhalte zu beseitigen, um das „*Entwickeln* des Denkens aus sich selbst“[2] in Gang zu setzen.

Man kann es heute getrost auf sich beruhen lassen, ob ein gleichsam imperialer Anspruch der Philosophie, die Rolle der Wissenschaften bestände lediglich darin, ihr als der Sachwalterin des reinen Denkens die Inhalte zur philosophi-

[1] G.W.F. *Hegel, Enzyklopädie der philosophischen Wissenschaften im Grundrisse* (1830), hrsg. von F. Nicolin / O.Pöggeler, Hamburg 1975, S. 46.

[2] Ebd.

schen Behandlung bescheiden aufs vornehme Tablett zu legen, überhaupt noch einen Sinn macht. Hegel jedenfalls hat seine Theorie des reinen Wissens und des reinen Denkens auf der Basis dieses Anspruchs mit der Aufgabe belasten müssen, eine Theorie vorzulegen, in der alle gewußten und wißbaren Inhalte als Momente einer geschlossenen Totalität zur Darstellung kommen können. Immer wieder hat er den Charakter der Geschlossenheit des Systems des Wissens und Denkens mit der Metapher des Kreises zu erhellen, zu bestimmen versucht. Die philosophische Wissenschaft, so legt es das Kapitel über die »absolute Idee« in der *Wissenschaft der Logik* fest, stelle sich „als einen in sich geschlungenen *Kreis*"[3] dar, in dessen Anfang, den einfachen Grund, die Vermittlung das Ende zurückschlingt; dabei ist dieser Kreis ein *Kreis von Kreisen*; denn jedes einzelne Glied, als Beseeltes der Methode, ist die Reflexion-in-sich, die, indem sie in den Anfang zurückkehrt, zugleich der Anfang eines neuen Gliedes ist. In diesem Zusammenhang bezeichnet Hegel die einzelnen Wissenschaften als „Bruchstücke dieser Kette".[4] Damit ist das Programm klar bezeichnet.

Die fragmentarischen Wissenschaften müssen zu einer sie integrierenden Synthese geführt werden, und dies nicht etwa äußerlich, d.h. so, daß sie vor dem Hintergrund irgendwelcher Gemeinsamkeiten zusammenkonstruiert werden, sondern in der Weise, daß in der Theorie des reinen Denkens die Einheit der essentiellen Gedankenbestimmungen als Totalität der rein konstruierbaren Momente sich ergeben kann. Die selbstgestellte Aufgabe hat Hegel in ihrer ganzen Tragweite sehr wohl erkannt und mit geradezu erstaunlicher Konsequenz ernst genommen. Er war sich darüber im klaren, daß ein befriedigender, das gestellte Problem lösender Systemabschluß nicht im bloßen *Postulat* eines leeren Inbegriffs bestehen kann; die Konstruktion von *konkreter* Totalität muß zeigen – wenn denn die Kreisbestimmung eine tragfähige Charakterisierung sein können soll –, daß alle Elemente des Wissens und des Denkens bzw. deren reine Formen sich als Vorstufen der sie integrierenden, einschließenden konkreten Totalität erweisen können. Im Denken selbst muß die Möglichkeit, der Weg aufgezeigt werden, warum und wie sich das *sich selbst* konkretisierende und totalisierende Denken in Vorformen, sedimentierten Vorstufen seiner selbst bewegen muß, zu denen es aus der Kraft der eigenen Konstruktion gelangen kann. Die im Zusammenhang der Hegelschen Systematik zentrale Bedeutung von der Selbstbewegung des Begriffs bleibt so lange eine blinde Metapher, wie sie nicht von Anfang an als tragendes Prinzip nachgewiesen und am Schluß als Schlüssel verständlich gemacht wird, die erreichte Fülle des Wissens und Denkens als die sich in die Vorstufen übersetzende oder entlassende begreiflich zu machen.

Die Begriffe Kreis und Selbstbewegung sind für Hegel selbstverständlich keine bloß metaphorischen Ausdrücke, auf die man u.U. auch verzichten könn-

[3] G.W.F. *Hegel, Wissenschaft der Logik*, hrsg. von G.Lasson, Hamburg 1975, Bd. II, S. 504.
[4] Ebd.

te; sie sind vielmehr die wichtigsten Grundcharakteristika des logischen Prozesses im ganzen. Hegel wollte keineswegs vornehm-teure Figuren der metaphysischen Tradition zur schmückenden Instrumentierung seiner Theorie bloß aufgreifen. Es ging ihm vielmehr darum, mit Hilfe dieser quasi metakategorialen Grundoperatoren die Struktur des logischen Prozesses, der Entwicklung des reinen Wissens und reinen Denkens im Kern zu fixieren. Es kann nicht verwundern, daß Hegel bei der näheren Charakterisierung der genannten logischen Grundoperatoren sich am Modell der sich selbst verständigenden theoretischen Subjektivität orientiert. Mit Nachdruck wird deshalb gerade auch im abschließenden Kapitel der *Wissenschaft der Logik* herausgestellt, daß der Begriff bzw. die absolute Idee *Persönlichkeit* sei, und damit gelingt es Hegel unter der Hand sofort, der absoluten Idee als Repräsentantin des Absoluten in der Theorie des Begriffs sogar *Leben* zu vindizieren. „Der Begriff ist nicht nur *Seele*, sondern freier subjektiver Begriff, der für sich ist und daher die *Persönlichkeit* hat, – der praktische, an und für sich bestimmte, objektive Begriff, der als Person undurchdringliche, atome Subjektivität ist". Auf diese Weise meint Hegel dann deklarieren zu können, die „absolute Idee allein" sei das „*Sein*, unvergängliches *Leben, sich wissende Wahrheit*".[5]

Schon der frühe Hegel hatte dem Lebensbegriff eine zentrale Stellung zugewiesen. Die entscheidende Bedeutung dieser Systemgrundlage muß darin gesehen werden, daß das Leben als lebendiges System die Einheit seiner unselbständigen Momente, Organe, ist, die außerhalb dieser Einheit ebensowenig funktionieren wie diese kein Bestehen haben kann, ohne von jenen zu »leben«. Leben teilt die Grundstruktur des Begriffs konkreter Totalität, der nicht nur am Ende aller gedanklichen Entwicklungen steht, sondern zugleich auch ihr eigentliches Inzitament ist. Die logische Totalität »lebt« von ihren Gliedern oder Momenten sowie vom sich in ihr erfüllenden Entwicklungsprozeß; sie ist nicht nur abstraktes Telos, sondern schon im Entwicklungsprozeß präsent, ja dieser selbst.

Ersichtlich kommt es im Zusammenhang der Konstruktion der sich selbst vollständig erfassenden dialektischen Methodik darauf an, diese Präsenz des Ziels im Anfang nachzuweisen sowie, und nicht zuletzt, sogar entscheidend darauf, aus der Struktur des konkreten Inbegriffs die Rückübersetzung in den Anfang bzw. das immer schon Rückübersetztsein in diesen begreifbar zu machen. Ob solches gelingen kann, mag von vornherein als zweifelhaft erscheinen; zu konstatieren gilt es jedenfalls, daß Hegel sowohl in der *Phänomenologie des Geistes* als auch in der *Wissenschaft der Logik* den Versuch gemacht hat, diese selbst gestellte Aufgabe zu lösen; eine solche Lösung ist zweifellos die alles entscheidende Vorbedingung dafür, ob man den Anspruch der dialektischen Systematik in der Hegelschen Fassung als eingelöst beurteilen darf oder nicht. Sollte eine Überprüfung der Realisierung dieses Anspruchs negativ ausfallen, so ist damit noch lange nichts über den Wert oder Unwert einzelner Systemteile aus-

[5] G.W.F. *Hegel, Wissenschaft der Logik*, l.c., Bd. II, S. 484.

gesagt; Theorien müssen nicht ihren Wert vollständig verlieren, wenn sie an zentralen Stellen gescheitert sind. Aber das Scheitern der Hegelschen Dialektik – sollte es begründbar sein – an der zentralen Stelle, auf die hin alle Gedanken gleichsam zugespitzt sind, macht die Konsequenz unabweisbar, die Geschlossenheit der Theorie aufzubrechen und nach Bestandteilen Ausschau zu halten, die unabhängig von der spezifisch dialektischen Methodik einen dann freilich nur beschränkten Erkenntniswert haben. Es wäre dann allerdings sofort zu konstatieren, daß die onto-theologische Superstruktion aufzugeben ist, und überdies müßte den Wissenschaften als »Bruchstücken« dann ein durchaus anderer »Stellenwert« eingeräumt werden, ein *Wert*, der, was heute unzweifelhaft ist, ihnen aus ganz eigenem Recht gebührt. Einer kritischen Abschätzung der Leistungen des Hegelschen Systems stehen grundsätzlich zwei Wege offen. Der eine kann legitim Aspekte geltend machen, die nicht hinreichend, u.U. nur defizitär beachtet worden sind. Solche Aspekte hervorzukehren, ist selbstverständlich auch dann gerechtfertigt, wenn diese transzendent sind, d.h. auf Einsichten beruhen, die Hegel faktisch nicht zur Verfügung standen, die aber schlechterdings nicht vernachlässigt werden dürfen. So hat man, ganz zu Recht, das ganze dialektische Unternehmen in Frage gestellt mit dem Hinweis darauf, daß der entscheidende Grundoperator »doppelte Negation« in der Weise gar nicht behandelt werden darf, wie er in der *Phänomenologie des Geistes* und der *Wissenschaft der Logik* eingesetzt wird. Ebenso eingreifend ist Kritik geübt worden mit Beziehung auf die Orientierung am Selbstbewußtsein bzw. der »absoluten Negativität«. Nicht zuletzt waren es unübersehbare, teilweise rasante Fehlgriffe, die Hegel in den realphilosophischen Teilen seines Systems unterlaufen sind, die die Kritiker, die meistens Verächter waren, auf den Plan gerufen haben, rufen mußten. So fruchtbar sich dieser Weg der Kritik auch erwiesen hat, so ist doch der zweite, der immanente, zu bevorzugen. Hegel selbst hat anspruchsvolle Beweisziele aufgestellt, an denen er sich messen lassen muß. Es war seine erklärte Absicht, kreisförmige Abgeschlossenheit nicht nur als eine abstrakte, die philosophische Konstruktion orientierende Idee einzuführen und in operative Funktion zu setzen, sondern die Kreisförmigkeit der Gedankenentwicklungen sowie der Selbststrukturierung des Bewußtseins in seinen diversen Formationen als rekonstruierbares Wissen zu präsentieren.

Verfolgt man den zweiten Weg, so wird es unumgänglich, auf den inneren Zusammenhang von Kreisform, Unendlichkeit und Subjektivität zu verweisen. Schon in der Seinslogik – im Kapitel: *Die affirmative Unendlichkeit* – wird hervorgehoben, daß der wahre Begriff des Unendlichen nur als „In-sich-Zurückgekehrt-sein", als „Beziehung seiner auf sich selbst" oder als „*Sein*"[6] festgesetzt werden darf. Wahrhafte Unendlichkeit, die nicht wie die gerade Linie ins Unendliche als das Unbestimmte hinausgeht, wird nach dem Modell der reinen Subjektivität gedacht, deren »unendlicher« Selbstzusammenschluß darin besteht, daß, indem sie sich voraussetzt, sie sich immer schon gesetzt *hat*, und in

[6] G.W.F. *Hegel, Wissenschaft der Logik*, l.c., Bd. I, S. 138.

diesem ihrem sich selbst schon immer Vorausgesetztsein sich selbst voraus ist. Allein in dieser Einheit von Setzen und Voraussetzen – Hegel greift hier faktisch eine erst in der Wesenslogik entwickelte Struktur auf – wird die Unendlichkeit *bestimmt*: als der *bestimmte* Kreis gesetzt. „Als wahrhafte Unendlichkeit, in sich zurückgebogen, wird deren Bild der *Kreis*, die sich erreicht habende Linie, die geschlossen und ganz gegenwärtig ist, ohne *Anfangspunkt* und *Ende*."[7] Danach ist es klar, daß das Bild vom Kreis nicht etwa eine schöne, aber letztlich auch entbehrliche Metapher für das System im Prozeß ist, sondern Ausdruck der Superposition, die die unendliche Subjektivität als das eigentliche Agens des Hervortreibens aller Bestimmungen darstellt. Bezeichnenderweise hat Hegel immer wieder den grundlegenden Charakter der Formel Ich = Ich an den zentralen Stellen seines Werkes hervorgehoben, nicht zuletzt auch im abschließenden Kapitel über das „absolute Wissen" in der *Phänomenologie des Geistes*. Es ist die gewußte Übereinstimmung von Wissen und »Sache«, auf die es sich bezieht, die nach Voraussetzung des klassischen Idealismus mit dem Selbstbewußtsein und seiner Einheit gegeben sein soll, die als das »normative« Ideal die Entwicklung aller Formen des Bewußtseins, von seiner sinnlichen Einstellung bis hin zur theoretisch-wissenschaftlichen Durchdringung, nicht nur äußerlich beherrschen soll, sondern als Grund der abgestuften, den jeweiligen Entwicklungsstadien des Bewußtseins entsprechenden Gestalten und als Wahrheitsgrundlage dient. Sowohl die diversen Bewußtseinsformationen als auch die gestufte Kategorienmannigfaltigkeit werden erschlossen als Punkte oder Stationen eines in sich geschlossenen Kreises, der kein Außerhalb hat noch kennt, der in seinen Differenzierungen sich als ewige Selbstbewegung oder als Sein manifestiert. Der logische und bewußtseinstheoretische Teleologismus der dialektischen Systematik muß als dadurch charakterisiert angesehen werden, daß seine einzelnen bestimmten Formen sich über sich selbst hinaustreiben und dies so und dadurch, daß das Treibende demjenigen ganz immanent ist, was da als Bestimmtheit, als abgegrenzte Struktur sowohl gesetzt als auch zugleich sofort verlassen wird. Ebenso ist es für diesen Teleologismus geradezu grundlegend, daß alle seine Entwicklungsstadien ihm bleibend angehören, ihm einbehalten sein müssen; das bedeutet aber, daß sowohl das absolute Wissen, das alle seine Entwicklungsstadien in sich enthält, als auch die absolute Idee, in der alle logischen Bestimmungen perfekt integriert sind, ihrer Grundstruktur nach so disponiert werden müssen, daß sie in ihren Vorformen als Modi der eigenen Rückübersetzung erkennbar sein müssen.

Das damit gestellte Problem liegt auf der Hand: Einerseits gilt es, die Entwicklung der Stadien zur jeweiligen absoluten, einzigen Einheit streng immanent vorzunehmen, andererseits aber ist es klar, daß die große Synthese, zu der sie sich alle gemeinsam verbinden müssen, ihnen gegenüber *auch ein ganz anderes sein muß*. Hegel hat dieses Problem sehr wohl erkannt, freilich in der Konstruktion der einzelnen dialektischen Stadien unter den Tisch gekehrt. Zu

[7] G.W.F. *Hegel, Wissenschaft der Logik*, l.c., Bd. I, S. 138 f.

Recht ist immer wieder bezweifelt worden, daß die innere Entwicklung seines Systems bzw. der Systemteile streng immanent erfolge; unübersehbar sind Gewalttätigkeiten. Dieses Problem mag hier auf sich beruhen bleiben. Von viel größerer Bedeutung, ja geradezu entscheidend für eine Beurteilung des Gelingens des Programmes selber ist die Frage nach dem spezifischen Unterschied zwischen den Gliedern des Kreises und seiner reinen Gestalt, dem nicht durch einfache Bestimmungsgrenzen bestimmten synthetischen Grundbewegungsprinzip.

In der *Wissenschaft der Logik* ist das Problem dieser für das ganze System entscheidenden Differenz zwar vorhanden, vom Autor aber als solches schlicht übergangen worden. Es läßt sich jedoch aufweisen und liegt überdies in allen einzelnen Entwicklungsschritten mehr oder weniger unmittelbar sistierbar vor. Eine Analyse der einzelnen Sequenzen der *Wissenschaft der Logik* zeigt nämlich sofort, daß Reflexions- und Ideenbestimmungen auch dort vorliegen und operativ eingesetzt werden, wo sie selbst nicht direkt thematisch sind. Sie sind gleichsam *Strukturen des Begreifens der eigentlichen Inbegrifflichkeit alles Begriffenen und zugleich die Grundmomente der synthetischen, absoluten Einheit*, auf die hin alle dialektischen Konstruktionen ausgerichtet sind. Von den Strukturen bzw. der Einheit, die sie bilden, gilt nun ein Doppeltes: Sie müssen demjenigen, dessen Entwicklung zur absoluten Einheit sie allererst generieren, sowohl immanent sein, als aber auch um ihrer Eigenbestimmtheit willen transzendent. Dies ist das Grundproblem sowohl des »absoluten Wissens« von totalisierender Synthetizität als auch der präzisen Bestimmung der spezifischen Eigenart, durch die sie sich von den anderen Bestimmungen unterscheidet, die zwar selbst schon als Totalitäten bezeichnet werden, um ihren Grundcharakter als Kreismomente herauszuheben, aber eben nicht selbst schon, in ihrem für sie charakteristischen *spezifischen* Für-sich-Sein, absolute Totalität sind.

In der *Phänomenologie des Geistes* offenbart Hegel – an einer unscheinbaren Stelle, die nicht zufällig ganz unkommentiert geblieben ist! – das Problem in seiner vollen Schärfe, das er in der abschließenden Theorie des sog. absoluten Wissens nicht nur nicht plausibel, sondern schlechthin überhaupt nicht einer Lösung hat zuführen können. Am Schluß der Einleitung zur Phänomenologie wird über das Auftreten der jeweils neuen Gegenstände des Bewußtseins im Zusammenhang seiner eigenen Entwicklung räsoniert. Mit Beziehung auf den erscheinenden Gegenstand gelangt das Bewußtsein zu einem Wissen, und dieses Wissen wird ihm, ist ihm der neue Gegenstand, an dem es sich abarbeitet, fortentwickelt, bis schließlich – im Wissen, das dann absolut genannt werden kann – die fundamental-konstitutive Differenzdistanz zwischen Bewußtsein und Gegenstand sich verflüchtigt, sich aufgelöst hat. Die immanente Stimmigkeit und Notwendigkeit der Konstruktion der neuen, sich ablösenden Gegenstände sowie der diesen entsprechenden Bewußtseinsformationen sind das entscheidende Problem, das auch Hegel als solches erkannt hat. Zu fragen ist nämlich, ob sich die Entwicklung der Gestalten des Bewußtseins nicht letztlich immer wieder einer Intervention des maßgebenden philosophischen Bewußtseins, dem *Wir*, auf dem Stande des absoluten Wissens wenigstens der Form nach verdankt, das das absolute Wissen in seiner Anwesenheit bei seinen Vorformen repräsentiert und in einer Art von supervisionärer Funktion die Bewegung initiiert und in Gang hält.

Das *Wir*, das philosophische Bewußtsein auf seiner höchsten Stufe, ist letzten Endes der einzige, entscheidende Garant für die logische Notwendigkeit in der Abfolge der Inhalte und Formen. Dazu heißt es am Schluß der Einleitung wie folgt: „Nur diese Notwendigkeit selbst, oder die *Entstehung* des neuen Gegenstandes, der dem Bewußtsein, ohne zu wissen, wie ihm geschieht, sich darbietet, ist es, was für uns gleichsam hinter seinem Rücken vorgeht. Es kommt dadurch in seine Bewegung ein Moment des *Ansich- oder Für-uns-Seins*, welches nicht für das Bewußtsein, das in der Erfahrung selbst begriffen ist, sich darstellt; der *Inhalt* aber dessen, was uns entsteht, ist *für es*, und wir begreifen nur das Formelle desselben oder sein reines Entstehen; *für es* ist dies Entstandene nur als Gegenstand, *für uns* zugleich als Bewegung und Werden."[8] Hinter dem Rücken des Bewußtseins, ohne daß es weiß, wie ihm geschieht, ihn also nicht integriert, vollstreckt sich ein notwendiger, es treibender Prozeß. In einer nicht näher angegebenen Weise wird die Anwesenheit des Formellen, der treibenden Notwendigkeit, im oder am sich entwickelnden Bewußtsein von den diversen, sich stufenden Gegenständen als »Moment« gedeutet. Damit ist das über das ganze Programm vorentscheidende Grundproblem klar exponiert: Zu begreifen ist nämlich nicht nur, wie die einzelnen Stadien der Bewußtseinsentwicklung auseinander hervor- und in eine übergreifende Einheit übergehen können, sondern vor allem dies, wie ein vernünftiger Begriff davon zu entfalten ist, in welcher Weise die letzte, alles integrierende Synthese, das absolute Wissen, die konkreten Bewußtseinsgestalten *als seine Momente* enthalten soll.

Hegel hat in den letzten Abschnitten des letzten Kapitels der *Phänomenologie des Geistes* dieses Problem ernst genommen und zu lösen versucht. Das Momentsein des Absolutformellen am sich entwickelnden Bewußtsein und damit dessen Enthaltensein mit allen seinen Differenzierungen in der absoluten, abschließenden Synthese verlangt zu denken, daß das absolute Wissen bzw. der „sich wissende Geist" als so strukturiert begriffen werden kann, daß es bzw. er in sich und aus sich sich in die konkreten, mit den realen Gegenständen gesättigten Gestaltungen retransformiert. Diese Retransformation versucht Hegel – vergeblich – mit zwei Argumentationsgängen, wenn man sie denn so bezeichnen darf, zu erweisen. „Die Wissenschaft enthält in ihr selbst diese Notwendigkeit, der Form des reinen Begriffs sich zu entäußern, und den Übergang des Begriffes ins *Bewußtsein*. Denn der sich selbst wissende Geist, eben darum, daß er seinen Begriff erfaßt, ist er die unmittelbare Gleichheit mit sich selbst, welche in ihrem Unterschiede die *Gewißheit vom Unmittelbaren* ist, oder das *sinnliche Bewußtsein*, – der Anfang, von dem wir ausgegangen; dieses Entlassen seiner

[8] G.W.F. *Hegel, Phänomenologie des Geistes*, hrsg. von J. Hoffmeister, Hamburg 1952, S. 74.

aus der Form seines Selbsts ist die höchste Freiheit und Sicherheit seines Wissens von sich."[9]

Hegel deutet die Retransformation des reinen Begriffs oder des sich selbst wissenden Geistes zur sinnlichen Gewißheit als ein sich aus sich „Entlassen", das er als Ausdruck der geradezu höchsten Form von Freiheit ansieht, zu der die ins extrem gesteigerte „Form des Selbst" fähig sein soll. Der sich wissende Geist ist das konzentrierteste Selbst, dessen Freiheit gleichsam das Von-sich-selbst-Ablassen sein soll. Diese, ganz unbegründete Behauptung kann man auf sich beruhen lassen; ihre Funktion, die sie in diesem Kontext ausüben soll, ist erkennbar diese: die Retransformationsbewegung einerseits als notwendig zu deklarieren, insofern sie beruht auf der konzentriertesten, vollständig vermittelten reinen Geistigkeit, andererseits aber die Formen, zu denen sie sich entläßt, eben frei entschließt, als solche zu erweisen, denen auch das Moment einer allerdings nur relativen Zufälligkeit inhärent ist. Mühelos ist zu zeigen, daß diese letzte, höchste Instanz mit der ihr zugemuteten Fundamentalvermittlungsleistung hoffnungslos überfordert ist.

Der „sich selbst wissende Geist", der sich in seinem Begriff bzw. seiner Grundstruktur erfaßt, ist fundamental zu charakterisieren als „unmittelbare Gleichheit mit sich selbst". Man kann es getrost auf sich beruhen lassen, was eine solche unmittelbare Gleichheit – Hegel denkt in diesem Zusammenhang selbstverständlich an das Ich = Ich – überhaupt sinnvollerweise bedeuten kann; völlig unerfindlich ist es aber, wie Hegel von ihr behaupten kann, sie sei in „ihrem Unterschiede" die *Gewißheit vom Unmittelbaren*. Zu fragen ist ganz einfach, woher denn nun dieser Unterschied kommen mag und wie er bestimmt ist, d.h. im Zusammenhang der unmittelbaren Gleichheit mit sich selbst logisch-topologisch situiert werden kann. Völlig unerfindlich ist, wie aus dem sich selbst wissenden Geist in seiner unmittelbaren Gleichheit mit sich selbst *durch einen nicht erklärten Unterschied* die Gewißheit von einem bzw. dem Unmittelbaren entstehen kann, das für Hegel das sinnliche Bewußtsein, die sinnliche Gewißheit ist. Hegel verwandelt an dieser Stelle bedenkenlos den *als Modaloperator gebrauchten* Begriff *Unmittelbarkeit* im Zusammenhang der Gleichheit des wissenden Geistes mit sich, in sich selbst, in eine gleichsam *selbständige Instanz*: in *das Unmittelbare*, *vor dem* die sinnliche Gewißheit steht, ohne freilich wissen zu können, daß sie damit *vor einem verzauberten Modaloperator* sich befindet.

Es ist also ganz und gar uneinsichtig, wie aus der Grundcharakterisierung des Geistes als unmittelbarer Gleichheit eine Gewißheit vom Unmittelbaren entstehen kann. Es verbirgt sich hinter dieser Unverständlichkeit aber ein noch fundamentaleres Problem. Völlig unbegreiflich ist es nämlich, wie der sich wissende Geist, das absolute, perfekt durchbildete Wissen in seiner unmittelbaren Gleichheit mit sich selbst, zu der *auch für es* noch *konstitutiven, bestimmenden Fundamentaldifferenz* sollte kommen können: Auch das absolute Wissen ist *ge-*

[9] G.W.F. *Hegel, Phänomenologie des Geistes*, l.c., S. 563.

gliedert in die *Dyade* Wissen und Gewußtes, wobei das Gewußte eben ob der unmittelbaren Gleichheit nichts anderes als das Wissen selber in einer irgendwie zu denkenden Selbstdistanz ist. Zu unterscheiden sind also das wissende Wissen und das – unmittelbar gleiche – gewußte Wissen, W_1 und W_2. Die Differenz oder genauer: Differenz-Distanz von W_1 und W_2 muß in das dyadisch gegliederte Wissen, und zwar *als der sie verständlich machende Grund selber fallen. Fiele er nicht in diese Dyade, so wäre das absolute Wissen nicht absolut*, es gründete dann in einem es begründenden Wissen von einem Grund, der ihm *auch* heterogen wäre.

Aber dieser, die gegliederte Einheit allererst verständlich machende Grund *kann* gar *nicht* als *in* die Dyade selbst fallend, als in ihr als lokalisiert sinnvoll gedacht werden. Denn würde man W_1 als Grund von W_2, als seine Folge, denken, dann wäre letzteres (W_2) wegen der unmittelbaren Gleichheit selbst wieder als Grund zu denken, und zwar als Grund des eigenen Grundes, der insofern aber als Folge gesetzt werden müßte. Auf diese Weise würden sich also Grund und Folge bis zur *totalen Unkenntlichkeit* miteinander verschränken. In dieser Kontamination von W_1 und W_2 als wechselseitige Gründe und Folgen verflüchtigte sich auf diese Weise ihre Bestimmtheit, ihre Verhältnisbestimmtheit. Da aber ein anderer Modus von Bestimmtheit nicht vorliegt und nicht ausdenkbar ist, hätte der höchste Synthesispunkt lediglich eine »Bestimmtheit«, die sich einer unmittelbaren, woher auch immer kommenden Setzung verdanken könnte. Mit einer solchen aber ließe sich gerade der beanspruchte integrative Charakter, der einem so gefaßten Systemabschluß zugedacht werden muß, schlechterdings nicht näher begreiflich machen.

Mit einem zweiten Gedankengang, der ebensowenig wie der erste stichhaltige Argumente enthält, versucht Hegel, den Rückschluß, die Retransformation des absoluten Wissens, gedacht als konzentriertes Selbstsein des Geistes, in den Formenzusammenhang seiner Genese zu bestimmen. Das Sich-Entlassen aus der „Form seines Selbsts", aus der „höchsten Freiheit", diese „Entäußerung" ist zunächst noch „unvollkommen". Diese Entäußerung „drückt die *Beziehung* der Gewißheit seiner selbst auf den Gegenstand aus, der eben darin, daß er in der Beziehung ist, seine völlige Freiheit nicht gewonnen hat. Das Wissen kennt nicht nur sich, sondern auch das Negative seiner selbst, oder seine Grenze. Seine Grenze wissen heißt, sich aufzuopfern wissen. Diese Aufopferung ist die Entäußerung, in welcher der Geist sein Werden zum Geiste, in der Form des *freien, zufälligen Geschehens* darstellt, sein reines *Selbst*, als die *Zeit* außer ihm, und ebenso sein *Sein* als Raum anschauend. Dieses sein letzteres Werden, *die Natur*, ist sein lebendiges, unmittelbares Werden".[10] Wenn von »Aufopferung« die Rede ist, so ist, unmittelbar erkennbar, direkt oder indirekt von einem konkreten, endlichen Subjekt die Rede. Dem selbstbewußten Geist bzw. dem absoluten Wissen Aufopferung bzw. Aufopferungsfähigkeit zuzudenken, das läuft darauf hinaus, selbstverständlich uneingestanden, den absoluten Synthesispunkt

[10] Ebd.

als Personalität zu fixieren, die sich, man weiß nicht wie, von den Strukturen der konkreten, endlichen Personalität unterscheiden muß. Die schlichte, unbeantwortbare Frage drängt sich auf, aus *welchem Grund*, aus *welchem Motiv* sich die suisuffiziente Systemspitze, der Geist in seiner ruhigen Selbstgewißheit, sich zu einem solchen Akte sollte entschließen können oder müssen. Die dramatische Zuspitzung der Struktur des sich selbst wissenden und seiner selbst ganz gewissen Geistes bishin zur Bereitschaft zur Selbstaufopferung kann selbstverständlich nicht mit dem Hinweis als begründet angesehen werden, daß das Wissen eo ipso ein Wissen um seine Grenze, d.i. die Begrenztheit notwendigerweise einschließt. Denn das absolute Wissen des seiner selbst gewissen Geistes ist gerade wegen der unmittelbaren Gleichheit der Strukturglieder durch Grenzenlosigkeit gekennzeichnet; jedenfalls kann eine solche Grenze nicht sinnvoll als externe Schranke gedacht werden, sie könnte allenfalls im Wissen als eine seiner Strukturbedingungen topologisch fixiert werden. Dann aber müßte die unmittelbare Gleichheit des selbstgewissen Geistes in ihr selbst die Grenze bzw. den Grund einer solchen enthalten. Dies ist aber völlig unerklärlich, weil, wie dargetan, Grund und Folge als logische Voraussetzungen von bestimmter Gliederung überhaupt im »Zusammenhang« des absoluten Wissens nur als entfallend, sich wechselseitig neutralisierend oder aufhebend gedacht werden können.

Der Schluß der *Wissenschaft der Logik*, die Explikation der absolut, total integrativen Instanz des Zusammenschlusses aller logischen Bestimmungen, bietet ebensowenig wie die »Phänomenologie des Geistes« eine Möglichkeit, den sich zu einem Kreis vollendenden logischen Prozeß anders als durch Beschwörungen und Leerformeln zu deklarieren. Hegels Aufgabe wäre es gewesen, nachzuweisen, daß sich die sog. absolute Idee einerseits *vom Bereich aller logischen Unterschiede unterscheidet*, um nicht mit diesen formal identifiziert werden zu können, andererseits aber in diesem Unterschiedensein gleichwohl eine ursprüngliche Bezogenheit auf diese hat, so daß es möglich ist, von diesen als Momenten des Absoluten bzw. von diesem als einem mit ihnen Kopräsenten zu sprechen. Die Aufgabe wäre also diese gewesen, theoretisch einen qualifizierten Unterschied als Strukturmoment der absoluten Idee nachzuweisen, aus ihr herzuleiten, der von allen logischen Unterschieden sich unterscheidet, dies aber so, daß im Unterschied durch diesen zugleich die besondere Beziehung der Unterschiedenen als solche verständlich gemacht wird, in der ihr spezifischer Charakter nicht nur nicht verlorengeht, sondern geradezu als für beide und ihr Verhältnis konstitutiv erkannt werden kann.

Allen beschwörenden Formeln zum Trotz mußte auch die Hegelsche Dialektik in der Nacht, in der alle Kühe schwarz sind, verdampfen. Der höchste logische Punkt, der alles strahlend machen sollte, der auf das notwendige, grundlegende Formelle die gesamte Bewegung des Geistes als Selbstbewegung initiieren und lückenlos strukturieren sollte, ist nichts anderes als ein »schwarzes Loch«, eine Fokussierung einer irrationalen, unrealistischen theoretischen

Grundeinstellung: einer „atomen", irreversibel perfekt autistischen »Persönlichkeit«. Man mag, aus welchen Gründen auch immer, die Annahme einer solchen Grundvorstellung teilen, sollte dann aber ehrlicherweise geständig sein, an einer Art Theologoumenon partizipieren zu wollen, ohne weiter nach kontrollierbaren Gründen zu fragen. Nur ein hermeneutischer Ästhetizismus, der sich, ohne sich über sich selbst verständigt zu haben, dazu entschlossen hat, unverbindliches Wissen mit Beziehung auf philosophische Systemmöglichkeiten einfach bloß zu akzeptieren, kann die idealistisch konzipierte Kreisform von philosophischer Systematik noch irgendwie akzeptieren; dies freilich nur um den Preis, den Rückzug in historische Beschaulichkeiten als Surrogat ernsthafter philosophischer Bemühungen um aktuelle Probleme zu deklarieren.

Ernst Vollrath

Tocqueville über die politischen Implikationen des neuzeitlichen Individualismus

»...un libéral d'une espèce nouvelle«[1]

In der gegenwärtigen Auseinandersetzung zwischen Liberalismus und Kommunitarismus, die ein kaum noch überschaubares Ausmaß angenommen hat[2], spielt der Vorwurf eines atomaren Individualismus, den die Kommunitaristen erheben, eine große, vielleicht sogar die entscheidende Rolle. Der Liberalismus, so lautet das Argument, geht von einem sozial nackten Persönlichkeitsmodell aus, gemäß welchem Menschen primär oder gar ausschließlich als selbstinteressierte und besitzindividualistische Wesen angesetzt werden. Das stellt einerseits eine bloße Abstraktion dar, der in Wirklichkeit nichts und niemand entspricht. Andererseits sind die Konsequenzen eines solchen Ansatzes desaströs, wie es denn im Ausgang von der primären Asozialität auch gar nicht anders sein kann.

Denn wie soll bei solchem Ansatz das Konzept einer universalen Gerechtigkeit aufgestellt werden können? Das macht eine gelingende Gemeinschaft unmöglich, und der Vorwurf des atomaren Individualismus dient dazu, die Gesellschaftsvorstellung des Liberalismus zu diskriminieren, die sich auf formale, sekundäre, künstliche und daher nur sanktionsbewehrt stabile Institutionen stützt. Fällt der Vorwurf des atomaren Individualismus weg oder kann ihm begegnet werden, dann läßt sich die kommunitaristische Kritik an der Gesellschaftsauffassung des Liberalismus nicht halten. Das primäre Angriffsziel des Kommunitarismus ist also nicht der atomare Individualismus selbst, sondern die spezifische Gesellschaftsauffassung des Liberalismus. Aber dies läßt sich nicht angreifen, ohne auf das Argument des atomaren Individualismus zu sprechen zu kommen.

[1] Selbstkennzeichnung Tocquevilles in einem Brief an Eugène Stoffels vom 24. Juli 1836 (Beaumont VI, 433; zur Zitierweise siehe Anm. 5).

[2] Einen ersten Überblick verschaffen: W. *Kersting, Die Liberalismus-Kommunitarismus-Kontroverse in der amerikanischen politischen Philosophie*, in: Politisches Denken, Jahrbuch 1991, Stuttgart 1992, 82-102; O. *Kallscheuer, »Kommunitarismus«* - Anregungen zum Weiterlesen. Eine subjektive Auswahl, in: Ch. Zahlmann (Hrsg.), Kommunitarismus in der Diskussion, Eine streitbare Einführung, Berlin 1994,124-151; W. *Reese-Schäfer, Was ist Kommunitarismus?*, Frankfurt / New York 1994.

Gleichgültig jedoch, ob sich dieser Vorwurf überhaupt oder so, wie er erhoben worden ist, halten läßt[3], der Streit über die politischen Implikationen des modernen Individualismus ist jedenfalls entbrannt, und in diesem Streit empfiehlt es sich, auf den Denker sich zu beziehen, der dieses Thema unter einer politischen Perspektive ausdrücklich angesprochen hat: Alexis de Tocqueville. In der aktuellen Debatte wird zuweilen auf ihn hingewiesen[4], aber es lohnt sich gewiß, Tocquevilles Erörterungen des modernen Individualismus und seiner politischen Implikationen näher zu betrachten. Wie bei jedem großen politischen Denker erweist sich die Klassizität Alexis de Tocquevilles auch und gerade darin, daß er aus Anlaß einer aktuellen Debatte zu Rate gezogen werden kann. Es ist nicht verwegen zu behaupten, daß die Problematik der modernen Demokratie, die ja in der Kontroverse Liberalismus-Kommunitarismus zum Ausdruck kommt, ohne Bezug auf das politische Denken von Tocqueville schlechterdings nicht begriffen werden kann.

Bevor die Erörterungen Tocquevilles selbst, die sich vor allem im zweiten Teil des zweiten Bandes von *De la démocratie en Amérique*[5] finden, in den Blick genommen werden, muß der Horizont seines politischen Denkens wenigstens in einem gewissen Ausmaß vorgeführt werden, weil sich von ihm her die Grundlinien dieses Denkens bestimmen lassen.

Kein Satz Tocquevilles ist wohl bekannter als jener aus *De la démocratie en Amérique*: „Il faut une science politique nouvelle à un monde tout nouveau“[6]. Es ist bekannt, daß diese »vollkommen neue Welt« nicht einfach »Amerika«, d.h. die Vereinigten Staaten von Amerika sind. Diese sind vielmehr jetzt (1835 und 1840, den Erscheinungsjahren der beiden Bände von *De la démocratie en Amérique*) schon dort angelangt, wohin sich die anderen Gesellschaften und Kulturen des Okzidents, und vielleicht nicht nur die des Okzidents, sondern der ganzen bewohnten Erde, erst noch begeben werden. Die »vollkommen neue Welt« ist die Welt der Demokratie. Es wird noch zu fragen sein, was Tocqueville überhaupt unter »Demokratie« versteht. Denn die neue, die demokratische Welt ist entscheidend durch das geprägt, was Tocqueville den »Individualismus« nennt[7].

[3] St. *Holmes, The Anatomy of Antiliberalism*, Cambridge (Mass.) / London 1993.

[4] Ch. *Taylor, Civil Society in the Western Tradition*, in: E. Groffier / M. Paradis (Hrsg.), The Notion of Tolerance and Human Rights, Essays in Honour of Raymond Klibansky, Carleton UP 1991, 117-136; I. *Albers, „Kunst und Freiheit“*, Kommunitaristische Anleihen bei Tocqueville; W. *Fach, Der Zeuge Tocqueville*, beides in: Ch. Zahlmann (Hrsg.), Der Kommunitarismus in der Diskussion (wie Anm. 2), 35-41 und 42-47.

[5] Zitiert wird nach den beiden Ausgaben der Werke: *Œuvres complètes d'Alexis de Tocqueville*, publiées par Mme de Tocqueville et Gustave de Beaumont, Paris 1864 - 1867 (Beaumont), sowie, vorzugsweise: *Œuvres, papiers et correspondances*, Edition définitive, publiée sous la direction de J. P. Mayer, Paris 1951 ff. Diese Ausgabe wird mit Band (römisch, der Halbband arabisch) und Seite (arabisch) ausgewiesen.

[6] I 1, 5.

[7] J.C. *Lamberti, La notion de l'individualism chez Tocqueville*, Paris 1970.

Zunächst muß jedoch das Theorieverständnis näher betrachtet werden, welches Tocqueville seiner »neuen politischen Wissenschaft« der neuen demokratischen Welt zugrunde legt. Anscheinend hat sich Tocqueville wenig um die Klärung seines Wissenschaftsverständnisses gekümmert, und so findet sich in der Literatur zu seinem Denken auch kaum etwas zu diesem Thema. Das hat zur Folge, daß der berühmte Satz: »Il faut une science politique nouvelle à un monde tout nouveau«, die durch die vollkommene Neuartigkeit der demokratischen Welt erforderlich geworden sei, nur oberflächlich ausgelegt, eigentlich nur zitiert wird. Er hat jedoch, wie sich zeigen wird, einen sehr präzisen Sinn.

Man gewinnt einen ersten Einblick in die Verfahrenweise Tocquevilles, wenn und sofern man sich die erklärte Ablehnung verständlich macht, die er jeglicher Konstruktion aus der Logik eines bloßen Begriffs entgegen gebracht hat, der dann die geschichtlichen Tatbestände so subsumiert werden, daß sich eine fatale Notwendigkeit alles Geschehens zu ergeben scheint. Das Exempel für eine solche Vorgehensweise war für ihn die Rassentheorie seines Freundes Gobineau, und er hat sie mit klaren und starken Worten zurückgewiesen[8]. Aber es läßt sich auch an seine Auseinandersetzung im dritten Buch (des ersten, allein zu seinen Lebzeiten veröffentlichten Teils) von *L'ancien régime et la révolution* mit den Ideologen – Philosophen und Literaten – der Französischen Revolution denken, denen er einen Mangel an politischer Urteilskraft vorwirft[9]. In den *Souvenirs*, die Tocqueville nach seinem durch die Machtübernahme Napoleons III erzwungenen Ausscheiden aus der aktiven Politik verfaßt hat, faßt er seine Grundüberzeugungen so zusammen: „Je hais, pour ma part, ces systèmes absolus, qui font dépendre tous les événements de l'histoire de grandes causes premières se liant les uns aux autres par une chaine fatale, et qui suppriment, pour ainsi dire, les hommes de l'histoire du genre humain. Je les trouve étroits dans leur prétendue grandeur, et faux sous leur air de vérité mathématique. Je crois, n'en déplaise aux écrivains qui ont inventé ces sublimes théories pour nourrir leur vanité et faciliter leur travail, que beaucoup de faits historiques importants ne sauraient être expliqués que par des circonstances accidentelles, et que beaucoup d'autres restent inexplicables; qu'enfin le hasard ou plutôt cet enchevêtrement de causes secondes, que nous appelons ainsi faute de savoir le démêler, entre pour beaucoup dans tout ce que nous voyons sur le théatre du monde; mais je crois fermement que le hasard n'y fait rien, qui ne soit préparé à l'avance. Les faits antérieurs, la nature des institutions, le tour des esprits, l'état des moeurs, sont les matériaux avec lesquels il compose ces impromptus qui nous étonnent et qui nous effraient“[10].

Das historisch-politische Denken von Tocqueville ist methodisch auf einem kategorialen Schema aufgebaut, das von der Relation und Korrelation zweier

[8] Brief an Gobineau vom 17. 11. 1853 in IX, 201ff.
[9] II 1, 193ff.
[10] XII, 84.

Konzeptreihen ausgeht, die unterschiedlich benannt sein können. Er nennt sie *causes générales* oder *premières* oder *causes particulières* und *secondaires*; es finden sich auch andere Benennungen, ohne daß sich ein begrifflicher Unterschied festmachen ließe, so *idées* und *faits*, *vérites* und *accidents*, *faits généraux* und *hasard(s)*. Dieses kategoriale Schema ist von Montesquieu übernommen, der wie kein anderer Tocquevilles Denken geprägt hat[11]. Mit ihm zusammen könnte nur noch Machiavelli genannt werden.

Dieses kategoriale Schema wird im urteilenden Vergleichen aus den historischen, politischen, sozialen, ökonomischen, psychologischen etc. Phänomenen gewonnen und im vergleichenden Urteilen wieder auf sie angewandt. Der Effekt eines solchen Verfahrens ist dieser: Alle Tatbestände historischer etc. Art werden in bezug zu gewissen Grundannahme (*idées mères*) gesetzt, die sich im urteilenden Vergleichen zu erkennen geben. Diese Grundannahmen sind keine bloßen Hypothesen, Postulate oder dergleichen, sondern haben selbst Tatsachencharakter, sofern sie dem vergleichenden Urteilen der Phänomene, d. h. der tatsächlichen Erfahrung entstammen. Entscheidend ist, daß die »Ideen« aus der Wahrnehmung der phänomenalen Tatbestände durch urteilendes Vergleichen gewonnen werden und dadurch selbst den Charakter solcher Tatbestände (faits généraux!) erhalten, vielmehr behalten.

Das Verhältnis zwischen den Tatbeständen und den Grundannahmen ist dann selbst phänomenal-tatsächlicher Art. Es ensteht ein sehr nuanziertes, variables und modifizierbares Bezugsgeflecht zwischen diesen Momenten, das auf der Seite der Geschehnisse (einzelner oder kollektiver) von ihrem tatsächlichen Phänomencharakter, auf Seiten des Betrachters von seinem Vergleichen und Urteilen bestimmt und zusammengehalten wird. Zugleich besagt dies, daß der Betrachter als Urteilender in das Bezugsgeflecht hineingehört. Zwischen der Struktur des phänomenalen Feldes und der seiner Erkenntnis herrscht so ein Verhältnis gegenseitiger Entsprechung. Selbstverständlich ist ein solches Urteilen und Vergleichen nicht absolut irrtumsfrei, und Tocqueville führt selbst ein Beispiel für die wohl verwirrendste, auf jeden Fall aber häufigste Irrtumsmöglichkeit in diesem ganzen Feld vor: den historizistischen Fehlschluß: „L'étude même de l'histoire qui éclaire souvent le champ des faits présents, l'obscurcit quelquefois. Combien ne s'est-il pas rencontré de gens parmi nous qui, l'esprit environné de ces ténèbres savantes, ont vu 1640 en 1789, et 1688 en 1830, et qui, toujours en retard d'une révolution, ont voulu appliquer à la seconde le traitement de la première, semblables à ces doctes médecins qui, fort au courant des anciennes maladies du corps humain, mais ignorant toujours le mal particulier et nouveau dont leur patient est atteint, ne manquent guère de le tuer avec érudition“[12]. Die einzige Möglichkeit, beim Ausbleiben einer anderen

[11] M. *Richter, The Uses of Theory*. Tocqueville's Adaption of Montesquieu, in: Ders., Essays in Theory and History, Harvard UP 1970, 74-102.

[12] *Discours prononcé à la séance annuelle (3. avril 1852) de l'Academie des Sciences Morales et Politiques*, XVI, 231.

Verfahrensweise sich vor diesem Irrtum zu bewahren, ist die, ihn jederzeit für möglich zu halten.

Dieses kategoriale Schema hat nun Bezug auf Tocquevilles Verständnis von »Demokratie«: „Pour moi, je pense qu'il n'y a pas d'époque où il ne faille attribuer une partie des événements de ce monde à des faits très généraux, et une autre à des influances très particulières. Ces deux causes se rencontrent toujours; leur rapport seul diffère. Les faits généraux expliquent plus de choses dans les siècles démocratiques que dans les siècles aristocratiques, et les influances particulières moins. Dans les temps d'aristocratie, c'est le contraire: les influances particulières sont plus fortes, et les causes générales sont plus faibles, à moins qu'on ne considère comme une cause générale le fait même de l'inégalité des condition, qui permet à quelques individus de contrarier les tendances naturelles de tous les autres"[13]. Und es versteht sich von selbst, daß das Konzept einer égalité des conditions als des fait générateur[14] der Epoche der Demokratie der gleichen kategorialen Schematisierung angehört.

Das tocquevillesche Konzept von Demokratie ist mehrdimensional. Es »ermangelt« gänzlich jener Abstraktheit, die aus einem reinen Begriff von Demokratie konstruiert werden könnte: bloßes Wortgeklingel. Zwei dieser Dimensionen, allerdings die entscheidenden, sollen angesprochen werden:

1. »Demokratie« oder genauer »demokratische Gesellschaft« (société démocratique) ist ein Epochenbegriff. Daher ist Tocquevilles Analyse der »demokratischen Gesellschaft« zentral eine Theorie des gegenwärtigen Zeitalters und seiner Modernität. Die »Neue Welt« und ihre Epoche, d. h. die demokratische Gesellschaft, hebt sich von der »Alten Welt« und ihrer Epoche der Feudalgesellschaft (société féodale) in allen Strukturmerkmalen ab. Tocqueville analysiert diese Strukturmerkmale der beiden Epochen- und Gesellschaftstypen in einer spiegelbildlichen Konfrontation, und die intime Kenntnis des einen Typs der Feudalgesellschaft, der seine altadlige Familie angehörte, verhilft ihm zur präzisen Erkenntnis des anderen: durch vergleichendes Urteilen. Es gibt bewegende Worte, in denen Tocqueville seine Haltung gegenüber der »Neuen Welt« der Demokratie kundtut: „J'ai pour les institutions démocratiques un goût de tête, mais je suis aristocratique par l'instinct, c'est-à-dire que je méprise et crains la foule. J'aime avec passion la liberté, la légalité, le respect des droits, mais non la démocratie. Voilà le fond de l'âme ... Je ne suis ni du parti révolutionnaire ni du parti conservateur. Mais, cependant et après tout, je tiens plus au second qu'au premier. Car je diffère du second plutôt par les moyens que par le fin, tandis je diffère du premier tout à la fois par le moyen et la fin. La liberté est la première de mes passions. Voilà ce qui est vrai"[15].

[13] I 2, 90.
[14] I 1, 1.
[15] *Mon instinct, mes opinions*, in: III 2, 87. Der Text, dessen genaue Abfassungszeit unbekannt ist, sollte wohl einer Vorstellung vor seinen Wählern dienen. Später wird sich, wie noch zu zeigen sein wird, eine differenzierte Vorstellung von »Demokratie« herausbilden.

Aber er ist ressentimentlos von der Unvermeidlichkeit des Übergangs von der »Alten Welt« der Feudalgesellschaft in die »Neue Welt« der Demokratie überzeugt. In einem langen Brief an seinen Freund Eugène Stoffels vom 21. Februar 1835 hat Tocqueville den Sinn seines Buches *De la démocratie en Amérique* in diesen Worten vorgeführt: „A ceux qui se sont fait une démocratie idéale, rêve brillant, qu'ils croient réaliser aisément, j'ai entrepris de montrer qu'ils avaient revêtu le tableau de fausses couleurs; que le gouvernement démocratique qu'ils préconisent, s'il procure des biens réels aux hommes qui peuvent le supporter, n'a point les traits élevés que leur imagination lui donne; que ce gouvernement, d'ailleurs, ne peut se soutenir que moyennant certaines conditions de lumières, de moralité privée, de croyances que nous n'avons point, et qu'il faut travailler à obtenir avant d'en tirer les conséquences politiques.

Aux hommes pour lesquels le mot démocratie est le synonyme de boulversement, d'anarchie, de spoliation, de meurtres, j'ai essayé de montrer que la démocratie pouvait parvenir à gouverner la société en respectant les fortunes, en reconnaissant les droits, en épargnant la liberté, en honorant les croyances; que si le gouvernement démocratique dévelloppait moins qu'un autre certaines belles facultés de l'âme humaine, il avait de beaux et grands côtés; et que peut-être, après tout, la volonté de dieu était de répandre un bonheur médiocre sur la totalité des hommes, et non de réunir une grande somme de félicité sur quelques-uns et d'approcher de la perfection un petit nombre. J'ai prétendu leur démontrer que, quelle que fût leur opinion à cet ègard, il n'était plus temps de délibérer; que la société marchaît et les entraînait chaque jour avec elle vers l'égalité des conditions; qu'il ne restait donc plus qu'à choisir entre des maux désormais inévitables; que la question n'était point de savoir si l'on pouvait obtenir l'aristocratie ou la démocratie, mais si l'on aurait une société démocratique marchant sans poésie et sans grandeur, mais avec ordre et moralité, ou une société démocratique désordonnée et dépravée, livrée à des fureurs frénétiques ou courbée sous un joug plus lourd que tous ceux qui ont pesé sur les hommes depuis la chute de l'empire romain.

J'ai voulu diminuer l'ardeur des premiers et, sans les décourager, leur montrer la seule voie à prendre.

J'ai cherché à diminuer les terreurs des seconds et à plier leur volonté sous l'idée d'un avenir inévitable, de manière que, les uns ayant moins de fougue et les autres offrant moins de résistance, la société pût s'avancer plus paisiblement vers l'accomplissement nécessaire de sa destinée. Voilà l'idée mère de l'ouvrage“[16].

2. Das Konzept der »Demokratie« und der »demokratischen Gesellschaft« ist zwischen die Pole von Gleichheit und Freiheit ausgespannt. Dieses Spannungsverhältnis ist in der Tocqueville-Literatur natürlich bemerkt und oftmals

[16] Beaumont VII, 427ff.

thematisiert worden. Gewöhnlich wird dabei von der »Möglichkeit der Freiheit« oder der »Gefährdung der Freiheit« gesprochen[17], und zwar so, daß das Gleichheitsmoment dem Freiheitsmoment entgegengesetzt ist. Diese Ansicht bedarf der Modifikation. Für Tocqueville steht jedenfalls fest, daß es unter den Bedingungen des demokratischen Zeitalters die wahre Gleichheit nicht ohne die Freiheit gibt, aber ebensowenig die wahre Freiheit ohne die Gleichheit: „De nos jours, la liberté ne peut s'établir sans son (sc. de l'égalité) appui"[18]. Was Freiheit ist, das sagt Tocqueville in den Worten eines frühen Amerikaners, John Winthrop: „c'est la liberté de faire sans crainte tout ce qui est juste et bon"[19]. Und er nennt das „cette belle définition de la liberté", zweifellos, weil sie der Bestimmung der politischen Freiheit bei Montesquieu nahekommt[20]. Tocqueville gründet diese Freiheit in einem Geschmack, „le goût d'être libre"[21]. Für ihn ist es die Freiheit, „qui trouve sa force dans l'union (d. h. im Sich-Vereinigen, E. V.)"[22].

Zur genaueren Bestimmung des Verhältnisses der Momente von Freiheit und Gleichheit kann von einer Differenzierung Gebrauch gemacht werden, die allerdings nicht ohne Möglichkeiten von Mißverständnissen ist. Tocqueville kennt nicht die dem deutschen politischen Denken so wichtige Differenzierung von »Staat« und »Gesellschaft«, die von dem exaltierten Staatsbegriff der deutschen politischen Wahrnehmung her sich einstellt. Man kann eher sagen, daß das Tocquevillesche Demokratiekonzept die kategoriale Indifferenz dieser beiden Momente darstellt. Gleichwohl weist dieses Demokratiekonzept gerade wegen seiner Universalität eine gesellschaftliche und eine »politische« Seite auf.

Was die gesellschaftliche Seite anbelangt, so kann gesagt werden, daß die demokratischen Prinzipien und Strukturen die gesamte Gesellschaft (tendentiell) durch und durch bestimmen. Sie tun dies jedoch unter der Vorherrschaft des Gleichheitsprinzips im Sinne der égalité des conditions als der idée mère und des fait général von Demokratie. Das will besagen, daß das Gleichheitsmoment für die société démocratique das natürliche Prinzip darstellt, wobei darauf zu achten ist, daß diese epochale Natürlichkeit des Gleichheitsmoments selbst etwas Gewordenes und so etwas Geschichtliches ist.[23]

[17] Z. B. K.-H. *Volkmann-Schluck, Möglichkeit und Gefährdung der Freiheit in der Demokratie*. Tocquevilles Idee einer politischen Wissenschaft, in: Philosophie und politische Bildung an den höheren Schulen, Hg. V. H. Holzapfel, Düsseldorf 1960, 17-34; M. *Hereth, Alexis de Tocqueville*. Gefährdungen der Freiheit in der Demokratie, Stuttgart 1979.

[18] I 2, 104.

[19] I 1, 41.

[20] *Montesquieu, De l'esprit des lois*, XI 3: „la liberté politique ... ne peut consister qu'à pouvoir faire ce que l'on doit vouloir et à n'être point contraint de faire ce l'on ne doit pas vouloir". Diese politische Freiheit wird von der philosophischen Freiheit scharf unterschieden, die darin besteht „à faire ce que l'on veut". Sie steht im Politischen auschließlich dem Despoten zur Verfügung!

[21] So in dem (in Anm. 1 zitierten) Brief an Eugène Stoffels vom 24. Juli1 1836 und an vielen anderen Stellen seiner Werke und Briefe.

[22] Brief an Louis de Kergolay vom 15. 12. 1850 (Beaumont VII 264).

[23] I 1, 3 und 4.

Der soziale und gesellschaftliche Primat des Gleichheitsmoments im Konzept von Demokratie kann zum vollständigen Verlust der Freiheit in einer okzidentalen Despotie führen, die Tocqueville beredt – und entsetzt – in den letzten Kapiteln von *De la démocratie en Amérique* schildert[24]. Diese Gefahr wird durch das Zusammentreffen zweier in dem Gleichheitsmoment liegender Tendenzen heraufbeschworen, der centralisation gouvernementale und der centralisation administrative. Die centralisation gouvernementale ist über das Prinzip der Volkssouveränität den demokratischen Gesellschaften notwendig, sofern sie als freie Gesellschaften auftreten sollen und auftreten wollen. Sie ist daher für diese unvermeidbar. Die centralisation administrative dagegen ist gleichfalls demokratischen Gesellschaften tendentiell inhärent. Sie folgt aus dem Moment der Gleichheit, und zwar sofern diese naturwüchsig und ohne Beachtung des anderen Moments der Freiheit hervorgeht. Die Gleichheit ohne Freiheit verwandelt sich über die Tendenzen der administrativen Zentralisation und indem diese die gouvernementale gleichsam schluckt in massive Einheit, und diese ist es, nicht Gleichheit als solche, durch welche die Möglichkeit von Freiheit gefährdet wird.

Die beiden so zusammen geschmolzenen Zentralisationstendenzen sind unweigerlich mit einem Sprößling des Gleichheitsmomentes verbunden, mit dem neuzeitlichen Individualismus[25]. Der aus dem Überborden des Gleichheitsmoments zugleich herrührende als auch dieses Überborden wiederum heraufführende Individualismus beschädigt die in demokratischen Gesellschaften eben nicht natürlich vorhandene Fähigkeit der Menschen, gemeinsam zu handeln, d. h. politisch – und für Tocqueville heißt dies: in Freiheit – zu existieren. Der Verlust der Handlungsfähigkeit wiederum verstärkt die »natürlichen« Tendenzen zur Zentralisation, schließlich die Ablösung des Handelns in Gemeinschaft durch Verwaltung und Sich-Verwalten-Lassen. Was Tocqueville befürchtet ist, daß vor allem die centralisation d'administration – die Herrschaft des Niemand über den zum Niemand gewordenen Jedermann[26] – unter den Bedingungen des demokratischen Zeitalters über den neuzeitlichen Individualismus und die auf ihn antwortenden Zentralisierungstendenzen schließlich eine vollkommen neue »politische« Form hervorbringt, welche die Inkarnation des Unpolitischen schlechthin sein würde: a despotism by the consent of the people. „Je pense que, dans les siècles démocraticques qui vont s'ouvrir, l'indépendance individuelle et les libertés locales seront toujours un produit de l'art. La centralisation sera le gouvernement naturel“[27].

Das besagt: während das Gleichheitsmoment in den demokratischen Ge-

[24] Verf., *Die okzidentale Despotie*, in: Der Staat 21 (1982), 131-145.

[25] „L'individualism est d'origine démocratique, et il menace de se développer à mesure que les conditions s'égalisent“: I 2, 105.

[26] H. *Arendt, Vita Activa* - Oder vom tätigen Leben, Stuttgart 1960 u. ö., 41; Dies., *Macht und Gewalt*, München 1969/70, 80f.

[27] I 2, 303.

sellschaften naturwüchsig ist und sich gleichsam von selbst realisiert, bedarf es zur Realisation des gleichursprünglichen Freiheitsmomentes des eigens aufgebrachten eigenen Handelns – sozusagen der »Künstlichkeit«. Was das für das Demokratie-, aber auch für das Theorieverständnis von Tocqueville zu bedeuten hat, wird noch zu fragen sein. Denn dieser Ansatz bestimmt das Konzept der neuen politischen Wissenschaft, die für die neue Welt, die Welt der Demokratie, erforderlich ist, in der Gleichheit etwas Natürliches ist, Freiheit aber nicht. Die universale Durchsetzung des Gleichheitsmomentes in den demokratischen Gesellschaften bedeutet jedenfalls nicht, daß damit automatisch auch schon das demokratische Freiheitsmoment mitverwirklicht wäre. Das Grundprinzip der Demokratie – und der Moderne – heißt jedoch: *gleiche* Freiheit für alle.

Seiner geschichtlich belehrten Verfahrensweise folgend, setzt Tocqueville die Strukturen der Feudalgesellschaft und der demokratischen Gesellschaft einander gegenüber. Die Feudalgesellschaft ist eine Statusgesellschaft und gänzlich auf Statusunterschieden aufgebaut. Über ihre Grundstruktur heißt es – und Tocqueville wiederholt ähnliche Beobachtungen öfter: „Les mêmes institutions aristocratiques, qui avaient rendu si différens les êtres d'une même espèce, les avaient cependant unis les uns aux autres par un lien politique (sic!) fort étroit“[28] In der Feudalgesellschaft handelt es sich um natürliche personale Handlungsverbände (associations naturelles), wobei wohl zu beachten ist, daß das personale Moment nicht im Sinne der modernen inividuellen Persönlichkeit mißverstanden werden darf, sondern um eine personalité imaginaire[29], die »Klasse« der Herren, die Familie des Herren.

Das grundlegende Strukturprinzip demokratischer Gesellschaften ist dem der Feudalgesellschaft entgegengesetzt. Die natürlichen, statusbestimmten Handlungsverbände haben sich aufgelöst, und an ihre Stelle ist die je eigene Wahl der individuellen Lebensart getreten: das ist der eigentliche Sinn des spezifisch modernen Individualismus. Auch dieser wird von Tocqueville scharf analysiert. Hier eine der mannigfachen Belegstellen: „Je vois une foule innombrable d'hommes semblables et égaux qui tournent sans repos sur eux-mêmes pour se procurer de petits et vulgaires plaisirs, dont ils remplissent leur âme. Chacun d'eux, retiré à l'écart, est comme étranger à la destinée de tous les autres: ses enfants et ses amis particuliers forment pour lui toute l'espèce humaine; quant au demeurant de ses concitoyens, il est à côté d'eux, mais *il ne les voit pas*; il les touche et *ne les sent point*; il n'existe qu'en lui-mème et pour lui seul“[30].

[28] I 2, 172. Ausgeführt in dem Kapitel „Comment la démocratie modifie les rapports du serviteur et du maître“ (I 2, 184-193), das als Korrelat *und* Korrektiv zu dem Kapitel *Herrschaft und Knechtschaft* in Hegels *Phänomenologie des Geistes* gelesen werden kann. Tocqueville jedenfalls wußte, wovon er sprach!

[29] I 2, 188.

[30] I 2, 324 (meine Sperrungen).

Mit anderen Worten: auf Grund des neuzeitlichen Individualismus ist die Fähigkeit zum gemeinsamen Handeln in den demokratischen Gesellschaften nicht mehr in den natürlichen Handlungsverbänden vorhanden, sondern das gemeinsame Handelnkönnen – und damit auch die politische Freiheit – muß eigen eingeübt werden. Damit gelangt man in den Kernbereich der neuen politischen Wissenschaft, die für die »neue Welt« der demokratischen Gesellschaft gefordert wird, weil sie erforderlich geworden ist. Denn das berühmte Zitat aus der Einleitung in *De la démocratie en Amérique*[31] ist nicht einfach so dahin gesprochen, sondern Tocqueville verbindet mit ihm einen sehr präzisen Sinn: „Dans les pays démocratiques, la science de l'association est la science mère"[32], sie ist „cette science nouvelle"[33], die gleichfalls gekennzeichnet wird als „la théorie générale des associations"[34].

Die für die neue Welt der demokratischen Gesellschaften geforderte, weil erforderliche neue politische Wissenschaft ist ohne jeden Zweifel diese universelle Theorie der Vereinigungen, weil die Menschen der demokratischen Gesellschaft auf Grund ihres natürlichen Individualismus gerade nicht gleichsam von Natur darin eingeübt sind, *gemeinsam*, d.h. politisch zu handeln[35]. Sie müssen das erst wieder lernen, und um das tun zu können, bedarf es einer Theorie, allerdings einer sehr besonderen: der universellen Theorie der Vereinigungen. Im Unterschied zu den »Kommunitaristen« vertraut Tocqueville, um den Gefahren der Moderne zu begegnen, nicht auf eine Rückkehr zu den »natürlichen« Strukturen einer vormodernen Welt. Dies würde für ihn nämlich eine Rückkehr auch zu deren Statusstrukturen bedeuten, und das Freiheitsangebot, das gleichwohl in der Moderne liegt, verspielen. Das zeigt zugleich, daß er die Moderne und damit die Demokratie prinzipiell bejaht. Er wünscht allerdings das zu erhalten, was für ihn das Wesen des Menschen selbst ausmacht: die Freiheit des Handeln-Könnens. Denn diese ist nicht automatisch und von selbst in den demokratischen Gesellschaften gegeben, sondern muß erworben werden, wozu wiederum ein Wissen erforderlich ist, jenes Wissen, das er in seiner neuartigen Theorie der Vereinigungen vorgelegt hat. Tocqueville hat vor allem in zwei Kapiteln von *De la démocratie en Amérique* seine Lehre von den unterschiedlichen Vereinungsweisen in demokratischen Gesellschaften vorgeführt[36].

[31] Zitiert in Anm. 6.
[32] I 2, 117.
[33] I 2, 114.
[34] I 2, 123.
[35] In dem Kapitel *Comment les Américains combatent l'individualism par la doctrine de l'intérêt bien entendu* (I 2, 127-130) wird eine sozialpsychologische These entwickelt, die auszuweisen sucht, daß auch die Selbstbezüglichkeit des interessegeleiteten Individuums sozialverträglich ausgestaltet werden kann, also nicht schrankenlos verstanden zu werden braucht.
[36] I 1, 194 -201 (*De l'association politique aux Etats-Unis*), I 2, 122-126 (*Rapports des associations civiles et des associations politiques*).

H.-A. Rau hat diese Theorie der Vereinigungen in ihrer ganzen Komplexität sorgfältig dargestellt[37]. Danach kann das »System« der Vereinigungen vorgeführt werden, hier natürlich nur andeutungsweise. Das Prinzip dieses Systems ist die Durchorganisierung der gesamten Gesellschaft mit und durch Vereinigungen. Entscheidend ist, daß diese Durchorganisation nicht einfach auferlegt werden kann, sondern von den Sich-Vereinigenden selber vollzogen werden muß: *Selbstorganisation*. Diese sich selbst organisierenden Vereinigungen betreffen zunächst einmal alles, woran eine Menge von Menschen interessiert sein kann. Das »System« der Vereinigungen reicht von sehr elementaren Formen bis zu den »associations litteraires et morales«. Es ist bezeichnend, daß Tocqueville nicht nur um der Vollständigkeit seines »Systems« der Vereinigungen willen auch Themen anspricht, für die gewöhnlich die »Linke« sich zuständig fühlt: die Lage der arbeitenden Klassen. Er erblickt sie unter dem Horizont einer Optik, welche die Isolierung in den Blick faßt, die ein natürliches Produkt der modernen Arbeitsteilung ist: „Que doit-on attendre d'un homme, qui a employé vingt ans de sa vie à faire des têtes d'épingles? Et à quoi peut désormais s'appliquer chez lui cette puissante intelligence humaine, qui a souvent remué le monde sinon à rechercher le meilleur moyen de faire des têtes d'épingles?“[38] Allerdings stehen Tocquevilles Aussagen in bezug auf diese Problematik in klarem Gegensatz zu denen von Karl Marx. Nicht nur teilt er nicht dessen geschichtsphilosophischen Ansatz. Die Gegensätzlichkeit betrifft vor allem den politischen Bereich, weil Tocqueville niemals die aus einer starken Tradition der deutschen politischen Wahrnehmung herrührende fast absorptive Identifikation des Politischen mit dem Staat geteilt hat, und noch weniger die daraus resultierende Unterstellung des Politischen unter das ökonomisch verstandene Gesellschaftliche. Nach dem Untergang des auf Marx, mit welcher Berechtigung auch immer, sich berufenden real existierenden Sozialismus dürfte sich eine Beschäftigung mit der spezifischen Art, in der Tocqueville dieses Thema angeht, sehr lohnen.

Diese erneute Beschäftigung muß auf das Grundprinzip achten, welches in Tocquevilles neuer politischer Wissenschaft von den mannigfachen Vereinigungen vorwaltet: die Bereitstellung und Ausfüllung aller gesellschaftlichen und politischen Räume mit handlungsbereiten und handlungsbefähigten Verbänden. Universell und auf allen Ebenen soll dieses Grundprinzip realisiert werden, auf daß keine leeren Stellen auftreten, die vom Verwaltungsdespotismus in Besitz genommen werden könnten. Der Realisierung dienen die klassischen liberalen Institutionen, Gewalten-, besser Machtteilung und Repräsentation, die für Tocqueville ebenso wie für Montesquieu selbst eine Art vertikaler Machtteilung darstellt. Es dienen ihr die lokalen und föderalen Aufgliederungen der po-

[37] H.-A. *Rau, Demokratie und Republik*. Tocquevilles Theorie des politischen Handelns, Würzburg 1981.

[38] I 2, 164. Die Anspielung ist natürlich auf das berühmte Stecknadelbeispiel von Adam *Smith, An Inquiry into the Nature and the Causes of the Wealth of Nations*, Glasgow Edition, II 1, 14ff.

litischen Sphäre, wie überhaupt alles darauf ankommt, die bürokratischen Entpersonalisierungen zu verhindern, die Entleerung und das Unsichtbarwerden der politischen Sphäre aufzuheben, die Möglichkeit der Freiheit zu *bewahren*. Darüber hinaus und in Wahrheit sogar primär haben alle diese Vereinigungen die Aufgabe, das gemeinsame Handeln einzuüben, d.h. die Möglichkeit der Freiheit, die Freiheit als ein Vermögen und ein Können, zu *eröffnen*. Eröffnendes Gründen (condere) und bewahrende Fortführung (conservare) sind die beiden Grundmomente des republikanischen Verständnis des Politischen[39].

Aber es gibt noch einen Schritt über dieses Stadium der neuen politischen Wissenschaft für die neue Welt der demokratischen Gesellschaften als der Theorie aller dieser mannigfachen Vereinigungen hinaus, und erst dieser Schritt vollendet diese Theorie. Der wahre Kern der neuen politischen Wissenschaft ist eine Theorie des Sich-Vereinigens (de s'associer, d'agir ensemble). Dieser Kern hatte sich ja auch bereits angekündigt, sofern alle diese Vereinigungen dazu bestimmt und daraufhin angelegt waren, politisches Handeln und überhaupt Handeln in Freiheit unter den Bedingungen des gegenwärtigen Zeitalters auch im Angesicht seiner Gefährdungen zu ermöglichen.

Das Problem besteht zunächst darin, daß es sich bei dieser neuen Wissenschaft primär gar nicht um ein rein theoretisches Unternehmen handeln darf und auch soll, sondern um ein Wissen, das von einem Können begleitet ist und seinerseits dieses Können ermöglicht, und zwar so, daß dieses Wissen selbst aus einem Können hervorgeht. Der traditionelle Titel für ein solches könnendes Wissen ist »l'art«, und so heißt dies Wissen auch „l'art de s'associer“[40]. Tocqueville identifiziert ausdrücklich dieses könnende Wissen mit der gesuchten neuen politischen Wissenschaft: „L'art de l'association devient alors, comme je l'ai dit plus haut, la science mère“[41].

Die entscheidenden Aussagen über dieses mit dem Handeln befreundete Wissen finden sich in dem Kapitel *Rapports des associations civiles et des associations politiques*[42], aber natürlich beschränkt sich Tocqueville in seinen Aussagen nicht auf dieses einzige Kapitel. Die dort vorgebrachten Erwägungen dürfen wiederum nicht so verstanden werden, als ob Tocqueville den im deutschen Kulturkreis üblichen Unterschied von »bürgerlich« und »politisch-staatlich« einzuführen gedächte. Die »politischen Vereinigungen« unterscheiden

[39] „neque enim est ulla res in qua propius ad deorum numen virtus accedat humana, quam civitates aut condere novas aut conservare iam conditas“: *Cicero, De re publica* I 7 (12). Die Bedeutung des römischen Paradigmas - und nicht der athenischen Polis - für die Constitution of the USA wird scharf herausgestellt von: M. N. S. *Sellers, American Republicanism*. Roman Ideology in the United States Constitution, Basingstoke / London 1994. Was Tocqueville in den USA kennenlernte, war der Typus einer republikanischen Demokratie. Im übrigen hat auch Hannah Arendt diesen Typus vor Augen: dies., *Über die Revolution*, München 1963 u. ö. Ihr Denken steht in großer Nähe zu dem von Tocqueville.

[40] I 2, 123.

[41] I 2, 124.

[42] I 2, 126-122.

sich von den »bürgerlichen Vereinigungen« nicht eigentlich kategorial, und Tocqueville ist weit davon entfernt, die »bürgerlichen Vereinigungen« als solche zu diskriminieren. In Luhmannscher Terminologie könnte man sagen, daß er die in demokratischen, d. h. modernen Gesellschaften unweigerlich eintretende funktionale Differenzierung der Gesellschaft voll akzeptiert. »Bürgerliche« und »politische Vereinigungen« unterscheiden sich möglicherweise im Inhalt und im Umfang ihrer Vereinigung, damit wohl auch im sie leitenden Interesse[43], nicht aber im Charakter ihres Sich-Vereinigens schlechthin. Das hat zur Folge, daß Tocqueville sie nicht absolut einander entgegen zu setzen braucht und sie in ein Verhältnis zueinander bringen kann. Die »politische Vereinigung« entsteht nicht aus der Negation der »bürgerlichen«.

Wie erinnerlich[44] beklagt Tocqueville die durch den neuzeitlichen Individualismus hervorgebrachte Isolierung des modernen, nicht mehr in der alteuropäischen »face-to-face«-Gesellschaft lebenden Menschen, der sich ausschließlich auf sich selbst, nicht mehr aber auf ein Gemeinsames außerhalb des engen Umkreises seiner privaten Verhältnisse bezieht: die öffentliche Sphäre ist unsichtbar geworden und damit verschwunden. Die Frage ist, wie sie wieder ins Erscheinen gebracht werden kann. Die Antwort, die Tocqueville gibt, ist seine könnende neue politische Wissenschaft des Sich-Vereinigens im gemeinsamen Handeln in und für die öffentliche Sphäre des Politischen. Die bloß »bürgerlichen« Vereinigungen mögen je ihre durchaus berechtigten, jedoch bloß beschränkten Ziele haben.

Dagegen hat die »politische« Vereinigung zunächst kein besonderes Ziel unter und neben anderen, sondern dieses Ziel ist das Sich-Vereinigen selbst. Sofern es allerdings auch bei den nur »bürgerlichen« Vereinigungen um ein Sich-Vereinigen zum gemeinsamen Handeln geht, weisen auch sie ein dieser Hinsicht einen »politischen« Charakter auf. Nur: die in der Besonderheit ihres jeweiligen Zieles beruhende Partikularität der »bürgerlichen« Vereinigungen, so sehr es sich bei ihnen schon um einen gewissen Überstieg über die individuelle Isolierung handelt, macht eine Universalisierung unmöglich, weil unnötig. Nicht so bei den »politischen« Vereinigungen. Bei ihnen ist das Sich-Vereinigen über jeden besonderen Zweck als solchen der Stiftungs- und Bewahrungsgrund der Vereinigung, d.h. sie sind als solche politisch qualifiziert. Tocqueville spricht das so aus: „Or, ce n'est que dans de grandes associations (i. e. dans les associations politiques, E. V.) que la valeur générale de l'association se manifeste“[45].

[43] Tocqueville war mit der Theorie des *Federalist* vom Unterschied der »multiplicity of interests« und der »diversity of opinions« vertraut, die nicht aufeinander zu reduzieren oder auseinander zu deduzieren sind. Zu diesem Unterschied: Verf., *»That all governments rest on opinion«*, in: Social Research 43/3 (1976), 46-61.

[44] Siehe bei Anm. 20.

[45] I 2, 123, auch die folgenden Zitate finden sich an dieser Stelle.

Diese »valeur« besteht darin, daß sich eine Menge von Menschen im wörtlichen Sinn überhaupt »wahrnimmt«: „mille citoyens ne voient point l'intérêt qu'ils ont à s'unir; dix mille l'appercoivent“. In der gemeinsamen Wahrnehmung wird die Isolierung der Individuen aufgebrochen und beginnt sich die öffentliche Sphäre zu rekonstruieren, die in nichts anderem besteht als in der Wahrnehmung des Gemeinsamen. „Une association politique tire à la fois une multitude d'individus *hors d'eux-mêmes*; quelque séparés qu'ils soient naturellement par l'âge, l'esprit, la fortune, *elle les rapproche et les met en contact*. Ils se rencontrent une fois et apprennent à se retrouver toujours“[46].

Tocqueville geht aber noch weiter in seiner »Methodisierung« des könnenden Wissens des Sich-Vereinigens. „Des citoyens individuellement faibles ne se font pas d'avance une idée claire de la force qu'ils peuvent acquérir en s'unissant; il faut qu'on le leur montre pour qu'ils le comprennent. De là vient qu'il est souvent plus facile de rassembler dans un but commun une multitude que quelques hommes“. Im Vollzug des Sich-Vereinigens zeigt sich den Sich-Vereinigenden ihre Stärke, im recht verstandenen Sinne: ihr Können als das Vermögen zum gemeinsamen Handeln. Die Rekonstruktion der politischen Sphäre geschieht als ein Lernen, aber die Schulen, in denen das geschieht, sind nicht akademische Institutionen, sondern die Vereinigungen selbst. „Les associations politiques peuvent donc être considérées comme de grandes écoles gratuites, où tous les citoyens viennent apprendre la théorie générale des associations“.

Tocqueville bestätigt so noch einmal, was er unter der neuen politischen Wissenschaft zu verstehen wünscht, die für die neue Welt der demokratischen Gesellschaften erforderlich ist. Diese Theorie, die im Vollzug einer Praktik besteht, ist erforderlich, um der aus dem individualistischen Prinzip der Moderne aufgebrachten tötlichen Gefahr einer okzidentalen Despotie Widerstand leisten und die bedrohte Freiheit bewahren zu können. Sollte jemand aber nach dem Sinn von Freiheit als in Gemeinsamkeit und für ein Gemeinsames Handeln-Können gefragt werden, dann lautet die Antwort Tocquevilles ganz einfach: „Qui cherche dans la liberté autre chose qu'elle-même, est fait pour servir“[47]. „La liberté est la première de mes passions. Voilà ce qui est vrai“[48].

[46] I 2, 123 (meine Sperrungen).
[47] II 1, 217.
[48] Siehe bei Anm. 15.

Wolfgang Müller-Lauter

Über Stolz und Eitelkeit bei Kant, Schopenhauer und Nietzsche

1

Die Selbsthochschätzung spielt unter den Haltungen, in denen das Individuum sein Verhältnis zu Anderen konstituiert, in der abendländischen Tradition eine bedeutende Rolle. Sie findet sich in mannigfachen Gestalten und unter vielen Namen, deren Bedeutungen sich überschneiden können. Die unterschiedlichen Bewertungen von »Hochmut« (χαυνότης, ὑπερηφανία; superbia) und »Hochgemutheit« (μεγαλοψυχία; magnanimitas, magnitudo animi) im griechischen und römischen Denken kamen zumindest darin überein, daß sie ihren Gegensatz, die »Demut« (ταπείνωσις; humilitas), als Tugend ausschlossen. Das christliche Verständnis des Menschen kehrt, sehr vereinfacht gesagt, dieses Verhältnis um: Von der *humilitas* her rücken das Hochmütige und das Hochgemute zu Ausformungen der *superbia* zusammen. Allerdings faßt Thomas von Aquin die *magnanimitas* (d.i. Ciceros Übersetzung der aristotelischen μεγαλοψυχία) als (der Hoffnung zugeordnete) Tugend des »hohen Mutes« auf, die in der durch göttliche Gnade ermöglichten *fiducia* ihre höchste Ausspannung findet. Läßt er damit die antiken Bedeutungsgehalte der *magnanimitas* zurück, so erfahren diese seit der Renaissance eine Aufwertung. Christliche Autorität hat an Gewicht verloren, wenn Descartes der Tugend, welche nach dem »Schulgebrauch« *magnanimité* genannt wurde, den Namen *générosité* gibt. Die mit ihm bezeichnete »vornehme Hochgemutheit« der Seele kann bei günstiger Anlage durch Übung und Gewöhnung kultiviert werden.[1] Sie gründet sich auf den *freien Willen* des Menschen als dem Vermögen vollkommener Entscheidungsfähigkeit, worin dieser Gott gleicht, wie es schon in den *Meditationes* heißt. Mit der *générosité* als der wahren Selbstachtung vereinbart sich nach Descartes die Demut als *humilité vertueuse*, welche der Einsicht in die Unbeständigkeit unserer Natur (wie der aller Menschen) entspringt. Der Hochmut oder Stolz (*orgueil*) und die *humilité vitieuse* (als Demut der Erniedrigung: *bassesse*) bilden das Gegensatzpaar zu jenen Tugenden. Ihnen liegt, dies ist Descartes' Kritierium für deren »Untugend«, Mangel im Gebrauch der (wahren) Freiheit zugrunde.[2]

[1] *Les Passions de l'Ame*, art. CLXI, vgl. LIV.
[2] A.a.O. [Anm. 1], art. CLV, CLIX, CLX.

In Kants Moralphilosophie erhält die Demut als Tugend noch einmal eine wesentliche Bedeutung zugesprochen,[3] ebenfalls im Unterschied zur »lasterhaften«: unter freilich anderen Voraussetzungen als bei Descartes. Sie spielt keine ausdrückliche Rolle mehr, wenn Schopenhauer und im Anschluß an ihn Nietzsche den *Stolz* und die *Eitelkeit* zu ihrem Thema machen. Die folgenden Ausführungen leiten zu diesen beiden Bestimmungen hin, setzen aber zunächst bei Kants Gedanken über die Selbstwertschätzung des Menschen ein. Kant hat solche »Haltungen« auch unter geschichtsphilosophischem Aspekt gewürdigt; unabhängig von ihm geschieht dies auch bei Nietzsche, nicht bei Schopenhauer.

2

An die Spitze seiner Aufstellung der *Laster*, durch welche der Mensch die Pflicht der Achtung für andere Menschen verletzt, stellt Kant in der *Metaphysik der Sitten* den *Hochmut*. Bei dessen Kennzeichnung zieht er, die ursprünglich augustinische Überlieferung aufnehmend, den Begriff der *superbia* heran. Dieses Wort drücke die Neigung aus, „immer *oben* zu schwimmen"; Augustinus hatte mit ihm das Streben nach verkehrter Hoheit („perversae celsitudinis appetitus") benannt. Von der „*Ehrbegierde*" des Hochmuts unterscheidet Kant den *Stolz* als „*Ehrliebe*", den er als „animus elatus" – in Grenzen – rechtfertigt, während Augustinus jede derartige „elatio" des Menschen als Abwendung von Gott und Bewegung auf seine eigene Nichtigkeit hin ansieht.[4] Selbst die von Kant dem Hochmut entgegengestellte Demut als *humilitas moralis*, durch die sich „das Bewußtsein und Gefühl der Geringfähigkeit" des „moralischen Werts" des Menschen geltend macht, wenn er diesen mit dem Sittengesetz „*in Vergleichung*" bringt – und zwar mit dessen „Heiligkeit und Strenge", könnte vor biblischer und insbesondere vor augustinisch geprägter Theologie nicht bestehen. So muß es für diese noch immer Ausdruck der *superbia* sein, wenn nach Kant der Mensch selbst der moralischen Gesetzgebung fähig ist und sich gedrungen fühlt, „als (physische[r]) Mensch den (moralischen) Menschen in

[3] Man vergleiche mit dem Voranstehenden wie auch mit dem Folgenden David *Humes* dihairetisch geordnete Affektenlehre, an deren Spitze Stolz (*pride*) und Demut (*humility*) stehen. Th. Lipps, der Übersetzer des *Treatise of Human Nature*, bemerkt zu Recht, daß *humility* „öfter besser mit »Kleinmut« wiedergegeben" werden würde; er selbst wählt „Niedergedrücktheit" als Übersetzung (*Ein Traktat über die menschliche Natur*, Buch II/III, Hamburg 1978, S. 3). - Zu Humes Vorbehalten gegenüber dem christlichen Verständnis der Demut als Tugend vgl. ebd. S. 354.

[4] *Kant, Metaphysik der Sitten*, Tugendlehre, § 42, A 144. (Kants Schriften werden nach der Ausgabe von W. Weischedel, Werke in sechs Bänden, Darmstadt 1964, mit Siglen [= MS] im Text zitiert.) - *Augustinus, De civitate Dei* XIV, 13. - Als ein Laster (vitium), das freilich andere Laster unterdrücken könne, hat Augustinus, unter Bezugnahme auf römische Autoren (Horaz, Tullius), auch den Ehrgeiz beschrieben (*De civitate Dei* V, 13).

seiner eigenen Person zu verehren". In der Konsequenz dieses Gedankens ist wahre Demut des Menschen zugleich „höchste Selbstschätzung, als Gefühl seines inneren Werts" und „*Gemütserhebung* (elatio animi)".

Die Hochschätzung des Menschen durch sich selbst soll sich nur auf sich „als intelligibles Wesen (seiner moralischen Anlage nach)" beziehen. „Als Sinnenwesen (seiner tierischen Natur nach)" ist er doch von jenem nicht getrennt, sondern – als eins mit ihm – durch die ihm von seiner Vernunft auferlegten Pflichten in Anspruch genommen. Deshalb kann „seine Geringfähigkeit als *Tiermensch* dem Bewußtsein seiner Würde als *Vernunftmensch* nicht Abbruch tun". Anders steht es, wenn die Selbsthochschätzung vom Vergleich mit dem Sittengesetz absieht und zur Selbstgerechtigkeit des *Tugendstolzes*, der „arrogantia moralis", führt. Er wird von Kant als ebenso sittlich verfehlt angesehen wie die *falsche Demut*, in der sich der Mensch anderen Menschen moralisch unterwirft. Die falsche Demut dient aber in Wahrheit als Mittel zur Gunsterwerbung. Damit wird zugleich auch derjenige, dessen Gunst erstrebt wird, zu einem Mittel herabgesetzt. Ihr heimlicher Hochmut ist „der Pflicht gegen andere gerade zuwider" (MS § 11, A 94 ff.).

Der wahren Demut, die allein das innere Verhältnis des Menschen zum Sittengesetz bestimmen soll, entspricht der Stolz, den Kant näher bestimmt als die „Sorgfalt, seiner Menschenwürde in Vergleichung mit anderen nichts zu vergeben". Die Ehrliebe des Einzelnen ist hierbei auf die moralische Persönlichkeit bezogen. Während die Ehrbegierde des Hochmuts „von anderen eine Achtung verlangt, die er ihnen doch verweigert", ist der »edel« genannte Stolz zur Achtung der Anderen verbunden, deren Ehrliebe ebenso berechtigt ist wie seine eigene. Die Selbstliebe des Einzelnen findet hier ihre Grenze. Der Stolze steht nach Kant freilich immer in der Gefahr der Selbst*über*schätzung und damit der Überschreitung dieser Grenzen. Der Stolz wird schon dann „zum Fehler und zur Beleidigung, wenn er auch bloß ein Ansinnen an andere ist, sich mit seiner [d.i. des Stolzen] Wichtigkeit zu beschäftigen". Wird er doch schon darin zur Ehrbegierde (d.h. zum Hochmut als ambitio), die in der Vergleichung mit Anderen um die Erhöhung des äußeren Geltungswertes bemüht ist (MS § 42, A 144 f.).

3

Wenn Schopenhauer, in der Erörterung des empfindlichen Ehrgefühls der Selbstliebe des Menschen, dem Stolz die *Eitelkeit* gegenüberstellt, von welcher er auch als von Hochmut sprechen kann,[5] dann bewegt er sich auf demselben Terrain wie Kant. Haben die herangezogenen Begriffe Kants ihre Bedeutungs-

[5] *Parerga und Paralipomena* I, »Aphorismen zur Lebensweisheit« [= PP], VIII, S. 390 (Schopenhauers Schriften werden im folgenden nach der Zürcher Ausgabe, Werke in zehn Bänden, mit Siglen im Text zitiert).

mitte in seinem Verständnis der *praktischen Vernunft*, so ist Schopenhauer der entschiedenste Kritiker der unter ihrem Vorzeichen begründeten Ethik.[6] Er führt aus, daß Kants moralische Abqualifizierung der Neigung ihn daran hindere, das wahre Fundament der Ethik zu entdecken. Schopenhauer findet dieses Fundament im *Mitleid*, als „reine Liebe (ἀγάπη, caritas)“ verstanden: im „geraden Widerspruch mit *Kant*“, welcher „gefühltes Mitleid für Schwäche“ erklärt.[7] Hinter diesem Widerspruch steht der von ihm grundsätzlich erörterte Gegensatz in der „Methode“: Kant gehe „von der mittelbaren, reflektirten Erkenntniß“ aus, er selber „von der unmittelbaren, der intuitiven“ (WWV S. 555 ff.).

Intuitiv erkennt der Mensch nach Schopenhauer „im fremden Individuo das selbe Wesen ... wie im eigenen“ (WWV S. 456). Solche Intuition hat die Kantische Unterscheidung von Ding an sich und Erscheinung in einer besonderen Ausprägung zu ihrer Voraussetzung, die er bis zu deren gänzlicher *Sonderung* führt.[8] Jeder Mensch ist ihm zufolge ein besonderer Objektivationsakt des Willens, ein Ding an sich mit einem unveränderlichen intelligiblen Charakter, der sich als empirischer Charakter in der Erscheinungswelt ausbreitet. In letzterer Hinsicht ist nun der Mensch dem *Satz vom Grunde* unterworfen, und dadurch zugleich in *Raum* und *Zeit* von allen anderen Menschen geschieden. Solcherart „im *principio individuationis* befangen“, bleibt der Mensch „bei dem durch dieses letztere gesetzten gänzlichen Unterschiede zwischen seiner eigenen Person und allen andern fest stehen“; er sucht, dem dadurch gestifteten Egoismus gemäß, „allein sein eigenes Wohlseyn“. Die anderen Individuen, die er „eigentlich nur als Larven, ohne alle Realität, ansieht“, bleiben ihm dabei „vollkommen gleichgültig“; die Kluft, welche ihn von ihnen trennt, scheint unüberbrückbar zu sein (WWV S. 451).

So wird deutlich, in welchem Sinne das Mitleid für Schopenhauer „das große Mysterium“ (GM S. 248) ist.[9] Errichtet doch das principium individuationis „eine absolute Scheidewand“ (WWV S. 459), die es zu verhindern scheint, daß der Egoismus des Individuums (der, „seiner Natur nach, gränzenlos“ ist [GM S. 236]) gebrochen wird. Andererseits klingt schon bei den von Gleichgültigkeit bestimmten und mehr noch bei den bösen Taten des Egoisten in seinem Bewußtsein an, daß seine Trennung von den Anderen in Raum und Zeit nach dem Satz vom Grunde eine Selbsttäuschung ist, der die Wirklichkeit des einen

[6] Vgl. hierzu und zum folgenden insbesondere: *Über die Grundlage der Moral* [= GM], §§ 4 und 6, VI S. 160-165, S. 168-191.

[7] GM VI, insbes. S. 262 ff.; *Die Welt als Wille und Vorstellung* [= WWV] I, S. 464-466. - Vgl. hierzu J. *Salaquarda, Erwägungen zur Ethik. Schopenhauers kritisches Gespräch mit Kant und die gegenwärtige Diskussion*, in: 56. Schopenhauer-Jahrbuch 1975, S. 51-69, hier: S. 60-66.

[8] Der *Wille* als *Ding an sich* ist bei Schopenhauer „von seiner Erscheinung gänzlich verschieden“. Die Objektität, in die er erscheinend „erst eingeht“, ist ihm „selbst fremd“ (WWV S. 156, 157).

[9] Über dieses „Urphänomen“ hinaus (als einen „Gränzstein“ für die Vernunft) kann „nur noch die metaphysische Spekulation einen Schritt wagen“ (ebd.).

Willens verdeckt.[10] Dieser ist Ding an sich und offenbart sich unserer Intuition unmittelbar als Wille. Auf dem Wege des Vorstellens kommen wir nicht über die Vorstellungen hinaus. Die Dinge als Objekte unserer Sinne sind daher nicht Erscheinungen von an sich Gegebenem (als äußere Ursache unserer Empfindungen), sondern nur der Schein von Wirklichkeit. Dann erweist sich auch das »Sein« des Individuums als Schein. Alles menschliche Streben läuft deshalb auf seine „gänzliche Nichtigkeit" hinaus; sie sich zu verbergen, ruft ebenso große wie vergebliche Anstrengungen des Individuums hervor.

4

Aus Schopenhauers Auffassung von Vorstellung – im Unterschied zu Kants Verständnis von Erscheinung[11] – wird deutlich, warum er das Wort Eitelkeit auch dort bevorzugt, wo er von Hochmut oder Ehrsucht handelt. Jenes Wort legt sich ihm vor allem aus dessen überlieferter mehrfacher Bedeutung nahe. Er weist darauf hin, „daß in fast allen Sprachen Eitelkeit, *vanitas*, ursprünglich Leerheit und Nichtigkeit bedeutet". Insbesondere ist es Ausdruck der „Thorheit" geworden, sich als „ein Hauptziel seines Strebens" zu wünschen, „in der Meinung Anderer als ein Beglückter dazustehn". Dahinter steht immer das Leiden des Individuums, das „die Außenseite" seines Lebens „mit falschem Schimmer" (WWV S. 406 f.) überzogen hat.[12] Wenn Kant von der Torheit des Hochmütigen spricht, so hebt er zwar auch darauf ab, daß es sich hierbei um „Eitelkeit im Gebrauch der Mittel zu etwas" handle, das nicht den „Wert" habe, um „Zweck" sein zu können. Aber diese Eitelkeit ist die einer bestimmten Erscheinungsweise. Zwar kann er schreiben, in der Ehrsucht gehe es lediglich um das „Bestreben nach *Ehrenruf*, wo es am Schein genug ist". Dieser Schein ist jedoch bei Kant Anschein, der im Verhältnis zur moralisch gestützten *Ehrliebe* entsteht;[13] er ist nicht nichtiger Schein im Sinne Schopenhauers.

[10] In der dunkel gefühlten *Gewissensangst* meldet sich bei dem doch in die Erscheinungswelt Verstrickten gewissermaßen durch die besondere böse Tat hindurch „die geheime Ahndung", daß das principium individuationis ihn nur im „täuschende[n] Traum" von denen trennt, denen er Böses antut (WWV S. 453-456).

[11] Dabei macht Schopenhauer sich den alten Einwand gegen Kant zu eigen, dieser gelange nur mittels der verdeckten Anwendung der Kausalitätskategorie zur Annahme des Dinges an sich. Damit nehme Kant, sich selbst widersprechend, dieses faktisch gänzlich in die Vorstellungswelt hinein. Nur als ein „von der Vorstellung und ihren Elementen *toto genere* Verschiedenes" könne das Ding an sich, und zwar im Ausgang von unserem Selbstbewußtsein, aufgefaßt werden (WWV S. 535 f., vgl. S. 613 f.).

[12] Zur Begriffsgeschichte von *Eitelkeit* in der christlich-abendländischen Tradition s. H. *Reiner*, Art. *Eitelkeit*, HWPh 2, 431 f. Der Annäherung der Bedeutungen von *vanitas* und *superbia* hat insbes. die Vulgata-Übersetzung von 2. Petr. 2,18 vorgearbeitet.

[13] *Anthropologie in pragmatischer Hinsicht* [= Anth.], VI, B 236.

Grenzt Kant den Phänomenbereich der Ehrbegierde moralphilosophisch ein,[14] so erhält die Eitelkeit von Schopenhauer eine derart grundlegende Bedeutung zugesprochen, daß sie zum Oberbegriff für die Unterscheidung von Stolz und Eitelkeit im engeren Sinne wird. Ohnehin finden wir diese allein in seinen *Aphorismen zur Lebensweisheit* durchgeführt, in welcher er von seinem „höheren, metaphysisch-ethischen Standpunkte" abgeht, um – ungeachtet seines radikalen Pessimismus – eine Art von „Eudämonologie" vorzulegen, welches Wort er freilich nur euphemistisch gelten lassen kann und will (PP I, S. 343). Dabei geht es ihm u.a. um den relativen Glückswert dessen, was wir mit Ehre, Rang und Ruhm erstreben, und damit um das, was wir in den Augen Anderer *vorstellen*. Die Vorstellungen, die das „fremde Bewußtseyn" von uns hat, sind „unmittelbar gar nicht für uns vorhanden". Sie sollten uns daher im Verhältnis auf das, „was wir *in und für uns selbst* sind", gänzlich „gleichgültig" sein. Die *ethisch* verworfene Gleichgültigkeit wird dabei von Schopenhauer *eudämonologisch* als Schutzschild des Menschen gerechtfertigt (PP I, S. 387).

Die Eitelkeit im von Schopenhauer weit gefaßten Wortsinn ist derart tief im menschlichen Wesen verwurzelt, daß sie als „angeborene[n] Verkehrtheit" auf der eudämonologischen Ebene nicht ausgerottet, sondern nur durchsichtig gemacht und gemildert werden kann. Als „Thorheit unserer Natur" treibt sie „hauptsächlich drei Sprößlinge: Ehrgeiz, Eitelkeit und Stolz" hervor. Dabei geht es Schopenhauer um den Unterschied der Eitelkeit im engeren Sinne vom Stolz, welcher „die bereits feststehende Überzeugung vom eigenen überwiegenden Werthe, in irgend einer Hinsicht" ist, hingegen Eitelkeit „der Wunsch, in Andern eine solche Überzeugung zu erwecken, meistens begleitet von der stillen Hoffnung, sie in Folge davon auch selbst zu der seinigen zu machen". Der „von *innen* ausgehende" Stolz als „direkte Hochschätzung seiner selbst" wird dabei in den Gegensatz zur „von *außen* her" bestimmten Eitelkeit gestellt, diese ist sogar „sein schlimmster Feind". Der Stolz, obwohl ebenfalls Torheit, erfährt dabei eine deutliche Aufwertung: Wer ihn tadle, habe meistens selbst nichts, worauf er stolz sein könne (PP II, S. 392 ff.).

Schon bei Kant finden wir eine Veräußerlichung des Verhältnisses zum Anderen, die Schopenhauers Verständnis der Eitelkeit nahekommt, wenn auch nicht erreicht: In der falschen Demut als einem Bestreben des Hochmuts will der Mensch nicht nur Anderen gleichkommen oder sie übertreffen, sondern ist darin zugleich durch „Überredung" bemüht, „sich dadurch auch einen inneren größeren Wert zu verschaffen". Für Kant ist hierbei allein wesentlich, daß durch diese Bewegung vom Außen nach einem »uneigentlichen Innen« der eigene moralische Wert gemindert wird.[15]

[14] So wird eine ihrer Gestalten als „Unbescheidenheit der Forderung ..., von anderen geachtet zu werden", von Kant unter dem Namen „*Eigendünkel* (arrogantia)" abgehandelt und der sittlich geforderten „Einschränkung der Selbstliebe" gegenübergestellt (MS § 37, A 139).

[15] MS A 95. - Vgl. die Ausführung Kants über die „Bewerbung des Ehrsüchtigen um Nachtreter", die von ihm unter den Aspekt des Hochmuts als Überhebung im Äußeren gebracht wird. - Pragmatisch argumentierend legt er den Widerspruch des Hochmütigen zu seinen eigenen Zwecken

Das Innen, von dem nach Schopenhauer der Stolz ausgeht, gehört zum intelligibel schon präformierten »Vorstellen«. Es erfährt im Zusammenhang der *Aphorismen* nur beiläufig Erwähnung. Innerhalb der Sphäre der Erscheinungen ist Schopenhauer zufolge kein Raum für Charakter- und damit für grundlegende Verhaltensänderungen, da er nicht der Willensfreiheit unterliegt: anders als nach Kant, dem zufolge die intelligibel verwurzelte Achtung des Menschen vor den Anderen als moralischen Wesen ständig »wirksam« ist und jedes Verhalten empirisch bestimmen *soll* und (deshalb) auch *kann*.[16] Daß Schopenhauer den Stolz positiv bewertet, hat seinen Grund in seinem eudämonologischen »Ideal«, das in seinen Ausführungen zu dem, »was Einer *ist*«, herausscheint. Ihm gemäß kann derjenige Mensch »glücklicher« leben, dessen „Schwerpunkt *ganz in ihn*" gefallen ist. Ein derart „innerlich Reicher" fürchtet die Langeweile nicht, ihm ist die „Einsamkeit willkommen, freie Muße das höchste Gut". Wer dagegen keine geistigen Bedürfnisse hat, dem bleiben allenfalls noch „die Genüsse der Eitelkeit". In der Einsamkeit zeigt sich, was einer „*an sich selber* hat: da seufzt der Tropf im Purpur unter der unabwälzbaren Last seiner armsäligen Individualität; während der Hochbegabte die ödeste Umgebung mit seinen Gedanken bevölkert und belebt" (PP I, S. 354-359, 372, 376, 361).

5

Nietzsche hat Schopenhauers Unterscheidung von Stolz und Eitelkeit aufgenommen und von *Menschliches, Allzumenschliches* an auf seine Weise zum Thema gemacht.[17] Er hat sie auf Schopenhauer selbst angewendet, indem er ihn als „nicht stolz genug" kennzeichnet, um „sich gegen seine ausgesprochenen Grundsätze weiter zu entwickeln"; aus Furcht „für seinen Ruhm" habe er „die verhältnißmäßige Unfruchtbarkeit" vorgezogen, um „der Beschämung" zu

dar, insofern dieser durch seinen Hochmut gegen sich selbst einnehme und mit solcher „*Narrheit*" seiner Ehrbegierde schade. Mute er dem Anderen doch mit seinem Verhalten zu, sich selbst zu verachten. Kant kann die dabei entstehende Abhängigkeit des Hochmütigen von den Anderen dadurch drastisch vor Augen führen, daß er sowohl die Überheblichkeit als auch die Kriecherei (falls „ihm das Glück umschlüge") auf dieselbe Niedertracht zurückführt, die „jederzeit" in dessen Seelengrunde anzutreffen sei (MS A 145; vgl. Anth. B 236 f.).

[16] Vgl. dazu W. *Müller-Lauter, Das Verhältnis des intelligiblen zum empirischen Charakter bei Kant, Schelling und Schopenhauer*, in: Kategorien der Existenz, FS Wolfgang Janke, hg. Klaus Held und Jochem Hennigsfeld, Würzburg 1994, S. 31-60.

[17] Vgl. dazu Marco *Brusotti, Verkehrte Welt und Redlichkeit gegen sich*. Rückblicke Nietzsches auf seine frühe Wagneranhängerschaft in den Aufzeichnungen 1880-1881, in: Centaurengeburten, hg. v. T. Borsche, F. Gerratana, A. Venturelli, Berlin / New York 1994, S. 435 ff., hier insb.: S. 437 (Anm. 5).

entgehen, „sich widersprechen zu müssen".[18] Im übrigen ist jeder Mensch eitel: „Wer die Eitelkeit bei sich leugnet, besitzt sie gewöhnlich in so brutaler Form, dass er instinktiv vor ihr das Auge schliesst, um sich nicht verachten zu müssen."[19] Auch Nietzsche stellt als das Kennzeichnende der eitlen Menschen heraus, daß sie „nicht sowohl Anderen gefallen wollen, als sich selbst" (MA I, 89). Er arbeitet aber die Dialektik der Selbstwertgebung durch die Meinung Anderer noch differenzierter als Schopenhauer heraus und thematisiert sie, nicht ohne Ambivalenzen, in vielfältigen psychologischen Zusammenhängen.[20] Unterschiedliche Wertakzente setzt er bei der Eitelkeit. Er hebt hervor, daß „das Interesse an sich selbst ... bei dem Eitelen eine solche Höhe" erreichen kann, „dass er die Anderen zu einer falschen, allzu hohen Taxation seiner selbst verführt und dann doch sich an die Autorität der Anderen hält: also den Irrthum herbeiführt und doch ihm Glauben schenkt" (MA I, 89). Der Eitle ist dabei aber so wenig stolz auf seine „Einzigkeit", daß es ihm wichtiger ist, daß die Anderen so „gut als möglich" von ihm denken, als daß sie ihn kennen, wie er ist (N 1880, V 1, 3 [59]). Anfangs geht es Nietzsche noch darum, die Eitelkeit als Aussein auf *Selbstgenuß* zu verstehen. Als Streben danach bildet sie für ihn noch den Grund für diejenigen Verhaltensweisen, in denen Kant nichts als die Narrheit der Hochmütigen fand. „Nur um die Freude an sich selber" zu haben, können sie gegen ihren Vorteil geneigt sein, „ihre Mitmenschen ungünstig, feindlich, also schädlich gegen sich zu stimmen" (MA I, 89 – Zu Kant s. Anm. 15). Der Selbstgenuß der Eitlen kann bis zum Arrangement von „angeblichen Eigenschaften" führen, die sie sich von Anderen zusprechen lassen: zum Zwekke der Selbsttäuschung. Eigene „Originalität" kann in diesem Falle durchaus vorhanden sein, sie wird in der Eitelkeit aber nicht gezeigt. Diese ist, als „Furcht, original zu erscheinen", ein „Mangel an Stolz"; der Stolz brauchte das Selbst nicht zu verbergen.[21] Nietzsches „Ideal" ist allerdings „ein gemilderter und verkleideter Stolz", der die „Unabhängigkeit" von den Meinungen Anderer nicht herauskehrt, der sogar „den Spott aushält" (N 1880, V 1, 7 [95]).[22]

Die meisten Menschen, mögen sie sich für Egoisten halten oder nicht, tun „ihr Lebenlang Nichts für ihr ego, sondern nur für das Phantom von ego, welches sich in den Köpfen ihrer Umgebung gebildet und sich ihnen mitgetheilt hat" (M 105). Als „*Haut der Seele*" umhüllt die Eitelkeit auch die Leiden-

[18] *Nachlaß* [= N] 1880, V 1, 3 [42] (Nietzsches Schriften werden nach der Kritischen Gesamtausgabe der Werke, hg. von G. Colli und M. Montinari, zitiert. Angabe der Stellen erfolgt im allgemeinen nur für den Nachlaß, Seitenzahlenangaben nur bei längeren Abschnitten.)

[19] *Menschliches, Allzumenschliches* [= MA] II, Vermischte Meinungen und Sprüche[=VM] 38.

[20] Vgl. - um nur wenige Beispiele anzuführen - die gespielte Hartherzigkeit aus Eitelkeit: MA II, VM 64, oder, ohne Verwendung dieses Wortes, das geheuchelte Mitleiden, ebd. VM 59; zu Schmeichelei und Scham: N 1880, V 1, 2 [34]. - Zum Stolz vgl. ebd. 2 [28], 3 [228].

[21] *Morgenröthe* [= M], 385, 365.

[22] Vgl. ebd. 8 [60]: „Und wehe mir, wenn etwas Lächerliches an mir genügt, um mir meine eigene Achtung vor mir zu nehmen! Dies aber geschieht bei den Eiteln, die sich *vernichten* möchten, nach einem Etikettefehler."

schaften des Menschen und macht ihren Anblick erträglich (MA I, 82). Solche Betrachtungen haben bei Nietzsche keine nur beiläufige Bedeutung, sie erwachsen im Zusammenhang wesentlicher Auseinandersetzungen aus einem Geflecht komplexer psychologischer und historischer Analysen.[23]

Die Furcht des Eitlen hat Nietzsche schon 1876/77 noch elementarer zu verstehen gesucht: In ihr drücke sich die „Unlust der Abhängigkeit, der Ohnmacht" aus, welche zu überwinden das „Hauptelement des Ehrgeizes" sei. „Unsere starke Rücksicht auf die Meinungen der Menschen" erkläre sich aus unserem Bedürfnis, zum *Gefühl von Macht* zu kommen (N IV 2, 23 [63], S. 521).[24] Dieses Gefühl wird von Nietzsche im Sommer 1880 nach mannigfachen Hinsichten erörtert, oft in Relation zu seinem negativen Komplement, der Furcht. Die Bedeutung der Eitelkeit wird dabei darauf beschränkt, einen „Umweg" darzustellen, auf dem man sich seine Macht „von außen her ... beweisen lassen" kann. Man glaubt von sich selbst her nicht an sie, folglich bedarf es zu ihrem »Beweis« der Bewegung über die Furcht, der „Unterordnung unter das Urtheil der Anderen" (N 1880, V 1, 4 [196]). Soweit Nietzsche das durch Vorstellungen erzeugte Gefühl von Macht erörtert, kann die Differenz zu Schopenhauer noch unbeträchtlich erscheinen.[25] Aber seine Bemühungen gehen in die diesem entgegengesetzte Richtung. Nicht will er den Schein in jenem Gefühl nur durchschauen, um letztlich gar im Nirwana die Erlösung zu suchen. Er fragt vielmehr: „Wie kann das Gefühl von Macht ... immer mehr substantiell und nicht illusionär gemacht werden?" (N 1880, V 1, 4 [216])

Ohnehin sind Vorstellungen nach Nietzsche nicht auf ein An-sich zu beziehen wie in unterschiedlicher Weise bei Kant und Schopenhauer. Fällt schließlich in seiner Welt des Werdens die Differenz von Sein und Schein dahin, so

[23] Brusotti hat Nietzsches Verständnis von Wagners Eitelkeit im Nachlaß von 1880/81 wie folgt zusammengefaßt: „Wagner betrügt seine Mitmenschen, um sich selbst zu belügen, und belügt sich selbst, um an sich selbst glauben zu können." (Marco *Brusotti, Verkehrte Welt und Redlichkeit gegen sich*, S. 437) Erhellend sind seine Hinweise auf Nietzsches Gegenüberstellung von Wagners Schauspielerei mit der Napoleons. Dieser ist ehrlich sich selbst gegenüber, er „heuchelt" Eitelkeit, „sie ist bei ihm nur ein Mittel zur politischen Macht" (S. 439, vgl. S. 459). – Zur systematischen Bedeutung der Eitelkeit bei Nietzsche vgl. Volker *Gerhardt, Friedrich Nietzsche*, München 1992, S. 128 f.

[24] Nietzsche stellt hier „Furcht (negativ) und Wille zur Macht (positiv)" gegenüber, wobei letztere Bestimmung noch nicht terminologisch verwendet wird. Zu seiner Rede vom *Gefühl der Macht* vgl. Walter *Kaufmann, Nietzsche*. Philosoph - Psychologe - Antichrist, übers. v. J. Salaquarda, Darmstadt 1982, insbes. S. 221 ff.; Marco *Brusotti, Der Wille zur Wahrheit. Leidenschaft der Erkenntnis und ästhetische Lebensgestaltung bei Nietzsche von »Morgenröthe« bis »Also sprach Zarathustra«*, Berlin / New York [erscheint 1995], 1. Kap.

[25] „Die Blase der eingebildeten Macht platzt: dies ist das Cardinalereigniß im Leben. ... Dann will man *Trost* d.h. eine neue Blase." (N 1880, V 1, 4 [199]) Schopenhauer hätte in seiner »Eudämonologie« auch das „Trostmittel" anerkennen können: „*mehr* zu ertragen haben als alle anderen, das giebt ein Gefühl von Vorrecht, von Macht." (ebd., 4 [215]) Seine relative Rechtfertigung des *Stolzes* hätte freilich die heroischen Züge, die bei Nietzsche auch hier im Hintergrund stehen, ausgeschlossen.

kann auch die Eitelkeit einen positiven Sinn zugesprochen erhalten – wie ohnehin der Stolz (vgl. z.B. MA II, Der Wanderer und sein Schatten [= WS] 34). Weil diese für Nietzsche nicht bloß »nichtig« ist, weist er auch als Bedeutungsvermengung zurück, was für Schopenhauer in diesem Wort sachgerecht zusammenfließt. Nach Nietzsche ist das Geltenwollen alles andere als *vanitas*: „Für alles Handeln in Bezug auf die Gesellschaft" zählt mehr „Das, was wir *gelten*", als „Das, was wir *sind*". Die Eitelkeit sei deshalb „eines der vollsten und inhaltsreichsten Dinge", als kulturbildender Faktor stelle sie „etwas Grosses" dar (MA II, WS 60).[26]

Nietzsche hat – im Unterschied zu dem typologisierend verfahrenden Schopenhauer – die erörterten Bestimmungen genealogisch zu entwickeln gesucht: Die Eitelkeit habe ihren Ursprung in der Erfahrung, daß der Mensch das, was „ihn trägt oder niederwirft", nicht in dem hat, „was er *ist*", sondern in dem, „was er *gilt*". Ihre Ausprägung stellt einen bedeutenden Machtfaktor dar. So bildete die Herbeiführung von „Furchtzuwachs" bei den Schwächeren ein Mittel der Stärkeren, um den Glauben an ihre Macht zu vergrößern. Jene mußten bemüht sein, sich bei diesen Geltung und Anerkennung zu erwerben. Ihr Wert im Bewußtsein der Starken wurde wichtiger als die „Befriedigung", die sie für sich selbst suchten. Ihnen kam es in größerem Maße noch auf die Mehrung des *Glaubens* an Macht an, für die – im Unterschied zur Machtmehrung selber – List, Hinterhältigkeit und damit „Geist" nötig ist. In solchen Fällen „wird die Eitelkeit um so grösser sein, je klüger der Einzelne ist". Im Urzustand war deren Ausbildung das stärkste Selbsterhaltungsmittel der Schwächeren. Nietzsche nennt sie daher *„die grosse Nützlichkeit"*. Diese bleibt auch in den „abgeschwächtesten Formen" der Eitelkeit, in „Sublimirungen und kleinen Dosen" in der Moderne erhalten (MA II, WS 181. – Vgl. auch MA I, 105). Ihre Beseitigung ist weder möglich noch auch wünschenswert. Platos Auffassung z.B., auf die sich die Sozialisten berufen, daß mit der Aufhebung des Besitzes die Selbstsucht zum Verschwinden zu bringen sei, beruht nach Nietzsche „auf einer mangelhaften Kenntniss des Menschen". Die „guten nützlichen Eigenschaften" seiner Seele sind auf Eitelkeit und Selbstsucht *angewiesen*: „Die ärgste Pest könnte der Menschheit nicht so schaden, als wenn eines Tages die Eitelkeit aus ihr entschwände." (MA II, WS 285)[27] Doch diese Gefahr besteht so wenig, daß

[26] Dazu, wie durch sie der menschlichen Geist bereichert wird, vgl. MA I, 79.

[27] „Wenn kein Eigenthum, dann fehlt die Wurzel der Selbstsucht - falsch! gegen Plato", notiert Nietzsche in diesem Zusammenhang (N 1879, IV 4, S. 348). - Im zitierten Aphorismus heißt es noch, damit solle „nicht von ferne gesagt sein", daß die menschlichen Tugenden „nur Namen und Masken" von Eitelkeit und Selbstsucht seien. Er glaubt schon nicht mehr an „eine radicale Verschiedenheit der guten und bösen Menschen, der guten und schlechten Eigenschaften" (ebd., S. 319). In *Jenseits von Gut und Böse* [= JGB] wird die Meinung (grundlegender) Gegensätze der Werte unter die Vorurteile der Metaphysiker gezählt. Der Bestreitung, daß „die selbstlose Handlung aus dem Eigennutze" entspringen kann, wird entgegengehalten, daß der Wert des Guten und Verehrten mit den „schlimmen, scheinbar entgegengesetzten Dingen auf verfängliche Weise verwandt, verknüpft, verhäkelt, vielleicht gar wesensgleich" ist. (Aph. 2) Das „Vielleicht", unter

er jene als „*das menschliche »Ding an sich«*" bezeichnen kann, womit er nicht auf ein An-sich-sein anspielt, sondern auf ihre »Unbesiegbarkeit«, d.h. ihre Unüberwindlichkeit (MA II, VM 46).

6

Vom Nutzen der Eitelkeit kann bei Schopenhauer im Unterschied zu Nietzsche keine Rede sein: Eine voranschreitende Kulturentwicklung kann es ihm zufolge nicht geben, die Künste sind ohnehin auf die Ideen als auf zeitlose Willensobjektivationen bezogen. Ihm geht es allein um die Dämpfung der Eitelkeit, – da sie sich, als zur menschlichen Natur gehörig, nicht ausrotten läßt. Stirbt sie doch noch beim *Heiligen*, in dem sich die Weltverneinung auf vollkommenste Weise vollziehen soll, erst ganz zuletzt.[28] Angesichts des grenzenlosen Egoismus, der „fast in jeder Menschenbrust nistet", kann es ihm zufolge in der Geschichte nur darum gehen, die „Millionen so beschaffener Individuen" in gesetzlicher Ordnung zu halten (PP II, Zur Rechtslehre und Politik, S. 271, S. 274-276).

Kants Blick auf die „Weltbühne" der Geschichte bietet zunächst eine kaum weniger pessimistische Sicht. „Bei hin und wieder anscheinender Weisheit im einzelnen" findet man „doch endlich alles im großen aus Torheit, kindischer Eitelkeit, oft auch aus kindischer Bosheit und Zerstörungssucht zusammengewebt". Im „widersinnigen Gange menschlicher Geschichte" scheint „eine zwecklos spielende Natur" am Werke zu sein; „das trostlose Ungefähr tritt an die Stelle des Leitfadens der Vernunft". Doch dies gilt nur, wenn die verborgene Naturabsicht unberücksichtigt bleibt, die in der Entwicklung der Anlagen aller Geschöpfe am Werke ist.[29] In der menschlichen Gesellschaft wird sie durch den Wetteifer zwischen den Individuen vorangetrieben, der in Wahrheit ein Mittel der Natur ist, die Menschen zu kultivieren. Die *ungesellige Geselligkeit*, unter welcher Bezeichnung er die beiden Charaktere von Selbstbezogenheit und Verbundenheit des Einzelnen mit den Anderen zusammenfaßt, hat die Menschen durch den beständigen Antagonismus in der Gesellschaft aus dem rohen Naturzustand heraus zur Zivilisation geführt. Die moralphilosophisch als Laster gegeißelte Ehrsucht wird gemeinsam mit der Herrschsucht und der Habsucht als eine Kraft des Menschen gepriesen, mittels derer dieser „die ersten wahren Schritte aus der Rohigkeit zur Kultur" gegangen sei. „Dank sei also der Natur für die Unvertragsamkeit, für die mißgünstig wetteifernde Eitel-

welches Nietzsche diese und andere Erörterungen in *Jenseits von Gut und Böse* stellt, ist stilistischer Art und drückt keinen Vorbehalt in der Sache aus. Es ist aus der Perspektive der freien Geister gesagt, welche den »Philosophen der Zukunft« vorarbeiten.

[28] WWV S. 484. - PP I, S. 392, zitiert Schopenhauer Tacitus, hist. IV, 6: „Etiam sapientibus cupido gloriae novissima exuitur."

[29] *Idee zu einer allgemeinen Geschichte in weltbürgerlicher Absicht* [= GWA], VI, A 387 f.

keit, für die nicht zu befriedigende Begierde zum Haben oder auch zum Herrschen!", ruft Kant aus. Der durchgängige Widerstand in der Gesellschaft ist zwar die Quelle vieler Übel, die jedoch „auch wieder zur neuen Anspannung der Kräfte, mithin zur mehreren Entwicklung der Naturanlagen antreiben" (GWA, Vierter Satz, A 392-394).

Solcher Lobpreis bedarf des Aufweises seiner Vereinbarkeit mit der moralphilosophischen Einstufung der genannten Eigenschaften als Laster. Dafür ist Kants Religionsschrift heranzuziehen. In ihr handelt er von der „zwar physischen, aber doch *vergleichenden* Selbstliebe", derzufolge jeder Mensch darauf aus ist, „keinem über sich Überlegenheit zu verstatten", worin die „beständige Besorgnis" steckt, die Anderen strebten danach. Diese Besorgnis läßt „nachgerade eine ungerechte Begierde" entspringen, Überlegenheit über andere zu erwerben, worauf vielerlei Laster „gepfropft" werden können. Die Formulierung schon macht deutlich, daß Kant die vergleichende Selbstliebe nicht *per se* als moralwidrig ansehen möchte. In der Tat zählt er sie zu den ursprünglichen und notwendig gegebenen „Anlagen *zum Guten*" in der menschlichen Natur und stellt sie unter dem Namen der Anlage für die Menschheit zwischen die Anlagen für die Tierheit und für die sittliche Persönlichkeit. Die demgemäß „aus der Natur" stammende Neigung, „*sich in der Meinung anderer einen Wert zu verschaffen*", sieht er als ursprünglich nur auf „*Gleichheit*" gerichtet an. Diese »gute« Intention wird Kant zufolge schon verkehrt, wenn aus der Besorgnis um Verletzung der Gleichheit, der eigenen Sicherheit wegen, „als Vorbauungsmittel" Überlegenheit über andere erstrebt wird. Freilich bleibt die Spannung zwischen Kants letztlich moralphilosophisch begründetem Gleichheitsanspruch und den Neigungen der Selbstliebe unaufgehoben. Wenn er auch in der Religionsschrift die Idee des „Wetteifers" der Individuen „als Triebfeder zur Kultur" der »guten« Naturabsicht zuschreibt, so fragt sich doch, ob er die in ihr wirksame praktische Vernunft nicht nur als bedingte von der unbedingten (moralischen) philosophisch separieren, sondern auch mit dieser versöhnen kann. Der genannte Wetteifer soll „an sich" die moralisch verstandene „Wechselliebe" nicht ausschließen. Läßt sich aber eine eindeutige Grenze ziehen, an welcher der Wetteifer zur »ungerechten Begierde« wird?[30]

Kants geschichtsphilosophische *Idee* stellt den Versuch einer Problemlösung dar. Der Zweck der Geschichte besteht ihr zufolge in der vollständigen Entwicklung aller Anlagen der Menschheit. Diese kann sich „*nur in der Gattung, nicht aber im Individuum*" vollziehen (GWA, Zweiter Satz, A 388 f).[31] Gattung bezeichnet hier nicht einen logischen Oberbegriff, sondern „das *Ganze* einer ins Unendliche (Unbestimmbare) gehenden Reihe" von Individuen, in deren

[30] *Die Religion innerhalb der Grenzen der bloßen Vernunft*, IV, B 17-20.

[31] Zu den komplexen Problemen, die sich aus Kants Einführung des Begriffs einer geschichtlich »zwecktätigen« Natur ergeben, sei verwiesen auf: Friedrich *Kaulbach, Welchen Nutzen gibt Kant der Geschichtsphilosophie?*, in: Kant-Studien 66 (1975), 65-84.

„*unaufhörlichem Fortschreiten*" die Idee vom Ziele Ausdruck findet.[32] Der anfängliche gesetzlose Antagonismus ruft eine erste „*pathologisch*-abgedrungene Zustimmung" zur Vergesellschaftung hervor. Die Verwandlung der Gesellschaft „in ein *moralisches* Ganze[s]" (GWA, Vierter Satz, A 393) setzt nun ein Zusammenstimmen der Anlagen der vergleichenden Selbstliebe und der praktisch-sittlichen Vernunft voraus. Diese – die späteste und schwerste – Aufgabe der Menschengattung läßt sich nicht vollkommen lösen: „Nur die Annäherung zu ihrer Idee ist uns von der Natur auferlegt" (GWA, Sechster Satz, A 396 f.).[33] Ihrem Zweck dient die Einrichtung einer *bürgerlichen Verfassung*, welche den Antagonismus zwischen den Menschen nicht aufhebt, sondern ihn bestimmten Rechtsordnungen unterstellt. Die gegenseitige Freiheit der Menschen wird dadurch gesichert, daß sie begrenzt und als begrenzte geschützt wird.

Das Bedürfnis nach Sicherheit bestimmt auch die Verhältnisse zwischen den Staaten; es soll diese aus dem gesetzlosen Zustand heraus zu einem Völkerbund drängen. Dabei ist es nötig, „zu dem an sich heilsamen Widerstande vieler Staaten neben einander, der aus ihrer Freiheit entspringt, ein Gesetz des Gleichgewichts auszufinden, und eine vereinigte Gewalt, die demselben Nachdruck gibt", um zerstörerische Kräfte durch „ein Prinzip der *Gleichheit* ihrer wechselseitigen *Wirkung und Gegenwirkung*" an ihrer Entfaltung zu hindern. Auch diese Überlegungen Kants laufen auf die Ermöglichung von Kulturbildung hinaus. Die Kräfte der Staaten sollen durch jenes Gesetz von „gewaltsamen Erweiterungsabsichten" abgezogen und auf die „innere Bildung der Denkungsart ihrer Bürger" gerichtet werden. Dabei ist die „moralisch-gute Gesinnung", die Kant zur Kultur rechnet, entscheidend; das bloß „Sittenähnliche in der Ehrliebe", d.h. die Dominanz der vergleichenden Selbstliebe, gelangt ihr gegenüber nur zu „lauter Schein und schimmernde[m] Elend" (GWA, Siebenter Satz, A 398-403).

Auch für Nietzsche bildet das „*Princip des Gleichgewichts*" die „Basis" von Recht und Gerechtigkeit (MA II, WS 22).[34] Er setzt seine Bedeutung grundlegender an als Kant. Da er in den gesellschaftlichen Antagonismen nicht wie dieser eine Naturabsicht am Werke sieht, welche auf die Entwicklung der menschlichen Anlagen gerichtet ist, findet er den (inzwischen vergessenen) „*Ursprung der Gerechtigkeit*" in dem auf das faktische Gegeneinander reduzierten Arrangement zwischen „ungefähr *gleich Mächtigen*" (MA I, 92). Deren »einsichtiger« Egoismus zog den Interessenausgleich dem Risiko der Selbstschädi-

[32] So Kant gegen Herders Einwand in seiner Rezension des Zweiten Teils von dessen *Ideen zur Philosophie der Geschichte der Menschheit*, VI, 805 f.

[33] Kants philosophischer „*Chiliasmus*" will in der Darlegung solcher idealer Möglichkeiten „nichts weniger als schwärmerisch" sein (GWA, Achter Satz, A 403 f.). Zum *Hoffen* im Sinne Kants gehört immer das *Handeln*, ohne das jenes zur bloßen Utopie herabsinken würde. Vgl. dazu Kaulbach, *Welchen Nutzen gibt Kant der Geschichtsphilosophie?*, S. 78-84.

[34] Zum folgenden sei auf die aufschlußreiche Untersuchung von Volker *Gerhardt* verwiesen: *Das »Prinzip des Gleichgewichts«.* Zum Verhältnis von Recht und Macht bei Nietzsche, in: Nietzsche-Studien 12 (1983), S. 111-133.

gung durch Kampf vor, wie dies auch heute noch geschieht. Die Vernunft, die Kant in einen verborgenen Naturplan gelegt finden wollte, wird von Nietzsche als *Schätzen* oder *Meinen*[35], später als *Interpretieren*, gänzlich in die Individuen verlagert und somit aufgesplittert.[36] Das Ausbalancieren von Machtverhältnissen erfolgt auf der Grundlage wechselseitiger Wertschätzungen, bei der „eine Art *Gleichstellung*" auch noch im Verhältnis von Herren zu Sklaven konstituiert bleibt; im Maße, als diese für jene „nützlich und wichtig" sind, genauer: ihnen als wertvoll *erscheinen* oder sich derart *zur Erscheinung bringen*, haben sie als Schwächere „noch Rechte", wenn auch „geringere" (M 93).[37] Die Schätzung des Selbstwertes im Stolz und in der Eitelkeit gehört in die komplexen Machtbeziehungen hinein und ist ihrerseits von diesen abhängig (vgl. dazu M 104).

Dementgegen strebt Kants Philosophie durch gesetzmäßige Verfassungen „Ruhe und Sicherheit" an. Eine Gleichstellung in seinem Sinne kann nicht auf „eigener Macht, oder eigener rechtlichen Beurteilung" beruhen, die sich mit anderen Mächten jeweils arrangiert. Vielmehr soll sie von einer übergeordneten Instanz garantiert werden. Denn in welchem Maße die Menschen als vernünftige Geschöpfe auch eine ihre Freiheit einschränkende Gesetzgebung anstreben, so werden sie doch zugleich aus ihrer Selbstsucht heraus dazu verleitet, sich von dieser auszunehmen. Kant führt deshalb die *Idee* eines gerechten Oberhauptes im Staate ein, bzw. auf der Ebene der zwischenstaatlichen Verhältnisse eines im Völkerbund vereinigten Willens aus vereinigter Macht. Den Gleichgewichtszustand stellt er hierbei am mechanischen Modell eines sich selbst erhaltenden *Automaten* vor. Letztlich jedoch, vielleicht „sehr spät, nach vielen vergeblichen Versuchen", kann ein (durch große „Erfahrenheit" vorbereiteter) moralisch guter Wille die Menschengattung zur Annäherung an die Idee der Gerechtigkeit führen (GWA, Sechster und Siebenter Satz, A 397-403).

Kant geht davon aus, daß die „mißgünstig wetteifernde Eitelkeit" der Menschen nicht nur Kultur und Kunst, sondern auch „die schönste gesellschaftliche Ordnung" hervorbringen kann, wenn sie nur diszipliniert werden.[38] Schopen-

[35] Nur auf das, von dem die Anderen „meinen, dass es in unserer Macht steht, voraussetzend, dass es das Selbe ist, von dem wir meinen, es stehe in unserer Macht", können sich die Pflichten und Rechte beziehen, die sie uns gegenüber geltend machen. Rechte sind entstanden und entstehen immer „als anerkannte und gewährleistete Machtgrade". (M, 112). - Vgl. V. *Gerhardt*, *Das »Prinzip des Gleichgewichts«*, S. 128 f.

[36] „Nur wenn man die *geistige Dimension der Macht* in Rechnung stellt, wird man Nietzsches Rechtskonzeption angemessen einschätzen und in ihrem Verhältnis zur sophistisch-machiavellistischen Tradition beurteilen können. Es ist die *einsichtige Mach*t, nicht pure Gewalt, die hier das Recht begründet." (V. *Gerhardt*, *Das »Prinzip des Gleichgewichts«*, S. 127)

[37] Vgl. dazu V. *Gerhardt*, *Das »Prinzip des Gleichgewichts«*, S. 126 f. - Zu Nietzsches Verständnis von »Gleichheit« im erörterten Zusammenhang gehört die Ungleichheit als bleibende Voraussetzung. Diese konstituiert eine Sphäre des Sich-vergleichen-könnens. Vgl. hierzu auch MA I, 92.

[38] GWA, Vierter und Fünfter Satz, A 393-396. - Dabei übersieht Kant nicht, daß die „Ausbildung zu unserer höheren Bestimmung", welche der Zweck der Natur ist, mit der Überwindung der Rohigkeit unserer anfänglichen Neigungen auch ein Übergewicht der zivilisatorischen Übel mit sich

hauer stellt sich Kants Hoffnung entgegen, daß der *aufgeklärte Mensch* einen „Herzensanteil" am *Guten* nehmen müsse (GWA, Achter Satz, A 406). Ihm ist nichts ferner als Kants republikanische Vorstellungen, die für ihn Illusionen sind. Mit jenen sieht er die Gefahr der *Ochlokratie* heraufziehen, in welcher die in Wahrheit überlegenen Köpfe ohne politischen Einfluß bleiben, sogar unterdrückt und ausgeschlossen werden. Deshalb tritt er für die *Monarchie* ein als einer „selbst über dem Gesetz und dem Recht stehenden, völlig unverantwortlichen Gewalt, vor der sich alles beugt"; nur so lasse sich „auf die Länge die Menschheit zügeln und regieren". Gehöre doch zum Egoismus der Vielen außer der Bosheit noch die Borniertheit des Kopfes (PP II, Zur Rechtslehre und Politik, § 127, S. 274-277.). So verrate auch die geschichtlich erwachsene „Nothwendigkeit des so ängstlich bewachten Europäischen Gleichgewichts" in seiner Zeit nichts anderes, als „daß der Mensch ein Raubthier ist, welches, sobald es einen Schwächeren neben sich erspäht hat, unfehlbar über ihn herfällt" (PP II, Zur Ethik, S. 232). Er hat die ärgsten menschlichen Eigenschaften (und allein sie) im Blick, – Kant ihre weniger argen, und diese im Hinblick auf ihre »guten« Effekte.

7

Kants Geschichtsphilosophie ist von Schopenhauer überhaupt nicht und von Nietzsche nur in ihrer Bezugnahme auf die Französische Revolution im *Streit der Fakultäten* berücksichtigt worden, aus der er folgert, daß Kant „in der *Geschichte* nichts anderes als eine moralische Bewegung" (N 1886/87, VIII 1, 7 [4], S. 276) sehe.[39] Weil damit die wirklichen geschichtlichen Triebkräfte verborgen werden, ist Kants Denken für Nietzsche sogar „absolut widerhistorisch" (N Herbst 1887, VIII 2, 10 [118], S. 190 f.). Man kann fragen, ob er dieses Urteil gemildert hätte, wenn er Kants positive Bewertung der Begierden der Unvertragsamkeit für die Kulturentwicklung zur Kenntnis genommen hätte. Beipflichten können hätte er diesem darin, daß überall der Antagonismus nötig und förderlich sei, „damit die Kräfte der Menschheit nicht einschlafen" und der

bringt. So schüttet „die Verfeinerung des Geschmacks bis zur Idealisierung desselben, und selbst der Luxus in Wissenschaften, als einer Nahrung für die Eitelkeit", eine „unzubefriedigende Menge der dadurch erzeugten Neigungen über uns" aus (*Kritik der Urteilskraft*, V, B 394 f.).

[39] Freilich muß man die „Begebenheit" mit Kant als „*Geschichtszeichen*" ansehen, welches auf die moralische „Denkungsart der Zuschauer" bei dieser „Erfahrung im Menschengeschlechte" hindeutet, und zwar als ein „Phänomen in der Menschengeschichte", das sich *nicht mehr vergißt* (*Der Streit der Facultäten*, VI, A 141-149). So problematisch diese Inanspruchnahme der Revolution auch ist, Nietzsche verkehrt den Gedanken Kants, wenn er ihm unterstellt, er habe in ihr „den Übergang aus der unorganischen Form des Staates in die *organische* gesehn" und damit „Ein-für-alle Mal »die Tendenz der Menschheit zum Guten«" zu *beweisen* beansprucht *(Der Antichrist*, 11). Vgl. hierzu Urs *Marti, »Der grosse Pöbel- und Sklavenaufstand«.* Nietzsches Auseinandersetzung mit Revolution und Demokratie, Stuttgart / Weimar 1993, S. 26-55, insb. S. 48-52.

„Hang zur Faulheit" durch die Triebe von „Ehrsucht, Herrschsucht oder Habsucht" überwunden werde, mittels derer man sich „einen Rang unter seinen Mitgenossen" (GWA, Siebenter Satz, A 402; Vierter Satz, A 393 f.) verschafft. Aber in der Auffassung von der Bändigung dieser Triebe durch die Moral wie auch in der verborgenen Führung ihrer Entwicklung durch eine vernünftige Natur hätte er einmal mehr jene »Vorurteile« der abendländischen Philosophie am Werke gesehen, die er zum Gegenstand seiner Kritik gemacht hat.

Ohnehin hat der späte Nietzsche in Kant vor allem den „Moral-Fanatiker" aus „Theologen-Instinkt" gesehen.[40] Seine genealogischen Ableitungen lösen alles vermeintlich »Feste« in Prozesse des Werdens auf. Das gilt auch für die angebliche *Autorität*, die im moralischen *Sollen* redet. Ihre wahre Herkunft findet Nietzsche nicht in Gott, nicht in „einem »kategorischen Imperativ«", nicht in einer Vernunft-Metaphysik, sondern im „*Heerden-Instinkt*", also in der „Tier-Physiologie".[41] Nicht soll die Menschengattung ein ihr vorgegebenes Ziel anstreben wie nach Kant, sondern allein die Hervorbringung großer Einzelner kann ein Ziel werden, für das Nietzsche sogar bereit ist, „*die Entwicklung der Menschheit zu opfern*". Dabei will er die Herdenmoral (zu der er Kants Lehre zählt) nicht aufheben: „Der Sinn der Heerde soll in der Heerde herrschen, – aber nicht über sie hinausgreifen: die Führer der Heerde bedürfen einer grundverschiedenen Werthung ihrer eigenen Handlungen, imgleichen die Unabhängigen, oder die »Raubthiere« usw." (N 1886/87, VIII 1, 7 [6], S. 288 f.).

Wenn Nietzsche den Antagonismus der Menschen von allen überkommenen Einbettungen in übergeordnete Sinnzusammenhänge freisetzt, ihn gewissermaßen emanzipiert, so drehen sich seine auf „Rangordnung" gerichteten Überlegungen „nicht um den Grad von Freiheit" in den Verhältnissen zwischen den Menschen, „sondern um den Grad von *Macht*". Der Grundtrieb des Willens zur Macht ist so elementar, daß Nietzsche das Sollen der Moral als „abgeschmackt, sinnfällig verrückt" erscheint. Diesem zufolge stehen wir als *gleich* da, „während wir Alle nach Auszeichnung dürsten" (ebd., S. 286 f.).[42] In seinen Bemühungen, das „*Räthsel*" von Moral und Gleichheit zu lösen (ebd., S. 290, vgl. S. 289), zieht Nietzsche erneut die Phänomene von Stolz und Eitelkeit heran. Die wachsende Bedeutung, die er vom *Zarathustra* an den großen Menschen als den Mächtigen und Herrschenden zuspricht, führt auch dazu, daß er den Wertgegensatz jener Phänomene in *Jenseits von Gut und Böse* schroffer herausstellt als in den Jahren von 1876 bis 1880. Nun gilt, daß die Eitelkeit zu den „Dingen" gehört, die von einem stolzen, d.h. „einem vornehmen Menschen am schwersten zu begreifen sind". Der Stolze wird sie „noch dort leug-

[40] Vgl. z.B. N 1887, VIII 2, 9 [178], S. 106; 10 [11], S. 126; 10 [118], S. 190 f.; *Der Antichrist*, 11.

[41] N 1886/87, VIII 1, 7 [6], S. 287. - Zwar hätte Nietzsche aus Kants *Idee* eine gedankliche Nähe zum ersten seiner zwei Sätze über „*Moral als Werk der Unmoralität*" herauslesen können: „Damit moralische Werthe zur *Herrschaft* kommen, müssen lauter unmoralische Kräfte und Affekte helfen"; mit dem zweiten steht er jedoch in radikalem Widerspruch zu Kant: „Die *Entstehung* moralischer Werthe selbst ist das Werk unmoralischer Affekte und Rücksichten." (Ebd., S. 284)

[42] Zum Streben nach Auszeichnung vgl. schon M 113; dazu W. *Kaufmann, Nietzsche*, S. 227-229.

nen, wo eine andere Art Mensch sie mit beiden Händen zu fassen meint. Das Problem ist für ihn, sich Wesen vorzustellen, die eine gute Meinung über sich zu erwecken suchen, welche sie selbst von sich nicht haben – und also auch nicht »verdienen« –, und die doch hinterdrein an diese Meinung selber *glauben*". Nietzsche orientiert sich damit nach wie vor an der von Schopenhauer beschriebenen »Bewegung« der Eitelkeit von »außen« nach »innen«. Der Vornehme wird freilich nach Nietzsche geneigt sein, die Eitelkeit „als Ausnahme" zu fassen. Genealogische Betrachtung kann ihren *Atavismus* herausarbeiten. Er besteht darin, daß auch der gegenwärtige „gewöhnliche Mensch" in seinem Selbstverständnis von ihr dergestalt geprägt bleibt, daß er „auch jetzt noch immer auf eine Meinung über sich *wartet* und sich dann derselben instinktiv unterwirft" (JGB 261).[43]

8

Nun verstehe er endlich, notiert Nietzsche 1885, wie die beiden Züge zusammengehören, die den modernen Europäer kennzeichnen: die *Forderung nach gleichen Rechten* für alle und das *Individualistische*, welches jener „scheinbar entgegengesetzt" ist. Dieses scheint auf Separierung und auf Abhebung von den Anderen zu weisen, die erstere stellt sich als Ausdruck der Aufhebung von Distanzen dar. Doch sei das moderne Individuum „eine äußerst verwundbare Eitelkeit": das Bewußtsein seines schnell eintretenden Leidens fordere, „daß jeder Andere ihm gleichgestellt gilt" (N 1885, VII 3, 40 [26]).[44] Seine große Verletzlichkeit zeigt sich etwa darin, daß ihm schon die Vorstellung des grausamen Leiden-machens älterer Zeiten unerträglich ist.[45] Ihm sind schon Distanzen innerhalb der Gesellschaft schwer erträglich. Im aus ihnen abgeleiteten »Individualismus« wendet sich die Eitelkeit gegen jedes wesentliche Anderssein. Die im Begriff des Individualistischen anklingende Besonderung beschränkt sich „heute" auf „ein Herausstreichen der kleinen Verdienste ... wie niemals noch". Die scheinbar grenzenlose „*Billigkeit*" hält sich dabei im Rahmen nivellierter Standards. Ausgegrenzt werden nicht „die Tyrannen und Volksschmeichler" (die ja dem Gleichheits-Individualismus das Wort reden),

[43] Freilich läßt sich deshalb die Eitelkeit nicht aufheben. Wenn sich die Erkennenden von schönen Worten wie „Redlichkeit, Liebe zur Wahrheit", gar wie „Aufopferung für die Erkenntniss, Heroismus des Wahrhaftigen" verführen lassen, so fällt das, was ihren „Stolz schwellen macht", mit ihrer „unbewussten menschlichen Eitelkeit" zusammen (JGB 230; VI 2, S. 175). Nietzsche übt hiermit zugleich Selbstkritik an seiner früheren, insbes. in *Morgenröthe* vertretenen Haltung.

[44] Zur geschwächten Persönlichkeit des modernen Menschen vgl. z.B. schon Nietzsches *Zweite Unzeitgemäße Betrachtung* 5, III 1, S. 275 ff. - Von „unserm, so oft gekränkten, weil so krankhaft empfindlichen, Selbstgefühl", das „allen unsern Eitelkeiten und Prätensionen" zugrunde liege, hat auch Schopenhauer gesprochen (PP I, S. 390).

[45] *Zur Genealogie der Moral* [= GEM], 2. Abh. 6, VI 2, S. 316-318.

sondern „die *vornehmen* Menschen", welche von den Vielen nichts wissen wollen. „Die *ganz großen* Menschen" werden vom „Individual-Princip" im genannten Sinne ohnehin abgelehnt. Der „Stolz" der Vornehmen will im Unterschied zu den »Individualisten« nur „wenige Schätzer", wofür diese, die sich anmaßen, „über Alles und Jeden zu Gericht sitzen zu dürfen", kein Verständnis haben. Ihre Eitelkeit strebt nach dem „Massen-Erfolg" (N 1885, VII 3, 40 [26]).

Im geschilderten *Individualismus* ist der „Wille zur Gleichheit" am Werke, der nicht nur „gegen Alles, was Macht hat", gerichtet ist,[46] sondern auch gegen die *Ausnahmen*, die sich der Gleichsetzung nicht fügen. Insofern ist er selber Machtwille, mag er sich dies auch am Anfang noch verbergen. Anfangs ist der Individualismus, wie Nietzsche 1887 notiert, „eine bescheidene und noch unbewußte Art des »Willens zur Macht«", weil durch ihn der Einzelne lediglich von einer gesellschaftlichen (z.B. staatlichen oder kirchlichen) Übermacht „*freizukommen*" sucht. Als *bloß* Einzelner realisiert er sich dabei in einer sehr begrenzten Gestalt von Individualität: nicht als *Person*, sondern nur als allgemeiner Einzelner, der sich als „*gleich*" ansetzt „*mit jedem Einzelnen*". Er steht für „alle Einzelnen gegen die Gesammtheit". Im Kampf um gleiche Rechte bedarf der Einzelne möglichst vieler Anderer als Einzelner, um *Macht* zu gewinnen. Die Gesellschaft ist aber für ihn (mag er sich auch darüber hinwegtäuschen) in Wahrheit nicht *Zweck*, sondern nur das „*Mittel zur Ermöglichung vieler Einzelnen*". Demgemäß ist der *Sozialismus*, der aus dieser Bewegung hervorgeht, für Nietzsche „bloß ein *Agitationsmittel des Individualisten*". Die individualistische »Eitelkeit« strebt jedoch nur solange nach »gleichen Rechten«, bis „eine gewisse Unabhängigkeit" erreicht ist. Dann tritt „die *Sonderung* heraus nach dem Grade der Kraft: der Einzelne setzt sich nicht ohne Weiteres mehr gleich, sondern er *sucht nach seines Gleichen*, – er hebt Andere von sich ab". Der Individualismus der Gleichsetzung geht in die Bildung von *Gruppen* über, welche Vorrechte für sich durchzusetzen suchen. Immer geht es dabei um Macht, in welcher Komplexität (und in welchen Formen von Verschleierung) die diesbezüglichen Prozesse sich auch abspielen mögen. Noch die Annäherungen der Einzelnen (z.B. im arbeitsteiligen Leistungszusammenhang) lassen das Streben nach Auszeichnung und damit nach Übergewicht bestehen: „Der Kampf, in milderer Form, tobt von Neuem." Nietzsche resümiert: „Man will *Freiheit*, so lange man noch nicht die Macht hat. Hat man sie, will man Übermacht; erringt man sie nicht (ist man noch zu schwach zu ihr), will man „*Gerechtigkeit d.h. gleiche Macht*" (N 1887, VIII 2, 10 [82], S. 169 f.).

[46] *Also sprach Zarathustra* [= Z] II, Von den Taranteln, VI 1, S. 125. - Die „Gleichheit der Menschen" ist für Nietzsche der sehr fragwürdige moralische „*Kanon*", der den „Moralen Kants, Schopenhauers", von diesen unbemerkt, zugrunde liegt (N 1884, VII 2, 25 [437]). Zur Gleichheit der Rechte nach Schopenhauer vgl. PP II, Zur Rechtslehre und Politik. Er leitet sie daraus ab, daß „in Jedem der selbe Wille zum Leben, auf der gleichen Stufe seiner Objektivation, sich darstellt" (S. 262 f.).

Für Nietzsche fallen „die individualistische und die collektivistische Moral" zusammen in das, wogegen sich seine Philosophie richtet: „denn auch die erste kennt die Rangordnung nicht und will dem Einen die gleiche Freiheit geben wie allen" (N 1886/87, VIII 1, 7 [6], S. 288). Schon früher hat er wie im Sozialismus so auch im Nationalismus „eine Reaktion" gegen ein weitergehendes „Individuellwerden" gefunden: durch sie soll das »halbreife ego« „wieder unter die Glocke" (N 1881, V 2, 11 [188]) gestellt werden: die des »Individualismus«, in welchem der Einzelne *bloßer* Einzelner bleibt.[47]

9

Im »Individuellerwerden« der Solitär-Person setzt sich weder ein Einzelner anderen Einzelnen gleich noch vereinigt er sich mit solchen in gesellschaftlichen Verbänden gegen andere Gruppierungen. Der Einzelne wird in der Person zum *Besonderen*, für den die Absonderung von den anderen wesentlich ist. Ihren Charakter als *Ausnahme* gegenüber den »Zahlreichen« verliert das Individuum in dem Maße, als es »Recht« abgibt und sich »gleich stellt«. Eine „aristokratische Gesellschaft" von Personen, die Nietzsche der „Herrschaft der Durchschnittlichsten" gegenüberstellt, trägt im Gegensatz zu dieser eine „extreme Spannung" als Voraussetzung in sich, „um zwischen ihren Mitgliedern den hohen Grad von Freiheit zu erhalten" (N 1887/88, VIII 2, 11 [140]).

Die meisten Menschen sind für Nietzsche nicht „Personen" im anspruchsvollen Sinne seines Begriffs, weshalb auch der wahre Stolz selten ist. Die Absonderung vom *Allgemeinen*, die er damit vollzieht, steht im schroffen Gegensatz zu Kants Verständnis der Person als *Zweck an sich*. Als dieser soll sie in der systematischen Verknüpfung der Vernunftwesen gemäß dem Ideal des »Reiches der Zwecke« ihren »Ort« finden; ihre *Würde* soll darin bestehen, daß sie keinem Gesetz gehorcht als dem, das sie sich zugleich »autonom« selbst gibt.[48] Für Nietzsche schließen die Bestimmungen *autonom* und *sittlich* einander aus, seine Moralgenealogie zielt auf „das autonome übersittliche Individuum"

[47] In *Der Fall Wagner*, 7 (VI 3, S. 21) hat Nietzsche in Analogie zum Stil der literarischen décadence (in Anknüpfung an Paul Bourget) die moralische Forderung nach „»Freiheit des Individuums«" in ihrer Erweiterung zur „politischen Theorie" der „*»gleiche[n]* Rechte für Alle«" mit der Kennzeichnung „Anarchie der Atome, Disgregation des Willens" versehen. Daraus entstehende »Artefakte« sind „künstlich", bilden keine organisierte Form. - Von der Vielheit der »gleichen« Einzelnen, die dabei erstrebt wird, hebt Nietzsche ab, was er „das verschwundene Individuum" nennt, welches durchaus im „Nicht-Person-sein-wollen" seine „Auszeichnung" fand und worin „der Eifer vieler hohen Menschen früher bestand". Er nennt als Beispiele das Sich-einordnen in die Polis (das „Stadt-sein"), im Jesuitismus, im preußischen Offiziers- und Staatswesen, in der Schülerschaft bei großen Meistern. Die (organische) Einordnung ist hier zugleich Unterordnung, für die gerade „der Mangel der *kleinen Eitelkeit* nöthig ist" (N 1885, VII 3, 40 [26]).

[48] *Grundlegung zur Metaphysik der Sitten*, B 65 f., 74 ff.

(GEM, Zweite Abh., 2). Dementgegen wiederum hat nach Kant *jeder* Mensch die moralisch begründete „Pflicht der Selbstschätzung", was besagt, niemand darf „der eben so berechtigten Selbstschätzung anderer, als Menschen, entgegen handeln" (MS A 139 f.).[49] Nietzsche kann in solcher Gleichheit nichts anderes sehen als die moralische Verbrämung jener Gleich-stellung, in welcher der Mensch sich, seiner verwundbaren Eitelkeit wegen, zum Einzelnen unter zahllosen Einzelnen bestimmt und der von ihm als noch bescheidene Stufe des Willens zur Macht aufgefaßt wird. Der auf das Sittengesetz bezogene *edle Stolz* des Menschen im Sinne Kants ist nach Nietzsche auf metaphysische Illusionen gegründet. Vor ihm hatte schon Schopenhauer Kants Verständnis der Person als „*moralische[r]* Persönlichkeit", deren Handlungen „einer *Zurechnung* fähig sind" (MS, Einleitung, B 22), zurückgewiesen, ohne die Zurechenbarkeit selber preiszugeben. Ist für Kant die *Person* „homo noumenon" und damit „Subjekt einer moralischen praktischen Vernunft" (MS A 93), so ist sie für Schopenhauer nur *Erscheinung* eines intelligiblen Charakters, der selber der Wahl des nur ursprünglich freien Willen entsprungen ist (WWV, S. 363, 440). Schopenhauer hat schließlich, auf die Bedeutung des Wortes *persona* als Schauspielermaske zurückgreifend, die Person in das gesellschaftliche Rollen- und Komödienspiel hineingestellt (PP II, Psychologische Bemerkungen, S. 638 f.), womit er sie ganz in das Erscheinungswesen von Eitelkeit und Stolz aufgehen läßt. Nietzsche nun hat nicht nur mit Schopenhauer eine moralische Präsenz des Intelligiblen in der Person im Sinne Kants bestritten, sondern zugleich dessen Behauptung der weltvorgängigen Charakterwahl des Willens, der die determinierte Erscheinungs-Person entspreche.[50] Im Wort *Erscheinungen* findet er metaphysische »Imaginationen« und macht gegen sie im recht verstandenen *Schein* „die wirkliche und einzige Realität der Dinge" geltend.[51] Wenn er von Person spricht, so

[49] Grundsätzlich gilt dabei, daß die Ehrliebe „eine Hochschätzung" ist, „die der Mensch von anderen, wegen seines inneren (moralischen) Werts, erwarten darf" (Anth. B 236).

[50] So heißt es N 1884, 26 [86], Schopenhauer habe „sich mit Recht lustig gemacht über Kants »Zweck an sich«, »absolutes Soll« [sc. »Sollen«], »absoluter Werth« als über Widersprüche: er hätte das »Ding an sich« hinzuthun sollen." Verbindet Schopenhauer doch mit letzterem sein eigenes Verständnis des intelligiblen Charakters.

[51] N 1885, VII 3, 40 [53]. Mit dem Wort *Schein* „ist nichts weiter ausgedrückt als seine *Unzugänglichkeit* für die logischen Prozeduren und Distinktionen" (ebd.). - Zu Nietzsches Verständnis des *Scheins* vgl. Josef *Simon, Der gewollte Schein*. Zu Nietzsches Begriff der Interpretation, in: Kunst und Wissenschaft bei Nietzsche, hg. v. M. Djurić und J. Simon, Würzburg 1986, S. 62-74. Simon geht Nietzsches Philosophie der Interpretation in Richtung auf eine *Philosophie des Zeichens* konsequent nach (vgl. auch sein Buch unter diesem Titel, Berlin/New York 1989, hier bes. S. 131 ff.). Dabei treten unvermeidlich andere Aspekte von Nietzsches Denken zurück, z.B. die der »Triebe« und des »Instinktiven«. Simon trägt dem Rechnung, wenn er schreibt, Nietzsche setze „noch eine Realität, über die man dann allerdings nichts mehr sagen kann, hinter alle Schemata, in denen man »etwas« sagen kann und in denen etwas überhaupt als etwas *ist* oder nicht ist". Er folge darin dem „Schema, in dem der naturwissenschaftliche Realitätsbegriff absolut, d.h. abgelöst von der *Sprache* der Naturwissenschaften, gilt" (*Ein Geflecht praktischer Begriffe*. Nietzsches Kritik am Freiheitsbegriff der philosophischen Tradition, in: Nietzsche und die philosophische Tradition, hrsg. v. J. Simon, Würzburg 1985, S. 121 f.). – Zu Nietzsches Verständnis von Schein

geht er von deren »Realität« aus (im Gegensatz zu Schopenhauer), schränkt diese jedoch nicht auf deren moralische Bestimmtheit ein (wie Kant).

Nietzsche läßt nur noch die lebensimmanenten Konstituentien gelten. Der „asketischen *Entselbstungs-Moral*" setzt er den „*Reichthum an Person*" als „die Fülle an sich" entgegen, welche in ihrem „Überströmen und Abgeben" den Affekten „der Liebe, der Güte, des Mitleids, selbst der Gerechtigkeit" stärkeren Ausdruck verleihe als jene (N 1887, VIII 2, 10 [28]). Solcher Reichtum erwachse aus dem Willen „zur Accumulation von Kraft", der nicht nur die Lebensprozesse im engeren Sinne bestimme, sondern auch „Gesellschaft, Staat, Sitte, Autorität" zu prägen gestatte. „Die einzige Realität" ist, näher bestimmt, „das *Stärker-werden-wollen von jedem Kraftcentrum* aus" (N 1888, VIII 3, 14 [81], S. 53). Wenn Nietzsche sie „von Innen her" bezeichnet, gibt er ihr, ihrer „unfaßbaren flüssigen Proteus-Natur" ungeachtet, den Namen *Wille zur Macht* (N 1885, VII 3, 40 [53]). Er nennt den Willen zur Macht auch den „*Instinkt der Freiheit*", der „das Wesen des Lebens" ausmache, womit er nicht die Freiheit des menschlichen Willens meint. Er hat mit ihm „die formbildende und vergewaltigende Natur" der aktiven Kraft vor Augen, die nur in Individuierungen »gegeben« ist und auch in allen Re-aktionen sich äußert, bis hin zur heimlichen „Selbst-Vergewaltigung", aus der nach ihm erst die moralischen Werte stammen.[52] Die akkumulierte Kraft überwältigt den Menschen, wie Nietzsche im Rückblick auf die Inspiration schreibt, aus der heraus *Also sprach Zarathustra* entstanden sei: „Alles geschieht im höchsten Grade unfreiwillig, aber wie in einem Sturme von Freiheits-Gefühl, von Unbedingtsein, von Macht, von Göttlichkeit ...". „Man hört, man sucht nicht; man nimmt, man fragt nicht, wer da giebt; wie ein Blitz leuchtet ein Gedanke auf, mit Nothwendigkeit, in der Form ohne Zögern, – ich habe nie eine Wahl gehabt."[53] Der diesem Freiheitsgefühl entsprechende *Stolz* ist nicht auf die Beliebigkeit freier Willkür in menschlicher »Selbstverwirklichung« gegründet: so wenig wie dies (in anderem Zusammenhang) bei Kant und bei Schopenhauer der Fall ist. Diese kann immer nur Gestalten der Eitelkeit hervorbringen.

Zum Stolz gehört für Nietzsche die *Einsamkeit*, wie sein *Zarathustra* zeigt, den er einen „Dithyrambus auf die Einsamkeit" nennt.[54] Schon die »freien Gei-

vgl. auch W. *Stegmaier, Philosophie der Fluktuanz*: Dilthey und Nietzsche, Göttingen 1992, insbes. S. 319 ff.

[52] GEM, Zweite Abh., 18, S. 341 ff.; 12, S. 329-332. - Zur Erörterung der Willensfreiheit durch Nietzsche vgl. W. *Müller-Lauter, Nietzsches Auf-lösung des Problems der Willensfreiheit*, in: Nietzsche heute, hg. v. S. Bauschinger / S. L. Cocalis / S. Lennox, Bern / Stuttgart 1989, S. 32-82.

[53] *Ecce homo*: Also sprach Zarathustra, 3; VI 3, S. 338, 337.

[54] *Ecce homo*: Warum ich so weise bin, 8, S. 274. - Zarathustra bittet seinen Stolz, er möge immer mit seiner Klugheit gehen (wie sein Adler mit der Schlange fliegt); wenn diese ihn aber verlasse, so möge sein Stolz noch mit seiner Torheit fliegen. (Z I, Zarathustras Vorrede, 10, VI 1, S. 21 f.) Der neue Stolz, den er die Menschen lehren will, erfordert die Abkehr von den »himmlischen Dingen« und die sinnschaffende Zukehr zur Erde (ebd., Von den Hinterweltlern, VI 1, S. 32 f.).

ster« leben einzeln, sie sind Wenige; es gehört zu ihrem Stolz, „eine *seltne* und *seltsame* Art“ zu sein (N 1885, VII 3, 40 [59], S. 390). Er prägt sich aus als „*Distanz*“ zu den Anderen, die diese als des Stolzen „Meinung über sich“ selbst deuten, während dieser jenen Abstand nur kennt „als fortwährende Arbeit, Krieg, Sieg bei Tag und Nacht“ (N 1884, VII 2, 25 [350]). Nietzsche legt nicht wie Schopenhauer „eine zurückgezogene Lebensweise“ nahe, um dadurch „Gemüthsruhe und Zufriedenheit“ zu erzeugen (PP I, S. 392, 391, 386 f.). Angesichts der von ihm geforderten Steigerung des Menschseins durch *Selbstüberwindung* gießt er „Hohn“ über die bloß „*genießende* Einsamkeit“ derjenigen aus, „welche sich gerne verstecken und für sich leben wollen“ (N 1883, VII 1, 16 [86], S. 555). Anders steht es um die *fruchtbare* Einsamkeit, deren Notwendigkeit er preist und die er bejaht. Es ist für ihn auch ein Einwand gegen einen Menschen, wenn er an der Einsamkeit *leidet*.[55]

Die Distanz zwischen dem Stolzen und dem Eitlen vergrößert sich auf dem philosophischen Wege, der von Kant über Schopenhauer zu Nietzsche führt. Der Weg verläuft zugleich entlang dem wachsenden Unbehagen an den Nivellierungstendenzen der Massengesellschaft. Die Einsamkeit des Stolzen wächst, seine Verbundenheit mit »den Vielen« schrumpft; seine sittliche Verpflichtung, als allgemeine angesehen, tendiert nach Auflösung hin.

[55] *Ecce homo*: Warum ich so klug bin 10, VI 3, S. 295. Er habe „immer nur an der »Vielsamkeit« gelitten“, heißt es anschließend. - Nietzsche, selber „zur Einsamkeit verurtheilt“ (Nachlaß 1885, VIII 1, 2 [180], weiß freilich auch, daß sie allein im Gang durch Leiden hindurch angeeignet werden kann. Zarathustra sagt zu einem, der sie sucht: „Aber einst wird dich die Einsamkeit müde machen, einst wird dein Stolz sich krümmen und dein Muth knirschen. Schreien wirst du einst »ich bin allein!«“ (Z I, Vom Wege des Schaffenden, VI 1, 77)

Manfred Riedel

Verwahrung und Wahrheit des Seins

Heideggers ursprüngliche Deutung der *Aletheia* *

Unser Thema ist geschichtlich angelegt und hat der Erforschung von Heideggers Verhältnis zu den Griechen seit dem ersten großen Buch von G.S. Seidel (*Martin Heidegger and the Pre-Socratics*, 1964) viele Fragen aufgegeben. Wir erörtern es im Blick auf die Frage nach der ursprünglichen „Verwahrung des Seins" im *Anfang der Philosophie*. Dieser Punkt läßt sich jedoch nicht ins Auge fassen, ohne auf die Anfänge von Heideggers Frage nach dem „Sinn von Sein" zu blicken. Sie entspringt einer Grunderfahrung, die sein eigenes Denken nach dem Ausbruch aus dem Gehäuse philosophischer Konventionen antreibt und auf den Weg bringt: daß „Sein" und „Wahrheit" nichts zeitlos „Seiendes" (sei es als „Idee" oder „Gesetz" oder „Weltvernunft"), sondern im faktisch gezeitigten Lebensvollzug unseres Menschseins „da" sind.

In Frage steht die unvergleichbar einzige, einzigartige *Erfahrung der „Zeit"*, der Seinssinn des „Da", der im Geschehen des „Lebens selbst" aufgeht und in der Selbstverständlichkeit des „Aufgehens" der Gleichung: „Leben = Dasein, in und durch Leben »Sein«", zugrundeliegt; ein Sinn, von dem Heidegger sagt, daß er schwach und verloren meist nur eben „anschlägt" und ihm zumeist nicht Gehör gegeben wird.[1] Es ist die *Erfahrung der Seinsvergessenheit, der Verdeckung des ursprünglich erfahrenen „Sinnes von Sein"*, die am Ausgangspunkt von Heideggers Denkweg steht. Ihn zu hören und zur Sprache zu bringen, darin hat Heidegger die *summa res* der Hermeneutik gesehen: die dem Zeitalter der Wissenschaft aufgegebene „Sache des Denkens" im „anderen Anfang" der Philosophie.

„Wege – nicht Werke", so lautet der Leitspruch der Gesamtausgabe, den Heidegger selbst im Blick auf das „Unterwegs im Wegfeld des sich wandelnden Fragens der mehrdeutigen Seinsfrage" formuliert und als Anleitung verstanden hat, „die Frage aufzunehmen, mitzufragen und vor allem dann fragender zu fragen". Das aber heißt, den „Schritt zurück vollziehen", zurück vor den „Vorenthalt des Seins" im ersten Anfang der Philosophie bei den Griechen. Und eben darin besteht der Schritt zurück in das „nennende Sagen" des „ande-

* Aus den letzten Erlanger Vorlesungen über „Heidegger und die Griechen" (1992).

[1] *Phänomenologische Interpretationen zu Aristoteles* (1921/22), Gesamtausgabe (= GA) Bd. 61, Frankfurt/M. 1985, S. 85.

ren Anfangs", das sich *nicht* zeitlich-historisch, sondern sachlich versteht, weil es darin im Mit- und Weiterfragen der von den Griechen gestellten und in der Neuzeit verstellen, ja vergessenen „Seinsfrage" um die erneute Anfachung des alten Streits um die „Wahrheit des Seins" oder, wie es der späte Heidegger ausdrückt, „um das Wecken der Auseinandersetzung über die Frage nach der Sache des Denkens (Denken als der Bezug zum Sein als Anwesenheit; Parmenides, Heraklit: νοεῖν, λόγος)" geht.[2]

Darum ist es Heidegger von früh an gegangen: um die Zuwendung zum Anfang der Philosophie bei den Griechen, der die im Gang der neuzeitlichen Philosophie von Hegel zu Nietzsche und Dilthey bis hin zu Rickerts neukantianischer Wertphilosophie verschlossene Dimension der *Wahrheit des Seins* öffnen, das erloschene Herdfeuer des Denkens erst wieder anfachen soll. Worum es sich dabei im einzelnen handelte, konnte Heidegger nicht von vornherein klar sein, und er hat selbst rückblickend von seinen „jugendlichen Sprüngen" und „Umkippungen" geredet.[3] Und in der Tat ist es ein Sprung vom ersten Aufblitzen der Intuition im philosophischen Verlangen nach einem „Durchbruch in die wahre Wirklichkeit und wirkliche Wahrheit"[4] bis hin zu ihrer Erhellung im Licht der ursprünglichen Seinsverwahrung, der ἀλήθεια im Sinne der „Lichtung für das Sichverbergen" am Anfang der griechischen Philosophie. Dennoch scheint mir kein Zweifel daran zu bestehen, daß sich der „Streit um das Sein", der sich bei Heidegger noch einmal um das „Älteste vom Alten" dreht, am Neuesten des Neuen entzündet hat, nämlich an der durch die neukantianische Wertphilosophie herausgeforderten Frage, ob „Wahrheit" wirklich ein überzeitlicher „Wert" sei, der „sein soll" oder „gilt"; und ob „Sein" nur vom „Sollen" her zu verstehen sei, nicht anders als „das Gute" und „Schöne", die ihrerseits in einem „Wertnehmen" gründen und zusammen mit der *Logik* die überzeitliche Geltungssphären der *Ethik* und *Ästhetik* konstituieren. Eine Herausforderung, die sich mit Husserls bedenklicher Nähe zur konstitutionstheoretischen Fassung des Wahrheitsproblems in den *Ideen zu einer transzendentalen Phänomenologie* (1913) noch verstärkte, so daß wir hier den Ausgangspunkt unseres Themas suchen müssen. Und wir müssen ihn zusammensehen mit den Endpunkten von Heideggers Denkweg, mit der immer wieder ausgesprochenen Denkerfahrung, wonach das bei den Griechen Gesuchte im Zuge des „Schrittes zurück" immer weniger aufzufinden war und zuletzt wie von selbst zurückwich. So daß der späte Heidegger schließlich das Fazit zieht, daß die in der Ausgabe letzter Hand dokumentierte Bemühung „ihrerseits nur ein schwaches Echo des immer ferner sich entziehenden Anfangs" bleibt; der Widerhall der „ansichhaltenden Verhaltenheit der ἀλήθεια".[5]

[2] M. *Heidegger*, *Gesamtausgabe*. Ausgabe letzter Hand, *Entwurf zum Vorwort*, Frankfurt/M. 1989, S. 3.

[3] Vgl. *Unterwegs zur Sprache*, Pfullingen 1959, S. 128 u. 137.

[4] Vgl. *Die Kategorien- und Bedeutungslehre des Duns Scotus*, Tübingen 1916, S. 236 und 240.

[5] Gesamtausgabe, *Entwurf zum Vorwort*, a.a.O., S. 3.

Darin scheint Resignation zu sprechen, eine versteckte Anspielung auf die dichterische Gestalt von „Echo", die nach dem griechischen Mythos der Gram unerwiderter Liebe zu Narziß bis zu einem Hauch verzehrt, dem nur noch die erwidernde Stimme verbleibt. Das scheint nur so. Denn im Kern liegt dieser Selbstdeutung des späten Heidegger eine Selbstprüfung zugrunde, die am Ende aller Wege, die er gegangen ist, zu demselben Punkt gelangt, von dem er einst ausging; eine Prüfung aller Werkstücke, die nichts als Stückwerk und Stütze am Wege zum „anderen Anfang" des Denkens sein möchten. Sind es doch „Wege – nicht Werke", die nach der in langer Zeit gereiften Erwägung desjenigen, was dem Eingang des Weges zum „ersten Anfang" der Philosophie bei den Griechen eingeschrieben steht, auf den Anspruch einer „Theorie der Wahrheit" oder einer „Weisheitslehre" verzichten. Die *Alétheia*, mit diesen Worten zieht der alte Heidegger die Summe seines Denkwegs, „ist in gewisser Weise offenkundig und stets erfahren; ihr Eigentümliches bleibt jedoch im Anfang notwendig ungedacht, welcher Sachverhalt allem nachkommenden Denken eine eigenartige Zurückhaltung auferlegt. Das anfängliche Bekannte jetzt zu einem Erkannten umbilden zu wollen, wäre Verblendung".[6]

Darin scheint mir die Sache des Denkens im „anderen Anfang" zu bestehen: daß es in der Würdigung und Anerkennung der Wahrheit des Seins als der vergessenen Hauptsache der Philosophie auf Erkenntnis Verzicht tut. Diese Grenzziehung beginnt mit Anstoß der *hermeneutischen Grunderfahrung* der *Alétheia* im Sinne der „Unverborgenheit", der ich zunächst im Blick auf die Anfänge von Heideggers Denkweg nachgehen möchte (I). Ich werde dann zeigen, wie sich die Erfahrung der Seinsvergessenheit auf dem Weg zu *Sein und Zeit* bricht, indem die sich in der vom späten Heidegger ausdrücklich abgewiesenen Richtung auf eine gleichsam nachträgliche Erkenntnis des anfänglich Verborgenen der *Alétheia* ausspricht (II-III). Und in einem letzten Schritt möchte ich zeigen, wie die Grunderfahrung im Zug der „Kehre", d.h. im Übergang vom „ersten" (griechischen) zum „anderen Anfang" als „Lichtung für das Sichverbergen" zur Entfaltung kommt (IV).

I

Heideggers Freiburger Dozententätigkeit setzt mit Vorlesungen zur *Geschichte der antiken Philosophie* (1915/16) ein, über deren Inhalt uns nichts bekannt ist. Es läßt sich nur vermuten, daß sie unter dem Eindruck der hermeneutischen Grunderfahrung der *Alétheia* gehalten worden sind, die ihm nach dem Bericht eines seiner ältesten Schüler in dieser Zeit aufgegangen sein muß. Danach habe der junge Heidegger während eines Lektürekurses zu Husserls Lehre von der kategorialen Anschauung als Grundlage der verschiedenen For-

[6] Ebd., S. 3f.

men des Ist-Sagens in den *Logischen Untersuchungen* (1900) und zu Lasks sinntheoretischer Fundierung der Wahrheit in seiner *Lehre vom Urteil* (1912) bemerkt, „die Wahrheit sei, viel ursprünglicher als bei E. Lask und E. Husserl, als a-létheia, d.h. als Un-verborgenheit zu verstehen, als das Geschehen oder das Ereignis des Hervorgangs ins Offene aus der Verborgenheit".[7] Von da aus sei es dann naheliegend gewesen, „das »Ist« vom Sein her zu verstehen". Und weiter: Dieses Grundwort sei nicht primär vom theoretischen Ansatz her zu denken. Dieser sei vielmehr abkünftig; ursprünglicher sei die Weise, wie die Welt und das Seiende der Welt in den konkreten Formen des menschlichen Seinsvollzugs „vor-gegenständlich" gegeben ist. Und von hier aus sei es schließlich naheliegend, „das ur-sprüngliche Sich-erschließen des Seins für den konkreten Seinsvollzug des Menschen in seinem geschichtlichen Charakter zu verstehen, nämlich so, daß sich Sein und damit auch Welt in je geschichtlicher Einmaligkeit den Menschen zuschickt".[8]

Hier finden wir bereits alle Momente beisammen, die uns an Heideggers Denkweg nach der „Kehre" vertraut geworden sind: Die Wahrheit als Geschehen und Ereignis, die Einsicht in ihre Geschichtlichkeit und selbst die Rede vom Seins- und Weltgeschick, das Hauptmoment in der Konzeption der Geschichte der abendländischen Philosophie als „Seinsgeschichte". Ob das im Ganzen zutrifft, läßt sich (noch) nicht entscheiden. Wir können nur vermuten, daß die erstaunlich frühe Verdeutlichung und Deutung der Grunderfahrung durch den ursprünglich griechischen Wortsinn von ἀλήθεια (mit α-privativum) über das damals erschienene Buch von Karl Reinhardt: *Parmenides und die Geschichte der griechischen Philosophie* (1916) nahegelegt oder doch wenigstens ermutigt worden sein mag, das die herkömmliche These vom „Auseinanderfallen" des *Alétheia*- und *Doxa*-Teils im Parmenideischen Denken abgewiesen und das in der Lehre von der *Doxa* faßbare Gewicht von *Léthe* als Ausgeburt nächtlicher Gewalt und Macht des Vergessens (der „Verbergung") gebührend herausgehoben hatte.[9] Und wir müssen uns damit begnügen, die Spuren der Grunderfahrung zu verfolgen, soweit sie in den uns zugänglichen Vorlesungen der Freiburger Zeit auffindbar sind.

Darauf verweist uns die erste Nachkriegsvorlesung über *Die Idee der Philosophie und das Weltanschauungsproblem* (1919), die in der Kritik an Rickerts Lehre vom *Gegenstand der Erkenntnis* (1915[3]) der Frage nachgeht, ob sich Wahrheit als solche in einem ursprünglichen Wertnehmen konstituiert. Heidegger verwandelt die transzendentale in eine phänomenologische Fragestellung, indem er fragt, ob sich das „Wahrsein" als Wert „gibt". Und er antwortet, daß dies in keinem Urteilsverhalt der Fall ist, weder in mathematischen Urtei-

[7] Vgl. C. *Ochwadt* / E. *Tecklenborg* (Hg.), *Das Maß des Verborgenen*, H. Ochsner zum Gedächtnis. Hannover 1981, S. 215.

[8] Ebd., S. 215f.

[9] *Parmenides und die Geschichte der griechischen Philosophie*, Frankfurt/M. 1977[3], S. 18 ff. Vgl. *Sein und Zeit* (1927), Tübingen 1957[8], S. 223

len, die mit Zahlen operieren, noch im historischen Urteil, wo zum Sachgehalt („Napoleon I. starb auf der Insel Helena") etwas „Wertartiges" hinzukommt, was sie „historisch bedeutsam" erscheinen läßt. Es spielt in die geschichtstheoretische Konstitution von „Wahrheit" hinein, darf jedoch nicht mit der vortheoretischen Sphäre des „Wahrseins" im ursprünglich griechischen Wortsinn von ἀλήθεια verwechselt werden, das nichts mit dem Geltungsbereich wahrer Urteile, der Prädikation des *verum* als eines *certum* zu tun hat, der Wahrheit im neuzeitlichen Sinne der Erkenntnisgewißheit, die der Rekurs auf das Wertbewußtsein sichern soll. Dagegen hält Heidegger fest: „Das Wahrsein (ἀ-λήθεια) als solches »wertet« nicht. Im Erfreulichen als Erfreulichem erlebe ich wertnehmend, in der Wahrheit als Wahrheit lebe ich. Ich erfasse es (das Wahrsein) nicht in und durch ein Wertnehmen".[10]

Was die Rede vom „Wahrsein" (abgesehen von Anspielungen auf die christliche Botschaft, denen hier nicht weiter nachzudenken ist) besagt, wird deutlicher, wenn wir versuchen, die Grunderfahrung so darzulegen, wie sie uns am Beginn von Heideggers Denkweg hermeneutisch intuitiv entgegentritt.[11] In der Wahrheit lebt das faktisch gezeitigte, „historische Ich" vom Gegensatz zur Rikkert-Husserlschen Prinzipienkonstruktion eines leblosen, überzeitlichen „Ich" des „reinen Bewußtseins", das wir weder „haben" noch „sein können". Es handelt sich um das Faktum des „Ich", das wir „selber sind" und auch „ich bin", der in der Wahrheit zu „sein" vermag; ein „Sein", das vom Wort her (idg. *bhu*-, gr. *Physis*) auf „Leben" und „Bewegung" verweist. Heidegger entnimmt diesen Wink der griechischen Verbform ἀληθεύω = „bin wahrhaftig, aufrichtig, verifieri".[12] Das Wahrsein wird nicht wertnehmend, sondern im *Verstehen* unseres sich zeitigenden *Daseins* erfaßt.

Es vollzieht sich über ein Geschehen, das in der „Zwiesprache des faktischen Lebens" und durch sie hindurch im Umgangsgespräch eines geschichtlich bestimmten Menschentums spielt. Je nach der „Welt", worin es sich hält, verhält sich menschliches Dasein faktisch zu sich selbst und zum Seienden im Ganzen (Natur und Geschichte) und darin zur Wahrheit im Sinne des „Wahrseins", das es zu vollziehen hat. Und dieser konkrete Seinsvollzug, darauf kommt es an, ist in Heideggers hermeneutischer Urintuition gleichbedeutend mit dem „Eigentlichsein" als der Konkretisierung des „Guten" (ἀγαθόν) in der Zeitigung eines *Ethos*, des *Ortes*, an dem das Menschentum seinen *Aufenthalt* nimmt.

Dafür konnte sich Heidegger auf Aristoteles berufen, der die *Hermeneia*, das An- und Besprechen von etwas mit anderen in der Doppelung von Auslegen und Mitteilen, auf das umgängliche Besprechen (διάλεκτος) zurückgeführt und erklärt hatte, sie sei „da", um „eigentliches Sein von Lebendem (in seiner

[10] Vgl. *Die Bestimmung der Philosophie*, GA Bd. 56/57, S. 177.

[11] Vgl. M. *Riedel, Hören auf die Sprache*. Die akroamatische Dimension der Hermeneutik, Frankfurt/ M. 1990, S. 236f.

[12] Vgl. *Phänomenologische Interpretation zu Aristoteles*, GA Bd. 61, S. 51.

Welt und mit ihr) zu gewährleisten" (ἡ δ'ἑρμενεία ἕνεκα τοῦ εὖ).[13] In Übereinstimmung mit Aristoteles konnte er dann beide auf den *Logos* beziehen, die „faktische Vollzugsweise" des Gesprächs, der Rede, deren Leistung es ist, Seiendes als „offen da, als vorhanden seiend zugänglich zu machen" und je nach seinem phänomenalen Sein zu „verwahren". So konnte Heidegger schließlich in Anlehnung an Aristoteles sagen, daß die ausgezeichnete Leistungsmöglichkeit des *Logos* im ἀληθεύειν liegt, nämlich „vordem Verborgenes, Verdecktes als unverborgen, offen da, verfügbar machen".[14] Diese Möglichkeit zeichnet die *Aufgabe der „Seinsverwahrung"* vor: eine interpretierende Übersetzung, die ebenso das „Wahrsein" wie das „Eigentlichsein", die ethische Konkretion des Guten in der *Polis* als Aufenthalt des Griechentums, umfaßt.

Es ist daher nur folgerichtig, daß Heidegger den „griechischen Aufenthalt und seine Seinslehre" als Einheit betrachtet und in den frühen Entwürfen zur „Hermeneutik der Faktizität" die Frage nach dem „Seinssinn" unter dem Gesichtspunkt des „Wie der Aufenthaltsdeutung (von welchem Sein her)" stellt, indem er danach fragt, wie die „Seinslehre" der Ontologie „den Aufenthalt, dieser eine Logik bestimmt". Und daß er es als die „höchste Aufgabe der Philosophie" ansieht, im ursprünglichen Erschließen des Seins für den konkreten Seinsvollzug menschlichen Daseins den „echten und nicht beliebigen Aufenthalt" zu gewinnen.[15] Sie steht und fällt mit der Aufgabe der „Seinsverwahrung", Heideggers früher Umschreibung für die Sache des Denkens, die der Auslegung der hermeneutischen Grunderfahrung im Kontext der Aristotelischen *Ethik* erwächst.

Die Frage, mit der Heidegger an Aristoteles herantritt, ist die Ausgangsfrage seines eigenen Denkwegs: ob der „Seinssinn", der das „Sein des menschlichen Lebens letztlich charakterisiert, aus einer reinen Grunderfahrung eben dieses Gegenstandes und seines Seins genuin geschöpft" sei.[16] Für die *Ethik* wird sie mit dem Aufweis der Verknüpfung des Aufenthalts mit der Bewegung (in kritischer Anhebung von der „Verfallsgeneigtheit" des Verhaltens ans „ständig" Vorhandene im Modus des „Fertigseins") bejaht, so daß Heidegger die Frage nach dem „Sinn von Sein" der Lebensbewegung entspringen und im Brückenschlag von der *Physik* zur *Metaphysik* in einer einheitlichen „Seinslehre" (mit Einschluß der Lehre vom „Leben" in der Doppelung von βίος und ζωή) zu beantworten sucht. Die ursprüngliche Seinserfahrung zielt nicht auf ein Feld von Dingen als theoretisch sachhaft erfaßter Gegenstandsarten, sondern auf die „begegnende Welt im herstellenden, verrichtenden und gebrauchenden Umgang". Woraus sich ergibt, daß die Aufgabe der Seinsverwahrung unter dem doppelten Gesichtspunkt des Herstellungs- (Techne) und Gebrauchswissens (Phronesis) gesehen und damit die neuzeitliche Verengung des Begriffs der

[13] *Aristoteles, De anima* II 8, 420 b 17-20.

[14] *Ontologie* (Hermeneutik der Faktizität) GA Bd. 63, S. 10.

[15] *Ontologie* (Hermeneutik der Faktizität), a.a.O., S. 108f.

[16] *Anzeige der hermeneutischen Situation*, a.a.O., S. 253.

Wahrheit durch den der Wissenschaft (Episteme) durchbrochen wird: „Das in der Umgangsbewegtheit des Herstellens (ποίησις) Fertiggewordene, zu seinem für eine Gebrauchstendenz verfügbaren Vorhandensein Gekommene, ist das, was *ist*. Sein besagt *Hergestelltsein* und, als Hergestelltes, auf eine Umgangstendenz relativ Bedeutsames, Verfügbarsein".[17] Wissenschaft ist eine λόγος-bezogene Verwahrung von Seiendem, das gleichsam zeitlos „fertig" dasteht und darum der anschauend-theoretischen Verhaltung verfügbar erscheint, während das fertige hergestellte Werk ins Offene des „Da" hereinsteht und umgänglich *in Gebrauch zu nehmen* ist. Es muß im ursprünglich ethischen Sinne dieses Wortes „verwahrt" werden. Was durch die nicht rein λόγος-bezogene *Phronesis* geschieht, die fürsorgliche Umsicht als die „Leben in seinem *Sein* mitzeitigende Umgangserhellung", die es in intuitiver Erfassung in Verwahrung nehmen kann, entweder durch die *Aisthesis*, die Seiendes (im Sinne des πρακτόν) wahrnimmt „als etwas, was *ist* als *noch nicht* das und das Sein", oder in der *Noesis*, die im Vernehmen eben dieses Seins (im Sinne des ἀγαθόν) als „Worauf" und „Weswegen" eines Besorgens „faßt", welches *zugleich schon* das und das meint und so das „Noch nicht" und das „Schon" in mitgezeitigter *Einheit* vernimmt.

Selbst die *Zeitigung des Seins*, so ergibt sich für die von Heidegger gesuchte Ontologie des faktischen Lebens, *bedarf der Verwahrung*.[18] Daß dieses Fazit der phänomenologischen Aristoteles-Interpretation weit über Aristoteles hinausreicht, ist offensichtlich. In dem Versuch, durch die Auslegung der Grunderfahrung zu einer „radikalen Aneignungsmöglichkeit" des Überlieferten zu gelangen, sieht sie sich darauf verwiesen, die „überkommene und herrschende Ausgelegtheit nach ihren verdeckten Motiven, unausdrücklichen Tendenzen und Auslegungswegen aufzulockern und im abbauenden Rückgang zu den ursprünglichen Motivquellen der Explikation vorzudringen.[19] Es ist die programmatische Aufgabe einer *phänomenologischen Destruktion* der Geschichte der Ontologie, die sich hier abzeichnet, und zwar in Richtung auf den kritischen Abbau von Verdeckungen des Wahrheitsphänomens im Anfang und Fortgang der Philosophie bei den Griechen.

Nach ursprünglich griechischem Verständnis ist ἀληθές gleichbedeutend mit „unverborgen da-sein", weshalb das Phänomen der Wahrheit „in keiner Weise aus dem Urteil explikativ geschöpft und daher auch nicht ursprünglich da beheimatet und darauf bezogen sein kann".[20] Heidegger verdeutlicht das an der *Noesis*, die das Wahrsein im höchsten Seinssinn (der ἀρχή) gleichsam durch Berührung erfaßt und daher niemals falsch, sondern nur vollzogen oder aber (im agnoeîn) ausbleiben kann; und weiter an die *Aisthesis*, die sich auf ihr *idion*

[17] Ebd.
[18] Ebd., S. 247.
[19] Ebd., S. 247.
[20] Ebd., S. 249.

bezieht und so „immer wahr“ (ἀεὶ ἀληθές) ist. Was ihm im Seitenblick auf Husserls Rede von der „Anschauungswahrheit“ (dem phänomenologischen Evidenzproblem) zu der erstaunlich weitsichtigen Bemerkung veranlaßt, daß der Ausdruck „Wahrheit“ hier, angesichts der phänomenalen *und* sprachlichen Sachlage, „nichtssagend“ wird.[21] Daher die Rede von „Unverborgenheit“. In keinem Fall besagt ἀληθεύειν ein „Für-wahr-Halten“ im neuzeitlichen Verständnis oder gar „sich der Wahrheit bemächtigen“, sondern, wie Heidegger noch einmal unterstreicht, das „je vermeinte und als solches vermeinte Seiende als unverhülltes in Verwahrung nehmen“.[22]

Diesem Ansatz ordnet Heidegger auch die Wahr-Falsch-Unterscheidung im apophantischen *Logos* (die Aristotelische „Lehre vom Urteil“) zu. Das *legein* gibt das Seiende in seinem Wahrsein (als „offen da“), es ist „vermeinendes, vom Gegenstand her aus diesem schöpfendes“ (ἀπό), diesen „Ansprechen und Besprechen“. Im Hintergrund halten sich Bestimmungen des *Logos* in seiner (dialektischen) Grundleistung des „Aufdeckens“ von Verborgenem, Verdecktem aus Aristoteles' Schrift: *Peri Hermeneias* durch, so daß Heidegger die Leistung des *apophainesthai* (noch) nicht im Rückgriff auf das phänomenologische „Sehenlassen“, sondern ursprünglicher vom Erscheinen her erklärt: „für sich (Medium) den Gegenstand von ihm selbst her »erscheinen« lassen als ihn selbst“.[23] So kann es nicht verwundern, daß es Heidegger bei diesen Exegesen vor allem darum geht, die hermeneutische Grunderfahrung des Seins, zu dessen „Charakter“ es gehört, „zu sein in der Weise des Sichverdeckens und Sich-verschleierns – und zwar nicht akzessorisch, sondern seinem Seinscharakter nach“,[24] im Rückgang auf Aristoteles auszulegen. Was in erster Näherung über die Interpretation des Falschseins (ψεύδος) als „Sichverhüllen“ erreicht wird. Nach Heidegger hat es nur Sinn auf Grund der ursprünglich *nicht* λόγος-bezogenen Bedeutung des ἀληθές, seiner vor-prädikativen Herkunft, die nicht mit „Anschauungswahrheit“ zusammenfällt. Sie hat den Charakter eines „Geschehens“, den Heidegger in Aristoteles' Analyse des „Umschlags“ einer „wahren“ in eine „falsche Meinung“ belegt findet. „Falsch“ wird die Meinung dann, wenn sich die als wahr vermeinte Sache unbemerkt („verborgen“) ändert (δόξα ψευδὴς ἐγένετο, ὅτε λάθοι μεταπεσὸν τὸ πράγμα).[25] Hier wird nach Heidegger das Verborgenbleiben, Verhülltsein ausdrücklich als den Sinn des Falschseins (ψεῦδος) und damit den von „Wahrheit“ bestimmend fixiert. Kurzum: Aristoteles sieht das Verborgensein „an ihm selbst positiv“, weshalb es kein Zufall sei, daß der Sinn von Wahrheit für die Griechen „sinnmäßig“ (und nicht nur „grammatisch“) privativ charakterisiert ist. Das Seiende im „Wie“ (ὡς) seines

[21] Ebd., S. 356.
[22] Ebd.
[23] Ebd., S. 257.
[24] *Ontologie*, a.a.O., S. 76.
[25] *De an.* III 3, 428 b 8.

Unverhülltseins (ὄν ὡς ἀληθές) „ist das, was in Verwahrung genommen werden muß gegen möglichen Verlust. Das ist der Sinn der ἕξεις, αἷς ἀληθεύει ἡ ψυχή; deren höchste und eigentliche sind σοφία und φρόνησις, sofern sie je in ihrem Seinsfeld die ἀρχαί in Verwahrung halten".

II

„Diese" Vollzugsweisen echter Seinsverwahrung, *Sophia* als „eigentliches, hinsehendes Verstehen" und die *Phronesis* als fürsorgende Umgangserhellung des je eigenen Lebens, werden auf dem Weg zu *Sein und Zeit* nicht mehr von *Techne* und *Episteme* unterschieden. Sie bilden zusammen das „Verstehen", eine Seinsweise des Daseins, der das „Sichverstehen auf etwas" (mit der Konnotation: „einer Sache vorstehen können" [ἐπιστάναι]) eignet. Womit die Wahrheit phänomenologisch der „Sache selbst" bzw. ihrer „Entdeckung" angeglichen und an die Klärung des vorphänomenologischen „Seinsverständnisses" geknüpft wird: „Im Verständnis liegt etwas wie Wahrheit, ἀλήθεια; das, was unverborgen ist, nicht verdeckt, sondern entdeckt. Sofern zum Seienden Verständnis gehört, sofern überhaupt Lebendes ist, versteht es; mit seinem Sein als einem verstehenden ist ein anderes Sein entdeckt".[26] Und dabei tritt der Zusammenhang von „Verhaltung" (ἕξις) und „Seinsverwahrung" in den Hintergrund. „Wahrsein" wird gleichbedeutend mit „Entdecken können", das als Seinsverhalten zum Seienden darin gründet, daß sich faktisch gezeitigtes Dasein „erschlossen" ist.

Im Ansatz der „Hermeneutik der Faktizität" entspringt das Phänomen der „Erschlossenheit" (§ 23) dem Bereich der *Umgangserhellung* und hebt sich phänomenologisch vom Hintergrund der *Vertrautheit* (§ 24) mit der „Welt" und dem *In-Sein* im Doppelsinn des *Offenseins* wie des *Wohnens* ab. Die Vertrautheit kann zur „Gewohnheit" und dem bloßen Bekanntsein mit dem innerweltlich „Vorhandenen" und „Begegnenden" abfallen: „Die Vorhandenheit ebenso wie der Vorschein des Begegnenden sind bekannt (ἕξις, ἀλήθεια), und das nicht in dem Sinne einer Kenntnis davon und darüber, sondern als Worin *man* sich, entsprechend dem Begegnenden, auskennt ..."[27] Das Dasein hält sich dann nicht in der „Welt" auf, es verschließt sich gegenüber dem ursprünglichen Phänomen der Wahrheit (der „Erschlossenheit" des „Da" als Seinscharakter der „Welt").[28] Was sich nach dem jungen Heidegger schon am Gang der griechischen Philosophie auswirkt, wo in der Bestimmung des „Sinnes von Sein" als Fertig- und Vorhandensein ein „bestimmtes Ursprüngliches" (der noch bei

[26] Vgl. *Die Grundbegriffe der antiken Philosophie*, Anhang, GA Bd. 22, Frankfurt/M. 1993, S. 207 (Aus der Nachschrift Mörchen).

[27] *Hermeneutik der Faktizität*, a.a.O., S. 99.

[28] Vgl. *Prolegomena zur Geschichte des Zeitbegriffs*, S. 226f.

Aristoteles belegbare Seinssinn von οὐσία als „Hausstand", „Besitzstand", „Habe" im Sinne des zur Verwahrung Anvertrauten)[29] in „Abfall und Verdekkung" kommt und dann die Frage nach dem Sein auf das Seinsfeld der Dinge als theoretisch (im λέγειν, νοεῖν) erfaßbarer Gegenstandsarten abdrängt.

Die Einsicht, daß dieses Verfehlen der Grunderfahrung über die Neuzeit hinaus bis in die Gegenwart reicht, motiviert Heideggers Zuwendung zur griechischen Philosophie. Das Programm einer phänomenologischen Destruktion ist eindeutig, und es richtet sich zugleich gegen Husserls Phänomenologie: „Man dispensiert sich vom allerersten *Anfang*, d.i. mit der eigenen Vergangenheit ... abzurechnen, nicht etwa in der Weise des Verteilens von Wahrheiten und Falschheiten, des überlegenen Kritisierens (wozu den Griechen gegenüber für uns nicht der mindeste Anlaß besteht), sondern in der radikalen Tendenz, zu verstehen, *wie* in dem überhaupt angefangen und vorgegriffen wurde, was als griechische Philosophie wurde und als solche in verschiedenen Umbildungen und Verdeckungen im heutigen geistigen Dasein ausdrücklich oder versteckt nachwirkt". Es könnte sein, fährt Heidegger fort, daß wir bei dieser „Abrechnung" den Kürzeren ziehen und schon im „wirklichen Verstehen" versagen, weil wir „so sind, daß wir überhaupt Mühe haben, den Anfang zu verstehen"; so daß wir „alle verfügbaren Lebendigkeiten der Faktizitäten darauf zu verwenden haben, uns radikal verstehend an den Anfang zu halten und bei dem Anfang bleibend ihn in seinem *Wie* aus unserer konkreten Situation zu ergreifen und zu behalten".[30]

Beides hat Heidegger getan. Um der philosophischen Aufgabe der „Aufenthaltsdeutung" zu genügen, hat er sich an den Anfang gehalten und ist im Gang seines Denkens „dabei" geblieben. Und der erste Zugang öffnet sich im Programm einer *phänomenologischen Destruktion der Geschichte der Ontologie*, das der Grunderfahrung der „Vergessenheit" der Frage nach dem „Sinn von Sein" erwächst. Weit davon entfernt, die Vergangenheit in „Nichtigkeit" zu „begraben", soll es die „ontologische Tradition in ihren positiven Möglichkeiten, und das besagt immer, *in ihren Grenzen* abstecken, die durch die dem Dasein eigene Neigung zum Verfallen ans ständig Vorhandene (unter Einschluß einer vermeintlich „fertigen" Überlieferung, aus der es sich interpretiert) und die damit einhergehende Verkennung der geschichtlichen Bestimmtheit des Seinsverständnisses gezogen sind. Die Wiederaufnahme der Seinsfrage und ihre hermeneutische Ausarbeitung muß daher aus dem „eigensten Seinssinn des Fragens selbst als eines geschichtlichen die Anweisung vernehmen, seiner eigenen Geschichte nachzufragen, d.h. historisch zu werden, um sich in der positiven Aneignung der Vergangenheit in den vollen Besitz der eigensten Fragmöglichkeit zu bringen".[31] Und dazu bedarf es der „Auflockerung" der Tradition

[29] Vgl. *Anzeige der hermeneutischen Situation*, a.a.O., S. 253; *Phänomenologische Interpretationen zu Aristoteles*, a.a.O., S. 92; *Hermeneutik der Faktizität*, a.a.O., S. 76.

[30] *Phänomenologische Interpretationen zu Aristoteles*, a.a.O., S. 170.

[31] *Sein und Zeit*, § 6, S. 20.

und der durch sie gezeitigten Verdeckungen, um am Leitfaden der Seinsfrage den überlieferten Bestand der antiken Ontologie auf die „ursprünglichen Erfahrungen hin" abzutragen, denen sich die „ersten und fortan leitenden Bestimmungen des Seins" verdanken. Die Aneignung der Überlieferung versteht sich als ihre *Wiederholung* und ist gleichbedeutend mit dem „Wiederergreifen des Anfangs unserer wissenschaftlichen Philosophie"[32] bei Plato und Aristoteles. Sie zielt auf den *Logos* (Begriff) als Grund der Wissenschaft vom Sein, der auf dem Weg von Parmenides über Plato zu Aristoteles entdeckt und in der Aristotelischen Gleichung des Seienden mit dem Wahr-Sein (ὂν ὡς ἀληθές) vollständig zum Vorschein gelangt.

Diesem (hegelianischen) Zug folgen die Marburger Vorlesungen über *Grundbegriffe der antiken Philosophie* (1926), die im Ausgang von der Seinsfrage der Aristotelischen *Metaphysik* den „Gang der ersten Entdeckung des Seins" wiederholen, ohne nach der Ethik und der in ihr thematisierten Einheit des Wahr-Seins mit dem Guten zurückzufragen. Daß diese Fragestellung über das Sein hinausfragt, wird als „merkwürdig" notiert, aber aus der rein ontologischen Betrachtung ausgeschieden. Die Frage nach dem Sein muß abgehoben von jeder Frage nach einem bestimmten Seienden gestellt werden.

Die Abhebung ist die Aufgabe der Philosophie als „kritisch" unterscheidender Wissenschaft. „Kritisch" heißt nicht bloß „vorurteilslos", sondern etwas gegen etwas unterscheiden und den Unterschied des Unterschiedenen sichtbar machen. In diesem Unterschied des Seienden als Seienden bewegt sich die anfängliche Philosophie. Wenn sie, im Bunde mit der dichterischen Welterfahrung und aufkommenden Erfahrungskunde, zunächst eine Vielheit von Unterschieden als Gegensätze entdeckt, um dann zur Erkenntnis ihrer Einheit vorzudringen, so gelangt sie nicht über die Dimension des Seienden hinaus. Aber indem sie erfährt, daß Unterschiede „sind", die Einheit der Gegensätze „ist", so liegt darin ein Verständnis von Sein. Der Philosophie ist aufgegeben, dieses blinde Seinsverständnis durch Einsicht in den Unterschied von Sein und Seiendem „durchsichtig" zu machen und „auf den Begriff zu bringen". Die Geschichte der antiken Philosophie, so hält Heidegger fest, „ist die Geschichte der Entdeckung des Seins aus dem Seienden".[33]

In Aristotelischer Perspektive ist der Anfang ein Fortgang vom Seienden zum Sein und seinem „Begriff" (λόγος), wobei das Verstehen mit in den philosophischen Blick kommt. Das Sein ist zunächst „verschlossen" und „verborgen". Es verbirgt sich „hinter" den Gegensätzen und muß immer wieder „aus der Verborgenheit neu erschlossen werden". Erst im Schritt zum *Logos* und seiner wachsenden Entdeckung wächst die Möglichkeit, den Begriff des Seins (λόγος τῆς οὐσίας) zu gewinnen. Mit der von Heraklit aufgeworfenen Frage nach dem *Logos* ist „die Frage nach dem gestellt, was jedes Seiende als Sei-

[32] Vgl. *Prolegomena zur Geschichte des Zeitbegriffs* (1925), GA Bd. 20, S. 184.
[33] *Die Grundbegriffe der antiken Philosophie*, a.a.O., S. 11.

endes immer ist, nämlich Sein". Dieser entscheidende Schritt zur „Seinsfrage" wird getan in der Philosophie des Parmenides.[34]

Im Nachvollzug der Schrittfolge des anfänglichen Denkens zeigt Heidegger, wie die Frage nach dem Sein immer wieder auf ein Seiendes zurückfällt, das entweder innerweltlich erfahren (das Wasser des Thales, die Luft des Anaximenes, das Feuer des Heraklit) oder als unerfahrbar angesetzt wird (das *Apeiron* des Anaximander); und wie sie sich dabei in der Vorahnung des Unterschieds des Seins zum Seienden am Gegensatz orientiert. Der Besinnung auf die Gegensätze und ihre Einheit liegt stets die Frage zugrunde, wie die Erfahrung des Werdens im Wechsel der Erscheinungen zu verstehen sei? Im Rückgang auf eine Art des Seins, das immer „da" ist? Oder als etwas, das eben dadurch negiert wird? Diese (so von Nietzsche gestellte!) Frage mußte auf dem Weg des Denkens von Anaximander zu Parmenides und Heraklit auf dem Hintergrund der Erfahrung, daß alles Wechsel und Gegensatz ist, deutlich werden. Und sie konnte sich weiter verdeutlichen an den zwei verschiedenen Antworten, die Parmenides und Heraklit darauf gegeben haben:

1. Alles ist Gegensatz, dieser Satz besagt: es schließt sich gegenseitig aus. Wenn sich alles Seiende im Gegensätzlichen bewegt, d.h. im Verhältnis zum Nichtsein des Anderen, ist das so erfahrbare Seiende überhaupt nicht. Was einzig „ist", wäre dann nur das Sein selbst (= die Parmenideische Antwort).

2. Alles ist Gegensatz, dieser Satz besagt: es bedingt sich gegenseitig. Das Eine ist auch das Andere: im Widerstreit. Und das Widerstreitende selbst fällt nicht auseinander, sondern stimmt in sich überein, *ist* die *harmonia* des Seins. Der Gegensatz selbst ist in Wahrheit das Sein des Seienden. Die gegensätzliche Welt, sagt Heidegger in Anlehnung an die bis hin zu Hegel vorherrschende Sprache der Metaphysik, ist die „wahre Welt" (= die Heraklitische Antwort).[35]

Parmenides und Heraklit entdecken beide den *Gedanken des Seins im Unterschied vom Seienden*. Und bei dieser Entdeckung werden sie dazu gezwungen, auf das Zeitphänomen zu rekurrieren; ein Phänomen, das beide freilich nicht rein (in der Ganzheit der Zeitigung) gewahren, sondern wie ein Seiendes auffassen; Heraklit, indem er die Zeit als „erstes körperliches Wesen" (πρῶτον σῶμα) interpretiert;[36] Parmenides, indem er es mit dem ständigen „Jetzt" identifiziert, das ganz und gar aus Jetztpunkten besteht. So daß Parmenides zur schärfsten Bestimmung des Seins mit Hilfe der Zeitcharaktere gelangt: daß es nie war und nie sein wird, sondern „jetzt und ständig und ganz ist" (νῦν ἔστιν ὁμοῦ πᾶν).[37] Das Sein ist Gegenwart im Sinne des Jetzt, *beständige Anwesenheit*.

[34] Vgl. F. *Volpi, Heidegger e la storia del pensiero greco*. Figure e problemi del corso del semestre estivo 1926 sui »Concetti fondamentali della Filosofia Antica«, in: Itinerari 1-2 (1986), S. 233f.

[35] F. *Volpi, Heidegger e la storia del pensiero greco*, a.a.O., S. 235.

[36] Vgl. Sextus Empiricus, Adv. Math. X, § 231.

[37] Fr. B 8,5.

Das ist der „Sinn des Seins", wie ihn die Griechen verstanden und Plato und Aristoteles weiter herausgearbeitet haben. Sofern das Seiende nicht einfach, sondern mannigfaltig ist, besagt „Anwesenheit" soviel wie „Beisammen"; nicht der ontischen „Gegensätze", wie sich versteht, sondern des ontologischen Unterschieds von Sein und Seiendem, worin die den *Logos* entdeckten „Seinsbegriffe" (vom „Schema" der Kategorien bis hin zur Unterscheidung von *Dynamis* und *Energeia*) in steter Gegenwart „versammelt" sind. Und das trifft zuhöchst für das Wahrsein (ὂν ὡς ἀληθές) zu: „Sofern Sein Anwesenheit ist, bedeutet schlichtes Entdecken des Seienden gleichsam eine Steigerung hinsichtlich seines Seins und seiner Anwesenheit; es ist anwesend in einem eigentlichen Sinne; vorher nur uneigentlich, jetzt als Vorhandenes in die unmittelbare Gegenwart des Erfassenden gebracht. Erfaßt ist das Seiende in einem höheren Sinne anwesend als unerfaßt und verborgen". Woraus Heidegger schließt, daß „Wahrheit" von Aristoteles mit Fug und Recht als höchster Seinsmodus angesprochen wird: „Wahrheit ist das eigentliche Sein".[38] Aber am Ende zieht er daraus den Schluß, daß von diesem Sein her der *Aufenthalt*, die höchste Daseinsmöglichkeit des Menschentums, den Griechen mit dem theoretischen Verhalten und Leben in der Nähe des Immerseins (ἀεί ὄν) zusammenfallen mußte, während alle sonstigen Verhaltungen im menschlichen Zusammenleben der Zeit des Handelns (dem καιρός als „praktischem Augenblick") unterstellt und auf das Immer-Anders-Sein des βίος πολιτικός hin verstanden wurden, „als auf ein Sein, das im Sinne der Griechen kein eigentliches Sein ist".[39]

Nach der die Grunderfahrung ausdeutenden Gleichung: „Leben = Dasein, in und durch Leben »Sein«", kann die Gleichung: „Sein = ständige Anwesenheit", nicht mehr als selbstverständlich hingenommen werden. So bricht im Gang durch die griechische Philosophie die Frage auf, wie die Gegenwart diesen Vorzug gewonnen hat, ob nicht Vergangenheit und Zukunft das gleiche Recht haben und das Sein „eigentlich" aus dem Ganzen der Zeitlichkeit „begriffen" werden muß. Darin liegt der Anstoß zur Frage, wie die Zeit zum Sein gehört, die Heidegger in der Weiterführung des Programms der Platonisch-Aristotelischen Seinsfrage zur Fragestellung von *Sein und Zeit* bringt.

III

Das *Motto* zu Heideggers Hauptwerk erweckt den Anschein, als sei die Frage nach dem „Sinn von Sein" bereits von Plato gestellt worden; ja, mehr noch: als ob die „erste" Entdeckung des „Seins des Seienden" schon durch Parmenides erfolgt sei, der eine „Auslegung des Seins" vollzieht, die in den Anfang der

[38] F. *Volpi, Heidegger e la storia del pensiero greco*, a.a.O., S. 257.
[39] Ebd., S. 262.

„für uns entscheidenden Tradition“ hineingehört.[40] Und ganz allgemein ist davon die Rede, daß die Seinsfrage das antike Philosophieren bis hin zu Aristoteles „in die Unruhe getrieben“ habe, um von da an zu „verstummen“ und „vergessen“ zu werden.[41] Dennoch läßt sich die Einschränkung nicht übersehen, wenn Heidegger festhält, daß die „griechische Seinsauslegung“ sich „ohne jedes ausdrückliche Wissen um den dabei fungierenden Leitfaden, ohne Kenntnis oder gar Verständnis der fundamentalontologischen Funktion der Zeit“ vollzieht, daß die Zeit im Gegenteil als ein „Seiendes unter anderen Seienden“ genommen und versucht wird, „sie selbst aus dem Horizont des an ihr unausdrücklich-naiv orientierenden Seinsverständnisses in ihrer Seinsstruktur zu fassen“.[42] Das Verstehen von „Sein“, so lautet der hermeneutische Vorgriff für die Auseinandersetzung mit den Griechen bis hin zur *Einführung in die Metaphysik* (1935), wird in aller bisherigen Ontologie vorausgesetzt, aber „nicht als verfügbarer *Begriff* –, nicht als das, als welches es Gesuchtes ist“.[43] Gesucht wird nach dem *Wahrsein* als *Inbegriff*, der alles in sich begreift, auch das Verstehen und Begreifen, das auf methodische Durchsichtigkeit des „Seinsverständnisses“ und seine Erhebung zur sich selbst begreifenden „Idee von Sein“ abzielt. Das Begreifen, bemerkt Heidegger in seiner ersten Parmenides-Vorlesung (1932), und diese Bemerkung bildet keinen Bestandteil des ausgeführten Programms der phänomenologischen Destruktion, „ist wesensnotwendig Selbstbegriff, weil es als Begreifen des Seins erster und letzter Inbegriff ist. Philosophie ist inbegriffliches Fragen, weil es die Seinsfrage fragt und *nur* diese“.[44]

Nach *Sein und Zeit* besagt „Wahrsein“ soviel wie „Entdeckend-sein“, eine Verhaltensweise des Daseins, die den phänomenologischen Begriff des Phänomens als des „Sich-an-ihm-Selbst-Zeigenden“ umschreibt und für Heidegger nur eine „Interpretation“ desjenigen darstellt, was die ältere griechische Philosophie ursprünglich ahnte und vorphänomenologisch auch verstand. Darauf beruht noch die Logik der Aussagewahrheit bei Aristoteles. Der apophantische *Logos* ist „das ἀληθεύειν in der Weise des ἀποφαίνεσται = Seiendes – aus der Verborgenheit herausnehmend – in seiner Unverborgenheit (Entdecktheit) sehen lassen“.[45] Das Wahrsein gründet in der Seinsweise des Daseins, das „in sich selbst erschlossen ist“. Heidegger spricht in diesem Zusammenhang davon, daß es als In-der-Welt-Sein „gelichtet“ sei, so daß Seiendes im Licht zugänglich, im Dunkel verborgen wird,[46] ein Indiz für die Gegenmöglichkeit des „Sichverschließens“ im Seinsverständnis, das damit ohne „Begriff“ oder bloße „Entdecktheit im Modus des Scheins“ bleibt, mit der Tendenz zum Verfallen an

[40] *Sein und Zeit*, S. 100 und 212.
[41] Ebd., S. 2 und 21.
[42] Ebd., S. 26.
[43] Ebd., S. 8.
[44] Vgl. R. *Campbell, Sur une interprétation de Parménide par Heidegger*, in: Revue internationale de philosophie 5 (1951), S. 390 ff.
[45] *Sein und Zeit*, S. 219.
[46] Ebd., S. 133.

Trug und Täuschung bis hin zum gänzlichen Abfall zur Unwahrheit. Die „Erschlossenheit" erfüllt ihren „Begriff" jedenfalls erst dann, wenn sich das Dasein zur Wahrheit „entschließt". Womit die *Entschlossenheit* als „Wahrsein im Modus der Eigentlichkeit" hervortritt. Es ist die *Grundhaltung*, die sich darauf versteht, daß das Dasein „auch das schon Entdeckte *gegen* den Schein und die Verstellung sich ausdrücklich zu eigen machen und sich der Entdecktheit immer wieder versichern muß".[47]

Von dieser Haltung her, der Freilegung des ursprünglichen Seins des Daseins, das ihm im Gegenzug zur verfallenden Auslegungstendenz „abgerungen" werden muß, interpretiert Heidegger den Zugang zur Wahrheit des Seins bei Heraklit und Parmenides. So blickt im *Logos*-Fundament des Heraklit, das die Verständigen den Unverständigen entgegensetzt, das Phänomen der Wahrheit im Sinne der Entdecktheit (Unverborgenheit) durch. Der *Logos* sagt, wie das Seiende sich verhält (φράζων ὅκως ἔχει), während den Unverständigen „verborgen" bleibt, was sie tun. Sie „vergessen" (ἐπιλανθάνονται), das heißt, „es sinkt ihnen wieder in die Verborgenheit zurück". Darum gehört zum λόγος die Unverborgenheit (ἀ-λήθεια), die der Verbergung „entrissen" werden muß. Die „jeweilige faktische Entdecktheit ist gleichsam immer ein *Raub*", worin sich bekundet, daß die Griechen „vorphänomenologisch" verstanden, was Heideggers Phänomenologie ausspricht. So versteht auch Parmenides, daß der Weg zur Entdeckung des Seins im Sinne der Unverborgenheit auf die „Entschlossenheit" zurückgeht, der als solcher *durchsichtig* erscheint, wie er sich zusammen mit dem Weg des nichtigen Scheins erschließt und zugleich davon unterscheidet. Daß die „Göttin der Wahrheit" Parmenides vor beide Wege stellt, bedeutet nichts anderes, als daß das Dasein „je schon in der Wahrheit und Unwahrheit ist". Der Weg des Entdeckens wird nur gewonnen im κρίνειν λόγῳ, im verstehenden Unterscheiden beider und Sichentscheiden für den einen".[48] Und sofern „eigentliches Verstehen" ein „Sein-können" ist, das im eigensten Dasein frei werden „und sich dazu gegen das Nichtige behaupten muß",[49] kann Heidegger die Parmenideische Entscheidung nach dem „Begriff" als einen Entschluß aus Freiheit interpretieren.

Um einen hermeneutisch vertieften Zugang zum Anfang der griechischen Philosophie zu finden, mußte Heidegger die eine Linie der Entdeckungsgeschichte des Seins im Unterschied vom Seienden bis hin zu Plato und Aristoteles unterbrechen. Er mußte den Unterschied bestimmen und zwischen der anfänglichen Frage nach dem Seienden im Ganzen, der erst von Aristoteles gestellten Frage nach dem Seienden als solchen (ὂν ᾗ ὄν) und der eigenen Fragestellung, wie die Zeit zum „Sinn von Sein" gehört, genauer unterscheiden.[50] Und dazu war nicht nur die auf das Dasein zugespitzte Sprache der Entschlos-

[47] Ebd., S. 221.
[48] *Sein und Zeit*, S. 219f. und 222f.
[49] Ebd., S. 178.
[50] Vgl. *Kant und das Problem der Metaphysik* (1929), Frankfurt/M. 1951², S. 200f.

senheit und Selbstbehauptung zurückzunehmen, die mit ihrer unverkennbaren Nähe zur neuzeitlichen Metaphysik der Freiheit und des „Willens zur Macht" die Auslegung der Grunderfahrung am anfänglich griechischen Wahrheitsverständnis verstellte. Es mußte auch die Sprache des anschaulichen Entdeckens und Sehenlassens in der Phänomenologie überwunden werden, die Heidegger auf den Anfang der Philosophie zurückübertrug.

Diese Übertragung bestimmt in *Sein und Zeit* Heideggers Rekonstruktion des Zusammenhangs zwischen dem griechischen „Aufenthalt" und dessen Seinslehre. Im Kontrast zur „Aufenthaltslosigkeit" neuzeitlicher Wissenschaft und der ihr zugrundeliegenden Theorieentwürfe von „empirischer" und „transzendentaler Wahrheit" (nach der seinsmäßig ungeklärten „Bedingung der Möglichkeit") wird nachgewiesen, daß dem *Theoria*-Ideal der Griechen die Beständigkeit ihres Verhaltens und Sichaufhaltens inmitten des Seienden entspricht. Sie „nehmen" den Aufenthalt in der Haltung des Staunens (θαυμάζειν) und der daraus folgenden Grundhaltung des Entdeckens, die sich am „Anschauen" des Seienden in seiner augenscheinlichen Anwesenheit orientiert: womit beide aus der Gegenwart, der *einen* Dimension der Zeit, verstanden werden und so eine authentische Interpretation des Aufenthalts im *Ganzen der Zeit* und der von ihr geprägten Seinserfahrung ausbleibt: „Das λέγειν selbst bzw. das νοεῖν – das schlichte Vernehmen von etwas Vorhandenen in seiner puren Vorhandenheit, das schon *Parmenides* zum Leitband der Auslegung des Seienden genommen – hat die temporale Struktur des reinen »Gegenwärtigens« von etwas. Das Seiende, das sich in ihm für es zeigt und das als das eigentliche Seiende verstanden wird, erhält demnach seine Auslegung in Rücksicht auf – Gegen-wart, d.h. es ist als Anwesenheit (οὐσια) begriffen".[51]

Sein und Zeit entfaltet die Aufgabe der Aufenthaltsdeutung auf dem Weg der Fundamentalontologie. *Von welchem Sein her der Aufenthalt* gewonnen werden kann, diese Frage setzt beim *Dasein* an, das sich aus seiner *Existenz* versteht, der Möglichkeit „es selbst zu sein" oder sich zu verfehlen. Mit der Orientierung des Seinsverständnisses am Selbstsein verlagert sich das ursprüngliche Wahrheitsphänomen des für das Seiende im Ganzen „gelichteten" (erschlossenen und zugleich verschlossenen) Daseins auf das Phänomen der *im Augenblick* „gehaltenen" *Entschlossenheit*, jener Haltung, die nach der Aufenthaltsnahme des Christentums den Anfang des Glaubens an das Geschehen der Offenbarung markiert. So „kehrt" sich der fundamentalontologische Ansatz in der Gegenfrage an die „griechische Seinslehre" und den von ihr gedeuteten Aufenthalt im Richtungssinn der Zeit als Grund aller Unverborgenheit: *woraufhin* „Sein im eigentlichen Sinne" je schon verstanden ist.

Um den „echten und nicht beliebigen Aufenthalt" zu nehmen, bedarf es der weiterführenden Frage nach der *Zeitigung* des „Sinnes von Sein", die nichts erfragt, was „hinter" dem Sein des Seienden steht, sondern nach dem *Sein*

[51] *Sein und Zeit*, S. 25f.

selbst fragt, sofern es *ins Seinsverständnis „hereinsteht“*.[52] Das Verstehen von *Sein* geht jedoch „von altes her“ mit *Wahrheit* zusammen, für die es „offensteht“, ein Zusammengehen, das noch zum Umkreis der fundamentalontologischen Problematik gehört.[53] Darum eignet dem Dasein am Grunde immer schon die „umgekehrte“ Möglichkeit, aus sich *herauszustehen* (zu ek-sistieren) und an jenen Bereich des Offenen „gehalten“ zu sein, worin sich das verstehende Verhalten zum Seienden zur *Verhaltenheit des Sein-lassens* zurücknimmt, das sich einläßt auf das *Wahre* und *dessen Ansichhalten* im zeitlich bestimmten Gelichtetsein (die Wahrung der Unentborgenheit und der Verbergung des Verborgenen). Womit die Bahn frei wird, den Aufenthalt im Element *des Seins* und der zu ihm gehörigen *Wahrheit*, und das heißt: inmitten der gezeitigten Geschichte, zu nehmen.

Ich umschreibe damit die „Kehre“ vom fundamentalontologischen zum seinsgeschichtlichen Weg, auf dem sich Heidegger im Ablassen vom neuzeitlichen Begründen- und Begreifenwollen über die Frage nach dem „Wesen der Wahrheit“ in einem zweiten Durchgang dem Anfang der griechischen Philosophie zukehrt und zugleich zum Ausgangspunkt der eigenen Denkerfahrung zurückkehrt. Darauf spielt das Wort vom „Seinlassen“ an, das kein „Unterlassen“, sondern ein „Gewahren“ und „Achten“ bedeutet; das eine im Sinne der „Verwahrung des Seins“ verstanden, womit der junge Heidegger das Verb *aletheuó* übersetzt hatte; das andere im Sinne des „Aufhörens“, des Hörenkönnens in die Ferne,[54] das nichts mehr mit dem Anschauen und Sehenlassen des Seienden in seiner beständigen Anwesenheit (dem darauf gebauten „Gegenstand“ theoretischer Erkenntnis) zu tun hat.

Dem Verfahren der phänomenologischen *Destruktion* auf dem fundamentalontologischen Weg, dem Abbau von Vor-urteilen der überlieferten Ontologie auf ursprünglich gezeitigte Erfahrungen hin, folgt im zweiten Gang zu den Griechen das Verfahren der seinsgeschichtlichen *Exaudition*, des Hörens aus der Ferne in die Ferne, das ein Hineinhören in das Offene des Anfangs der Philosophie ist. Dessen Offenheit hat das abendländische Denken „in seinem Anfang begriffen als τὰ ἀληθέα, das Unverborgene“.[55] Das *Sicheinlassen* in das Geschehen der Entbergung auf dem Grunde des Zurücktretens vor dem Seienden, das sich als *Physis* öffnet, die in ihrem Sein ständig „an sich hält“, und die Offenständigkeit des Verhaltens im Sein-lassen, die *Verhaltenheit* als *Ethos* des philosophierenden Menschentums, verweisen auf ein und dasselbe Wahrheitsgeschehen. „Noch unbegriffen“, heißt es in dem Vortrag: *Vom Wesen der Wahrheit* (1930), „ja, nicht einmal einer Wesensgründung bedürftig, fängt die Ek-sistenz des geschichtlichen Menschen in jenem Augenblick an, da der erste Denker fragend sich der Unverborgenheit des Seienden stellt mit der Frage,

[52] Ebd., S. 151f.
[53] *Sein und Zeit*, S. 213.
[54] Vgl. *Vom Wesen des Grundes*, in: Wegmarken, GA Bd. 9, S. 175.
[55] *Vom Wesen der Wahrheit* (1930), in: Wegmarken, GA Bd. 9, S. 188.

was das Seiende sei. In dieser Frage wird erstmals die Unverborgenheit erfahren. Das Seiende im Ganzen enthüllt sich als φύσις, die »Natur«, die hier noch nicht ein besonderes Gebiet des Seienden meint, sondern das Seiende als solches im Ganzen, und zwar in der Bedeutung des aufgehenden Anwesens".[56]

Diese Erfahrung hat als erster Heraklit „gehoben" und „gewahrt", dem darum in der „Kehre" ein stärkeres Gehör als Parmenides geschenkt wird. Und zu beiden tritt dann als „Vorgänger" Anaximander hinzu, der als erster Denker den Kopf hebt und die (durch die platonisch-aristotelische Gleichsetzung des Seins mit dem „ständigen Anwesen" wieder verdeckte) Bedeutungsdimension des „Aufgehens" der *Physis* am gezeitigten „Wesen" der Entbergung des Seienden im Ganzen (dem „Wesenden" des Seins) gewahrt. So kann Heidegger im Vortrag *Vom Wesen der Wahrheit* den ersten Schritt auf dem seinsgeschichtlichen Weg vollziehen, der das „Seinsverständnis" des Daseins und *dessen* Zeitigung in der Entschlossenheit hinter sich läßt und zum entscheidenden „Seinsgeschehnis", der Gründung und Wahrung des geschichtlich gezeitigten Seins, vordringt: „Die anfängliche Entbergung des Seienden im Ganzen, die Frage nach dem Seienden als solchem und der Beginn der abendländischen Geschichte sind dasselbe und gleichzeitig in einer »Zeit«, die selbst unmeßbar erst das Offene, d.h. die Offenheit für jegliches Maß eröffnet ... Der Mensch ek-sistiert, heißt jetzt: die Geschichte der Wesensmöglichkeiten eines geschichtlichen Menschentums ist ihm verwahrt in der Entbergung des Seienden im Ganzen. Aus der Weise, wie das ursprüngliche Wesen der Wahrheit west, entspringen die seltenen und einfachen Entscheidungen der Geschichte".[57]

Mit dem Aufbruch zur Seinsfrage am Anfang der griechischen Philosophie hat sich das Menschentum aus mythischer Geborgenheit heraus- und dem Offenen ausgesetzt. Es versteht sich von der Wahrheit des Seins im Sinne der Unverborgenheit her, die Verhalten und Haltung des Daseins mitsamt seinem Seinsverständnis ermöglicht, nicht etwa umgekehrt. Daher die Interpretation des Seienden als *Physis*, die aus keiner wie immer verstandenen „Entschlossenheit" und Daseinsentscheidung resultiert. Warum sie die erste ist und warum später andere Deutungen folgen, läßt sich nicht „erklären". Wohl aber können wir danach fragen, was die einzelnen Deutungen implizieren und wie sie einander ablösen, ohne uns dabei auf die „Selbstdeutungen" derer beschränken zu müssen, die sie jeweils vollzogen und sich für sie „entschieden" haben.[58] Auf einer solchen Fragenstellung – wie es zum Beispiel im Auseinandertreten von φύσις und λόγος auf dem Weg von Heraklit und Parmenides zu Plato und Aristoteles zum „Einsturz der Unverborgenheit"[59] kommt – beruht die „geschichtliche Besinnung". Sie geht auf den „Sinn des Geschehenden, der Geschichte" ein, den „*offenen Bereich* der Ziele, Maßstäbe, Ausschlagmöglichkeiten und

[56] Ebd., S. 189f.

[57] *Vom Wesen der Wahrheit*, a.a.O., S. 190f.

[58] Vgl. W. *Biemel, Martin Heidegger*, Hamburg 1973, S. 75.

[59] *Einführung in die Metaphysik* (1935), GA Bd. 40, S. 14f. und 200ff.

Mächte",[60] etwa auf die im Erscheinungscharakter der φύσις angelegte Möglichkeit, die Wesensfolge des Erscheinenden, die sichtbare Gestalt (εἶδος) und den Hinblick (ἰδέα), zum Wesen selbst zu erheben und damit über den *apophantischen Logos* die Wahrheit als „Richtigkeit" im Sinne der Anmessung der Aussage an die sich „anschaulich" zeigende Sache zu interpretieren.

Die so verstandene Besinnung richtet sich auf den aufschließenden und verschließenden Charakter von geschichtlichen Grundentscheidungen, die lange vor uns und ohne unser Zutun gefallen sind. Sie ist notwendig *Selbst-Besinnung*, die nach dem *Sinn*, d.h. der *Wahrheit des Seins* fragt und dabei mitfragt, ob und wie wir ihr nach unserer eigenen Daseinsgeschichte im je eigenen Volk und in der Gemeinschaft der europäischen Mitvölker zugehören. Darin besteht das eigentlich gründende Fragen, die *Grundfrage nach dem Sein*, die an die Abgründigkeit des Grundes heran- und so über ihn hinwegführt. Wohin? Zur Suche nach dem einen *Anfang der Philosophie*.

[60] *Grundfragen der Philosophie*, GA Bd, 45, S. 36.

III. Ethik und Hermeneutik

Ludger Honnefelder

Ethik und Theologie *

Thesen zu ihrer Verhältnisbestimmung

Auf welche Weise hängen Moral und Glaube, Ethik und Theologie zusammen? Ist der Geltungsanspruch des sittlich Guten abhängig von einem religiösen Glauben oder zumindest der Annahme der Existenz Gottes? Oder setzt nicht vielmehr umgekehrt der Geltungsanspruch des religiösen Glaubens die Anerkennung durch die sittliche Vernunft voraus? Ist der Glaube die maßgebliche Begründung der Moral oder die Moral die vernünftige Substanz des Glaubens? Die in diesen Fragen sichtbar werdenden Zusammenhänge sind offensichtlich komplex. Will man die Komplexität nicht unangemessen reduzieren, scheint ein Blick auf das Spektrum möglicher Verhältnisbestimmungen von Moral und Glaube, Ethik und Theologie angeraten (I), bevor der Frage nach dem Verhältnis der Geltungsansprüche (II) und ihrer abschließenden Begründungen näher nachgegangen (III) und die Rolle des Glaubens für den Entwurf des konkreten Ethos (IV) wie für die Erfahrung der Grenzen des Ethischen (V) bestimmt werden soll.

I

„Schlick sagt", so heißt es in einer Aufzeichnung *L. Wittgensteins* von 1930, „es gab in der theologischen Ethik zwei Auffassungen vom Wesen des Guten: nach der flacheren Deutung ist das Gute deshalb gut, weil Gott es will; nach der tieferen Deutung will Gott das Gute deshalb, weil es gut ist. Ich meine, daß die erste Auffassung die tiefere ist: gut ist, was Gott befiehlt. Denn sie schneidet den Weg einer jeden Erklärung, »warum« es gut ist, ab, während gerade die zweite Auffassung die flache, die rationalistische ist, die so tut, »als ob« das, was gut ist, noch begründet werden könnte.– Die erste Auffassung sagt klar, daß das Wesen des Guten nichts mit den Tatsachen zu tun hat und daher durch keinen Satz erklärt werden kann. Wenn es einen Satz gibt, der gerade das ausdrückt, was

* Unveränderter Text eines Vortrags bei dem Colloquium *Praktische Vernunft und Religion. Über das Verhältnis von Ethikbegründung, Handlungstheorie und Gottesfrage*, das am 12.-13. 12. 1992 an der Freien Universität Berlin stattfand.

ich meine, so ist es der Satz: Gut ist, was Gott befiehlt"[1]. Die religiöse Autorität, so scheint Wittgenstein sagen zu wollen, ist nicht nur die tiefere Begründung für den Anspruch des sittlich Guten, sondern die einzig mögliche.

In seinem *Vortrag über Ethik* von 1929/30 führt Wittgenstein aus, daß es die Erfahrung von drei Phänomenen ist, die den absoluten oder ethischen Wert erst erfassen lassen: das Staunen darüber, daß die Welt und überhaupt irgendetwas existiert, das Gefühl absoluter Sicherheit und das Gefühl der Schuld.[2] Und schon im Tagebuch von 1916 wird „das Ethische"[3], durch das erst Gut und Böse erkannt werden, als etwas verstanden, das erst durch die Stellungnahme des Subjekts zur Welt als ganzer eröffnet wird.

In eine ähnliche Richtung wie Wittgensteins Bemerkung zu Schlick gehen Überlegungen *M. Horkheimers*, die in Notizen über Gespräche in den 60er Jahren festgehalten sind: „Ohne den Glauben an eine letzte Autorität werden alle moralischen Vorstellungen, selbst diejenigen des Atheisten, zu bloßen persönlichen Neigungen. ... Falls wir die Existenz eines Absoluten nicht voraussetzen dürfen, hat die Moral keine logische Basis."[4] Nach Wegfall des Gehorsams gegen Gott bzw. nach dessen Übergang in die Achtung vor dem Moralgesetz fehlt der Grund, so stellt Horkheimer fest, „warum die Moral gerade so und nicht anders ist"[5].

Auch bei analytisch eingestellten Philosophen wie *G.E.M. Anscombe*[6], *E. Tugendhat*[7] und *A. MacIntyre*[8] findet sich die These, daß nach Wegfall des religiösen Glaubens die Moral – zumindest im starken Sinn eines unbedingten Sollens – ihre Begründung unwiederbringlich verloren hat. Die Universalität des moralischen Geltungsanspruchs bleibt nur, so die These, solange sie vom Glauben an eine bestimmte Geschichte getragen ist. Seitdem dieser Glaube entfallen ist, verstehen wir, so MacIntyre, das Wort »Moral« nicht einmal mehr.

[1] B.F. McGuiness (Hg.), *Wittgenstein und der Wiener Kreis*, in: L. Wittgenstein, Schriften Bd. 3, Frankfurt 1967, S. 115.

[2] L. *Wittgenstein, Vortrag über Ethik*, in: ders., Vortrag über Ethik und andere kleinere Schriften, J. Schulte (Hg.), Frankfurt 1991, bes. S. 14 ff.

[3] L. *Wittgenstein, Tagebuch*, in: ders., Schriften Bd. 1, Frankfurt [4]1980, S. 172. – Vgl. dazu auch F. *Ricken, Kann die Moralphilosophie auf die Frage nach dem »Ethischen« verzichten?*, in: Theol. Philos. 59 (1984), S. 161-177.

[4] M. *Horkheimer, Ges. Schriften* Bd. 14: Nachgel. Schriften 1949-1972. 5. Notizen, Frankfurt 1989, S. 356, 510.

[5] M. *Horkheimer, Notizen 1950-1969* und *Dämmerung*. Notizen in Deutschland, Franfurt 1974, S. 34.

[6] Vgl. G.E.M. *Anscombe, Moderne Moralphilosophie* (1958), in: G. Grewendorf / G. Meggle (Hg.), Seminar: Sprache und Ethik. Zur Entwicklung der Metaethik, Frankfurt 1974, S. 217-243.

[7] Vgl. E. *Tugendhat, Zum Begriff und zur Begründung der Moral,* in: ders., Philosophische Aufsätze, Frankfurt 1992, S. 315-333.

[8] Vgl. A. *MacIntyre, Der Verlust der Tugend.* Zur moralischen Krise der Gegenwart, Frankfurt / New York 1987.

Die Gegenposition zu Wittgensteins »divine command ethics« findet sich schon in *Platons* Dialog *Euthyphron*[9], in dem Sokrates zu dem Schluß kommt, daß nur dann, wenn etwas von Gott geschätzt wird, weil es gerecht ist und nicht umgekehrt der Begriff Gottes wie der der Moral ohne Widerspruch gedacht werden kann. Wenn das Gegenteil gilt, ist Gott vom Teufel nicht mehr unterscheidbar.

Die These, daß der sittliche Geltungsanspruch *vorgängig* zu allen religiösen Ansprüchen besteht, läßt sich steigern zu der These, daß er *als solcher* jeden religiösen Anspruch abweisen muß. „Die Jenseitstendenz", so heißt es in *N. Hartmanns Ethik*, „ist vom ethischen Standpunkt ebenso wertwidrig wie die Diesseitstendenz vom religiösen. Sie ist Vergeudung und Ablenkung sittlicher Kraft von den wahren Werten und ihrer Verwirklichung, und darum unmoralisch"[10]. Die Authentizität der sittlichen Freiheit impliziert einen »postulatorischen Atheismus«.

Der Rang der Geschichten, auf die sich der religiöse Glaube bezieht, kann dementsprechend auch anders gedacht werden: Sie erscheinen – so die These von *Gratian*[11] über *Hegel*[12] bis *J. Habermas*[13] – als kontingente Herkunftskontexte für einen universalisierbaren Kern, der auch nach eingetretener Säkularisierung der Herkunftskontexte beibehalten werden kann. „Das Rad", so heißt es in Wittgensteins *Philosophischen Untersuchungen*, "gehört nicht zur Maschine, das man drehen kann, ohne daß Anderes sich mitbewegt."[14]

Offensichtlich, so läßt sich ein erstes Resümee ziehen, hat die Religion bzw. die Annahme der Existenz Gottes etwas zu tun mit der Begründung des Geltungsanspruchs der Moral, mit der Genese des faktischen Ethos und mit den Grenzen, auf die die „ethische Sicht der Welt"[15] stößt. Ebenso offensichtlich aber gibt es philosophische und auch theologische Gründe, dem Geltungsanspruch der Moral eine Authentizität zu geben, die unabhängig von der Annahme der Existenz Gottes oder vom Glauben an eine göttliche Offenbarung ist. Wie aber muß das Verhältnis von Moral und Religion, Ethik und Theologie bestimmt werden, wenn es diesen verschiedenen Momenten Rechnung tragen soll?

[9] Vgl. *Platon, Euthyphron* 10 a.

[10] N. *Hartmann, Ethik*, Berlin ^{4}1962, S. 811.

[11] *Gratian, Dec. I di. 1 dict. Grat.*, in: Corpus Iuris Canonici I, ed. A.L.Richter, Leipzig 1839, S. 2: Ius naturale est, quod in lege et evangelio continetur.

[12] Vgl. etwa G.W.F. *Hegel, Vorlesungen über die Philosophie der Weltgeschichte*, Bd. I: Die Vernunft in der Geschichte, Hamburg ^{5}1955, S. 110-138.

[13] Vgl. etwa J. *Habermas, Zu Max Horkheimers Satz: »Einen unbedingten Sinn zu retten ohne Gott, ist eitel«*; ders., *Exkurs: Transzendenz von innen, Transzendens ins Diesseits*, in: ders., Texte und Kontexte, Frankfurt 1991, S. 110-156.

[14] L. *Wittgenstein, Philosophische Untersuchungen* 271 (Anm. 3), 397.

[15] P. *Ricœur, Die Fehlbarkeit des Menschen*. Phänomenologie der Schuld I, Freiburg / München 1971, S. 11 f.

II

Wenden wir uns zuerst der Frage zu, ob und in welcher Weise der Geltungsanspruch der Moral logisch abhängig ist von der Annahme eines Gottes bzw. von dem Glauben an eine göttliche Offenbarung. Die Behauptung einer solchen Abhängigkeit, so argumentiert *Sokrates* im platonischen *Euthyphron*[16], widerlegt sich durch ihre Selbstwidersprüchlichkeit. „Wenn das, was Gott gebietet, nicht gut ist", so läßt sich das Dilemma mit P. Geach formulieren, „ist die Tatsache seines Befehls kein moralischer Grund, ihm zu gehorchen, auch wenn es gefährlich sein mag, ihm den Gehorsam zu verweigern. Ist aber das, was Gott befiehlt, gut, dann ist es nicht die Tatsache des Befehls, die ihn gut macht. Im Gegenteil, als ein moralisches Wesen würde Gott nur das befehlen, was unabhängig von der Tatsache seines Befehls gut ist. Das aber bedeutet, daß Gott keine konstitutive Funktion in der Begründung der Moral besitzt"[17].

In der Tat kann das Prädikat „gottgewollt" nicht bereits als solches mit dem Prädikat „gut" im moralischen Sinn bedeutungsgleich sein. Wäre es dies, müßte sich in bezug auf den Satz „X ist von Gott gewollt" nicht mehr die Frage sinnvoll stellen lassen: „Ist X denn auch gut?" Sowohl die Berufung auf eine göttliche Offenbarung wie auf die Annahme der Existenz eines Gottes setzen aber das Prinzip, daß etwas zu tun sei, weil es sittlich gut sei, in seiner Gültigkeit als bekannt voraus. Wer es nicht bereits als sittliche Verpflichtung empfindet, dem Gebot Gottes zu folgen, kann Gottes Gebot, das sittlich Gute zu tun, gar nicht als Verpflichtung empfinden. Und wüßten wir nicht unabhängig von jeder Kenntnis von Gott, daß die Lüge sittlich verwerflich ist, verlöre jede Botschaft, die den Anspruch erhebt, aus göttlicher Offenbarung zu stammen, ihre Glaubwürdigkeit.

Das Prinzip „X ist verpflichtend, weil X sittlich gut ist" ist aber nicht nur die ratio cognoscendi für den Glauben an eine Offenbarung, sondern für die Annahme der Existenz eines Gottes überhaupt. Nur ein Gott, der ein sittlich vollkommenes Wesen darstellt, ist als Gott identifizierbar. Die Tautologie „Gott will X, weil Gott es will" öffnete der Willkür Tür und Tor und höbe den Begriff Gottes im Sinn einer Identität von Macht und Vollkommenheit auf.[18] Nur unter der Voraussetzung dieser Identität, und das bedeutet, unter der Voraussetzung der Gültigkeit der moralischen Differenz, ist es möglich, wie schon Xenopha-

[16] Vgl. Anm. 9.

[17] P. *Geach, The Moral Law and the Law of God*, in: ders., God and the Soul, London 1969, S. 117.- Zur Diskussion dieser Problematik in der analytischen Philosophie vgl. den Überblick bei W. *Schwartz, Analytische Ethik und christliche Theologie*. Zur metaethischen Klärung der Grundlagen christlicher Ethik, Göttingen 1984, S. 129-167.

[18] H. *Blumenberg, Art. Autonomie und Theonomie*, in: Rel.Gesch.Geg.Bd.1,Tübingen ^{3}1957, Sp. 791: „Jede theologische Bestimmung des göttlichen Anspruchs auf Unterwerfung findet dort ihre Grenze, wo der freie Akt in den kausalen Vorgang umschlägt. Wahrhafte Erfüllung der Theonomie kann nur ein Gehorsam propter mandatum, d.h. ein autonomer Gehorsam sein."

nes, zwischen den vielen Göttern, die Böses tun, und dem wahren Gott, der sich durch Heiligkeit ausweist, zu unterscheiden und die Frage nach der Wahrheit der Religion zu stellen. Nur so auch ist der Glaube als ein freier, d.h. sittlich verantwortbarer Akt des Menschen ausweisbar.

Die logische Unabhängigkeit des moralischen Geltungsanspruchs ergibt sich aber nicht nur aus der Perspektive der philosophischen, sondern offensichtlich auch aus der der theologischen Vernunft. Nur unter der Voraussetzung der Einheit von Allmacht und sittlicher Vollkommenheit kann der jüdisch-christliche Gottesbegriff festgehalten und nur unter der vorgängigen Gültigkeit des Prinzips, daß das sittlich Gute das Verpflichtende ist, kann die Verdienstlichkeit des Glaubensaktes als sinnvoll ausgewiesen werden. Der Befehl Gottes an Abraham, den Sohn Isaak zu töten, darf deshalb – so die einhellige Auffassung aller patristischen und mittelalterlichen Theologen (für die moderne Theologie erledigt sich das Problem durch die Exegese) – wie die anderen im Alten Testament überlieferten ähnlichen Befehle nicht als das verstanden werden, als was er auf den ersten Blick erscheint, nämlich als Aufforderung zu einer sittlich verwerflichen Tat.[19] Und der mit Gottes Vollkommenheit allein zu vereinbarende allgemeine Heilswille ist nur dann zu wahren, wenn – wie man mit Berufung auf Röm 2, 14 f. feststellt – jedem Menschen die Chance der sittlichen Existenz, d.h. die Möglichkeit eines von Offenbarung unabhängigen sittlichen Urteils eröffnet ist. Das „ewige Gesetz" Gottes, so heißt es bei Thomas von Aquin, besteht in bezug auf den Menschen in nichts anderem als in der Ausstattung mit jener Vernunft, die es dem Menschen erlaubt, aus eigener Kraft zu erkennen, daß das Gute zu tun und das Böse zu lassen ist.[20] Sittliche Autonomie erscheint unter dieser Perspektive nicht als das Gegenteil, sondern als Folge einer übergreifenden Theonomie.

Eine logische Abhängigkeit des moralischen Geltungsanspruchs von der Annahme eines Gottes oder von dem Glauben an eine Offenbarung, so zeigt sich, führt sowohl zur Aufhebung der Moral wie zu der des Glaubens, und dies aus philosophischen wie aus theologischen Gründen. Dabei ist zu unterscheiden zwischen der ratio cognoscendi und der ratio essendi einerseits und der Erklärung und der Deutung des Euthyphron-Satzes andererseits. Die logische Unabhängigkeit betrifft nur die ratio cognoscendi, nicht die ratio essendi, und selbstwidersprüchlich ist der Euthyphron-Satz nur im erklärenden, nicht im deutenden Sinn. Wird nämlich die logische Unabhängigkeit des moralischen Gel-

[19] Vgl. J. G. *Milhaven, Moral Absolutes and Thomas Aquinas*, in: Ch. E. Curran (Hg.), Absolutes in Moral Theology?, Washington 1968, S. 154-185, 279-297; K. *Hedwig, Das Isaak-Opfer*. Über den Status des Naturgesetzes bei Thomas von Aquin, Duns Scotus und Ockham, in: Mensch und Natur im Mittelalter, A. Zimmermann / A. Speer (Hg.), Berlin / New York 1991, Bd. II, S. 645-661.

[20] Vgl. *Thomas von Aquin, Summa Theologiae* I-II 91,2; 92,4; vgl. dazu L. *Honnefelder, Güterabwägung und Folgenabschätzung*. Zur Bestimmung des sittlich Guten bei Thomas von Aquin, in: Staat, Kirche, Wissenschaft in einer pluralistischen Gesellschaft. Festschrift für P. Mikat, D. Schwab (Hg.), Berlin 1989, S. 81-98.

tungsanspruchs unterstellt, kann der Satz, daß etwas sittlich verpflichtend ist, weil Gott es gebietet, als eine „theologische Interpretation der sittlichen Pflicht“[21] gelesen werden. Weil etwas sittlich verbindlich ist, ist es – die Existenz eines vollkommenen Gottes vorausgesetzt – auch der Wille bzw. das Gesetz Gottes. Der moralische Imperativ erscheint – wie beispielsweise auch bei Kant[22] – als Gebot Gottes.

Die logische Unabhängigkeit der ratio cognoscendi des sittlich Guten verbietet es keineswegs, auf Gott als die ratio essendi zurückzuschließen. Ebendies geschieht bei Thomas von Aquin, wenn er die Einsicht der praktischen Vernunft als etwas ursprünglich Erstes bezeichnet und sie zugleich auf die lex aeterna Gottes zurückführt.[23] Das gleiche geschieht aber auch bei Kant, wenn er die Erkenntnis des moralischen Gesetzes als etwas ursprünglich Erstes behauptet, um dann aus der Erfahrung des Gesetzes auf die Freiheit als deren Grund zu schließen.[24] Entscheidend ist in beiden Fällen, daß dem obersten sittlichen Prinzip eine Gültigkeit zukommt, die von der Erkenntnis seiner ratio essendi unabhängig ist.

III

Heißt das aber nicht, daß Religion mit Moral nichts zu tun hat, so wie nach Wittgenstein das Rad, bei dessen Drehung sich nichts mitdreht, nicht zur Maschine gehört? Bezöge sich die Frage nach der Begründung des obersten moralischen Gesetzes nur auf seine Funktion als principium diiudicationis, d.h. als Kriterium der sittlichen Beurteilung, müßte die Frage wohl bejaht werden. Doch wenn Kant recht hat, umfaßt die Frage nach der Begründung auch die Funktion des sittlichen Gesetzes als principium executionis, d.h. als Verpflichtungsgrund. Und eben hier scheint die Religion für die Moral jene Rolle zu spielen, von der Wittgenstein spricht,[25] wenn er zwischen der moralischen Erkenntnis und der Stellungnahme zur Welt als ganzer einen Zusammenhang herstellt.

Einen solchen Zusammenhang unterstellt etwa Platon, wenn er im *Phaidon* das Selbstmordverbot mit den Argumenten begründet, daß wir eine Aufgabe zu erfüllen haben und daß wir Eigentum der Götter sind. Die in sich plausible sittliche Forderung, daß wir durch eine uns übertragene Aufgabe verpflichtet sind,

[21] F. *Ricken, Allgemeine Ethik*, Stuttgart / Berlin / Köln / Mainz ^{2}1989, S. 24.

[22] Vgl. I. *Kant, Die Religion innerhalb der Grenzen der bloßen Vernunft*, Ak. Ausg. VI, S. 98ff. Zu Kants Ethikbegründung insgesamt vgl. aus dem reichen Werk J. *Simons: Kants pragmatische Ethikbegründung*, in: Archivo di Filosofia 55 (1987), S. 183-204.

[23] Vgl. Anm. 20.

[24] Vgl. I. *Kant, KpV* A 82.

[25] Vgl. Anm. 3.

wird mit der theologischen Tatsachenfeststellung verbunden, daß das Leben in allen seinen Situationen eine dem Menschen von Gott übertragene Aufgabe darstellt[26]. Erst die theologische Feststellung gibt der moralischen Forderung ihr Gewicht.

Auf ähnliche Weise argumentiert Geach, wenn er einerseits die logische Unabhängigkeit des sittlichen Anspruchs entsprechend dem Euthyphron-Argument einräumt, andererseits aber bestreitet, daß die rationale Annahme der Existenz eines Gottes keine Auswirkung auf das moralische Verhalten hat. Daß wir nicht etwas sittlich Verwerfliches tun dürfen, um etwas Gutes zu bewirken, so lautet seine Begründung, leuchtet letztlich nur ein, wenn man davon ausgehen kann, daß es Sinn und Zweck der Welt ist, Gottes Wohlgefallen zu erwirken.[27] Die rationale Annahme eines Gottes, so die These, bewirkt nicht die sittliche Einsicht, aber er gibt dieser Einsicht einen anderen Stellenwert.

Auch bei Kant ist die Bedeutung der Metaphysik und der Religion für die Moral auf der Motivations-, nicht auf der Begründungsebene zu suchen. „Urteilen kann der Verstand freilich, aber diesem Verstandesurteil eine Kraft zu geben, und daß es eine Triebfeder werde, den Willen zu bewegen, die Handlung auszuüben, das ist der Stein der Weisen."[28] In der *Kritik der reinen Vernunft* hat Kant die Lösung in der Rolle der Religion gesehen. „Ohne also einen Gott, und eine für uns jetzt nicht sichtbare, aber gehoffte Welt sind die herrlichen Ideen der Sittlichkeit zwar Gegenstände des Beifalls und der Bewunderung, aber nicht Triebfedern des Vorsatzes und der Ausübung, weil sie nicht den ganzen Zweck, der einem jeden vernünftigen Wesen natürlich und durch eben dieselbe reine Vernunft a priori und notwendig ist, erfüllen."[29] In der *Kritik der praktischen Vernunft* sieht Kant die Triebfeder in der Achtung, die sich negativ in der Unterdrückung der der sittlichen Forderung entgegenstehenden Neigungen und positiv in einem „Interesse an der eigenen Freiheit" (Ricken), d.h. einer Art „intellektuellen Zufriedenheit"[30] mit dem Bestimmtwerden durch die praktische Vernunft, oder anders ausgedrückt, in dem Bewußtsein, einer anderen Ordnung anzugehören, zur Geltung bringt. Die „echte Triebfeder der reinen praktischen Vernunft ... ist keine andere, als das reine moralische Gesetz selbst, so fern es uns die Erhabenheit unserer eigenen übersinnlichen Existenz spüren läßt."[31]

Wenn die an Platon, Kant und Geach verdeutlichten Überlegungen zutreffen, dann muß offensichtlich unterschieden werden zwischen der Plausibilität des Geltungsanspruchs des Prinzips der Moral und dessen – wie man vielleicht sagen kann – »tieferer« Begründung. Diese Begründung hat bezüglich des Gel-

[26] Vgl. *Platon, Phaidon* 62 bc; vgl. dazu F. *Ricken, Allgemeine Ethik* (Anm. 21), S. 25f.

[27] Vgl. P.*Geach, Moral Law* (Anm. 17).

[28] I. *Kant, Eine Vorlesung Kants über Ethik*, P. Menzer (Hg.), Berlin 1942, S. 54.

[29] I. *Kant, KrV* B 841.

[30] F. *Ricken, Moralphilosophie* (Anm. 3), S. 168.

[31] I. *Kant, KpV* A 158.

tungsanspruchs keinen konstitutiven, sondern einen abschließenden Charakter und sie betrifft weniger den kognitiven Sinn der moralischen Differenz, als die Motivation, die zu ihrer Anerkennung führt. Während dem Geltungsanspruch der Moral in seinem kognitiven Sinn Universalität und Einheit zukommt und zukommen muß, kann die tiefere abschließende Begründung in Verschiedenheit und Vielheit auftreten:[32] als Metaphysik einer intelligiblen Ordnung, als rationale Theologie oder als Glaube an den Gott einer universalen Heilsgeschichte. Der als Bedingung der Möglichkeit sittlicher Ansprüche von allen immer schon anerkannte moral point of view erfährt eine spezifische Begründung je eigenen Rechts.

Zu solchen abschließenden Begründungen und Motivationen des moralischen Handelns möchte ich auch moderne Versuche wie den von H. Krings zählen, die Annahme Gottes aus der in jeder Affirmation der endlichen Freiheit implizierten Uraffirmation absoluter Freiheit zu begründen[33], aber auch den Versuch M. Theunissens, aus der negativen Erfahrung der Endlichkeit unserer Freiheit auf die absolute Freiheit Gottes als jene Bedingung der Möglichkeit gelingenden Selbstseins zu schließen, wie sie in jeder Erfahrung der endlichen Freiheit im Modus der Negation unterstellt wird. „Das Werden der Freiheit zu sich aus der Freiheit von sich geschieht im Grunde des Glaubens selbst als kommunikative Genese des Selbstseins."[34]

IV

Mit der abschließend begründenden und motivierenden Funktion ist die Bedeutung der Religion für die Moral aber offensichtlich nicht erschöpft. Der Blick auf die Geschichte der Ethosformen zeigt, daß Religionen Ethos hervorbringen und prägen, weil der religiöse Akt stets eine moralische Dimension hat. Die Frage, ob und in welcher Weise die Religion die Moral und der Glaube das Ethos bestimmt und bestimmen muß, ist innerhalb der Theologischen Ethik der letzten Jahrzehnte unter dem Stichwort des Propriums der christlichen Ethik ausführlich behandelt worden,[35] so daß ich mich auf die für unseren Zusammenhang wichtigsten Ergebnisse beschränken kann.

Charakteristisch ist zunächst die Weise, in der uns das Ethos des Alten Testamentes in Form des Dekalogs entgegentritt. Nicht der Inhalt ist neu und spe-

[32] Vgl. dazu auch L. *Honnefelder, Die Begründbarkeit des Ethischen und die Einheit der Menschheit*, in: G. W. Hunold / W. Korff (Hg.), Die Welt für morgen. Ethische Herausforderungen im Anspruch der Zukunft, München 1986, S. 315-327.

[33] Vgl. H. *Krings, Reale Freiheit. Praktische Freiheit. Transzendentale Freiheit*, in: Normenbegründung-Normendurchsetzung, W. Oelmüller (Hg.), Paderborn 1978, S. 59-77.

[34] M. *Theunissen, Negative Theologie der Zeit*, Frankfurt 1991, S. 360.

[35] Vgl. dazu F. *Böckle, Fundamentalmoral*, München [4]1985, S. 287ff.

zifisch. Er ist der einer Sippenethik der Zeit, wie er auch im *Codex Ḥammurabi* begegnet. Neu und spezifisch ist die Überschrift, die über den Katalog der Gebote gesetzt wird: „Ich bin der Herr dein Gott, der dich aus dem Sklavenhaus Ägypten geführt hat" (Ex. 20, 2). Das sittliche Gebot, dessen Einsicht und Geltung unterstellt wird, tritt unter die legitimierende Autorität des Bundesgottes und damit unter einen neuen Anspruch und fügt sich in ein neues Sinnganzes aus Zusage und Verheißung ein.

Dieser Anspruch verändert freilich auch das Ethos selbst. Der Bundesglaube wirkt selektiv und ethossystematisierend. Alle Einzelgebote treten unter das eine Gebot der Gottesliebe. Deutlich greifbar wird dies im Neuen Testament. Im Horizont der hereingebrochenen Gottesherrschaft, d.h. im Modus der Zusage und Verheißung, wird das alttestamentliche Ethos radikalisiert. In der Bergpredigt erscheinen Rufe im Sinn von Radikalforderungen, die sich in deutlicher Antithetik zum überlieferten Gesetz verstehen und „die aus dieser Antithetik heraus erst noch der Konkretion in sittlicher Abwägung bedürfen"[36]. Sie laufen auf die „größere Gerechtigkeit" (Mt. 5, 20), d.h. auf ein Mehr als nur Gerechtigkeit hinaus. Die Geltung der Gerechtigkeit wird als bekannt unterstellt, die Forderung nach dem Mehr ist nicht ethischer Entwurf, sondern religiöse Forderung. Es wird als der Imperativ vorgestellt, der aus der Erfahrung des Indikativs der hereingebrochenen Gottesherrschaft folgt. Als solcher verändert er das Ethos. Er wirkt selektiv, modifizierend und akzentuierend, also integrationskritisch, aber auch normschöpferisch. Die neu entstehende Norm aber muß kommunikabel sein. Denn nur die aus sich einsichtige sinnvolle Norm kann Ausdruck des Gesetzes sein, das „im Geist und in der Wahrheit" (Joh. 4, 23) befolgt wird. Der Glaube an Gottes Heilstat in Jesus Christus begründet den transzendenten Sollensanspruch, ohne die kategoriale Eigenstruktur des Sittlichen aufzuheben.

Dieser Struktur entspricht auch der Aufbau des ersten »moraltheologischen« Traktats, wie ihn Thomas von Aquin im zweiten Teil der *Summa Theologiae* vorlegt.[37] Die Tugendethik, die er in II-II entwickelt, greift das gesamte Gut der antiken Tugendethik auf und stellt es unter die drei theologischen Tugenden Glaube, Hoffnung und Liebe, wobei die Liebe nicht als eine kategorial eigenständige Tugend aufgefaßt wird, sondern als „forma virtutum". Das Verhältnis zwischen Moral und Glaube wird als ein Verhältnis von Gesetzen gedacht, d.h. als Verhältnis zwischen lex naturalis und lex humana positiva einerseits und lex vetus und lex nova andererseits, wobei die lex nova als eine lex indita et non scripta[38] vorgestellt wird, als ein Gesetz, das keiner heteronomen Weisungen mehr bedarf, weil es aus dem Geist besteht, der in den Herzen der Menschen ausgegossen ist. So kann es bei Thomas zu Sätzen kommen wie etwa dem „Wer

[36] F. *Böckle* (Anm. 35), S. 211.

[37] Vgl. dazu W. *Kluxen, Philosophische Ethik bei Thomas von Aquin*, Hamburg ²1980, bes. S. 218 ff.

[38] *Thomas von Aquin, Summa Theologiae* I-II, qq. 106-108.

die bösen Taten unterläßt, nicht weil sie böse sind, sondern (nur) weil Gott es geboten hat, ist nicht frei"[39] oder: „Gott wird nämlich durch nichts beleidigt als durch das, was wir gegen unser eigenes Wohl tun".[40]

Ist aber das neue Gesetz nicht ein neuer Buchstabe, sondern ein neuer Geist, dann ist es verständlich, warum das unter diesem Geist nicht nur rezipierte, sondern auch neu hervorgebrachte Ethos sittliche Einsichten enthält, die – wie die von Hegel auf den Einfluß des Christentums zurückgeführte Einsicht in die Freiheit aller Menschen[41], man könnte auch die Erkenntnis der personalen Würde der Frau nennen – dann auch abgelöst von ihrem Ursprung im Kontext der religiösen Existenz ihre Plausibilität, d.h. den ihnen eigenen Geltungsanspruch behalten.

Möglich und sinnvoll bleibt freilich die Frage, inwieweit der Geltungsanspruch der Moral, ungeachtet der Tatsache, daß er als solcher oder genauer gesagt vor der Vernunft besteht, ohne eine im oben genannten Sinn abschließende Begründung und ohne Konkretisierung in Form eines Ethos als einer starken, vollständigen Gestalt des Guten[42] zu überleben vermag. Hier ist offensichtlich von einer den prinzipiellen Anspruch der Moral legitimierenden Funktion des konkreten Ethos zu sprechen, die aus der inneren Sinnhaftigkeit dieses Ethos stammt, d.h. aus seiner Kraft, als Gestalt gelingenden Lebens zu überzeugen und die Ausbildung qualitativer personaler Identität zu erlauben. Daran läßt sich die Frage anschließen, ob zu dieser „starken, vollständigen Gestalt des Guten" neben dem Ethos auch Sinnkonzepte gehören, die eine Stellung zur Welt als ganzer erlauben, wie sie in der Religion begegnen.

V

Diese Frage legt sich vor allem nahe, wenn wir eine letzte Funktion der Religion für die Moral betrachten, nämlich die, das Scheitern des Projekts der Ethik aufzufangen. Die mit ihrer Größe zugleich verbundene „Grenze der ethischen Sicht der Welt" zeigt sich, so hat P. Ricœur erneut deutlich gemacht[43], schon an ihrem Ursprung, nämlich bei der Frage nach der Herkunft des Bösen. Zur ethischen Sicht der Welt gehört es, das Böse auf die Freiheit zurückzuführen. Gerade diese These aber läßt die Frage entstehen, warum sich die Freiheit zum Bösen entscheiden kann, oder mit Kants Worten zu sprechen, woher das „radikal

[39] *Thomas von Aquin, Expositio super II epist. ad Cor.* 3, 2.

[40] *Thomas von Aquin, Summa contra gentiles* III 122.

[41] G.W.F. *Hegel, Vorlesungen über die Philosophie der Weltgeschichte*, Bd. I: Die Vernunft in der Geschichte, Hamburg [5]1955, S. 63.

[42] Vgl. J. *Rawls, Eine Theorie der Gerechtigkeit*, Frankfurt 1979, bes. S. 433-492.

[43] Vgl. P. *Ricœur, Fehlbarkeit* (Anm. 15); *Symbolik des Bösen*. Phänomenologie der Schuld II, Freiburg-München 1971; ders., *Hermeneutik und Psychoanalyse*, München 1972.

Böse"[44] in der Freiheit selbst stammt. Bekanntlich sieht Kant philosophisch keine andere Möglichkeit, als beide Thesen, daß das Böse Resultat unserer Freiheit ist, die Freiheit aber einen angeborenen Hang zum Bösen haben muß, nebeneinander stehen zu lassen. Das aber bedeutet, daß das Problem ungelöst bleibt: Der Begriff eines unfreien Willens kann nicht gedacht, der Ursprung eines „radikal Bösen" nicht erklärt werden.

Auf ihre Grenze stößt die ethische Weltsicht aber auch bei dem Phänomen der Schuld[45] selbst. Eine geschehene Tat kann nicht rückgängig gemacht, ein verwirktes Leben nicht zurückgeholt werden. Und selbst, wo wir Vergebung der Schuld durch den anderen erfahren oder selbst Schuld eines anderen vergeben, wird die Verschuldenswirklichkeit nicht aufgehoben.

Eben diese Grenze wird noch verschärft, so die These Ricœurs, wenn wir den ethischen Anspruch ausschließlich als ein Sollen, als eine unbedingt bindende Pflicht verstehen. In der „Verdopplung" des Bewußtseins liegt die Möglichkeit der Depravation zu jener unbegrenzten „Anklage ohne Ankläger"[46], in der Schuld als lebensfeindlich und repressiv verstanden und der Sinn des moralischen Anspruchs zerstört wird. Diese Problematik kann nach Ricœur nur gelöst werden, wenn wir den moralischen Anspruch mit dem Streben nach Existenz und die sittliche Entscheidung des Ich als die Verschränkung des „Wunsches zu sein" mit dem „Akt des Hörens" verbinden. An die Stelle des Gesetzes tritt die Veränderung unseres Wollens durch das „verstehende Hören"[47]. Das hebt die Funktion der Norm nicht auf, stellt sie aber in einen anderen Zusammenhang.

Das verstehende Hören vermag nicht nur die Sinnentwürfe gelingenden Lebens zu vernehmen, wie sie geschichtlich-institutionell begegnen, es vermag auch jenes „Epos der Hoffnung"[48] zu vernehmen, in dem die ethische Sicht der Welt überstiegen wird und das es erlaubt, an der ethischen Weltsicht auch angesichts ihres individuellen und kollektiven Scheiterns festzuhalten.

Es ist also die Kontingenz der sittlichen Freiheit und ihrer Resultate, die die Ethik auf die Religion verweist. Wenn Ricœur recht hat, ist mit Religion, soll sie diese Kontingenz bewältigen können, freilich mehr gemeint als der Vernunftglaube, auf dessen Hoffnung Kant in seiner Religionsschrift verweist. Nicht ohne Grund spricht Ricœur von einem „Epos" der Hoffnung. Auf Kontigenz kann nur eine narratio antworten. Nur die memoria an ein universale concretum vermag den Einsprüchen standzuhalten, an denen eine spekulative Theodizee scheitert.

[44] I. *Kant, Religion* (Anm.22), S. 32

[45] Vgl. dazu L. *Honnefelder, Zur Philosophie der Schuld*, in: Theol. Quartalschr. 1, 1975, S. 31-48.

[46] P. *Ricœur, Hermeneutik* (Anm. 43), S. 266-272; ders., *Symbolik* (Anm. 43), S. 9-200.

[47] P. *Ricœur, Hermeneutik* (Anm. 43), S. 295ff.

[48] Ebd., S. 282.

Diese Integration der Kontingenz der ethischen Sicht der Welt in ein Epos der Hoffnung hat für die ethische Weltsicht nicht nur kompensierende, stützende Funktion. Sie ist ihrerseits noch einmal Ethik begründend und freisetzend. Denn sie setzt das Handeln des Menschen von der Erwartung frei, für das gelingende Leben allein selbst aufkommen zu müssen und schafft gerade dadurch die Möglichkeit, »Vorleistungen« zu erbringen, neue Anfänge zu schaffen, sich Vergebung zuzumuten und so etwas wie ein Ethos der „größeren Gerechtigkeit" zu wagen.

Tilman Borsche

Individualität und Negativität des Verstehens

I

Der Begriff des Verstehens ist in Mißkredit geraten. Seit einiger Zeit begegnet man selbst (oder gerade) unter hermeneutisch arbeitenden Wissenschaftlern großer Skepsis, wenn man sagt, daß man einen Text interpretiere, weil man ihn verstehen wolle oder gar solle und mithin auch könne. Derjenige vergehe sich am Text, so heißt es argwöhnisch, der sich verstehend seiner zu bemächtigen versuche. Vor einer epochalen „Wut des Verstehens" (Schleiermacher) wird gewarnt[1]. Auf der anderen Seite bleibt denen, die sich nicht professionell mit dem Verstehen befassen, diese Wut auf die Wut des Verstehens ganz unverständlich. Ihnen erscheint das Verstehen vielleicht nicht sonderlich problematisch, das Bemühen darum aber doch ein ebenso selbstverständliches und alltägliches wie notwendiges und gewöhnlich auch erfolgversprechendes Anliegen. Ohne die Gewißheit, daß der Versuch zu verstehen in der Regel gelingen werde, wären nämlich, so glaubt man zu wissen, Sprechen und Denken sinnlos und menschliches Leben überhaupt unmöglich. Daher, so versichern uns die von der hermeneutischen Skepsis unbeeindruckten Erkenntnis-, Sprach- und Kommunikationstheoretiker, die die Stimme des Volkes auf ihrer Seite wissen, müssen wir uns immer schon verstanden haben, wenn wir miteinander reden, auch und gerade dann, wenn wir uns streiten, weil wir uns miß- oder überhaupt nicht verstehen. Denn, so argumentieren sie weiter, entweder ist Verstehen immer schon wirklich und immer wieder erreichbar, oder wir müßten sagen, daß alles Reden beliebig und bedeutungslos sei – was wir mit Anspruch auf Wahrheit doch gar nicht sagen können. Unter einer solchen Alternative wird die Frage des Verstehens, d.h. die Frage, wie Verstehen als möglich gedacht werden könne, zu einem philosophischen Problem.

Vielleicht ist es hilfreich, daran zu erinnern, daß diese Problemstellung innerhalb der Philosophie recht jung ist. Das Problem des Verstehens wurde lange Zeit als vor und damit außerhalb der theoretischen Philosophie liegend angesehen und eher, als ein praktisches Problem, der Pädagogik bzw. der Rhetorik zugewiesen. Es wurde allein auf die Person dessen, der verstehen wollte oder

[1] Diesem treffenden und zeitgemäßen Titel folgt ein schwaches Buch, in dem der Autor die hermeneutische Tradition besser zu verstehen versucht, als sie sich selbst verstand, und dabei nur ein Zerrbild zustande bringt: Jochen *Hörisch, Die Wut des Verstehens*, Frankfurt am Main 1988.

sollte, bezogen, nicht auf die dem Verstehen sich darbietende Sache. Diese sollte vielmehr von Erfolg oder Mißerfolg und damit auch vom Problem des Verstehens unberührt bleiben. Um die Sache selbst hingegen, was sie sei, ging es in der Philosophie. In ihr wurde, wenn man es vom Verstehenden aus betrachtet, nach der Wahrheit von bereits Verstandenem bzw. im Prinzip problemlos Verständlichem gefragt. Solange man (noch) nicht verstand, bewegte man sich bestenfalls in den Vorhallen von Philosophie und strenger Wissenschaft.

Deshalb erscheint es mir sinnvoll und auch vielversprechend, zunächst einmal die vor- und außerphilosophische Diskussion zu betrachten, und zwar in einer der Disziplinen (artes), die sich schon immer mit dem Problem des Verstehens befaßt haben. Aleida Assmann, Literaturwissenschaftlerin in Konstanz, hat kürzlich eine lehrreiche kulturgeschichtliche Skizze des Ortes der hermeneutischen Problemstellung entworfen, an die ich hier anknüpfen möchte. Die Skizze unterscheidet drei Epochen der Problemstellung, die als „hodegetische Hermeneutik, philologische Hermeneutik und dekonstruktive Hermeneutik" bezeichnet werden[2].

II

Die historische Schilderung macht deutlich, daß das Problem des Verstehens anfangs als ein pädagogisches in Erscheinung trat: Ein Leser findet sich mit einem Text konfrontiert, den er nicht versteht; er will / soll / muß ihn aber verstehen, da ihm der Text als heilig gilt. Als Beispiel wird die Geschichte vom „Kämmerer aus dem Mohrgenland", Apostelgeschichte 8, 26-39, angeführt. Ein einsamer Reisender liest im Propheten Jesaia und versteht nicht, wovon die Rede ist. Philippus, vom Heiligen Geist geschickt, hilft ihm mit einer christologischen Deutung der Textstelle. Nun versteht der Reisende, ist glücklich und läßt sich taufen. Nach diesem Modell der hermeneutischen Situation sind der Text für sich unvollständig und der Leser für sich unselbständig. Das Verstehen wird erst durch die Vermittlung eines Dritten vollendet, des Hodegeten, wörtlich „Wegweiser"; der die Rolle des Interpreten übernimmt. Er verfügt über ein autoritatives Wissen und beherrscht die Situation. Nach dem ersten Modell der hermeneutischen Situation ist Verstehen „nur in der dreistelligen Relation von Text/Leser/Wegweiser" möglich (4).

Dieses Modell orientiert sich offensichtlich am Standardbeispiel der Lektüre eines einerseits alt und schwer verständlich gewordenen, andererseits kulturell und religiös kanonisierten Textes (des Propheten Jesaia in der Hand eines Juden nämlich), der innerhalb eines sich wandelnden Auslegungshorizonts (im

[2] Aleida *Assmann, Im Dickicht der Zeichen.* Hodegetik – Hermeneutik – Dekonstruktion (Über kulturelle Deutungsrahmen), Antrittsvorlesung, Universität Konstanz, 31. Januar 1994, (daraus die folgenden Zitate mit Seitenangaben des Vortragsskripts).

Übergang vom jüdischen zum christlichen Deutungsrahmen) anders interpretiert werden mußte, wenn er denn verständlich bleiben oder auf neue Weise verständlich werden sollte. Schon eine Übertragung des Beispiels auf die sog. Schriftkritik des platonischen *Phaidros* macht jedoch deutlich, daß das Modell weiter reicht, als der erste Anschein sehen läßt. Es gilt nicht nur für das Verstehen geschriebener heiliger Texte, sondern für alles Verstehen, auch das gewöhnlicher gesprochener Rede. Platon nämlich macht geltend, daß alle Rede, die recht verstanden werden will, eines Interpreten bedarf, der nicht nur über autoritatives Wissen verfügt, sondern stets auch Herr der Situation bleibt, weil er weiß, welche Worte er zu wählen hat, um die Seele seines Hörers bzw. Lesers in der rechten Weise anzusprechen. Er muß – darin erst liegt die Warnung vor dem speziellen Mißbrauch (und Mißverständnis) der Schrift –, wenn ein anderer zu verstehen versucht, gegenwärtig sein, wie das im Fall des Gesprächs ganz natürlich, im Fall der Lektüre gewöhnlich aber nicht gegeben ist. Platon nennt diesen Interpreten den „Vater" des Logos (275e), ohne dessen Beistand alle Worte einerseits dem Mißverständnis, andererseits dem Mißbrauch durch die Hörenden bzw. Lesenden schutzlos ausgesetzt sind. Auch im gewöhnlichen Gespräch, besonders augenfällig aber im philosophischen Lehrgespräch bleibt demnach das hodegetische Dreieck des Verstehens erhalten. Hier wird lediglich die dritte Person des Hodegeten in die zweite Person des Sprechers, der die Rolle des gelesenen Textes in der Konstellation der schriftlichen Kommunikation vertritt, hineingenommen. Seine hodegetische Kunst zeigt sich darin, daß er im rechten Augenblick die rechten Worte der Erläuterung, die dann keiner weiteren Erläuterung mehr bedürfen, findet und äußert. Verstehen eines Wortes oder Textes ist immer nur solange gewährleistet, wie der „Vater" als Autor bzw. Interpret des Logos fähig und willens ist, jederzeit das Gesagte mit anderen Worten zu verdeutlichen, wenn danach gefragt wird.

Der Hermeneut eines Textes ist also ursprünglich einer, der weiß, was die Worte bedeuten, und das Gewußte dem, der die Worte nicht versteht, mitteilt oder ggf. übersetzt[3]. Für ihn, das dritte und letzte Glied in der geschlossenen Kette der Verständigung, kann und darf ein Problem des Verstehens nicht bestehen. Das erste Modell der hermeneutischen Situation ist, wie sich zeigt, vom Interpreten als einem wissenden Sprecher her gedacht, der den unwissenden Hörer über die Bedeutung des Textes, der vor und zwischen ihnen liegt, belehrt. – Tragisch zugespitzt wird dieselbe hermeneutische Grundsituation, wenn sich die dritte Person, der wissende und verständige Wegweiser, in die Unendlichkeit des verborgenen Gottes verliert. Schon Philippus tauchte auf und verschwand, vom Heiligen Geist geschickt, vom Heiligen Geist entrückt, für den verständissuchenden Kämmerer ein ebenso unbegreifliches wie unverfügbares Geschenk. Mit Augustin, der dieses Modell zur conditio humana ent-

[3] Das entspricht auch der ursprünglichen und üblichen Bedeutung der griechischen Worte ἑρμηνεύειν, ἑρμηνεύς, die erst sehr spät wie die lateinischen Worte *interpretari, interpretatio* für das problematische Deuten unverstandener Zeichen verwendet werden.

grenzt, wird alles rechte Verstehen zu einem Gnadengeschenk Gottes, die natürliche Lage der gefallenen Kreatur ist das sündige Unverständnis. Mit diesem Perspektivenwechsel ist die hermeneutische Grundsituation neu gedeutet. Sie wird nicht mehr von einem Sprecher aus konzipiert, der weiß, was er sagt, und überlegt, wie er sein Wissen verständlich mitteilt, sondern von einem Hörer aus, der mit Gewißheit glaubt, daß ihm im Buch der Offenbarung ebenso wie (vor allem in späterer Zeit) im Buch der Natur Zeichen Gottes vorliegen, die wahr sind, der aber zugleich nicht sicher ist, wie er diese Zeichen verstehen soll und ob er sie jeweils recht versteht, wenn er sie zu verstehen meint. So schlagen die Gewißheit des Wissens und die Gelassenheit des Suchens nach verständlichem Ausdruck um in die Erfahrung von der Ohnmacht des Verstehens angesichts einer unaufhebbaren Vieldeutigkeit der Zeichen. Die skeptische Wende Augustins bewirkte zunächst nicht viel. Die Philosophie hielt sich seine radikale hermeneutische Skepsis lange Zeit vom Leib, indem sie, in ihren Hauptströmungen antike, vorwiegend aristotelische Traditionen fortsetzend, das Verstehen überhaupt nicht als Problem annahm.

III

Doch zurück zur Skizze der Epochengeschichte: Grundsätzlich ändert sich die hermeneutische Situation gegenüber (insbesondere religiösen) Texten erst mit der „Kulturrevolution der Reformation", die die bekannte Forderung erhebt, daß die Bibel „in einsamer Lektüre" zu lesen sei (7). Von da an gilt der Text (zunächst der der Heiligen Schrift, bald aber auch jeder andere interpretationswürdige Text) als in sich selbst suffizient, d.h. als unabhängig von doktrinalen bzw. historischen Kontexten; und der (vom Geist erleuchtete, bald aber auch jeder andere interpretationsfähige) Leser in der Rolle des Interpreten gilt als autark, d.h. als unabhängig von autoritativ vorgegebenen Deutungsrahmen, auch wenn beides Ansprüche bleiben, die von schwachen Lesern und schlechten Texten nicht immer erfüllt werden. Jedenfalls werden Text und Leser individualisiert und autonomisiert und damit absolut gesetzt wie Subjekt und Objekt als Gegenstände der Erkenntnis im (natur)wissenschaftlichen Denken. Das hermeneutische Problemfeld wird nach dem Kommunikationsmodell neu organisiert. Text und Leser (dieser in der Rolle des Interpreten) stehen sich gegenüber wie Sender und Empfänger. Im Idealfall soll der Text vollständig decodiert, die in den Schriftzeichen verschlüsselte Botschaft vollständig kommuniziert werden. Der Leser wird zum Philologen.

Das neue hermeneutische Problem liegt nun in der philologischen Textinterpretation, die ohne Hilfe eines Dritten, d.h. ohne Erleuchtung von oben oder autoritatives Wissen von außen, geleistet werden muß. Die Aufgabe besteht darin, den toten Buchstaben des Textes zum Sprechen zu bringen, um die lebendige Stimme (vox viva) und mit ihr den Sinn und die Absicht des Autors (intimus animus auctoris), der sich im Medium der Buchstaben verbirgt, wiederzubeleben (10). Die den Sinn konservierende Entfremdung der Stimme durch die Schrift soll aufgehoben, die Buchstaben in Laute zurückübersetzt werden, da nur die Stimme, diese aber auch unmittelbar dem Verstehen zugänglich sei. Damit würde das Gemeinte durch das Medium der Schrift hindurch, aber auch – entgegen einem zu engen Verständnis der Schriftkritik, entgegen dem vermeintlichen Privileg der Stimme – durch das Medium des Lautes hindurch, der mit seiner Äußerung unmittelbar wieder verschwindet, vollständig in das Verstandene aufgelöst.

An der philologischen Hermeneutik ist die Philosophie von Anfang an intensiv beteiligt. Sprachphilosophisch fundiert wird dieses Programm der Philologie, wenn auch zu seiner Zeit ohne sichtbare Wirkung im engeren Bereich der Hermeneutik, schon durch Boethius, der den Titel der seither unzählige Male zitierten und kommentierten aristotelischen Schrift *De interpretatione* folgendermaßen interpretiert: „interpretatio est vox significativa, per seipsam aliquid significans"[4]. Was zurecht eine Rede oder ein Wort (bei Boethius „interpretatio" oder ihre Teile) genannt wird, hat an sich selbst Bedeutung, wir müssen es nur verstehen. Damit sind die Postulate von der Identität und der Autarkie der Bedeutung sowie des Bedeutungsträgers klar formuliert. Wenn in der neuzeitlichen oder nachreformatorischen Philosophie der Text zur Welt entgrenzt sein wird, läßt sich ihre Aufgabe als eine Philologie der Sprache der Natur und der Sprache der Geschichte verstehen. Es gilt, die in den Erscheinungen der Natur bzw. in den Ereignissen der Geschichte verschlüsselt konservierte Bedeutung philologisch zu eruieren[5]; und das cartesische Ich, das autark und ganz aus sich heraus denkt, wird sich als das kompetente Subjekt einer solchen Interpretation verstehen können.

In der Philosophie wird das Programm der philologischen Hermeneutik denn auch erkenntnis- und sprachtheoretisch entgrenzt und über den ursprünglichen Rahmen einer Methode für das Verstehen und Interpretieren kanonisierter Texte auf das Problem des Verstehens aller, auch der mündlichen Sprachzeichen, sowie darüber hinaus auf das Problem des Verstehens aller, auch der nicht-sprachlichen Zeichen erweitert. Im Rückblick auf die erste Epoche der hermeneutischen Problemstellung läßt sich das dadurch ausdrücken, daß der Wegweiser nun nicht mehr als dritte konkrete Person – neben dem Autor und dem Leser des Textes – am Drama der Interpretation partizipiert, sondern in

[4] *Boethius, In librum Aristotelis de interpretatione,* editio prima, MPL 64, 294 D. In der *Editio secunda* heißt es leicht abgewandelt: „Interpretatio namque est vox articulata per seipsam significans", a.O., 394B. Die entscheidende Bestimmung „per seipsam" hat kein Äquivalent bei Aristoteles. Sie versteht sich bei ihm von selbst, wird dadurch aber auch nicht hervorgehoben wie bei dem Kommentator.

[5] Vielleicht am deutlichsten wird die Sprache einer philosophischen Wissenschaft als Philologie von Francis Bacon gesprochen, der seinem methodologischen Hauptwerk den Untertitel gibt *Aphorismi de interpretatione naturae.*

die abstrakte Voraussetzung einer prinzipiellen Verstehbarkeit der Welt zurückgenommen wird. Aus dem Gedanken von der Welt als Text entsteht das Programm einer philosophischen oder universellen Hermeneutik. Dabei wird der Welt-Text in seiner Materialität als eine Form der Entäußerung des Geistes im toten Buchstaben bestimmt, die durch das Verstehen erst wieder neu mit Leben zu erfüllen sei. Sehr erhellend weist Aleida Assmann darauf hin, daß dieses Bild dem gnostischen Mythos der Entfremdung folgt, dem das lebendige Verstehen im Bild der ebenfalls gnostischen „Utopie der Ent-Entfremdung" entspricht (12). Die (sprach)anthropologische Grundlage der Hermeneutik reformuliert damit das neuplatonische Problem vom Ursprung des Bösen, das hier in der Gestalt des Nicht-Verstehens erscheint. Ohne das Böse wäre da nur Ein Text und Ein rechtes Verstehen für alle. In der babylonischen Wirklichkeit aber herrscht das Unverständnis. Das Leben als der Kampf der guten Mächte gegen die Widerstände des Bösen ist die unendliche Arbeit am Verstehen, Endziel der Geschichte wäre die ideale Kommunikationsgemeinschaft verständnisvoller Geister. – Es geht in dieser entgrenzten hermeneutischen Situation nicht mehr in einem klar begrenzten Sinn um den Leser und sein Buch, sondern um die Welt als Text und die Menschen als (potentielle) Autoren und zugleich (potentielle) Interpreten dieses Textes. *Alles* Reden ist auf Verstehen angelegt.

Die Philosophie ist aber auch das Feld, auf dem schon bald das Ungenügen der philologischen Hermeneutik zutage tritt. Denn die „lebendige Stimme", so flüchtig und unmittelbar wieder verschwindend ihr Dasein auch sein mag, ist in den Lauten einer historisch gewachsenen Sprache artikuliert und vermittelt daher zunächst gerade nicht unmittelbar die Intention ihres Autors selbst. Vielmehr „verkehrt" sie in ihrer Äußerung dessen Meinung in ein Allgemeines, das sich aus den Überlieferungen, Lebensformen und Ansichten der Epoche und des Landes jeweils gebildet hat. (*Spricht* die Seele so spricht ach! schon die *Seele* nicht mehr.[6]) Ähnlich verhält es sich im Blick auf die Natur: Auch hier enthüllt der von überlieferten Autoritäten (als den toten Buchstaben der Schrift) unverstellte Zugang zur Natur durch das Experiment (als die lebendige Stimme der Natur) die Dinge gerade nicht so, wie sie von Natur aus oder an sich sind, sondern nur so, wie im Moment das Experiment sie sehen läßt. Worte, sowohl die Laute als auch die Schrift, erweisen sich als Zeichen, die einerseits die Bedeutung des Textes verstellen, andererseits den Autor und Interpreten, den Sprecher wie den Hörer und den Leser von sich selbst entfremden.

So zerreibt sich das Programm der philogischen Hermeneutik schließlich an dem unlösbaren Problem, den wahren Sinn eines Textes jenseits seiner jeweili-

[6] Vollständig heißt dieses Epigramm Schillers aus den *Tabulae votivae* von 1797, das den Titel „Sprache" trägt:

> Warum kann der lebendige Geist dem Geist nicht erscheinen!
> *Spricht* die Seele so spricht ach! schon die *Seele* nicht mehr.

Von einem Privileg der Stimme, das die Präsenz des Geistes garantiere, ist bei Schiller keine Rede.

gen Interpretation bestimmen zu können, vor allem und ganz konkret aber an dem hoffnungslosen Versuch, in der lebendigen Stimme als dem letzten Refugium der Präsenz des intendierten Sinns das wahre Selbst des Autors jenseits seiner Worte fassen zu können. Leser und Text, Subjekt und Objekt, so scheint es, bleiben letztlich dunkel, und die Interpretation, obwohl sie immer irgendwo zum Stehen kommt, gelangt dennoch in beiden Richtungen niemals an ein definitives Ende, bei dem sie sich auf Dauer beruhigen könnte. Denn das autoritative Wort des Wissenden, das im hodegetischen Modell am Ende für Ruhe sorgt, wird mit der Verkündung der Autonomie von Text und Leser endgültig entmachtet.

IV

Das Scheitern der hermeneutischen Hoffnung auf eine Rückkehr aus der Entfremdung der Zeichen in die Wahrheit des intendierten Sinns leitet über in die dritte der eingangs genannten Epochen der hermeneutischen Problemstellung oder in das, was Aleida Assmann die „dekonstruktive Hermeneutik" nennt. Diese setzt in einer Flucht nach vorn die reduktive Bewegung des Übergangs von der Hodegetik zur Philologie fort. Da die Relata der zweistelligen hermeneutischen Relation sich letztlich im Unbestimmbaren verlieren, bleibt an ihrer Stelle nurmehr das „Eine – das ist die unbegrenzbare Schrift" (13). Das letzte Glied der aristotelischen „Zeichenkette"[7] hat alle vorhergehenden – die Sache, die Vorstellung, die Stimme – in sich aufgenommen, der tote Buchstabe, als Erbe der ganzen Kette, ist lebendig geworden. Aus der „Kunstlehre des Textverstehens" wird damit aber eine „Kunstlehre der Unlesbarkeit" (13), nach welcher es gilt, sich zu hüten, Einverständnis zwischen Autor, Interpret und Leser herstellen zu wollen. Vielmehr sollte man den Wunsch aufgeben, *in gewohntem Sinn* verstehen zu wollen. Zwar sind Texte weiterhin zu deuten, aber in einer solchen Weise, daß die drei Relata des ursprünglichen hermeneutischen Dreiecks – Autor, Leser, Interpret – verschwinden und stattdessen „die Sprache selbst" sich ausspricht. Auf diese Weise werde, wie Paul de Man formuliert, der Text zum „Schauplatz" von sprachlichen Strukturen, Sprachspielen, Sprachereignissen, Sprachmöglichkeiten, die jedenfalls unabhängig sind „von jeglicher Intention, Zielrichtung, Wunsch, Begehren, die wir vielleicht haben mögen" (15). An die Stelle eines wohlgeordneten, zumindest wohlzuordnenden Universums des verständigen Diskurses tritt ein assoziatives Kontinuum von Traumbildern, -vorstellungen, -szenerien.

Die so skizzierte dekonstruktive Hermeneutik wirkt irritierend, sie erscheint ebenso unbefriedigend wie unglaubwürdig. Denn erstens verweist (auch) die

[7] Vgl. Josef *Simon, Philosophie des Zeichens und Ethik*, in: Allgemeine Zeitschrift für Philosophie 20 (1995) 3-18.

Schrift, verstanden als Zeichen, auf ein anderes, auf den »Autor«, den »Leser« oder den »Interpreten«, welche sie, verstanden als das Eine *ohne* Andersheit, gleichwohl leugnet. Zweitens wird durch den Primat der Schrift das »Buch« als der Ort der Kommunikation zwischen Autor und Leser sowie als die Form der Mitteilung des Autors an seine Leser verabschiedet, aber es ist an diesem Ort und in dieser Form, daß dieses Ende immer wieder präsentiert wird. Und drittens appelliert (auch) die Schrift an unser Verständnis, wenn sie, zwar nicht diskursiv vielleicht, aber doch durch ein nicht-diskursives Arrangement von Zeichen, zu verstehen gibt, daß »Verstehen« eine Illusion sei. Dennoch – als Reaktion auf das Scheitern der hermeneutischen Hoffnung erscheint die dekonstruktive Reduktion der Hermeneutik auf das Paradox einer „*einstelligen*" Deutungsrelation (14) konsequent und zwingend. Worin, so wäre daher einerseits zu fragen, worin liegt ihre kritische Kraft? Und welches sind die Momente des der philologischen Hermeneutik angesonnenen Begriffs des »Verstehens«, die durch diese Kritik getroffen werden? Wenn die Dekonstruktion ein, im weiteren Sinn des Wortes verstanden, hermeneutisches Verfahren sein soll, jedenfalls beansprucht, an die Stelle der (alten philologischen) Hermeneutik zu treten, dann müßte es möglich sein, ihrem neuen Begriff der Schrift auch einen neuen Begriff des »Verstehens« bzw. des »Mitteilens« und der »Kommunikation« abzugewinnen, einen, der sich jedenfalls von dem uns geläufigen Verstehensbegriff der neuzeitlichen Hermeneutik, von dem aus betrachtet die Thesen von der Nichtidentität der Bedeutung sowie der Nichtigkeit von Autor und Interpret absurd erscheinen, wesentlich unterschiede. So wäre andererseits, konstruktiv gewendet und mit der dekonstruktiven Kritik im Rücken, neu zu fragen: »*Wer*« kann bzw. soll verstehen? »*Was*« kann bzw. soll verstanden werden? Wie kann bzw. soll »*verstanden*« werden?

V

Um dem genannten Ziel rasch näher zu kommen, schlage ich vor, einen weiteren kritischen Umweg einzuschlagen. Die universalhermeneutische Ansicht, daß *alles* Reden auf Verstehen angelegt sei, hat in der Transzendentalpragmatik und in der Theorie des kommunikativen Handelns eine aktuelle Fortsetzung gefunden. Der Sache nach aber geht sie zurück auf die augustinische Bestimmung der Rede von ihrem *Zweck* her: Reden ist Lehren und Lernen (docere aut discere[8]), zusammengefaßt und modern gesprochen: argumentieren (docere, ebd.). In diesem Sinn legt auch Habermas seinen Überlegungen die „Intuition" zugrunde, „daß der Sprache das Telos der Verständigung inne-

[8] *Augustin, De magistro* I 1.

wohnt"[9]. Zwar geht es dabei nicht primär um eine Erklärung (des Begriffs) der Sprache, sondern um eine Erklärung dessen, was kommunikatives Handeln ist. Weil dieses aber, unbestritten, sich durch Sprache vollzieht, wird, voreilig, der universalhermeneutische Schluß gezogen, „daß der verständigungsorientierte Sprachgebrauch der *Originalmodus*" von Sprache sei, zu dem sich mögliche andere Sprachzwecke „parasitär" verhielten[10].

Dieser metaphysischen Aussage über das Wesen der Sprache stehen andere Auffassungen entgegen. Lyotard etwa betont die irreduzible Bedeutung des Dissenses gegenüber dem Konsens und hält konsequenzorientiertes Sprechen, das strategischen Absichten folgt, für elementarer als konsensorientiertes Sprechen, das auf Verständigung abzielt. Er bestreitet generell die Möglichkeit einer „universalen Diskursart" zur Schlichtung von Konflikten, d.h. zur Erzielung von Verständigung, und hofft dennoch, „die Integrität des Denkens" als eine neue Art der Einsamkeit, in der eine Selbstidentität von Autor, Text und Leser weder vorauszusetzen noch zu erstreben für nötig erachtet wird, „retten" zu können[11].

Was die Bestimmung der Rede von ihrem Zweck her betrifft, so variiert diese Kontroverse im Grunde nur den Streit zwischen der platonischen und der sophistischen Auffassung von der Aufgabe des Logos: Dient die Rede dem gemeinsamen Streben nach Verständigung, und dürfen die miteinander Redenden nicht eher ruhen – darin besteht die platonische Ethik des Diskurses –, als bis der Konsens in der Wahrheit, soweit das in einer konkreten Situation möglich ist, erreicht ist? Oder dient sie, zwar unter strategischer Berücksichtigung dessen, was als wahr gilt, aber ohne Bindung an eine Wahrheit, die wir ohnedies nicht kennen, dem Ausspielen, Erproben, ggf. Durchsetzen je eigener Absichten und Wünsche? So macht diese historische Projektion nur noch deutlicher, daß das Problem des Verstehens nicht durch eine Besinnung auf das Telos der Sprache zu klären ist. Denn beide Positionen unterscheiden sich gerade dadurch, daß sie eine je andere Auffassung von dem, was Sprache vermag, voraussetzen. Daß sich hingegen beide, indem und insofern sie sich miteinander auseinandersetzen und voneinander abzugrenzen versuchen, auf das Sprachspiel des rationalen Diskurses einlassen, mag unbestritten bleiben, trägt aber für den Streit selbst noch nichts aus. Denn selbstverständlich: um ein bestimmtes Spiel spielen zu können, ist die Anerkennung bestimmter Spielregeln erforderlich, und das Sprachspiel des rationalen Diskurses ist durch die Spielregeln des rationalen Diskurses konstituiert. Die Frage, um die es hier geht, ist aber eine

[9] Jürgen *Habermas, Nachmetaphysisches Denken*, Frankfurt am Main 1988, S. 75. „Verständigung" wird dabei als „ein normativ gehaltvoller Begriff" verstanden (ebd.), der Übereinstimmung im Blick auf Sinn und Bedeutung des sprachlichen Ausdrucks impliziert. – Entsprechend heißt es bereits in *Theorie des kommunikativen Handelns*, Bd. 1, Frankfurt am Main 1981, S. 387: „Verständigung wohnt als Telos der menschlichen Sprache inne."

[10] *Theorie des kommunikativen Handelns*, Bd. 1, S. 388.

[11] Jean-Francois *Lyotard, Der Widerstreit*, München 1987 (franz.: *Le Différend*, Paris 1983), zit. S. 11.

andere, nämlich die, ob und wann, wie lange und in welcher Absicht die Beteiligten sich an diesem Spiel beteiligen wollen – oder ob sie zu ihm, immer schon, genötigt sind.

Für die Problematik, in die der neuzeitliche Begriff des Verstehens geraten ist, zeigt dieser Hinweis auf die sprachphilosophischen Grundlagen der Universalhermeneutik in ihren gegenwärtigen Varianten folgendes: Erstens ist das Bemühen um Verständigung (in der Gestalt des rationalen Diskurses) nicht der einzig (mögliche) Zweck der Rede, folglich auch nicht ihr natürliches Telos. Einflußnehmen, etwas bewirken wollen ist gewiß ein anderer (möglicher) Zweck und zugleich einer, der mit dem platonischen nicht kompatibel, jedenfalls nicht deckungsgleich zu sein scheint. Aber was zwingt uns, nur diese beiden Zwecke als möglch anzunehmen? Andere Zwecke sind denkbar und werden seit der Antike auch immer wieder genannt, aufgezählt und diskutiert. Zweitens ergibt sich aber gerade aus solchen Aufzählungen, die im einzelnen umstritten sind, deren Möglichkeit im allgemeinen aber zu keiner Zeit einer Reflexion der Bedingungen des Sprachgebrauchs bezweifelt wurde, doch immerhin dies, daß *alles* Reden eine – so oder anders – zweckorientierte Tätigkeit ist. Augustin hatte zu Beginn des Dialogs *De magistro* die Frage nach dem Wesen der Sprache, die er, wie oben angeführt, im Sinn einer platonischen Ethik des Diskurses beantwortete, in die Formulierung gekleidet: „Was wollen wir bewirken, wenn wir sprechen?“[12] Auch wenn seine universalhermeneutische Antwort unzureichend bleiben sollte, scheint doch die Art, wie er diese Frage formuliert, ihren Sinn nicht verloren zu haben. Reden ist ein intentionaler Vorgang oder eine Handlung, auch wenn auf die nähere Frage nach dem Zweck dieser Handlung keine einheitliche Antwort gegeben werden kann.

Die möglichen Intentionen des Redens sind unabsehbar. Sie sind weder einzelsprachlich durch grammatische Formen determiniert, noch folgen sie einem angebbaren Kanon pragmatischer Regeln. Sie sind nicht einmal im Blick auf wirklich vollzogene Redeakte – retrospektiv – eindeutig feststellbar. Die Intention einer Rede, die sie als Rede wesentlich konstituiert, indem sie Worte überhaupt erst von bloßen Geräuschen unterscheidet, ist *immer* eine Sache der Interpretation: sowohl des Redenden, der sich selbst versteht, indem er seine „eigenen“ Worte deutet und vielleicht heute anders deuten wird als er sie gestern verstanden hat, als auch des Hörenden, der dem Gehörten vielleicht ganz andere Intentionen ansinnen wird, als der Sprecher sich hat träumen lassen, und ihn damit vielleicht „besser“ versteht, als dieser sich selbst verstehen kann. Wohl meint jeder zu wissen, d.h. in dieser Selbstreflexion des Denkens: zu verstehen, was er sagt, doch wer weiß es wirklich? Mit Erfahrung und Scharfsinn kann man hier im Normalfall zwar treffsicher vermuten, denn die Interpretation einer Rede bzw. eines Textes ist nicht nur nicht beliebig und der Willkür des Interpreten anheimgestellt, sondern gewöhnlich auch nicht schwer anzugeben.

[12] *Augustin, De magistro* I 1: „Quid tibi uideamur efficere uelle, cum loquimur“, fragt Augustin seinen Sohn, indem er das Lehrgespräch eröffnet.

Aber „wahrhaft“ erfährt man die Bedeutung der eigenen Worte doch erst aus den Reaktionen ihrer Hörer oder Leser[13].

Folgendes soll vorläufig festgehalten werden: Der Versuch, die dekonstruktive Kritik der philologischen Hermeneutik produktiv zu verstehen, führt zu einer Differenzierung im Begriff des Verstehens. Die Kritik trifft und entmachtet die traditionellen Relata des hermeneutischen Gefüges, Autor, Text und Leser, insofern alle drei als automome, wenigstens die ersten beiden auch als an sich invariante Größen angesehen wurden. Diese „philologische“ Konstellation gilt aus dekonstruktiver Sicht als ein Spezialfall, und zwar als der der disziplinierten wissenschaftlichen Kommunikation, in der Text und Autor laborgerecht isoliert und untersucht werden. Gültig bleibt in dieser neuen Sicht aber die hermeneutische *Relation* selbst, verstanden als ein *Geschehen*, das den Text und seine verschiedenen Interpreten *unterscheidet*, gleichgültig ob ein bestimmter Interpret nun die Autorschaft des Textes beansprucht oder sich mit dem Amt der Leserschaft begnügt, da er in beiden Rollen dem Text als Interpret gegenübersteht. In der Sicht einer dekonstruktiven Hermeneutik *wird* der Text zum Text im *Akt* des Interpretierens, und er bleibt, indem und solange er als Text aufgefaßt wird, offen für weitere, für andere Interpretationen. Er ist immer schon (wenigstens teilweise, nämlich wenigstens in seiner Funktion als Text) verstanden und zugleich (teilweise) anders verstehbar. Er wird also einerseits wohl als ein intentionales Gebilde aufgefaßt. Andererseits ist es eine besondere und keineswegs selbstverständliche Absicht, einen *als* Text aufgefaßten Gegenstand, sei er Ton oder Bild oder Geste, ein Schrift-Stück im Sinne einer dekonstruktiven Hermeneutik, nun auch im engeren Sinne, nämlich „philologisch“, „verstehen“ zu wollen, ihm damit einen eigenen, eigentlichen Sinn zu unterstellen, den es möglichst getreu und genau zu erfassen gelte. Zu dieser Absicht des (vernünftigen) Verstehens gehört die Annahme der (bewußten) Autorschaft. Diese Absicht ist, historisch betrachtet, die theoretische Absicht; oder, in diesem (engeren) Sinn verstehen zu wollen, ist Ursprung und Prinzip aller Theorie und aller theoretischen Wissenschaft sowie aller im nach-sokratischen Geist verfaßten und persönlich signierten Literatur. Und damit ist sie zugleich, wie seit Aristoteles bekannt, auch der Ursprung vernünftiger Praxis, denn alles Handeln ist, da

[13] *Wilhelm von Humboldt* dürfte der erste gewesen sein, der die konstitutive Funktion des anderen Denkens für die (objektive) Bedeutung des eigenen Denkens klar erkannt und formuliert hat: „... und der Mensch bedarf ... zum blossen Denken eines dem *Ich* entsprechenden *Du*. ... Der Begriff erreicht seine Bestimmtheit und Klarheit erst durch das Zurückstrahlen aus einer fremden Denkkraft. Er wird ... erzeugt, indem er sich aus der bewegten Masse des Vorstellens losreisst, und dem Subject gegenüber zum Object bildet. Es genügt jedoch nicht, dass diese Spaltung in dem Subjecte allein vorgeht, die Objectivität ist erst vollendet, wenn der Vorstellende den Gedanken wirklich ausser sich erblickt, was nur in einem andren, gleich ihm vorstellenden und denkenden Wesen möglich ist. Zwischen Denkkraft und Denkkraft aber ist die einzige Vermittlerin die Sprache, und so entsteht auch hier ihre Nothwendigkeit zur Vollendung des Gedanken. Es liegt aber auch in der Sprache selbst ein unabänderlicher Dualismus, und alles Sprechen ist auf Anrede und Erwiderung gestellt. ... Das Wort muss also Wesenheit in einem Hörenden und Erwidernden gewinnen.“ *Gesammelte Schriften*, hg. A. Leitzmann, Bd. 6, Berlin 1907, S. 160.

es sich auf abwägendes Überlegen gründet, theoriegeleitet. Die Absicht, vernünftig zu verstehen, erstreckt sich also auf einen sehr beträchtlichen Teil unserer kulturellen Tätigkeitsfelder. Abkürzend und treffend wurde das Reden und Schreiben, Interpretieren und Verstehen in dieser Absicht als „Sprachspiel der Argumentation" bezeichnet, das freilich unter uns weit verbreitet ist, insbesondere unter denjenigen, die sich über Vernunft und Sprache, über die Möglichkeiten von Wissenschaft, Hermeneutik und Kritik zu streiten pflegen. Dennoch, wie gesagt, ist auch dieses Sprachspiel keineswegs natürlich, es will gelernt und geübt sein, und es kennt seine Meister. Dabei setzt es ein beachtliches Maß an Selbstdisziplin und an Selbstverleugnung voraus. Es ist so wenig natürlich, daß es nur in disziplinierten Momenten gelingt, nur durch die Preisgabe des Eigensinns, das Opfer der Subjektivität des Subjekts. Doch auch der Lohn ist groß: Erfolg in diesem Spiel gewährt die Lust der Erkenntnis als Lust der Teilhabe an einer überindividuellen Allgemeinheit des wahren Wissens.

VI

Doch nicht dieser spezielle, wenngleich für unsere philosophische Provinz so überaus traditionsmächtige Spezialfall des normativ an der Verständigung orientierten „theoretischen" Verstehens, sondern ein durch die dekonstruktive Kritik hindurch neu in den Blick gekommener allgemeiner Begriff des Verstehens ist hier von Interesse und soll im folgenden näher expliziert werden. In dieser Absicht muß der universalhermeneutische Grundsatz, daß alle Sprache (alles Reden) auf Verstehen *angelegt* sei, modifiziert, seine teleologische Komponente aufgegeben werden. Das gelingt durch einen Kunstgriff der Entgrenzung oder dadurch, daß der Begriff des Verstehens von der Bindung an seinen normativen Pol, die Verständigung, befreit wird. Auf diese Weise wird der Begriff des Verstehens dem Streit über die rechte Methode des Verstehens enthoben. Denn Verstehen bezeichnet nun nicht mehr allein das gelingende Verstehen, das dem Mißverstehen entgegengesetzt ist, wie das in konstitutiver Weise für den theoretischen Diskurs gilt, sondern Verstehen bezeichnet nun in einem weiteren, Normsetzungen ermöglichenden, selbst aber nicht mehr normgebundenen Sinn die *Sphäre* des Verstehens oder den Raum, in dem Verstehen *und* Nichtverstehen möglich werden. Wenn der Begriff des Verstehens dem Streit der (hermeneutischen) Schulen um die rechte Methode des Verstehens enthoben und als ein Prädikat des menschlichen Weltumgangs verwendet werden soll, dann muß er in diesem Sinn als Vernunftbegriff gebraucht werden, der die spezifischen Gegensätze des Verstandes, die gerade er ermöglicht, zugleich umgreift. Ein geläufiges Beispiel mag dies erläutern: Recht und Unrecht gelten als Gegensätze, doch können sie als solche nur innerhalb der *Sphäre* des Rechts erscheinen. Recht wird hier offensichtlich in einem doppelten Sinn gebraucht:

einerseits als gegensatzloser Name der Sphäre, innerhalb welcher bestimmte Ereignisse eine Relevanz erhalten, die ihnen aus anderer Sicht, etwa wenn man sie innerhalb der Sphäre der Natur als Naturereignisse ansieht, nicht zukommt, andererseits aber als normative Auszeichnung eines Pols dieser Sphäre[14]. Gleiches gilt nun für das Verstehen. Durch Reden/Hören bzw. Schreiben/Lesen, d.h. dadurch daß etwas, sei es auf aktive oder passive Weise, im Moment *als* Text *intendiert* wird, wird zugleich der Horizont des Verstehens *und* des Nichtverstehens eröffnet. Als fundamental, wenn auch gerade nicht als Telos, wäre hier die *Fähigkeit des Nicht- und des Anders-Verstehens* anzusehen, Verstehen i.e.S. demgegenüber eher als eine (häufig erstrebte und in diesem Sinn als „glücklich" empfundene, niemals aber endgültig verifizierbare) Erfüllung. Denn wäre, wie die „philologische" (Universal-)Hermeneutik annimmt, Verstehen i.e.S. als Telos der Rede, Nichtverstehen mithin als im Prinzip, d.h. in einer idealen Gemeinschaft seliger Geister, überwindbar anzusehen, dann wäre der Wärmetod des Geistes im bloßen Leben unausweichlich. Denn wir hätten uns am Ende nichts mehr zu sagen. Wir würden nur noch agieren und reagieren, nicht mehr sprechen und widersprechen, Worte äußern und antworten. Die Fähigkeit des Nicht- und des Anders-Verstehens eröffnet allererst den Horizont des Geistes. Diese Fähigkeit erfährt sich selbst, d.h. ihre eigene konstitutive *Negativität* an den „unglücklichen" Momenten unaufgelöster Differenzen im Prozeß des Verstehens und vergißt dieselbe in den „glücklichen" Momenten gelingenden Verstehens, die sich unter Menschen, solange sie noch der Sprache mächtig sind, nicht verewigen lassen.

Wenn aber die Verständigung nicht als das natürliche Telos aller Rede, sondern stattdessen die Fähigkeit, sowohl zu verstehen und nicht zu verstehen als auch verstanden und nicht verstanden zu werden, als der Raum der Rede bestimmt ist, dann werden auch die Antworten auf die drei sprachphilosophischen Grundfragen der Hermeneutik (vgl. o. IV) anders ausfallen. Erst und nur im Raum des wirklichen Verstehens und Nichtverstehens – die Sprache, die in Gegensätzen spricht, nötigt uns hier, stets beide Seiten eines Nichtunterschiedenen zu nennen – unterscheiden sich Subjekt und Objekt, Ich und Welt; beide haben kein substanzielles Sein vor oder außer dieser Unterscheidung, durch die sie sich bilden und in der sie sich für eine gewisse Dauer und in einer stets gefährdeten Ordnung zu stabilisieren versuchen. – Die philologische Hermeneutik geht demgegenüber aus von einem Text, der an sich selbst eine bestimmte Bedeutung besitzt, einem Autor, der „seinem" Text eben diese Bedeutung eingeschrieben hat, und einem Leser, der genau sie zu erfassen sucht. Gelingt (oder gelänge) ihm das, so hat (oder hätte) er den Text, und das heißt zugleich:

[14] Die hier in Anspruch genommene Unterscheidung von Vernunft- und Verstandesbegriffen geht zurück auf logische Erörterungen des *Nikolaus von Kues*, der das in Gegensätzen operierende »subsumtionslogische« Denken des Verstandes (ratio) aus dem die Grenzen des Verstandes überschreitenden »komplikationslogischen« Denken der Vernunft (intellectus) ableitet. Vgl. dazu Vf., *Was etwas ist*, München 1990, S. 202-210.

die Intention seines Autors, „verstanden“. Die dekonstruktive Kritik an diesem Modell wendet ein, daß alle drei Seiten nicht unabhängig vom Prozeß des Verstehens oder außerhalb seiner bestehen. Am Widerstand der *Lektüre* – nicht zufällig wird hier erstmals dem Akt des Lesens eine für die Bedeutung des Textes, sogar schon für die Bedeutung von etwas als Text konstitutive Rolle zugesprochen – am Widerstand der Lektüre wird derjenige, der diesen Widerstand erfährt, zum Interpreten und dasjenige, was da widersteht, zum Text. Die *Zeichen*, die, indem sie als Zeichen gelesen werden, diese Erfahrung repräsentieren, stellen Subjekt und Objekt einander gegenüber. Anders gesagt, etwas *ist* nicht Text, sondern wird als Text vernommen und interpretiert. Etwas *ist* nicht Autor oder Leser, sondern stellt sich als Autor/Leser einem Text gegenüber, den es interpretiert und folglich immer schon irgendwie verstanden hat. Dieses Verstehen oder Verstehen unter diesem Begriff ist nicht vorläufig und subjektiv und deshalb ungenau und unvollkommen, sondern seiner Natur nach *individuell*. Denn es konstituiert sich in einer Situation, durch welche es vielfältig bedingt ist und bedingt bleibt. Als individuelles ist das Verstehen zeitgebunden und wird von der Zeit mitgenommen. Die hermeneutische Text-Leser-Relation bleibt erhalten, aber ihre Relata sind nicht positiv bestimmt als zwei Faktoren, die in ein Verhältnis zueinander treten, das sie sich auch ersparen könnten, sondern *negativ* als ideelle Momente eben dieser Relation. Bezugs- oder Ausgangspunkt ist ein jeweils bestimmtes Vorverständnis beider Seiten auf seiten des Verstehenden, das durch das aktuelle Verstehen aufgehoben wird, indem beide Seiten, Text und Interpret, sich neu und anders bestimmen.

VII

Wenn Verstehen auf diese Weise im Sinn einer Konfrontation zwischen Leser (bzw. Hörer) und Text (bzw. Sprecher) als ein individueller und negativer Zeichen-Prozeß verstanden ist, wie soll dann wechselseitiges Verstehen und Kommunikabilität des Verstandenen überhaupt als möglich gedacht werden können? Ist dann nicht vielmehr, so lautet hier der immer wieder erhobene Einwand, alles Verstehen zufällig und beliebig, eine Illusion? Dem wäre entgegenzuhalten, daß nur unter den Prämissen einer philologischen Hermeneutik, die Text und Leser als autonome Größen setzt, das „Zeichenmodell“ des Verstehens als beliebig erscheint. Doch gerade diese Prämissen sind zweifelhaft geworden. Keines der Relata der hermeneutischen Trias ist autonom, nicht der Text, nicht der Leser, auch nicht der Interpret, der als Hodeget auftritt. Daß etwas ein Text sei, der interpretiert werden kann, läßt sich nicht an sich oder von ihm, dem Text aus betrachtet rechtfertigen, sondern es *zeigt* sich in der wirklichen Zuwendung eines Interpreten, sei es in der Rolle eines Autors oder Lesers, der die Zeichen des Textes durch andere zu erläutern gewillt und in der

Lage ist, und es *gewinnt* objektive Bedeutung für eine gewisse Zeit durch einen Diskurs, der die gegebene Deutung des Textes durch andere Deutungen bestätigt, modifiziert oder auch bestreitet. So werden die Zeichen eines neuen Textes eingebettet in ein vertrautes Umfeld je schon bewährter Zeichen, d.h. solcher, deren Verständnis im Moment als unproblematisch, weil weithin anerkannt gelten kann. Die Spielräume solcher Anerkennung sind gewöhnlich so gering, die Vorgaben durch Sprache und Kultur, durch Lebensformen und Denkgewohnheiten so stark und bindend, daß der Willkür des Verstehens sehr enge Grenzen gesetzt sind. Folglich kann es nicht überraschen, daß wir uns im allgemeinen trotz der unaufhebbaren, weil konstitutiven Individualität und Negativität des Verstehens gar nicht so schlecht verstehen. Denn wir haben uns, den größten Teil dessen betreffend, was und worüber wir kommunizieren, schon vorher verstanden.

Vorstehende Reflexionen haben versucht, die dekonstruktive Kritik der philologischen Hermeneutik, die, universalhermeneutisch entgrenzt, als Methode der Philosophie auftrat, fruchtbar zu machen für ein besseres Verständnis dessen, was geschieht und was es bedeutet, wenn wir uns selbst und die Gegenstände unseres Denkens zu „verstehen“ versuchen. Der Dekonstruktion selbst wird dieser Versuch allenfalls dadurch gerecht, daß er gar nicht den Anspruch erhebt, ihr als einer „Position“ gerecht zu werden; er ist durch ihre kritische Potenz gleichwohl entscheidend angeregt. Die Ergebnisse des Versuchs lassen sich vielleicht folgendermaßen zusammenfasssen:

Reden und Verstehen sind verschiedene Aspekte derselben Tätigkeit. Was ich sage, verstehe ich nur, insofern ich es auch anders hätte sagen können; und umgekehrt verstehe ich auch, was andere sagen, erst, wenn ich es nicht nur selbst, sondern selbst auch anders hätte sagen können. So verstanden sind beide, Reden und Verstehen, nicht an die wahre Bedeutung der Sachen selbst, nicht an den eigentlichen Sinn der Texte, die sie betreffen, gebunden. Darin sind sie *freie* Tätigkeiten. Der Redende/Verstehende ist frei in der Wahl des Zwecks seiner Rede: sei es, daß er Verständigung mit anderen suchen oder verweigern will; sei es, daß er andere bewegen oder sich bewegen lassen will, usw. Die Fähigkeit des Verstehens und Nichtverstehens ist, allgemein gesprochen, Freiheit zum Handeln durch Zeichen, z.B. zum Argumentieren. Diese Freiheit ist aber entscheidend durch folgende Implikationen konstituiert: Sie impliziert immer ein (aktives oder passives) Interpretieren, nicht aber einen identischen Text oder ein identisches Subjekt der Interpretation. Sie impliziert ferner immer die Anerkennung derselben Freiheit anderer sowie das vorgängige Anerkanntsein der eigenen Freiheit. Eingebunden in die erinnerten und künftigen Worte anderer und das wechselseitige Anerkanntsein dieser Worte als verstandener bzw. verständlicher bildet sich das Verständnis eines Textes, bilden sich (allgemeine) Bedeutungen, die Dauer und Stabilität gewinnen, weil sie dem Vorverständnis der Beteiligten negativ entsprechen, d.h. derart entsprechen, daß man sich auch in entschiedenster Ablehnung der geäußerten Ansichten in einem Raum des Verstehens und Nichtverstehens findet, in dem Übereinstimmungen und Differenzen wahrnehmbar und ihrerseits interpretierbar sind. Reden und Verstehen, in diesem Sinn verstanden, sind ohne Anfang. Oder, der Anfang bricht von außen ein, denn uneinholbar liegt er jedem Gespräch voraus. (Neue) Bedeutung wächst den Zeichen zu, nachdem sie unvordenklich lange in Gebrauch gewesen sind. Verständnis wird gewonnen, indem wir Zeichen auf unsere Weise verwenden oder deuten, nachdem sie unvordenklich lange zuvor schon auf andere Weise verwendet und gedeutet wurden.

Wir verstehen immer schon sehr viel, wenn wir anfangen zu fragen, ob und wie „Verständigung" überhaupt möglich sei. Aber keineswegs wollen wir immer „verstehen", wenn wir miteinander sprechen, und schon gar nicht müssen wir das immer wollen, wie man uns bisweilen einreden möchte.

Jean Grondin

Das innere Ohr

Distanz und Selbstreflexion in der Hermeneutik

> „Das Aufnehmen eines dichterischen Werkes, ob das nun durch das wirkliche Ohr vor sich geht oder nur durch jenes innere Ohr, das im Lesen lauscht, stellt sich als eine zirkuläre Bewegung dar, in der Antworten wieder in Fragen zurückschlagen und neue Antworten provozieren."[1]

Das sich hermeneutisch erfahrende Bewußtsein ist ein Bewußtsein der eigenen Endlichkeit. Da es um seine eigene Bedingtheit weiß, muß es für neue und andere Erfahrungen offen bleiben. Es muß insbesondere zur Revision eigener Vorurteile bereit sein, wenn es eines besseren belehrt wird. Ein prägnantes Beispiel solcher Selbstkritik erfolgte, als Gadamer 1986 in der 5. Auflage von *Wahrheit und Methode* seine eigene Konzeption von der Produktivität des Zeitenabstandes einer leichten Revision unterzog. Da sie ein Kernstück hermeneutischer Theorie betrifft, wollen wir in diesem Beitrag den Sinn und die Konsequenzen dieser Selbstkritik ermessen.

Zunächst sei die Funktion und das Gewicht des Zeitenabstandes für Gadamers Hermeneutik in Erinnerung gerufen. Von Heideggers Analyse des hermeneutischen Zirkels ausgehend vertrat bekanntlich Gadamer die Ansicht, daß Vorurteile nicht so sehr Hindernisse, wie die Aufklärung und der gemeine Verstand meinen, als vielmehr „Bedingungen des Verstehens" seien. Wir verstehen immer von Sinnerwartungen oder Vormeinungen aus, die die Erschließung des Verstandenen allererst ermöglichen. Soll das hermeneutische Bewußtsein ein kritisches und andersheitsoffenes sein, kann es natürlich nicht darum gehen, die jeweiligen Vorurteile als schlechthin unhintergehbar gelten zu lassen. Im Gegenteil: Ein seiner Vorurteilshaftigkeit bewußtes Verstehen wird darum bemüht sein, die eigenen Vorurteile als solche abzuheben.

[1] H.-G. *Gadamer, Zwischen Phänomenologie und Dialektik* – Versuch einer Selbstkritik, Ges. Werke Bd. 2, Tübingen 1986, S. 7.

Gadamer folgt darin Heidegger, der in einem bekannten Passus die „erste, ständige und letzte Aufgabe" der Auslegung darin sah, „sich jeweils Vorhabe, Vorsicht und Vorgriff nicht durch Einfälle und Volksbegriffe vorgeben zu lassen, sondern in deren Ausarbeitung aus den Sachen selbst her das wissenschaftliche Thema zu sichern."[2] Diese Stelle läßt allerdings aufhorchen: Ausgerechnet dort, wo Heidegger die hermeneutische Vorgriffsstruktur als Bedingung jeden Verstehens auszuweisen unternimmt, beruft er sich auf eine Ausarbeitung „aus den Sachen selbst". Heidegger solidarisiert sich mit dem Grundmotiv der Phänomenologie just an der Stelle, wo er von ihr am entferntesten zu sein scheint, nämlich bei der Ontologisierung der Vorgriffsstruktur, die gerade einen Zugang auf die Sachen, wie sie „selbst" sein sollen, zu verhindern scheint. Nolens vollens nimmt Heidegger hierbei den Korrespondenzbegriff der Wahrheit in Anspruch: angemessene Verstehensansätze müssen von den Sachen her ausgewiesen werden. Dieser Adäquatiobegriff der Wahrheit wird im übrigen als selbstverständlich vorausgesetzt, wenn an anderer Stelle von einer Destruktion der abendländischen Ontologie die Rede ist: Destruiert werden eben die Vorgriffe, die einen angemessenen Zugang zu den Sachen blockieren. An ihre Stelle sollen sachangemessenere, adäquatere treten. Die Vorgriffsstruktur als solche wird gleichwohl nicht transzendiert. Transzendieren lassen sich allein Entwürfe, die einer Ausweisung an den Sachen selbst ermangeln. Der dabei in Anschlag gebrachte Wahrheitsbegriff ließe sich lateinisch so formulieren: *Veritas est adaequatio praejudicionii ad rem*.

Dieselbe Distinktion behält Gadamer bei, wenn er zwei grundsätzliche Arten von Vorurteilen unterscheidet: gute und schlechte, bzw. wahre Vorurteile, unter denen wir verstehen, und falsche, unter denen wir mißverstehen.[3] Nicht ohne Recht erkennt Gadamer in dieser Unterscheidung „die eigentlich kritische Frage der Hermeneutik"[4], sofern ein kritisches Bewußtsein seine Vorurteile nicht einfach „vollzieht", sondern von den Sachen her zu legitimieren versucht. Wie geht das aber? Die Frage stellt sich mit umso größerer Dringlichkeit, als die Vorurteilsstruktur des Verstehens wiederum zu besagen scheint, daß man seine Vorurteile nicht einfach beiseite lassen kann, um gleichsam zu den Sachen selbst zu überspringen. Eine „Sache" lasse sich allein im Umkreis eines Vorurteils gewahren. Dem trägt Gadamer insoweit Rechnung, als er lediglich wahre von falschen Vorurteilen unterschieden wissen will und infolgedessen Vorurteilslosigkeit als menschliche Unmmöglichkeit auszuschließen scheint.

[2] M. *Heidegger, Sein und Zeit*, § 32, S. 153. Vgl. *Gadamer*s Zustimmung in *Wahrheit und Methode* (1960), 4. Aufl. Tübingen 1975, S. 254; 5. Aufl. als Band 1 der Ges. Werke, Tübingen 1986, S. 274: „Ein mit methodischem Bewußtsein geführtes Verstehen wird bestrebt sein müssen, seine Antizipationen nicht einfach zu vollziehen, sondern sie selber bewußt zu machen, um sie zu kontrollieren und dadurch von den Sachen her das rechte Verständnis zu gewinnen." Man unterstreiche dabei das *positive* Verständnis von Methode, Kontrolle und Sachlichkeit schlechthin.

[3] Vgl. H.-G.*Gadamer, Wahrheit und Methode*, 4. Aufl. 1975, S. 282; Ges. Werke Bd. 1, 1986, S. 304.

[4] Ebd.

So ist an die Adresse der Hermeneutik ihre eigene kritische Frage zu richten: Wie unterscheidet sie wahre von falschen Vorurteilen? Die Antwort von *Wahrheit und Methode*, zumindest in seinen vier ersten Auflagen, fällt eindeutig aus: „Nichts anderes als dieser Zeitenabstand vermag die eigentlich kritische Frage der Hermeneutik lösbar zu machen, nämlich die *wahren* Vorurteile, unter denen wir *verstehen*, von den *falschen*, unter denen wir *mißverstehen*, zu scheiden."[5] Von der Bedeutung des Zeitenabstandes hängt folglich das zentrale Problem der Hermeneutik ab, wobei Gadamers spezifisches Anliegen dahingeht, die vorwiegend negative Beurteilung des Zeitenabstandes im Historismus, der das Verstehen als ein Überbrücken des Zeitenabgrundes konstruierte, zu revidieren.

Man wird Gadamer nicht bestreiten wollen, daß der Zeitenabstand eine gewisse hermeneutische Fruchtbarkeit aufweisen *kann*. So ist es der Zeitenabstand oder die Ausschaltung zeitgenössischer Einschätzungen, der beispielsweise die Bedeutung von Nietzsche oder van Gogh hervortreten ließ. Etliche weitere Beispiele ließen sich nennen, und man wird zuzugeben bereit sein, daß die großen Philosophen oder Künstler unserer Zeit womöglich erst in fünfzig oder hundert Jahren die Anerkennung finden werden, die ihnen gebührt. Dennoch scheint Gadamers These recht einseitig, da sie einer nahezu „teleologischen" Ausscheidung falscher Vorurteile im Laufe der Menschheitsgeschichte das Wort zu reden scheint.[6] Ein solcher Traditionsoptimismus läuft offenkundig Gefahr, die oft sehr negative Funktion des Zeitenabstandes zu verkennen. Sie manifestiert sich etwa, wenn der Abstand „produktive" Konzeptionen (oder Autoren) unterdrückt und damit für die Nachwelt unnachvollziehbar gemacht hat, weil sie zu ihrer Zeit als ketzerisch galten. Unsere abendländische Tradition und die Wissenschaftsgeschichte könnten davon lehrreiche Zeugnisse ablegen, sofern sie uns überhaupt überliefert wurden. Diese Unterdrückung produktiver Neuansätze dauert wohl bis zum heutigen Tag. Autoren, die zu sehr aus der Reihe tanzen, wie man sagt, werden oft nicht ediert, besprochen oder berufen. Ja, es steht zu befürchten, daß diese nivellierende Macht geschichtlicher Vorurteile in einer zunehmend homogener werdenden Welt nur im Wachsen sein kann. Gegen die einseitige Hervorkehrung des Zeitenabstandes spricht fernerhin, daß er nicht allzuviel Beistand leistet, wenn es um die Beurteilung *zeitgenössischer* Ansätze geht, wo dennoch die Unterscheidung von wahren und falschen Vorurteilen ihren guten Sinn behält.

Aus diesen Gründen oder aus welchen auch immer hat Gadamer 1986 je-

[5] *Wahrheit und Methode*, 4. Aufl. 1975, S. 282; Ges. Werke Bd. 1, 1986, S. 304.

[6] Zu dieser Kritik, vgl. bereits Josef *Simon, Sprache und Raum*. Philosophische Untersuchungen zum Verhältnis zwischen Wahrheit und Bestimmtheit von Sätzen, Berlin / New York 1969, S. 311. Zu den universalgeschichtlichen Implikationen der Gadamerschen Position vgl. W. *Pannenberg, Hermeneutik und Universalgeschichte*, in: Zeitschrift für Theologie und Kirche 60, 1963, S. 90 - 121, wiederabgedruckt in: *Die Hermeneutik und die Wissenschaften*, hrsg. von H.-G. *Gadamer* und G. *Boehm*, Frankfurt am Main 1978, S. 283-319.

denfalls seinen ursprünglichen Text und damit seine Hauptthese revidiert. In der kenntlich gemachten Revision lautet der einschlägige Passus nicht mehr „Nichts anderes als dieser Zeitenabstand vermag ...", sondern: „Oft vermag der Zeitenabstand die eigentlich kritische Frage der Hermeneutik lösbar zu machen, nämlich die *wahren* Vorurteile, unter denen wir *verstehen*, von den *falschen*, unter denen wir *mißverstehen*, zu scheiden." Eine Fußnote zur Stelle bot eine kurze, wenngleich etwas rätselhafte Erklärung für den Texteingriff: „Hier habe ich den urprünglichen Text gemildert: es ist Abstand – nicht nur Zeitenabstand – was diese hermeneutische Aufgabe lösbar macht."[7] Was meint hier Abstand?

Zweifellos wird hier der Abstand als Bedingung des Verstehens aufgewertet. Dies muß auf den ersten Blick verwundern, weil man sonst bei Gadamer doch auf einen negativeren Begriff von Abstand stößt. Richtungweisend wurde hier Kierkegaards Kritik an dem „Wissen auf Abstand",[8] das ein Grundzug des methodischen Denkens darstellt, von dessen Verführungen Gadamer gerade die Geisteswissenschaften und menschliches Selbstverstehen (insbesondere das ethische) befreien möchte. Die Verführung eines distanzierten Wissens ist zwar verständlich – und erstaunlich erfolgreich – im engbegrenzten Gebiet der exakten Wissenschaften, wo es um die Objektivierung und Messung von Naturvorgängen geht. Gadamer fragt sich indessen, ob die Idee eines solchen Abstandes von sich selbst im Rahmen der Geisteswissenschaften und erst recht dem des ethischen Selbstverstehens nicht gerade ein Widersinn ist, handelt es sich doch hier um unsere Anliegen und unsere eigenen Lebensfragen. Gadamer hat von Heidegger gelernt, daß menschliches Verstehen immer Selbstverstehen mit einschließt. Verstehen heißt, *sich* auf eine Sache verstehen, die uns angeht und bei der wir uns nicht Abstand von uns selbst leisten können. Gadamers Aneignung der aristotelischen *Phronesis* ging in dieselbe Richtung: Im moralischen Wissen ist unser Sein selber immer mit im Spiele.

Der Abstand, den Gadamer in der revidierten Fassung von *Wahrheit und Methode* anvisiert, kann also gewiß nicht den verobjektivierenden Abstand meinen, der die neuzeitliche und methodische Wissenschaft auszeichnet. Um was für einen Abstand handelt es sich aber? Ich möchte im folgenden der Vermutung nachgehen, daß es sich vielleicht nicht so sehr um einen Abstand *von* uns als um einen Abstand *in* uns selbst handelt. Gemeint ist die Distanz, die wir, unserer Endlichkeit eingedenk, von unseren eigenen Vorurteilen unterhalten können. Der geschichtlichen Bedingtheit unserer Verstehensentwürfe bewußt, werden wir in den Stand gesetzt, in uns selbst andere Gesichtspunkte

[7] *Wahrheit und Methode,* 4. Aufl. 1975, S. 282; Ges. Werke Bd. 1, 1986, S. 304. Auch der gleichlaufende Passus im Aufsatz *Vom Zirkel des Verstehens* (1959) wurde in Ges. Werke Bd. 2, S. 64 in diesem Sinne geändert. Vgl. die weitere Erklärung in Gadamers „Selbstkritik" von 1986 in Ges. Werke Bd. 2, S. 8 f.

[8] Vgl. H.-G. *Gadamer, Über die Möglichkeit einer philosophischen Ethik* (1963), in: Ges. Werke Bd. 4, Tübingen 1987, S. 177 u.ö.

zum Tragen oder zum Streit[9] kommen zu lassen. Tagtäglich sind wir de facto mit anderen Verstehensmöglichkeiten als den unsrigen konfrontiert: es sind die Gesichtspunkte Anderer, diejenigen, von denen wir hören, für die etwas spricht, ob wir sie in uns selbst ganz integrieren können oder nicht. Auch „unsere" Gesichtspunkte sind uns schließlich von unserer Erziehung, Erfahrung und meistenteils von Anderen beschert worden, ohne daß sie je ein schlüssiges Ganzes bildeten. Es ist dieser Spielraum von *möglichen* Verstehenshinsichten (in dem Sinne, in dem Heidegger das Verstehen als ein Sichentwerfen auf Möglichkeiten hin angesetzt hatte), der faktisch unsere denkende Situation charakterisiert. In zwei bedeutenden Dialogen (*Theaitetos* 184 e, *Sophistes* 263 e, 264 a) – und die Wiederholung unterstreicht, wie wesentlich ihm diese Einsicht war – hat Platon das Denken trefflich als ein „inneres Gespräch der Seele mit sich selbst" bezeichnet. Im Gespräch, das wir immerfort mit und um uns führen, lernen wir Abstand von unseren Meinungen gewinnen, bleiben dennoch bei den Fragen, die uns als Selbstgespräch angehen. Diesen Abstand meint die Hermeneutik, wenn sie in ihm eine unerläßliche Bedingung des Verstehens anerkennt.

Das Gespräch nimmt bekanntlich eine bevorzugte Rolle in der Hermeneutik ein. Es entbehrte nicht einer gewissen Konsequenz, als Habermas aus dem hermeneutischen Gesprächsmodell eine Diskursethik zu entwickeln versprach, die Geltungsansprüche von dialogischer Verständigungssuche abhängen ließ.[10] Habermas wollte damit über die Hermeneutik hinausgehen, um ihr eine „kritische" Funktion einzuprägen. Es fragt sich aber, ob diese kritische Instanz dem Selbstgespräch der Seele, die in sich andere, gar entgegengesetzte Geltungsansprüche eben „gelten" läßt, nicht bereits innewohnt. Ist es nicht vielmehr Habermas, der den kritischen Boden der Hermeneutik verläßt, wenn er die Verständigungssuche und die Dialogizität des Verstehens vom Selbstgespräch der Seele ablöst?

Gewiß meint Dialog in erster Linie das Gespräch mit Anderen, aber die Andersheit als solche muß ich gegen mich ausspielen, um sie allererst als Andersheit erfahrbar werden zu lassen. So kommt der Anstoß des Anderen in mir selbst zu wohnen, soll ich von ihm selbst qua Andersheit Kenntnis nehmen. In dieser Erfahrung des Anstoßes liegt gerade hermeneutischer Abstand, ein „Stehen weg von sich", das immer doch ein Stehen in mir selbst – als Selbstauseinandersetzung – bleibt.

Ob diese augustinische, aber auch kartesianische Instanz des Selbstgesprächs in der Gadamerschen Hermeneutik bislang zu ihrem vollen Recht gelangt ist, ist eine andere Frage. In der Nachfolge Heideggers war es 1960 noch für die hermeneutische Fragestellung dringlicher, den neuzeitlichen Subjektivismus als einen „Zerrspiegel" in seine Schranken zu weisen: „Die Selbstbesin-

[9] Zum hermeneutischen Streitbegriff, der sich aus einer Phänomenologie der Freiheit heraus entwickeln läßt, vgl. G. *Figal, Für eine Philosophie von Freiheit und Streit*, Stuttgart 1994.

[10] Zu dieser Konsequenz und ihren Grenzen vgl. unsere Studien *Einführung in die philosophische Hermeneutik*, Darmstadt 1991, und *Der Sinn für Hermeneutik*, Darmstadt 1994.

nung des Individuums", hieß es in *Wahrheit und Methode*, „ist nur ein Flakkern im geschlossenen Stromkreis des geschichtlichen Lebens."[11] Demgegenüber galt es, Verstehen weniger als eine Handlung der Subjektivität denn als ein Einrücken in ein Überlieferungsgeschehen zu beschreiben.[12] Es fragt sich aber, ob die Dimension des Selbstgesprächs diesem Entrücktsein nicht bereits Rechnung trägt, sofern sie das Ausgeliefertsein an die Vielfalt von Gesichtspunkten als Vorgang des Bewußtseins erfahrbar macht.

Um dieses Selbstgespräch der denkenden Seele zur Sprache zu bringen, bewahrte Gadamer in Wahrheit und Methode den Begriff des „Bewußtseins", das er als ein wirkungsgeschichtliches verstand. Auf diese Weise wollte er sich die Pointe der Heideggerschen Kritik an den ontologischen Grundlagen des Bewußtseinsbegriffs zu eigen machen, die Einsicht nämlich, daß das neuzeitliche Subjekt – als neues ὑποκείμενον – eine metaphysische Permanenz und damit einen falschen Selbstbesitz vorgaukelt, die der menschlichen Endlichkeit zuwiderlaufen. Für Gadamer, der sich hier als Hegelianer erweist, blieb jedoch diese Selbstkritik des Bewußtseins doch eine Erfahrung des Bewußtseins. Es ist ein wirkungsgeschichtliches Bewußtsein, das sich als ein historisch bedingtes weiß. Damit ist es imstande, ein Bewußtsein dieses seines Erwirktseins auszuarbeiten, selbst wenn es nie zu einer vollen Selbsttransparenz wird gelangen können. Den verstehenden Vollzug uns determinierender Horizonte faßte Gadamer unter dem Bild einer „Horizontverschmelzung" auf. Die Grundaufgabe des wirkungsgeschichtlichen Bewußtseins sah er darin, diese geschichtlichen Horizonte gegeneinander abzuwägen und abzuheben. Von einer „kontrollierten Horizontverschmelzung" war sogar die Rede: „Wir bezeichnen den kontrollierten Vollzug solcher Verschmelzung als die Aufgabe des wirkungsgeschichtlichen Bewußtseins." Auch dieser wichtige Text erfuhr in der 5. Auflage von 1986 eine (diesmal nicht kenntlich gemachte) kleine Modifikation: Den kontrollierten Vollzug der Horizontverschmelzung bezeichnete Gadamer nicht mehr als die „Aufgabe", sondern als „die Wachheit des wirkungsgeschichtlichen Bewußtseins."[13] Wachheit hört sich wohl weniger positivistisch an als Aufgabe. Von Wachheit ist wohl auch die Rede, weil es hier vor allem darum geht, vor eigenen Vormeinungen auf der Hut zu sein. Dies geschieht aber nur, wenn die eigenen Vorurteile dadurch zur Abhebung gebracht werden, daß sie mit anderen Horizonten, aber auch mit den Horizonten Anderer konfrontiert werden, die sich auch in uns selbst Gültigkeit verschaffen können. Dieses Mitdenken der eigenen Vorurteile, die Wachsamkeit des wirkungsgeschichtlich erwachten Bewußtseins kann sich nicht anders als ein Selbstgespräch der Seele mit sich selbst denken lassen.

Auch wenn er aus den genannten Gründen dem Bewußtseinsbegriff aus dem Wege ging, wollte Heidegger mit seinem Begriff des Daseins im Grunde

[11] *Wahrheit und Methode*, 4. Aufl. 1975, S. 261; Ges. Werke Bd. 1, 1986, S. 281.
[12] *Wahrheit und Methode*, 4. Aufl. 1975, S. 274-5; Ges. Werke Bd. 1, 1986, S. 295.
[13] *Wahrheit und Methode*, 4. Aufl. 1975, S. 290; Ges. Werke Bd. 1, 1986, S. 312.

vielleicht nichts anderes als dieses Selbstgespräch ausdrücken. Da zu sein heißt, daß jedes Dasein von seiner geworfenen Kondition dergestalt eine Ahnung hat, daß dieses Da für es selbst eine Frage ist, um es mit Augustin zu formulieren. Das „Da" schließt eine Selbsterschlossenheit dieses Da für sich selbst und als offene Frage mit ein. Das Dasein, dem es um sein eigenes Sein geht, ist wesentlich ein Gespräch, ein Verständigungsversuch, selbstverständlich auch mit den Anderen, sofern sie auch da (oder „Da") sind. Als Gespräch, d.h. im Modus der Selbsterschlossenheit sind wir in dieser Welt. Hier ist Hölderlin beim Wort zu nehmen, als er vom Gespräch sprach, „das wir sind".

Die antisubjektivistische Stoßrichtung der Hermeneutik von 1960 ließ diese Dimension, die man sich nicht anders als kritisch und selbstkritisch denken kann, vielleicht nicht immer zum Tragen kommen. Seitdem wurde sie jedoch immer mehr in den Vordergrund gerückt. Sie läßt sich vielleicht am sprechendsten im Begriff des „inneren Ohrs" vernehmen, der in Gadamers letzten Arbeiten immer häufiger begegnet. Wenn ich recht sehe, tritt er zum ersten Mal im Jahre 1970 und später etwa in *Die Aktualität des Schönen* (1977)[14] auf und begegnet auch sonst vor allem im Zusammenhang der Ästhetik, insbesondere bei der Theorie des „Lesens" (vgl. das Motto). Nichtsdestoweniger läßt sich die Idee des inneren Ohrs für das allgemeine Verständnis des hermeneutischen Abstandes fruchtbar machen. Es ist ja für die Hermeneutik überhaupt kennzeichnend, daß sie vom Modell der Kunst ausgeht, um die Reflexionsschranken des herrschenden Wissenschaftsmusters namhaft zu machen.

Die Rede von einem inneren Ohr hat im Bereich der Ästhetik einen plastischen Sinn. Wer eine Melodie hört, ein Gedicht liest oder ein Gemälde betrachtet, steht nicht einfach vor einem objektivierbaren, vernehmbaren Gegenstand, den jeder andere genauso wie ich selbst aufnehmen wird. Wer von Kunst etwas verstehen will, muß „mitgehen". Das Kunstwerk will durch uns selbst hindurchgehen, Antwort von uns erheischen. Jedes Kunstwerk, das diesen Namen verdient, verlangt von uns eine Reflexions- oder Aufbauarbeit, die jeder auf seine Weise und nach seinen gegebenen Möglichkeiten vollzieht.[15] Eine solche Reflexion erfolgt in jeder Wiederaneignung des Werkes, sofern es zu uns spricht. So konnte Gadamer am Paradigma des Kunstwerkes die Anwendungsstruktur eines jeden Verstehens wiedererkennen. Verstandenes ist immer schon ein auf uns Angewandtes.

Jedes Kunstwerk muß in Gadamers Worten „gelesen" werden, d.h. vom inneren Ohr erneut zum Sprechen gebracht werden. Gadamer schließt sich Goethe an, der das Lesen als eine Art Aufführung auf einer inneren Bühne verstand.[16] Gadamers Begriff des Lesens ist hier aber sehr weit zu fassen. Lesen

[14] Ges. Werke Bd. 2, S. 205 und Ges. Werke Bd. 8: *Ästhetik und Poetik* I: Kunst als Aussage, Tübingen 1993, S. 134.

[15] Ebd, S. 128, S. 134.

[16] Ebd. S. 273. Vgl. auch Goethes Rede vom „inneren Sinn" in *Shakespeare und kein Ende*.

versinnbildlicht für ihn „die Vollzugsform *aller* Begegnung mit Kunst".[17] Um ein Kunstwerk zu verstehen und als Kunstwerk zu erleben, muß ich es mit dem inneren Ohr lesen. Das Lesen behält bei Gadamer den Nebenton des Aufsammelns (recueillement), des Auslesen- und Gärenlassens. Lesen ist zugleich ein In-sich-zurückgehen, das man Reflexion nennen darf. Diese Instanz des inneren Reflektierens ist es, die Sinnvolles für mich sprechen läßt. Man muß das Gehörte durch das innere Ohr hindurchgehen lassen, um es in seiner Bedeutung, d.h. in seinem Widerklang in uns zu erfassen. Gilt das aber nicht für jede Erfahrung von Sinn überhaupt, daß ein „gelesener" Sinn mein inneres Ohr erreichen soll? Auf diese Weise wird das Lesen für Gadamer zu einem anderen Wort für das Verstehen überhaupt: „Lesen", schreibt er, ist „die gemeinsame Grundstruktur allen Vollzuges von Sinn."[18]

Gadamer hatte sich in *Wahrheit und Methode* auf das Beispiel der Kunst berufen, um eine die methodische Wissenschaft übersteigende Wahrheitserfahrung zurückzuerobern, die auch für die Wissenschaften von Menschen Geltung beanspruchen könnte. Das entscheidende Merkmal der ästhetischen Wahrheit, wenn man sie so nennen darf, denn sie ist viel universaler als das Ästhetische im engeren Sinne, besteht darin, daß sie nur im Akt des lesenden Aufnehmens ihren Sinn entfaltet. Es gibt keine ästhetische Wahrheit – ja keine Wahrheit schlechthin, sofern die ästhetische Erfahrung hier Universalität in Anspruch nimmt –, ohne die Wachsamkeit des inneren Ohrs.[19]

Im inneren Ort liegt ein Gewinnen von Distanz, obwohl man ganz bei sich selbst bleibt. Denn wer sich etwas durchs Ohr gehen läßt, erwägt es auch. Das Ohr versucht, das Gehörte mit seiner jeweiligen Welterfahrung in Einklang zu bringen. Inmitten der Reflexionsarbeit des inneren Ohrs erfolgt eine Art „Horizontverschmelzung" oder ein Dialog zwischen dem eigenen Horizont und dem neu Erfahrenen. Das Neue wird im inneren Ohr vom Hintergrund unseres Welthorizontes als Neues erfahren, so daß beides auf Abstand oder zur Abhebung gebracht wird. Diese Erfahrung des Anstoßes erfolgt im Gespräch, im Dialog mit Anderen, der eine Art Erweiterung und Fortsetzung des Gesprächs der Seele mit sich selbst ist.

Die Andersheit geht aber nie in meiner Aneignung ihrer selbst auf. Im Gespräch mit Anderen – oder mit anderen Gesichtspunkten, die aus uns selbst aufkeimen können – ist das innere Ohr darum bestrebt, auf das innere Wort des Anderen einzugehen. Es gilt, die Zeichen des Anderen auch von dessen Blickpunkt aus zu erfahren. Was ich verstehen will, geht über das zufällig

[17] Ges. Werke Bd. 2, 1986, S. 17.

[18] Ebd. S. 19.

[19] Für Gadamer besteht das Rätsel der Dichtung darin, „wahr zu sein über alle Einrede hinaus, und doch nichts zu sein, auf das man sich berufen darf" (Ges. Werke Bd. 9: *Ästhetik und Poetik* II: Hermeneutik im Vollzug, Tübingen 1993, S. 127). Denn diese Wahrheit muß derjenige machen, der an ihr teilhaben soll. Auf diese Wahrheit kann man sich jedoch nicht wie auf eine Autorität „berufen", denn ihr Wahrheitswert hängt schließlich vom denkenden Vollzug des inneren Ohres ab. An der Kunst erfährt man, daß keiner uns diesen Vollzug abnehmen kann.

Geäußerte hinaus. Es entspringt aus einem Mitteilungsversuch, den die Worte nie ausschöpfen. So versucht das innere Ohr, dem inneren Wort des Anderen zu entsprechen. In dieser Entsprechung (adaequatio) verbirgt sich die hermeneutische Wahrheitserfahrung schlechthin – als Aufgabe, als Wachheit.

Denn die Legitimität des Anderen, die ich von ihrem eigenen inneren Wort aus zu hören versuche, ist es, die meine eigene Vorurteilshaftigkeit in Frage stellt. Sonst bliebe das Selbstgespräch der Seele ein monadisches im Sinne von Leibniz. Eine selbstsichere Individualität wäre mit sich selbst nicht im Gespräch. Die Revision der Vorurteile, in der wir mit Gadamer die Grundaufgabe der Hermeneutik erkannten, wird mir vom inneren Wort des Anderen bedeutet, das ich aber nur im inneren Ohr vernehmen kann, indem ich es durch mich hindurch gehen und sich gegen mich ausspielen lasse. Im Wechselgespräch der Gesichtspunkte gegeneinander wird ein gelassener Abstand von ihnen errungen. Nur wo der selbstsichere Monolog des Ich herrscht, ist Abstand von der eigenen Voreingenommenheit unmöglich.

Das philosophische Muster dieses inneren Gesprächs, das über sich hinaus zu wachsen strebt, findet sich vielleicht in Kants Begriff der reflexiven Urteilskraft. Im Unterschied zur bestimmenden verfügt die reflektierende Urteilskraft über kein vorgegebenes Allgemeines, unter das sich ihre einzelnen Erfahrungen subsumieren ließen. Die reflektierende Urteilskraft geht vom Besonderen aus, um sich das dazu passende Allgemeine auszudenken, ohne daß es ihr aber je vollkommen gelänge. Denn das Finden dieses Allgemeinen bedeutete das Ende unserer Reflexion und damit unseres Daseins. Offenbart sich nicht in dieser unaufhörlichen Arbeit der reflektierenden Urteilskraft die Grundsituation unseres Daseins als eines Selbstgesprächs, als ein Unterwegs vom Besonderen auf ein Allgemeines hin, das sich aber nicht dinglich vorführen läßt?[20]

Damit wird auch ein Begriff von Vernunft zurückgewonnen, den der allgemeine Menschenverstand seit jeher für selbstverständlich hält, von dem sich aber die Philosophen etwas entfernt haben. Im allgemeinen Sprachgebrauch wird nämlich Vernunft mit Reflexionskapazität gleichgesetzt. Wer vernünftig handelt, ist einer, der sein Handeln wohl überlegt und die Konsequenzen seiner Handlungen nach besten Kräften abgewogen hat. Desgleichen fällt ein vernünftiges Urteil, wer alle möglichen Gesichtspunkte erwogen und gegeneinander ausgespielt hat. Gibt es für uns Menschen eine höhere Vernunft? Die zunehmend von der methodischen Wissenschaft herkommende und gelähmte Philosophie erliegt vielleicht der Verführung, Vernunft viel zu sehr als ein verifizierbares Verfahren der Wissenschaft zu begreifen. So ist von einer instrumentalen, kommunikativen oder wirtschaftlichen und vielen anderen Typen von Rationalität die Rede, wo man die selbstkritische Instanz des inneren Ohrs als Reflexionskapazität umsonst suchen wird. Ist aber nicht diese reflexive Vernunft, die es uns erlaubt, von unseren Meinungen Abstand zu nehmen, bereits

[20] Insofern läßt sich in der dritten Kritik Kants Antwort auf die Frage „Was ist der Mensch?" erkennen. Siehe dazu unsere Skizze in *Kant zur Einführung*, Hamburg 1994, S. 143 ff.

eine kommunikative, d.h. eine, die immer schon konkurrierende Weisen der Weltorientierung gegeneinander abzuwägen hat? Für die methodische Rationalität erscheint diese Reflexionsinstanz als eine bloß subjektive, als ein beliebiges Spiel des individuellen Meinens. Die szientistisch genährte Furcht vor diesem angeblich Beliebigen versperrt uns vielleicht den Zugang zur einzigen Form von Vernunft, die doch jeder an sich selbst erfahren kann, sofern er vermöge des inneren Ohrs zu den umherlaufenden Tönen und Reizen auf Distanz gehen kann. Die Identifikation der subjektiv erfahrenen Vernunft mit willkürlicher Subjektivität ist vielleicht der verhängnisvollste Kurzschluß neuzeitlicher Rationalitätstypen, die immer wieder eine Vernunftinstanz in Aussicht stellen, die sich über die Köpfe der denkenden Individuen hinweg erstrecken würde. Gibt es aber so etwas? Ist es nicht vielmehr so, daß sich diese überindividuelle Rationalität weiterhin vor dem Forum des inneren Ohres rechtfertigen lassen muß, um Verbindlichkeit zu erlangen?

IV. Zur Zeichenphilosophie

WERNER STEGMAIER

Zeichenphilosophie, Ontologie und Ethik

Jede Philosophie hat ihre polemische Kehrseite. Sie braucht einen Gegner, gegen den sie deutlich machen kann, was sie will. Aristoteles hatte seinen Platon, Descartes seinen Aristoteles, Husserl seinen Descartes. Der Gegner braucht – und das gilt auch für die genannten Fälle – nicht nur einer und auch nicht immer derselbe zu sein. Man wählt jeweils den, der das schärfste Gegenprofil abzugeben verspricht, und je vielseitiger eine Philosophie ist, desto mehr solcher Gegner wird sie darum um sich versammeln.

Josef Simons Philosophie des Zeichens *hat* viele Gegner um sich versammelt. Sie genießen stets Respekt und meist auch Sympathie und können immer wieder auch zu Verbündeten werden. In enger Auswahl und nach Gruppen wachsender Sympathie geordnet sind das insbesondere Frege und Quine, Heidegger und Derrida, Peirce, Nietzsche und Wittgenstein. Platon, Aristoteles, Descartes, Leibniz, Kant und Hegel stehen außer Konkurrenz. Sie haben das philosophische Denken so stark geprägt, daß sie nicht zu Gegnern gemacht, sondern immer nur neu interpretiert werden können.

Der Hauptgegner ist ein anderer. Alle Genannten haben in irgendeiner Weise mit ihm zu tun, aber keiner repräsentiert ihn ganz. Simon führt ihn nicht ein, sondern setzt ihn voraus: die *Metaphysik*. Die Metaphysik hat einen „eschatologischen Grundzug" (S. 6),[1] beruht auf einem „Hauptfehlschluß" (S. 6) und gerät in eine „Grundaporie" (S. 7): sie will im Denken zu einem *„letzten Ende*" (S. 6) kommen, kann aber niemals dahin kommen, weil sie sonst über das Denken selbst hinauskommen müßte. Dies ist die genaue Gegenposition zu einer Philosophie des Zeichens, die ihrerseits deutlich machen will, daß alles, was wir verstehen, Zeichen sind und daß wir, wenn wir ein Zeichen nicht verstehen, es uns wiederum nur durch Zeichen verständlich machen können. Unser Verstehen ist somit ein Zeichengeschehen, das nicht zu einem letzten Ende kommen kann und auch nicht kommen soll. Die Metaphysik, wie die Zeichenphilosophie sie auf den Begriff bringt, ist sich über ihren „Hauptfehlschluß" und ihre „Grundaporie" selbst nicht im klaren. Zwar hat sie erfahren müssen, daß sie in ihrer Geschichte niemals zu einem letzten Ende kam, und das hat schließlich die Zweifel an ihr so genährt, daß die Skepsis gegen sie heute die Oberhand gewonnen hat. Und dennoch hat sie sich dem Denken so tief eingeprägt, daß dieses gar nicht bemerkt, daß es von Grund auf und daher auch sich

[1] Seitenangaben im Text beziehen sich auf Josef *Simon, Philosophie des Zeichens*, Berlin / New York 1989.

selbst metaphysisch denkt. Es denkt immer dann metaphysisch, wenn es Dinge denkt. Dinge sind gleichsam „Enden" des Denkens, das, worin das Denken nicht erst zu Ende kommen *will*, sondern tatsächlich schon zu Ende kommt. Was als Ding gedacht ist, gilt als hinreichend gedacht: als vollständig bestimmt, so daß es dadurch aus dem Denken entlassen und unabhängig von ihm zu bestehen scheint.[2]

Aus der Sicht der Zeichenphilosophie ist das Ding das Anti-Zeichen. Sofern aber das Denken sich selbst dadurch als zu Ende gedacht glaubt, daß es Dinge denkt, denkt es sich auch selbst als Ding. Indem es sich zu Ende gedachte Dinge gegenüberstellt, stellt es sich in eine Reihe mit ihnen. So kann es sich wie andere Dinge auch zum Gegenstand des Denkens machen: die Metaphysik wird *Logik*. Sofern hier nichts mehr zwischen Ding und Denken tritt, wird sie als Logik »rein«, und denkt sie dann in dieser Reinheit Dinge, nunmehr als bloße Dinglichkeit von Dingen, wird sie zur *Ontologie*.

So gesehen, erfüllt sich die Metaphysik in der Ontologie. Es ist bezeichnend, daß beide ihren Namen nicht von ihrem Begründer, Aristoteles, erhielten, sondern erst viel später von Kommentatoren und Lexikographen: Aristoteles trug sie als etwas längst Plausibles vor, das er lediglich auf klarere Begriffe zu bringen glaubte.[3] Als der klarste Begriff aber erschien bis heute der des Dings, und so war die Ontologie das, was die Metaphysik bis heute plausibel und damit so erfolgreich gemacht hat.

Simon spitzt daher seine Polemik auf die Ontologie zu. Die Hauptabschnitte seines Angriffs auf die Ontologie sind Nr. 28 (*Das Zeichen »Sein«*) und Nr. 29 (*Nietzsches Ablösung der Ontologie*). In Nr. 28 geht Simon von Hegel aus, führt zu Hegel zurück und flicht dazwischen eine ehrenrettende Interpretation des Aristoteles ein. Danach versuchte Hegel, „keinen Gedanken »von außen« mitzubringen", nicht mehr vom Sein von Dingen, sondern nur noch vom Denken von Sein zu handeln, und bereinigte so die Differenz von Ontologie und Logik zur Differenz von Interpretiertem und Interpretierendem in einem ständigen Fortgang der Interpretation: „»Sein« ist der Fortgang in der Interpretation, der Übergang vom interpretierten zum interpretierenden Zeichen: Erkanntsein ist der *Schein* einer definitiven Interpretation, des Gefundenseins einer letzten Bezeichnung gegenüber der Vorläufigkeit *aller* früheren." (S. 130) Das aber ermöglicht eine neue Sicht auch auf Aristoteles. Auch ihm ging es in seiner Kategorienlehre danach „gar nicht um Ontologie, sondern um den Übergang von unverstandenen Zeichen zu verstandenen und um die apriorische Typologisierung von »Möglichkeiten« solchen Übergehens." (S. 125) Beide werden so aus Ontologen Zeichenphilosophen.

[2] Vgl. Kurt *Flasch, Art. Ding*, in: Historisches Wörterbuch der Philosophie, Bd. 2, Basel / Darmstadt 1972, Sp. 249-251. Wie die skeptische Tradition der Neuzeit scharf herausstellte, war, so Flasch, der Ding-Begriff „ein subjektiver Gewaltstreich zur Übersichtlichmachung der an sich unübersichtlichen Realität".

[3] Vgl. *Simon, Philosophie des Zeichens*, S. 124: „Der Ontologie selber kann nichts wichtiger sein als Gleichgültigkeit gegen ihren Namen."

Nach Nr. 29 gelang Nietzsche die „Ablösung der Ontologie" dadurch, daß er Begriffe als „Abkürzungen" von Zeichen, als „*ein* Zeichen für eine ganze Fülle von Zeichen" verstand (S. 131). Begriffe verweisen nicht nur auf nichts »außer sich«, sie werden selbst als Zeichen begriffen. Von „Denken" und „Sein" ist bei Nietzsche nur noch ironisch und in Anführungszeichen die Rede, er hat sich aus der Fixierung an sie gelöst.[4] Daraus zieht Simon dann in Abschnitt Nr. 30 (*Philosophische Fragen*) eine an Wittgenstein erinnernde allgemeine methodische Folgerung, die, kurz gefaßt, so lautet: Philosophische Fragen werden nicht gelöst, sondern abgelöst und dies dadurch, daß sich die Dogmen auflösen, die ihnen zugrunde liegen. Das Grunddogma der Philosophie aber war bisher, aus der Sicht der Zeichenphilosophie, daß sie sich als Denken von Dingen dachte, ihre Konstitution als Ontologie.

So, als leitende Plausibilität des philosophischen Denkens überhaupt gedacht, ist „Ontologie" nicht mehr die Ontologie bestimmter Philosophen, auch nicht des Aristoteles, und soll es auch nicht sein. Wenn die Ontologie aber nicht mehr an historischen Philosophen festgemacht werden kann und soll, woran denn? An der Zeichenphilosophie selbst: die Ontologie, von der die Zeichenphilosophie spricht, ist ihre Anti-Philosophie, sie wird nur von ihr her deutlich. Nr. 34 (*Zeit II*) kann das erläutern. Danach bedeutet zu einem Anderen zu sagen „etwas »ist«" so viel wie „es hat keine weitere Bewandtnis damit" (S. 155), du brauchst dich nicht mehr darum zu kümmern, kannst es als erledigt betrachten. Das Zeichengeschehen wird abgeschnitten, der weiteren Befassung durch den Anderen entzogen, „neue Zeichen", mit denen er noch kommen könnte, werden „irrationalisiert" (S. 155 f.). Die „ontologische Betrachtungsweise" steht so im Gegensatz zur pragmatischen der Zeichenphilosophie, sie stellt sich ihr entgegen. So erscheint sie als „die dogmatische Kanonisierung *einer* Art des Verstehens, die gleichwohl keine *besondere*, keine besonders *genannte* Art sein soll" (S. 155). Sie suggeriere, wie dann in Nr. 38 ausgeführt wird, „einen »theoretischen«, wie »von außen« zuschauenden Standpunkt gegenüber *allem*" (S. 170), eine ort- und ursprungslose Sicht anstelle der Sicht des jeweiligen Sprechers. Wer „ist" sage, wer „ontologisch" rede, wolle Anderen seine Sicht „der Dinge" nahelegen, ohne sich zu seiner Sicht zu bekennen.

Damit scheint die Zeichenphilosophie ihre polemische Seite an ihre Anti-Philosophie abgegeben zu haben: das „Ist"-Sagen, die Redeweise, die stets als die unpolemische, »objektive«, »rein sachliche« galt, hat sich als die eigentlich polemische herausgestellt. Ist die Ontologie, so wie die Zeichenphilosophie sie konzipiert, aber *ihre* Anti-Philosophie, so ist die Polemik, auf welche Seite sie auch gehören mag, in jedem Falle auch *ihre* Polemik. So kann man fragen, ob sie auf die Polemik nicht verzichten und ihr Anti-Zeichen „Ding", das sie an

[4] Zu Nietzsches Begriff des Begriffs vgl. vom Verf., *Nietzsches »Genealogie der Moral«*. Werkinterpretation, Darmstadt 1994, Kap. 4: *Die Methode der Genealogie, der Begriff des flüssigen Sinns und die Ordnung des Geflechts*.

ihren Rand versetzt hat, nicht anders verstehen und in ihre Mitte aufnehmen kann. Simon gibt dafür selbst Anhaltspunkte.

Zum einen müsse sich die Zeichenphilosophie nolens volens selbst ontologisch ausdrücken: „Daß alles Zeichen »*sei*«, ist eine Formulierung in ontologisch geprägter Sprache als Kritik der Ontologie." (S. 160) Auch wenn es „das Leichtere geworden" sei, zu sagen, „daß alles, auch »Sein«, Zeichen sei – statt zu sagen, auch Zeichen *seien*" (S. 114), sei es doch weiterhin „schwer ..., sich davon frei zu machen" und so zu „formulieren, daß in einer ontologisch gespurten Sprache das ontologische Vorverständnis als Vergangenheit erscheint" (S. 168 f).

Zum andern aber habe das Zeichen „Ding" auch eine sinnvolle Funktion *innerhalb* des Zeichengeschehens. Es sei, so Simon, „ein Zeichen für das am Zeichen, was *an ihm nicht* als Zeichen fungiert, d.h. was nicht so verstanden wird, daß es eine Antwort verlangte" (S. 100). Es ist dann nicht mehr nur ein Zeichen dafür, daß der andere nicht antworten, nicht reagieren, nicht handeln *soll*, sondern auch dafür, daß er nicht zu handeln *braucht*. „Ist" zu sagen, von Dingen zu reden, muß es dem andern nicht in jedem Fall schwerer, es kann es ihm auch leichter machen. Das „absolut Leichte" wäre dann das „Ding an sich", gegenüber dem es keine besondere Sicht, keine individuelle Einstellung und damit auch kein Handeln geben kann. Dies wäre zwar „eine Abstraktion", wie Simon in Nr. 52 (*Das Leichte und das Schwere, das Lichte und das Dunkle*) schreibt. Diesseits dieser Abstraktion kann es in konkreten Fällen dennoch das Leichtere sein, über „Dinge" zu kommunizieren, auch und gerade wenn man weiß, daß auch Dinge Zeichen, in einer besonderen Sicht und Absicht vorgetragene Zeichen sind. Man bewegt sich dann, so Simon, in einer „relativen Ontologie" (S. 275).

Wir versuchen in diesem Beitrag, die Ontologie vom Rand der Zeichenphilosophie in ihre Mitte zu tragen und daraus Folgerungen für den Ansatz der Ethik zu ziehen. Wir wollen, über das schon Gesagte hinaus, herausfinden, wie man *in* der Zeichenphilosophie von Dingen reden kann und was es danach für die Individuen bedeutet, von Dingen zu reden. Wenn die Ontologie so plausibel war, daß sie über zweitausend Jahre lang das abendländische Denken beherrschte, dann muß auch die Zeichenphilosophie, nachdem sie die Grenzen der Plausibilität der Ontologie deutlich gemacht hat, unter ihren neuen Bedingungen Dinge denken lassen können. „Anti-" heißt nicht nur „gegen", sondern auch „an Stelle von", „in Vertretung für". So könnten sich Dinge nicht nur im Gegensatz zu Zeichen, sondern auch *als* Zeichen, als Zeichen für einen bestimmten Gebrauch von Zeichen verstehen lassen, einen Gebrauch, ohne den wir schwerlich auskommen und der darum ethische Bedeutung hat. Das Folgende kann nur ein Versuch und wird vielleicht ein abenteuerlicher Versuch sein, zumal in den Augen Josef Simons. Wir vertrauen auf seinen Sinn für philosophische Abenteuer, zu denen es gehört, daß sie scheitern können. Auch dann lassen sie manchmal eine Spur zurück, die weiterführt.

1. Individuen und Zeichen

Simon setzt die Zeichen im inter-individuellen Verhältnis an. Zeichen, wie er sie versteht, sind Zeichen von Individuen für Individuen. Individuen verstehen sich auf Zeichen und durch Zeichen. Sie verstehen sich auf den inter-individuellen Gebrauch von Zeichen in individuellen Kommunikationssituationen. Erst in solchen individuellen Kommunikationssituationen verstehen sie die Zeichen *ganz*. Sie verstehen sie, indem sie einander verstehen.

Glaubt der eine einmal Zeichen des andern nicht zu verstehen und fragt er ihn dann nach deren Bedeutung, so versucht es der andere mit anderen Zeichen, deren inter-individuellen Gebrauch er als fraglos voraussetzt, und er versucht es – wenn beide es nicht vorziehen, das Thema zu wechseln – so lange, bis sich Zeichen finden, deren Gebrauch sich unter ihnen als tatsächlich fraglos erweist.

Das heißt nicht, daß dieser Gebrauch *an sich* fraglos wäre. Jedes andere Individuum könnte wieder andere Fragen haben, und diese andern Fragen würden durch den Gebrauch wieder anderer Zeichen beantwortet. Dies hat kein Ende, solange es mit den Individuen kein Ende hat. Es wäre darum ohne Sinn, nach der Bedeutung *an sich* von Zeichen zu fragen. Denn wenn Zeichen nur im inter-individuellen Gebrauch ganz, nämlich fraglos, verstanden werden, dann wäre die Bedeutung eines Zeichens an sich eine überindividuelle Bedeutung des Zeichens, und mit einer überindividuellen Bedeutung könnte kein Individuum wirklich »etwas anfangen«.

Es sind zuletzt immer nur die Individuen, die sich auf Zeichen verstehen. Sokrates, der auf eine überindividuelle, allgemeine Bedeutung der Zeichen drängte und dadurch die abendländische Metaphysik auf den Weg brachte, scheint so in eine falsche Richtung gewiesen zu haben. Aber das könnte ihrerseits schon eine metaphysische Ansicht von seinem Philosophieren sein. Platon jedenfalls läßt Sokrates stets als Individuum, als ganz außerordentliches und für niemanden völlig faßbares Individuum, als ein Individuum par excellence und in immer wieder anderen, pointiert individuellen Kommunikationssituationen nach der überindividuellen Bedeutung fragen, und er läßt ihn immer dann, wenn seine Gesprächspartner (und mit ihnen die Leser der Dialoge) längst mit einer gefundenen allgemeinen Bedeutung zufrieden wären, diese rasch wieder als unzureichend auflösen. Sokrates drängt bei Platon stets auf das Allgemeine, aber er ist es auch, der kein Allgemeines stehenläßt, sondern der sich gegen jedes behauptete Allgemeine, auch das von ihm selbst zur Sprache gebrachte, wieder als Individuum durchsetzt.[5]

Daß Individuen sich *auf* Zeichen und *durch* Zeichen verstehen, indem sie sie in individuellen Kommunikationssituationen inter-individuell gebrauchen,

[5] Zum Näheren vgl. vom Verf., *Inter-individuelles Philosophieren*, in: Josef Simon (Hrsg.), Zeichen und Interpretation II, Frankfurt am Main 1995.

bedeutet, daß sie nicht eigentlich *wissen*, wie sie die Zeichen gebrauchen. Wissen, als in Sätzen formuliertes propositionales Wissen, ist allgemeines Wissen. So kann es zwar Wissen jedes Individuums werden, es setzt jedoch zu seiner Mitteilung unter Individuen stets schon einen individuellen Zeichengebrauch voraus, und dieser individuelle Zeichengebrauch ist als solcher, wie Platon an der Sokrates-Figur unentwegt vor Augen führt, einem allgemeinen Wissen nicht zugänglich. Er ist Sache größeren oder geringeren Geschicks, nur sehr begrenzt lehrbar. Man kann wohl ein allgemeines Wissen vom Zeichengebrauch entwikkeln, die Antike tat das im Trivium von Grammatik, Rhetorik und Dialektik, und man tut das heute in der Linguistik, der Semiotik, allen Spielarten der Kommunikationswissenschaften und der Sprach- und Zeichenphilosophie. Aber man entwickelt in all diesen Fällen ein besonderes Wissen von Sprache und Zeichen in einer besonderen Sprache und unter besonderen Regeln, das besonderen Zwecken und besonderen Individuen dient, ein Wissen, das *zur* Sprache gehört, darum aber nicht schon ein Wissen *über* die Sprache und die Zeichen ist.[6] Mit Wittgenstein gesprochen, bilden Linguistik, Semiotik, Sprach- und Zeichenphilosophie ein neues Sprachspiel, das sich zu dem gewohnten, alltäglichen verhält wie eine Neubausiedlung zum alten Kern einer Stadt.[7] Es gehört zur Sprache, aber nicht notwendig, es bezieht sich auf sie, aber nicht eindeutig, es wirkt sich auf sie aus, aber auf schwer definierbare Weise. Die Individuen empfinden es im inter-individuellen Gebrauch ihrer Zeichen nicht als Verlust, es nicht zu haben. Sie brauchen es dafür nicht nur nicht, es könnte sie sogar, drängte man es ihnen dennoch auf, dabei eher stören.

Die Philosophie des Zeichens, wie Simon sie konzipiert, beansprucht nicht, das Allgemeine über die Zeichen im Sinne einer überindividuellen und überzeitlichen Wahrheit zu sagen. Sie will im Gegenteil zeigen, daß der Zeichengebrauch ohne eine solche Wahrheit und auch ohne den Anspruch darauf auskommt. Das „Zeichengeschehen", von dem Simon spricht (S. 155), ist in allem im Fluß. Es hat keinen Halt in irgendeinem Unbedingten.

Der unbedingte Halt im inter-individuellen Zeichengebrauch wurde in der Antike als „Substanz" und in der Moderne als „Subjekt" gedacht. Substanz sollte das sein, wofür die Zeichen stehen, unabhängig von ihrem inter-individuellen Gebrauch, oder das, was in jedem individuellen Gebrauch der Zeichen als Allgemeines stehenbleibt. Im modernen Subjektbegriff war begriffen, daß alles, was das Denken jenseits des Zeichengebrauchs als etwas voraussetzt, das nicht Zeichen, sondern Ding, Ding an sich ist, nur ein Vorausgesetztes ist und daß diese Voraussetzung ihrerseits nur mit Hilfe von Zeichen zu machen ist. Das Subjekt wurde als Grund von Substanz gedacht, als das, was die Zeichen so ge-

[6] Vgl. Ana *Agud, Zeichenphilosophie und Sprachwissenschaft*, in: T. Borsche u. W. Stegmaier (Hrsg.), Zur Philosophie des Zeichens, Berlin / New York 1992, 28-39, und Christian *Stetter, Wort und Zeichen*, in: Josef Simon (Hrsg.), Zeichen und Interpretation II, Frankfurt am Main 1995.

[7] Ludwig *Wittgenstein, Philosophische Untersuchungen*, § 18.

braucht, daß Dinge sich zeigen, nun nicht mehr Dinge an sich, sondern Dinge für das Subjekt. So sollte nun nicht mehr die Substanz den Zeichen, sondern das Subjekt dem Zeichengebrauch zugrunde liegen. Aber auch das Subjekt sollte noch ein Allgemeines, sollte transzendental, dem inter-individuellen Zeichengebrauch enthoben sein: So konnte es ein unbedingter Halt im Zeichengeschehen bleiben.

Der Gewinn des modernen Subjektbegriffs im Hinblick auf die Zeichenphilosophie war dennoch, daß er sichtbar machte, wie der Substanzbegriff das Zeichengeschehen ontologisch verdoppelt hatte. Wenn Zeichen Zeichen von Substanzen waren, mußte es jenseits aller Zeichen Substanzen geben. Daß man hier nur etwas hinzudachte, zeigte Nietzsche später daran, daß man so auch zum Blitz ein »Es«, das blitzt, und zum Donner ein »Es«, das donnert, hinzuzudenken hätte, absurd genug, um die ontologische Verdoppelung überhaupt in Frage zu stellen.[8] Aber auch das Subjekt ist ein zum Zeichengeschehen nur hinzugedachtes »Es«, ein ontologisches Doppel, solange es die Funktion der Substanz übernehmen soll, dem Zeichengeschehen einen unbedingten Halt zu geben. Von der Zeichenphilosophie aus *muß* es jedoch nicht auf diese Weise verstanden werden. Simon faßt es als ein Zeichen im Zeichengeschehen selbst. Es ist dann kein »Es«, das »es gibt«, sondern fungiert als ein Zeichen dafür, daß alles, was »es gibt«, immer nur als etwas gedacht ist, das es gibt, und zwar von einem »Es« gedacht ist, über das sich nur das und nicht mehr sagen läßt, als daß es etwas *als* etwas denkt, und das insofern »transzendental« ist.[9] Wird »das« Subjekt als Zeichen des Zeichenprozesses verstanden, als bloßes Zeichen dafür, daß Zeichen gegeben werden, so kehrt das »Jenseits« des Zeichengeschehens in das Zeichengeschehen zurück, erlischt die ontologische Verdoppelung. Das aber bedeutet für »das« Subjekt, daß es nicht *ein* Subjekt ist, das in jedem Zeichengebrauch dasselbe bleibt, sondern daß es ein Subjekt jeweils nur für *den* Zeichengebrauch ist, bei dem nach ihm gefragt wird, daß es also für jeden Zeichengebrauch ein anderes sein kann. Es ist Subjekt eines individuellen Zeichengebrauchs und wird, so Simon, vom inter-individuellen Zeichengeschehen von Fall zu Fall „mitgenommen".[10] Auf diese Weise nimmt die Philosophie des Zeichens die ontologische Verdoppelung in den unendlichen, unendlich deutbaren, unendlich durch neue Zeichen auslegbaren Zeichenprozeß zurück und

[8] Friedrich *Nietzsche, Zur Genealogie der Moral*, I 13.

[9] Vgl. *Simon, Philosophie des Zeichens*, S. 146f: „Das Subjekt ist ... niemals selbst zu bestimmen, sondern gerade das Subjekt des Ansehens von etwas *als* bestimmt, d.h. des Ansehens von etwas *als* etwas. Man kann nicht sagen, daß es als Subjekt *sei* (existiere), weil es eben das Ansehen von etwas *als* etwas unter einer genannten Bestimmung Existierendem »ist«, und auch dieses letzte »ist« bedeutet den subjektiven *Versuch* zu sagen, »was« das Subjekt sei. Subjektivität »ist« also der Zeichenprozeß selbst, insofern er an kein definitives Ende kommt, auch nicht in der »Reflexion« auf »sich selbst«."

[10] *Simon, Philosophie des Zeichens*, S. 18 f., 152, 155. Vgl. die analoge Deutung des Subjektbegriffs bei A. N. Whitehead und dazu vom Verf., *Experimentelle Kosmologie*. Whiteheads Versuch, Sein als Zeit zu denken, in: P. Baumanns (Hrsg.), Realität und Begriff. Festschrift für Jakob Barion zum 95. Geburtstag, Würzburg 1993, S. 319-343.

unterläuft dadurch die metaphysische Tradition. Sie ist den metaphysischen Schatten losgeworden.[11]

2. *Zeichen und Dinge*

Dennoch bekommt die Philosophie des Zeichens damit ein neues Problem. Wir erfahren uns nicht nur in einem Zeichengeschehen, das uns auf eine haltlose Weise »mitnimmt«, wir erfahren uns, wenn wir uns auf Zeichen verstehen, zugleich auch so, daß wir darin hinreichend Halt haben und dies (unter anderem) dadurch, daß wir uns mit Zeichen auf Dinge beziehen und dazu Zeichen auswählen, akzentuieren, verschieben, erfinden können. Ebenso, wie wir vom Zeichengeschehen »mitgenommen« werden, beherrschen wir auch unsere Zeichen und durch die Zeichen die Dinge.

So wie wir auch nach Kopernikus die Sonne auf- und untergehen und uns in der Mitte der Welt sehen, beziehen wir uns nach wie vor auf Dinge, setzen sie im Gespräch unwillkürlich voraus, und nehmen an, daß sie dieselben bleiben, solange wir über sie reden, auch wenn wir in immer wieder anderen Zeichen über sie reden. Wir verfahren so und können nicht anders verfahren, auch wenn wir es nun besser wissen. Soll die Philosophie des Zeichens nicht neuerlich zu einer Philosophie jenseits des alltäglichen Zeichengeschehens werden, muß sie das verständlich machen. Sie muß das Problem, daß wir uns an Dinge halten, statt mit Hilfe ontologischer Verdoppelungen nun auf neue Weise lösen.

Die Philosophie des Zeichens könnte mit dem Problem rasch fertigwerden, indem sie wie die Philosophie des Subjekts verfährt und die Dinge als bloßen Schein, einen wie auch immer komplexen Schein, einstuft oder, wie man es mit Nietzsche nennen kann, als eine lebensnotwendige Fiktion.[12] Eine generelle Herabsetzung der Dinge zu einem bloßen Schein aber hat die Schwierigkeit, daß ihr unsere alltäglichen Plausibilitäten allzusehr entgegenstehen. Sie läßt eher an der Glaubwürdigkeit der Philosophie, die so über die Dinge spricht, als an den Dingen zweifeln. Wir können uns theoretisch klarmachen, daß wir, wenn wir es mit Dingen zu tun zu haben glauben, doch immer nur mit komplexen Arten von Schein umgehen, aber wenn wir dann tatsächlich mit ihnen zu tun haben, zwingen sie uns rasch, solche theoretischen Vorbehalte zu vergessen. Darum wurden immer wieder Versuche gemacht, die Metaphysik auf irgend eine Weise zu rehabilitieren.[13]

[11] Zur Abgrenzung von Philosophien der Interpretation vgl. vom Verf., *Weltabkürzungskunst*. Orientierung durch Zeichen, in: J. Simon (Hrsg.), Zeichen und Interpretation I, Frankfurt am Main 1994.

[12] Vgl. *Nietzsche, Jenseits von Gut und Böse*, Nr. 4. S. dazu vom Verf., *Philosophie der Fluktuanz*. Dilthey und Nietzsche, Göttingen 1992, S. 318 ff.

[13] Vgl. Wolfram *Hogrebe, Metafisica Povera*, in: Borsche / Stegmaier, Zur Philosophie des Zeichens, S. 79-101.

Doch auch dies hilft nur begrenzt aus der Schwierigkeit. Denn ein Halt, der aus einer Metaphysik hergeleitet wird, der immer wieder andere gegenübergestellt werden können, bleibt nicht viel weniger zweifelhaft als ein Halt, der rundweg zum Schein erklärt wird.[14] Andererseits geht es nicht um den Halt allein, das könnte ein metaphysisches Vorurteil sein. Offenbar brauchen und wollen wir ebenso wie den Halt auch den Fluß – die abendländische Philosophie hat von Anfang an aus der Spannung gelebt, in die sie Parmenides und Heraklit versetzt haben. Die Philosophie des Zeichens gehört zu denen, die gegen das Bedürfnis nach Halt den Fluß wieder zurückgewonnen haben. Das Bedürfnis nach Halt hatte in der metaphysischen Tradition zu den ontologischen Verdoppelungen geführt, die Philosophie des Zeichens hat sie durch ihren so einfachen wie radikalen Gedanken überflüssig gemacht, daß Zeichen ihre Bedeutung immer wieder nur in Zeichen haben können, Zeichen, die individuell, immer wieder anders gebraucht werden. Die Frage ist nun, wie verstanden werden kann, daß wir auch im Fluß des Zeichengeschehens fraglos Halt haben, Halt, der gleichwohl im Fluß sein kann.

„Ding" hat dabei einen doppelten Klang. „Ding" ist einerseits für das heutige Verständnis selbst schon zu einem herabsetzenden Ausdruck geworden. Was Ding ist, ist verfügbar, in der Gewalt eines andern; Verdinglichung gilt, zumal wenn sie Menschen trifft, als eine Form der Vergewaltigung. Dinge sind andererseits aber nur bedingt verfügbar, sie sind, wie sie sind, und wer über sie verfügen will, muß sich zugleich ihren Ordnungen fügen. Dinge haben so auch ihre eigene Würde. Der Gesichtspunkt der Verfügbarkeit wurde von der Philosophie des Subjekts, der Gesichtspunkt der Nicht-Verfügbarkeit von der Philosophie der Substanz betont. Beide erscheinen inzwischen als einseitig. Der späte Heidegger hat darum das Ding in die Mitte des Weltverstehens, eines „Gevierts" von Erde und Himmel, Göttlichem und Sterblichem, gestellt und das Sein sich in einem „Dingen des Dinges" ereignen lassen. Er gesteht zu, daß solche „Denkversuche" sich leicht „als gesetzlose Willkür ausnehmen" können, dennoch könnten sie, „un-ent-wegt" weitergedacht, „eines Tages" eine „Antwort" sein.[15]

Andere, ähnlich gewichtige Versuche, die Extreme der Verfügbarkeit und Nicht-Verfügbarkeit der Dinge zu unterlaufen, wurden mit Hilfe der Begriffe Struktur (im Strukturalismus) und System (in der Systemtheorie) gemacht. Ding (im Heideggerschen Sinn), Struktur (im Foucaultschen Sinn) und System (im Luhmannschen Sinn) stehen alle für das, »woran man sich halten kann«, ohne daß man sich unbedingt daran halten könnte. Sie sind Begriffe eines bedingten Halts im Fluß. Sie erwarten den Halt jedoch alle von etwas, dem die Individu-

[14] Vgl. Nietzsches Wort vom „Unsinn aller Metaphysik als einer Ableitung des Bedingten aus dem Unbedingten" im Nachlaß Sommer 1883, KGW VII_1, 8 [25] / KSA 10, S. 342.

[15] Martin *Heidegger, Das Ding* (1950), in: ders., Vorträge und Aufsätze, Pfullingen 1954, S. 163-185.

en zugeordnet oder eingeordnet sind, nicht von den Individuen selbst und ihren Verhältnissen zueinander.

Wir gehen, um zunächst herauszufinden, wie der Halt an Dingen unter Bedingungen der Zeichenphilosophie denkbar sein könnte, von fünf Vermutungen aus:

(1) Halt im Fluß des Zeichengeschehens braucht kein letzter, unbedingter, kein Halt außer Raum und Zeit und also kein metaphysischer oder transzendentaler Halt zu sein. Ein Anhalt auf Zeit reicht aus. Die Philosophie des Zeichens versteht selbst die Zeichen als Zeichen auf Zeit.

(2) Wenn Zeichen stets Zeichen von Individuen für Individuen sind, dann können die Individuen im Fluß des Zeichengeschehens Anhalt nur aneinander finden, indem sie sich »aufeinander einstellen«. Die Identität, die sie so gewinnen, ist eine Identität aber stets für Andere. So steht sie unablässig zur Disposition, kommt immer wieder in Fluß.

(3) Der Fluß kommt auf Zeit zum Stehen, indem Individuen sich auf Dinge beziehen. Dinge sind das, worauf Individuen sich nicht eigens einstellen zu müssen glauben. Indem Individuen sich auf Dinge beziehen, entlasten sie sich vom Druck auf ihre Identität und erleichtern so ihren Umgang miteinander.

(4) Um ihren Umgang miteinander zu erleichtern, können Individuen auch einander oder Dritte verdinglichen. Es gibt im Zeichengeschehen keine feste Grenze zwischen Individuen und Dingen.

(5) Ebensowenig aber gibt es im Zeichengeschehen feste Dinge. Es liegt bei den Individuen und in ihrer Verantwortung für ihre Zeichen, ob und inwieweit sie Dinge verfestigen.

3. Individuen als Zeichen ihrer selbst

Von der Identität unserer selbst dürfte noch mehr als von allem andern gelten, daß wir, zumindest von Zeit zu Zeit, auch ihre Veränderung und Erneuerung wollen. Simon spricht von der „Lust", aber auch der „Unlust" an der Identität unserer selbst: Die „dauernde Lust schlägt, nach einer gewissen *Zeit*, wieder um in Unlust, ohne daß sich von außen irgendeine bewußte Störung des Zustandes ergeben haben muß. ... Die erreichte Ich-Identität im Verstehen und im Sich-selbst-Verstehen bleibt sich selbst nicht genug. Sie *sucht* geradezu die Störung, die Irritation, wird sich selbst unerträglich. So versucht sie, sich neu, anders zu verstehen." (S. 151) Mit der Ablösung der Metaphysik und ihrer Ontologie wird das Bestehen auf Dauer und Festigkeit als eine Fixierung auf Dauer und Festigkeit sichtbar. „»suum esse conservare« ist die Seinsformel aus dem Blickpunkt der Ontologie, nach der alles ums Beharren zu tun ist, so daß »Beharrungsvermögen« als Grundzug der Wirklichkeit gilt." (S. 181)

Aus der Sicht der Zeichenphilosophie führen die Begriffe einer unveränderlichen Substanz und eines transzendentalen Subjekts mit der ontologischen Verdoppelung auch ein Zeitparadox mit sich. Beide sollten das Geschehen – im Fall der Substanz das Naturgeschehen, im Fall des Subjekts das Begriffsgeschehen – dadurch verständlich machen, daß sie der Zeit entzogen wurden, und beide wurden dann *im* Geschehen unverständlich. Die Substanz sollte das Bleibende im Wechsel ihrer Eigenschaften sein – der Baum bleibt, die Blätter fallen –, aber ein Baum bleibt kein Baum, wenn seine Blätter nicht neu wachsen, und wenn seine Blätter neu wachsen, so wächst er selbst auch. So ist die Substanz zeitlos und zeitlich zugleich. Ebenso sollte das Subjekt das Zugrundeliegende meiner wechselnden Vorstellungen sein und ist doch selbst auch nur eine solche Vorstellung, also wiederum zeitlos und zeitlich zugleich. Auch die Deutung des Subjekts als ein Ich, das sich *unmittelbar* selbst versteht, konnte die Paradoxie nicht auffangen. Es bleibt, so Simon, eine „Paradoxie, daß etwas *sich selbst* verstehen soll." Denn um sich selbst zu verstehen, muß es sich wiederum „grundsätzlich und grundlegend von allem anderen unterscheiden und dann fragen, *was* »ich« *sei*." (S. 195 f.) Auch das Ich kann sich *als* Ich nicht aus sich, sondern nur von anderem her verstehen. Um sich aber von anderem her zu verstehen, braucht es Zeit.

Die Zeichenphilosophie versteht die Begriffe des Individuums und des Zeichens, von denen sie ausgeht, stets von anderem her. Beim Begriff des Zeichens ist das offensichtlich: Zeichen sind stets Zeichen für Andere. Es gilt aber auch für den Begriff des Individuums: Wenn nach der Zeichenphilosophie Zeichen von Individuen gebraucht werden, so sind Individuen ihrerseits nichts anderes als das, was Zeichen gebraucht. Auch sind darum Individuen stets Individuen für andere Individuen. Dies gilt zwar auch ohne Rückgriff auf die Zeichenphilosophie, wird von ihr aber gut verständlich gemacht. Und man kann es durch sie noch zuspitzen, indem man den Begriff des Individuums in den des Zeichens zurücknimmt. Denn wenn Individuen nichts anderes sind als das, was Zeichen gebraucht, so sind sie nichts mehr *jenseits* der Zeichen, sondern werden auch selbst *als* Zeichen wahrgenommen. Dennoch sind sie dann Zeichen besonderer Art, nämlich Zeichen gebrauchende Zeichen, und als solche haben sie eine besondere Bewandtnis.

Man könnte an dieser Stelle einwenden, der Begriff Zeichen gebrauchender Zeichen, den wir hier einführen, schließe einen neuen »Solipsismus« ein, nun aber einen, in dem »alles beliebig« werde. Doch um einen Solipsismus handelt es sich nicht, weil die Zeichen gebrauchenden Zeichen nicht nur ihre Zeichen für Andere gebrauchen, sondern auch selbst nur Zeichen für Andere sind, nach dem bekannten Aphorismus Wittgensteins: „Wenn man aber sagt: »Wie soll ich wissen, was er meint, ich sehe ja nur seine Zeichen«, so sage ich: »Wie soll *er* wissen, was er meint, er hat ja auch nur seine Zeichen.«"[16] Und im Ansatz bei Zeichen gebrauchenden Zeichen statt bei Objekten denkenden Subjekten wird

[16] Ludwig *Wittgenstein, Philosophische Untersuchungen*, § 504.

auch nicht alles beliebig. Denn auch der inter-individuelle Zeichengebrauch hat seine Bindungen, wenn auch nicht apriorische.

Es ist der Andere, der meinen Zeichengebrauch bindet. Er bindet ihn nicht erst durch ein Allgemeines irgendeiner Art, sondern immer schon dadurch, daß er die Zeichen anders gebraucht. Weil er die Zeichen anders gebraucht oder anders gebrauchen könnte, muß ich mich »auf ihn einstellen«. Ich muß meine Zeichen so zu gebrauchen versuchen, daß er sie mit *seinem* Zeichengebrauch dennoch versteht, daß er mit ihnen »etwas anfangen« kann. Andernfalls gehen meine Zeichen ins Leere und die Kommunikation bricht ab. Jedem ist, drastischer ausgedrückt, nur so und so »beizukommen«, nur das und das »kommt bei ihm an«, »kommt man ihm« mit etwas anderem, »macht man sich bei ihm unmöglich«.

Meine Einstellung auf den Andern ist eine Bindung, eine Festlegung durch ihn, aber nur auf einen Moment und nur auf eine Weise, die mir eine Freiheit offenhält. Die Festlegung des Zeichengebrauchs setzt als solche eine Freiheit voraus: Nur weil jeder die Zeichen auf seine Weise gebrauchen bzw. verstehen kann, muß man jedes Mal festlegen, wie man sie gebrauchen bzw. verstehen will. Die Bindungen in der Kommunikation kommen aus Freiheiten, die als solche bewußt bleiben und jede einmal erfolgte Bindung wieder in Frage stellen können. Meine Einstellung auf den Andern ist so nur zur einen Hälfte eine Bindung durch den Andern, zur andern Hälfte ist sie meine Selbstbindung. Zeichen sind, so Simon, in diesem Sinn „Freiheitszeichen": „Sie bedeuten die Freiheit, in ihrer Deutung auf je eigene Art temporär zum Schluß zu kommen und *sich* auf eine erreichte Version *selbst* zu verlassen" (S. 202).

Man kann das auch so ausdrücken, daß in der Kommunikation Bindung und Freiheit zusammen die Freiheit eines Spielraums ausmachen, des Spielraums einer Entscheidung. Die Grenzen dieses Spielraums gibt der Andere vor, die Entscheidung darin habe ich zu treffen, die Entscheidung, wie ich ihm am besten antworte. Eine Entscheidung ist als solche ein untrennbares Doppel von Bindung und Freiheit: Ich bin frei, *wofür* ich mich entscheide, aber ich *muß* mich entscheiden, und zwar unter Bedingungen, die der Andere oder die Situation vorgibt. *Habe* ich mich entschieden, kehrt sich die Situation um: Mit meiner Antwort stelle ich wiederum den Andern vor eine Entscheidung usw.

Bindung und Freiheit, die Bindung und die Freiheit des Sich-Einstellens-auf-den-Andern, oszillieren während der Kommunikation zwischen den Kommunikationspartnern. In dieser Oszillation kann eine neue Weise der Bindung entstehen: Vertrauen. Bei jedem Schritt der Kommunikation muß sich zeigen, ob man »einander versteht« oder nicht versteht, die Entscheidung ist jedes Mal wieder offen, Vertrauen bleibt immer der Irritation ausgesetzt und muß ihm ausgesetzt bleiben.[17] Versteht man aber einander über eine ganze Reihe von

[17] Vgl. Niklas *Luhmann, Vertrauen*. Ein Mechanismus der Reduktion sozialer Komplexität, 3., durchges. Aufl. Stuttgart 1989, S. 98f: „Vertrauen ist unentbehrlich, um das Handlungspotential eines sozialen Systems über ... elementare ... Formen hinaus zu steigern." Doch es „ist zu vermu-

Schritten hinweg, wächst ein Geflecht von Bindungen: man weiß »mit der Zeit«, woran man sich beim Andern »zu halten hat«. Man hat den Zeichengebrauch des Andern kennengelernt und kann sich allmählich sicher darin bewegen.

Der Anhalt, den mir der Andere dabei gibt, ist von der Art, die wir Orientierung nennen. Orientierung baut auf Anhaltspunkten auf, anhand derer man entscheiden kann, wie man weitergehen will, sie eröffnet in derselben Weise wie die Kommunikation mit jedem Schritt neue Spielräume der Entscheidung, und sie gewinnt ebenfalls mit jedem Schritt, der gelingt, an Vertrauen, daß man sich im betreffenden Umkreis sicher bewegen kann. So kann man sich den Kommunikationsprozeß als Orientierungsprozeß deutlich machen. In der Orientierung entscheidet man sich in aller Regel nicht aufgrund einzelner Anhaltspunkte, sondern hält nach weiteren Anhaltspunkten Ausschau, um die Entscheidungsspielräume möglichst einzugrenzen. Passen dann mehrere Anhaltspunkte einigermaßen zueinander, entschließt man sich, in diese oder jene Richtung weiterzugehen. Man hat dabei niemals volle Sicherheit und dennoch eine Sicherheit, die von Fall zu Fall ausreicht und ausreichen muß. Die bleibende Unsicherheit der Anhaltspunkte und Entscheidungen hält immer wach dafür, daß man sich aufgrund neuer Anhaltspunkte immer wieder neu entscheiden könnte. Jede Orientierung hat ihre Zeit. Zu jeder Zeit kann eine Neuorientierung notwendig werden. Die früheren Anhaltspunkte werden dann durch neue Anhaltspunkte wieder zur Disposition gestellt. Anhaltspunkte sind so immer nur Anhaltspunkte dafür, ob man anderen Anhaltspunkten folgen soll. Auch darin sind sie den Zeichen gleich, wie die Zeichenphilosophie sie versteht. Orientierung gibt Halt und bleibt doch immer im Fluß. Sie hat keinen »festen Kern«. Sie beruht auf einem offenen und stets sich wandelnden Geflecht und bleibt eben dadurch wandlungsfähig.

So können wir von diesem Begriff der Orientierung aus Zeichen als Anhaltspunkte zur Orientierung und Anhaltspunkte zur Orientierung als Zeichen im Sinne der Zeichenphilosophie betrachten. Hinzuzufügen bleibt, daß auch Orientierungen nicht voraussetzen, daß man ein propositionales Wissen von ihnen hat. Auch sie sind radikal pragmatischer Art. Soweit Orientierung ein Wissen ist, ist es ein Wissen nur für den Augenblick des Handelns, nur auf den nächsten Schritt berechnet und darum immer nur vorläufig.[18] Denn das Han-

ten, daß ein System mit höherer Komplexität, das mehr Vertrauen braucht, zugleich auch mehr Mißtrauen benötigt und daher Mißtrauen, zum Beispiel in Form von Kontrollen, institutionalisieren muß."

[18] Vgl. Verf., *»Was heißt: Sich im Denken orientieren?«* Zur Möglichkeit philosophischer Weltorientierung nach Kant, in: Allgemeine Zeitschrift für Philosophie 17.1 (1992) S. 1-16; *Wahrheit und Orientierung*. Zur Idee des Wissens, in: V. Gerhardt / N. Herold (Hrsg.), Perspektive des Perspektivismus. Gedenkschrift für Friedrich Kaulbach, Würzburg 1992, S. 287-307; *Einstellung auf neue Realitäten*. Orientierung als philosophischer Begriff, in: XVI. Deutscher Kongreß für Philosophie. Neue Realitäten – Herausforderung der Philosophie, 20.-24. Sept. 1993 TU Berlin, Berlin 1993, S. 280-287; *Praktische Vernunft und ethische Orientierung*, in: Internationale Zeitschrift für Philosophie 1994/1, S. 163-173; *Weltabkürzungskunst*. Orientierung durch Zeichen.

deln läßt in aller Regel nicht die Zeit, sich ein gesichertes propositionales Wissen zu verschaffen. Aber auch dann, wenn Zeit bleibt, um das pragmatische Orientierungswissen durch propositionales Wissen abzusichern, kann das letztere in der konkreten Handlungssituation wieder nur ein Anhaltspunkt sein, dem andere Anhaltspunkte gegenüberstehen können. So wie alles Wissen in »festen« Begriffen und Urteilen immer ein Wissen in Zeichen ist, bleibt auch das radikal zeitliche Orientierungswissen auf diese Weise immer seine Voraussetzung. Nehmen wir beides zusammen, so ist eine Orientierung durch Zeichen Vorbedingung alles propositionalen Wissens.

Im inter-individuellen Verhältnis hat die Orientierung durch Zeichen nun aber eine besondere Möglichkeit, sofern es hier nämlich um Zeichen geht, die selbst Zeichen gebrauchen. Denn diese Zeichen – die Individuen – können zu Zeichen ihrer selbst werden und dadurch Identität schaffen.

Um dies plausibel zu machen, gehen wir von einer Differenz aus, die Simon nur am Rande – und wiederum zur *Kritik* der »Ontologie« – einführt, von der *Differenz Zeichen – Bezeichnendes*. Sie spielt in der Sozialphilosophie von Emmanuel Levinas und der Systemtheorie von Niklas Luhmann, zwei voneinander denkbar unabhängigen Ansätzen, gleichermaßen eine zentrale Rolle. Bei Levinas erscheint sie als Differenz von Bezeichnung und Bedeutsamkeit (signification und signifiance), bei Luhmann als Differenz von Information und Mitteilung.[19] Bezeichnend sind Zeichen insofern, als man sich in allen Zeichen, die man gibt, zugleich selbst darstellt. Weil Individuen im Gebrauch der Zeichen frei sind, ist es stets charakteristisch für sie, für welche Zeichen sie sich entscheiden und wie sie sie gebrauchen. In der Kommunikation kann hier über das Gesagte hinaus alles am Sprechen von Bedeutung werden, die Wahl der Worte, der Ton der Stimme, der Rhythmus des Sprechens, der Fluß der Rede, das Spiel der Augen, die Mimik, die Gestik usw. All dies und anderes kann zum Zeichen werden, nach dem man einschätzt, wie man aufnehmen soll, was der Andere sagt, ob man es ernst nehmen will oder nicht, ob man sich darauf verlassen kann oder nicht, ob und wie man daraufhin die Kommunikation fortführen will oder nicht usw. Im inter-individuellen Verhältnis hat auf diese Weise jedes Zeichen sein Bezeichnendes, jede Bezeichnung ihre Bedeutsamkeit, ist jede scheinbar nur der Sache geltende Information von einem Sich-Mitteilen der Person begleitet, und wenn es die Zeichen sind, *was* man versteht, dann zeigt das Bezeichnende an ihnen, *wie* man sie zu verstehen hat. Das Bezeich-

[19] Vgl. Emmanuel *Levinas, La trace de l'autre*, in: ders., En découvrant l'existence avec Husserl et Heidegger, 3. éd. Paris 1982, S. 187-202, bes. S. 198, dtsch.: *Die Spur des Andern*, in: ders., Die Spur des Anderen. Untersuchungen zur Phänomenologie und Sozialphilosophie, übers., hg. und eingel. v. W.N. Krewani, Freiburg / München 1983, S. 209-235, bes. S. 227f., und: *Autrement qu'être ou au-delà de l'essence*, La Haye 1974 (Phaenomenologica, Bd. 54), Neudruck Dordrecht / Boston / London 1978 u.ö.), bes. S. 17, 61f, 104, dtsch.: *Jenseits des Seins oder anders als Sein geschieht*, aus dem Frz. übers. v. Th. Wiemer, Freiburg / München 1992, bes. S. 49, 116f, 185f.; Niklas Luhmann, *Soziale Systeme*. Grundriß einer allgemeinen Theorie, Frankfurt am Main 1984, Kap. 4 (*Kommunikation und Handlung*), S. 191-241.

nende der Zeichen ist im inter-individuellen Verhältnis darum so wichtig wie die Zeichen selbst.

Was dabei von Fall zu Fall das Zeichen ist, das bewußt gegeben wird, und was das Bezeichnende, das unwillkürlich mitgezeigt wird, ist nicht von vornherein festgelegt. Sobald ich bewußt auf das Bezeichnende meiner Zeichen achte, den Ton meiner Stimme, den Rhythmus meines Sprechens usw., wird es selbst zu dem Zeichen, das ich bewußt geben will. Das, was ich sagen will, tritt dann zurück. Im Zentrum meiner Aufmerksamkeit kann immer nur das eine stehen; auf das andere kann ich »nur am Rande« achten, es wird zur »Randbedingung«. Dennoch kann so dasselbe einmal Zeichen und einmal Bezeichnendes sein, und das bedeutet, daß die Differenz Zeichen – Bezeichnendes eine funktionale, keine ontologische Differenz ist. Bezeichnendes und Zeichen verhalten sich nicht wie Eigenschaft und Ding, Zeichen werden nicht zu Dingen, weil sie bezeichnend sind. Zeichen und Bezeichnendes sind vielmehr unterschiedliche Anhaltspunkte der Orientierung im inter-individuellen Verhältnis, und sie können sich darum gegenseitig zur Disposition stellen.

Weil sie sich gegenseitig zur Disposition stellen können, hat man an ihrer Differenz eine Möglichkeit zur Kontrolle und Steuerung der Kommunikation. Da ich immer nur auf das eine achten kann, hat der Andere stets die Möglichkeit, währenddessen auf das andere zu achten, er kann mich darin beobachten, worin ich mich in diesem Augenblick selbst nicht oder doch nicht in gleichem Maß beobachten kann. Ich kann ihm da »nichts vormachen«, und darum sieht er hier am zuverlässigsten, »woran er mit mir ist«. Er rechnet am meisten dort mit mir, wo ich selbst am wenigsten mit mir rechnen kann. So entsteht »ein Bild« von mir, das mir selbst entzogen ist, eine Identität meiner selbst nicht für mich selbst, sondern für den Andern. „Wir haben andere Personen nur in den Zeichen, die sie erzeugen, nur in ihrer Tätigkeit, insofern wir sie als deren frei antwortende Tätigkeit verstehen“ (S. 105), schreibt Simon und fügt später hinzu: „Wie jemand bezeichnet, das bezeichnet seinen Horizont als das, was er zu einer bestimmten Zeit überschauen kann; er bezeichnet sich damit selbst für andere, so daß sie wissen, woran sie mit ihm sind.“ (S. 216)

Durch seinen bezeichnenden Zeichengebrauch wird das Zeichen gebrauchende Zeichen, das Individuum, damit ein Zeichen seiner selbst – für einen Andern. Mag diese Identität für den Andern schon irritierend und beunruhigend genug sein, auch sie *ist* nicht einfach die Identität des Individuums. Denn der Beobachtung meiner selbst durch den Andern geht ja meine Einstellung auf ihn voraus, meine Identität für den Andern ist eine Identität, deren Bedingungen ich selbst vorgegeben habe, die Zeichen, deren Bezeichnendes er beobachtet hat, waren nur für ihn bestimmt. Auch wenn er mich besser beobachten konnte als ich selbst, kann sich darum rasch herausstellen, daß er »sich in mir täuscht«. Die Identität meiner selbst für den Andern ist ebenfalls nicht meine Identität »an sich«, und deshalb kann es wiederum für ihn bezeichnend sein, welches Bild er sich von mir macht. Die Identitätsbildung, die die Differenz

Zeichen – Bezeichnendes ermöglicht, bleibt immer noch im Fluß, und sie läßt sich auch durch allgemeine Begriffe nicht festlegen. Denn auch hier gilt, daß alles Allgemeine im inter-individuellen Verhältnis auch ein Individuelles und als solches für den, der es vorbringt, bezeichnend ist.[20] Schon der Umstand allein, daß jemand sich in einer bestimmten Kommunikationssituation »allgemein äußert«, kann für ihn bezeichnend sein, und noch mehr sind es die Begriffe, die er dabei wählt, und die Urteile, die er mit ihnen fällt.

Luhmann spricht von „doppelter Kontingenz" in der inter-individuellen Kommunikation.[21] Die Identitätsbildung hängt stets davon ab, daß jeder versteht, wie der Andere ihn versteht, aber beides läuft über die Differenz Zeichen – Bezeichnendes, in der für jeden von beiden andere Anhaltspunkte von Bedeutung sind. Auf beiden Seiten bleiben unaufhebbar andere Beobachtungs- und Entscheidungsspielräume. Sie können nicht zu gemeinsamen werden. Versuchte man, sie in Übereinstimmung zu bringen, indem man sie einander mitteilte, käme dabei unweigerlich die Differenz Zeichen – Bezeichnendes erneut ins Spiel. Geht man vom inter-individuellen Verhältnis statt vom Verhältnis Individuum – Ding aus, tritt so die doppelte Kontingenz an die Stelle der ontologischen Verdoppelung, die offene Unsicherheit an die Stelle einer scheinbaren Sicherheit. Auch ein neuerlicher Rückgang auf das Ich als einem unmittelbarem Selbstverhältnis würde die Unsicherheit nicht aufheben. Denn auch in einem Spiegel sieht man nicht »sich«, sondern sich nur so, wie man in einen Spiegel hineinsieht.

Die doppelt kontingente Identität für den Andern ist so die letzte, zu der wir zurückkommen. Soweit diese Identität als schwierig empfunden wird, wird es vielleicht als noch schwieriger empfunden, daß sie in jedem inter-individuellen Verhältnis wieder eine andere sein, sich also in vielfache und vielfältige Identitäten für Andere auffächern kann. Aber hier, wo die Identität zu zerfallen droht, hat sie gerade eine neue Möglichkeit. Denn man kann nicht nur einerseits „Lust" daran haben, in verschiedenen inter-individuellen Verhältnissen verschiedene Identitäten zu erfahren, man kann andererseits dann auch wieder diese Identitäten gegeneinanderhalten und dadurch zu einer eigenen Identität kommen. Sie bleibt eine Identität aus Identitäten für Andere und darum immer im Fluß, aber sie kann mir doch hinreichend Sicherheit im Umgang mit weiteren Anderen geben. Eben weil ich in verschiedenen inter-individuellen Verhältnissen verschiedene Identitäten erfahre, kann ich in meiner Orientierung die eine wiederum zum Anhaltspunkt der andern machen, so jede durch die andere zur Disposition stellen und gegen alle verwahren. Man verwahrt sich gegen sie dadurch, daß man auch die eigenen Beobachtungs- und Entscheidungsspielräume nutzt und also auch von seiner Seite die Beobachtung der Anderen

[20] Vgl. *Simon, Philosophie des Zeichens*, S. 215: „Es ist bezeichnend für einen Menschen, welche Gesichtspunkte für die Bestimmung des Menschen, also für sein Selbstverständnis als Mensch er für »wesentlich« hält."

[21] *Luhmann, Soziale Systeme*, Kap. 3 (*Doppelte Kontingenz*), S. 148-190.

wachhält und sein Urteil über sie bewahrt. Man versucht, schreibt Simon, „sich möglichst so zu verhalten, daß man mit bestimmten anderen Personen im Urteil übereinzustimmen scheint *und* sich sein Urteil über sie bewahren kann." Man sucht ein „Gleichgewicht" im Wechselspiel der Beurteilungen. Das aber ist der Weg, „»sich« als Identität [zu] disziplinieren" (S. 181 f.).

Die Zeichenphilosophie macht denkbar, daß es hier nicht um die Identität als solche und deshalb um eine möglichst »feste« Identität geht. Man ist stattdessen frei, die Disziplinierung der eigenen Identität mehr oder weniger weit zu treiben. Dem einen kann mehr, dem andern weniger daran liegen; es ist wiederum bezeichnend für jemand, wieviel ihm daran liegt. Die Disziplinierung bedeutet hier letzten Endes, das Bezeichnende seiner Zeichen »in den Griff bekommen« zu wollen. Man beobachtet, wie der eigene Zeichengebrauch »bei Anderen ankommt«, und arbeitet daraufhin, bei ihnen ein bestimmtes Bild »abzugeben«, ein Bild, in dem das Bezeichnende der Zeichen die Zeichen nicht mehr bloßstellen soll. Indem man einübt, »sich« auf bestimmte Weise »zu geben«, soll ein kontrollierter Zusammenhang zwischen Zeichen und Bezeichnendem entstehen. Die Beherrschung des Bezeichnenden seines Zeichengebrauchs ist Selbstbeherrschung in zeichenphilosophischer Sicht, als solche aber stets Beherrschung gegenüber Anderen. „Die Identität der Person im Laufe der Zeit", so Simon, „ist zugleich eine gegenüber *anderen* Personen gelingende Identität." (S. 68)

Die Disziplinierung des Bezeichnenden seiner Zeichen muß Spielräume offenhalten, wenn sie nicht unkommunikativ wirken soll. Es wäre unkommunikativ, in immer anderen inter-individuellen Verhältnissen auf *einer* Identität zu bestehen; Überkontrolliertheit wird ebenso gemieden wie Unkontrolliertheit. Ideal in zeichenphilosophischer Sicht ist darum nicht die Identität, sondern die Souveränität in der Kommunikation. Souverän in der Kommunikation ist, wer auf alle Anderen so »eingehen« kann, daß sie sich von ihm »verstanden fühlen« und ihn dafür schätzen. In dieser Weise souverän können nur Menschen sein, die so »reiche Persönlichkeiten« sind, so viele Identitäten in sich vereinigen, daß andere Identitäten für sie gar keine anderen Identitäten sind. Dies kann Takt, Humor, Güte, Weisheit einschließen. Wir schätzen sie so hoch, weil sie die Kommunikation erleichtern, weil die, die über sie verfügen, Andere leichter als Andere gelten lassen können. Die Andern erwidern das dankbar und lassen auch sie dann gerne gelten, »wie sie sind«. Sie werden zu herausragenden Anhaltspunkten der Orientierung; man wird viel eher andere Anhaltspunkte an ihnen, als sie an anderen zur Disposition stellen.

Eine solche Souveränität kann mehr oder weniger erarbeitet, sie kann aber auch »natürlich« sein. Die letztere ist zeichenphilosophisch die interessanteste. Denn bei Menschen, die sich durch sie auszeichnen, kann es dazu kommen, daß ihr Bild bei Anderen sie »gar nicht kümmert«: sie können so »reibungslos«, so ohne Anstoß und Irritation mit anderen kommunizieren, daß sie ein Vertrauen erwecken, das die Andern auf ihre kontrollierende Beobachtung verzichten läßt. So braucht man sich auch um sie »nicht zu kümmern«. Zeichen und Bezeichnendes stimmen bei ihnen so »zwanglos« überein, daß sie die doppelte Kontingenz im Verhältnis mit ihnen nicht mehr »spüren lassen«. Mit souveränen Individuen wird die Kommunikation *absolut leicht*. Man glaubt sie unmittelbar zu verstehen. Und Zeichen *unmittelbar* zu verstehen, hieß nach Simon, daß man vergißt, daß es Zeichen sind, die man versteht.

Das aber galt auch für die Dinge. Von Dingen zu sprechen, sollte nach Simon ebenfalls die Kommunikation erleichtern und dies ebenfalls deshalb, weil man dabei vergißt, daß es sich um Zeichen handelt. So kommen wir zu einem merkwürdigen und beunruhigenden Schluß: Die Zeichenphilosophie läßt kein Außerhalb der Zeichen mehr zu. Doch *im* Zeichengeschehen können sich die Zeichen selbst vergessen machen. Darin aber fallen dann die Gegensätze zusammen, Individuen, die souverän zu kommunizieren imstande sind, und Dinge, die nicht zu kommunizieren imstande sind.

4. Dinge und Individuen

Spitzen wir es noch weiter zu: Die Zeichenphilosophie geht von einer ontologischen zu einer strikt pragmatischen Betrachtungsweise über. An die Stelle der ontologischen Differenz bleibend – wechselnd (Substanz – Akzidentien) und der epistemologischen Differenz transzendental – empirisch (Subjekt – Objekt) tritt die pragmatische Differenz leichter – schwerer (im inter-individuellen Umgang). Unter dem Gesichtspunkt der Erleichterung der Kommunikation aber lassen sich Dinge und Individuen nicht mehr prinzipiell unterscheiden, und das scheint zu bedeuten, daß für die Zeichenphilosophie Individuen und Dinge austauschbar werden. Eine abenteuerliche Konsequenz, die all unseren herkömmlichen Plausibilitäten widerspricht, nicht nur den theoretischen, sondern auch und vor allem den ethischen. So würde die Zeichenphilosophie, der die ontologische Betrachtungsweise bedenklich wurde, nun ihrerseits ethisch bedenklich.

Abenteuerliche Gedanken müssen nicht schon abwegig sein. Zumindest können sie dazu herausfordern, das gewohnte Denken zu überprüfen. Und manchmal erscheint, wenn erst neue Plausibilitäten entstanden sind, dieses als das abenteuerliche.

In pragmatischer Betrachtungsweise sind Probleme gelöst, wenn ihre Fraglichkeiten, so Simon, „zur Ruhe kommen". Man hat dann in theoretischer Hinsicht das „Gefühl der »Übereinstimmung«" und in praktischer Hinsicht die „Bereitschaft, sich *handelnd* auf eine *gegebene* Version der Sache zu verlassen" (S. 130). Nach dem Gang unserer Überlegungen ist das unablässig Beunruhigende unter den Individuen die doppelte Kontingenz ihrer Kommunikation. So wäre sie es, die zur Ruhe kommt, wenn der Fluß des Zeichengeschehens Halt auf Zeit findet. Darin aber scheinen dann Dinge und souveräne Individuen einander vertreten zu können. Wir fragen zunächst, was dies nun für die Dinge und also für die Ontologie, dann, was es für die Individuen und die Ethik bedeutet.

In herkömmlicher Sicht, sagten wir, sieht man in den Dingen das, was an sich so ist, wie es ist, und worin darum alle übereinstimmen müssen. Die Philosophie hat sich entsprechend bemüht, die Gründe dieser Übereinstimmung aufzufinden, ist damit jedoch bis in die analytische Referenz-Diskussion der Gegenwart hinein in unauflösliche Schwierigkeiten geraten. In zeichenphilosophischer Sicht dagegen erleichtert der Bezug auf Dinge die Kommunikation dadurch, daß man gerade nicht darin übereinstimmen muß, was sie sind. Man kann sich gemeinsam auf sie beziehen, ohne gemeinsamer Meinung über sie sein zu müssen. *Fragte* der eine, was der Andere über sie denkt, könnte er leicht eine ihn irritierende Antwort erhalten, und je mehr er fragt, desto irritierender könnte die Antwort ausfallen. Die doppelte Kontingenz im inter-individuellen Verhältnis tritt hervor, sobald nachgefragt wird. Sie ist »ruhiggestellt«, wenn *nicht* gefragt, sondern in einer vertrauten Weise mit den Dingen umgegangen wird. Dieser vertraute Umgang kann seinerseits früher einmal fraglich gewesen sein, aber inzwischen hat man sich »mit ihm beruhigt«. Das heißt nicht, wie wir sogleich wieder zu unterstellen geneigt sind, daß wir übereinstimmender Meinung über ihn seien, sondern nur, daß wir ihn vorerst nicht antasten wollen. Es könnten sich Anlässe ergeben, wo wir es tun, aber wir werden es nicht ohne weiteres tun. Wir wollen nicht ohne Not irritieren.

So schwierig es für uns ist, Anderen eine andere Sicht auf uns selbst zuzugestehen, so leicht fällt uns das bei Dingen, und dies könnte, angesichts unablässiger inter-individueller Irritationen, unser tiefes Bedürfnis nach Dingen erklären. Dinge sind darin mit Texten vergleichbar. Es ist uns längst vertraut, daß man ein- und denselben Text lesen kann, ohne ihn darum schon auf ein- und dieselbe Weise lesen zu müssen, und Derrida hat herausgestellt, daß man darin keine Not sehen muß, sondern eine Tugend finden kann: Texte geben Spielraum zum Andersverstehen, solange man sich nur auf denselben Text bezieht. Bei schwierigen Verhandlungen verfaßt man Texte eigens zu dem Zweck, daß jeder sich später auf ihn beziehen und ihn doch anders lesen kann. Das kann neuen Streit bedeuten, aber vorerst hat man Zeit gewonnen, um verträglich miteinander umzugehen. Simon sagt von der Schrift im Anschluß an Derrida, sie eröffne „mit ihren eigenen Möglichkeiten eigene Wirklichkeiten oder Glaubens- und damit Handlungsdimensionen" (S. 15). Die Dinge leisten dies schon *vor* der Schrift.

Auch die herkömmlichen Deutungen der Dinglichkeit der Dinge lassen sich aus dem Bedürfnis verstehen, die doppelte Kontingenz der Kommunikation in Dingen zur Ruhe kommen zu lassen. Wenn die Substanz-Philosophie den Bestand der Dinge herausstellte, um an ihm dem Denken einen unbedingten Halt zu geben, so hypostasiert sie aus zeichenphilosophischer Sicht das Zur-Ruhe-

Kommen *im* Zeichengeschehen zu einer absoluten Ruhe *außer* ihm. Sie macht aus einem Halt auf Zeit einen Halt außer der Zeit. Das Bedürfnis bleibt plausibel, auch wenn die Hypostasierung unplausibel geworden ist. In zeichenphilosophischer Sicht braucht die Dinglichkeit der Dinge nicht mehr in einem zeitlosen Bestand festgemacht zu werden. Es reicht aus, sie an das Bedürfnis zu knüpfen, in der immer schwierigen Kommunikation wenigstens einiges »auf sich beruhen lassen« zu können.

Die Subjekt-Philosophie, die den unbedingten Halt, den die Substanz-Philosophie an den Dingen hatte finden wollen, in einen bloßen Schein zurücknahm, hatte dann das Problem, wie sie die *Übereinstimmung* in diesem Schein erklären sollte. Sie als Übereinstimmung von Subjekten in Objekten aufgrund gemeinsamer Kategorien des Verstandes zu erklären, konnte aber, wie Hegel in seiner *Wissenschaft der Logik* zeigte, auch nur ein Schein sein. Denn die gemeinsamen Kategorien des Verstandes waren ja ihrerseits nur dazu *gedacht*, jene Übereinstimmung möglich zu machen. Aus zeichenphilosophischer Sicht machte die Subjekt-Philosophie aus einer Lebensnotwendigkeit im Zeichengebrauch, dem Zur-Ruhe-Kommen der doppelten Kontingenz, eine logische Notwendigkeit des Zeichengebrauchs. War der Gesichtspunkt der Hypostasierung in der Substanz-Philosophie die Zeit, so war der Gesichtspunkt der Logisierung in der Subjekt-Philosophie die Individualität. Die Lebensnotwendigkeit ist eine individuelle, die logische eine überindividuelle Notwendigkeit. Aber auch die Rede von logisch notwendigen Objekten behält ihre Funktion in der Kommunikation, solange man von der Scheinbarkeit ihres Scheins weiß. Der Schein logisch notwendiger Objekte ist dann ein *gewollter* Schein überindividueller Zeichen im unvermeidlich individuellen Zeichengebrauch. Objekte, auch wenn sie ein logischer Schein sind, schaffen die Beruhigung, in der Kommunikation »in etwas übereinstimmen« zu dürfen.

Indem sie Individuen mit Subjekten und Dinge mit Objekten identifizierte, vermochte die Subjekt-Philosophie Individuen und Dinge am schärfsten zu trennen. Aber damit würdigte sie auch alles, was nicht Subjekt zu sein vermochte, zu »bloßen Dingen« herab. Wenn Heidegger den Dingen ihre eigene Würde zurückzugewinnen versuchte, indem er sie als das verstand, was von sich aus eine Welt um sich versammelt und auf sich zuordnet, so spricht dafür in zeichenphilosophischer Sicht, daß, worauf wir im vorigen Abschnitt zuletzt gestoßen sind, auch Dinglichkeit ein Zeichen von Souveränität sein kann. Denn auch Dingen ist es gleichgültig, ob und wie sie beobachtet werden, sie scheinen ganz »in sich zu ruhen«, und darum kann man sich ebenfalls »an sie halten« und sich ihnen anvertrauen. Dennoch »lassen« es auch Dinge sich auf Dauer »nicht gefallen«, daß man es sich »mit ihnen zu einfach macht«, sie »funktionieren« nicht immer so, wie man will, sondern leisten Widerstand gegen ihre Festlegungen.

Heidegger rückte die Dinge jedoch nicht in die Nähe von Individuen, weil er vom inter-individuellen Verhältnis ausgegangen wäre. Sein Philosophieren ist im Gegenteil berüchtigt dafür, daß es wenig Sinn für den Anderen hatte. Heidegger schienen die Dinge gerade zu faszinieren, weil er damit von den immer irritierenden Individuen loskommen konnte, und die ethische Gefahr, die damit verbunden ist, wurde nirgendwo deutlicher als bei Heidegger selbst.

Die Gefahr wird nicht schon dadurch behoben, daß man eine prinzipielle Grenze zwischen Individuen und Dingen postuliert. Sie besteht auch aus zeichenphilosophischer Sicht nicht. Die erschreckende, im 20. Jahrhundert überdeutlich gewordene Folge ist die allgegenwärtige Möglichkeit der Verdinglichung von Individuen, ihrer Nutzung für die Ökonomie, ihrer Unterwerfung unter das Recht, ihrer Einordnung in die Verwaltung, ihrer Opferung für Politik und Krieg, im grausamsten Extrem ihrer industriellen Tötung im Interesse einer Ideologie. Zu den bittersten Erfahrungen des 20. Jahrhunderts gehört, daß die Ethik, die auf allgemeine Normen gebaut und sie in letzten Prinzipien zu verankern gesucht hatte, nichts dagegen hatte ausrichten können, ja, daß der Verdacht nicht abzuweisen war, sie habe durch die unvermeidliche Dialektik ihrer Begriffe selbst dazu beigetragen. Denn alles Allgemeine, das aufgerichtet wird, um die Individuen in Schranken zu halten, entlastet sie zugleich von ihrer Verantwortung; sie geben sie an das Allgemeine ab, indem sie sich durch es rechtfertigen. Wie Hannah Arendt schaudernd feststellen mußte, glaubte Adolf Eichmann, immer nur seine Pflicht getan zu haben.

Der Gefahr der Verdinglichung von Individuen ist darum offenbar nur so zu begegnen, daß man das inter-individuelle Verhältnis als Horizont des Bezugs auf Dinge festhält. Wenn es unvermeidlich ist, sich in den unablässigen Irritationen unter Individuen auf Dinge zu beziehen, über die sie ohne Anstoß anderer Meinung sein können, so ist es doch zugleich unerläßlich, sich diesen Sinn des Bezugs auf Dinge stets bewußtzuhalten. In der Tat scheinen wir, auch wenn wir philosophisch anders denken mögen, alltäglich so zu leben. Wir nehmen den Bezug auf Dinge bei Andern nicht immer selbstverständlich hin, sondern betrachten auch ihn als für sie bezeichnend: „Welche Spielräume wir tolerieren“, schreibt Simon, „d.h. wo *für uns* der »Wortstreit«, das Meinen aufhört und um unseres Handelns und vermeintlicher Bedürfnisse willen die Ontologie beginnt, ist *für uns* bezeichnend. Keine Bezeichnung zielt nur aufs Objekt. Jede ist in ihrer Zeit auch für den bezeichnend, der sie vornimmt.“ (S. 214) Insofern lassen wir Ontologien immer nur als „relative Ontologien“ gelten, sie bleiben nach wie vor den inter-individuellen Irritationen ausgesetzt: „ein »ich« kann sich als »Mittelpunkt« seiner »Ontologie« nur in einem andern »ich« erleben, in einem »du«, das diese »Ontologie« *nicht in allem* in Frage stellt, sondern nur in einigem, so daß es sich wohl von ihm unterscheidet, aber doch wenigstens in dieser Unterscheidung und dem sich daran Anknüpfenden mit ihm einig weiß.“ (S. 216 f.)

So gesehen, ist die Zeichenphilosophie mit ihrem Ansatz beim inter-individuellen Verhältnis immer auch schon eine Ethik: Denn sie versteht nicht die Individuen von den Dingen her als »ruhigzustellende«, sondern die Dinge von den Individuen her, für die sie stets wieder irritierend und bedeutsam werden können. Als Ethik sieht sie die Unausweichlichkeit von Verdinglichungen in der Kommunikation, macht aber stets zugleich deren Ungerechtigkeit sichtbar. Ontologien sind lebensnotwendig, aber um so mehr eine Ethik, die die Ontologien den Lebensnotwendigkeiten nicht entgleiten läßt.[22] Eine solche Ethik wäre zugleich eine „Ethik der Philosophie“: „Die Philosophie des Zeichens“, so Simon, „enthält durchaus eine Ethik, aber einschließlich einer Ethik der Philosophie.“ (S. 135) Sie ist eine Ethik der Verantwortung der Individuen, die sich durch nichts a priori begrenzen läßt, einer unbegrenzten individuellen Verantwortung. Sie läßt die Dinge immer nur Dinge für Individuen sein, stellt darum jedes Ding für jedes Individuum zur Disposition und bindet Individuen nur durch Individuen. Sie ist eine Ethik vom Anderen her.[23]

[22] Vgl. dazu Emmanuel *Levinas, L'ontologie est-elle fondamentale?* in: Revue de Métaphysique et de Morale 56 (1951) S. 88-98, dtsch: *Ist die Ontologie fundamental?*, in: ders., Die Spur des Anderen, 103-118, und ders., *Totalité et Infini*. Essai sur l'extériorité, 4. éd. The Hague / Houston / Lancaster 1984, S. 3-23, dtsch.: *Totalität und Unendlichkeit*. Versuch über die Exteriorität, übers. v. W.N. Krewani, Freiburg / München 1987, S. 35-66.

[23] Zu den Rahmenbedingungen einer solchen Ethik vom Andern her vgl. vom Verf., *Ethik vom Andern her*. Berührungen zwischen Levinas und Derrida, in: Th. Freyer (Hrsg.), Emmanuel Levinas – zwischen Moderne und Postmoderne?, Wien 1994.

Brigitte Scheer

Zum Verhältnis von Zeichen und Erfahrung

Anmerkungen zu Josef Simons Konzeption einer »Philosophie des Zeichens«

In jeder Epoche abendländischen Philosophierens wurden bislang metaphysische Theorien vorgetragen, und jederzeit gab es zugleich eine Kritik der Metaphysik, die ihrerseits spätestens der nächsten Generation von Denkern als manifeste Metaphysik erschien. Vor allem nach dem „linguistic turn“ in der Philosophie hat man für die Übergriffe des Denkens in die Transzendenz beziehungsweise für die Ontologisierung von Bedeutungen die unaufgeklärten Funktionen der natürlichen Sprache verantwortlich gemacht und durch Sprachkritik und künstliche Sprachen versucht, solchen Übergriffen zu steuern. Daß auch die Sprachphilosophie aus den zunehmend deutlicher werdenden Aporien der Metaphysik keinen Ausweg gefunden hat, liegt Josef Simon zufolge daran, daß auch sie die „Grundaporie der Metaphysik“ aufweist: „Nach Regeln verknüpfte Zeichen sollen in dieser internen Verknüpfung zugleich auf externe, »objektive« Verhältnisse verweisen. Die »Form der Abbildung« soll systemimmanent geregelt sein und gerade *darin* »äußeren« Verhältnissen »entsprechen«“ (S. 7).[1] – Josef Simon möchte mit seinem Projekt einer „Philosophie des Zeichens“ die durch die natürliche Sprache gestützte metaphysische Befangenheit des Philosophierens wenn nicht überwinden, so zumindest vermeiden und unterlaufen. Das bedeutet, daß Zeichen nicht länger im Dienst einer Korrespondenztheorie der Wahrheit als „Zeichen von etwas“, das selbst nicht Zeichen ist, zu fungieren haben, sondern als „Zeichen der Zeit“ aufgefaßt werden, das heißt als perspektivisch verfaßter Ausdruck einer Welterschließung, und so gilt es, die Zeichen selbst – nicht das, was sie vermeintlich vertreten –, zu verstehen. Falls das nicht gelingt, ist nach ihrer Bedeutung zu fragen, die dann durch zusätzliche Zeichen geklärt werden kann. Zeichen bilden also die mehr oder weniger verstehbare Physiognomie der Wirklichkeit. Das Wirkliche ist das zu einer bestimmten Zeit auf gewisse Weise Interpretierte und somit eine Zeichenwirklichkeit. Die Zeichenwirklichkeit hat ihre quasi transzendentalen Bedingungen in den jeweiligen Werthaltungen, Affekten und Interessenlagen einer Zeit. Es sind dies die Instanzen, die Nietzsche an die Stelle reiner Kategorien der Erkenntnis gesetzt hatte.

[1] Im folgenden beziehen sich alle bloßen Seitenangaben im fortlaufenden Text auf Josef *Simon*, *Philosophie des Zeichens*, Berlin / New York 1989.

Das fraglose oder „unmittelbare" Verstehen von „Zeichen der Zeit" hat in Simons Philosophie des Zeichens den systematischen Stellenwert von Heideggers Konzept des „In-der-Welt-Seins": Zeichen verstehend ist der Mensch immer schon in das Wirkliche involviert. Theoretische Bezugnahmen auf das Wirkliche – etwa durch Ausbildung besonderer Zeichensysteme – sind dagegen abkünftig oder sekundär. Die Philosophie des Zeichens ist ihrerseits die Aufhebung des Gegensatzes von Theorie und Praxis.

Nach den wirkungsmächtigen Paradigmen der Neuzeit in Gestalt der Bewußtseinsphilosophie und der Philosophie der Sprache möchte Simon die traditionellen Gedanken über das Erkennen als der Konstitution oder Repräsentation von Welt durch den Gedanken der Interpretation und der Fortentwicklung von Zeichen ersetzen. Die Rede von einer Wirklichkeit *vor* ihrer Erschließung durch Interpretation, wie sie vom metaphysischen Realismus geführt wird, ist sinnlos geworden, da auf eine nicht vorgestellte, also noch uninterpretierte Wirklichkeit an sich, auslegend gar nicht Bezug genommen werden könne. Eine solche Beziehung sei nur möglich auf Vorstellungen, die interpretierend weiterentwickelt werden, wenn sie nicht als Zeichen „unmittelbar" verstanden werden. Die mit dem Ausdruck „Zeichen" üblicherweise verknüpfte Erwartung, daß das Zeichen einen Hinweis auf etwas gibt, das selbst nicht Zeichen ist, wird in der Philosophie des Zeichens abgewehrt, denn alles auf gewisse Weise zu Verstehende ist hier Zeichen. Wenn aber das, worauf etwas vermeintlich verweist, selbst gar nicht als Zeichen aufgefaßt werden soll, so gibt es an ihm nichts zu verstehen, auch nicht ein auf es bezügliches Zeichen. Es gibt im Verstehens- und Lebensprozeß also immer nur den Übergang von bestimmten Zeichen zu anderen Zeichen. Die „reine Gegebenheit" ist eine fiktive Vorstellung.

Soll von Wirklichkeit sinnvoll nur als Zeichenwirklichkeit zu sprechen sein, so kann das zu Interpretierende nur als Zeichen (als schon verstandenes oder fragliches) thematisiert werden, nicht aber als Wirkendes erschlossen werden. Mit der Intention, das Wirkende zu erfassen (die Ursache unserer Empfindungen, nicht deren Grund), würde man zwar nicht aus dem Zeichenverstehen herausfallen, könnte aber *im* Zeichen auch ein Noch-nicht-Zeichenhaftes der Wirklichkeit anmelden (im Sinne eines internen Realismus). In Kants Begriff der „Affektion" ist ein solches konzipiert und trägt der Intuition Rechnung, daß wir in Geschehnisse der Welt eingebunden sind, die wir zum größten Teil nicht verstehen, die aber unsere Interpretation von Welt oder unsere Perspektive bestimmen (etwa unsere Stelle im Evolutionsgeschehen). Der Ausdruck „Evolution" wäre dann ein weitgehend unverstandenes Zeichen, von dessen Vorstellungsinhalt wir aber gleichwohl unsere Abhängigkeit unterstellen. So scheint es zwingend, die Wirklichkeit als mehr und anderes anzusehen als in unserer Zeichenwirklichkeit von ihr zu verstehen ist.

Es fragt sich, ob die kritische Aufhebung der ontologischen Erkenntniskonzeption die ursprüngliche Intention auf ein An-sich-Sein der Erkenntnisgegenstände unterbinden kann, oder ob es nicht zur Logik des Erkennens gehört, sich nicht auf ein Erschließen des Für-uns-Seins zu beschränken, sondern auf das An-sich-Sein der Dinge abzuzielen. So wenig die Werte ihren Aufforderungscharakter verlieren müssen, sobald wir annehmen, daß sie nicht ansichseiende Entitäten sind, sondern aus der Erfahrung extrapolierte Erhaltungs- und Steigerungsdirektiven einer historisch bedingten menschlichen Gesellschaft, so wenig muß die Überwindung eines metaphysischen Realismus in der Erkenntnis bedeuten, daß nun keine Intention auf das Erfassen der Dinge mehr ausgeht. Selbst der Gedanke einer „adäquaten" Erfassung der Dinge kann in modifizierter Form gültig bleiben: Es kann nun dabei nicht länger um eine genaue Abbildungsleistung des Erkennens gehen, wohl aber um den Einsatz der gesamten jeweils möglichen Erkenntnisfunktionen, nicht nur einer Teilfunktion, um die Auslegung des Wirklichen auf eine breite Basis zu stellen. Die adäquate Erkenntnis wäre dann die vom jeweiligen Standpunkt aus mögliche, also gerade bedingte Erkenntnis unter Ausschöpfung der gegebenen Möglichkeiten. Es wäre die dem endlichen konkreten Menschen (nicht nur der „Subjektivität") angemessene und daher adäquate Erkenntnis.

Die Stelle einer adäquaten Erkenntnis nimmt in der Philosophie des Zeichens das Verstehen ein. Es ist die Einlösung der Bedeutung eines Zeichens durch ein Individuum, das dieses Zeichen zu einer bestimmten Zeit in einem Kontext von Zeichen auslegt und das durch sein Verständnis Orientierung für sein Handeln oder sein Abstandnehmen vom Handeln gewinnt. Das Verstehen ist damit praktisches Wissen diesseits der Alternative von Theorie und Praxis. Ein solches Verstehen des Zeichens kann unmittelbar, ohne weitere Interpretation, erfolgen. Es kann aber auch die Bedeutung des Zeichens fraglich sein, so daß zu anderen Zeichen übergegangen werden muß, um eine Verdeutlichung der Bedeutung herbeizuführen. So ist alles Verstehen und Erkennen eine Fortbewegung in den Zeichen, und es fragt sich, wie die Zeichen oder die Variation der Zeichen wirklichkeitshaltig werden.

Diese Frage muß für die Philosophie des Zeichens einen Rückfall in metaphysisches Denken bedeuten, denn die Frage scheint zu unterstellen, daß es sinnvoll ist, von einer Wirklichkeit jenseits unseres Verstehens zu sprechen, um dann nachträglich für den Bezug von Zeichen auf die Wirklichkeit zu sorgen. Der Begriff „Wirklichkeitsbezug" hat daher in der Philosophie des Zeichens gegenüber der metaphysischen Tradition eine neue Bedeutung erhalten: Er meint das Zu-Ende-gekommen-Sein der Interpretation eines Zeichens und damit die Antwort auf die Frage, als was etwas zu verstehen sei (S. 60 f.). Mit dem „Wirklichkeitsbezug" bewegen wir uns also nicht über die Kette der Verstehens- und Interpretationsvorgänge hinaus, sondern machen ihn wie alle anderen Vorstellungen auch zum Inhalt unseres Verstehens. Die Vereinnahmung der Wirklichkeit überhaupt für das Verstehen scheint paradoxerweise gerade zu einer *Ent*wirklichung zu führen – unter anderem dadurch, daß zugestanden werden muß, daß dieser Verstehensprozeß prinzipiell unabschließbar ist. Der Hauptgrund für diesen Entwirklichungscharakter der Philosophie des Zeichens liegt meiner Ansicht nach jedoch in der Unterbewertung des Moments der *Erfahrung* in den Zeichenbildungs- und Interpretationsprozessen. Diese These möchte ich im folgenden durch eine Erörterung des Verhältnisses von Zeichen und Erfahrung verdeutlichen, wobei ich versuchen werde, den Ausdruck „Zeichen" im Sinne der Philosophie des Zeichens als interpretierte Wirklichkeit zu fassen. Eine Präzisierung verlangt vor allem das Konzept der Erfahrung. Es gehört Gadamer zufolge „zu den unaufgeklärtesten Begriffen ..., die wir besitzen."[2] Von Erfahrung soll hier im allgemeinen als hermeneutischer Erfahrung, dem Motor der Variation von Zeichen, gehandelt werden. Im besonderen aber wird die ästhetische Erfahrung als ausgezeichnetes Paradigma für Erfahrung, als Schule der Erfahrung überhaupt, herangezogen.

Die Philosophie des Zeichens versichert, daß Zeichen das sei, „was für die Erfahrung" der „Wirklichkeit von Belang ist" (S. 4). In dieser Konstellation von Zeichen, Erfahrung und Wirklichkeit bleibt jedoch Erfahrung eine wenig ausgeführte und daher blasse Komponente. Erfahrung wird nur von ihrem Resultat her gefaßt, das heißt als Variation der Zeichen. Der Innovationsschub, den die hermeneutische, insbesondere aber die ästhetische Erfahrung für die Interpretation von Welt auslöst, wird nicht als Prozeß rekonstruiert. Dabei liegt hier, in der Offenheit für Erfahrung, der Grund für eine mögliche Revision oder Weiterentwicklung der Zeichen, also dessen, was in der Erfahrung „von Belang" ist. Daß Zeichen nicht mehr „unmittelbar" verstanden werden, muß an ihrer Differenz zu neuen Erfahrungswerten liegen, die freilich in Zeichen thematisiert werden, und auf die hin die ursprünglichen Zeichen in ihrer Bedeutung modifiziert werden müssen. Das Zeichen ist aber gegenüber (noch) nichtzeichenhafter Wirklichkeit in solchem Maße immunisiert, daß die Dynamik der Zeichenentwicklung oder die Änderung der Zeichen nur schwer zu erläutern ist. Die Philosophie des Zeichens klammert diese zu erklärende Dynamik weitgehend aus und spricht einfach vom „Übergehen" von einem Zeichen zum anderen als dem schließlichen Befund. Dieses Aussparen einer ausführlichen Herleitung des Zeichenwandels entspricht den lakonischen Auskünften Wittgensteins über den Anlaß und die Durchsetzung einer Änderung der Sprachspiele. So äußert der späte Wittgenstein: „Wenn sich die Sprachspiele ändern, ändern sich die Begriffe, und mit den Begriffen die Bedeutungen der Wörter."[3] Wie es aber denkbar ist, daß etwa ein Regelverstoß in einem Sprachspiel schließlich zur akzeptierten Norm werden kann und sich das Sprachspiel dadurch oder auch durch andere Faktoren verändert, wird nicht hinreichend erklärt. Auch hier müßte es darum gehen, die Durchlässigkeit des Sprachspiels für neue Erfahrungen aufzuzeigen und die Erfahrung als Auslöser für eine Sprachspieländerung geltend zu machen.

[2] Hans-Georg *Gadamer*, *Wahrheit und Methode*, Ges. Werke Bd. 1, Tübingen [6]1990, S. 352.

[3] Ludwig *Wittgenstein*, *Über Gewißheit*, hrsg. v. G.E.M. Anscombe u. G.H. von Wright, Frankfurt am Main 1984, § 65.

Die Philosophie des Zeichens hat ähnliche Erklärungsnöte für die Veränderung unseres Zeichenverständnisses wie Wittgenstein sie für einen Wechsel der Sprachspiele hat. Wenig überzeugend ist eine rein psychologische Erklärung, wonach die Lust an der „Konsistenz im Verstehen" nach einer gewissen Zeit unweigerlich in Unlust umschlage, ohne daß es einen äußeren Anlaß gebe (S. 151).

Warum die Änderung der Zeichen nur als *Resultat* von Erfahrung, nicht aber als Erfahrungs*prozeß* thematisiert wird, zeigt sich in der Philosophie des Zeichens nirgends deutlicher als bei der Erörterung der Empfindung und der Wahrnehmung, den eigentlichen Schnittstellen von (noch) nicht zeichengebundener Wirklichkeit und ihrer Interpretation (S. 76 ff.). Die Empfindung muß, so wird mit Recht erinnert, wenn sie bewußt werden soll, schon interpretierte Empfindung sein und damit Zeichen (wie etwa Schmerz). Auch beim Empfinden und Wahrnehmen, sofern dort etwas thematisch wird, haben wir es mit Zeichen zu tun. Der Aspekt, unter dem Wirklichkeit hier allein behandelt wird, ist der kontextuelle ihrer Vergegenwärtigung in Zeichen. Das Wirkliche ist bereits *als* etwas gefaßt. Die Empfänglichkeit für das Wirkliche ist so immer schon in Selbsttätigkeit der ausdrücklichen Thematisierung umgeschlagen. Darin wird der ernstzunehmenden Intuition nicht Rechnung getragen, daß das Wirkliche in hohem Maß das Nicht-Verfügbare ist. Dieser Intuition entspricht nicht selten eine Erfahrung des Überwältigtwerdens, des Schocks, der Sprachlosigkeit[4] – also eigentlich der anfänglichen Unfähigkeit zu Deutung oder Interpretation der ästhetischen Erfahrung. In der ästhetischen Erfahrung, die sich dem sinnlich Gegebenen überläßt, ohne auf dessen Erledigung im subsumtiven Begriff zu drängen, werden diese Charaktere des Undeutbaren gleichwohl erfahrbar. Sie sind „unmittelbare" Wirkungen, die jedem „Zur-Ruhe-Kommen" der Verstehensbemühung im verstandenen Zeichen widersprechen. Die Wirklichkeit als das Andere des Zeichens reicht hier bis in die Empfindung und Wahrnehmung hinein. Der ästhetisch-künstlerischen Produktion fällt damit die Aufgabe zu, „schöne Zeichen" zu finden, die die Einebnung der Differenz von Zeichen und nicht-zeichenhafter Wirklichkeit immer wieder aufbrechen können zugunsten einer ästhetischen Erfahrung des Undeutbaren, Unverfügbaren. Es geht um das Paradox eines Zeichens des Nicht-Zeichenhaften.

Die Philosophie des Zeichens versichert, an allem (gemeint sind Zeichen) werde „die wesentliche Unabschließbarkeit der Feststellung, *was* es *sei* und ob es in der vorgenommenen Isolierung überhaupt *etwas* sei, erfahren" (S. 25). Diese Auffassung entspringt in der Philosophie des Zeichens jedoch eher einer prinzipiellen, theoretisch begründeten Einsicht, als daß wirklich Wege zu ihrer *Erfahrung* aufgezeigt würden. Eine *Erfahrung* der Unabschließbarkeit der Bestimmung des sinnlich Gegebenen ist dagegen der ästhetischen Erfahrung vorbehalten. Sie ist der genuine systematische Ort für eine solche Erfahrung. Kant

[4] Cf. zu diesen Charakteren der ästhetischen Erfahrung: K.H. *Bohrer, Plötzlichkeit. Zum Augenblick des ästhetischen Scheins*, Frankfurt am Main 1981.

hat diese ästhetische Erfahrung – ohne allerdings den Begriff Erfahrung dafür benutzen zu können, weil er für ihn anders konnotiert war – in fortgeltender Weise in der Kritik der ästhetischen Urteilskraft unter dem Leitbegriff einer „Erkenntnis überhaupt" expliziert. Diese Erkenntnis überhaupt, im Unterscheid zur bestimmten Erkenntnis, läßt sich am besten an der Darstellung der ästhetischen Idee, d.h. am Kunstwerk bewähren. Für die ästhetische Erfahrung gibt es keine vorgegebenen Erfahrungs- oder Bestimmungsregeln, nach denen das sinnlich Gegebene verarbeitet und geordnet werden müßte. Vielmehr ist das Sinnliche seiner selbst wegen und in seiner Gesamtheit, d.h. in seiner Besonderheit, Ziel der ästhetischen Rezeption. Im Falle des Kunstwerks ist die individuelle Fügung der sinnlichen Elemente die Vorgabe einer nicht-endlichen Lesbarkeit oder Deutbarkeit. Zu dieser Deutung fordert die dargestellte ästhetische Idee allerdings von sich aus dadurch auf, daß sich das Sinnliche zu immer neuen Sinnbahnungen anbietet, da es selbst der Ort von unabgeschlossenen Sinnbildungsprozessen ist. Kant resümiert diese Verhältnisse in der Feststellung, die Darstellung der ästhetischen Idee gebe viel zu denken, ohne daß ihr doch je ein bestimmter Begriff unseres Denkens entspreche. Der ästhetisch Rezipierende ist dem Sinnlichen und seiner Organisation im Werk ohne bereitstehende Erkenntnisdirektiven ausgesetzt. Er empfindet dabei, daß es auf die Entscheidung, als *was* er das Wahrgenommene bestimmen oder verstehen kann, gar nicht ankommt, um bei seiner Rezeption Lust zu empfinden und höchste Anregung aller seiner Erkenntniskräfte zu erleben. Vielmehr ist das *Wie* der Gegebenheit oder die individuelle Gestalt des Wahrgenommenen dasjenige, das das lustvolle Spiel der Einbildungskraft und des Verstandes unterhält. Der Rezipient erlebt dabei die Lust der Vorstellungsbildung selbst, das gelingende Zueinanderpassen von Anschauung und Intellekt in der Struktur- und Sinnbildung für das Wirkliche. „Kunst verstehen heißt immer mitzuverstehen, was Verstehen eigentlich heißt."[5] Insofern ist die ästhetische Erfahrung die Schule für Verstehen und Erfahrung schlechthin. Paradigmatisch an ihr ist für *alle* Erfahrung aber nicht nur die Bildung neuer Vorstellungen von Welt, sondern in eins damit die Destruktion der eingefahrenen Sichtweisen von Wirklichkeit. Erfahrung vollzieht sich auf dem Boden von Voraussetzungen und braucht stets die bestimmte Negation, um zu Neuem vorzudringen. Die ästhetische Erfahrung (vor allem der Kunst) macht deutlich, daß wir nicht umstandslos von einer Wirklichkeitsinterpretation zu einer anderen fortschreiten. Was sich in innovativen Kunstwerken ereignet, sind vielmehr Sinn- und Deutungskatastrophen. Der Zusammenbruch bisheriger Interpretationen von Welt wird selbst dargestellt und erfahrbar gemacht, ohne daß die Sicherung des neuen Standpunkts erreicht wäre. Die Tradition, das heißt die Rezeptionsgeschichte glättet und normalisiert solche Katastrophen, indem sie ihnen nach und nach Begriffe zuweist und sie vereinnahmt.

[5] Rüdiger *Bubner*, *Ästhetische Erfahrung*, Frankfurt am Main 1989, S. 117.

Wenn die Philosophie des Zeichens das Zeichen als interpretierte Wirklichkeit auffaßt, die keinen Vergleich mit einer uninterpretierten zuläßt, so hat sie sich mit dieser Struktur des Zeichens in Übereinstimmung mit dem Darstellungsbegriff der philosophischen Ästhetik der Moderne gebracht. Gadamer spricht in diesem Zusammenhang von der „ästhetischen Nichtunterscheidung", wonach Darstellung und Dargestelltes (besonders deutlich beim Schauspiel) nicht unterschieden werden können. In diesem Sinne hat die Philosophie des Zeichens einen ästhetisierten Wirklichkeitsbegriff, denn es gibt auch hier die „Nichtunterscheidung" von Zeichen und Wirklichkeit. Ästhetisierung bedeutet im angegebenen Verständnis zunächst nur eine Struktureigenschaft der Wirklichkeit. Sie ist aber auch auf den Inhalt der Wirklichkeit im Zeichen auszudehnen, denn Zeichen sollen ja im Sinne der individualisierten, verzeitlichten Fassung des Wirklichen „Zeichen der Zeit" sein. Auch das Zeichen unterliegt also der Ästhetisierung oder Versinnlichung (es erhält eine Raum- und Zeitstelle, es ist perspektivisch konzipiert) dadurch, daß es selbst nicht nur ein verschwindender beliebiger Indikator der Sache sein soll, sondern physiognomisch die Züge der Zeit aufweist. In den Zeichen, vor allem sofern sie in Metaphern ausgedrückt werden, lägen also die Sedimente vergangener Erfahrung mit dem Wirklichen.

Meine abschließende These lautet nun, daß die Philosophie des Zeichens mit ihrer Gleichsetzung von Zeichen und Wirklichkeit nur dann eine Entwirklichung unseres Weltbezugs vermeiden kann, wenn sie zugleich die individuelle Erfahrung gegenüber ihrer traditionellen Fassung aufwertet, das heißt, sie mit der ästhetischen Erfahrung verschränkt. Das Resultat individuellen Verstehens von Welt (das Zeichen) vermag als solches nur zu überzeugen, wenn der mit ihm verbundene Prozeß der Erfahrung in allen seinen Dimensionen thematisiert wird. Um den Gedanken in einer knappen Form zu wiederholen: Der *formalen* Ästhetisierung der Wirklichkeit (Nichtunterscheidung von Interpretiertem und Interpretandum, Zeichen als Formen der Wirklichkeit) muß eine *materiale* Ästhetisierung der Erfahrung entsprechen.

Stefan Majetschak

Der Begriff der »Bedeutung« in Wittgensteins Spätphilosophie

I

Auf den ersten Blick hat Wittgenstein in den *Philosophischen Untersuchungen*[1] zwei verschiedene Auffassungen über den Begriff der »Bedeutung« vertreten, deren Zusammenhang keineswegs offenkundig ist. Die erste und wohl berühmtere findet sich in § 43 und lautet: „Die Bedeutung eines Wortes ist sein Gebrauch in der Sprache." Auf sie beziehen sich in der Regel all diejenigen unter seinen Interpreten, die in diesem Werk einen expliziten Beleg für die sogenannte, bereits vor dessen posthumer Veröffentlichung populäre *Gebrauchstheorie der Bedeutung* finden möchten. Eine zweite, mindestens anders nuancierte Auffassung spricht Wittgenstein in § 560 aus, in dem er schreibt: „Die Bedeutung des Wortes ist das, was die Erklärung der Bedeutung erklärt". Auf sie hat sich insbesondere Josef Simon immer wieder bezogen, um Wittgenstein als einen Gewährsmann für sein eigenes Verständnis von Zeichen- und Wortbedeutung ins Feld zu führen.

Nach Simon ist das, was man die »Bedeutung« von Zeichen oder Worten nennt, gar nicht von der in einem konkreten Fall gestellten *Frage* nach ihr ablösbar und so besehen auch kein unabhängiges, isoliert thematisierbares Phänomen. „Insofern wir ein Zeichen verstehen, fragen wir" nach Simon „nicht, was es bedeutet." Es hat *hat* dann keine von ihm unabhängige Bedeutung, auf die es verwiese, bzw. positiv formuliert: es *ist* „eine Bedeutung. Die *Differenz* zwischen Zeichen und Bedeutung", die man in fast allen überkommenen sprachphilosophischen Theorien als eine selbstverständliche, gleichsam im Wesen der sprachlichen Phänomene begründete »Sachunterscheidung« anzusehen gewohnt ist, „entspringt" nach Simon allererst „dem Nicht-verstehen"[2] von Zeichen. Sie entspringt der unter Umständen aufkommenden Frage nach einem oder mehreren weiteren, das je und je unverstandene verdeutlichenden Zeichen, die *als* deren Bedeutung gelten können, *solange* sich an diese selbst nicht weitere Fragen anschließen. „Bedeutungen" können so besehen „als die Zeichen verstanden" werden, „die, wenn denn gegebene Zeichen nicht oder nicht mehr unmittelbar hinreichend verstanden werden, als jeweils *befriedigende* Antworten auf die *Frage* nach der Bedeutung der *»gegebenen«* gelten gelassen

[1] Frankfurt am Main 1977; im folgenden als »PU« im Text zitiert.

[2] Josef *Simon, Philosophie des Zeichens*, Berlin / New York 1989, S. 39.

werden."[3] Dieses Verständnis von »Bedeutung« hat Josef Simon in dem – isoliert genommen – aenigmatischen Satz »Die Bedeutung des Wortes ist das, was die Erklärung der Bedeutung erklärt« des § 560 der *Philosophischen Untersuchungen* ausgesprochen gesehen.[4] Zweifellos ist nicht ohne weiteres klar, wie es sich zur sogenannten »bedeutungstheoretischen These« des § 43 verhält, die vom »mainstream view« der Wittgenstein-Interpretation als *Gebrauchstheorie der Bedeutung* so nachdrücklich betont wird. Im folgenden soll ein Klärungsversuch in dieser Richtung unternommen werden. Zu diesem Zweck wird in zwei Schritten vorgegangen werden: Zunächst (*II*) werden wir der Frage nachgehen, *in welcher Hinsicht* sich der Wittgenstein des Spätwerkes überhaupt für den Bedeutungsbegriff interessiert. Vor dem Hintergrund der dabei erzielten Klärungen werden wir sodann (*III*) mit Hilfe einer Bemerkung aus der *Philosophischen Grammatik* den Zusammenhang erörtern, den Wittgenstein selbst zwischen dem, wenn man so unterscheiden will, *Gebrauchsbegriff* und dem *Explikationsbegriff* der »Bedeutung« gesehen hat.

II

Es ist bekannt, vielleicht *allzu* bekannt, um überhaupt noch einen unbefangenen Blick auf Wittgensteins damit verbundene Intentionen zu erlauben, daß seine Überlegungen zum Bedeutungsbegriff in den Schriften seit Mitte der dreißiger Jahre für gewöhnlich von einer Textstelle aus den augustinischen *Confessiones* (I,8) ausgehen.[5] Augustinus beschreibt dort eine Situation des menschlichen Spracherwerbs. Er selbst habe, »gesteht« er, die Sprache als Kind dadurch gelernt, daß er Erwachsene Laute aussprechen und sich dabei zugleich durch Gebärden auf Dinge beziehen sah. „Nannten die Erwachsenen irgendeinen Gegenstand und wandten sie sich dabei ihm zu," so lautet diese Stelle in der von Wittgenstein angeführten Übersetzung, „so nahm ich dies wahr und ich begriff, daß der Gegenstand durch die Laute, die sie aussprachen, bezeichnet wurde, da sie auf *ihn* hinweisen wollten." Dies nämlich sei „aus ihren Gebärden, der natürlichen Sprache aller Völker," zu entnehmen gewesen. Und so brachte er, als sich sein „Mund an diese Zeichen gewöhnt hatte, durch sie seine „Wünsche zum Ausdruck." In dieser Beschreibung des Lernens einer Sprache sah Wittgenstein die philosophischen „Wurzeln" der von ihm bekämpften sprachphilosophischen „Idee": „Jedes Wort hat eine Bedeutung. Diese Bedeu-

[3] Josef *Simon, Zeichenphilosophie und Transzendentalphilosophie*, in: J. Simon (Hrsg.), Zeichen und Interpretation, Frankfurt am Main 1994, S. 93.

[4] Vgl. ebd. Anm. 45.

[5] Vgl. PU § 1; *Philosophische Grammatik*, Werkausgabe Bd. 4, Frankfurt am Main 1984, § 19 (= PG); *Eine philosophische Betrachtung* (Das sogenannte Braune Buch), in: Werkausgabe Bd. 5, Frankfurt am Main 1984, S. 117 (= EPB).

tung ist dem Wort zugeordnet. Sie ist der Gegenstand, für welchen das Wort steht." (PU § 1)

Überlicherweise haben die Interpreten in der Wittgensteinschen Quintessenz dessen, was man aus Augustins Darstellung des Spracherwerbs entnehmen könne, den letzten Satz betont. Weil Wittgenstein überall dort, wo er die augustinische Beschreibung diskutiert, darauf hinweist, „Augustinus stelle die Sache zu einfach dar" (PG § 19), hat man seine Bezugnahme auf Augustinus insofern als Kritik an der Inadäquatheit seiner Bedeutungstheorie aufgefaßt, welche »Bedeutung« ausschließlich – und natürlich unhaltbarerweise – als »Gegenstandsreferenz« expliziere. So schrieb z.B. Ernst Konrad Specht, in dieser Hinsicht repräsentativ für eine ganze Deutungstradition, in einer einflußreichen Arbeit, die am Anfang der Erforschung von Wittgensteins Spätwerk steht: „In den *Philosophischen Untersuchungen* setzt sich Wittgenstein mit verschiedenen Bedeutungstheorien auseinander, ...; er wendet sich dabei gegen drei Auslegungen des Bedeutungsphänomens, und zwar dagegen, daß a) die Bedeutung mit dem bezeichneten Gegenstand, daß b) die Bedeutung mit einem psychischen Gebilde und daß sie c) mit einer idealen Entität identisch sei. Im Laufe der Auseinandersetzung mit diesen Theorien entwickelt er seine eigene Auffassung von der Bedeutung"[6], welche man dann, wie angedeutet, vor allem in jenem berühmten § 43 dieses Werkes finden will, wo es gegen Augustinus und andere kritisierte Bedeutungstheoretiker heißt: „Die Bedeutung eines Wortes ist sein Gebrauch in der Sprache." Wenn man Wittgensteins Begründungsintentionen in den *Philosophischen Untersuchungen* so betrachtet und sein Augustinus-Zitat entsprechend nur als *Illustration* der inadäquaten bedeutungstheoretischen These a) der Spechtschen Synopsis versteht, übersieht man freilich, daß Wittgenstein am Beispiel des Augustinus auf weit mehr hinauswill: auf den logischen Ursprung des Begriffs der Bedeutung selbst, ganz unabhängig von jeder besonderen Bedeutungstheorie. „Der Begriff der Bedeutung, wie ich ihn in meine philosophischen Erörterungen übernommen habe", notierte er schon in der *Philosophischen Grammatik*, „stammt" *als solcher* „aus einer primitiven Philosophie der Sprache her" (PG § 19), die er – anders als im *Tractatus*, in welchem er ohne weitere Problematisierung davon ausging, daß der „Gegenstand" als die „Bedeutung" eines Namens im Satz aufzufassen sei[7] – seit Mitte der dreißiger Jahre nicht nur nicht mehr teilt, sondern auch in ihrer Herkunft durchschaut. Für diese *Herkunft des allgemeinen Bedeutungsbegriffs* dient ihm die augustinische Beschreibung des Spracherwerbs als Beispiel.

„Wie Augustinus das Lernen der Sprache beschreibt", sagt Wittgenstein nämlich im Grunde völlig unzweideutig, „das kann uns zeigen, von welcher Auffassung der Sprache *der Begriff von der Bedeutung der Wörter* sich herlei-

[6] Ernst Konrad *Specht, Die sprachphilosophischen und ontologischen Grundlagen im Spätwerk Ludwig Wittgensteins*, Köln 1963, S. 87.

[7] *Logisch-philosophische Abhandlung / Tractatus Logico-philosophicus*. Kritische Edition, hrsg. von B. McGuinness / J. Schulte, Frankfurt am Main 1989, Satz 3.203.

tet." (PG § 20[8]) „Jener philosophische Begriff der Bedeutung" *als solcher* ist in seinen Augen „in einer primitiven Vorstellung von der Art und Weise, wie die Sprache funktioniert, zu Hause." (PU § 2) Nicht eine *besondere*, wie die »augustinische« bloß inadäquate Bedeutungs*theorie*, sondern „der *allgemeine Begriff* der Bedeutung der Worte" *als solcher* ist es nach Wittgenstein deshalb auch, der „das Funktionieren der Sprache mit einem Dunst umgibt, der das klare Sehen unmöglich macht." (PU § 5[9]) Sofern die augustinische Darstellung deutlich machen kann, in welcher Vorstellung von der Sprache seine Idee wurzelt, läßt sich an ihr darum der Ursprung dessen ersehen, was Wittgenstein den „Mythos des »Bedeutens«" (PU S. 233) nannte. Dessen Abstammung aus einer (allzu) »primitiven«, nämlich Sprache ausschließlich als Gegenstandsbezugnahme deutenden »Philosophie der Sprache« bewußt, *kann* es deshalb nicht darum gehen, eine weitere *philosophische Theorie* der Bedeutung, die mit alternativen Theorieansätzen in Konkurrenz zu treten hätte, zu konzipieren, sondern nur darum, den Ursprung dieses Begriffs sowie der mit ihm verbundenen »Mythologeme« aus einer bestimmten Perspektive auf die Sprache zu durchschauen.

Freilich: Worte und *ihre* Bedeutung – daß zwischen ihnen eine wesentliche Beziehung bestehe, davon sind wir in der Regel derart überzeugt, daß es vielen wohl bereits schwerfällt, die Frage nach der »Wurzel« dieser Auffassung überhaupt zu verstehen. „Man sagt: Das Wesentliche am Wort ist seine *Bedeutung*" (PG § 22), dasjenige, *wofür* das sprachliche Zeichen in einer repräsentationalen Beziehung einsteht. Daß diese Auffassung freilich aus einer bestimmten Sprachbetrachtung resultiere, *dies*, glaubte Wittgenstein, werde gerade an dem augustinischen Beispiel deutlich. Hier erweise sich nämlich, daß „»Bedeutung« ... von »deuten«" (PG § 19) kommt, und zwar im Doppelsinn des Wortes von »interpretieren« und »zeigen«. Denn signifikanterweise entwickelt sich die Vorstellung, jedes Wort habe eine Bedeutung, *für* die es steht, bei Augustinus gerade im exemplarischen Ausgang von einer Situation, in der das Kind die Sprache der Erwachsenen noch *nicht* beherrscht, und in der es deshalb darum geht, anhand bestimmter Umstände (Augustinus nennt: Gebärden, Mienen- und Augenspiel, Bewegung der Glieder etc.) die Funktion der Laute der Erwachsenen zu *erdeuten*, indem man diese ihren hinweisenden Erklärungen durch *zeigende* Gebärden entnimmt. „»Bedeutung« ist ein primitiver Begriff. Es gehört zu ihm die Form: »Das Wort bedeutet *das*«; d.i., die Erklärung einer Bedeutung durch ein Zeigen."[10] Er ist, dies meinte Wittgenstein der augustinischen Darstellung unter anderem entnehmen zu können, der Betrachtung einer (allzu) speziellen Situation der Sprachverwendung, in welcher Worte durch ein *Zeigen erklärt* werden, entsprungen und intrinsisch mit ihr verbunden.

[8] Hervorhebung S.M.

[9] Hervorhebung S.M.

[10] *Letzte Schriften über die Philosophie der Psychologie*. Vorstudien zum zweiten Teil der philosophischen Untersuchungen (= LSPP), in: Bemerkungen über die Philosophie der Psychologie, Werkausgabe Bd. 7, Frankfurt am Main 1984, § 332.

Schon im ersten Paragraphen der *Philosophischen Untersuchungen* versucht Wittgenstein deshalb zu zeigen, daß im Blick auf *andere* Situationen der Sprachverwendung, in denen es um eine Erklärung von Worten nicht geht, von der »Bedeutung« „gar nicht die Rede" (PU § 1) sein wird. Denn die „Bedeutung der Worte, was hinter ihnen steht" – dieser Wittgensteinschen Beschreibung wird man wohl zustimmen müssen –, „bekümmert mich im normalen sprachlichen Verkehr nicht. Sie fließen dahin und es werden Übergänge gemacht von Worten zu Handlungen und von Handlungen zu Worten."[11] Nach der »Bedeutung« eines Wortes wird im ungestörten Gelingen von Verständigungsbeziehungen gar nicht gefragt, so daß in ihnen der Gedanke an sie nicht einmal aufkommt. Legt man *solche* Situationen der Sprachverwendung einer Betrachtung zugrunde, besteht keine Notwendigkeit, einen Begriff der »Bedeutung« einzuführen. Das geschieht erst, wenn im Fluß der Verständigungsbeziehungen eine »Störung« auftaucht, so daß *an die Stelle* des normalen Übergangs von den Worten zu (weiteren sprachlichen oder irgendwelchen leiblichen) Handlungen eine Frage tritt. Sie fragt im Interesse der Wiederherstellung störungsfreier Kommunikation beispielsweise in der Form „»Was hast Du mit diesen Worten gemeint?«", in welcher Richtung von ihnen aus zu weiteren (Sprach-) Handlungen überzugehen sei. Und sie „wird durch einen Satz beantwortet, der den unverstandenen Satz ersetzt" (PG § 3), oder in einfachen Fällen durch eine zeigende Gebärde. Wenn Worte als sprachliche Zeichen also das sind, was wir in störungsfreien Verständigungsbeziehungen unmittelbar, ohne uns um mögliche »Bedeutung« zu »bekümmern«, verstehen, dann kann man sagen, daß der *Begriff* ihrer »Bedeutung« (in *sprachlogischer*, natürlich nicht historischer Hinsicht) für Wittgenstein als die Idee einer die Erfahrung des *Nicht*-Verstehens *behebenden* Antwort auf kommunikative Fraglichkeit entsteht. Er ist von der Erklärung der Verwendungsweise eines Wortes abhängig.

Eine nähere Betrachtung der augustinischen Beschreibung des Spracherwerbs zeigt, daß auch die in ihr nach Wittgensteins Meinung auffindbare Wurzel der Idee, jedes Wort habe eine ihm zugeordnete »Bedeutung«, dem Fall des durch Erklärungen zu behebenden Nicht-Verstehens abgelesen ist; einem sehr einfachen Fall zumal, in welchem man, weil in ihm das Nicht-Verstehen durch ein Zeigen behoben werden kann, die »Bedeutung« zudem als den gezeigten Gegenstand auszudeuten geneigt ist. Das wird insbesondere deutlich, wenn man mit Wittgenstein eine Seltsamkeit bemerkt, die in der augustinischen Beschreibung des kindlichen Spracherwerbs steckt. Diesen stellt Augustinus nämlich so dar, daß seine Darstellung wohl eher die Sprachaneignungssituation eines ethnolinguistischen Forschers in der interkulturellen Begegnung als die des Kindes trifft. Denn „Augustinus", so könnte man sagen, „beschreibe das Lernen der menschlichen Sprache so, als käme das Kind in ein fremdes Land und verstehe die Sprache des Landes nicht; das heißt: so als habe es bereits eine

[11] *Bemerkungen über die Philosophie der Psychologie* (= BPP), Werkausgabe Bd. 7, Frankfurt am Main 1984, § 603.

Sprache, nur nicht diese.“ (PU § 32) Wenn man z.B. „als Forscher“ in ein fremdes Land „mit einer ... gänzlich fremden Sprache“ kommt, von der man *gar nichts* versteht, bleibt tatsächlich nichts anderes übrig, als unter Zugrundelegung der „gemeinsame[n] menschlichen Handlungsweise“ als „Bezugssystem“ zu „deuten“ (PU § 206), was die Bewohner jenes Landes mit ihren Lautäußerungen bezwecken. Da ihre Sprache dem Forscher völlig fremd ist, können sie ihm keine sprachlichen Erklärungen geben, so daß er nur ihre Gebärden und Verhaltensweisen interpretieren oder – sofern es ihm überhaupt gelingt, sich mit *diesem* Anliegen verständlich zu machen – sich durch gestisches Zeigen auf »etwas« die Funktion ihrer Laute erklären lassen kann. *Sofern* solches Zeigen tatsächlich Verständnis erzeugt, sagt man dann *retrospektiv*, der Laut *bedeute* das gezeigte »Etwas«. Denn der Ethnolinguist wird die Erklärungen in der Regel protokollieren, indem er die Gegenstandsnamen für die gezeigten Dinge aus *seiner* Sprache niederschreibt. So entsteht ein Wörterbuch, von dem man sagt, es enthalte die »Bedeutungen« der Wörter der fremden Sprache.

Genau auf diese Weise stellt sich Augustinus den kindlichen Erwerb aller Bestandteile einer natürlichen Sprache vor, wobei er wohl annimmt, das „hinweisende Lehren der Wörter“ schlage „eine assoziative Verbindung zwischen dem Wort und dem Ding“, die im Gedächtnis »protokolliert« wird, so „daß dem Kind das Bild des Dings“ als die »Bedeutung« „vor die Seele tritt, wenn es das Wort hört.“ (PU § 6) Und genau deshalb vermittelt seine Darstellung die Idee, *jedes* Wort habe eine ihm zugeordnete Bedeutung, die man – orientiert an Erklärungen durch Zeigegesten – noch dazu rasch als etwas Gegenständliches ausdeutet. Dabei übersieht Augustinus nach Wittgenstein jedoch, daß man immer schon eine Sprache wenigstens partiell verstehen muß, wenn das, was wir traditionell »die Bedeutung« von Wörtern zu nennen gewohnt sind, durch hinweisendes Zeigen gelehrt werden soll. Diese hinsichtlich des kindlichen Spracherwerbs kontrafaktische Voraussetzung, das Kind »habe bereits eine Sprache, nur nicht diese«, welche gelehrt werden soll, verwendet Augustins Beschreibung nach Wittgenstein implizit. Insofern trifft sie zwar die Situation des Ethnolinguisten, ist aber als Erklärung ursprünglichen kindlichen Spracherwerbs völlig gehaltlos.

Denn jegliche hinweisende Erklärung durch Zeigen auf etwas kann „in *jedem* Fall so und anders gedeutet werden“, d.h. sie funktioniert nur dann, wenn deutlich ist, *was* erklärt werden soll. Versucht man beispielsweise die „Zahl Zwei“ dadurch hinweisend zu definieren, daß „man auf zwei Nüsse zeigt“, so ist prinzipiell nicht auszuschließen, daß derjenige, dem eine solche Erklärung gegeben wird, annimmt, man wolle „*diese* Gruppe von Nüssen »zwei«“ nennen. Umgekehrt könnte es natürlich auch sein, daß jemand, dem man tatsächlich einen Namen für eine individuelle Gruppe beibringen will, die dazu verwendete hinweisende Erklärung „als Zahlnamen“ (PU § 28) mißverstünde. Eine „hinweisende Definition“ setzt deshalb voraus, daß bereits klar ist, „welche Rolle das“ solchermaßen erklärte „Wort in der Sprache überhaupt spielen soll“

(PU § 30), d.h. daß man die Sprache mindestens „schon in gewissem Umfange beherrscht“[12] und deshalb erahnen kann, welche Art von Wort, ein Eigenname oder ein Zahlwort, überhaupt erklärt werden soll. *Weil* dies beim Ethnolinguisten anders als beim noch sprachlosen Kind der Fall ist, hat er die Möglichkeit zu erraten oder zu erdeuten, *was* durch ein Zeigen deutlich gemacht werden soll. Wie schon P.F. Strawson in seiner Rezension der *Philosophischen Untersuchungen* herausstellte, gibt Augustinus nach Wittgensteins Ansicht deshalb ein unzutreffendes Bild vom kindlichen Spracherwerb, das „derives essentially from the instruction-setting of someone who has already mastered in part the technique of using the language“.[13]

Allerdings ist Wittgenstein natürlich nicht primär daran gelegen, irreführende Theorien kindlichen Spracherwerbs zu kritisieren. Wichtiger ist die Einsicht, daß nach Wittgensteins Meinung gerade durch Augustins Orientierung an einem primitiven, aber von ihm wohl als paradigmatisch erachteten Fall, in welchem eine hinweisende Erklärung das Nicht- oder Mißverstehen beheben kann, die ebenso »primitive« Vorstellung entsteht, *jedes* Wort habe eine »Bedeutung« als »etwas«, das man protokollieren, im Gedächtnis behalten, vielfach gegenständlich zeigen und jedenfalls vom jeweils zur Erklärung anstehenden Wort unterscheiden kann – auch dann, wenn keinerlei Erklärungsbedarf besteht. Häufig „funktioniert“ eine Worterklärung durch Zeigen ja tatsächlich „gut“, nämlich „unter gewissen Umständen und bei gewissen Wörtern“ (LSPP § 332), z.B. vielfach bei „Hauptwörter[n] ... wie »Tisch«, »Stuhl«, »Brot«“, an die jemand, wie Wittgenstein vermutet, wohl zuvörderst denkt, der „das Lernen der Sprache so beschreibt“ (PU § 1) wie Augustinus. „Sowie man den Begriff [der Bedeutung / S.M.] auf andere Wörter ausdehnt, entstehen aber Schwierigkeiten.“ (LSPP § 332) Die Unterstellung eines *jeden* Wortes unter »seine Bedeutung« birgt nämlich die Gefahr in sich, auch bei solchen Worten nach gegenständlichen, möglichst gar zeigbaren Korrelaten zu suchen, wo dies anders als bei den Hauptwörtern »Tisch«, »Stuhl«, »Brot« gar nicht sinnvoll ist. Worte „wie »nicht«, »aber«, »vielleicht«, »heute«“, an die Augustinus nach Wittgenstein bei seiner Beschreibung des Lernens der Sprache wohl nur „entfernt“ (EPB S. 117) denkt, könnten dafür Beispiele sein. Zudem kommt der Bedeutungsbegriff, wie man weiß, nach Wittgenstein für zahllose philosophische Fiktionen auf, die sich allesamt der Universalisierung des bedeutungstheoretischen Schemas »Wort – Gegenstand« verdanken. So sagt man „in unserer Sprache“: „»ich erwarte ihn« und »ich erwarte sein Kommen«. Es ist uns schwer, von dem Vergleich loszukommen: Der Mensch tritt ein – das Ereignis tritt ein.“ (PG § 90) Die Versuchung, von einem – gewissermaßen ontologisch eigenständigen – Ereignis des Kommens zu sprechen, liegt dann ganz nah.

[12] E.K. *Specht, Die sprachphilosophischen und ontologischen Grundlagen im Spätwerk Ludwig Wittgensteins*, S. 67.

[13] Peter Frederick *Strawson, Philosophical Investigations. By Ludwig Wittgenstein*, in: Mind 63 (1954), S. 72.

Freilich brauchen wir die labyrinthischen Surrogate des Bedeutens, deren Entflechtung Wittgenstein bekanntlich insbesondere am Beispiel der Logik psychologischer und mathematischer Begriffe im größten Teil seines Spätwerkes zu unternehmen trachtet, im Zusammenhang unserer Problemstellung im einzelnen nicht weiter zu verfolgen. Wichtig ist hier nur die grundsätzliche Einsicht, daß der allgemeine Begriff der Bedeutung nach Wittgenstein einen irreführenden Eindruck vom wirklichen Funktionieren der Sprache gibt. Unter seinem Einfluß ist man nämlich geneigt, „im Verstehen" der sogenannten »Bedeutung« „das Eigentliche, im Zeichen das Nebensächliche" (PG § 2) zu sehen. So unterliegt man einem beständigen Drang, »hinter« die Zeichen der Sprache zu einem Eigentlichen der »Bedeutung« zu dringen, das es als solches gar nicht gibt.

Wenn man ein Zeichen bloß als einen im Grunde nebensächlichen Repräsentanten für eine wesentliche Bedeutung betrachtet, fragt Wittgenstein demgegenüber, „wozu dann das Zeichen überhaupt? – Wenn man meint, nur um sich Andern verständlich zu machen, – so sieht man wohl das Zeichen als eine Medizin an, die im Andern den gleichen Zustand hervorbringen soll, wie ich ihn habe." Auf »innere« Zustände (z.B. des Verstehens von »Bedeutung«) kommt es in der Wirklichkeit des Gebrauchs sprachlicher Zeichen gar nicht an, und insofern braucht man sich um sie nach Wittgenstein ebensowenig zu »bekümmern« wie um »Bedeutungen« im normalen Gelingen der Verständigung. „Wenn ich jemandem einen Befehl gebe, so ist es mir ganz genug, ihm Zeichen zu geben. Und ich würde, einen Befehl erhaltend, nicht sagen: »das sind ja nur Worte, ich muß hinter die Worte dringen«. Und wenn ich jemand etwas gefragt hätte und er gibt mir Antwort, bin ich zufrieden – das war es gerade, was ich erwartete – und wende nicht ein: »das ist ja eine bloße Antwort«." (PG § 2 / vgl. PU § 503) Natürlich: Unsere Vorstellung, daß es beim Gebrauch von sprachlichen Zeichen eben doch um mehr gehe, sitzt tief, so daß man sich durch eine Beschreibung faktischer Kommunikationsbeziehungen kaum beruhigen lassen wird. Im Blick auf die Zeichenfolge eines Befehls möchte man geradezu sagen: „»wie soll ich wissen, was er meint, ich sehe ja nur seine Zeichen?«" Darauf wäre nach Wittgenstein jedoch zu replizieren: „»wie soll er wissen, was *er* meint; er hat ja auch nur seine Zeichen«. (PG § 2 / vgl. PU § 504) Wer sich nämlich mit den Zeichen nicht zufrieden gibt und demgegenüber die Relevanz des Verstehens der von einem Sprecher eigentlich gemeinten »Bedeutungen« behaupten wollte, müßte angeben können, was er „für das unterscheidende Merkmal zwischen *einem Zeichen* und *der Bedeutung*" (BB S. 61) hält. Was immer er hier nennen wollte, „es wäre", meint Wittgenstein, „für uns nur ein anderes Zeichen." (BB S. 21) „Auch eine Vorstellung", die man sich möglicherweise durch ein Zeichen *als* dessen Bedeutung wachgerufen denkt, „ist nicht mehr als so ein Zeichen" (LSPP § 818), nämlich etwas *Bestimmtes*, das in einer explikativen Relation zu anderen Zeichen steht.

„Über sich selbst führt uns kein Zeichen hinaus, und auch kein Argument."

(PG § 71) Es kann uns bestenfalls zu anderen Zeichen führen. Eine angebbares Merkmal für die Unterscheidung von Zeichen und Bedeutung gibt es nicht, und so *gibt* es natürlich auch ein unabhängiges Phänomen der »Bedeutung« nicht. Es fällt gewissermaßen „aus der Sprache heraus; denn was ein Satz" oder ein Wort, welches wir nicht verstehen „meint[,] wird wieder durch einen Satz gesagt" (PG § 3), genauer: durch „das, was auf die Frage nach der Erklärung des Sinnes zur Antwort kommt." (PG § 84) Durch die erklärende Antwort „übersetzen wir ihn in eine unmißverständlichere Sprache [weniger mißverständliche Sprache]."[14] Von dieser Einsicht her kann man nach Wittgenstein *beschreiben*, was unter dem Wort »Bedeutung«, das in unserer Sprache ja durchaus seine wohlbestimmte Verwendung hat, zweckmäßigerweise zu verstehen sei. Gerade von ihrem sprachlogischen Ursprung aus der Petrifikation einer das Nicht-Verstehen beseitigenden Antwort her gesehen, kann man nämlich, wie Wittgenstein seit der *Philosophischen Grammatik* mehrfach betont, in vielen Fällen sagen, die »Bedeutung« eines gegebenenfalls fraglichen Zeichens *sei* diejenige Antwort, in der die Frage nach *ihr* zur Ruhe kommt, d.h. dasjenige, was in der Erklärung der Bedeutung *jeweils* zum Ausdruck kommt. Unter dem Namen »Bedeutung« konzeptualisieren wir die (mehr oder minder erfahrungsbewährte) Idee, *daß* eine solche Antwort für gewöhnlich möglich sei.

III

In diesem Sinne notiert Wittgenstein erstmals in § 23 der *Philosophischen Grammatik* den Satz „Die Bedeutung eines Wortes ist das, was die Erklärung der Bedeutung erklärt" als *Erklärung* des *Wortes* »Bedeutung«. Bereits hier will er diese für sein gesamtes Spätwerk zweifellos grundlegende Erläuterung des Bedeutungsbegriffs keineswegs als eine Option für irgendeine *bestimmte* Bedeutungstheorie verstanden wissen, sondern mit ihrer Hilfe dessen Erklärung offen lassen für das, was man in einer Sprache wirklich als Erklärung der »Bedeutung« auffaßt und gelten läßt. „Unsern Satz, »die Bedeutung sei, was die Erklärung der Bedeutung erklärt«, können wir" nach Wittgenstein nämlich „*so* ausdeuten: kümmern wir uns nur um das, was die Erklärung der Bedeutung heißt, und um die Bedeutung sonst in keinem Sinne." (PG § 32) Ein »unterscheidendes Merkmal«, welches »Bedeutung« als eigenständige, wesentlich selbst *nicht* sprachliche Entität zu identifizieren gestattete, gibt es ja nicht, sondern nur unter dem Namen »Bedeutung« konzeptualisierte Erklärungen von Zeichen durch andere Zeichen. Um anderes als Bedeutungserklärungen braucht man sich entsprechend gar nicht zu kümmern, wenn man von »der Bedeutung« eines Wortes spricht. »Seinen Satz« – und allein diese Formulie-

[14] Aus dem bislang unveröffentlichten Nachlaßmanuskript 108; zitiert nach M.B. und J. *Hintikka*, *Untersuchungen zu Wittgenstein*, Frankfurt am Main 1990, S. 38 f.

rung läßt erkennen, wie wichtig Wittgenstein *diese* Sichtweise des Bedeutungsproblems gewesen ist – nimmt er in den *Philosophischen Untersuchungen* in Form eines Selbstzitats neuerlich auf, wobei er auch hier betont, daß man über die Bedeutungserklärung die »Bedeutung von Bedeutung« bestimmen könne: „»Die Bedeutung des Wortes ist das, was die Erklärung der Bedeutung erklärt.« D.h.: willst du den Gebrauch des Worts »Bedeutung« verstehen, so sieh nach, was man »Erklärung der Bedeutung« nennt." (PU § 560)

Was nennt man aber gewöhnlich eine »Erklärung der Bedeutung«? „Man kann die Sprache aus verschiedenen Gesichtspunkten betrachten. Und sie spiegeln sich in dem jeweiligen Begriff der »Bedeutung«" (LSPP § 816) Für eine Sprachbetrachtung augustinischer Provenienz steht zweifellos der Gesichtspunkt im Vordergrund, daß Sprache primär dazu diene, physische Dinge zu benennen, wobei sie – ausschließlich orientiert am Beispiel einer ethnolinguistisch vorgestellten Spracherwerbssituation – davon ausgeht, daß »unter gewissen Umständen« ja tatsächlich Verständnis erzeugende Gesten des »Zeigens-auf-etwas« als Bedeutungserklärungen fungieren können. Unter *diesem* Gesichtspunkt entsteht die Vorstellung, daß man Gegenstände »die Bedeutungen« von Worten nennen könne. Er ist als solcher nicht falsch oder inadäquat, sondern viel zu eng (vgl. PU § 3) und führt darum zu Schwierigkeiten, wenn man ihn auf die ganze Vielfalt sprachlicher Phänomene ausdehnt. Denn es ist nach Wittgenstein „wichtig, festzustellen, daß das Wort »Bedeutung«" unter weniger eingeschränkten Gesichtspunkten als den augustinischen betrachtet geradezu „sprachwidrig gebraucht wird, wenn man damit das Ding bezeichnet, das dem Wort »entspricht«. Dies heißt, die Bedeutung eines Namens verwechseln mit dem *Träger* des Namens." (PU § 40) Wir können ja die Bedeutung eines Namens auch dann erklären, wenn es einen gegenständlichen Träger des Namens gar nicht gibt – wenn auch nicht durch Zeigegesten. Namen von fiktiven oder nicht mehr existenten Gegenständen machen dies sofort klar. Wittgensteins eigener Vorschlag geht deshalb bekanntlich dahin, unter einem weiteren Gesichtspunkt »Bedeutung« als den Gebrauch eines Wortes in der Sprache zu verstehen. Denn er ist es, den wir erläutern, wenn wir ganz verschiedenartige Bedeutungserklärungen verwenden.

Nichts anderes geschieht auch durch Bedeutungserklärungen in Form von hinweisenden Zeigegesten, was eine Sprachbetrachtung unter »augustinischen« Gesichtspunkten freilich nicht sieht. Als besondere Formen der „Worterklärung" im Zuge der „Sprachlehre" schlagen sie eine vermeintliche „Verbindung zwischen »Sprache und Wirklichkeit« nämlich *nur* insofern, als sie etwa durch die gestisch unterstützte Ausdruckweise »*Dies* nennt man rot« ein Beispiel für eine Situation des korrekten Gebrauchs des Wortes »rot« geben und *dadurch* ein Muster für weitere Verwendungen desselben Wortes *in* die Sprache einführen. Man könnte deshalb sagen, hinweisende Definitionen seien keine Verbindungsglieder zwischen Zeichenträgern und »Bedeutungen«, sondern selbst Schritte *innerhalb* der Sprache, d.h. *Sätze* der Sprache, die in Form der Zeigegeste und des Gezeigten andere Zeichen als die gewöhnlichen Wortzeichen enthalten. Auch durch diese Form der Bedeutungserklärung bleibt deshalb „die Sprache in sich geschlossen, autonom" (PG § 55). Sie erklärt durch Zeigen und exemplarisch Vorgezeigtes „den Gebrauch" – und nur in diesem Sinne die sogenannte „Bedeutung – des Wortes" (PU § 30). Natürlich kann sie mißverstanden werden wie offenkundiger innersprachlich bleibende Erklärungen auch, die nur vermittels Wortzeichen geschehen.

In § 23 der *Philosophischen Grammatik* läßt sich nun auch in aufschlußreicher Weise ersehen, wie die Erläuterung des Wortes »Bedeutung« als »Gebrauch in der Sprache" aus dem dargelegten Gedankengang hervorgeht. Wenn er dort schrieb, „unter »Bedeutung« verstünden wir das, was die Erklärung der Bedeutung erklärt", hatte er natürlich nicht an einen „Erfahrungssatz" oder eine „Kausalerklärung" gedacht. Wenn man ein Wort erklärt, beschreibt man keine Erfahrungstatsache, etwa in dem Sinne, daß man sagte: »Nach allem, was sich bisher beobachten ließ, meinen die Leute mit dem Wort »Gavagai« ...«. Und man nennt natürlich auch keine Ursachen, die Wort- und Satzverwendungen im Leben von Menschen möglicherweise bedingen. Vielmehr formuliert „die Erklärung der Bedeutung ... eine Regel, ein Übereinkommen." (PG § 32) *Was* wir erklären, wenn wir »die Bedeutung« eines Wortes einsichtig zu machen suchen, ist insofern der in der Wirklichkeit des Sprechens von Personen manifeste, durch Regelmäßigkeiten gekennzeichnete *Brauch* seiner Verwendung, in dem eine Sprachgemeinschaft für gewöhnlich mit nur geringen Abweichungen übereinkommt. Diese Regelmäßigkeit eines Wortverwendungsbrauches ist es, die wir durch ganz verschiedene explikative Mittel einzukreisen, zu erklären und unter dem Namen der »Bedeutung« zu fixieren versuchen. Gelegentlich wird dies, nochmals gesagt, tatsächlich durch eine »unter gewissen Umständen« als Erklärung »gut funktionierende« Zeigegeste geschehen. Beispielsweise „die *Bedeutung* eines Namens erklärt man manchmal dadurch, daß man auf seinen *Träger* zeigt." (PU § 43) Häufig wird man aber auch Beispiele oder Synonyme anführen, bzw. das je in Frage stehende Wort in Sätzen von – sei es ähnlich, sei es antonym verwendeten – anderen abgrenzen. „Die Erklärung der Bedeutung erklärt" also in diesem Sinne „den Gebrauch des Wortes", weshalb man auch sagen kann: „Der Gebrauch des Wortes in der Sprache ist seine Bedeutung." (PG § 23)

Wenn Wittgenstein als die »Bedeutung« eines Wortes dessen »Gebrauch« in der Sprache zu betrachten empfiehlt, denkt er an »Gebrauch«, wie Ernst Konrad Specht hervorhob, wohl in dem doppelten Sinn, daß Bedeutungserklärungen (erstens) den *Gebrauch* als den üblichen Brauch der Wortverwendung im Sinne einer gesellschaftlichen Gepflogenheit beschreiben, wie sie sich (zweitens) im *Gebrauch* der Sprecher (als der Wirklichkeit ihrer kommunikativen Verwendung) niederschlägt.[15] Dieser doppelschichtige »Gebrauch« bestimmt dasjenige,

[15] Vgl. E.K. *Specht, Die sprachphilosophischen und ontologischen Grundlagen im Spätwerk Ludwig Wittgensteins*, S. 111 f.

was Wittgenstein »die Grammatik« einer Sprache nennt. Sie schreibt in seinem Sinne nicht in Form von Satz- oder Wortbildungsregeln normativ vor, „wie die Sprache gebaut sein muß", sondern „beschreibt nur, aber erklärt in keiner Weise" den gesellschaftlich eingespielten „Gebrauch der Zeichen" (PU § 496) einer Sprache. Statt zu sagen »Der Gebrauch des Wortes in der Sprache ist seine Bedeutung«, kann man deshalb auch „erklären: der Ort eines Wortes in der Grammatik ist seine Bedeutung". (PG § 23) Manchmal ist die Grammatik einer Sprache schriftlich niedergelegt, so daß man zum Zwecke der Erklärung einige weithin akzeptierte Synonyme oder Verwendungsbeispiele für fragliche Worte in einem Wörterbuch nachsehen kann; freilich nicht immer, denn sie wird wohl „erst aufgezeichnet ..., wenn die Sprache schon *lange* von Menschen gesprochen worden ist" (PG § 26). Sie wird dann im »lebendigen« Brauch des Sprachgebrauchs tradiert. Diesen sucht man in den vielfältigen Formen von Bedeutungserklärungen mit unterschiedlichen Mitteln jeweils einsichtig zu machen.

Daß Wittgenstein nicht beabsichtigt, mit seiner Erläuterung von »Bedeutung« als »Gebrauch in der Sprache« so etwas wie eine mit alternativen Theorieansätzen konkurrierende *Bedeutungstheorie* zu verbinden, zeigt eine genauere Betrachtung jenes berühmten Paragraphen 43 der *Philosophischen Untersuchungen*. „Daß die Literatur sich in ihrem Bemühen," eine solche Theorie im Text der *Philosophischen Untersuchungen* zu finden, „ausgerechnet auf diese dafür völlig ungeeignete Stelle gestürzt hat, ist wohl" – wie Eike von Savigny zurecht bemerkte – „nur dadurch zu erklären, daß" der in ihr scheinbar thetisch formulierte Satz »Die Bedeutung eines Wortes ist sein Gebrauch in der Sprache«, „aus dem Zusammenhang gerissen, als ihre explizite Formulierung dienen kann."[16] Tatsächlich macht der Text dieses Paragraphen nämlich recht unmißverständlich klar, daß Wittgenstein diesen Satz nicht als philosophische These, sondern als *grammatische Bemerkung* über die Verwendung des Wortes »Bedeutung« verstanden wissen will. Denn er sagt ausdrücklich, „für eine *große* Klasse von Fällen der Benützung des Wortes »Bedeutung« – wenn auch nicht für *alle* Fälle seiner Benützung –" könne man „dieses Wort so erklären". Fälle, in denen dies nicht zweckmäßig ist, liegen auf der Hand. Wenn man beispielsweise von der »Bedeutung eines Ereignisses für unser Leben«[17] spricht, ist das Wort »Bedeutung« natürlich nicht als »Gebrauch in der Sprache« zu erklären. In der großen Klasse der Fälle, in denen wir im sprachphilosophischen Sinne das Wort »Bedeutung« benutzen, wird es aber am wenigsten irreführend sein, sich »Bedeutung« stets als »Gebrauch in der Sprache« zu erklären, weil das, was wir mit unseren vielfältigen Bedeutungserklärungen zu fassen suchen, dadurch in seiner Familienähnlichkeit am besten charakterisiert scheint.

[16] Eike von *Savigny, Wittgensteins „Philosophische Untersuchungen"*. Ein Kommentar für Leser, Frankfurt am Main 1988, Bd. 1, S. 85.

[17] Dieses Beispiel ist PG § 32 entnommen, wo Wittgenstein freilich einen anderen Gedanken an ihm demonstriert.

Kritisch gegen die hier vorgetragene Deutung wird man freilich fragen wollen: Aber hat Wittgenstein nicht doch eine eigene Bedeutungs*theorie*? Schließlich notiert er noch in den späten Notizen, die unter dem Titel *Über Gewißheit* veröffentlicht worden sind, durchaus theoretisch-assertorisch klingende Begriffsbestimmungen. „Eine Bedeutung eines Wortes", heißt es dort, „ist eine Art seiner Verwendung. Denn sie ist das, was wir erlernen, wenn das Wort zuerst in unserer Sprache einverleibt wird."[18] „Die Bedeutung eines Wortes", empfiehlt er einige Bemerkungen weiter, „vergleiche mit der »Funktion« eines Beamten. Und »verschiedene Bedeutungen« mit »verschiedenen Funktionen«." (ÜG § 64) Dies klinge doch sehr wohl nach positiven, theoretisch auf ein Phänomen »zugreifenden« Bemerkungen. Es ist natürlich unbestreitbar, daß der Begriff der »Bedeutung« in Wittgensteins Denken nicht nur eine kritische Verortung hinsichtlich seines Ursprungs aus einer »primitiven Philosophie der Sprache« erfährt, sondern auch im dargelegten Doppelsinne von »Gebrauch in der Sprache« in seine eigenen – wenn man sich überhaupt so ausdrücken darf – »konstruktiven« Überlegungen übernommen wird. Aber auch in solchen Verwendungen bezieht sich das, was Wittgenstein mit dem Wort »Bedeutung« anspricht „auf eine *allgemeine* Erklärung" (LSPP § 348), die in manchen Fällen von einem Wort zu geben, sehr zweckmäßig sein kann. Dieser aus kritischer Reflexion über den Gebrauch des Wortes »Bedeutung« entsprungene „Begriff der »Bedeutung«" soll dabei „in die Beschreibung der Wortverwendung", die man beispielsweise zum Zwecke der Behebung philosophischer Mißverständnisse betreiben kann, „einen neuen Gesichtspunkt einführen." (LSPP § 327) Er soll nämlich „dazu dienen, das, was man die kapriziösen Bildungen der Sprache nennen könnte, von den wesentlichen, in der Natur ihres Zweckes gelegenen zu unterscheiden." (LSPP § 326) Und »kapriziös« ist nach Wittgenstein – wie man weiß – vor allem der Sprachgebrauch der Philosophen, wenn sie im Jargon philosophischer Sprachspiele manierierte Wortverwendungsweisen einführen, die mit denen des täglichen Lebens, denen alle Worte entstammen, nichts zu tun haben. Diesen gegenüber will er deshalb den Gebrauch eines Wortes in der Sprache als dessen eigentliche »Bedeutung« geltend machen. „Angegebene »Bedeutungen«" – das ist Wittgenstein stets bewußt – bleiben aber auch in diesem Fall letztlich stets „»Surrogate«, gebildet aus der Not des Verstehensmüssens"[19] in einer Situation konkreter Fraglichkeit, bzw. aus der Not, im erhaben klingenden Trübsinn tradierter philosophischer Rede Klarheit und Orientierung zu finden.

[18] *Über Gewißheit* (= ÜG), Werkausgabe Bd. 8, Frankfurt am Main 1984, § 61.
[19] Josef *Simon, Zeichenphilosophie und Transzendentalphilosophie*, S. 94.

Günter Abel

Imagination und Kognition

Zur Funktion der Einbildungskraft in Wahrnehmung, Sprache und Repräsentation

I. Interpretations- und Imaginationsbegriff

Das menschliche Welt- und Selbstverständnis bewegt sich in Zeichen und Interpretationen. Dies ist nicht erst für den prädikativen, sondern bereits auch für den vor-prädikativen Bereich, mithin für das ganze Spektrum der Vorgänge charakteristisch, in denen wir etwas phänomenal diskriminieren, identifizieren, klassifizieren und in bezug auf die so formierten Welten dann über Meinungen, Überzeugungen und Wissen verfügen. Alles, was individuiert und spezifisch so-und-so geschieht, geschieht für uns innerhalb eines Interpretations-Horizonts sowie einer Interpretations-Praxis und instantiiert deren Regeln (auch wenn wir diese nicht oder noch nicht kennen).

Innerhalb eines solchen interpretationsphilosophischen Rahmens[1] soll die Aufmerksamkeit im folgenden auf eine bedeutsame Art der Interpretativität, auf die Imagination, gelenkt werden. Die Hauptthese lautet, daß Imagination hinsichtlich der Form und des Gehalts unseres Wahrnehmens, Sprechens und Denkens nicht nur eine begleitende, sondern eine grundlegende Rolle spielt.

In diesem Zusammenhang soll es *nicht* um Imagination im Sinne einer außergewöhnlichen und nur wenigen vorbehaltenen mysteriösen Fähigkeit gehen. Zentral ist vielmehr die Frage, ob und in welchem Sinn Imagination konstitutiv bereits in denjenigen Bereichen wirksam ist, die uns (wie z.B. dann, wenn wir etwas sehen, an etwas denken oder uns an etwas erinnern) so überaus selbstverständlich scheinen. Es geht um die Imagination, die man die *intuitive Imagination* nennen könnte (insofern sie die im Selbstverständlichen wirksame Imagination ist, und insofern die Regeln, die sich in und mit ihr manifestieren, nicht explizit entfaltet werden können). Und darin wiederum geht es nicht um die Fähigkeit, daß man sich vieles ausmalen kann, auch nicht um Ideenreichtum, Geschicklichkeit, Illusion oder Halluzination. Es geht in einem präzisen und im folgenden zu erläuternden Sinn um ein individuelles Vermögen, das immer

[1] Vgl. im einzelnen Verf., *Interpretationswelten*. Gegenwartsphilosophie jenseits von Essentialismus und Relativismus, Frankfurt am Main 1993.

dann schon im Spiel ist, wenn wir im Wahrnehmen, Sprechen und Denken erfolgreich etwas identifizieren, individuieren und repräsentieren und bei näherer Prüfung dann feststellen müssen, daß darin mehr steckt als man identifiziert, individuiert und repräsentiert.

So stellt sich bei genauerer Prüfung zum Beispiel heraus, daß in der jeweils *gegenwärtigen aktualen* Situation auch *nicht-aktuale* Komponenten eine konstitutive Rolle spielen. Diese Komponenten sind, Kantisch gesprochen, weder mit dem Sinnenmaterial gegeben noch können sie rein aus unseren Verstandesbegriffen beigebracht werden. Unter „Imagination" soll daher die individuelle Fähigkeit verstanden werden, in einen *gegenwärtigen aktualen* Vorgang des Wahrnehmens, Sprechens und Denkens, des näheren: des Identifizierens, des Individuierens und des Repräsentierens von Dingen, Ereignissen, Personen und Situationen diejenigen *gegenwärtig nicht-aktualen* Komponenten einzubringen, *ohne* die es gar nicht zu solchem Identifizieren, Individuieren und Repräsentieren kommen könnte.[2] Beispiel: Um die Person auf der gegenüberliegenden Straßenseite als Onkel Paul zu erkennen, sind bereits frühere und in der gegenwärtigen Situation nicht-aktuale Wahrnehmungen Onkel Pauls konstitutiv mit im Spiel; *ohne* eine interne Verbindung zwischen der jetzigen Wahrnehmung und vergangenen sowie anderen möglichen nicht-aktualen Wahrnehmungen, und das heißt: *ohne* diese genuine Imaginationsleistung, sähe man da bloß eine andere Person, würde sie aber nicht als Onkel Paul erkennen. Eine Erweiterung dieses Imaginationsbegriffs besteht dann darin, daß auch nicht-gegenwärtige aktuale Dinge (wie z.B. das mentale Bild eines Einhorns) einbezogen werden können. Beide Bestimmungen gehen mit Kants Konzept der Einbildungskraft zusammen, die in ihrem theoretischen Gebrauch als dasjenige (transzendentale) Vermögen gedacht ist, „das Mannigfaltige der Anschauung in ein Bild [zu] bringen" und „einem Begriff sein Bild zu verschaffen".[3]

[2] Zu dieser im Kern Kantischen Bestimmung des Begriffs der Imagination vgl. P.F. *Strawson, Freedom and Resentment and other essays,* London 1974, Kap. 3: „Imagination and Perception", insbesondere S. 53 f.

[3] *Kant, Kritik der reinen Vernunft*, A 120 und B 179 f. – Daß die Rolle der Imagination / Einbildungskraft systematisch (wie historisch) für die Entwicklung der neueren Philosophie von Descartes bis in die Gegenwart von grundlegender Bedeutung ist, zeigen vor allem die Arbeiten von Josef Simon. Systematisch zentral ist die Einbildungskraft für Simon im Kontext (a) des Zeichenverstehens (vgl. *Philosophie des Zeichens*, Berlin / New York 1989, S. 197 ff., 203, 218 ff., 249 u.ö.) und (b) der Wahrheitsproblematik (vgl. *Wahrheit als Freiheit*, Berlin / New York 1978, S. 110 - 118, 130 ff., 137 ff., 184 ff., et passim). Zugleich hat Simon den Charakter der Imagination / Einbildungskraft als eines „individuellen" Vermögens im Rahmen seines eigenen Konzepts des »individuellen Denkens« gegen die mit dem Denken des Allgemeinen verbundene Gefahr der Verdrängung und des Übergehens des Individuellen herausgestellt. Dabei spielt der Unterschied zwischen der „disziplinierte[n], auf *Denken ausgerichtete[n]* Einbildungskraft" und einer „in ihrer ganzen Fülle betätigte[n] Einbildungskraft" (*Philosophie des Zeichens*, S. 198 f.) im Sinne auch des Unterschieds zwischen »logischem« und »ästhetischem« Urteil eine wichtige Rolle.

Zu beachten ist, daß der hier vertretenen Auffassung zufolge die Imaginationsverhältnisse *innerhalb* der umfassender und basaler angesetzten Interpretationsverhältnisse gesehen werden. Jede imaginatorische Aktivität ist eine interpretatorisch-konstruktionale; aber nicht jede interpretatorische ist eine imaginatorische im engeren Sinn. Es gibt konstruktionale, einteilende, organisierende, kurz: interpretatorische Aktivitäten, die noch nicht imaginatorisch zu nennen sind, z.B. das Sortieren und Auflisten gegebener Elemente.

Unter den Charakteristika der weit gefaßten Rede von Interpretationsverhältnissen bzw. von Interpretativität, in die zugleich auch imaginatorische Elemente involviert sind, sind holzschnittartig vor allem die folgenden vier von Belang: „Interpretationsverhältnisse" verstanden im Sinne: erstens (1) unserer Aktivitäten der *Anwendung von Schemata und Mustern* zu Zwecken der Material- und der Erfahrungsorganisation; zweitens (2) unserer Aktivitäten des *perspektivischen Auslegens und der deutenden Aneignung* von Situationen, Ereignissen und Materialien; drittens (3) im Sinne des Verwendens und Verstehens der sprachlichen wie der nicht-sprachlichen Zeichen aus einer *ganzheitlichen Perspektive*, aus einem *Welt-Horizont* heraus und auf diesen hin (innerhalb dessen es dann zu einem wechselseitigen Anpassen von Ganzem und Teil sowie von Allgemeinem und Besonderem kommt, wobei die Einbettung des Zeichengebrauchs in Situation, Kontext, Zeit und Zweckmäßigkeit von besonderer Wichtigkeit ist); und viertens (4) Interpretationsverhältnisse in dem Sinn, daß die Fähigkeit, über eine Sprache und über nicht-linguistische Zeichensysteme zu verfügen, immer schon *das Beherrschen einer Praxis*, eine Interpretations-Praxis voraussetzt, aus der die semantischen Merkmale (Bedeutung, Referenz, Erfüllungs- und Wahrheitsbedingungen) der sprachlichen wie der nicht-sprachlichen Zeichen umgrenzt werden. Anderenfalls wüßten wir schlicht nicht, wovon die Zeichen handeln und worauf sie sich beziehen. *Innerhalb* der in diesem Sinne weit und grundsätzlich gefaßten Interpretativität kann man nicht nur die Imagination, sondern auch die Kognition verorten. Kognitive Tätigkeiten[4] können auf allen ihren Ebenen als Interpretationsaktivitäten, als Interpretationskonstruktbildungen charakterisiert werden. Und dem Verhältnis von Imagination und Kognition kommt dann mit Recht ein besonderes Interesse zu.

[4] Der Ausdruck „Kognition" bzw. „kognitive Aktivität" wird hier im *weiten* Sinne der Aktivitäten des Zerlegens, des Erfassens von Gehalten, des Synthetisierens, des Klassifizierens, des Subsumierens und des Abstrahierens verwendet. Dieser *weite* Sinne von „Kognition" als bewußte Schema-Applikation ist von dem *engen* Sinn zu unterscheiden, der in einem satz-propositionalen Urteil besteht. Hinsichtlich der frühen Stufen interpretatorischer Schematisierung im Bereich der Empfindung und des Wahrnehmens haben wir es mit Verhältnissen zu tun, die zwar schon epistemisch relevant, aber nicht satz-propositional sind. Dieser Punkt ist, wie zu sehen sein wird, auch im Hinblick auf das Verhältnis von Imagination und Kognition wichtig.

II. Wahrnehmung und Imagination

Interpretationsbildungen sind nicht erst für die begrifflich klassifizierenden und subsumierenden Kognitionen im engeren Sinne, sondern bereits auch für den vor-prädikativen Bereich der Empfindungen und dann für den der Wahrnehmungen charakteristisch. Bereits ins sinnliche Affiziertwerden sind, in Form der Anwendung von Organisationsmustern, Interpretationsbildungen auf vielfältige Weise involviert. Empfindung ist stets *interpretierte* Empfindung. Eine „uninterpretierte Empfindung ist gegenstandslos und in diesem Sinne die Empfindung von nichts".[5]

Dieser Interpretationscharakter setzt sich fort in den Wahrnehmungen. Das Wahrnehmen kann als ein Vorgang vielfältiger Konstruktbildungen (z.B. des Abgrenzens, Unterscheidens, Organisierens, Gestaltbildens), und die Gegenstände der Wahrnehmung können als Konstrukte verstanden werden, denen eine interpretatorische Genealogie bereits im Rücken liegt. Im Wahrnehmen steckt, wie Wahrnehmungspsychologen gern sagen, mehr, als man wahrnimmt, zum Beispiel begriffliche Elemente in bezug auf das Wahrgenommene sowie propositionale Einstellungen (z.B. Erwartungen, Überzeugungen, Befürchtungen). Überdeutlich wird der interpretatorische Charakter, sobald Verbalisierung und Mitteilung der Wahrnehmung erfolgt, sobald über sie berichtet wird. Wie aber steht es um die Imagination in der Wahrnehmung?

Dem naiven Bewußtsein erscheint es so, als spiele die Imagination in der Wahrnehmung keine Rolle. Man glaubt zunächst, „die Sinne lieferten uns nicht allein Eindrücke, sondern setzten solche auch sogar zusammen, und brächten Bilder der Gegenstände zuwege".[6] Doch vornehmlich dann, wenn man die Betrachtung „von unten auf", beim Empirischen anfängt, läßt sich mit Kant die Einsatz- und Funktionsstelle der Imagination/Einbildungskraft in der Wahrnehmung markieren. Entscheidend ist, daß die Sinneseindrücke aus und durch sich selbst noch nicht denjenigen (geregelten und zeitlich geordneten) Zusammenhang stiften und noch nicht diejenige Bildlichkeit zuwegebringen, von denen wir in einer gelingenden Wahrnehmung fraglos immer schon ausgehen. Mit Kant ist nun an genau diesem Punkt zu betonen, daß es dann offenkundig erst noch „in uns ein tätiges Vermögen der Synthesis dieses Mannigfaltigen" geben muß, welches Vermögen seine Handlung des Verbindens „unmittelbar" an den Wahrnehmungen ausübt. Dieses Vermögen ist die Imagination/Einbildungskraft. Sie ist somit ein „notwendiges Ingredienz der Wahrnehmung selbst".[7]

Die Rolle der Imagination in der Wahrnehmung tritt auch hervor, sobald die ins Wahrnehmen involvierten *begrifflichen* Komponenten betrachtet

[5] J. *Simon, Philosophie des Zeichens*, S. 77.
[6] *Kant, Kritik der reinen Vernunft*, A 120.
[7] Ebda.

werden. Dies gilt vor allem hinsichtlich der beiden grundlegenden und von Strawson[8] mit Recht betonten Aspekte, daß es die Imagination ist, die (a) Wahrnehmungen verschiedener Gegenstände derselben Art und (b) verschiedene Wahrnehmungen desselben Gegenstands verknüpft. Beispiele: wir rekognoszieren selbst noch sehr unterschiedliche Dinge als Stühle; wir verknüpfen unsere Wahrnehmungen z.B. eines Buchs in der Bibliothek gestern nachmittag, auf dem Schreibtisch im Sekretariat heute vormittag und jetzt in der Hand von Peter so untereinander zu einer Reihe, daß es jedes Mal das numerisch identische Buch gewesen ist bzw. ist, das wir wahrnehmen. Das aber heißt, daß eine verknüpfende, eine zusammenhangstiftende Kraft immer schon beteiligt ist, sobald wir es in diesem Sinne mit der wahrnehmbaren Identität einer Art („kind-identity") sowie mit der zugehörigen Identität des Begriffs („concept-identity") und mit wahrnehmbarer Identität von Einzeldingen („individual-identity") bzw. mit der Ding- oder Ereignis-Identität („object-identity") zu tun haben.

Offenkundig stellt die Verbindung zwischen einer hier und jetzt stattfindenden und vorübergehenden Wahrnehmung eines Objekts mit verschiedenen anderen derselben Art und mit anderen verschiedenen Wahrnehmungen desselben Objekts in verschiedenen Situationen, Kontexten und Zeiten eine Verknüpfungsleistung dar, die so *nicht* in der jetzigen und vorübergehenden Sinnensituation allein liegt und durch diese selbst nicht schon gegeben ist. Mit Strawson können wir die vergangenen und möglichen anderen Perzeptionen desselben Objekts „nicht-aktuale Perzeptionen" nennen. Und die Imaginationsleistung besteht dann exakt darin, „aktuale (bildliche) Repräsentanten von nicht-aktualen Perzeptionen"[9] zu produzieren und diese konstitutiv in der gegenwärtigen Wahrnehmung mit präsent sein zu lassen.

Zugleich geht es um unsere Fähigkeit, unterschiedliche Objekte als unter denselben Begriff fallend rekognoszieren zu können. Wenn wir, so betont die Deskriptive Metaphysik Strawsons mit Recht, jemandem die Fähigkeit zuschreiben, einen Gegenstand in einer gegenwärtigen Wahrnehmung als z.B. einen Baum zu rekognoszieren, dann können wir ihm diese Fähigkeit nur dann sinnvoll zuschreiben, wenn wir zugleich bereit sind, ihm auch die Fähigkeit zuzuschreiben, daß er auch andere Dinge ebenfalls als Bäume zu rekognoszieren vermag.[10] Und diese Fähigkeit ist in einer gelingenden gegenwärtigen Perzeption *intern* mitgesetzt. Hier liegt eine Verknüpfung aktualer und nicht-aktualer Komponenten, mithin genuine Imaginationsleistung vor. Doch offenkundig wird diese wichtige Rolle der Imagination in der Wahrnehmung selbst nicht repräsentiert. Denn nichts an der Wahrnehmung und am Wahrgenommenen läßt erkennen, wie sehr sie sich bereits einer Genealogie interpretatorisch-

[8] Vgl. *Strawson*, a.a.O., S. 47 ff.

[9] A.a.O., S. 53; Übersetzung G. A.

[10] A.a.O., S. 55; vgl. *Individuals*. An Essay in Descriptive Metaphysics, London / New York ^{3}1971, S. 98 ff., wo es um die Frage der Verschränkung von Fremd- und Selbst-Zuschreibungen personaler Zustände geht.

konstruktionaler Aktivitäten und unter diesen wiederum den Imaginationsleistungen verdanken.

Zugleich ist hier, mit Kant und Strawson, der überaus wichtige Punkt zu betonen, daß wir uns die konstitutive Rolle der Imagination im Sinne des Einbringens nicht-aktualer Wahrnehmungen in eine gegenwärtige aktuale Wahrnehmung nicht so vorstellen dürfen, als gehe es darum, daß aktuale Bilder in unseren Köpfen produziert werden, von denen wir dann sagen, daß sie jetzt die nicht-aktualen Wahrnehmungen repräsentieren. Das wäre eine irrige Auffassung (obgleich die Frage der Imagination eng mit der der mentalen Bilder zusammenhängt). Die nicht-aktualen Wahrnehmungen treten – und das macht sowohl den Reiz, aber eben auch die eigentümliche Schwierigkeit der Behandlung dieser Fragen aus – nicht in diesem Sinne, sondern auf eine „elusive"[11], d.h. auf eine nicht oder nur sehr schwer zu fassende Art und Weise in die aktualen Wahrnehmungen ein.

Die produktive Rolle der Imagination in der Wahrnehmung kann auch anhand dessen verdeutlicht werden, was Wittgenstein unter dem Titel des „Aufleuchtens" und des Wechsels von Aspekten anspricht. Berühmt ist das Beispiel der Linienfigur, die man zunächst als einen Hasen, dann als eine Ente sieht, oder umgekehrt. Wie aber ist es zu verstehen, daß man einer solchen Verschiebung des Aspekts gewahr wird? Gemeint ist jetzt nicht der Fall, daß jemand überaus einfallsreich in dem ist, was er alles in einer gegebenen Linienführung zu sehen vermag. Das beträfe die *inventive* Imagination. In puncto *intuitive* Imagination ist wichtiger, was da passiert, wenn sich in der Erste-Person-Perspektive (und ohne eine Anstrengung, irgendwie erfinderisch sein zu wollen) eine Verschiebung des Aspekts einstellt. Nehmen wir, Wittgensteins Beispiel, an: „Ich treffe Einen, den ich jahrelang nicht gesehen habe; ich sehe ihn deutlich, erkenne ihn aber nicht. Plötzlich erkenne ich ihn, sehe in seinem veränderten Gesicht sein früheres. Ich glaube, ich würde ihn jetzt anders porträtieren, wenn ich malen könnte."[12] Wichtig ist hier unter anderem der innere Zusammenhang zwischen dem Sehen-*Als*, dem Denken-*An* und dem plötzlichen Aspektwechsel. Denn das ist der interessante Punkt: Während ich das Gesicht vor mir sehe, sehe ich es plötzlich als etwas anderes. Wer einen Gegenstand anschaut, der hat zwar bereits einen interpretierten Gegenstand, aber er „muß nicht an ihn denken". Wer aber „das Seherlebnis hat, dessen Ausdruck der Ausruf ist, der *denkt* auch an das, was er sieht".[13] Darum erscheint das Aspektaufleuchten „halb Seherlebnis, halb ein Denken". Und was im Aufleuchten des Aspekts wahrgenommen wird, ist nicht eine „Eigenschaft des Objekts", es ist eine „interne Relation zwischen ihm und anderen Objekten".[14] Es geht

[11] *Strawson, Freedom and Resentment*, S. 56.

[12] L. *Wittgenstein, Philosophische Untersuchungen* II, xi, in: Schriften, Bd. 1, Frankfurt a. M. [4]1980, S. 508. Vgl. *Strawson*, a.a.O., S. 57.

[13] Wittgenstein, a.a.O., S. 507.

[14] A.a.O., S. 523.

hier also nicht um ein Verhältnis von der Art, wie es vorliegt z.B. zwischen einer „Farbe im Gesichtseindruck", etwa rosa, und der Farbe des Objekts. Vielmehr ist es beinahe, „als ob das »Sehen des Zeichens in diesem Zusammenhang« ein Nachhall eines Gedankens wäre. »Ein im Sehen nachhallender Gedanke« – möchte man sagen".[15] Auf diese Weise wird ein tiefsitzender Zusammenhang zwischem dem visuellen Erleben und dem zugehörigen Gedanken deutlich. Doch was hat dies mit der Frage der Imagination zu tun?

Entscheidend sind zwei Aspekte, die beide genuine Imaginationsleistungen darstellen. Zum einen sind im Aspektaufleuchten sowohl interne Relationen zu anderen Objekten als auch das Denken-*An* aktiviert und *in* die gegenwärtige Wahrnehmung konstitutiv eingebracht. Zum anderen ist mit der skizzierten Situation verknüpft, daß wir in solchen Fällen diejenige Interpretations-Praxis in bezug auf die semantischen Merkmale der sprachlichen und der nichtsprachlichen Zeichen beherrschen, die erforderlich ist, um eine Beschreibung dessen zu geben, was wir da wahrnehmen. Dies aber schließt folgende wichtige Komponente ein: Über die Fähigkeit zu verfügen, etwas *als* Etwas wahrnehmen und es *als* ein *So-und-so*-Etwas beschreiben zu können, setzt das Beherrschen einer Interpretations-Praxis voraus, die ihrerseits *nicht nur auf diesen einen einzigen Fall* anwendbar ist, sondern in bezug auf verschiedene und unterschiedliche Situationen und Fälle zu verschiedenen Zeiten und in unterschiedlichen Kontexten gleichermaßen applikabel sein muß. Eine Interpretations-Praxis, die nur auf diese eine Situation und nur auf *diesen einen* Fall *allein* anwendbar sein soll, eine solche *singuläre* und *private* Praxis funktionierte auch in *diesem einen* Fall nicht. Sie widerspräche (ähnlich wie dies in Wittgensteins bekanntem Argument gegen die Möglichkeit eines nur *einmaligen* Regelfolgens und einer *privaten* Sprache dargelegt wird[16]) zutiefst dem regel-bezogenen und dem öffentlichen Charakter dessen, was es heißt, eine Interpretations-Praxis zu beherrschen. Deren Regularitäten sind nicht nur für einen einzigen Fall, für eine Person allein und nur ein einziges Mal anwendbar. Eine solche Interpretations-Praxis könnte den behaupteten Fall gerade nicht bewältigen. Denn dazu ist die Mit-Präsenz möglicher anderer und gegenwärtig nicht-aktualer Interpretationsweisen und anderer entweder differenter Fälle derselben Art oder derselben Fälle in differenten Situationen und Zeiten erforderlich. Diese Eigenart der Interpretations-Praxis ist mitgesetzt, wenn sie in *diesem gegenwärtigen* Fall funktioniert. Mithin aber sind hier gegenwärtig nicht-aktuale Komponenten konstitutiv dafür, daß eine gegenwärtige aktuale Situation die Situation ist, die sie für uns ist. Ohne Inanspruchnahme dieser gegenwärtig nicht-aktualen Komponenten, mithin ohne Imagination, wäre eine bestimmte Wahrnehmung nicht die Wahrnehmung, die sie ist.

Dieses imaginatorische Element ist natürlich nicht auf den visuellen Bereich begrenzt. Es gilt für alle Bereiche des Wahrnehmens. Im Auditiven zum Bei-

[15] Ebda.

[16] Vgl. *Philosophische Untersuchungen* I, Nr. 243 - 315.

spiel ist Imagination bereits in Anspruch genommen, wenn man in bezug auf z.B. eine Klangfolge nach wiederholtem und hinsichtlich des Tempos unterschiedlichem Vorspielen schließlich sagt: „»*Jetzt* ist es richtig«, oder »*Jetzt* erst ist es ein Marsch«, »*Jetzt* erst ist es ein Tanz«."[17] Dem entspricht auf der Ebene des Berichtens über einen Aspekt des Sehens oder Hörens, daß es relevant ist, auf „andere Objekte der *Wahrnehmung*" hinzuweisen.[18] In beiden Hinsichten ist Imagination somit konstitutiv im Spiel.

III. Sprache, Zeichen und Imagination

Über sprachliche sowie über nicht-linguistische (z.B. bildliche oder musikalische) Zeichen zu verfügen, setzt, wie betont, bereits voraus, daß man die zugehörige Interpretations-Praxis, d.h. diejenige Praxis beherrscht, aus der heraus die syntaktischen, die semantischen und die pragmatischen Merkmale dieser Zeichen umgrenzt werden. Die Frage ist nun, ob im *gelingenden* Sprach- und Zeichengebrauch *imaginatorische* Elemente eine konstitutive Rolle spielen oder nicht. Behandeln wir diese Frage zunächst im Hinblick auf die Bedeutung, sodann in puncto Referenz.

In Sachen *Bedeutung* lassen sich die imaginatorischen Anteile in drei Schritten skizzieren. (1): Das bloße Auftreten zum Beispiel einer irgendwie geschnörkelten Linie geht erst in dem Augenblick in ein Anzeichen oder gar in ein Zeichen-mit-symbolisierender-Kraft (z.B. in eine Karikatur von Onkel Paul) über, in dem wir es aus einem Interpretations-Horizont und aus einer Interpretations-Praxis heraus als ein *So-und-so-*Zeichen verstehen. Es muß also die Verknüpfung mit einem habitualisierten Interpretationssystem hergestellt sein, damit ein Zeichen überhaupt als ein symbolisierendes Zeichen fungieren kann. Und exakt *diese* Verknüpfung ist nicht einfach schon mit dem bloßen Irgendwie-Vorhandensein eines syntaktischen Zeichens gegeben. In jedem *gelingenden* Zeichengebrauch jedoch liegt genau diese Verbindung schon vor und ist bereits in Anspruch genommen. Und das (mit Kant nicht psychologisch und nicht anthropologisch, sondern transzendental verstandene) Vermögen, das diese Verbindung zuwegebringt, ist die Imagination. Übrigens zeigt sich auch hier, daß die Imaginationskraft ein *individuelles* Vermögen ist: Einer sieht sehr leicht, daß es sich um eine Karikatur Onkel Pauls handelt; eine andere Person sieht es erst später oder gar nicht.[19]

[17] L. *Wittgenstein, Philosophische Untersuchungen* II, xi: a.a.O., S. 518.

[18] Vgl. *Strawson*, a.a.O., S. 59.

[19] In eingefahrenen Praktiken sind die imaginatorischen Anteile nicht mehr so offenkundig. Dann ist die Imagination zur Routine geworden. Sobald jedoch ungewöhnliche, irritierende, z.B. *metaphorische* Zeichen auftreten, ist Imagination in dem skizzierten Sinne erfordert. Man könnte dies die Situation *radikaler Imagination* nennen. Beim erstmaligen Auftreten und Verstehen einer Metapher (z.B. der erstmaligen Rede von einer „kalten Farbe") ist ein Höchstmaß an Imaginati-

(2): Für das Bedeutungsverstehen ist wichtig, daß der Hörer/Interpret die propositionalen Einstellungen, die ein Sprecher zu den von ihm verwendeten Zeichen einnimmt, sowie deren intentionalen Gehalt in Umrissen erfaßt (denn ohne deren Einbeziehung kann die Bedeutung der verwendeten Ausdrücke nicht angegeben werden). Beide jedoch (propositionale Einstellung; intentionaler Gehalt) sind offenkundig nicht bereits mit der bloß syntaktischen Form eines auftretenden Zeichens gegeben. Das aber heißt: Imagination ist eine Voraussetzung für gelingendes Bedeutungsverstehen.

(3): Die Frage nach der Bedeutung eines Zeichens ist eng mit der seiner Übersetzung, und diese wiederum mit dem Problem der Unbestimmtheit der Übersetzung und der Interpretation (Quine) verbunden.[20] Fragt man sich, ob im Übersetzungsvorgang Imagination erfordert ist oder nicht, so lautet die Antwort: Sie ist grundlegend erfordert und kommt bereits sehr früh ins Spiel, beim Aufstellen und Auswählen des Systems der Übersetzunghypothesen, die Quine die „analytischen Hypothesen" genannt und von den „empirischen" Hypothesen unterschieden hat, und die man bereits im Einsatz hat, wenn ein Übersetzen gelingt.

Der Witz der diesbezüglichen Überlegungen Quines ist, daß wir einerseits zwar auf behaviorale Aspekte zurückgreifen müssen, andererseits aber auf diesem Wege schnell an Grenzen stoßen, da die „Reizbedeutungen" nicht weit reichen. Für alle weiteren Schritte müssen wir Hypothesen ausdenken, gewissermaßen Brücken bauen und Netze auswerfen. Bereits die *syntaktische* Form der Sätze kann nur im Rückgriff auf solche Hypothesen konstruiert werden. Übersetzungshypothesen zu erfinden, heißt, Partikel und einfache Gebilde aus der fremden Sprache zu abstrahieren und sie in eine zuordnende Verbindung zu Partikeln und Konstruktionen in der eigenen Sprache zu bringen. Exakt dabei ist man auf kreative Konstruktionsbildung angewiesen. Das aber heißt: Wenn *gelingendes* Übersetzen vorliegt, dann ist ein solches Netz von Übersetzungsannahmen bereits im Einsatz und erfolgreich in Anspruch genommen. Da dieses Netz aber *nicht* mit den *behavioralen* Bedeutungsbestimmungen selbst schon gegeben ist, sondern eben über diese immer schon hinausgegangen sein muß, ist in diesem Sinn Imagination Voraussetzung für gelingende Bedeutungsübersetzung. Ob das Übersetzen gelingt oder nicht, merkt man schlicht daran, ob die Kommunikation in Gang kommt und fortgeführt werden kann oder nicht. Auf diese Weise aber erweist sich die Imagination als eine zentrale Voraussetzung für Kommunikation und gelingende Verständigung.

Wie steht es um das Verhältnis von *Referenz* und Imagination? Einer der spannenden Punkte im erfolgreichen Referieren eines Zeichens ist, daß es of-

on beteiligt, und zwar sowohl auf seiten desjenigen, der die Metapher produziert, als auch auf der Seite desjenigen, der sie ohne weitere Erklärungen versteht.

[20] Vgl. dazu W. V. O. *Quine, Word and Object*, Cambridge Mass. [13]1983, Kap. II.; Verf., *Indeterminacy and Interpretation*, in: Inquiry, 37 (1994), S. 1 - 17; und: *Interpretationswelten*, Kap. 18.5.

fenbar darum geht, die Intension des Zeichens mit dem Referenten in der Zeichenverwendung, d.h. den Fregeschen Sinn der Zeichen mit dem, worauf das Zeichen sich bezieht, so zu verbinden, daß sowohl die intensionalen als auch die extensionalen Komponenten in ihrer Rolle bei der Bestimmung der Referenz eines Zeichens einsichtig gemacht werden können.[21] Genau diese Verknüpfung aber ist weder mit der syntaktischen Form des Zeichens noch mit der Intension noch mit der Extension noch auch mit dem Referenten gegeben (denn: nichts am Tisch zeigt, daß er von „Tisch" denotiert und daß mit „Tisch" auf ihn referiert wird). Gleichwohl ist diese Verknüpfung offenkundig immer schon vorausgesetzt, wenn Referenz gelingt. Sie ist in diesem Sinn im gelingenden Referieren präsent, lebendig. Das Vermögen aber, diese Verknüpfung zustande zu bringen, ist genau das, was mit der Imagination gemeint ist. Gelingende Referenz ist ohne Imagination nicht möglich; letztere ist in ersterer immer schon erfolgreich wirksam.[22]

Dies gilt übrigens nicht nur für die Referenz auf die Welt und auf andere Personen. Es gilt auch für die Selbstreferenz, für den Selbstbezug in der Ersten Person. Das Wort „ich" hat zwar indexikalischen und deiktischen Charakter, aber keinen festen Referenten. Das Ich ist, wie schon Kant[23] gegen die ältere Metaphysik herausgestritten hat, keine Substanz. Wenn man sich also in Zeichen erfolgreich auf sich selbst bezieht, dann ist Imagination in dem Sinne bereits vorausgesetzt und in Anspruch genommen, daß diese Referenzialität weder einfach am verwendeten syntaktischen Zeichen noch an dem, was man sinnlich von sich selbst wahrnimmt, und auch nicht mit dem bloßen „Ich bin" schon gegeben ist. Auch also immer dann, wenn wir uns in Zeichen auf uns selbst beziehen und etwas über uns selbst erkennen, ist eine zunächst *interpretatorische* und sodann eine *imaginatorische* Einstellung bereits eingenommen.

[21] Zu den Einzelheiten vgl. Verf., *Interpretationswelten*, Kap. 14; und: *Interpretationstheorie der Referenz*, in: Analyomen 2 (= Akten des 2. Kongresses der Gesellschaft für Analytische Philosophie, Leipzig 1994), Berlin / New York 1995.

[22] Überdeutlich wird dies: (a) in Fällen der *Erinnerung* und des *Gedächtnisses* und dann, wenn wir über *vergangene*, gegenwärtig nicht-aktuale Situationen und Ereignisse sprechen oder an solche denken; (b) in Fällen der Referenz auf *mögliche Situationen*, in denen wir uns zum Zeitpunkt der Äußerung nicht befinden (z.B. der Bezugnahme auf die Geburtstagsparty im nächsten Jahr); (c) in Fällen *fiktiver* Rede (wenn wir z.B. den Satz „Don Quichotte spielt donnerstags mit Pegasus und Mr. Pickwick Skat") und (d) in Fällen *kontrafaktischer Konditionale* („Wenn Peter dieses Auto nicht gekauft hätte, dann würde er auch nicht..."). In jedem dieser Fälle sind *gegenwärtig nicht-aktuale Komponenten* entscheidend dafür, daß wir die entsprechenden Äußerungen überhaupt verstehen können. Mithin ist Imagination wirksam, sobald wir sie verstehen.

[23] Vgl. *Kritik der reinen Vernunft*, A 348 ff.

IV. Repräsentation und Imagination

In welchem Sinn ist Imagination im Spiel, wenn wir es mit bildlichen Repräsentationen (z.B. mit einem Porträt, einer Photographie oder einer Karikatur) zu tun haben? Entscheidend ist zunächst, daß die Repräsentationsfunktion eines Zeichens von *Ähnlichkeit* gänzlich unabhängig ist.[24] Picasso soll auf die Beschwerde, sein Porträt Gertrude Steins sehe dieser nicht ähnlich, geantwortet haben: „Macht nichts! Es wird."[25] Im Prinzip könnte irgendein Zeichen z.B. Onkel Paul repräsentieren.

Zu sagen und zu denken, daß ein bestimmtes Zeichen (z.B.: „¶") Onkel Paul repräsentiert, schließt ein, daß es eine Interpretations-Praxis gibt, derzufolge das Zeichen so zu verstehen ist, und daß man diese Interpretations-Praxis beherrscht und ihren Regeln folgt. Über die erforderliche Interpretations-Praxis zu verfügen, heißt aber von vornherein, daß diese Praxis, wie betont, nicht nur in *diesem einen* Fall Anwendung findet, sondern auch für *vergangene* und *andere mögliche*, d.h. für *gegenwärtig nicht-aktuale Fälle* die relevante war und ist. Und dieser Umstand steht, wie gezeigt, zu der gegenwärtigen aktualen Repräsentation in einer *internen* Beziehung. In diesem Sinn ist Imagination hier bereits involviert, um das gegenwärtige Zeichen als eine Repräsentation von Onkel Paul sehen zu können. Zudem muß man dann, wenn man ein Zeichen als eine Repräsentation Onkel Pauls sieht, die Relation erfaßt haben, die zwischen dem im Bild auftretenden Zeichen und Onkel Paul besteht. Und diese Aktivität ist eine imaginatorische. Sie wird weder vom auftretenden Zeichenkörper (z.B. einem rot-gelben Farbauftrag) noch durch die Existenz Onkel Pauls ernötigt. Bei Routine-Repräsentationen fallen uns die imaginatorischen Komponenten nicht mehr auf. Jedoch sind sie bei innovativem und abweichendem Zeichengebrauch umso greifbarer. Und noch offenkundiger ist Imagination beteiligt, wenn zum Beispiel die Bewegungen eines Pantomimen *als* Repräsentation von Pferd und Reiter gesehen werden.

Der für das Verständnis eines Zeichens als einer Repräsentation Onkel Pauls *initiale* Schritt wird nicht z.B. von einer Leinwand, dem Farbauftrag oder einer Hell-Dunkel-Differenz intrinsisch mitgeliefert. Er wird aber auch nicht erst im Sinne eines nachträglichen Brückenschlags hergestellt. Sondern *indem* man am symbolisierenden Zeichen sieht, daß es Onkel Paul repräsentiert, ist exakt darin Imagination am Werk. Wenn man (zu sich selbst oder zu anderen) sagt und denkt, daß man z.B. in dem rechten unteren Teil eines Gemäldes einen Waschbären sieht, dann teilt man nicht nur sein visuelles Erlebnis mit und sagt nicht nur, was für eine Art von Bild das Gemälde in diesem Teil ist (nämlich: ein-einen-Waschbären-darstellendes-Bild), sondern man sagt damit auch,

[24] Vgl. dazu N. *Goodman, Languages of Art.* An Approach to a Theory of Symbols, Indianapolis [4]1981, Kap. 1; und H. *Putnam, Reason, Truth and History*, Cambridge / London [2]1982, Kap. 1.

[25] Zit. nach *Goodman, Languages of Art*, S. 33 (dt.: *Sprachen der Kunst*, Frankfurt a. M. 1973, S. 44).

was man für den Gegenstand des Bildes hält (hier: den Waschbären), und man behauptet auf diese Weise eine interne Relation zwischen dem Waschbär-Zeichen und dem, wovon dieses handelt und worauf es sich bezieht. Das Finden und Erfassen genau dieser internen Relation aber setzt Imagination voraus. Das zeigt sich auch daran, daß eine Person *so etwas* (ein trauriges Gesicht zum Beispiel oder die Ähnlichkeit mit einem Frosch) sieht, eine andere dagegen nicht. Und offenkundig kommt Imagination nicht willentlich.

In den gegenwärtigen Debatten um Fragen der *mentalen Repräsentation* sind zwei unterschiedliche Ansätze dominant. Für die einen (z.B. für J. A. Fodor und Z.W. Pylyshyn) finden mentale Repräsentationen *sprach-, satz- und propositionsartig*, d.h. durch Zeichenverknüpfungen nach Art der Sprache statt.[26] Für die anderen (z.B. für S.M. Kosslyn und N. Block) sind mentale Repräsentationen *quasi-bildliche* Vorgänge.[27] Imagination/Einbildungskraft als notwendiges Ingredienz der Kognition wird nun nicht zuletzt auch von dem Moment an relevant, wo die mentale Repräsentation und die anderen Aktivitäten des Geistes nicht mehr nur allein von der linguistischen und der propositionalen (d.h. in einer sprachlichen Proposition ausdrückbaren) Seite her konzipiert werden, sondern zugleich *nicht-linguistische* Symbolsysteme in die Betrachtung einbezogen werden müssen.[28] In Sachen Kognition und mentale Repräsentation blockieren sich die beiden Lager (d.h. die Propositionalisten auf der einen, und die Picturalisten auf der anderen Seite) wechselseitig. Es besteht gar kein Grund, sich ausschließlich für eine der beiden Seiten entscheiden zu müssen. Vielmehr spricht alles für ein Zusammenspiel beider. Linguistische oder propositionale und damit *digitale* Symbole sind keineswegs die einzigen Mittel der mentalen (vorstellungsmäßigen) Repräsentation, und sie sind keineswegs die einzigen symbolisierenden Zeichensysteme, die in einer umfassenden Theorie der Kognition zu behandeln wären.

Doch unabhängig davon, welche Stellung man in dieser Debatte bezieht, Imagination ist bei den zu explizierenden Vorgängen in jedem Falle erfordert und beteiligt. (a) Wenn es die digitalisierende Sprache ist, die das Modell der mentalen Repräsentation abgibt, dann benötigen wir ein Vermittlungsstück, das die digitale Sprachstruktur mit der analogisch verfaßten Sinnlichkeit vereint. Wir benötigen, in High-Tech-deutsch ausgedrückt, einen Digital-Analog-

[26] Vgl. J.A. *Fodor, Representations*, Cambridge Mass. 1981; *A Theory of Content and Other Essays*, Cambridge Mass. 1990; Z.W. *Pylyshyn, The Imagery Debate*, in: Psychological Review, 88 (1981), S. 16 - 45; *Computation and Cognition*, Cambridge Mass. 1984.

[27] Vgl. S.M. *Kosslyn. Image and Mind*, Cambridge Mass. 1980; *Ghosts in the Mind's Machine*. Creating and Using Images in the Brain, New York / London 1983; N. Block, *Mental Pictures and Cognitive Science*, in: W. G. Lycan (Hg.), Mind and Cognition, Cambridge Mass. ^{2}1991, S. 577 - 607.

[28] Mit Recht betont R. *Schwartz, Symbols and Thought*, (unveröffentlichtes Manuskript, erscheint) in: Synthese, 1995, daß die Einbeziehung solcher Systeme für eine Theorie der Kognition unerläßlich ist. Es sind keine Gründe für die These in Sicht, daß wir unser Konzept der mentalen Repräsentation auf linguistische Systeme und Formen zu begrenzen haben.

Umwandler, in der Sprache der klassischen Philosophie: Einbildungskraft. (b) Wenn nicht-sprachliche (z.B. bildliche) Symbolsysteme einzubeziehen sind, dann haben wir es mit Vorstellungen als mentalen Repräsentationen zu tun, die analogisch verfaßt sind. Hier ist Imagination/Einbildungskraft im Sinne des Ins-*Bild*-Bringens des Mannigfaltigen der Anschauung, d.h. im Sinne einer analogischen Repräsentation des Bereichs der Sinnlichkeit beteiligt. Dieser Bereich selbst kann dann seinerseits und je nach Stufe (vom phänomenalen Diskriminieren über das Sehen, das Sehen-*als*, das Sehen-*daß*, das Wahrnehmen-*als*, zum Wahrnehmen-*daß* und weiter zum Klassifizieren und Subsumieren im engeren Sinne) digitalisiert werden. Das Auftreten digitalisierender und die Sinnenmaterialien auf diese Weise organisierender Aktivitäten zeigt zum einen den *interpretatorisch-konstruktionalen* Charakter bereits in diesem Bereich. Zum anderen wird deutlich, wie früh bereits auch Imaginationskraft im Sinne einer *Verknüpfung* des Analogischen und des Digitalen erfordert ist.

Für die Repräsentationsfunktion der Zeichen ist auch charakteristisch, daß darin Zeichenformen gebildet werden, die viele andere Zeichen, die es zu organisieren gilt, in sich zusammenfassen. Es kommt, mit einer Formulierung Nietzsches gesprochen, zu einer „Erfindung von Zeichen für ganze Arten von Zeichen".[29] Dies ist ein Vorgang, für den Imaginationskraft kennzeichnend ist. Denn die aktual auftretenden Zeichen, die dann durch andere Zeichen neu organisiert und abgekürzt werden, enthalten aus sich selbst heraus weder die Aufforderung, mit Hilfe anderer Zeichen abgekürzt zu werden, noch die Regeln, nach denen diese Zeichen-über-Zeichen-Bildungen zu erfolgen hätten. Diese interpretatorischen und imaginatorischen Vorgänge setzen sich dann bis in die wissenschaftliche Begrifflichkeit und selbstredend bis in die einzelnen Künste fort. So gehört viel Imaginationskraft dazu, eine veränderte oder gar eine neue Theorie zu »finden«, die akzeptiert wird, insofern sie „ein System tiefer und einfacher systematischer Verbindungen zwischen Sachverhalten aufzudecken (erlaubt), die zuvor nur eine Masse disparater und mannigfaltiger Fakten gewesen waren".[30] Dies ist eine hohe Leistung der Imagination schlicht deshalb, weil genau diese Eigenschaft einer Theorie nicht an den Fakten selbst abzulesen ist (ja bereits, wie oben in Abschnitt II zu sehen war, in der Rede von rekognoszierbaren Fakten Imagination vorausgesetzt und in Anspruch genommen werden muß). Zugleich wird an der Zeichen-über-Zeichen-Bildung auch etwas von der Kontinuität und der Einheit der Imaginationsverhältnisse deutlich, die in dem Spektrum zwischen unserer alltäglichen intuitiven Imagination bis hin zu den artifiziellen Imaginationswelten in den Künsten besteht. Und umgekehrt zeigt dies auch, wie es logisch möglich ist, daß die Kunst so tief in die Organisation unserer Erfahrung eingreifen kann.

[29] F. *Nietzsche, Werke*. Kritische Gesamtausgabe, hg. von G. Colli und M. Montinari, Abteilung: VIII, 1, Fragment 1[28], S.13.

[30] C.G. *Hempel, Recent Problems of Induction* (1966), zit. nach *Goodman, Languages of Art*, S. 225 (dt.: *Sprachen der Kunst*, S. 227).

V. Analogische und digitale Zeichen und Imagination

Hinsichtlich des Verhältnisses von Perzeption und Kognition lautet eine wichtige Frage, mit Hilfe welcher Kennzeichnungen man die beiden Bereiche heuristisch unterscheiden und charakterisieren kann. Auf der Ebene der Symbolsysteme besteht eine Möglichkeit darin, mit Nelson Goodman zwischen „analogischen" und „digitalischen" Zeichen zu unterscheiden und diese Unterscheidung auch, wie etwa im informationstheoretischen Konzept Fred I. Dretskes, zur Beschreibung des Perzeptions- und des Kognitionsbereichs einzusetzen.[31] In Sachen Imagination könnte man dann eine *analogische* und eine *digitalische* Imaginationskraft unterscheiden.

Der Unterschied zwischen Analogem und Digitalem läßt sich zunächst an der Differenz zwischen einem Bild und einer sprachlichen Aussage erläutern. Bilder sind analogisch verfaßt und stellen analogische, d.h. kontinuierliche und nicht-differenzierte Repräsentationen dar, Aussagen dagegen digitale, d.h. diskontinuierliche und disjunktive Repräsentationen. Auf den Informationsgehalt bezogen heißt dies etwa, daß, Dretskes Beispiel, die digitale Aussage „In der Tasse ist Kaffee" nur die Information enthält, daß in der Tasse Kaffee ist. In der sprachlichen Aussage sind keine zusätzlichen Informationen darüber enthalten, z.B. wie groß die Tasse ist, wieviel Kaffee darin ist, ob es Milchkaffee oder Mokka ist. Blickt man dagegen auf eine Photographie der Tasse und ihrer Umgebung, so wird die Information in analoger, kontinuierlicher Form geliefert, und man trifft auf eine Fülle von Informationen, die nicht in der Formulierung enthalten sind, daß in der Tasse Kaffee ist. Wollte man von allen oder auch nur von einigen dieser Aspekte eine Beschreibung geben, so wäre man schnell bei Sätzen, die den Umfang von ganzen Telefonbüchern und mehr hätten, – und würde doch niemals an ein die analogische Verfassung des Tassen-Szenarios und der Photographie »erfassendes« Ende kommen.

Der Übergang vom Empfinden und Wahrnehmen zum Denken und Erkennen kann als der Übergang von einer durch die Analogform charakterisierten sinnlichen Repräsentation zu einer im engeren Verständnis kognitiven und durch Digitalisierung gekennzeichneten Repräsentation angesehen werden.

[31] Vgl. N. *Goodman, Languages of Art*, S. 159 - 164, 170 ff., 252 ff.; und: *Goodman* / C.Z. *Elgin, Reconceptions in Philosophy and Other Arts and Sciences*, London 1988, S. 126 - 130; Vgl. F.I. *Dretske, Knowledge and the Flow of Information*, Oxford 1981, S. 135 ff. Es ist hier nicht auf Dretskes Informationsbegriff und auch nicht auf seine These einzugehen, daß Perzeption und Kognition isolierte Bereiche sind. In dieser Hinsicht bestehen deutliche Unterschiede zwischen einer interpretationsphilosophischen und einer informationstheoretischen Konzeption der Kognition. Information setzt Interpretation immer schon voraus, nicht jedoch kann jene zur Limitierung von dieser eingesetzt werden. Mithin kann die grundlegende Ebene der Betrachtung auch nicht die eines „information-processing system" (Dretske, a.a.O., 141) sein. Daß Perzeption und Kognition nicht strikt getrennt werden können, war eines der Resultate der obigen (vgl. Abschnitt II) Auffassung der Wahrnehmung als Interpretationskonstrukt.

Dabei ist wichtig zu sehen, daß die im sinnlichen Bereich vorliegende übergroße Fülle und Dichte der Zeichen beim Übergang in die Digitalform der kognitiven Repräsentation zwangsläufig verlorengeht.[32] Nur durch diese Verarmung jedoch wird begrifflich-kognitive, sich in Aussagen artikulierende Repräsentation möglich.

Auf der Ebene der zu diesem Zweck verwendeten Symbolsysteme geht dem die genannte Unterscheidung zwischen analogischen und digitalischen Zeichen bereits voraus. Man kann Zeichensysteme nach dem Grad ihrer Dichte oder Differenziertheit unterscheiden. Hier liefern die in der Symboltheorie Nelson Goodmans entwickelten Unterscheidungen ein taugliches und ergiebiges Instrumentarium, etwa: die syntaktische Dichte (Beispiel: skalenloses Thermometer) oder die syntaktische Differenziertheit (Beispiel: digitales Thermometer); die semantische Dichte (Beispiel: die vielen kontinuierlichen Ausdrücke der Eskimos für Schnee) oder die semantische Differenziertheit (Beispiel: die rubrizierenden Etiketten bei der Einordnung von Gemälden); die kontinuierliche Fülle (Beispiel: die Gesichtszüge in einem Porträt) oder die digitale Distinktheit (Beispiel: Kreuzchen auf dem Lottoschein); die multiple Referenz (Beispiel: Linien in einem Vexierbild) oder die disjunktive Referenz (Beispiel: das Zeichen „r" bezieht sich entweder auf den Radius oder auf den Umfang des Kreises).

Der allgemeinen Symboltheorie zufolge sind Zeichen- und Interpretationssysteme dann analogisch zu nennen, wenn sie syntaktisch und semantisch dicht sind. Hier zählt am Zeichen jeder einzelne Punkt, und jede noch so minimale Differenz kann entscheidend sein. Digitalisch sind solche Systeme, wenn sie differenziert, diskontinuierlich und disjunktiv sind. In ihnen zählen nur jeweils bestimmte und klar gegeneinander abgegrenzte Punkte. Was dazwischen, z.B. in einer musikalischen Notation zwischen einem Cis und einem Des liegt, zählt nicht als Zeichen des Schemas. Manche Zeichen kann man sowohl analogisch als auch digitalisch lesen, z.B. die Zeigerbewegung einer Uhr.

Produktive Imagination ist nun in dem dargelegten Sinn am Werk, sobald wir es im vor-prädikativen und analogisch verfaßten Bereich mit phänomenaler Gestalthaftigkeit und im prädikativen, im satz-propositionalen und begrifflichen Bereich mit Begriffs- und mit Einzelding-Identität zu tun haben. Daß Imagination bereits im vor-prädikativen Bereich wirksam ist, zeigt sich schlicht an dem Umstand, daß dort (a) Gestalthaftigkeit und (b) Intentionalitätsstrukturen, d.h. Gerichtetheit und Gehalt vorliegen.[33] Imaginationskraft ist dann insbesondere an den Schnitt- und Verschränkungsstellen der beiden Bereiche erfordert, d.h. dann, wenn es die Übergänge und wechselseitigen Transformationen zu bewerkstelligen gilt. Hier kann ein Vermögen, genauer: eine Interpretations-

[32] Vgl. Dretske, a.a.O., S. 142.

[33] Intentionalität ist bereits für das visuelle Erleben zentral. Vgl. von seiten der Philosophie der Wahrnehmung J.R. *Searle, Intentionality*. An essay in the philosophy of mind, Cambridge / London 1983, Kap. 2. Aus wahrnehmungs-psychologischer Sicht vgl. vor allem die Studien von D. *Marr, Vision*, San Francisco 1982.

funktion präsupponiert werden, die in sich sowohl die analogische als auch die digitalische Komponente vereint und darum als eine Art Analog-Digital- sowie Digital-Analog-Umwandler[34] anzusehen wäre.

Zu beachten ist, daß diese Verhältnisse nicht nur in einer Richtung verlaufen, sondern beiderseitig sind, d.h. dem Digital-Umwandler entspricht ein Analog-Umwandler. In diesem Sinn ist Imaginationskraft beteiligt, sobald von einer analogisch verfaßten Sinnesempfindung zu einem sprachlichen Urteil, z.B. von dem Anblick einer grünen Wiese zu dem Urteil, daß die Wiese grün ist, übergegangen wird. In dem Urteil ist die grüne Wiese dann digital repräsentiert. In der umgekehrten Richtung korrespondiert dieser Transposition die Anwendung digitaler Zeichen auf die analogische Struktur der sinnlichen Natur. Diese Anwendung schließt, wenn sie erfolgreich ist, Prozesse des Veranalogisierens, und das heißt des näheren: Prozesse der Verkontinuierlichung, der Infinitesimalisierung und vor allem der Verzeitlichung ein. Und genau darin manifestiert sich Imagination/Einbildungskraft.

Man könnte nun (und je nachdem, ob die analogische oder die digitalische Komponente stärker akzentuiert wird, sowie je nachdem, in welchem Bereich und auf welcher Ebene innerhalb des Spektrums zwischen dem analogisch-sinnlichen Affiziertwerden auf der einen und den Objekten sowie dem diskursiv-digitalen Wissen auf der anderen Seite man sich bewegt) eine eher *analogische* und eine eher *digitalische Imaginationskraft* unterscheiden. Werden die durch Verstandesbegriffe erfolgenden Repräsentationen als digitalische Repräsentationen angesehen und die sinnlichen als primär analogische gefaßt, dann könnte man in dieser Begrifflichkeit einen Schritt in Richtung auf eine zeichenphilosophische Reformulierung der produktiven Einbildungskraft sehen.

Ein Beispiel für *analogische Imaginationskraft* müßte eines aus dem Gebiet nicht-linguistischer und analogischer Zeichen- und Interpretationssysteme (z.B. eines aus dem Bereich des Visuellen oder Perzeptiven) sein, und zwar so, daß dabei nicht-aktuale Aspekte z.B. in das Sehen-*Als* konstitutiv eingehen. Das klingt kompliziert, ist es aber keineswegs. Denn man trifft oft und wie selbstverständlich auf solche Fälle. Der Leser möge sich vorstellen, er wolle eine Ferienwohnung in der Toskana mieten und erhalte daraufhin von seinem Reisebüro Bilder, die das Wohnzimmer in seiner Verbindung mit der Küche zeigen, und zwar aufgenommen von der Eingangstür her ins Wohnzimmer mit Blick in Richtung Küche. Für gewöhnlich wird man imstande sein, eine Vorstellung davon zu entwickeln und diese gegebenenfalls auch mitteilen zu können, wie die beiden Räume aussehen, wenn man sie nicht von der Eingangstür her, sondern etwa von der Küche her sieht. Man wäre z.B. in der Lage, verschiedene Darstellungen der beiden Räume, z.B. eine Zeichnung, die von der Küche her erfolgt, als eine richtige oder als eine unrichtige Wiedergabe zu beurteilen.[35]

[34] Den Terminus verwendet Dretske: a.a.O., S. 139 und 153. Allerdings spielt die in unserem Zusammenhang zentrale Frage der Imaginationskraft bei Dretske keine Rolle.

[35] Vgl. R. *Schwartz, Symbols and Thought*, a.a.O., S. 10, der das Zimmer-Beispiel benutzt, um zu

Genau dieses Einnehmen-Können und Einbringen eines *anderen und nicht-aktualen* Perspektivepunktes bereits auch *in* das sinnlich-phänomenale Identifizieren und Individuieren einer Darstellung, die in diesem Fall analogisch ist, ist als eine Manifestation analogischer Imaginationskraft anzusehen.

Als *analogische* Imagination haben wir es, Kantisch gesprochen, mit der *ästhetischen* Einbildungskraft zu tun, die nicht unter den Regeln des Verstandes steht. Dies ist in zwei Hinsichten nicht der Fall: (a) insofern es sich um Imagination im vor-begrifflichen Bereich handelt und (b) als „freie" Einbildungskraft im Sinne der Kantischen *Kritik der Urteilskraft*. Diese Einbildungskraft kann deshalb „frei" genannt werden, weil sie (i) noch nicht den Verstandesregeln, d.h. noch nicht der Grammatik des logischen Urteils, unterworfen ist, und weil sie (ii) vom linearen Zeitmodell, d.h. von der linear-temporalen Verfassung des Verstandes gelöst ist, an welches Modell die Einbildungskraft in ihrem *theoretischen* Gebrauch gebunden bleibt. Sie ist auf diese Weise von den nach Verstandesregeln erfolgenden Synthesisleistungen freigesetzt, und zwar nicht als konstitutive, sondern als subjektiv-reflektierende Einbildungskraft, des näheren als ästhetische Freiheit.

Es gehört Imaginationskraft dazu, eine Perspektive, die nicht vorab gegeben ist, einzunehmen. Und es gehört Imaginationskraft dann auch dazu, diese Perspektive nicht zu verlieren, sondern zu halten. Beides erfolgt auf dem Wege der genannten Prozeduren des Einbringens gegenwärtig nicht-aktualer Aspekte in gegenwärtige Situationen und im Sinne der Aufrechterhaltung der zugehörigen Interpretations-Praxis. Insofern sich in diesen Vorgängen unser Leben (– und „Leben" heißt Kant zufolge, über das „Vermögen" zu verfügen, „seinen Vorstellungen gemäß zu handeln"[36] –) vollzieht, bedeutet dies zugleich, daß sich die „Belebung" unseres „Gemüts", mithin unser Leben aus einem Imaginationsgrund heraus vollzieht. Diesen Grund können wir nicht selbst noch einmal transparent und distanziert vor uns hinstellen. Er bleibt individuell. So überrascht es denn auch kaum zu hören, was Kant von der Einbildungskraft bereits in ihrem theoretischen Gebrauch sagt: Es handle sich bei ihr um eine „verborgene Kunst in den Tiefen der menschlichen Seele", deren Eigenart wir „der Natur schwerlich jemals abraten" und „unverdeckt vor Augen legen werden".[37]

zeigen, daß es auch in nicht-linguistischen Symbolsystemen eine „transition from one knowledge state to another" (S. 9) gibt. Ein Übergang der skizzierten Art ist jedoch nicht als ein inferentieller Übergang aufzufassen.

[36] *Kant, Die Metaphysik der Sitten*, Akademie-Ausgabe, Bd. VI, S. 211.

[37] *Kant, Kritik der reinen Vernunft*, B 180 f.

JOSEF SIMON

Publikationsverzeichnis 1965 – 1994

I. Buchpublikationen

1. Das Problem der Sprache bei Hegel. Kohlhammer-Verlag, Stuttgart 1966, 207 S.
1a. *Spanische Übersetzung*: El problema del lenguaje en Hegel. Taurus ediciones, Madrid 1982.
2. Sprache und Raum. Philosophische Untersuchungen zum Verhältnis zwischen Wahrheit und Bestimmtheit von Sätzen. Verlag Walter de Gruyter, Berlin 1969, 327 S.
3. Sprachphilosophische Aspekte der Kategorienlehre. Heiderhoff-Verlag, Frankfurt/Main 1971, 22 S. Außerdem in: Philosophie als Beziehungswissenschaft. Festschrift für Julius Schaaf, Frankfurt a. M. 1974.
4. Philosophie und linguistische Theorie. Verlag Walter de Gruyter, Berlin / New York 1971, 129 S.
5. Wahrheit als Freiheit. Zur Entwicklung der Wahrheitsfrage in der neueren Philosophie. Verlag Walter de Gruyter, Berlin / New York 1978, XII/432 S.
5a. *Spanische Übersetzung*: La verdad como libertad. Ediciones sigueme, Salamanca 1983.
6. Sprachphilosophie. Handbuch Philosophie. Hrg. v. Elisabeth Ströker und Wolfgang Wieland. Karl Alber Verlag, Freiburg / München 1981, 296 S.
6a. *Portugiesische Übersetzung*: Filosofia da linguagem. Edicoes 70, Lisboa 1990
7. Philosophie des Zeichens. Verlag Walter de Gruyter, Berlin / New York 1989, 312 S.

II. Herausgeberschaften

1. J.G. Hamann: Schriften zur Sprache. Einleitung und Anmerkungen von J. Simon, Theorie 1, Frankfurt a. M. 1967.
2. Sprache und Begriff. Festschrift für Bruno Liebrucks, Meisenheim am Glan 1974 (Mitherausgeber).

3. Aspekte und Probleme der Sprachphilosophie, Freiburg / München 1974, 338 S.
3a. *Spanische Übersetzung*: Aspectos y problema de la filosofia del lenguaje, Buenos Aires 1977.
4. Freiheit. Theoretische und praktische Aspekte des Problems, Freiburg/ München 1977, 390 S.
5. Zur Aktualität Nietzsches, Bd. I und II (zusammen mit M. Djurić), Würzburg 1984.
6. Nietzsche und die philosophische Tradition, Bd. I und II, Würzburg 1985.
7. Allgemeine Zeitschrift für Philosophie, Heft 1.1985 - 3.1994.
8. Kunst und Wissenschaft bei Nietzsche (zusammen mit M. Djurić), Würzburg 1986.
9. Johann Georg Hamann. Insel-Almanach auf das Jahr 1988 (zusammen mit O. Bayer und B. Gajek), Frankfurt a. M. 1987.
10. Nietzsche und Hegel (zusammen mit M. Djurić), Würzburg 1992.
11. Zeichen und Interpretation, Frankfurt a. M. 1994, 216 S.
12. Nietzsche-Studien (seit 1995).
13. Monographien und Texte zur Nietzsche-Forschung (seit 1995).

III. Abhandlungen, Diskussionsbeiträge und Lexikonartikel

1967

1. Reine und sprachliche Anschauung (Kant und Hegel). In: Das Problem der Sprache, VIII. Deutscher Kongreß für Philosophie. Hrg. von H.-G. Gadamer, München 1967, S.159-167.

1970

2. Die Kategorien im »gewöhnlichen« und im »spekulativen« Satz. Bemerkungen zu Hegels Wissenschaftsbegriff. In: Wiener Jahrbuch für Philosophie, Bd. 3, S. 9-37 (1970).
2a. *Spanische Übersetzung* als Anhang in: El problema del lenguaje en Hegel, Madrid 1982.
2b. *Englische Übersetzung* in: Contemporary German Philosophy. Hrg. von D.E. Christensen, M. Riedel, R. Spaemann, R. Wiehl und W. Wieland, Pennsylvania State University and London, Vol. 2, 1983, S. 112-137.

1971

3. Begriff und Beispiel. Zur Aporie einer Philosophie und Systematik der Wissenschaften, dargestellt am Wissenschaftsbegriff Kants. In: Kant-Studien, 62. Jg., Heft 3, 1971, S. 269-297.
4. »Daseiender« und »absoluter« Geist. Diskussionsbeitrag zu Th. Bodammer, Hegels Deutung der Sprache. In: Zeitschrift für philosophische Forschung, Bd. 25/1971, Heft 2, S. 307-315.

1972

5. Philosophie und Sprachwissenschaft. Zur Herkunft philosophischer Grundbegriffe aus dem Prinzip gegenständlicher Sprachbetrachtung. In: 9. Deutscher Kongreß für Philosophie. Hrg. von L. Landgrebe, Meisenheim am Glan 1972, S. 549-560.
6. Phenomena and Noumena, or: On the Meaning and Use of the Categories. In: L.W. Beck (ed.), Proceedings of the Third International Kant Congress, Dordrecht/Holland 1972, S. 521-527. Wiederabgedruckt in: Kant's Theory of Knowledge. Ed. by L.W.Beck, Dordrecht, Boston 1974, S. 45-51.
7. Das Neue in der Geschichte. In: Philosophisches Jahrbuch, 79. Jg./1972, S. 269-287.
8. Grammatik und Wahrheit. Über das Verhältnis Nietzsches zur spekulativen Satzgrammatik der metaphysischen Tradition. In: Nietzsche-Studien Bd. I/1972, S. 1-26. Wiederabgedruckt in: Nietzsche. Hrg. von J. Salaquarda, Darmstadt 1980, S. 185-218.

1973

9. »Differenz«. Artikel im Handbuch philosophischer Grundbegriffe. Hrg. von H. Krings, H.M. Baumgartner und Ch. Wild, München 1973, Bd. I, S. 309-320.
10. »Leben«. Ebd. Bd. II, S. 844-859.
11. Zu einem Versuch der Ortsbestimmung formaler Logik. In: Zeitschrift für philosophische Forschung, Bd. 27/1973, Heft 1, S. 116-126.

1974

12. Freiheit und Urteil bei Kant. In: Akten des 4. Internationalen Kant-Kongresses. Hrg. von G. Funke, Berlin /New York 1974, II, 1., S. 141-157.

13. Satz, Text und Diskurs in transzendentalphilosophischer und sprachlogischer Reflexion. In: Sprache und Begriff. Festschrift für B. Liebrucks, Meisenheim am Glan 1974, S. 212-224.
14. Sprachphilosophische Aspekte der neueren Philosophiegeschichte. In: Aspekte und Probleme der Sprachphilosophie. Hrg. von J. Simon, Freiburg / München 1974, S. 7-68.

1975

15. Vom Namen Gottes zum Begriff. In: Der Name Gottes. Hrg. von H. v. Stietencron, Düsseldorf 1975, S. 220-242.

1976

16. Teleologisches Reflektieren und kausales Bestimmen. In: Zeitschrift für philosophische Forschung, Bd. 30/1976, Heft 3, S. 369-387.
16a. *Englische Übersetzung*: In: Contemporary German Philosophy. Hrg. von D.E. Christensen, M. Riedel, R. Spaemann, R. Wiehl und W. Wieland, Pennsylvania State University and London,Vol. 3, 1983, S. 121-140.
17. Zu einem philosophischen Begriff der Kausalität. In: Von der Notwendigkeit der Philosophie in der Gegenwart. Festschrift für K. Ulmer, Wien / München 1976, S. 234-266.
18. Verführt die Sprache das Denken? Zur Metakritik gängiger sprachkritischer Ansätze. In: Philosophisches Jahrbuch, 83. Jg. 1976, S. 95-119.
19. Sprachphilosophische Alternative. In: Archiv für Rechts-und Sozialphilosophie, Beiheft Neue Folge Nr. 9, Wiesbaden 1977, S. 1-11.

1977

20. Rationalität und Kommunikation. In: Probleme der Sprache. Mainzer Universitätsgespräche. Hrg. von G. Eifler, O. Saame und P. Schneider, Mainz 1977, S. 98-109.
21. Freiheit und Erkenntnis. In: Freiheit. Hrg. von J. Simon, Freiburg / München 1977, S. 11-37.
22. Zur philosophischen Ortsbestimmung theologischer Wissenschaft von ihrem Gegenstand her. In: Theologische Quartalsschrift, 157. Jg./1977, Heft 3, S. 204-207.
23. Die Schulen und die Individualität. Über interne und öffentliche Bedeutung der modernen Wissenschaft. In: Wissenschaft an der Universität heute, 500 Jahre Eberhart-Karls-Universität Tübingen, Bd. II, Tübingen 1977, S. 97-153.

24. Language and some Aspects of Problems of Truth. In: Graduate Faculty Philosophy Journal. Vol. 6, No. 2, Fall 1977, New York.

1978

25. Ratio und Individualtiät als Momente des modernen Wissenschaftsbegriffs. In: 16. Weltkongreß für Philosophie 1978, S. 581-584.
26. Glück der Erkenntnis. In: Glück. Hrg. von G. Bien, Stuttgart 1978, S. 113-130.
27. Die Bewegung des Begriffs in Hegels »Logik«, Hegel-Tage Chantilly 1971. In: Hegel-Studien, Beiheft 18, 1978, S. 63-74.
28. Einleitung zu Johann Georg Hamann »Schriften zur Sprache«. In: Johann Georg Hamann. Hrg. von R. Wild, Darmstadt 1978, S. 391-401 (Nachdruck der Einleitung zur Auswahl-Ausgabe, s.o. II, Nr. 1).

1979

29. Vernunftkritik und Autorschaft. Reflexionen über Hamanns Kant-Kritik. Acta des Internationalen Hamann-Colloquiums in Lüneburg 1976. Hrg. von B. Gajek, Frankfurt a. M. 1979, S. 135-168.
30. Über die Deutlichkeit, oder warum die Sprachphilosophie zu einer philosophischen Grunddisziplin geworden ist. In: Allgemeine Zeitschrift für Philosophie, 3, 1979, S. 1-27.

1980

31. Zum wissenschafts-philosophischen Ort der Theologie. In: Zeitschrift für Theologie und Kirche, 1980, 77. Jg. Heft 4, S. 435-452.

1981

32. Marginalien zu einer Anthropologie der Erkenntnis. In: Im Gespräch der Mensch. Ein interdisziplinärer Dialog. J. Möller zum 65. Geburtstag, Düsseldorf 1981, S. 149-157.
33. Zivotni ciljevi (Lebensziele). In: Theoria, 1981 (Belgrad) 1, S. 21-27.
34. Bedeutung als Referenz und als individuelle Relevanz. In: Logos Semantikos. Studia linguistica in honorem E. Coseriu, Bd. II. Hrg. von H. Weydt, Berlin und Madrid 1981, S. 275-286.
35. Friedrich Nietzsche. Klassiker der Philosophie II. Hrg. von O. Höffe, München 1981, S. 203-224.

1982

36. Zum Verhältnis von Denken und Zeit bei Kant und Heidegger. In: L'héritage de Kant. Mélanges philosophiques offerts au P. M. Regnier, Paris 1982, S. 255-267.
37. Hegels Gottesbegriff. In: Theologische Quartalsschrift, 2. Heft 1982, S. 82-104.
38. Philosophie und ihre Zeit. Bemerkungen zur Sprache, zur Zeitlichkeit und zu Hegels Begriff der absoluten Idee. In: Dimensionen der Sprache in der Philosophie des Deutschen Idealismus. Hrg. von B. Scheer und G. Wohlfart, Würzburg 1982, S. 11-39.
39. Nietzsche und das Problem des europäischen Nihilismus. In: Ist Gott tot?, Herrenalber Texte 41, 1982, S. 22-41. Außerdem in: Nietzsche kontrovers Bd. III. Hrg. von R. Berlinger und W. Schrader, Würzburg 1984.
40. Moral oder Gerechtigkeit? Überlegungen zu einem Grundproblem der metaphysischen Ethik. In: Überlieferung und Aufgabe. Festschrift für E. Heintel, Wien 1982, 2. Teilband, S. 195-211.
40a. *Serbokroatische Übersetzung*: Moral ili pravda? In: Theoria, 3-4, 1982 (Belgrad) S. 59-71.

1983

41. Hamann und die gegenwärtige Sprachphilosophie. In: Johann Georg Hamann, Acta des 2. Internationalen Hamann-Colloquiums. Hrg. von B. Gajek, Marburg 1983, S. 9-20.
42. Das neuzeitliche Konzept der Geschichtlichkeit der Wahrheit und der christliche Gottesbegriff. In: Gegenwart des Absoluten. Hrg. von K.-M. Kodalle, Gütersloh o.J.

1984

43. Verlieren und Finden der Sprache. Zu Geschichtlichkeit der menschlichen Existenz. In: Philosophisches Jahrbuch 91. Jg. 1984, S. 238-249.
44. Das Problem des Bewußtseins bei Nietzsche und der traditionelle Bewußtseinsbegriff. In: Zur Aktualität Nietzsches. Hrg. von M. Djurić und J. Simon, Würzburg 1984, S. 17-35.

1985

45. Sprache und Sprachkritik bei Nietzsche. In: Über Friedrich Nietzsche. Hrg. von M. Lutz-Bachmann, Frankfurt a. M. 1985, S. 63-98.

45a. *Englische Übersetzung*: Language and the Critique of Language in Nietzsche. In: Studies in Nietzsche and the Judaeo-Christian Tradition. Edited by J.C. O'Flaherty, T.F. Sellner, and R.M. Helm, Chapel Hill and London 1985.
46. Ende der Herrschaft? Zu Schriften von Emmanuel Lévinas in deutschen Übersetzungen. In: Allgemeine Zeitschrift für Philosophie, 10.1, 1985, S. 25-48.
47. Zur Philosophie des Dialogs. In: Weltoffene Katholizität. Symposion zum 70. Geburtstag von Prof. Dr. A. Auer, Akademie der Diözese Rottenburg-Stuttgart 1985, S. 44-65.
48. Recht und Moral. In: FU Berlin, Informationen aus Lehre und Forschung 10/1985, S. 17-30.
49. Ein Geflecht praktischer Begriffe. Zur Kritik Nietzsches am Freiheitsbegriff der philosophischen Tradition. In: Nietzsche und die philosophische Tradition. Hrg. von J. Simon, Würzburg 1985, S. 106-122.

1986

50. Artikel »Hegel/Hegelianismus«. In: Theologische Realenzyklopädie Bd. XIV, S. 530-560, Berlin / New York 1986.
51. Der gewollte Schein. Zu Nietzsches Begriff der Interpretation. In: Kunst und Wissenschaft bei Nietzsche. Hrg. von M. Djurić und J. Simon, Würzburg 1986, S. 62-74.
52. Diskussionsbeitrag zu dem Vortrag von K. O. Apel: »Die transzendentalpragmatische Begründung der Kommunikationsethik und das Problem der höchsten Stufe einer Entwicklungslogik des moralischen Bewußtseins«. In: Archivio di filosofia, anno LIV - 1986, N. 1-3, S. 159-166.
53. Der Nächste als Kritik der Gemeinschaft. In: Archivio di filosofia, anno LIV - 1986, N. 1-3, S. 347-358.
54. Wilhelm von Humboldts Bedeutung für die Philosophie. In: Wilhelm von Humboldt. Vortragszyklus zum 150. Todestag. Hrg. von B. Schlerath, Berlin / New York 1986, S. 128-143.
55. Vornehme und apokalyptische Töne in der Philosophie. In: Zeitschrift für philosophische Forschung, Bd. 40, Heft 4, 1986, S. 489-519.

1987

56. Spuren Hamanns bei Kant? In: Hamann – Kant – Herder. Acta des 4. Internationalen Hamann-Kolloquiums. Hrg. von B. Gajek, Frankfurt a. M. 1987, S. 89-110.
57. Sprache und Wahrheit. In: Wahrheit in Einheit und Vielheit. Hrg. von E. Coreth, Düsseldorf 1987, S. 28-41.

58. Hamann und Kant. Eine epochale Konstellation. In: Ostdeutsche Geschichts- und Kulturlandschaften. Teil II. Hrg. von H. Rothe, Köln / Wien 1987, S. 163-175.

59. Herder und Kant. Sprache und »historischer Sinn«. In: Johann Gottfried Herder (1774-1803). Hrg. von G. Sauder, Hamburg 1987, S. 3-13.

60. Hegels idealistischer Wissenschaftsbegriff. In: Zur Selbstbegründung der Philosophie seit Kant. Hrg. von W. Marx, Frankfurt a. M. 1987, S. 27-49.

61. Der gute Wille zum Verstehen und der Wille zur Macht. Bemerkungen zu einer »unwahrscheinlichen Debatte«. In: Allgemeine Zeitschrift für Philosophie 12.3, 1987, S. 79-90.

61a. *Englische Übersetzung*: Good Will to Understand and the Will to Power. Remarks on an »Improbable Debate«. In: Dialogue & Deconstruction. The Gadamer-Derrida Encounter, ed. by D.P. Michelfelder and R.E. Palmer, State University of New York Press, 1989, S. 162-175.

62. Vom Mittelalter zur Neuzeit. Am Beispiel der Modalitäten. In: Philosophie im Mittelalter. Hrg. von J. P. Beckmann, L. Honnefelder, G. Schrimpf und G. Wieland, Hamburg 1987, S. 375-386.

63. Zwei Liebesbriefe an einen Lehrer der Weltweisheit, der eine Physik für Kinder schreiben wollte. In: Johann Georg Hamann. Insel-Almanach auf das Jahr 1988. Hrg. von O. Bayer, B. Gajek und J. Simon, Frankfurt a. M. 1987, S. 105-115.

64. Zur »Möglichkeit« der Erkenntnis. In: Transzendentale oder evolutionäre Erkenntnistheorie? Hrg. von W. Lütterfelds, Darmstadt 1987, S. 387-408.

65. Kants pragmatische Ethikbegründung. In: Etica e pragmatica. Archivio di filosofia, anno LV, 1987, N. 1-3, S. 183-204.

1988

66. Äußerer Schmerz und inneres Glück. In: Glaube und Lernen, Zeitschrift für theologische Urteilsbildung, 3. Jg., Heft 1, 1988, S. 34-38.

67. Was ist Metaphysik und was wäre ihr Ende? In: Metaphysik nach Kant? Stuttgarter Hegel-Kongreß 1987. Hrg. von D. Henrich und R.-P. Horstmann, Stuttgart 1988, S. 505-527.

1989

68. Aufklärung im Denken Nietzsches. In: Aufklärung und Gegenaufklärung in der europäischen Literatur, Philosophie und Politik von der Antike bis zur Gegenwart. Hrg. von J. Schmidt, Darmstadt 1989, S. 459-474.

69. Die Krise des Wahrheitsbegriffs als Krise der Metaphysik. Nietzsches Alethiologie auf dem Hintergrund der Kantischen Kritik. In: Nietzsche-Studien Bd. 18 (1989), S. 242-259.
70. Leib und Seele. Ihre metaphysische Unterscheidung als Problem in Psychologie, Psychiatrie und Psychoanalyse. In: Philosophie und Psychologie. Leib und Seele – Determination und Vorhersage. Hrg. von W. Marx, Frankfurt a. M. 1989, S. 165-199.
71. »Anschauung überhaupt« und »unsere Anschauung«. Zum Beweisgang in Kants Deduktion der Naturkategorien. In: Perspektiven transzendentaler Reflexion. Festschrift für G. Funke zum 75. Geburtstag. Hrg. von G. Müller und Th. S. Seebohm, Bonn 1989, S. 135-156.
72. Kants praktische Philosophie. In: Prisma. Aus der Arbeit des Goethe-Instituts 2/1989, S. 30-33.
73. Welt auf Zeit. Nietzsches Denken in der Spannung zwischen der Absolutheit des Individuums und dem kategorialen Schema der Metaphysik. In: Krisis der Metaphysik. W. Müller-Lauter zum 65. Geburtstag. Hrg. von G. Abel und J. Salaquarda. Berlin / New York 1989, S. 109-133.
74. Die Wirklichkeit der Freiheit (Kant, Schelling, Hegel). In: Die praktische Philosophie Schellings und die gegenwärtige Rechtsphilosophie. Hrg. von H.-M. Pawlowski, St. Smid und R. Specht, Stuttgart 1989. S. 335-352.
75. Philosophie von der Sprache her. Zum Tode von Bruno Liebrucks. In: Perspektiven der Philosophie, Neues Jahrbuch Bd. 15, 1989, S. 337-354.
76. Wilhelm von Humboldts Bedeutung für die Philosophie. In: Wilhelm von Humboldts Sprachdenken. Hrg. von H.-W. Scharf, Essen 1989, S. 259-271.

1990

77. Einbildungskraft und wirkliche Zeit. In: Bewußtsein und Zeitlichkeit. Hrg. von H. Busche, G. Heffernan und D. Lohmar, Würzburg 1990, S. 147-158.
78. Herder and the Problematization of Metaphysics. In: Herder Today. Contributions from the International Herder Conference. Ed. by K. Mueller-Vollmer, Berlin / New York 1990, S. 108-125.
79. Der Mut zum Denken. Hamanns Stellung zur Aufklärung in seiner Zeit und heute. In: Johann Georg Hamann und die Krise der Aufklärung. Acta des 5. Internationalen Hamann-Kolloquiums in Münster i. W. (1988), Hrg. von B. Gajek und A. Meier, Frankfurt a.M. 1990, S. 13-29.
80. Intersubjektivität bei Kant und Hegel? In: Hegels Theorie des subjektiven Geistes. Hrg. von L. Eley, Stuttgart-Bad Cannstatt 1990, S. 313-338.
81. Segno e tempo. In: Segno ed evento nel pensiero contemporaneo. A cura di G. Nicolaci, Milano 1990, S. 47-59.

82. Kategorien der Freiheit und der Natur. In: Kategorie und Kategorialität. Historisch-systematische Untersuchungen zum Begriff der Kategorie im philosophischen Denken. Festschrift für K. Hartmann. Hrg. von D. Koch und K. Bort, Würzburg 1990, S. 107-130.

83. Goethes Sprachansicht. In: Jahrbuch des Freien Deutschen Hochstifts, Tübingen 1990, S. 1-27.

83a. *Französische Übersetzung*: Goethe sur le langage. In: Poesie, n 57, Éditions Belin, Paris 1991.

84. Schrift und Subjekt. Zu den metaphysischen Voraussetzungen des Verständnisses vom Wesen der Schrift. In: Zu einer Theorie der Orthographie. Hrg. von Chr. Stetter, Tübingen 1990, S. 183-195.

85. Die Überdehnung der Metaphysik. Kants Kritik des ontologischen Arguments im System seiner kritischen Philosophie. In: L'argomento ontologico. Biblioteca dell' »Archivio di Filosofia«, Padova 1990, S. 255-270.

1991

86. Le concept logique de l'idée absolue et le problème de l'existence de Dieu. In: La question de Dieu selon Aristote et Hegel, publié sous la direction de Th. Konnilck et G. Planty-Bonjour, Paris 1991, S. 377-399.

87. Das Problem der Bedeutung bei Kant und Peirce. In: Proceedings of the Sixth International Kant Congress, Vol.1: Invited Papers. Ed. by G. Funke and Th. M.Seebohm, 1991, S. 233-256.

88. Sprache und Wahrheit. In: Dokumentation der Pädagogischen Woche 1990. Erzbischöfliches Generalvikariat Köln, S. 27-38.

89. Subjekt und Natur. Teleologie in der Sicht kritischer Philosophie. In: Struktur lebendiger Systeme. Zu ihrer wissenschaftlichen und philosophischen Bestimmung. Hrg. von W. Marx, Frankfurt a. M. 1991.

90. Ökologische Ethik in philosophischer Reflexion. In: Revue internationale de philosophie moderne. Acta institutionis philosophiae et aestheticae, Vol.9, Tokyo 1991, S. 75-88.

91. *Neugriechische Übersetzung* von 44, 45 und 51 in: Η ΑΛΗΘΕΙΑ ΚΑΙ Η ΕΡΜΗΝΕΙΑ. Hrg. von Th. Penolidis, Thessaloniki 1991, S. 41-115.

93. Subjekt-covek-natcovek (Subjekt-Mensch-Übermensch). In: Filozofski Godisnjak, 4, 1991 (Belgrad 1991), S. 90-101.

94. Bedeutung bei Kant und Peirce. In: Proceedings: Sixth International Kant Congress. The Pennsylvania State University, 1985. Ed. G. Funke and Th. M. Seebohm, The Center for Advanced Research in Phenomenology, University Press of America, Inc. Washington, D.C., U.S.A., 1991.

1992

95. Das neue Nietzsche-Bild. In: Nietzsche-Studien, Bd. 21, 1992, S. 1-9.
96. Bestimmte Negation. Ein Traktat zur philosophischen Methode. In: Nietzsche und Hegel. Hrg. von M. Djuric und J. Simon, Würzburg 1992, S. 65-78.
97. Das philosophische Paradoxon. In: Das Paradox. Eine Herausforderung des abendländischen Denkens. Hrg. von P. Geyer und R. Hagenbüchle, Tübingen 1992, S. 45-60.
98. Das absolute Zeigen. In: Fides quaerens intellectum. Beiträge zur Fundamentalontologie. M. Seckler zum 65. Geburtstag. Hrg. von M. Kessler, W. Pannenberg und H.J. Pottmeyer, Tübingen 1992, S. 113-124.
99. Naturbild und Gewissen. In: Revue internationale de philosophie moderne. Acta institutionis philosophiae et aestheticae. Vol.10, Tokyo 1992, S. 147-160.
100. Bemerkungen zu den Beiträgen zur Philosophie des Zeichens. In: Zur Philosophie des Zeichens. Hrg. von T. Borsche und W. Stegmaier. Berlin / New York 1992, S. 195-219.
101. O Juízo. A Faculdade de Julgar como Conceito-Chave na Filosofia de Kant. In: Argumento. Revista Quadrimestral de Filosofia, Volume II, N.os 3/4, Lisboa 1992, S. 9-20.
102. Zur Kultur des Dialogs in differenzierter Gesellschaft. In: Dialog als Bedingung der differenzierten Gesellschaft. Akademie der Diözese Rottenburg-Stuttgart, Stuttgart 1992, S. 9-30.
103. Der Philosoph als Gesetzgeber. In: Perspektiven des Perspektivismus. Gedenkschrift für F. Kaulbach. Hrg. v. V. Gerhardt und N. Herold, Würzburg 1992, S. 203-218.
104. Das Absolute als Auslegung. Auszulegende Schrift und auslegendes Wort. In: Religione, Parola, Scrittura. A cura di M.M. Olivetti. Biblioteca dell' »Archivio di Filosofia«, Padova 1992, S. 89-98.

1993

105. Weltbild und Gewissen. In: Allgemeine Zeitschrift für Philosophie, 18.1, 1993, S. 23-39.

105a. *Englische Übersetzung:* World-Picture and Conscience. In: Hermeneutics and Truth. Ed. by B.R. Wachterhauser, Northwestern University Press, Evanston Illinois 1994, S. 190-205.

106. Was ist Wirklichkeit? Festvortrag zur Veranstaltung Nr. 100 der Evangelischen Akademie der Pfalz, 21. April 1993 (nur als Sonderdruck), S. 1-14.
107. Zeichen – Sprache – System. In: Systeme im Denken der Gegenwart. Hrg. von H.-D. Klein, Bonn 1993, S. 64-76.

108. Zeichen und Zeit. In: Zeit und Zeichen. Hrg. von T. Borsche, J. Kreuzer, H. Pape und G. Wohlfart, Reihe: Schriften der Académie du Midi, München 1993, S. 5-13.
109. Liebe und Natur im System der Sittlichkeit bei Kant und Hegel. In: Realität und Begriff. Festschrift für J. Barion zum 95. Geburtstag. Hrg. von P. Baumanns, Würzburg 1993, S. 237-255.
110. Giordano Bruno im Spiegel des Deutschen Idealismus. In: Giordano Bruno. Tragik eines Unzeitgemäßen. Hrg. von W. Hirdt, Tübingen 1993, S. 165-174.
111. Kants Bestimmung der Natur, des Schönen und der Kunst. In: Revue internationale de philosophie moderne. Acta institutionis philosophiae et aestheticae, Vol. 11, Tokyo 1993, S. 101-118.

1994

112. Zeichen bei Kant und Hegel. In: Omul Silimbajul Sau. Studia linguistica in honorem Eugenio Coseriu. Analele stintifice Ale universitatii »Al.I. Cuza« din Iasi, Tomul XXXVII/XXXVIII, S. 139-151.
113. Schöne Zeichen. Zur Frage einer Ästhetik des Abwesenden. In: Zwischen den Wissenschaften, B. Gajek zum 65. Geburtstag. Hrg. v. G. Hahn und E. Weber, Regensburg 1994, S. 126-136.
114. Antinomie und Widerspruch. Kosmologie bei Kant und Hegel. In: Aufhebung der Transzendentalphilosophie? Hrg. von Th.S. Hoffmann, und F. Ungler, Würzburg 1994, S. 125-141.
115. Nachwort zu Friedrich Nietzsche, Also sprach Zarathustra, Stuttgart 1994, S. 347-368.
116. Subjekt – Raum – Welt. Ökologische Bemerkungen zu Kants »Physischer Geographie«. In: Revue internationale de philosophie moderne. Acta institutionis philosophiae et aestheticae. Vol. 12, Tokyo 1994, S. 39-52.
117. In-der-Welt-sein. In: »Verwechselt mich vor allem nicht!« Heidegger und Nietzsche. Martin Heidegger-Gesellschaft, Schriftenreihe Bd. 3, Frankfurt a. M. 1994, S. 73-88.
118. Grenzen des Wissens. In: Braucht Wissen Glauben? Erste Heidelberger Religionsphilosophische Disputation. Hrg. von H. Hofmeister, Neukirchen-Vluyn 1994, S. 11-23.
119. Zeichenphilosophie und Transzendentalphilosophie. In: Zeichen und Interpretation. Hrg. v. J. Simon, Frankfurt a. M. 1994, S. 73-98.
120. Offenbarung als kritischer Begriff. In: Filosofia della rivelatione. A cura di M.M. Olivetti, Biblioteca dell' »Archivio di filosofia«, Padova 1994, S. 37-50.

121. Das Subjekt und »seine« Vernunft. In: Grenzbestimmungen der Vernunft. Zum 60. Geburtstag von H.M. Baumgartner. Hrg. von P. Kolmer und H. Korten, Freiburg / München 1994, S. 51-137.

IV. Rezensionen

1. Zum Problem einer »Philosophie der Tat«. Texte und Literatur zur nachhegelschen Philosophie im 19. Jahrhundert. In: Hegel-Studien, Bd. 3, 1965, S. 297-320.
2. Manfred Riedel: Theorie und Praxis im Denken Hegels. In: Hegel-Studien, Bd. 4, 1967, S. 262-263.
3. Ernst Vollrath: Die These der Metaphysik. In: Kant-Studien, 63. Jg./ 1972, Heft 2, S. 261-266.
4. Historisches Wörterbuch der Philosophie. Hrg. von J. Ritter u.a. In: Göttingische Gelehrte Anzeigen, 226. Jg./1974, Heft 1, S. 11-28.
5. W. Hogrebe: Kant und das Problem einer transzendentalen Semantik. In: Kant-Studien 66. Jg./1975, Heft 3, S. 361-366.
6. Richard Rorty: Philosophy and the Mirror of Nature. In: Philosophische Rundschau, Heft 1/2 1981, S. 100-107.
7. Dimitrios Markis: Quine und das Problem der Übersetzung. In: Philosophisches Jahrbuch, 1983, Heft 1, S. 208-211.
8. Metaphysik im Historischen Wörterbuch der Philosophie. In: Göttingische Gelehrte Anzeigen, 235. Jg. (1983) Heft 1/2, S. 136-145.
9. Wolfgang Wieland: Aporien der praktischen Vernunft. In: Allgemeine Zeitschrift für Philosophie, 16.1, 1991, S.80-84.

V. Zeitungsartikel

1. Auf der Suche nach der verlorenen Vernunft. Zum Erscheinen von Hegels »Wissenschaft der Logik« in einer historisch-kritischen Ausgabe. In: Neue Zürcher Zeitung vom 26./27.9.1981.
2. Auf dem Weg der Sprache. Ein Portrait des Philosophen Bruno Liebrucks. In: Neue Zürcher Zeitung vom 9.10.1981.
3. Von der Vernunftmoral zum absoluten Geist. Zu Hegels 150. Todestag, Neue Zürcher Zeitung vom 13.11.1981.
4. Wahrheit und Freiheit. Zum Begriff der Philosophie. In: Neue Zürcher Zeitung vom 5./6. 2. 1983.
5. Denken, Sprechen, Handeln. Zum Tode von Bruno Liebrucks. Frankfurter Allgemeine Zeitung vom 16.1.1986.

6. Vernunft ist Sprache. Zum 200. Todestag von Johann Georg Hamann (21.Juni). In: Neue Zürcher Zeitung vom 18./19.6.1988.
7. Vernunft mit Liebe. [Zum Erscheinen des Bandes I von Hegels Gesammelten Werken] In: Frankfurter Allgemeine Zeitung vom 25.3.1991.

VI. Josef Simon gewidmete Schriften

1. Nietzsches Begriff der Philosophie. Hrg. von M. Djurić, Würzburg 1990
2. Zur Philosophie des Zeichens. Hrg. von T. Borsche und W. Stegmaier, Berlin / New York 1992.

Sachregister